MDG-TRENDMONITOR

RELIGIÖSE KOMMUNIKATION 2020/21

Einstellungen, Zielgruppen, Botschaften und Kommunikationskanäle

Im Auftrag der MDG Medien-Dienstleistung GmbH

Durchgeführt von
Institut für Demoskopie Allensbach
SINUS Markt- und Sozialforschung GmbH

MDG

MDG-Trendmonitor – Religiöse Kommunikation 2020/21, München 2021
Herausgeber und Koordination: MDG Medien-Dienstleistung GmbH, München

Durchführende Institute
Institut für Demoskopie Allensbach
SINUS Markt- und Sozialforschung GmbH, Heidelberg

Autoren
Dr. Steffen de Sombre (IfD Allensbach)
Dr. Marc Calmbach (Sinus)
Tim Gensheimer (Sinus)

Kommentare
Stefan Buhr (Frankfurter Allgemeine Zeitung GmbH)
Prof. Dr. Alexander Filipović (Universität Wien)
Christoph Krachten (united creators OLP GmbH)
Dr. Anna Neumaier (Ruhr-Universität Bochum)
Prof. Dr. Claudia Nothelle (Hochschule Magdeburg-Stendal)
Prof. Dr. Viera Pirker (Goethe-Universität Frankfurt)
Prof. Dr. Lars Rademacher (Hochschule Darmstadt)
Andreas-Peter Weber (Deutschlandradio)

MDG Medien-Dienstleistung GmbH
Landsberger Str. 314
80687 München
Telefon 0 89/54 58 89-0
E-Mail info@mdg-online.de
Homepage www.mdg-online.de

Umschlaggestaltung: Verlag Herder
Satz: Daniel Förster, Belgern
Herstellung: PB Tisk, a.s., PŘÍBRAM

Printed in the Czech Republic

ISBN Print: 978-3-451-03359-9
ISBN E-Book: 978-3-451-82630-6

VORWORT

Wir erleben in nahezu allen Bereichen unserer Welt tiefgreifende und weitreichende Paradigmenwechsel. Alte Gewissheiten sind längst zerbrochen, neue verfestigen sich erst. *Disruption* ist eines der prägenden Schlagworte unserer Zeit, *Bindungsverlust* ein anderes. Das stellt Politik, Wirtschaft, Kunst, die Medien und natürlich auch die Kirchen vor Herausforderungen und formuliert neue Fragen. Um Antworten darauf zu geben, müssen wir die Fragesteller, ihre Lebensverhältnisse, die Bedürfnisse kennen – letztlich also unsere Bedürfnisse, denn wir alle stehen vor den Herausforderungen.

Vor diesem Hintergrund liefert der **MDG-Trendmonitor** – **Religiöse Kommunikation 2020/21** wie schon seine Vorgänger wichtige und wertvolle Analysen und Hintergründe über die Arten religiöser Kommunikation – auch aus Sicht der Sinus-Milieus –, ergänzt um Kommentare und Perspektiven im dritten Teil.

In Bezug auf die beiden genannten Stichworte *Disruption* und *Bindungsverlust* möchte ich einen kurzen Blick auf die Medien Buch und Zeitschriften werfen.

Kaum eine Branche wurde von der *Disruption* durch die Digitalisierung so hart getroffen wie die Buchbranche. Nicht nur der Vertriebsweg wurde über Nacht digitalisiert (Onlineeinkauf), auch das Produkt selbst wurde digitalisiert (E-Book). Hinzu kam die Entwicklung hin zum Smartphone und mit ihm die Möglichkeit zum permanenten Informationskonsum (Junge Menschen blicken im Schnitt 150-mal pro Tag auf ihr Smartphone!) – eine verführerische Alternative zum Buch. In den letzten Jahren sind mehr als acht Millionen Leser vom regelmäßigen Bucherwerb zu anderen Medien abgewandert.

Nach schmerzlichen Veränderungen haben Verlage und Buchhandlungen sich in der neuen Situation eingefunden. Einige fühlen sich noch immer als Opfer dieser Entwicklung, andere verstehen sich schon als Teil von ihr und sehen sie als Chance für Wachstum und Kundennähe. Für sie steht die Vermittlung von Botschaften, heute zumeist als Content bezeichnet, im Mittelpunkt. Die Darreichungsweise orientiert sich an den Bedürfnissen und Gewohnheiten der Leserschaft. Der Weg dorthin war für sie steinig und für viele ist die Zukunft nach wie vor ungewiss.

Das hat auch damit zu tun, dass ihre Kundschaft längst keine über das einzelne Produkt hinausgehende Bindung eingeht. Zeitungen, Zeitschriften oder Buchclubs erleben den *Bindungsverlust* seit Jahren. Die Branche muss lernen, diesem dadurch zu begegnen, dass sie die Zielgruppen über alle möglichen Kanäle erreicht, durch eine Omni-Channel Strategie.

Genau hier setzt die Bedeutung des Trendmonitors ein. Er ist eine Grundlage, mit der wir alle konkret analysieren und arbeiten können. Er zeigt uns, wo Verbindungen abgebrochen sind und wo sie noch bestehen. Er zeigt uns auch, wo Zugänge und Räume sind, um unsere Zielgruppen (wieder) zu erreichen. Seit Paul

Watzlawick wissen wir, „wir können nicht nicht kommunizieren". Jemand nicht anzusprechen, der da auf uns wartet, wo wir nicht sind, ist demnach auch eine Form der Kommunikation – nur keine erfolgreiche.

Mit diesem Trendmonitor erhalten wir eine Landkarte. Sie zeigt uns zukünftige Wege der religiösen Kommunikation auf.

Ich danke der MDG für die Zusammenarbeit bei dem spannenden Projekt. Gerne veröffentlichen wir den Trendmonitor. Wir freuen uns, dadurch einen Beitrag für die Zukunft der religiösen Kommunikation im deutschen Sprachraum zu leisten. Seit dem ersten Herder-Buch von 1798 und der formellen Gründung von 1801 steht der Verlag Herder im Dienst der religiösen Bücher und Zeitschriften. Eine Aufgabe und Verpflichtung, die wir mit großer Neugier und Freude angehen.

Manuel Herder
-Verleger-

INHALT

EINFÜHRUNG IN DIE STUDIE

Die Frage nach der Kommunikation ist für Gesellschaft und Kirche eine entscheidende Zukunftsfrage. Digitalisierung, Dynamiken der Social Media, Entfremdung zwischen Kirche und Gesellschaft sowie demographische Entwicklungen in Deutschland fordern kirchliche Kommunikation heraus.

Der vorliegende MDG-Trendmonitor – Religiöse Kommunikation 2020/21 gibt Antworten und Anstöße zur Weiterarbeit. Dieser Band dokumentiert die Ergebnisse einer empirischen Untersuchung. Die Marktforschungsinstitute SINUS Markt- und Sozialforschung GmbH und das Institut für Demoskopie Allensbach, haben diese Studie in Kooperation mit der MDG Medien-Dienstleistung GmbH durchgeführt. Die Studie liefert – so auch ihr Untertitel – Informationen zu »Einstellungen, Zielgruppen, Botschaften und Kommunikationskanälen«. Der aktuelle MDG-Trendmonitor ist der vierte seiner Art. Es handelt sich um eine repräsentative Befragung unter Katholikinnen und Katholiken in Deutschland. Erhoben wurden die Daten mittels eines gemeinsamen Fragebogens im Sommer 2020. Das IfD Allensbach führte die Erhebung durch, das SINUS-Institut wertete sie zusätzlich aus.

Die Neuauflage des MDG-Trendmonitors 2020/21 berücksichtigt die Entwicklungen der Informations- und Kommunikationstechnologien. Aufgrund der Corona-Pandemie im Jahr 2020 wurden die empirischen Fragestellungen thematisch erweitert, um die Auswirkungen des ersten Lockdowns auf die Nutzung kirchlicher Angebote zu erfassen.

Inhaltlich wurden folgende Punkte untersucht:

- Erwartungen an die katholische Kirche und deren Erfüllung
- Image der katholischen Kirche
- Nutzung von digitalen Angeboten wie Social Media, Podcasts, Streaming, etc.
- Themeninteressen bei digitalen Angeboten
- Endgerätenutzung
- Nutzung von E-Books
- Nutzung von religiöser Musik
- Attraktivität von Pfarr- und Verteilmagazinen

Im Vergleich zum bisherigen Trendmonitor bezieht die aktuelle Studie Jugendliche ab 14 Jahre ein.

Bei Personenbezeichnungen wird eine einheitliche Form gewählt, die selbstverständlich alle Geschlechter einschließt.

Der Band ist in zwei Teilberichte und einen Kommentarteil gegliedert:

- 1. Teil Teilbericht des IfD Allensbach
- 2. Teil Teilbericht des SINUS-Instituts
- 3. Teil Kommentare

Erstmals wurde die Studie um Kommentare aus theologischer, religionssoziologischer, kommunikationswissenschaftlicher und medienpraktischer Perspektive ergänzt. Diese Beiträge werten unter unterschiedlichen Perspektiven die Studie aus. Ein Anspruch auf Vollständigkeit der dahinterliegenden Debatten wurde dabei nicht erhoben, doch die Kommentare zeigen eine mögliche Übersetzung der sozialwissenschaftlichen Daten in die Praxis aus kirchlicher und auch säkularer Sicht. Sie eröffnen eine Plattform für Ideen, Anregungen und Diskussionen.

Ganz bewusst wurde hierbei der Diskurs zwischen Theorie und Praxis gewählt. Hierbei wurden im Besonderen Auswirkungen der Digitalisierung auf die Kommunikation betrachtet. Denn durch die Digitalisierung oder auch digitale Transformation wird das gesellschaftliche Umfeld deutlich verändert und gestaltet. Durch die sich immer weiter entwickelnden digitalen Technologien entstehen immer neue Kommunikationsräume.

Die digitale Transformation bezeichnet einen fortlaufenden Veränderungsprozess der gesamten Gesellschaft und Wirtschaft. Diese Transformation kann in zwei Dimensionen aufgeteilt werden: Zum einen in die Verbesserung und Optimierung bereits etablierter Systeme wie Technologien, Anwendungen, Verfahren, Geschäftsmodelle und Organisationsformen. Zum anderen führt die digitale Transformation gleichzeitig zu einem disruptiven System- und Strukturwandel. Diese Disruptionen betreffen nicht nur Themenfelder wie die IT-Landschaft und Prozesse, sondern auch gesellschaftliche und soziale Bereiche. Diese Veränderungsprozesse begegnen uns überall – auch in der Kirche.

Zu den technischen Innovationen, die die Rahmenbedingungen für die Kirche besonders prägen, zählen die neuen Kommunikationsmittel. Dabei geht es um weit mehr als technische Potentiale. Das Impulspapier »Medienbildung und Teilhabegerechtigkeit« der Publizistischen Kommission der Deutschen Bischofskonferenz hat dies herausgearbeitet: »Digitale Kommunikation und Vernetzung ermöglichen Solidarität und gegenseitige Hilfe wie nie zuvor und erfordern zugleich die Übernahme von Verantwortung von allen Akteuren.«[1]

Um die richtigen Entscheidungen über die Anwendungen und Umsetzungen in der Kommunikation der Kirche treffen zu können, sind Daten und das Wissen um die Nutzungsinteressen und Bewegungsmuster der Interessensgruppen wesentlich, d. h. wie erreichen wir wen womit? Diese Daten liefert der MDG Trendmonitor – Religiöse Kommunikation 2020/21.

Wir danken an dieser Stelle der Deutschen Bischofskonferenz für die Unterstützung sowie allen Autoren und Mitwirkenden für die Bereitstellung ihres Wissens und die Öffnung des Diskurses.

Ariadne Elisabeth Klingbeil
Geschäftsführerin
MDG Medien-Dienstleistung GmbH

1 Medienbildung und Teilhabegerechtigkeit. Impulse der Publizistischen Kommission der Deutschen Bischofskonferenz zu den Herausforderungen der Digitalisierung, Arbeitshilfen Nr. 288, 29. September 2016, S. 8

1

ERGEBNISSE REPRÄSENTATIVER BEFRAGUNGEN UNTER KATHOLIKINNEN UND KATHOLIKEN IN DEUTSCHLAND

Durchgeführt von
Institut für Demoskopie Allensbach

Steffen de Sombre

1 EINFÜHRUNG

Nach den Studien zu den »Chancen für die Bistumszeitung«[1] und den »Chancen für das religiöse Buch«[2] von 1994/1995 wurde im Auftrag der MDG Medien-Dienstleistung GmbH 1999 erstmals eine umfassende Untersuchung religiöser Kommunikation durchgeführt. In diesem ersten »MDG-Trendmonitor«[3] wurden neben Printmedien auch die Funkmedien Fernsehen und Hörfunk eingeschlossen und die Nutzung von Internetangeboten der Kirche sowie vielfältige Formen personaler religiöser und kirchlicher Kommunikation untersucht. Dieser Trendmonitor wurde 2003 und 2009 aktualisiert.[4]

Wie die Vorläufer knüpft auch der vorliegende Trendmonitor Religiöse Kommunikation 2020/21 in weiten Teilen an bisherige Fragestellungen an, um so Veränderungen im Zeitverlauf aufzeigen zu können. Dennoch haben sich die thematischen Gewichte der Studie im Vergleich zu den vorangehenden Studien spürbar verschoben. Insbesondere nimmt das Thema Internet und digitale Medien einen deutlich breiteren Raum ein als in den Vorgängerstudien. Dafür treten die Teile zum religiösen Buch und zu den Bistumszeitungen etwas in den Hintergrund. Hinzu kommen aus aktuellem Anlass einige Fragen zu den digitalen Angeboten der Kirche in der Zeit der durch die Corona-Pandemie bedingten Einschränkungen des öffentlichen – auch des religiösen – Lebens im Frühjahr 2020.

Die Stichprobe ist wie in den Vorgängeruntersuchungen bewusst breit angelegt, d. h. sie ist nicht auf den Kreis der der Kirche eng verbundenen oder in der Kirche aktiven Katholiken beschränkt, sondern bildet einen repräsentativen Querschnitt aller – auch kirchendistanzierter – Katholiken ab. Das ist auch Voraussetzung dafür, in der Analyse der Daten herausarbeiten zu können, wie die katholische Kirche gerade auch kirchenfernere Zielgruppen (noch) erreichen kann. Um auch kirchenfernere Katholiken für eine Teilnahme an der Befragung zu motivieren, wurde bei der Gestaltung des Fragebogens darauf geachtet, durch einen möglichst lebendigen Themenwechsel und die Einbeziehung allgemeiner Interessens-, Einstellungs- und Verhaltensfragen das Interview auch für Kirchenferne interessant zu gestalten. Zur zusätzlichen Absicherung der Repräsentanz der Ergebnisse wurde eine differenzierte Liste mit Einstellungen zu Kirche und Glaube (Verbalskala) zeitlich parallel in eine repräsentative Bevölkerungsumfrage zu ganz anderen Themen eingeschlossen, ohne dass hier weitere Fragen zu Kirche und Glaube gestellt wurden. Wie ein Vergleich der Verteilungen

---

1 MDG / Institut für Demoskopie Allensbach: Chancen für die Bistumszeitungen. Studienbericht, Allensbach: 1994.

2 MDG / Institut für Demoskopie Allensbach: Chancen für das religiöse Buch. Eine Untersuchung der Situation des katholischen Buchmarktes. Studienbericht, Allensbach: 1994.

3 MDG / Institut für Demoskopie Allensbach: Trendmonitor Religiöse Kommunikation 2000. Bericht über eine repräsentative Umfrage unter Katholiken zur medialen und personalen Kommunikation. Studienbericht, Allensbach: 2000.

4 MDG / Institut für Demoskopie Allensbach: Trendmonitor Religiöse Kommunikation 2003. Bericht über eine repräsentative Umfrage unter Katholiken zur medialen und personalen Kommunikation. Studienbericht, Allensbach: 2003.
MDG / Institut für Demoskopie Allensbach: Trendmonitor Religiöse Kommunikation 2010. Bericht über eine repräsentative Umfrage unter Katholiken zur medialen und personalen Kommunikation. Studienbericht, Allensbach: 2010.

der beiden Umfragen zeigt (Anhangtabelle 1, S. 229), stimmen die Rohergebnisse der Spezialumfrage unter Katholiken und die Werte, die für Katholiken in der bevölkerungsrepräsentativen Mehrthemenumfrage ermittelt wurden, in hohem Maße überein. Das heißt, auch kirchenferne Katholiken wurden in der Umfrage in annähernd repräsentativem Anteil erreicht. Um dennoch geringfügige Abweichungen auszugleichen, wurden die Daten der vorliegenden Umfrage durch eine faktorielle Gewichtung der Struktur der in der repräsentativen Bevölkerungsumfrage erfassten Katholiken angepasst. Die hier vorgelegten Ergebnisse können deshalb für die Gesamtheit der Katholiken in der Bundesrepublik Deutschland verallgemeinert werden.

Im Unterschied zu den vorangehenden Untersuchungen zum Trendmonitor wurden bei dieser Befragung Katholiken schon ab einem Alter von 14 Jahren – und nicht erst ab 16 Jahren – in die Studie einbezogen. Damit sind auch gesonderte Analysen der Ergebnisse für jugendliche Katholiken im Alter von 14 bis 17 Jahren möglich.

Die Interviews für den vorliegenden vierten MDG-Trendmonitor – Religiöse Kommunikation 2020/21 wurden zwischen dem 26. Juni und 23. Juli 2020 durchgeführt. Insgesamt 1.690 repräsentativ ausgewählte Katholiken ab 14 Jahren wurden dafür von geschulten Interviewern des Allensbacher Instituts mündlich-persönlich befragt. Der den Interviews zugrundeliegende Fragebogen umfasste auch die Frage-Items, die für die Auswertung der Daten nach Sinus-Milieus relevant sind.

In diesem ersten Teil des MDG-Trendmonitors werden nach einigen einführenden Befunden zu allgemeinen Entwicklungen des kirchlichen und medialen Umfelds die Ergebnisse insgesamt sowie für verschiedene soziodemografische Teilgruppen, für nach Kirchennähe gebildete Katholikensegmente sowie Mediennutzergruppen dargestellt und analysiert. Eine Zusammenfassung der wichtigsten Ergebnisse dieser Analysen ist dem Text vorangestellt.

2 ZUSAMMENFASSUNG

- Die Voraussetzungen für religiöse Kommunikation durch die katholische Kirche sind in den vergangenen Jahren noch schwieriger geworden: Zwar hat Religiosität per se in der Bevölkerung langfristig nicht abgenommen, und im Familien- und Freundeskreis sprechen Katholiken heute ähnlich häufig über Glaubensfragen und religiöse Themen wie vor rund 20 Jahren. Es ist aber eine fortschreitende Abkehr von den Kirchen in Deutschland zu beobachten. Dabei kommt es trotz der deutlich rückläufigen Mitgliederzahlen (auch) der katholischen Kirche nicht zu einer »Konzentration auf einen harten Kern« besonders eng gebundener Mitglieder, im Gegenteil: Auch im geschrumpften Mitgliederkreis hat die Bindung an die Kirche weiter abgenommen, die Austrittsneigung weiter zugenommen.

- Auch von Seiten der Mediennutzungsgewohnheiten und der Interessenlage der Adressaten werden die Rahmenbedingungen für kommunikative Maßnahmen der Kirche schwieriger. Mediennutzung orientiert sich immer stärker an bereits bestehenden Interessen oder situativen Informationsbedürfnissen. Die Interessenhorizonte gerade der jungen Bevölkerung verengen sich. Das explizite Interesse von Katholiken an religiösen Fragen und kirchlichen Themen erodiert weiter.

- Das Bild, das Katholiken von ihrer Kirche haben, hat vielfach eine kritische bis negative Färbung. Sie sehen die katholische Kirche zwar auf der einen Seite als karitative Institution, die auch vielen Menschen Orientierung bietet. Auf der anderen Seite erscheint sie vielen nicht mehr zeitgemäß. So wird die Kirche für ihre Sexualmoral, für die Rolle der Frau in der Kirche und eine mangelnde Offenheit, z. B. Homosexuellen gegenüber, kritisiert. Als schwere Hypothek lastet zudem nach wie vor der Missbrauchsskandal auf der katholischen Kirche. Die Mehrheit der Katholiken hat den Eindruck, dass die Kirche die Aufklärung von Missständen in den eigenen Reihen verhindert. Jeweils rund die Hälfte moniert zudem, dass Frauen von der Kirche nicht ausreichend anerkannt werden und dass die Kirche das, was sie vertritt, selbst oft zu wenig glaubwürdig vorlebt. Trost, Hilfs- und Beratungsangebote der Kirche sind vielen Katholiken nicht präsent. Was die Kirche dagegen aus der Sicht vieler nach wie vor leistet – und was viele auch erwarten: Sie bietet einen würdigen Rahmen, um wichtige Schritte im Leben zu feiern.

- Um durch geeignete (Kommunikations-)Maßnahmen die Kirchenbindung zu festigen, sind insbesondere kirchendistanzierte Christen und junge Erwachsene, d. h. 18- bis 29-Jährige, strategisch wichtige Zielgruppen. Kirchendistanzierte Christen sind mit 34 Prozent das mittlerweile größte Katholikensegment. Sie zeigen eine geringe Kirchenbindung und eine überdurchschnittliche Austrittsneigung, haben sich aber gleichzeitig noch nicht von zentralen Glaubensüberzeugungen verabschiedet. Auch 18- bis 29-Jährige zeigen eine überdurchschnittlich starke Austrittsneigung und sehen die katholische Kirche überdurchschnittlich kritisch.

- Im engeren Sinne kirchliche Themen stoßen nur in kirchenverbundenen Segmenten verbreitet auf größeres Interesse. Bei Katholiken insgesamt besteht hier noch am ehesten Interesse an kirchenkritischen Themen oder daran, was im unmittelbaren Nahfeld, d. h. in der eigenen Pfarrgemeinde passiert. Kirchenfernere Segmente, darunter insbesondere kirchendistanzierte Christen, interessieren sich aber verbreitet für Themen, die zwar nicht direkt kirchlich sind, zu denen die Kirche aber einen inhaltlichen Bezug hat, wie soziale Gerechtigkeit, Menschenrechte, soziales Engagement oder für Stellungnahmen zu den Problemen unserer Zeit. Eine Positionierung erwarten Katholiken von ihrer Kirche mehrheitlich sogar ausdrücklich bei vielen Themen – beim Thema Klimaschutz allerdings nur eine Minderheit.

- Von den verschiedenen kirchlichen und religiösen Medienangeboten nutzen Katholiken mit Abstand am verbreitetsten den Pfarrbrief, das Gemeindeblatt. Auch kirchendistanzierte Christen und 18- bis 29-Jährige sind über diesen Kanal vergleichsweise gut erreichbar, daneben über Beiträge zu kirchlichen oder religiösen Themen im Radio oder im Fernsehen; kirchendistanzierte Christen auch noch über entsprechende Berichte in säkularen Tageszeitungen und Zeitschriften, 18- bis 29-Jährige über religiöse Bücher. Das Internet nutzen beide Gruppen weniger verbreitet für kirchliche oder religiöse Inhalte. Insbesondere erreicht man in diesen beiden Zielgruppen kaum jemanden zusätzlich über das Internet, den man nicht auch über andere Medienkanäle erreicht.

- Insgesamt schaut nur ein kleiner Teil der Katholiken in den Medien gezielt nach Beiträgen zum Thema Glauben und Kirche (7 Prozent), darunter vor allem kirchenverbundene Segmente. Aber ein großer Teil der Katholiken schaut oder hört sich solche Beiträge – zumindest manchmal – an, wenn sie zufällig darauf stoßen, und findet das dann häufig auch interessant.

- Insgesamt nutzen 82 Prozent der Katholiken das Internet. Von den Katholiken unter 60 Jahren nutzen es rund 9 von 10 täglich, von den Katholiken ab 60 Jahren 39 Prozent. Aufgrund des dort höheren Durchschnittsalters nutzen kirchenverbundene Katholikensegmente das Internet weniger verbreitet bzw. weniger häufig als kirchendistanziertere Segmente.

- Das Internet ist ein stark interessengesteuertes Informationsmedium, d. h. die Auswahl der Inhalte erfolgt stärker als in anderen Mediengattungen entlang bestehender Interessen oder aktueller Informationsbedürfnisse.

- Auch deshalb ist das Internet ein wichtiges Medium kirchlicher Binnenkommunikation: Katholische Internetnutzer, die in einer Pfarrgemeinde oder einer kirchlichen Organisation aktiv sind, nutzen das Internet zu 48 Prozent häufig oder ab und zu für kirchliche oder religiöse Inhalte, Katholiken, die selbst oder deren Partner bei der Kirche angestellt sind, zu 49 Prozent.

- Insgesamt nutzt gut ein Drittel der Katholiken – darunter deutlich überdurchschnittlich häufig kirchenverbundene Segmente – das Internet auch für kirchliche oder religiöse Inhalte, allerdings nur 3 Prozent häufig, weitere 10 Prozent ab und zu. Spezielle Internetseiten, die sich mit Glauben und Religion beschäftigen, werden von 1 Prozent häufig und weiteren 7 Prozent ab und zu genutzt, entsprechende Angebote in sozialen Medien von ebenfalls 1 Prozent häufig und weiteren 4 Prozent ab und zu, Streamingangebote zu diesen Themen von 1 Prozent häufig und 3 Prozent ab und zu, Podcasts von ebenfalls 1 Prozent häufig und 2 Prozent ab und zu. Die Nutzergruppen finden sich eher in jungen bis mittleren Altersgruppen und kirchenverbundenen Katholikensegmenten. Auch das generelle Interesse an kirchlichen oder religiösen Onlinevideos oder Podcasts ist begrenzt und vergleichsweise noch am stärksten in kirchenverbundenen Segmenten.

- Internetangebote mit kirchlichem oder religiösem Inhalt werden am häufigsten über Suchmaschinen wie Google oder Yahoo angesteuert – insbesondere von jungen Katholiken –, vergleichsweise oft aber auch aufgrund von Hinweisen von Freunden, Bekannten oder in Zeitungen, Zeitschriften oder Pfarrbriefen.

- Von den konkreten Internetangeboten der Kirche wird mit Abstand am häufigsten die Internetseite der eigenen Pfarrgemeinde genutzt, daneben Internetseiten des Bistums, Angebote der eigenen Pfarrgemeinde in sozialen Medien, die Internetseite katholisch.de sowie Internetangebote von kirchlichen Hilfswerken und Akademien bzw. Bildungshäusern der Kirche. Viele Onlineangebote der Kirche sind den meisten Katholiken nicht bekannt, und das Interesse, sie kennenzulernen, ist gering.

- Die Bereitschaft, für Artikel oder Beiträge von kirchlichen Medien im Internet Geld zu bezahlen, ist ebenfalls gering.

- Den Pfarrbrief liest die Hälfte der Katholiken zumindest hin und wieder, darunter 25 Prozent regelmäßig. Er erreicht zu einem erheblichen Teil auch kirchendistanzierte Christen und 18- bis 29-Jährige (jeweils gut ein Drittel liest ihn zumindest hin und wieder). Unter Katholiken insgesamt und unter Lesern der Pfarrbriefe gibt es nach wie vor eine klare Präferenz für die gedruckte Ausgabe im Vergleich zu einer elektronischen. Lediglich unter 30-Jährige sehen das tendenziell anders, wobei eine relative Mehrheit auch dieser Gruppe keine klare Präferenz äußert.

- Rund jeder sechste Katholik erhält schon jetzt ein aufwendiger gestaltetes Pfarrmagazin. Insgesamt sprechen sich Katholiken eher für ein einfach gehaltenes, herkömmliches Pfarrblatt aus. Diejenigen allerdings, die jetzt schon ein Pfarrmagazin erhalten, sind mehrheitlich anderer Meinung und favorisieren das Pfarrmagazin.

- Abonnenten und regelmäßige Leser der Bistumszeitungen sind vor allem in kirchenverbundenen Segmenten zu finden. Onlineangebote der Bistumszeitungen werden eher ergänzend zur Printausgabe, weniger dagegen als Ersatz dafür genutzt. Mitgliedermagazine stoßen bei Katholiken grundsätzlich verbreitet auf Interesse, auch in jüngeren Altersgruppen und unter kirchendistanzierten Christen und insbesondere unter denjenigen, die vorher schon von solchen Magazinen gehört haben oder ein solches Magazin sogar schon mal gelesen haben. Abonnenten der Bistumszeitung sehen in einem Mitgliedermagazin allerdings keinen Ersatz für die Bistumszeitung, aber mehrheitlich ein interessantes Zusatzangebot.

- Zeitschriften und Wochenzeitungen, die sich viel mit Kirche, Glaubensfragen oder religiösen Themen beschäftigen, sowie Ordensmagazine erreichen vor allem kirchenverbundene Katholikensegmente.

- Berichte über Kirchen- und Glaubensfragen in säkularen Printmedien zum aktuellen Geschehen nehmen dagegen auch kirchenfernere Segmente und jüngere Katholiken vergleichsweise häufig wahr.

- Die Reichweite und Lesehäufigkeit religiöser Bücher unter Katholiken ist trotz insgesamt rückläufiger Buchlektüre annähernd stabil. Religiöse Bücher – auch aus dem »Kernbereich« – werden in vergleichsweise hohen Anteilen auch von Katholiken aus kirchenferneren Segmenten und jüngeren Altersgruppen gelesen. Am größten ist das Interesse an Büchern über den Sinn des Lebens bzw. zur Bewältigung von Sinn- oder auch Lebenskrisen.

- 13 Prozent der Katholiken haben Interesse an religiösen E-Books oder diese bereits genutzt, 16 Prozent Interesse an religiösen Hörbüchern oder diese bereits genutzt. Die Interessenten bzw. Leser/Hörer sind überdurchschnittlich jung, gut gebildet und nicht deutlich überdurchschnittlich häufig aus kirchenverbundenen Katholikensegmenten.

- Die Zahl der Katholischen Öffentlichen Büchereien (KÖB) scheint rückläufig, zumindest berichten weniger Katholiken als noch 2009 davon, dass es bei ihnen am Ort eine KÖB gibt. Entsprechend ist auch der Anteil der Katholiken, die schon einmal in einer KÖB waren, leicht rückläufig. Bemerkenswerterweise stabil ist dagegen der Anteil der Nutzer, d. h. der Katholiken, die sich dort manchmal ein Buch ausleihen (12 Prozent).

- Kirchliche bzw. religiöse Angebote im Radio und Fernsehen erzielen eine bemerkenswerte Reichweite und erreichen zum Teil auch kirchendistanziertere Segmente. Insgesamt hört sich fast ein Drittel der Katholiken zumindest gelegentlich Beiträge zu kirchlichen oder religiösen Themen im Radio an, 37 Prozent sehen solche Beiträge zumindest gelegentlich im Fernsehen. Diese Anteile sind im Vergleich zu 2009 stabil.

- 30 Prozent der Katholiken hören sich zumindest gelegentlich religiöse Musik an, darunter auch jüngere Altersgruppen und kirchendistanzierte Segmente in vergleichsweise hohen Anteilen.

- Die persönlichen Kontakte von Katholiken zum Pfarrer ihrer Pfarrgemeinde, zu anderen Priestern, hauptamtlichen Mitarbeitern, kirchlichen Einrichtungen oder Ordensleuten bzw. Klöstern ist gegenüber 2009 leicht erodiert. Gute persönliche Kontakte pflegen vor allem Katholiken aus kirchenverbundenen Segmenten. Dagegen berichten nur 30 Prozent der 18- bis 29-Jährigen und 24 Prozent der kirchendistanzierten Christen von guten Kontakten zu zumindest einem dieser Ansprechpartner. Persönliche Kontakte können in aller Regel eine schlechte mediale Erreichbarkeit von Katholiken für religiöse oder kirchliche Inhalte nicht kompensieren: Wer kirchliche oder religiöse Medienangebote wenig nutzt, hat in der Regel auch wenig persönlichen Kontakt zu Kirchenvertretern oder -mitarbeitern.

- Mit der Behandlung von Wünschen und Anliegen durch die Kirche vor Ort zeigen sich Katholiken aber – sofern sie dazu ein Urteil abgeben – ganz überwiegend (sehr) zufrieden. Auch kirchendistanzierte Segmente äußern hier in nur kleinen Anteilen ausdrücklich Kritik. Überdurchschnittlich zufrieden zeigen sich Katholiken in Dörfern sowie in eigenständigen Pfarreien.

3 ERGEBNISSE

3.1 Veränderungen im medialen Umfeld

Das Mediennutzungs- und Informationsverhalten der Bevölkerung hat sich mit der Einführung und Durchsetzung des Internets in den letzten zwei Jahrzehnten in vielerlei Hinsicht deutlich verändert und verändert sich weiter. In nur rund 10 Jahren – von der zweiten Hälfte der 90er Jahre bis 2006 – ist das Internet von einem Medium, das von einer kleinen Minderheit genutzt wurde, zu einem Medium der Bevölkerungsmehrheit geworden. Die Nutzerreichweite nimmt nach wie vor zu und liegt aktuell bei über 80 Prozent der Bevölkerung ab 14 Jahre (Schaubild 1).

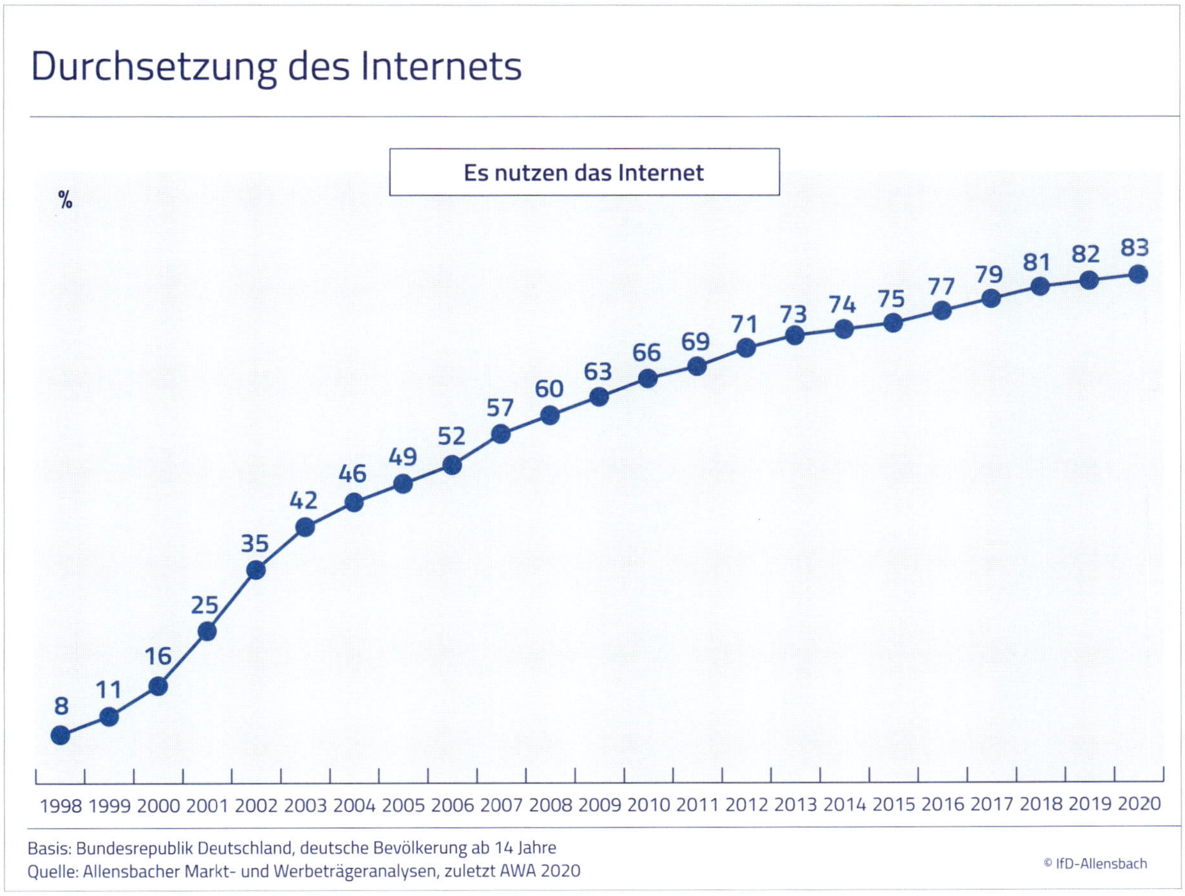

Schaubild 1

Zusätzliche Reichweite gewinnt das Internet derzeit vor allem noch unter Personen ab 60 Jahren. Von den unter 50-Jährigen sind über 95 Prozent online, von den 50- bis 59-Jährigen 91 Prozent. Lediglich in der Altersgruppe der ab 70-Jährigen sind die Internetnutzer noch in der Minderheit (Schaubild 2).

Entwicklung der Internetbeteiligung nach Altersgruppen

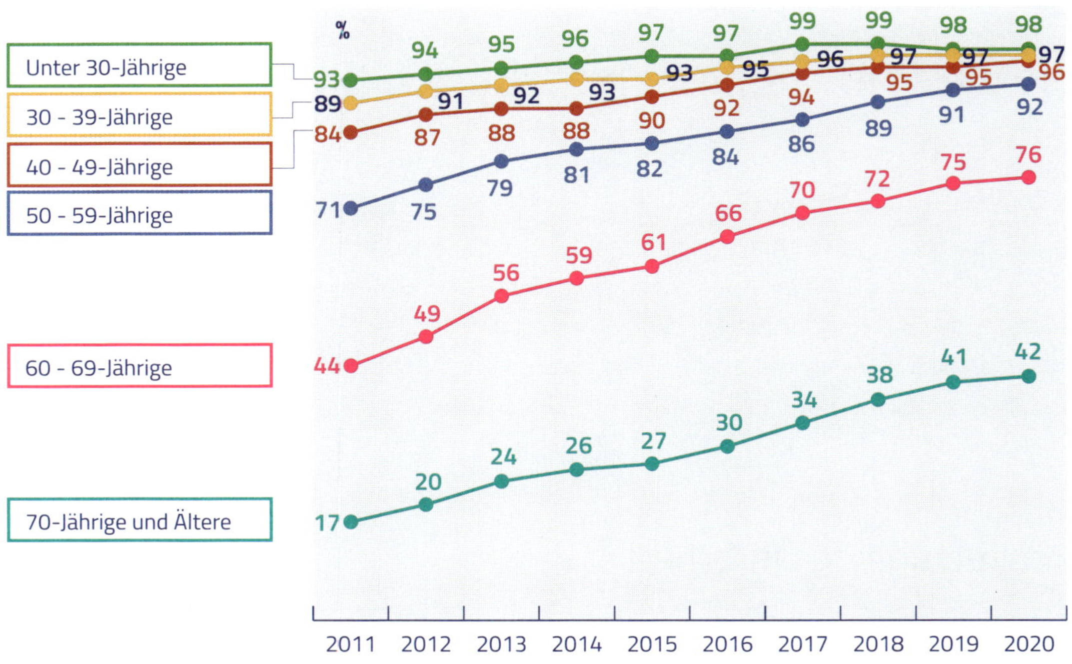

Basis: Bundesrepublik Deutschland, deutschsprachige Bevölkerung ab 14 Jahre
Quelle: Allensbacher Markt- und Werbeträgeranalysen, zuletzt AWA 2020

Schaubild 2

Deutlich dynamischer als die Nutzerreichweiten sind in den vergangenen Jahren die Nutzungszeiten des Internets gewachsen. Der Anteil der Bevölkerung, bei dem das Internet fester Alltagsbestandteil ist, also mehrmals am Tag oder sogar kontinuierlich, fast die ganze Zeit genutzt wird, ist in den letzten 10 Jahren von 25 auf zuletzt 59 Prozent der Bevölkerung steil angestiegen (Schaubild 3).

Die Nutzungsfrequenz wächst kontinuierlich

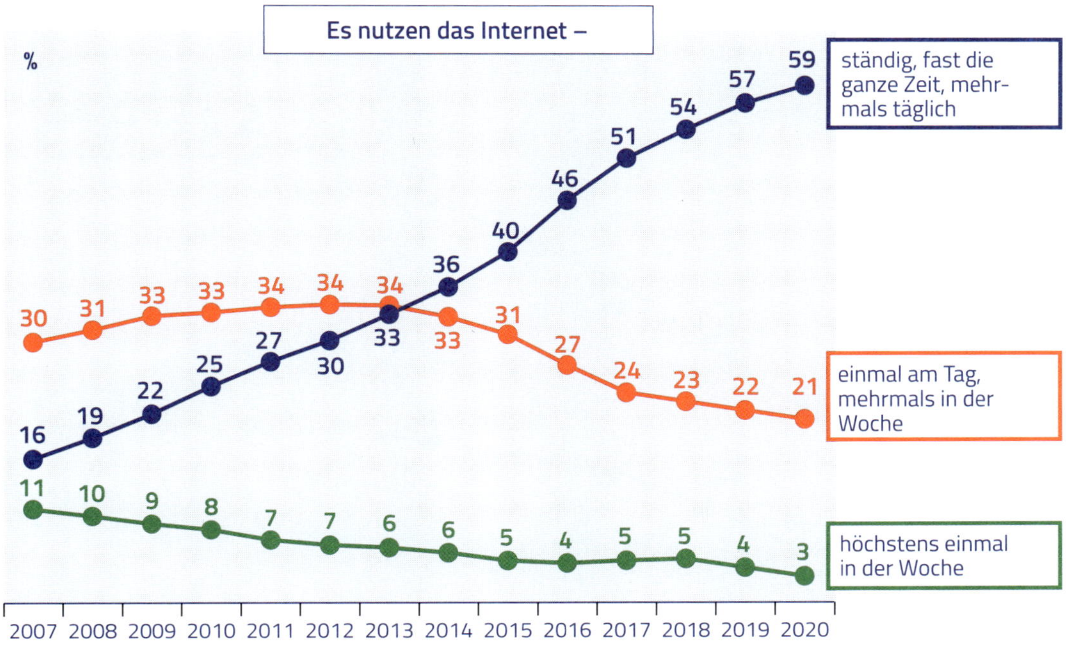

Basis: Bundesrepublik Deutschland, deutsche Bevölkerung ab 14 Jahre
Quelle: Allensbacher Markt- und Werbeträgeranalysen, zuletzt AWA 2020

© IfD-Allensbach

Schaubild 3

Gleichzeitig – und damit zusammenhängend – wird die Internetnutzung mobiler. Gut zwei Drittel der Bevölkerung gehen mittlerweile (auch) mit einem Smartphone ins Netz, gut ein Viertel nutzt (auch) ein Tablet (Schaubild 4). Entsprechend werden Informationen immer öfter auch außer Haus abgerufen. Mittlerweile informieren sich 45 Prozent der Bevölkerung häufig unterwegs im Internet (Schaubild 5).

Fortgesetzter Anstieg der Internetnutzung mit Handheld-Geräten

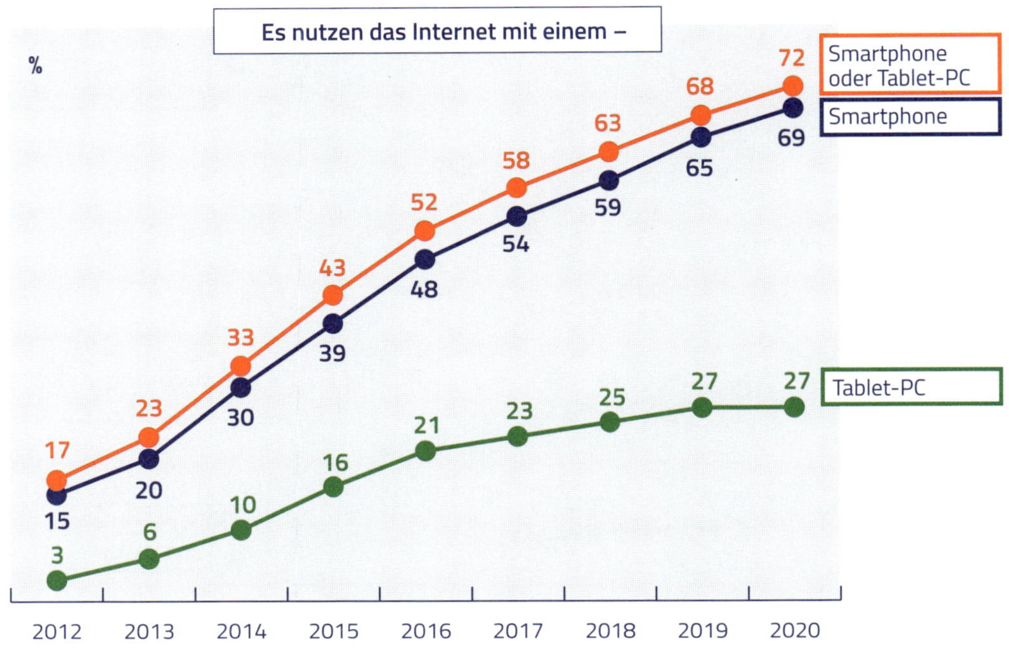

Basis: Bundesrepublik Deutschland, deutschsprachige Bevölkerung ab 14 Jahre
Quelle: Allensbacher Markt- und Werbeträgeranalysen, zuletzt AWA 2020

© IfD-Allensbach

Schaubild 4

Immer mehr Information »out of home«

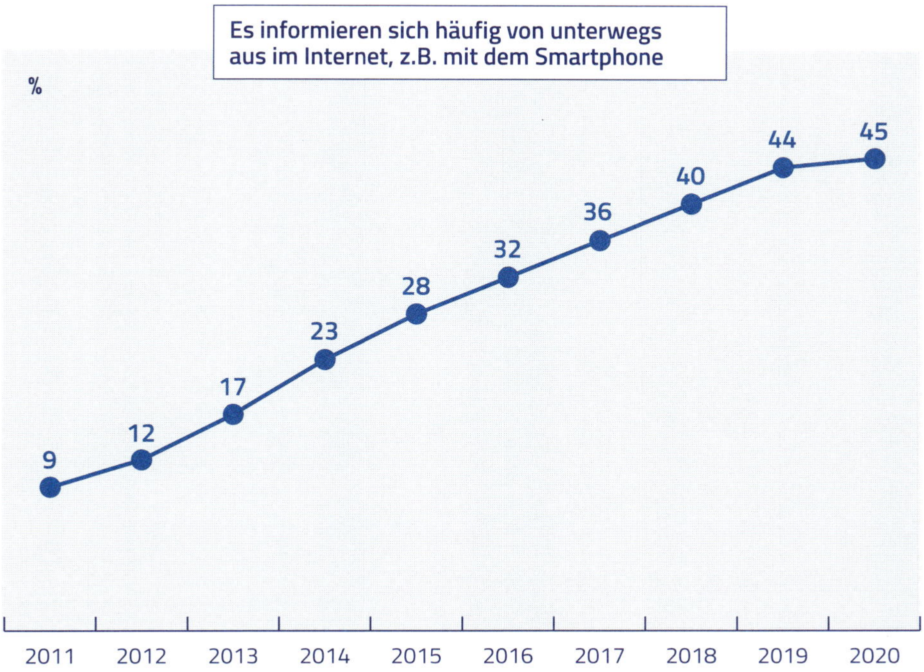

Basis: Bundesrepublik Deutschland, deutschsprachige Bevölkerung ab 14 Jahre
Quelle: Allensbacher Markt- und Werbeträgeranalysen, zuletzt AWA 2020

Schaubild 5

Eine besondere Stärke des Internets im Vergleich zu anderen Medien liegt in der Möglichkeit, zielgerichtet die Informationen abrufen zu können, die man gerade benötigt. Für diesen Informationszweck, also bei Vorliegen eines aktivierten und strukturierten Informationsbedarfs, hat das Internet anderen Medien auch vergleichsweise schnell den Rang abgelaufen. Bereits 2014 war der Anteil der Bevölkerung, der das Internet nutzt, wenn es darum geht, sich über ein bestimmtes Thema näher zu informieren, größer als die Anteile, die jeweils zu anderen Mediengattungen greifen, also Berichte in Zeitungen oder Zeitschriften lesen, oder auf Berichte im Fernsehen oder im Radio achten (Schaubild 6).

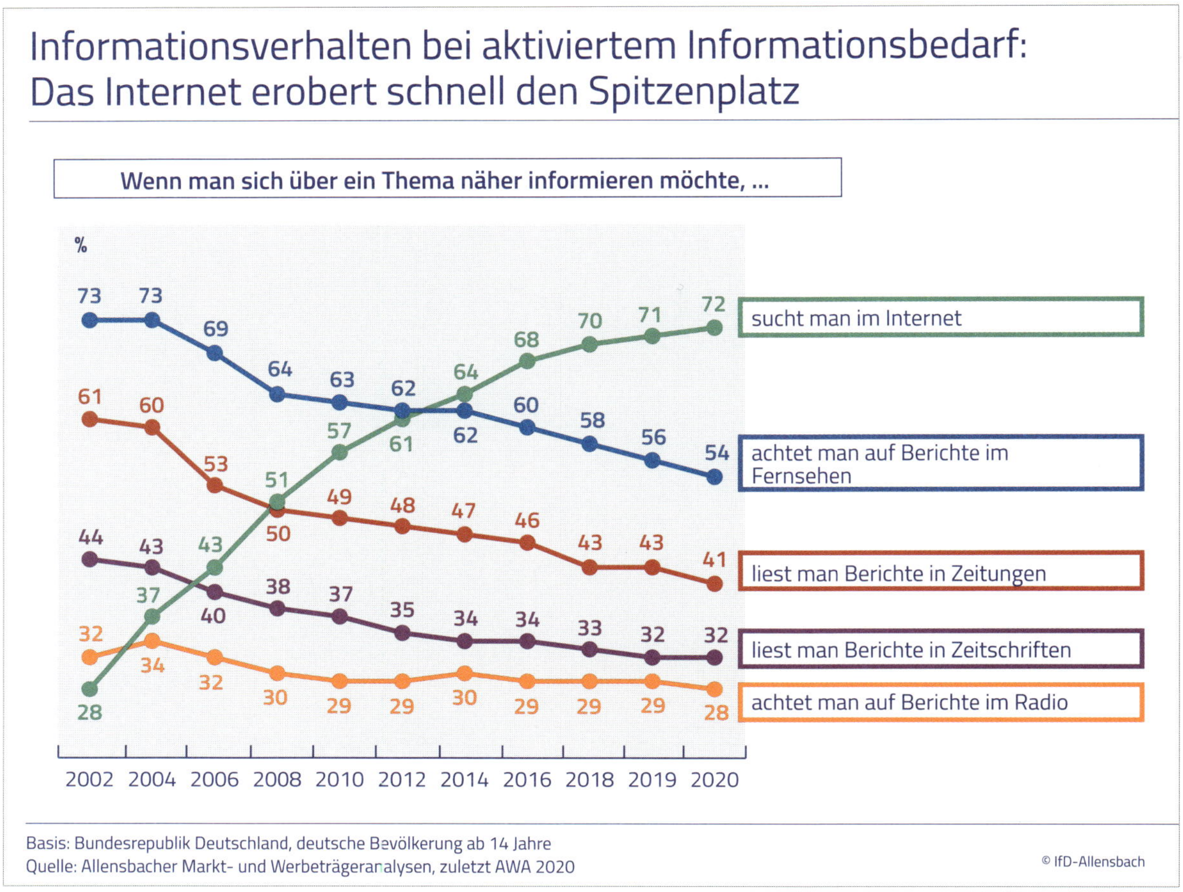

Schaubild 6

Aber auch für die Information über das aktuelle Geschehen hat die Bedeutung des Internets in den vergangenen Jahren deutlich zugenommen. Bezogen auf die Bevölkerung insgesamt steht das Internet bei dieser Art von Informationsbedarf aber nach wie vor hinter den anderen Mediengattungen zurück: Während sich an einem durchschnittlichen Tag 61 Prozent der Bevölkerung über das aktuelle Geschehen im Fernsehen informieren, 38 Prozent in einer Zeitung und 33 Prozent im Radio, waren es zuletzt »nur« 30 Prozent, die hierfür das Internet genutzt haben (Schaubild 7).

Anders sieht es allerdings in der jungen Generation aus. Von den unter 30-Jährigen haben sich zuletzt an einem durchschnittlichen Tag 38 Prozent online über das aktuelle Geschehen informiert, lediglich noch 32 Prozent über das Fernsehen und 11 Prozent über eine Zeitung.[5]

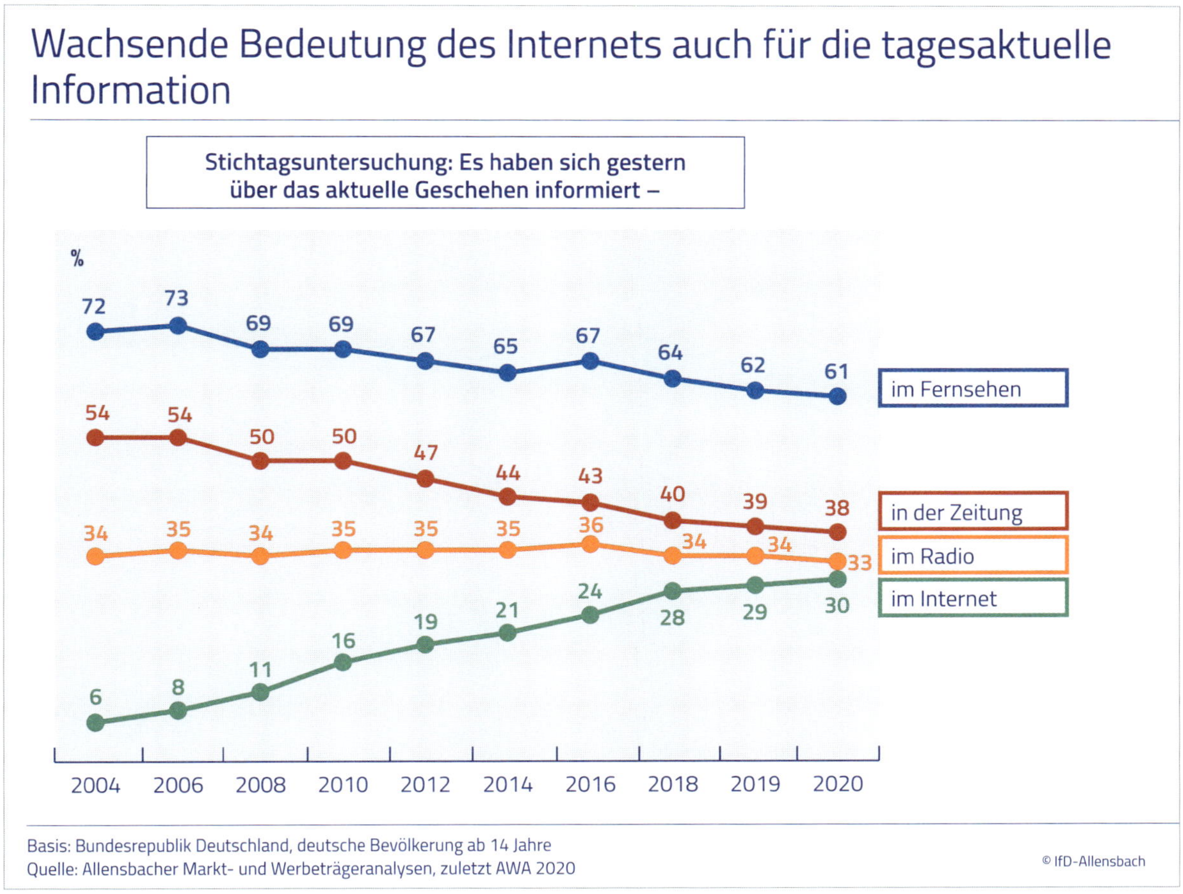

Schaubild 7

5 Institut für Demoskopie Allensbach: Allensbacher Markt- und Werbeträgeranalyse (AWA) 2020. Allensbach, 2020.

Insgesamt zeigen die verschiedenen Altersgruppen ein deutlich unterschiedliches Informationsverhalten. Während für unter 30-Jährige das Internet das mit weitem Abstand wichtigste Informationsmedium zum aktuellen Geschehen ist, und Zeitungen nur eine ganz nachrangige Rolle spielen, und das für 30- bis 44-Jährige mit Abstrichen in ähnlicher Weise gilt, ist für 45- bis 59-Jährige das Fernsehen wichtiger als das Internet. Und für Personen ab 60 Jahren spielt das Internet als Nachrichtenmedium nur eine sehr untergeordnete Rolle. Zeitungen sind deutlich wichtiger, am wichtigsten aber hier das Fernsehen (Schaubild 8). Mit der Durchsetzung des Internets haben sich die Informationskulturen der Generationen in einer Weise auseinanderentwickelt, die noch vor 25 Jahren kaum vorstellbar war.

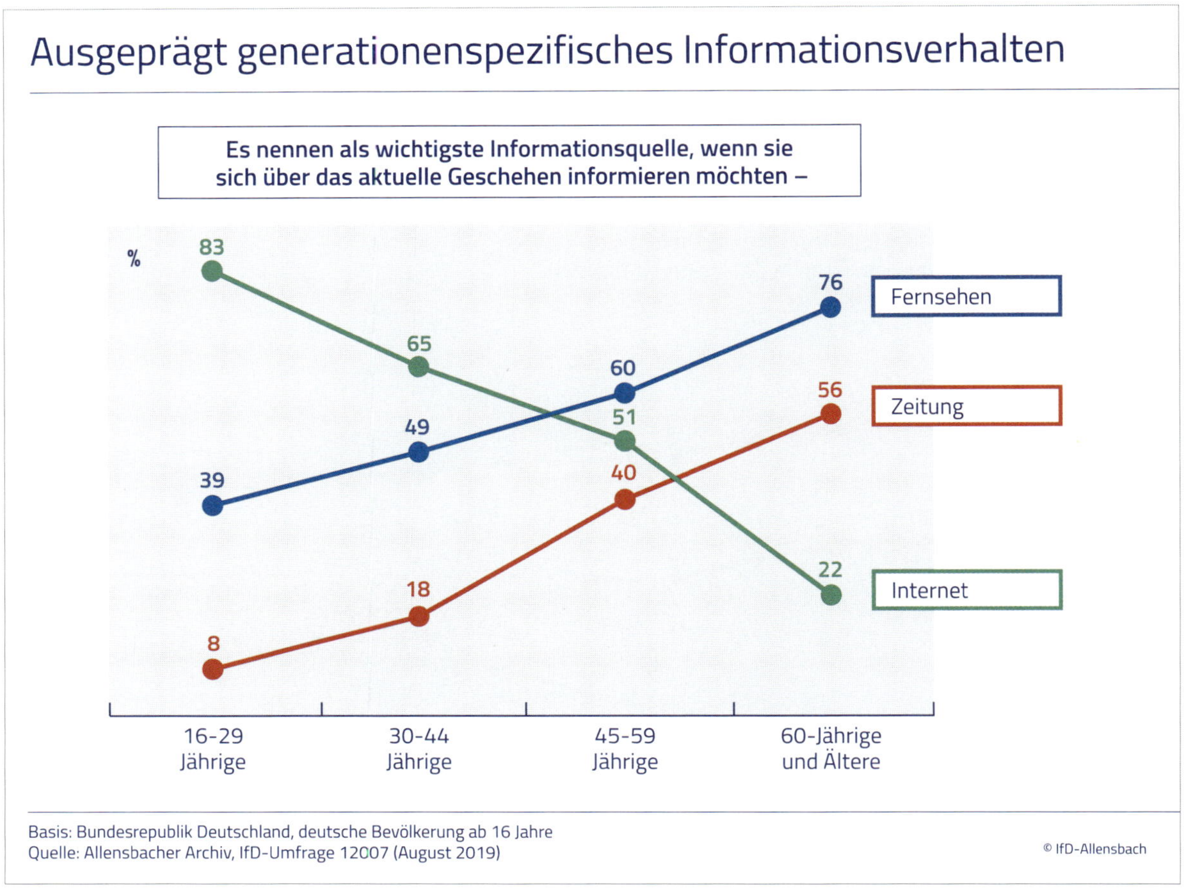

Schaubild 8

Die Veränderungen des Informationsverhaltens und der Mediennutzungsgewohnheiten betreffen aber nicht nur die Frage, welche Mediengattungen wie intensiv genutzt werden. So zeigt eine Kohortenanalyse über die letzten 15 Jahre, dass die Anteile derer, die sich an einem durchschnittlichen Tag informieren, von Alterskohorte zu Alterskohorte zurückgehen. Dieser Prozess hat nicht erst mit dem Aufkommen des Internets eingesetzt – auch zwischen heute Anfang 70-jährigen und Ende 50-Jährigen besteht ein stabiler Unterschied in dieser Hinsicht. Aber der Abschmelzprozess setzt sich weiter fort: Die Altersgruppe der heute 30- bis 34-Jährigen beispielsweise informiert sich heute an einem durchschnittlichen Tag in kleinerem Anteil über das aktuelle Geschehen als die 30- bis 34-Jährigen vor 10 Jahren (Schaubild 9). Das Informationsverhalten wird also in den nachwachsenden Alterskohorten immer unregelmäßiger.

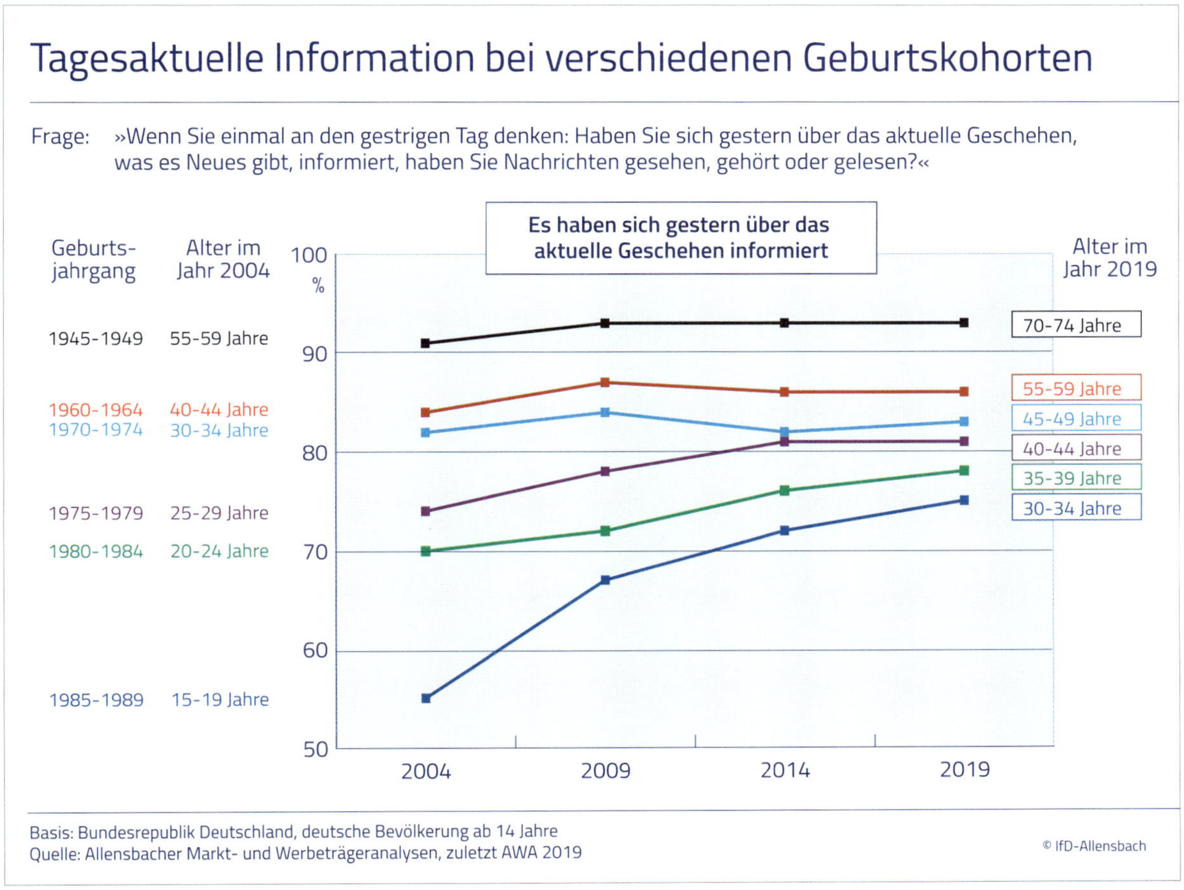

Schaubild 9

Dieser Rückgang der täglichen Information gerade in jüngeren Altersgruppen hängt mit einer Veränderung der Normen darüber zusammen, wie regelmäßig man sich über das aktuelle Geschehen informieren *sollte*. Allein zwischen 2017 und 2019 ist der Anteil der Bevölkerung, der eine tägliche Information über das aktuelle Geschehen nicht mehr für notwendig hält, weil man durch das Internet Informationen jederzeit bekommen kann, von 38 auf 44 Prozent gestiegen. Der Anteil, der hier ausdrücklich widerspricht, ist im gleichen Zeitraum dagegen von 48 auf 37 Prozent gefallen – und damit zur Minderheitsposition geworden (Schaubild 10).

In der jungen Generation sind sogar bereits gut zwei Drittel davon überzeugt, dass eine tägliche Information über das aktuelle Geschehen nicht mehr notwendig ist, und auch unter den 30- bis 44-Jährigen eine Mehrheit (Schaubild 11).

Normenwandel: Abkehr von der regelmäßigen Information

»Heutzutage muss man sich nicht mehr täglich über das aktuelle Geschehen informieren. Durch das Internet kann man Informationen jederzeit bekommen, wenn man sie gerade braucht oder sie einen interessieren.«

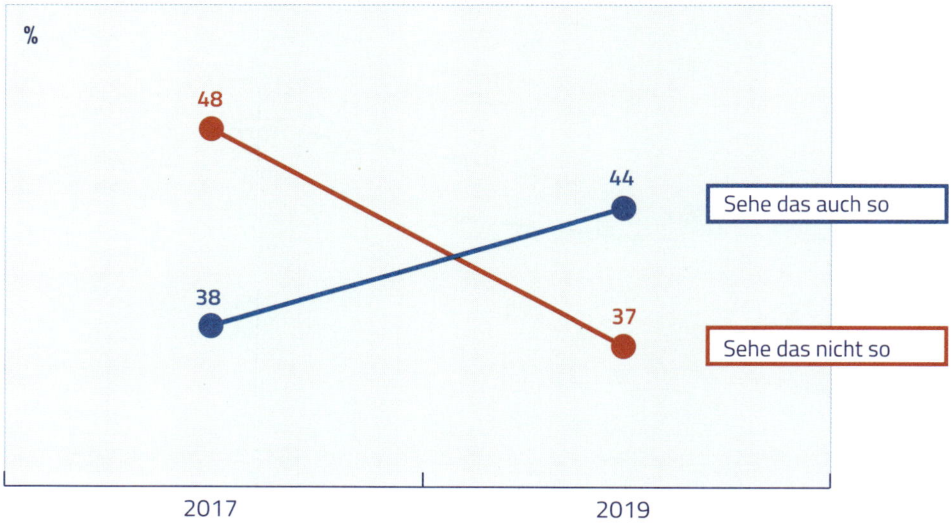

Basis: Bundesrepublik Deutschland, Bevölkerung ab 16 Jahre
Quelle: Allensbacher Archiv, IfD-Umfragen 11073, 12007

© IfD-Allensbach

Schaubild 10

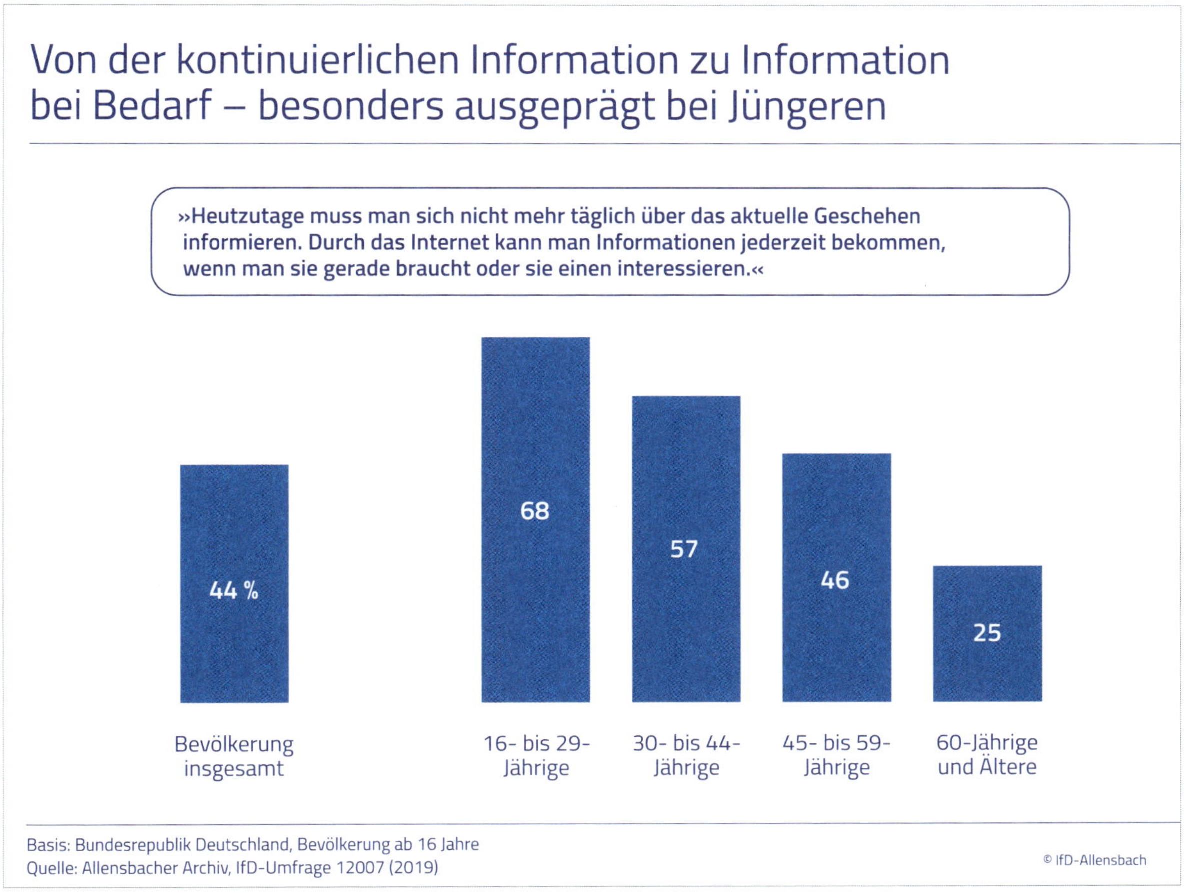

Schaubild 11

Einhergehend mit der abnehmenden Regelmäßigkeit der aktuellen Information und der zunehmenden Überzeugung, dass eine regelmäßige Information nicht notwendig ist, weicht in der jüngeren Generation auch das selbstgesteuerte zugunsten eines impulsgetriebenen Informationsverhaltens. Nur noch eine Minderheit der unter 30-Jährigen informiert sich von sich aus regelmäßig – und auch das nicht notwendigerweise täglich – über das aktuelle Geschehen. 52 Prozent verlassen sich dagegen darauf, dass sie es mitbekommen, wenn etwas Wichtiges passiert, z. B. über soziale Netzwerke oder Push-Nachrichten, die sie auf das Handy bekommen. In höheren Altersgruppen sind es zwar (noch) Minderheiten, die sich auf diese Weise über das aktuelle Geschehen informieren (lassen), unter den 30- bis 44-Jährigen aber auch immerhin bereits 28 Prozent (Schaubild 12).

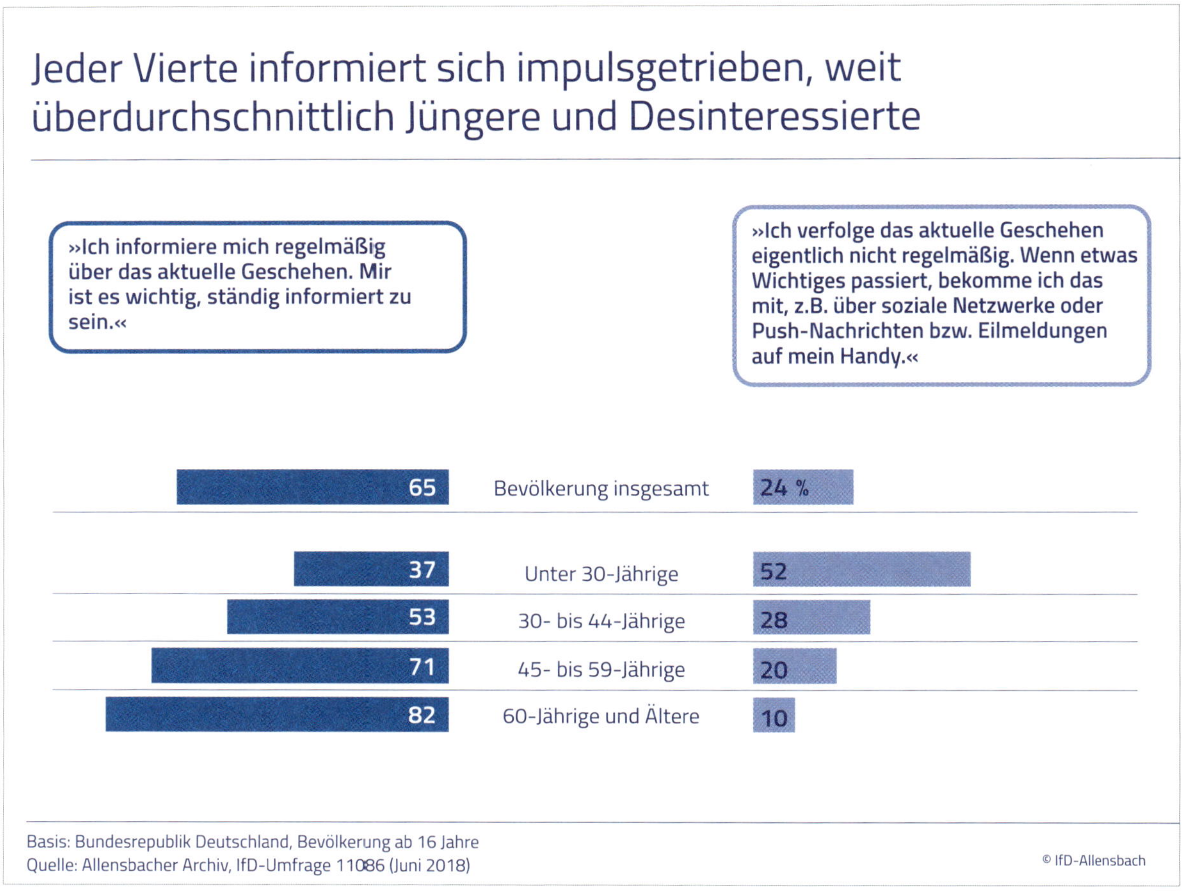

Schaubild 12

Neben der nachlassenden Regelmäßigkeit der Information und einem zunehmend impulsgetriebenen Informationsverhalten zeigt sich auch eine bemerkenswerte Oberflächlichkeit in der Rezeption von Online-Nachrichten, insbesondere in der jungen Generation. Insgesamt gut die Hälfte derjenigen Internetnutzer, die sich online (auch) über Politik informieren, lesen dort meist nur Schlagzeilen oder Kurztexte, nur eine Minderheit von 41 Prozent oft auch längere Texte. Bei den unter 30-Jährigen nehmen 59 Prozent meist nur Schlagzeilen oder kurze Texte zur Kenntnis, lediglich ein Drittel oft auch längere Texte (Schaubild 13).

Schlagzeilenorientierung

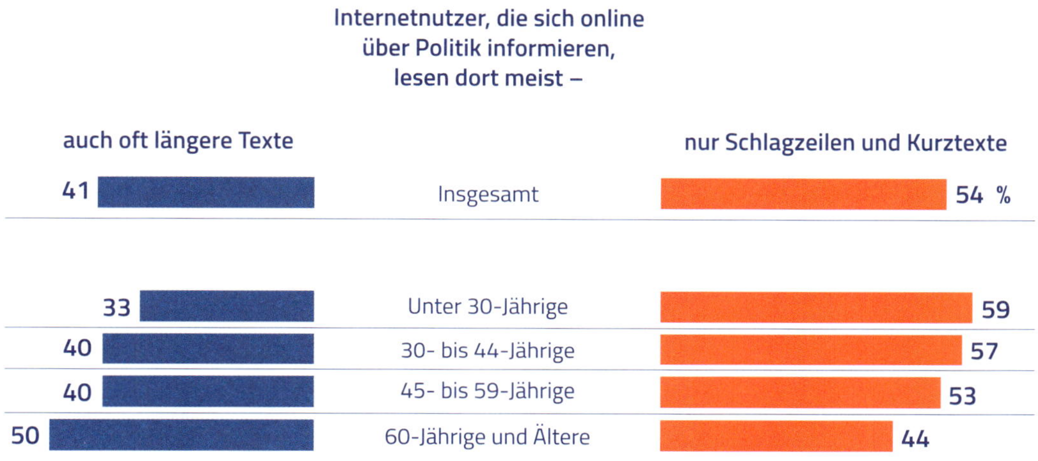

Basis: Bundesrepublik Deutschland, Internetnutzer, die sich im Internet über Politik informieren
Quelle: Allensbacher Archiv, IfD-Umfrage 11067 (Februar 2017)
© IfD-Allensbach

Schaubild 13

Eine bemerkenswerte Ausnahme zu diesem Trend zu mehr Ungeduld und Oberflächlichkeit in der Informationsaufnahme findet sich im Zusammenhang mit der Zeitschriftenlektüre. Ein seit Jahren kontinuierlich wachsender Teil der Bevölkerung – zuletzt 44 Prozent – äußert, dass sie Zeitschriften, an denen sie interessiert sind, meistens sehr gründlich lesen, gerade auch die längeren Artikel. Ebenso ist der Anteil derer seit 2016 deutlich angestiegen, die sich beim Zeitschriftenlesen ganz auf dieses Medium fokussieren: Zuletzt 40 Prozent geben zu Protokoll, dass sie, wenn sie Zeitschriften lesen, »nichts nebenbei machen« (Schaubild 14).

Bemerkenswert: konzentriertere Lektüre in einer immer mehr von Ungeduld geprägten Gesellschaft

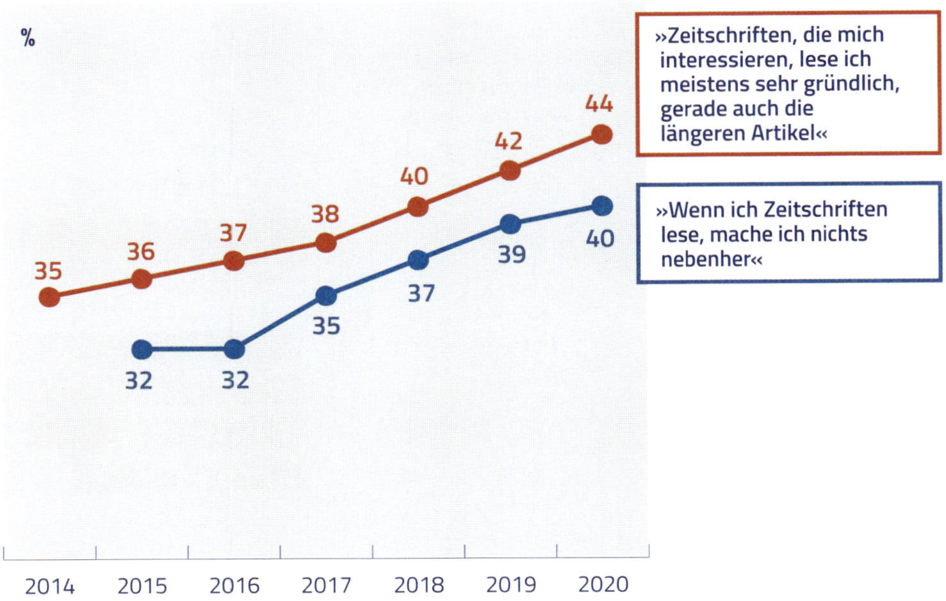

Basis: Bundesrepublik Deutschland, deutschsprachige Bevölkerung ab 14 Jahre
Quelle: Allensbacher Markt- und Werbeträgeranalysen, zuletzt AWA 2020

© IfD-Allensbach

Schaubild 14

Neben einer abnehmenden Regelmäßigkeit, stärkerer Steuerung durch äußere Impulse und Tendenzen einer zunehmenden Oberflächlichkeit in der Rezeption aktueller Informationen zeigt die Veränderung des Informationsangebots eine weitere, paradoxe Folge: Die immer weiter zunehmende Fülle an Informationen, die Möglichkeit bzw. Notwendigkeit, im Internet Informationen gezielt aktiv ansteuern zu können bzw. zu müssen, sowie die jederzeitige Verfügbarkeit von Informationen führt zu einer schärferen Selektion der genutzten Informationsangebote. Es werden vor allem Informationen abgerufen, die unmittelbar gebraucht werden oder die gerade besonders interessieren. Eine solche Selektion entlang bereits bestehender Bedürfnisse und Interessen führt zu einer unerwarteten Konsequenz: Trotz – oder eben gerade wegen – der großen Fülle an verfügbaren Informationen hat sich das Interessenspektrum insbesondere in der internetsozialisierten jungen Generation verengt. Eine Weitung des eigenen Horizonts dadurch, dass man auf Themen stößt und sich mit ihnen auseinandersetzt, für die man sich zuvor weniger interessiert hat – in der (Zeitungs-)Leserforschung als »serendipity« bezeichnet –, wird offenbar unwahrscheinlicher. So ist für ein breites Spektrum von Themengebieten der Anteil der unter 30-Jährigen, die sich dafür besonders interessieren, in den letzten gut 15 Jahren signifikant zurückgegangen. Das gilt für gesellschaftliche Themenbereiche wie Wirtschaft, lokale Ereignisse, Wissenschaft und Kunst und Kultur ebenso wie für Interessensgebiete, die den privaten Bereich betreffen, wie Wohnen und Einrichten, Gastlichkeit, Geld- und Kapitalanlagen, Autos bzw. Autotests oder Warentests. Die Themenbereiche Politik und Umweltschutz gehören dabei zu den wenigen Themengebieten, die von diesem Interessenrückgang nicht betroffen sind (Schaubild 15). Das dürfte an einer zunehmenden Politisierung der Öffentlichkeit in den letzten Jahren insbesondere durch das Aufkommen der AfD bzw. an den intensiven Debatten zum Thema »Klimaschutz« liegen.

Umfassende Verengung des Interessenspektrums insbesondere bei unter 30-Jährigen

Frage: »Es ist ja oft so, dass man über das eine gern mehr erfahren möchte, anderes interessiert einen weniger. Könnten Sie jetzt bitte einmal die Karten hier ansehen und auf dieses Blatt verteilen, je nachdem, wie sehr Sie das interessiert.«

Basis: Bundesrepublik Deutschland, 14- bis 29-Jährige
Quelle: Allensbacher Markt- und Werbeträgeranalysen, AWA 2003 und AWA 2020

Schaubild 15

Diese Verengung des Interessenspektrums und der Rückgang der Anteile der Bevölkerung, die für bestimmte Themenbereiche Interesse zeigen, zeigt sich zwar ausgeprägt in der jungen Bevölkerung, hat aber mittlerweile auch höhere Altersgruppen erreicht. So geht beispielsweise das Interesse der Gesamtbevölkerung am Thema Wirtschaft seit 10 Jahren kontinuierlich und deutlich zurück: Zeigten 2010 noch 54 Prozent der Bevölkerung Interesse für Wirtschaftsfragen, lag dieser Anteil 2020 bei nur noch 45 Prozent (Schaubild 16).

Ein solcher durch die Veränderungen des Medienangebots und der Mediennutzungsgewohnheiten induzierter Interessenrückgang wird auch im Bereich Kirche und Religion in Rechnung zu stellen sein.

Beispiel Wirtschaftsthemen: kontinuierliche Erosion des Interesses auch in der Bevölkerung insgesamt

Frage: »Es ist ja oft so, dass man über das eine gern mehr erfahren möchte, anderes interessiert einen weniger. Könnten Sie jetzt bitte einmal die Karten hier ansehen und auf dieses Blatt verteilen, je nachdem, wie sehr Sie das interessiert.«

Basis: Bundesrepublik Deutschland, deutsche Bevölkerung ab 14 Jahre
Quelle: Allensbacher Markt- und Werbeträgeranalysen, zuletzt AWA 2020

Schaubild 16

3.2 Veränderungen im religiösen Umfeld: fortschreitende Abwendung von den Kirchen bei weitgehend stabiler Religiosität

Die allgemeinen Veränderungen im medialen Umfeld, bei den Mediennutzungsmustern und dem Informationsverhalten der Bevölkerung, stecken Rahmenbedingungen für die mediale Kommunikation der katholischen Kirche mit ihren Mitgliedern ab. Die im Folgenden dargestellten Veränderungen im religiösen Umfeld unterstreichen noch einmal deutlich die Notwendigkeit zur Kommunikation der katholischen Kirche mit ihren Mitgliedern und die Dringlichkeit eines der möglichen Ziele solcher Kommunikation: die Festigung und Stärkung der Bindung der Kirchenmitglieder an die katholische Kirche.

Die Mitgliederzahlen sowohl der katholischen als auch der evangelischen Kirche sind in Deutschland langfristig rückläufig. Dabei sind die Mitgliederzahlen der evangelischen Kirche stärker zurückgegangen als die der katholischen: Waren 1990 noch 37 Prozent der Bevölkerung evangelisch und 35 Prozent katholisch, so waren es Ende 2019 noch 25 Prozent bzw. 27 Prozent (Schaubild 17).

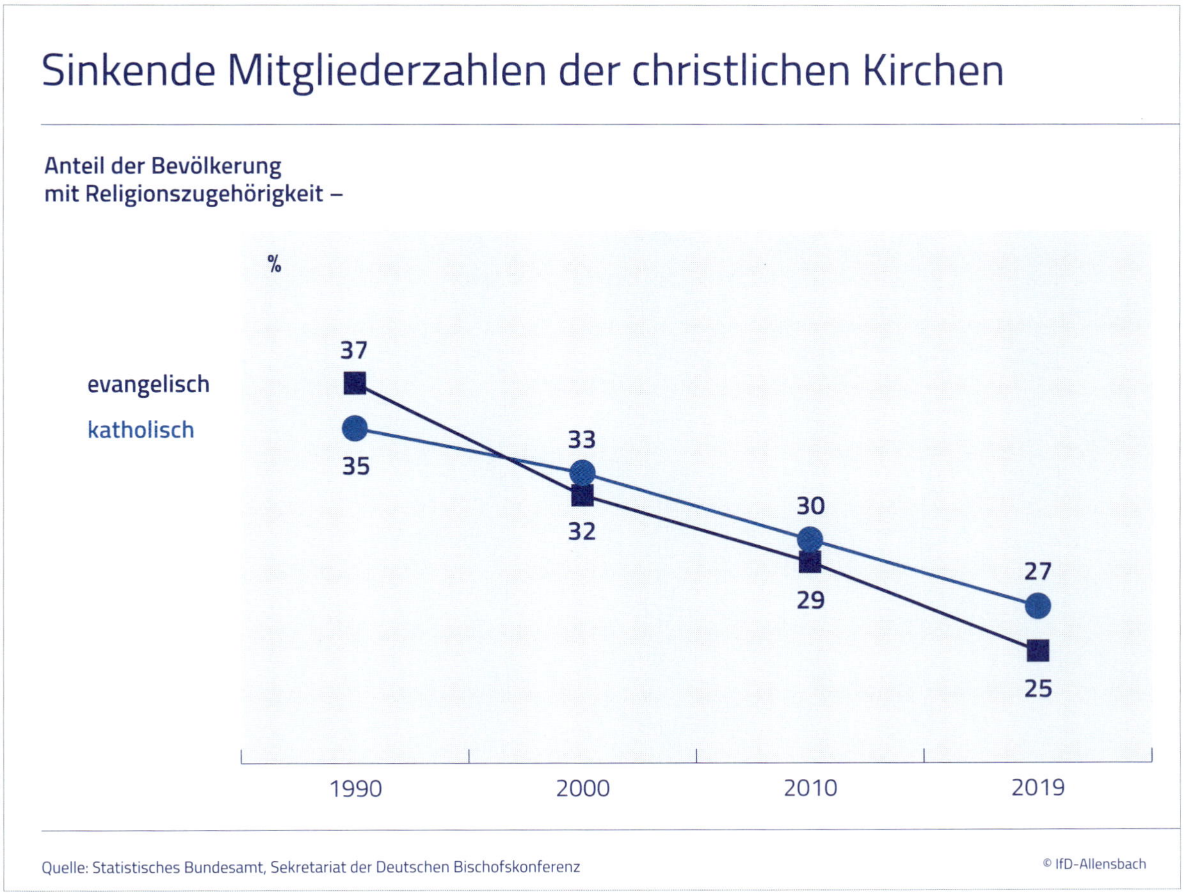

Schaubild 17

Die Zahl der Austritte aus der katholischen Kirche war nach einem starken Anstieg Mitte der 90er Jahre des letzten Jahrhunderts zu Beginn des 21. Jahrhunderts wieder zurückgegangen, in den letzten rund 15 Jahren aber erneut stark angestiegen. 2019 wurde mit rund 273.000 Austritten ein vorläufiger Höchststand erreicht. Gleichzeitig sind die Eintritte und Wiederaufnahmen seit 2005 von rund 16.000 auf rund 9.000 im Jahr zurückgegangen (Schaubild 18).

Kirchenaustritte, Eintritte und Wiederaufnahmen im Trend 1950 - 2019

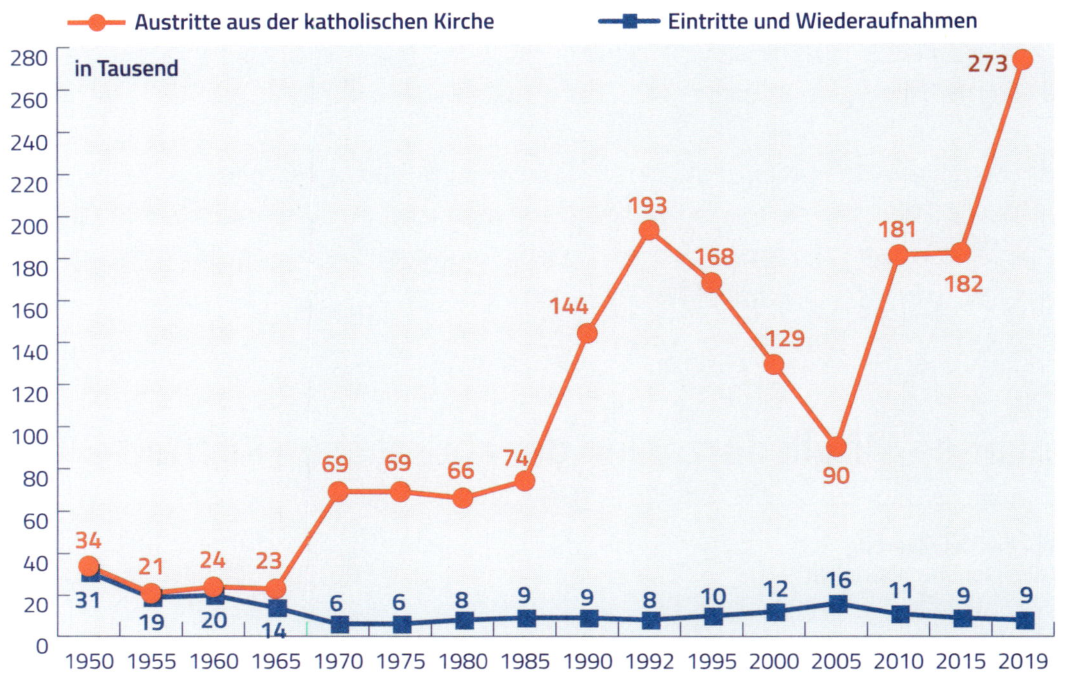

Basis: Bundesrepublik Deutschland (bis 1985 nur Westdeutschland)
Quelle: Deutsche Bischofskonferenz, Referat Statistik

© IfD-Allensbach

Schaubild 18

Der Rückgang der Mitgliederzahlen der katholischen Kirche führt allerdings nicht – wie man erwarten könnte – dazu, dass die verbleibenden Mitglieder ihrer Kirche umso enger verbunden sind, die Kirchenmitglieder sich also gleichsam auf einen »harten Kern« besonders gläubiger Christen reduzieren. Im Gegenteil ist an einer Reihe von Indikatoren abzulesen, dass die kirchlichen Bindungen innerhalb des kleiner werdenden Kreises der Kirchenmitglieder entgegen solchen Erwartungen eher lockerer als enger werden. Das zeigt sich schon an der Zahl der Gottesdienstteilnehmer: 1950 besuchte durchschnittlich rund die Hälfte der Kirchenmitglieder (in Westdeutschland) den Gottesdienst. 1990 lag dieser Anteil in Gesamtdeutschland noch bei 21,9 Prozent, aktuell, d. h. 2019, bei nur noch 9,1 Prozent – trotz der seit 1990 deutlich zurückgegangenen Mitgliederzahl (Schaubild 19).

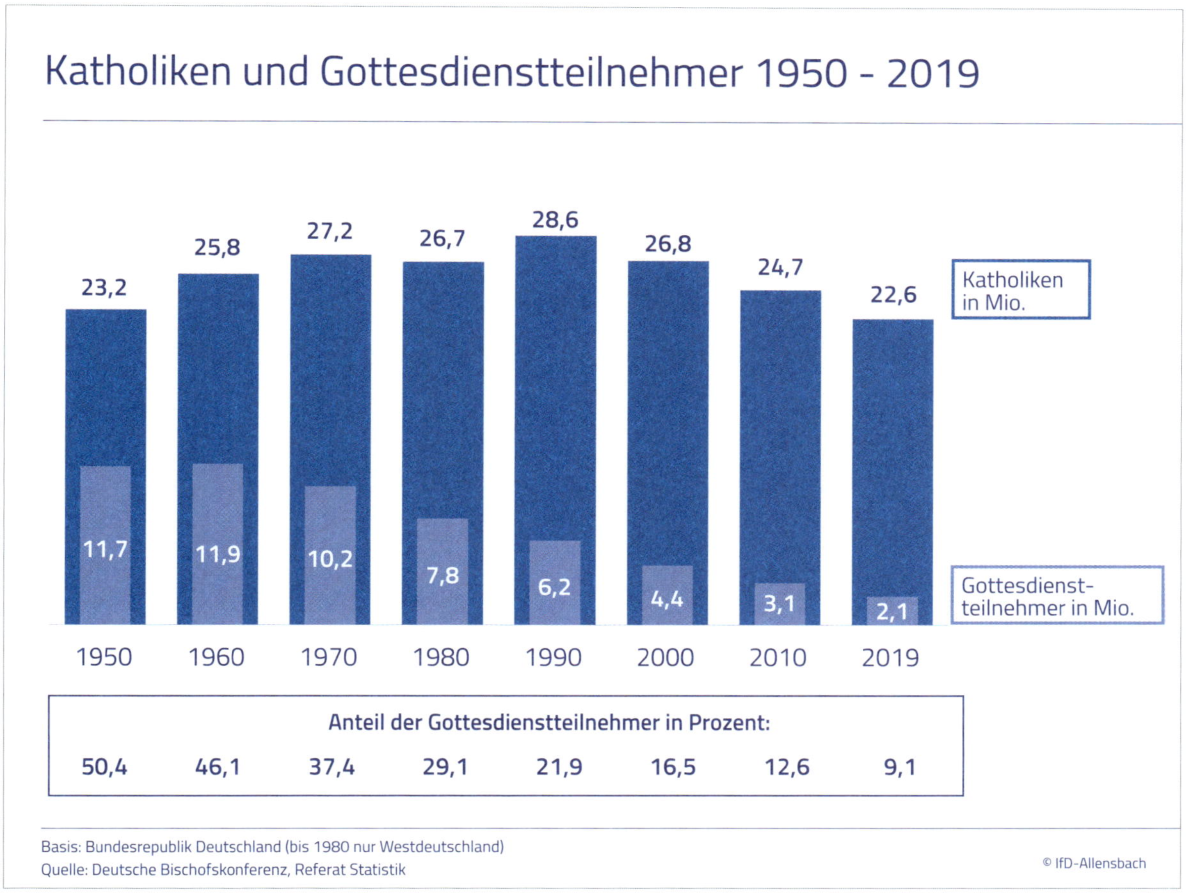

Schaubild 19

Dieser deutliche Rückgang der Gottesdienstbesuche zeigt sich auch in den Umfragedaten des Trendmonitors Religiöse Kommunikation. Insbesondere zuletzt, d. h. von 2009 auf 2020, hat der Anteil der Katholiken, die nach eigener Einschätzung jeden oder fast jeden Sonntag in die Kirche gehen, von 24 auf 17 Prozent deutlich abgenommen, der Anteil derer, die selten oder nie einen Gottesdienst besuchen, dagegen von 45 auf 54 Prozent zugenommen. Dabei ist die Häufigkeit des Gottesdienstbesuchs in Pfarrgemeinden, die zu einem Pfarrverband gehören, nicht signifikant kleiner als in eigenständigen Pfarreien (Schaubild 20).

Kirchenbesuch im Trend: rückläufig, aber keine ausgeprägten Defizite in Pfarrverbänden

Katholiken ab 16 Jahre –

	insgesamt				in Pfarrgemeinden, die – (2020)	
	1999	2002	2009	2020	eigenständig sind	zu einem Pfarrverband gehören
	%	%	%	%	%	%
Es gehen in die Kirche –						
jeden Sonntag	12	11	10	6	11	8
fast jeden Sonntag	15	15	14	11	15	15
ab und zu	28	29	31	29	30	35
selten	32	34	34	40	33	35
nie	13	11	11	14	11	7
	100	100	100	100	100	100

Basis: Bundesrepublik Deutschland, Katholiken ab 16 Jahre
Quelle: Allensbacher Archiv, IfD-Umfragen, zuletzt 8226

© IfD-Allensbach

Schaubild 20

Von den Katholiken haben bereits 39 Prozent schon mal mit dem Gedanken gespielt, aus der Kirche auszutreten, darunter Männer in höherem Anteil als Frauen (43 Prozent gegenüber 35 Prozent, Schaubild 21). Austrittsbereite finden sich dabei nicht nur überdurchschnittlich häufig unter Männern, sondern auch unter 18- bis 29-Jährigen sowie in mittleren Altersgruppen und unter Personen mit höherer Schulbildung (Schaubild 22).

Gut jeder dritte Katholik hat schon mal mit dem Gedanken gespielt, aus der Kirche auszutreten

Frage: »Haben Sie selbst schon mal mit dem Gedanken gespielt, aus der Kirche auszutreten?«

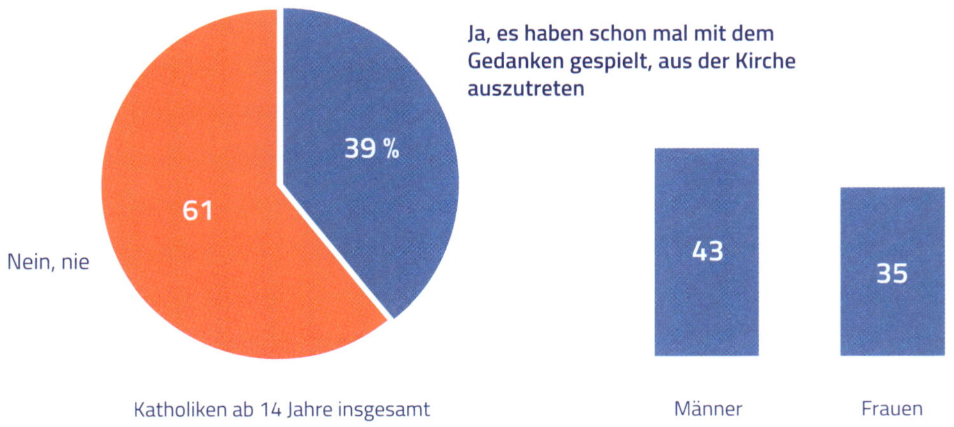

Basis: Bundesrepublik Deutschland, Katholiken ab 14 Jahre
Quelle: Allensbacher Archiv, IfD-Umfrage 8226

© IfD-Allensbach

Schaubild 21

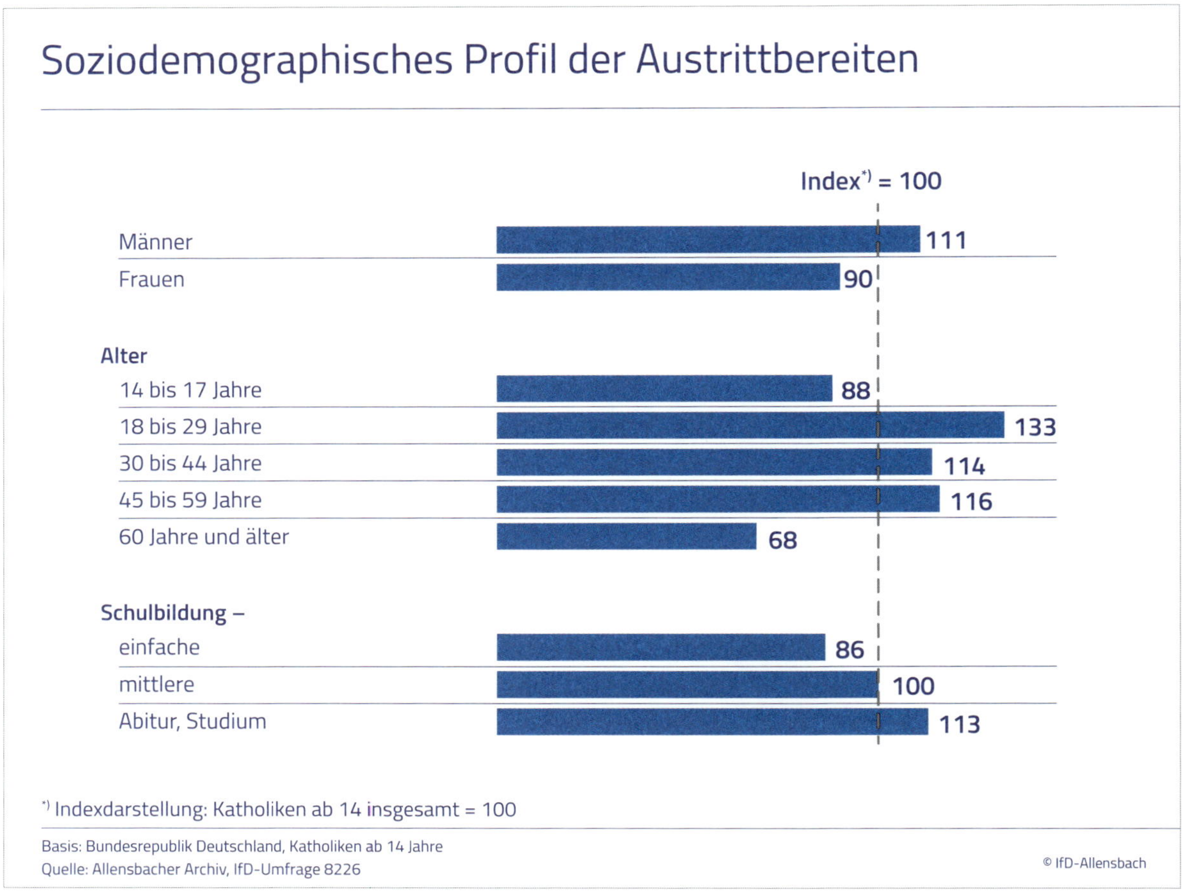

Schaubild 22

Im Vergleich zu 2009 hat die Austrittsneigung unter Katholiken von 30 Prozent auf 39 Prozent weiter zugenommen – trotz des schon deutlich kleiner gewordenen Mitgliederkreises (Schaubild 23). Insofern ist weiterhin mit Austrittszahlen auf hohem Niveau zu rechnen.

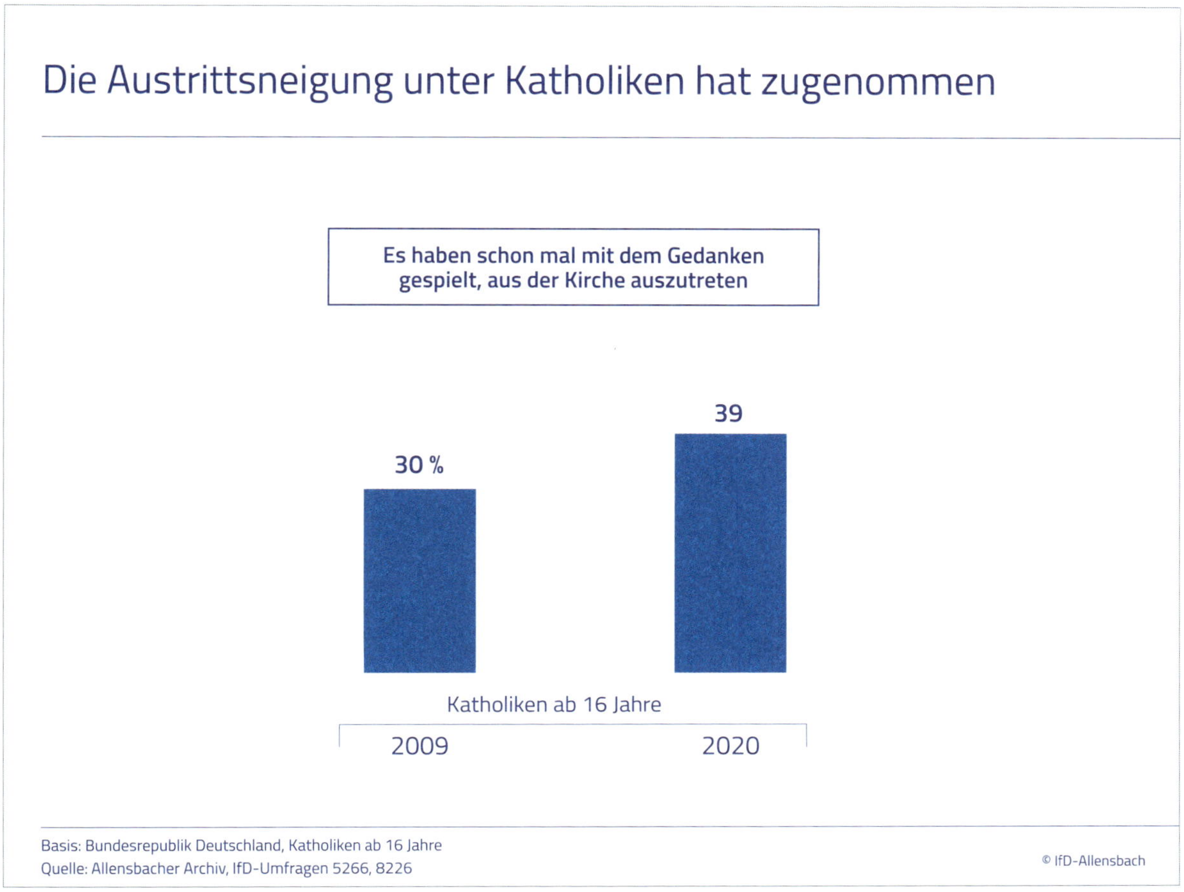

Schaubild 23

Dabei bedeutet der Rückgang der Kirchenmitglieder – sowohl bei der evangelischen als auch der katholischen Kirche – nicht, dass Religiosität in der Bevölkerung an Bedeutung verliert. Der Anteil der Menschen, die sich selbst als »religiösen Menschen« beschreiben, ist über die letzten rund 25 Jahre bemerkenswert stabil und schwankt in dem vergleichsweise schmalen Korridor zwischen 42 und 49 Prozent (Schaubild 24).

Konstante Religiosität

Frage: »Einmal abgesehen davon, ob Sie in die Kirche gehen oder nicht – würden Sie sagen, Sie sind ... «

Basis: Bundesrepublik Deutschland, Bevölkerung ab 16 Jahre
Quelle: Allensbacher Archiv, IfD-Umfragen, zuletzt 11079

© IfD-Allensbach

Schaubild 24

Die Glaubensüberzeugungen von Katholiken decken sich nur zum Teil mit den Dogmen der katholischen Kirche. Mit Abstand am häufigsten geben Katholiken zwar zu Protokoll, an die Seele bzw. an Gott zu glauben (75 Prozent bzw. 74 Prozent). Dennoch ist bemerkenswert, dass sich damit rund ein Viertel der Katholiken nicht ausdrücklich zu einem Glauben an Gott bekennt. Gleichzeitig geben große Teile der Katholiken an, daran zu glauben, »dass es irgendeine überirdische Macht gibt« (65 Prozent) oder dass »Gott in allem ist« (43 Prozent). Die Überschneidungen mit einem Glauben an Gott sind zwar groß, aber immerhin 14 Prozent der Katholiken bekennen ihren Glauben an eine abstrakte überirdische Macht oder pantheistische Vorstellungen, ohne gleichzeitig an »Gott« zu glauben. Die übrigen 12 Prozent der Katholiken glauben weder an Gott noch an eine andere überirdische Macht oder die Allgegenwart Gottes. 58 Prozent der Katholiken glauben daran, dass in der Natur alles eine Seele hat.

Zum Glauben daran, dass Jesus Christus der Sohn Gottes ist, bekennen sich »nur« 61 Prozent der Katholiken, zum Glauben an die Dreifaltigkeit, dass Gott Vater, Sohn und Heiliger Geist ist, nur 46 Prozent, und daran, dass Gott die Welt erschaffen hat, 42 Prozent. Und die allgemeine Vorstellung von einem Leben nach dem Tod ist unter Katholiken deutlich verbreiteter als der Glaube an die Auferstehung der Toten im Reich Gottes (55 Prozent gegenüber 39 Prozent). Daneben glauben immerhin 26 Prozent der Katholiken an die Seelenwanderung, 21 Prozent an die Wiedergeburt, dass man in anderer Gestalt wieder auf die Welt kommt.

60 Prozent der Katholiken glauben an Wunder, 47 Prozent an Engel. Deutlich weniger verbreitet ist unter Katholiken dagegen der Glaube an das Jüngste Gericht, den Teufel oder die Hölle (26 Prozent bzw. 23 Prozent bzw. 22 Prozent, Schaubild 25).

Katholiken, die schon mal mit dem Gedanken gespielt haben, aus der Kirche auszutreten, teilen viele Glaubensinhalte nur in deutlich unterdurchschnittlichen Anteilen. So glauben nur 56 Prozent an Gott, 41 Prozent, dass Jesus Christus der Sohn Gottes ist, 26 Prozent, dass Gott die Welt erschaffen hat, und 24 Prozent an die Dreifaltigkeit.

Woran Katholiken glauben

Frage: »Die Menschen sind ja in Fragen der Religion, in Glaubensdingen ganz verschieden. Wir möchten gern einmal erfahren, woran heute Menschen glauben. Könnten Sie dazu bitte einmal diese Karten durchsehen und mir alles nennen, an das Sie persönlich glauben?«

Basis: Bundesrepublik Deutschland, Katholiken ab 14 Jahre
Quelle: Allensbacher Archiv, IfD-Umfrage 8226

© IfD-Allensbach

Schaubild 25

3.3 Die katholische Kirche: Wahrnehmung, Haltung, Erwartungen

Unterstreicht die Entwicklung des religiösen Umfelds die Notwendigkeit religiöser Kommunikation, so markiert die Wahrnehmung der katholischen Kirche durch Katholiken wichtige inhaltliche Randbedingungen für diese Kommunikation.

Das Bild, das Katholiken von ihrer Kirche haben, zeigt die katholische Kirche vor allem als Institution, die auf der einen Seite vielen Menschen Orientierung bietet, auf der anderen Seite aber auch in vielen Punkten nicht mehr zeitgemäß scheint.

So stimmen 62 Prozent der Katholiken zu, wenn es heißt, die Kirche biete vielen Menschen Orientierung. Dass die Kirche in der heutigen Gesellschaft die einzige ernst zu nehmende moralische Instanz sei, sehen allerdings nur 16 Prozent der Katholiken so.

Gleichzeitig haben 70 Prozent den Eindruck, die Kirche halte teilweise zu starr an überholten Normen fest, 59 Prozent vertreten die Meinung, dass sich die Kirche mehr an die Erwartungen der Menschen von heute anpassen müsse, und 49 Prozent, dass die Sprache, das Vokabular der Kirche teilweise veraltet sei. Dass sich die Kirche zu sehr an den Zeitgeist anpasst, nehmen nur 5 Prozent der Katholiken so wahr. Die Zustimmung zu dieser Aussage ist im Vergleich zu allen anderen in der Befragung vorgelegten Aussagen am geringsten.

Weit oben im Ranking rangiert auch die Aussage, dass die Kirche die Aufklärung von Missständen in den eigenen Reihen verhindere: 59 Prozent der Katholiken haben diesen Eindruck. Der Wunsch nach einer Verstärkung der Aufklärungsbemühungen seitens der Kirche wird auch an anderen Stellen in der Befragung immer wieder verbreitet artikuliert und ist gerade für kirchendistanziertere Katholiken ein wesentlicher Kritikpunkt.

Fast die Hälfte der Katholiken beklagt, dass Frauen von der Kirche nicht ausreichend anerkannt werden (46 Prozent).[6] Nur 9 Prozent erleben die Kirche heute als sehr offen und tolerant. Aber auch nur 18 Prozent haben den Eindruck, dass Andersdenkende in der Kirche heute unterdrückt werden.

Knapp die Hälfte der Katholiken bescheinigt der Kirche, sich sehr für soziale Anliegen zu engagieren. Allerdings beklagt ein mit 46 Prozent fast ebenso großer Anteil, dass die Kirche das, was sie vertritt, oft zu wenig glaubwürdig vorlebe. Und als Anwalt für die Schwachen und Unterdrückten nehmen nur 18 Prozent der Katholiken die Kirche wahr.

Nur knapp ein Viertel der Katholiken empfindet Kirche als Ort, an dem man noch echtes Gemeinschaftsgefühl findet, 21 Prozent teilen den Eindruck, dass man sich in der Kirche zu Hause fühlen kann. Dass das Klima in der Kirche heute nicht gut sei, sehen aber auch »nur« 22 Prozent ausdrücklich so (Schaubild 26).

---

6 Das sehen Frauen in nur etwas höherem Anteil so als Männer (50 Prozent gegenüber 43 Prozent).

Image der katholischen Kirche: Eine Instanz, die für viele Orientierung bietet, aber in vielen Punkten nicht mehr zeitgemäß scheint

Frage: »Hier auf dieser Liste stehen einige Aussagen über die katholische Kirche insgesamt. Welchen davon würden Sie zustimmen?«

Es stimmen der Aussage zu –

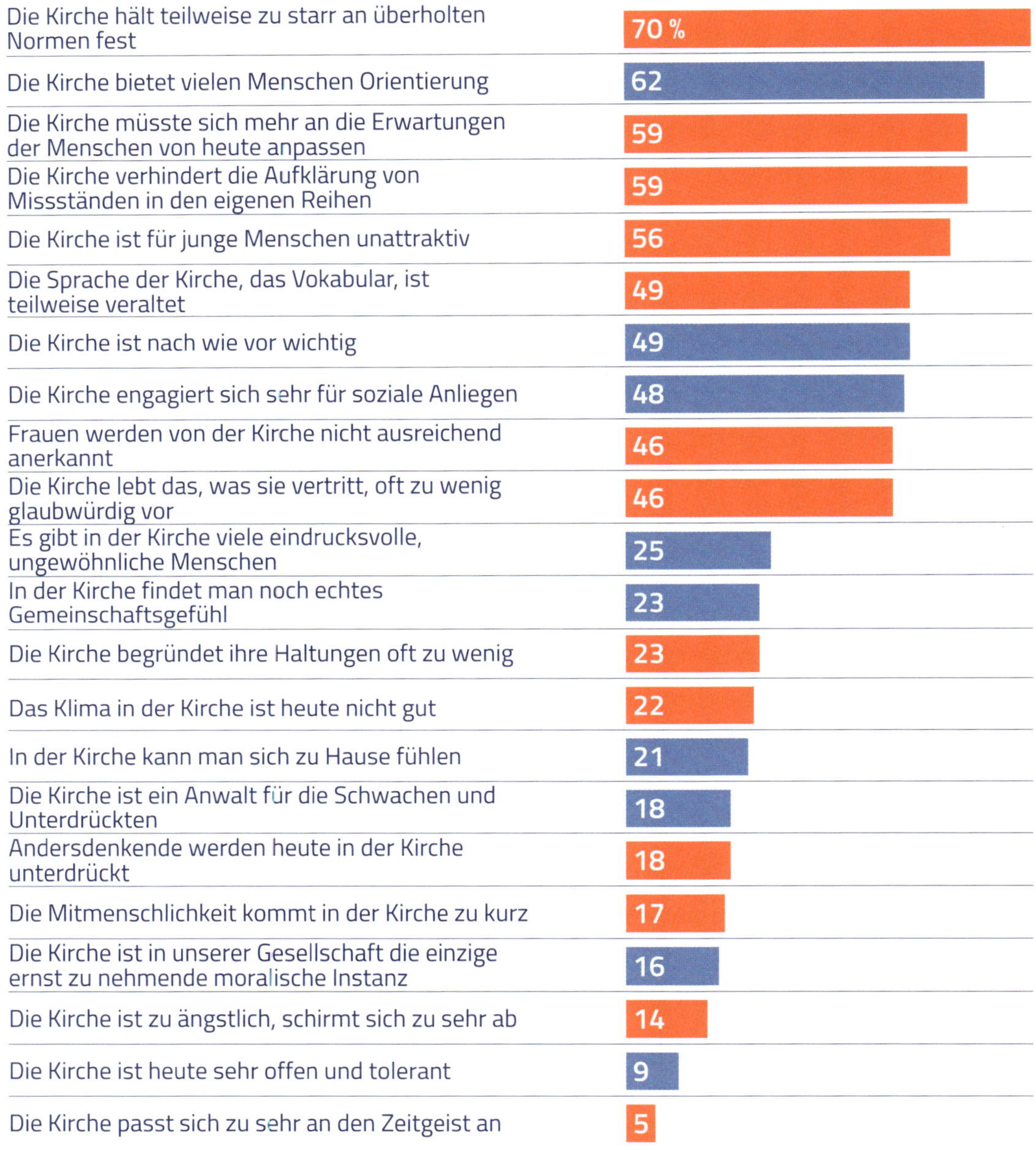

Basis: Bundesrepublik Deutschland, Katholiken ab 14 Jahre
Quelle: Allensbacher Archiv, IfD-Umfrage 8226

Schaubild 26

Dass Katholiken, die schon mal mit dem Gedanken gespielt haben, aus der Kirche auszutreten, negativen Aussagen über die katholische Kirche häufiger zustimmen als Personen, die noch nie an einen Kirchenaustritt gedacht haben, erstaunt nicht. Insbesondere dass die Kirche teilweise zu starr an überholten Normen festhält, die Aufklärung von Missständen in den eigenen Reihen verhindert, für junge Menschen unattraktiv ist, dass das Klima in der Kirche heute nicht gut ist oder Andersdenkende heute in der Kirche unterdrückt werden, nehmen Austrittsbereite deutlich überdurchschnittlich häufig so wahr. Tendenziell noch größer sind die Unterschiede zwischen austrittsbereiten Katholiken und denjenigen, die noch nie daran gedacht haben, die Kirche zu verlassen, wenn es um positive Aussagen über die Kirche geht: Während 72 Prozent der »Kirchentreuen« den Eindruck teilen, dass die Kirche vielen Menschen Orientierung bietet, sehen das nur 45 Prozent der potentiellen Austrittskandidaten so. Dass sich die Kirche sehr für soziale Anliegen engagiert, empfindet nur gut ein Drittel der Austrittsbereiten so – dagegen 56 Prozent der Kirchentreuen. Ähnlich groß sind die Unterschiede, wenn es darum geht, ob die Kirche nach wie vor wichtig ist, ob man sich in der Kirche zu Hause fühlen kann oder man in der Kirche noch echtes Gemeinschaftsgefühl findet (Schaubild 27).

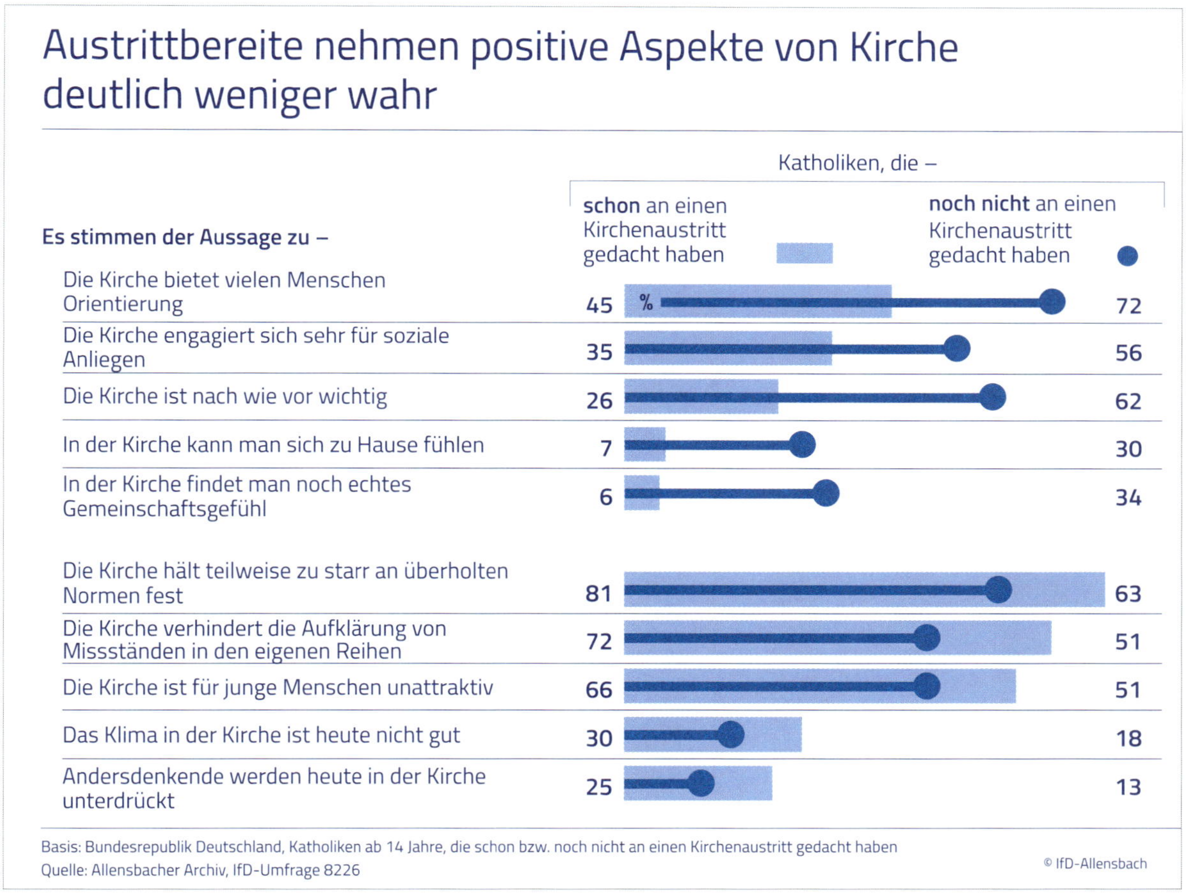

Schaubild 27

Im Vergleich zu früheren Erhebungen des Images der katholischen Kirche zeigen sich nur geringe Veränderungen. Das Bild, das Katholiken von ihrer Kirche haben, hat sich nicht deutlich verschlechtert – aber auch nicht verbessert. Schon vor rund 20 Jahren hatten praktisch identische Anteile der Katholiken den Eindruck, dass die Kirche teilweise zu starr an überholten Normen festhält, waren der Meinung, dass sich die Kirche mehr an die Erwartungen der Menschen von heute anpassen müsste, oder dass die Sprache der Kirche veraltet sei (Schaubild 28).[7]

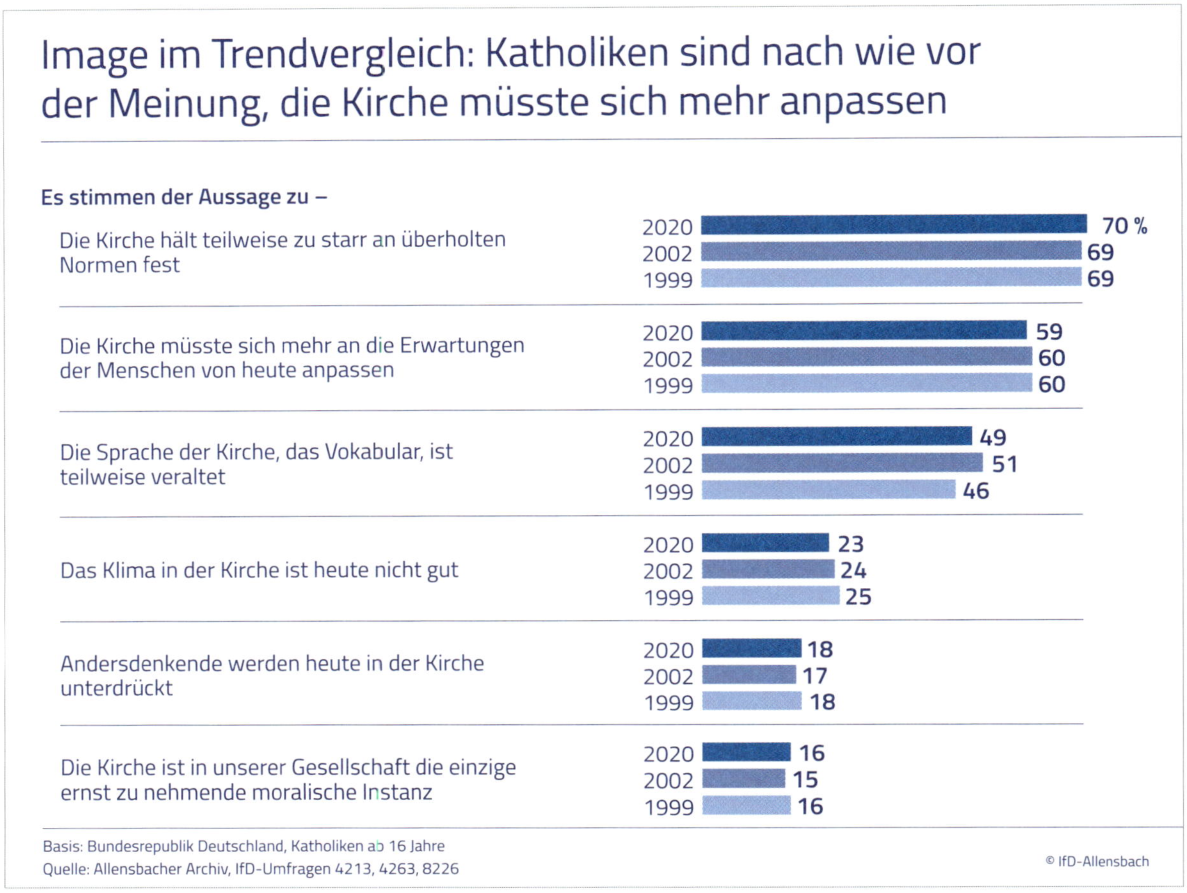

Schaubild 28

7 Die Aussage »Die Kirche bietet vielen Menschen Orientierung« ist in den vorangehenden Untersuchungen nicht erhoben worden, kann deshalb auch nicht im Trendvergleich dargestellt werden.

Tendenziell zugenommen hat der Eindruck, dass die Kirche das, was sie vertritt, oft zu wenig glaubwürdig vorlebe. Auf der anderen Seite hat der Vorwurf, die Kirche begründe ihre Haltungen oft zu wenig, eher abgenommen, und das Gefühl, in der Kirche kann man sich zu Hause fühlen, auf niedrigem Niveau leicht zugenommen (Schaubild 29).

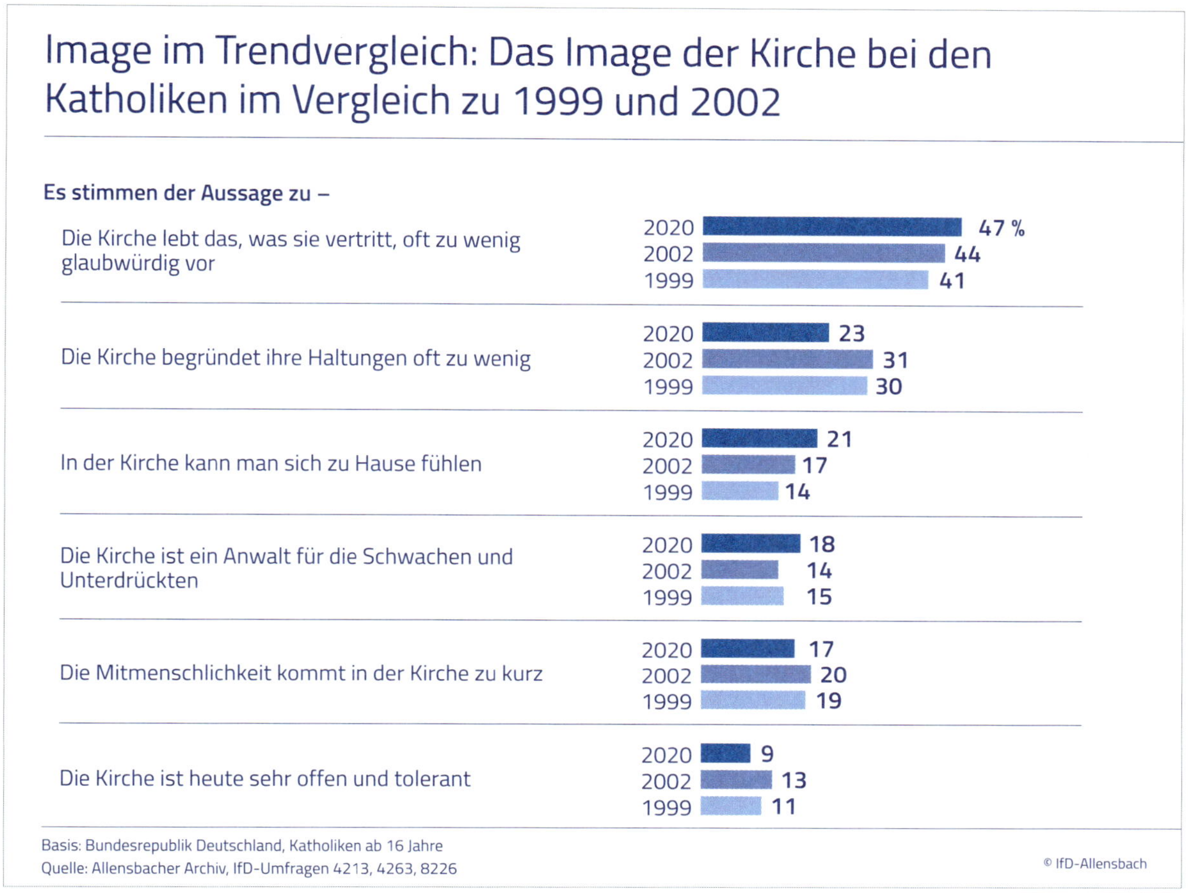

Schaubild 29

Das in vielen Teilen negative Image der katholischen Kirche bei ihren Mitgliedern relativiert sich etwas, wenn man die Haltung von Katholiken zu konkreten Positionen und Engagements ihrer Kirche ermittelt. Denn auch wenn nur rund die Hälfte der Katholiken der Kirche ausdrücklich bescheinigt, sich sehr für soziale Anliegen zu engagieren, ist eine deutliche Mehrheit von 80 Prozent mit dem karitativen Engagement der Kirche, z. B. in der Alten- oder Krankenpflege, weitgehend einverstanden. Auch das Engagement der Kirche für den Frieden und ihr Einsatz für die Menschenrechte trifft mehrheitlich auf Zustimmung. Ebenso treffen allgemeine Werthaltungen der katholischen Kirche bei ihren Mitgliedern überwiegend auf positive Resonanz, sei es bei ihrer Position zum Wert menschlicher Arbeit und dem Eintreten für humane Arbeitsbedingungen, sei es bei ihrer Haltung zu Erziehung und Wertevermittlung. In beiden Punkten ist jeweils rund die Hälfte der Katholiken mit der Position der Kirche weitgehend einverstanden, jeweils knapp ein Drittel eher unzufrieden. Die Haltung der Kirche zu Konsum stößt dagegen fast ebenso häufig auf Ablehnung wie auf Zustimmung.

Mit der Rolle des Papstes ist die Mehrheit der Katholiken weitgehend einverstanden. Und die Haltung der katholischen Kirche zur Ökumene, zur Zusammenarbeit mit den anderen christlichen Kirchen trifft eher auf Zustimmung (45 Prozent) als auf Ablehnung (37 Prozent).

Alle Verhaltensgebote der Kirche, die sich direkt an den Einzelnen richten, wie das Verbot von Abtreibungen, die Haltung der Kirche zur Empfängnisverhütung sowie zur Sexualität ganz allgemein, die Haltung zum Zölibat bis hin zum Umgang mit Homosexuellen in der Kirche stoßen dagegen auf breite Ablehnung. Ebenso breit ist die Ablehnung der Haltung der Kirche zur Rolle der Frau in der Kirche oder der Umgang mit Kritikern in den eigenen Reihen. Mit 84 Prozent am häufigsten unzufrieden zeigen sich Katholiken mit der Aufklärung der Missstände innerhalb der katholischen Kirche (Schaubild 30).

Zustimmung und Ablehnung zu Positionen und Engagements der katholischen Kirche

Frage: »Hier auf diesen Karten steht Verschiedenes, wozu die Kirche Stellung bezieht. Bei was davon sind Sie mit der offiziellen Haltung der katholischen Kirche weitgehend einverstanden und bei was eher unzufrieden? Wenn Sie die Karten bitte auf dieses Blatt hier verteilen. Karten, bei denen Sie sich nicht entscheiden können, legen Sie bitte zur Seite.«

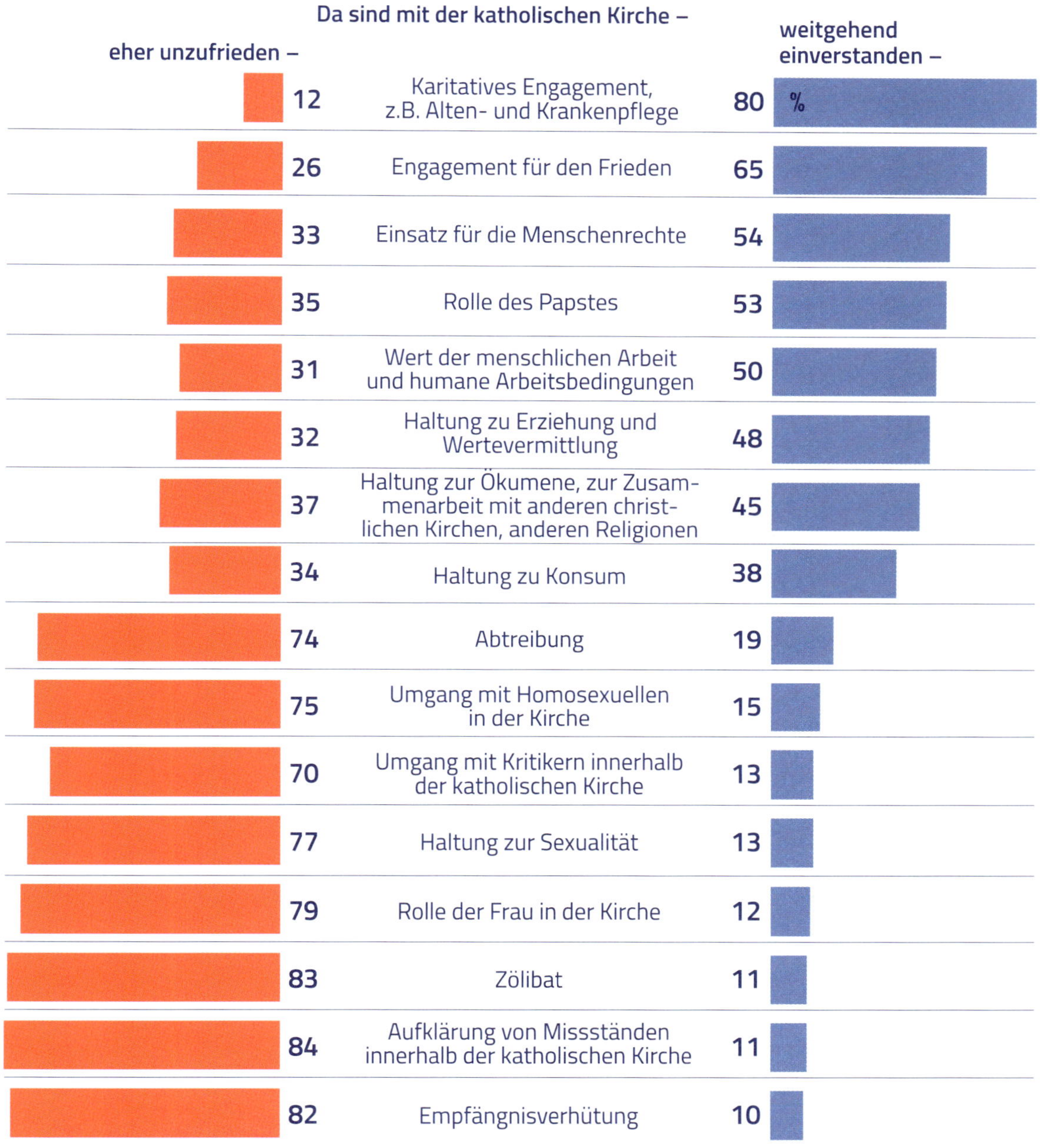

Basis: Bundesrepublik Deutschland, Katholiken ab 14 Jahre
Quelle: Allensbacher Archiv, IfD-Umfrage 8226

Schaubild 30

Insgesamt wird die »helfende Kirche« – sei es für ihr aktives sozial-karitatives Engagement, sei es für ihre Haltung zur Vermittlung von Werten, ihren Einsatz für Frieden oder Menschenrechte oder eine gerechtere, humanere Arbeitswelt – von der großen Mehrheit der Kirchenmitglieder geschätzt und unterstützt. Auf Ablehnung stößt dagegen bei einer großen Mehrheit der Katholiken die »fordernde Kirche«, die mit verbindlichen Verhaltensgeboten Handlungsfreiheiten des Einzelnen beschränkt.

Im Vergleich zu den Untersuchungen in 2009 und 2002 ist die Unzufriedenheit der Katholiken mit Positionen und dem Engagement ihrer Kirche bei einer Reihe von Punkten größer geworden, sowohl bei Engagements, die insgesamt nach wie vor eher auf Zustimmung treffen, als auch in Fragen, die von den Kirchenmitgliedern mehrheitlich abgelehnt werden: Wenn es um das Engagement für Frieden oder den Einsatz für Menschenrechte geht oder um die Haltung zum Wert menschlicher Arbeit und humanen Arbeitsbedingungen, sind die Anteile derer, die sich in diesen Punkten eher unzufrieden mit der katholischen Kirche äußern, signifikant gewachsen, auch wenn es nach wie vor Minderheiten sind. Ebenso ist die Ablehnung der Haltung der Kirche zu Abtreibung und zur Rolle der Frau sowie die Ablehnung des Umgangs mit Homosexuellen in der Kirche in den letzten gut 10 Jahren noch einmal deutlich größer geworden (Schaubild 31).

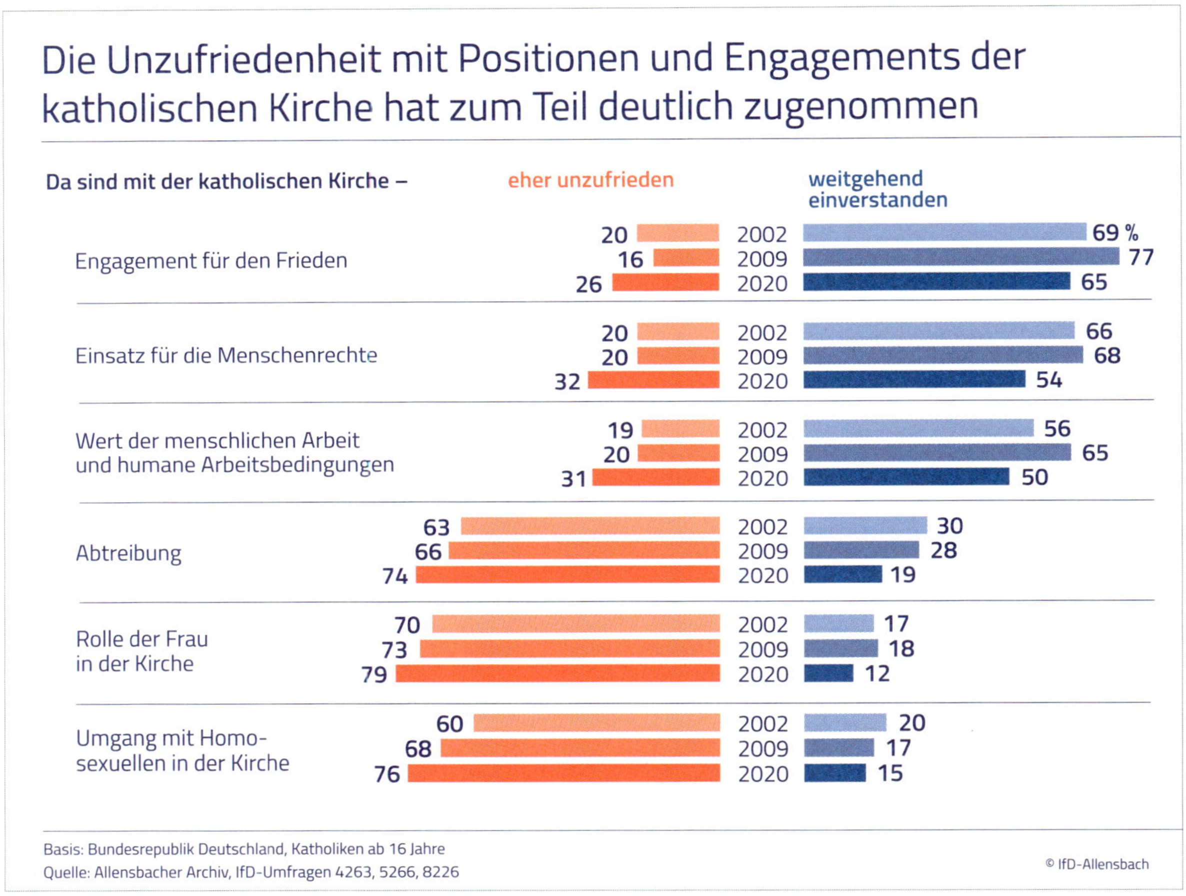

Schaubild 31

Mehr Zustimmung erfährt die katholische Kirche aktuell dagegen zur Rolle des Papstes (Schaubild 32).

Gewachsene Zustimmung zur Rolle des Papstes

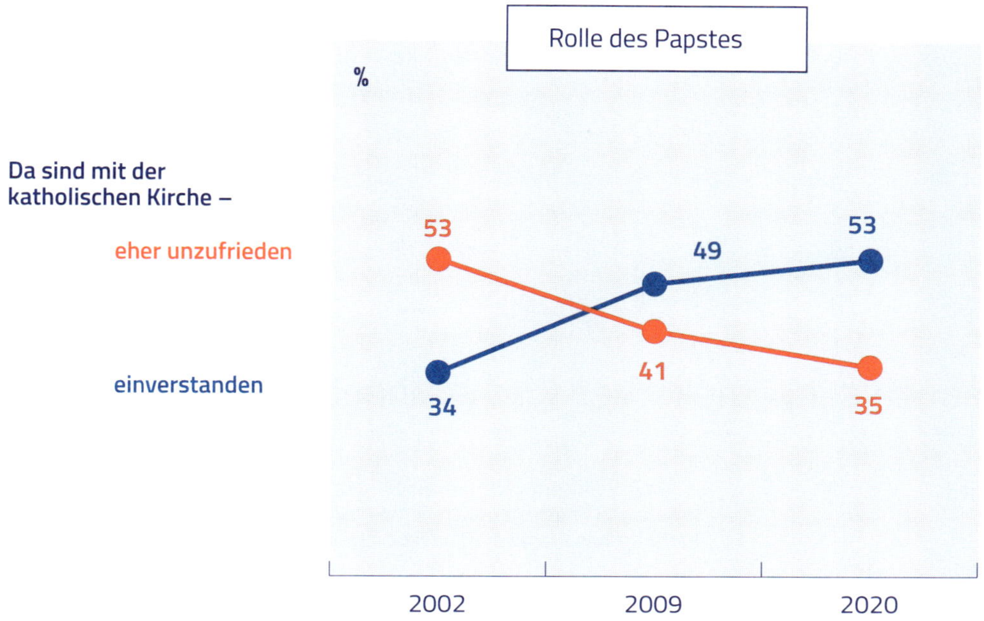

Basis: Bundesrepublik Deutschland, Katholiken ab 16 Jahre
Quelle: Allensbacher Archiv, IfD-Umfragen 4263, 5266, 8226

Schaubild 32

Die starke Ablehnung vieler (vermeintlicher) Positionen der katholischen Kirche relativiert sich dadurch etwas, dass die Anteile derer, die ihre Unzufriedenheit mit diesen Positionen bekunden, zum Teil größer sind als die Anteile der Katholiken, die die Haltung der Kirche dazu zumindest ungefähr kennen. So haben der eigenen Einschätzung nach lediglich 38 Prozent ungefähre Kenntnis von der Haltung der Kirche zum Umgang mit Kritikern in den eigenen Reihen, 54 Prozent im Hinblick auf den Umgang mit Homosexuellen in der Kirche, 57 Prozent, was die Aufklärung von Missständen innerhalb der Kirche angeht. 61 Prozent haben zumindest ungefähre Vorstellungen von der Haltung der Kirche zur Sexualität, 64 zur Rolle der Frau in der Kirche und 70 Prozent zur Empfängnisverhütung (Anhangschaubild 1, S. 230). Insgesamt hat die Kenntnis der Katholiken von den Positionen ihrer Kirche im Vergleich zu 2009 deutlich abgenommen: Hatten vor elf Jahren Katholiken noch von durchschnittlich 9,2 von 15 vorgelegten Themenfeldern zumindest ungefähre Kenntnis der Positionen der katholischen Kirche, ist das aktuell bei nur noch durchschnittlich 8,3 Themenbereichen der Fall (Schaubild 33). Deutlich weniger bekannt als noch 2009 ist Katholiken dabei heute insbesondere die Haltung der Kirche zur Empfängnisverhütung, zur Sexualität ganz allgemein, zur Erziehung und Wertevermittlung sowie zur Ökumene.

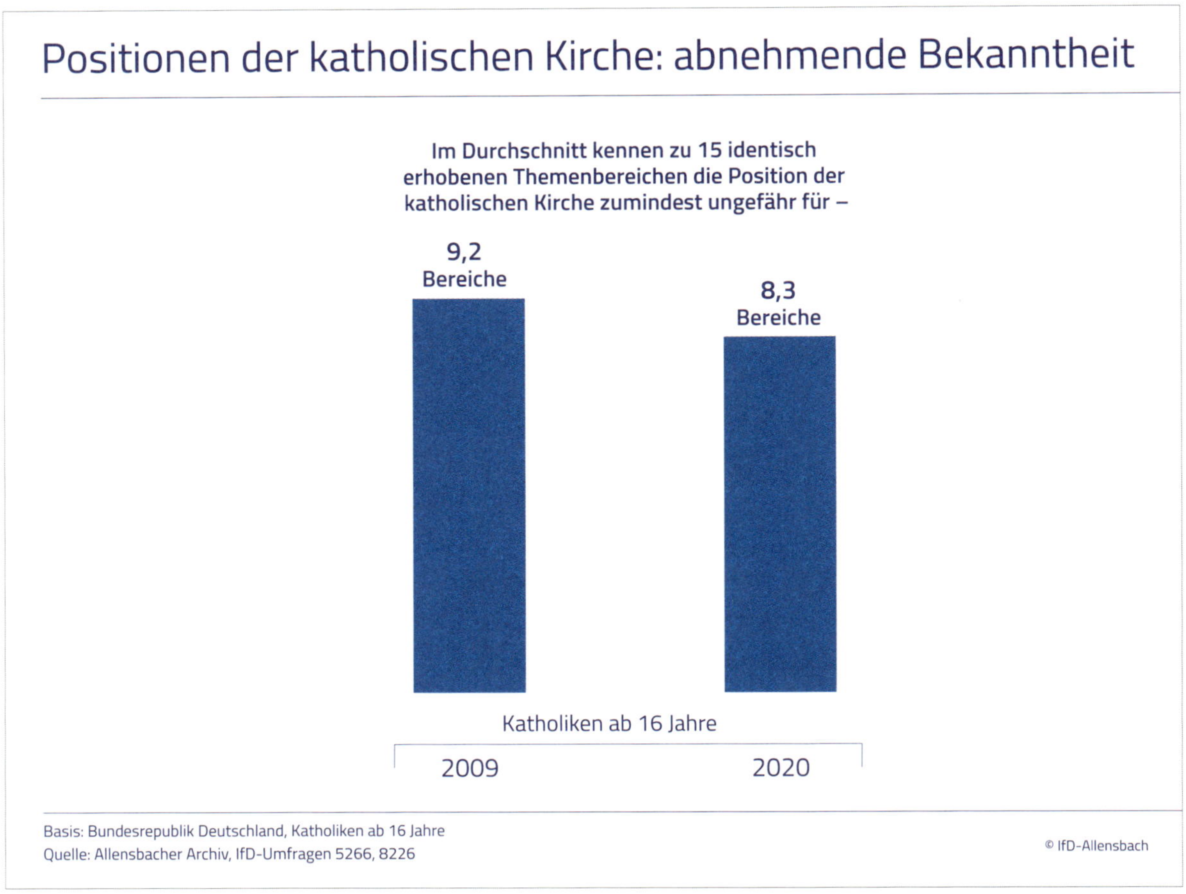

Schaubild 33

Stellt man die persönlichen Erwartungen an die katholische Kirche dem gegenüber, was dem Eindruck der Katholiken nach die Kirche tatsächlich leistet, zeigen sich an vielen Stellen deutliche Defizite: In vielen Punkten sind die Anteile derer, die entsprechende Erwartungen an die katholische Kirche haben, deutlich größer als die Anteile derer, die den jeweiligen Punkt durch die katholische Kirche erfüllt sehen.

Besonders groß ist dieser Unterschied, wenn es um die Aufklärung von Missständen in den eigenen Reihen geht: 54 Prozent der Katholiken ist das persönlich besonders wichtig, lediglich 17 Prozent haben dagegen den Eindruck, dass die Kirche das leistet. Ähnlich groß sind die Differenzen von Erwartungshaltungen und wahrgenommener Wirklichkeit, wenn es darum geht, dass die Kirche gegenüber allen Menschen offen ist, niemanden ausgrenzt wie z. B. Homosexuelle oder Geschiedene, dass die Kirche mit der Zeit geht, offen für Neues ist oder dass die Kirche gleichberechtigte Chancen für Männer und Frauen bietet. Jeweils zwischen einem guten Drittel und knapp der Hälfte der Katholiken sind diese Punkte persönlich besonders wichtig, jeweils nur 6 bzw. 7 Prozent sehen das in der Kirche derzeit gegeben.

Auch dass die Kirche Antworten auf die Frage nach dem Sinn des Lebens gibt, erwartet mit (nur!) 47 Prozent der Katholiken ein deutlich größerer Anteil als den Eindruck hat, dass darauf von der Kirche Antworten gegeben werden (28 Prozent). Und dass die Kirche Werte lebt, an denen man sich orientieren kann, ist für 43 Prozent persönlich ein besonderes Anliegen, lediglich 23 Prozent nehmen wahr, dass es so ist.

Die beiden am häufigsten geäußerten Erwartungen an die katholische Kirche werden aus Sicht einer großen Mehrheit der Katholiken allerdings erfüllt. So ist es Katholiken mit Abstand am häufigsten besonders wichtig, dass sich ihre Kirche für soziale Zwecke einsetzt, Bedürftige und Schwache unterstützt. 70 Prozent haben auch den Eindruck, dass die katholische Kirche das tut.[8] Und dass die Kirche einen würdigen Rahmen bietet, um wichtige Schritte im Leben zu feiern, zum Beispiel Taufe oder Hochzeit, ist für 72 Prozent persönlich besonders wichtig. Mit 69 Prozent findet ein nur geringfügig kleinerer Anteil auch, dass die Kirche das bietet.

72 Prozent erwarten daneben von der Kirche, dass sie in schwierigen Lebenslagen Trost spendet, 62 Prozent, dass sie Beratungs- und Hilfsangebote bietet, die einem in schwierigen Lebenslagen weiterhelfen. Allerdings haben nur jeweils deutlich kleinere Anteile den Eindruck, dass die Kirche diese Erwartung erfüllt (54 Prozent bzw. 46 Prozent, Schaubild 34).

8 Die Intensität des karitativen Engagements wird allerdings offenbar nicht immer hoch veranschlagt: Nur 48 Prozent der Katholiken stimmen zu, wenn es heißt, die katholische Kirche engagiere sich sehr für soziale Anliegen, nur 18 Prozent sehen die katholische Kirche als Anwalt für die Schwachen und Unterdrückten (s.o., Schaubild 26).

Erwartungen an die katholische Kirche und deren Erfüllung

Fragen: »Können Sie mir sagen, was Sie persönlich von der katholischen Kirche erwarten, was die katholische Kirche in Ihren Augen leisten sollte? Welche Punkte von dieser Liste wären für Sie besonders wichtig?«

»Und was leistet die katholische Kirche? Welche Punkte der Liste erfüllt sie Ihrem Eindruck nach?«

	Das sollte die katholische Kirche leisten (%)	Das leistet die katholische Kirche
Die Kirche setzt sich für soziale Zwecke ein, unterstützt Bedürftige und Schwache	88	70
Bietet einen würdigen Rahmen, um wichtige Schritte im Leben zu feiern, zum Beispiel Taufe oder Hochzeit	72	69
Die Kirche spendet Trost in schwierigen Lebenslagen	72	54
Die Kirche bietet Beratungs- und Hilfsangebote, die einem in schwierigen Lebenslagen weiterhelfen	62	46
Die Kirche bietet Ruhe und Gelegenheit, Abstand vom Alltag zu gewinnen	57	46
In der Kirche findet man Ansprechpartner oder Hilfe, wenn man sie braucht	56	39
Die Kirche klärt Missstände in den eigenen Reihen auf	54	17
Die Kirche gibt Antworten auf die Frage nach dem Sinn des Lebens	47	28
In der Kirche fühlt man sich in einer Gemeinschaft aufgehoben	47	33
Die Kirche lebt Werte, an denen man sich orientieren kann	43	23
Die Kirche ist offen gegenüber allen Menschen, grenzt niemanden aus, wie z.B. Homosexuelle oder Geschiedene	41	6
Der Gottesdienst in der Kirche gibt Kraft für den Alltag	36	30
Die Kirche geht mit der Zeit, ist offen für Neues	35	7
Die Kirche bietet gleichberechtigte Chancen für Männer und Frauen	34	6
Die Kirche stärkt mich in meinen Glaubensüberzeugungen	33	20
Die Kirche vertritt traditionelle Standpunkte, folgt nicht dem Zeitgeist	31	40
Die Kirche bezieht zu aktuellen politischen und gesellschaftlichen Themen Stellung, mischt sich in Diskussionen ein	31	18
Die Kirche bietet Antworten für moralische Probleme und Nöte	30	16

Basis: Bundesrepublik Deutschland, Katholiken ab 14 Jahre
Quelle: Allensbacher Archiv, IfD-Umfrage 8226

© IfD-Allensbach

Schaubild 34

Katholiken, die schon mit dem Gedanken gespielt haben, aus der Kirche auszutreten, erwarten viele Dinge von der Kirche in nur deutlich unterdurchschnittlichem Anteil, sehen aber ebenso auch viele Dinge nur deutlich unterdurchschnittlich häufig von der Kirche erfüllt. So ist es nur 59 Prozent dieser Gruppe persönlich besonders wichtig, dass die Kirche in schwierigen Lebenslagen Trost spendet, aber auch nur 40 Prozent nehmen es so wahr, dass die Kirche dies leistet. Dass man in der Kirche Ansprechpartner findet, wenn man sie braucht, erwarten nur 46 Prozent, nur 20 Prozent sehen dies gegeben. Antworten auf die Frage nach dem Sinn des Lebens erwarten 34 Prozent von der Kirche, nach dem Eindruck von nur 17 Prozent gibt die Kirche auch solche Antworten. Und auch, dass die Kirche Ruhe und Gelegenheit bietet, Abstand vom Alltag zu gewinnen, man sich dort in einer Gemeinschaft aufgehoben fühlt, der Gottesdienst in der Kirche Kraft für den Alltag gibt oder die Kirche die persönlichen Glaubensüberzeugungen stärkt, erhoffen sich Austrittsbereite nur deutlich unterdurchschnittlich häufig von der Kirche und sehen dies durch die Kirche auch nur deutlich unterdurchschnittlich häufig gegeben.

3.4 Wichtige Zielgruppen religiöser Kommunikation

Für eine zielgerichtete Kommunikation ist die Frage, mit welchen Gruppen man vorrangig kommunizieren möchte, zentral. Auch relevante Inhalte für die Kommunikation sowie Rahmen- und Ausgangsbedingungen auf Seiten der Adressaten können nur bestimmt werden, wenn feststeht, wen man kommunikativ zu erreichen sucht. Vor dem Hintergrund einer der zentralen Ausgangsfragen der Studie, nämlich wie eine wieder stärkere Bindung von Katholiken an ihre Kirche erreicht werden kann, wäre eine erste wichtige Zielgruppe die Gruppe derer, die bereits an einen Kirchenaustritt gedacht haben. Diese Gruppe ist vorangehend schon in wichtigen Dimensionen beschrieben worden. Eine demgegenüber differenziertere Abgrenzung möglicher Zielgruppen stützt sich auf eine Segmentierung von Katholiken gemäß ihrer Stellung zur bzw. Bindung an die katholische Kirche.

Wie in den vorangehenden Untersuchungen wurden dafür auch in der vorliegenden Studie die Grundeinstellungen von Katholiken zu Kirche und Glauben anhand einer sechsstufigen Verbalskala ermittelt. Im Vergleich zu 2002 und 2009 zeigt diese Segmentierung ein Abschmelzen der kirchennahen und ein Anwachsen der kirchenferneren Segmente. Aktuell fühlen sich noch 14 Prozent der Katholiken ihrer Kirche als gläubiges Mitglied eng verbunden. 2002 beschrieben sich noch 19 Prozent, 2009 noch 17 Prozent der Katholiken in dieser Weise. Ein Drittel der Katholiken fühlt sich der Kirche derzeit verbunden, auch wenn sie ihr in vielen Dingen kritisch gegenüber stehen. Auch dieser Anteil lag 2002 und 2009 leicht höher. Tendenziell gewachsen ist dagegen das Segment der Katholiken, die sich als Christ fühlen, ohne dass ihnen die Kirche viel bedeutet. Diese Gruppe stellt damit erstmals das (knapp) größte Segment. Kleinere Gruppen beschreiben sich als religiös, ohne sich als Christ zu fühlen (4 Prozent), fühlen sich unsicher, was sie glauben sollen – mit 7 Prozent zwar ein kleines Segment, das gegenüber den vorangehenden Untersuchungen aber deutlich gewachsen ist –, oder brauchen der eigenen Aussage nach gar keine Religion (6 Prozent, Schaubild 35).

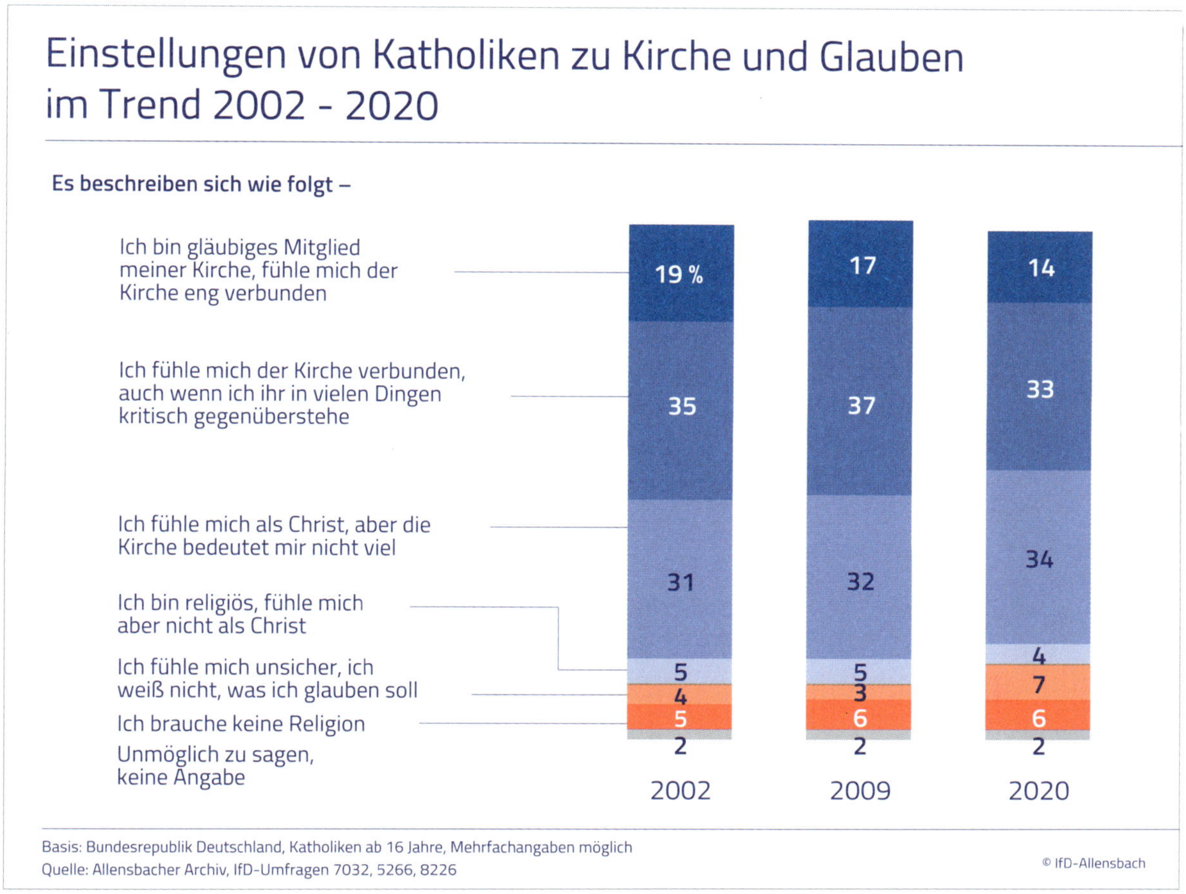

Schaubild 35

Dass die durch die Selbsteinstufungen der Befragten gebildeten Katholikensegmente konsistent und in sich schlüssig sind, zeigen Korrelationen mit anderen Indikatoren. So besuchen Katholiken, die sich selbst als »gläubige Kirchennahe« beschreiben, zu rund zwei Dritteln jeden oder fast jeden Sonntag die Kirche. Kritisch kirchenverbundene Katholiken suchen die Kirche nur zu 21 Prozent jeden oder fast jeden Sonntag auf, weitere 48 Prozent dieses Segments aber immerhin ab und zu. Dagegen besucht nur rund jeder vierte kirchendistanzierte Christ den Gottesdienst zumindest ab und zu. Katholiken, die sich als nicht religiös beschreiben, besuchen mehrheitlich nie Gottesdienste, weitere 38 Prozent nur selten (Schaubild 36).

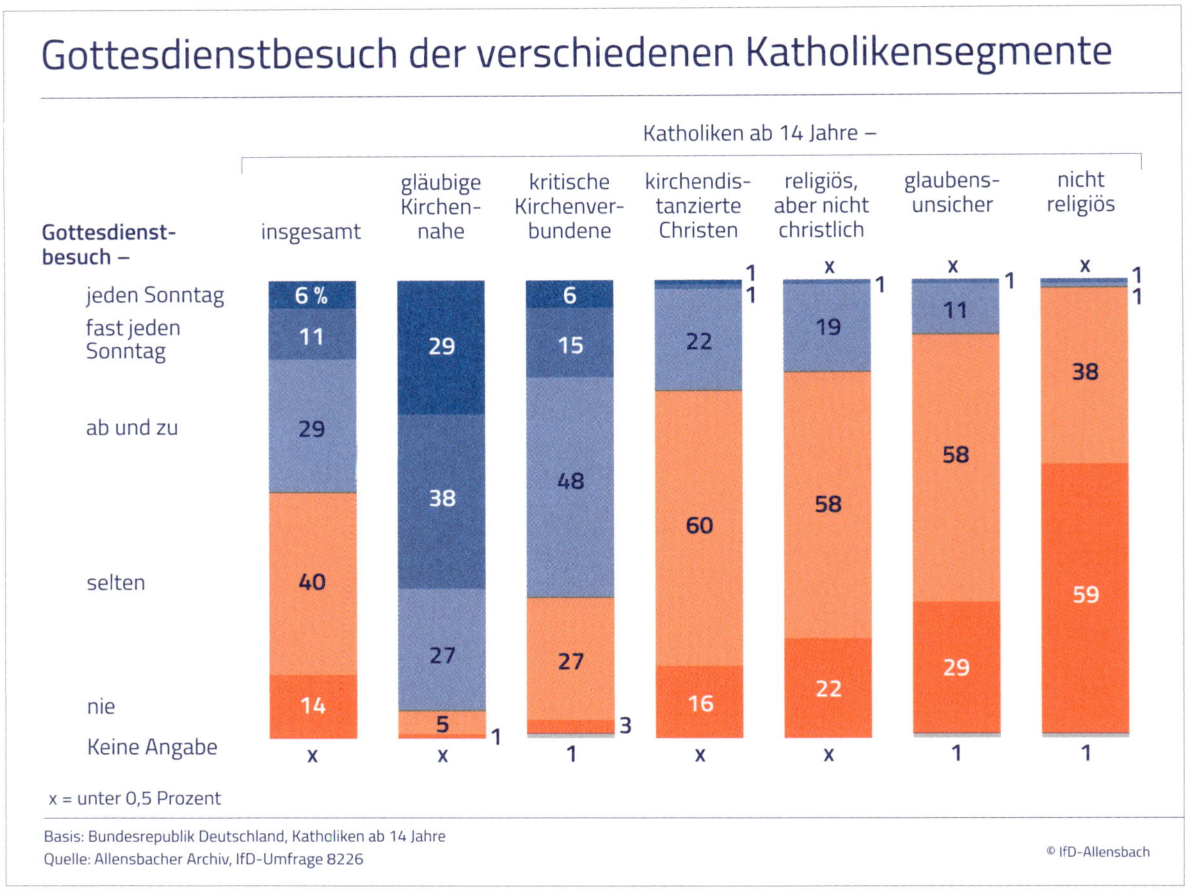

Schaubild 36

Die Katholikensegmente unterscheiden sich aber auch in ihrer soziodemografischen Struktur zum Teil deutlich. Unter den gläubigen Kirchennahen sowie den kritisch Kirchenverbundenen sind Frauen sowie ab 60-Jährige bzw. Rentner überdurchschnittlich häufig vertreten. Dabei finden sich in ersterem Segment überdurchschnittlich häufig Personen mit einfacher, im zweiten Segment überdurchschnittlich häufig Personen mit höherer Schulbildung.

In kirchendistanzierteren Segmenten finden sich dagegen überdurchschnittlich viele 18- bis 29-Jährige.

Unter kirchendistanzierten Christen ebenso wie unter Katholiken, die sich als religiös, aber nicht christlich beschreiben, sind daneben überdurchschnittlich viele Berufstätige zu verzeichnen. Unter Glaubensunsicheren finden sich überdurchschnittlich häufig Männer sowie 14- bis 17-Jährige. Auch Personen mit einfacher und mittlerer Schulbildung sind hier überdurchschnittlich vertreten, was angesichts der überdurchschnittlich jungen Struktur dieses Segments bemerkenswert ist. Auch unter nicht Religiösen finden sich überdurchschnittlich häufig Männer (Schaubild 37).

Soziodemographische Strukturen der Katholikensegmente

		Katholiken ab 14 Jahre –					
	insgesamt	gläubige Kirchennahe	kritische Kirchenverbundene	kirchendistanzierte Christen	religiös, aber nicht christlich	glaubensunsicher	nicht religiös
	%	%	%	%	%	%	%
Männer	47	42	44	48	48	54	56
Frauen	53	58	56	52	52	46	44
Alter							
14 bis 17 Jahre	4	4	3	4	1	14	5
18 bis 29 Jahre	15	7	9	18	24	29	28
30 bis 44 Jahre	19	15	18	22	22	14	21
45 bis 59 Jahre	26	21	26	27	25	24	27
60 Jahre und älter	36	53	44	29	28	19	19
Schulbildung –							
einfache	33	44	30	30	30	37	29
mittlere	31	33	29	32	39	36	25
Abitur, Studium	36	23	41	38	31	27	46
Berufstätige	54	36	50	63	62	57	61
Rentner, Ruhestand	30	47	36	24	24	17	16
Hausfrauen	4	7	5	3	2	5	x
Schüler, Studenten, Auszubildende	10	9	7	8	10	20	21

x = unter 0,5 Prozent

Basis: Bundesrepublik Deutschland, Katholiken ab 14 Jahre
Quelle: Allensbacher Archiv, IfD-Umfrage 8226

Schaubild 37

Auch die Austrittsneigung ist in den Segmenten erwartungsgemäß deutlich unterschiedlich ausgeprägt. Während von den gläubigen Kirchennahen nur ein sehr kleiner Teil schon mal an einen Kirchenaustritt gedacht hat, und auch unter den kritisch Kirchenverbundenen nur 19 Prozent, haben von den kirchendistanzierten Christen bereits 56 Prozent schon mit diesem Gedanken gespielt. Ähnlich hoch sind die Anteile unter Katholiken, die sich als religiös, aber nicht christlich beschreiben, sowie unter Glaubensunsicheren. Nicht Religiöse haben zu 84 Prozent schon mal über einen Kirchenaustritt nachgedacht (Schaubild 38).

Angesichts seiner großen quantitativen Bedeutung, dem darin hohen Anteil an Katholiken, die schon mal über einen Kirchenaustritt nachgedacht haben, und den dennoch vorhandenen religiösen Anknüpfungspunkten hat das Segment der kirchendistanzierten Christen hohe Relevanz als Zielgruppe religiöser Kommunikation.

Austrittsneigung in verschiedenen Katholikensegmenten

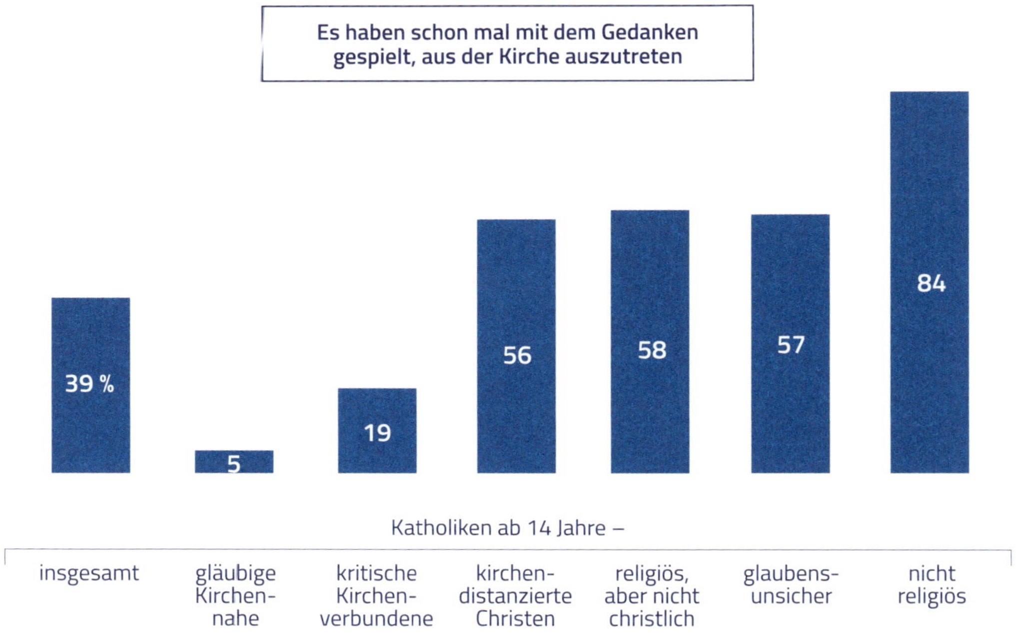

Basis: Bundesrepublik Deutschland, Katholiken ab 14 Jahre
Quelle: Allensbacher Archiv, IfD-Umfrage 8226

© IfD-Allensbach

Schaubild 38

Dieser Befund weist die kirchendistanzierten Christen als eine wichtige Zielgruppe religiöser Kommunikation aus, wenn es darum geht, die Kirchenbindung zu stärken. Denn diese Gruppe hat sich trotz hoher Austrittsneigung in ihrem Selbstverständnis noch nicht völlig von der Kirche gelöst, zumindest nicht vom christlichen Glauben. In dieser Hinsicht sind auch die Glaubensunsicheren eine relevante Gruppe. Gleichzeitig ist das Segment der kirchendistanzierten Christen mit einem Anteil von 34 Prozent der Katholiken das quantitativ bedeutsamste Segment (vgl. Schaubild 35). Kirchendistanzierte Christen beschreiben sich mehrheitlich selbst als religiöse Menschen (54 Prozent), Glaubensunsichere zu 18 Prozent. Unter den gläubigen Kirchennahen sowie den kritisch Kirchenverbundenen liegen diese Anteile mit 98 Prozent bzw. 88 Prozent deutlich höher.

Kirchendistanzierte Christen glauben in annähernd durchschnittlichen Anteilen an die Seele (76 Prozent) und an Gott (75 Prozent), leicht unterdurchschnittlich daran, dass Jesus Christus der Sohn Gottes ist (53 Prozent), dass es ein Leben nach dem Tod gibt (47 Prozent), und deutlich unterdurchschnittlich häufig an die Dreifaltigkeit (31 Prozent, Schaubild 39). Unter Glaubensunsicheren liegen diese Anteile deutlich niedriger. In diesem Segment glauben nur 27 Prozent an Gott.

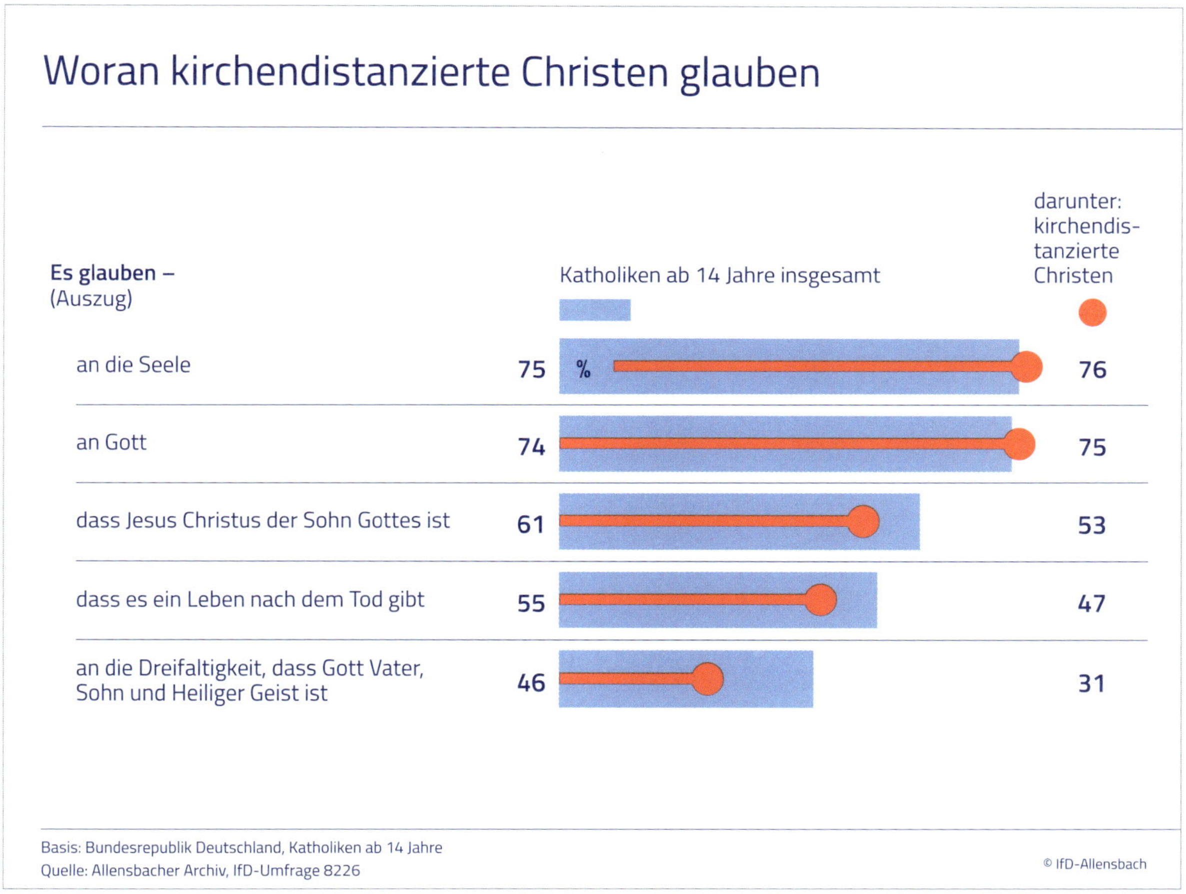

Schaubild 39

Das Bild, das die verschiedenen Katholikensegmente von der katholischen Kirche haben, unterscheidet sich zum Teil deutlich. Ein über die abgefragten Imagedimensionen hinweg im Saldo positives Bild spiegeln dabei nur die gläubigen Kirchennahen zurück. Schon die kritisch Kirchenverbundenen sehen die katholische Kirche deutlich kritischer: 78 Prozent finden, dass die Kirche zum Teil zu starr an überholten Normen festhält. Unter den gläubigen Kirchennahen äußern sich lediglich 33 Prozent so. Jeweils fast zwei Drittel der kritisch Kirchenverbundenen sind der Meinung, die Kirche verhindere die Aufklärung von Missständen in den eigenen Reihen und die Kirche müsse sich mehr an die Erwartungen der Menschen von heute anpassen. Mehrheiten sehen Frauen von der Kirche nicht ausreichend anerkannt, bemängeln die Sprache der Kirche als teilweise veraltet oder führen an, dass die Kirche oft zu wenig glaubwürdig das lebt, was sie vertritt. Unter gläubigen Kirchennahen teilen jeweils nur deutliche Minderheiten diese Positionen. Gleichzeitig finden jeweils rund zwei Drittel der gläubigen Kirchennahen, dass man in der Kirche noch echtes Gemeinschaftsgefühl findet bzw. dass man sich in der Kirche zu Hause fühlen kann. Von den kritisch Kirchenverbundenen empfinden das nur 31 Prozent bzw. 26 Prozent so (Schaubild 40). Kirchendistanzierte Christen sehen die katholische Kirche tendenziell noch kritischer als kritisch Kirchenverbundene.

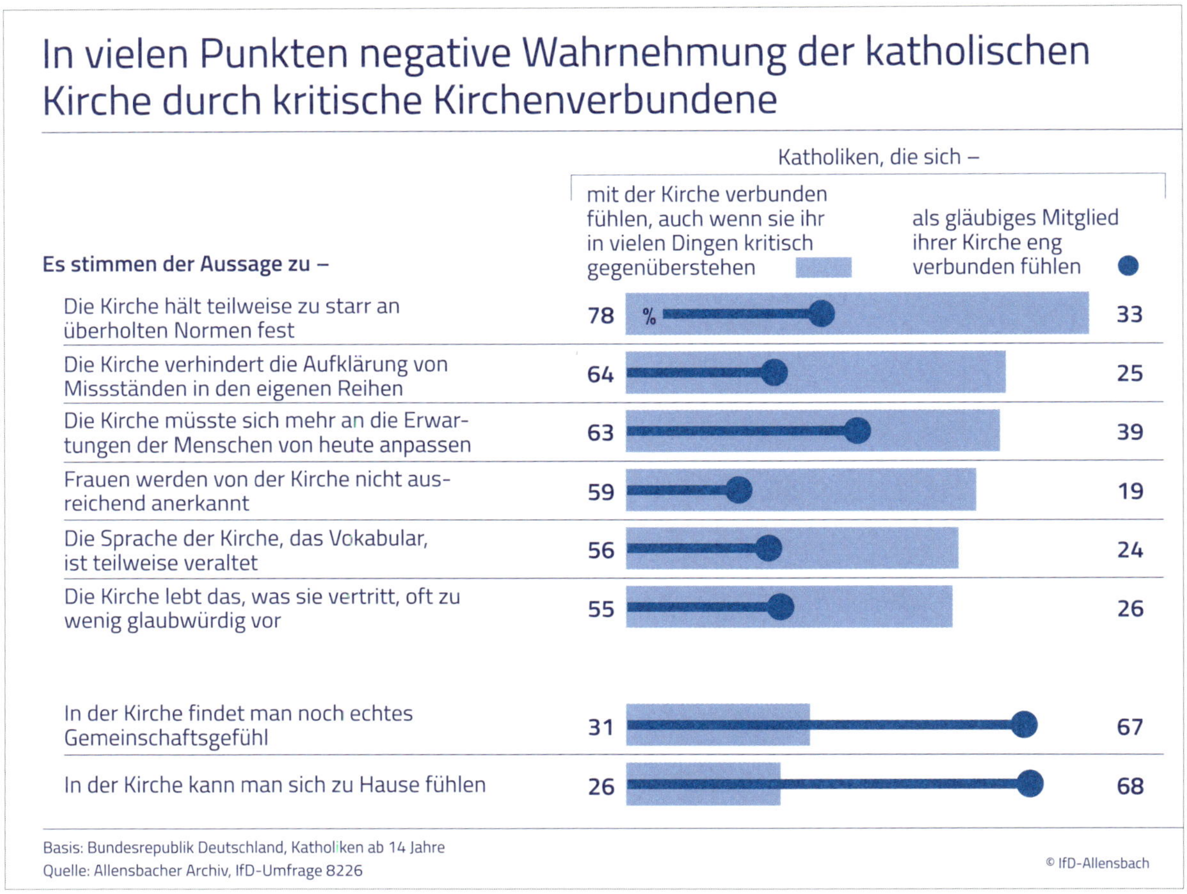

Schaubild 40

Kirchendistanzierte Christen haben im Hinblick auf eine Reihe konkreter Angebote nur unterdurchschnittlich häufig den Eindruck, dass die Kirche hier etwas zu bieten hat. Dass die Kirche in schwierigen Lebenslagen Trost spendet, man hier Ansprechpartner oder Hilfe findet, wenn man sie braucht, dass man sich in der Kirche in einer Gemeinschaft aufgehoben fühlt, dass der Gottesdienst Kraft für den Alltag gibt, die Kirche Antworten auf die Frage nach dem Sinn des Lebens gibt, sie in den persönlichen Glaubensüberzeugungen stärkt oder Antworten für moralische Probleme und Nöte bietet – all das nehmen kirchendistanzierte Christen deutlich weniger häufig wahr als Katholiken im Durchschnitt (Schaubild 41). Sie erwarten es von der Kirche von vorneherein allerdings auch nur unterdurchschnittlich häufig.

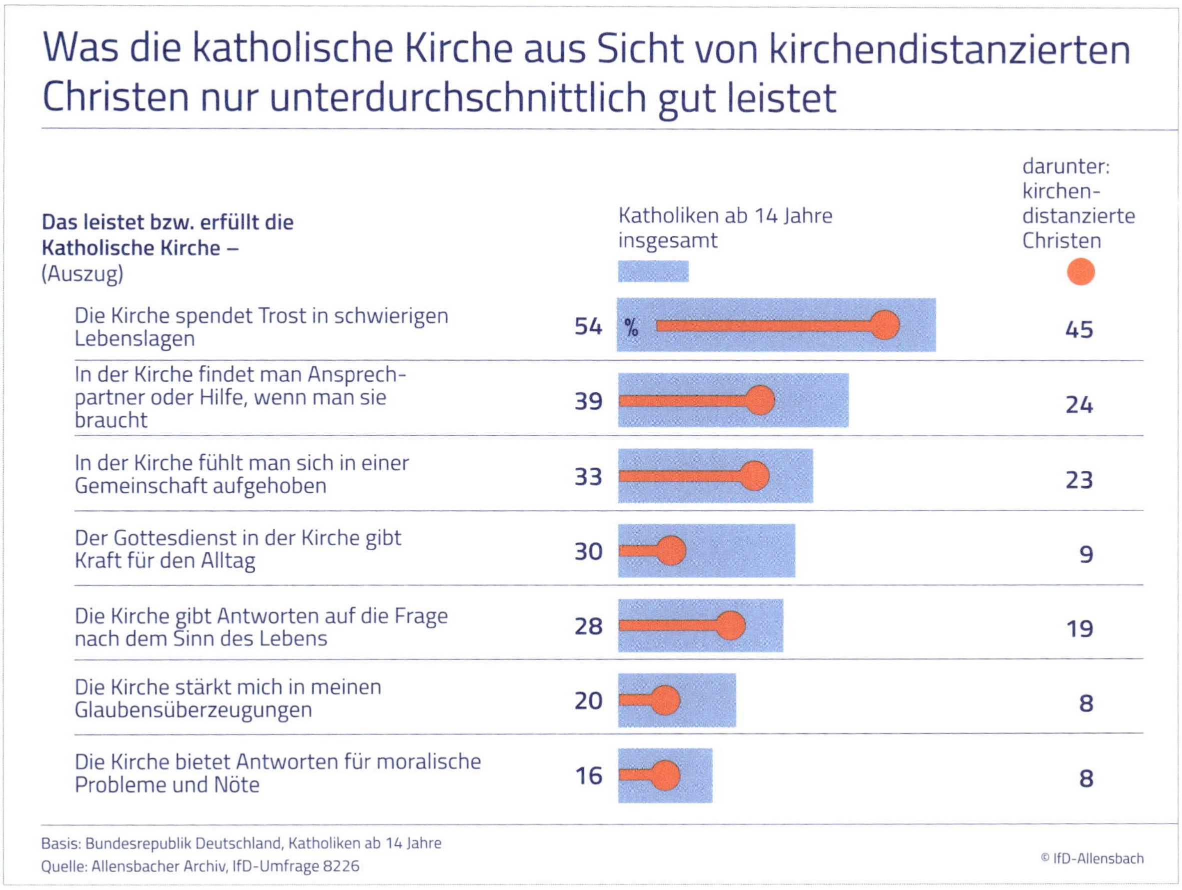

Schaubild 41

Neben dem Segment der kirchendistanzierten Christen zeigt die Analyse eine zweite mögliche Zielgruppe religiöser Kommunikation mit besonderer Relevanz. So haben sowohl das soziodemografische Profil derjenigen Katholiken, die bereits über einen Kirchenaustritt nachgedacht haben, einen überdurchschnittlichen Anteil der 18- bis 29-Jährigen ausgewiesen, als auch die Profile der Katholikensegmente gezeigt, dass diese Altersgruppe überdurchschnittlich häufig in kirchenferneren Segmenten vertreten ist. Entsprechend ist der Anteil sowohl der gläubigen Kirchennahen als auch der kritisch Kirchenverbundenen unter 18- bis 29-Jährigen kleiner als in den übrigen Altersgruppen, einschließlich der 14- bis 17-Jährigen. Besonders groß ist mit 41 Prozent dagegen unter 18- bis 29-Jährigen der Anteil der kirchendistanzierten Christen (Schaubild 42).

Einstellungen der Katholiken unterschiedlicher Altersgruppen zu Kirche und Glauben

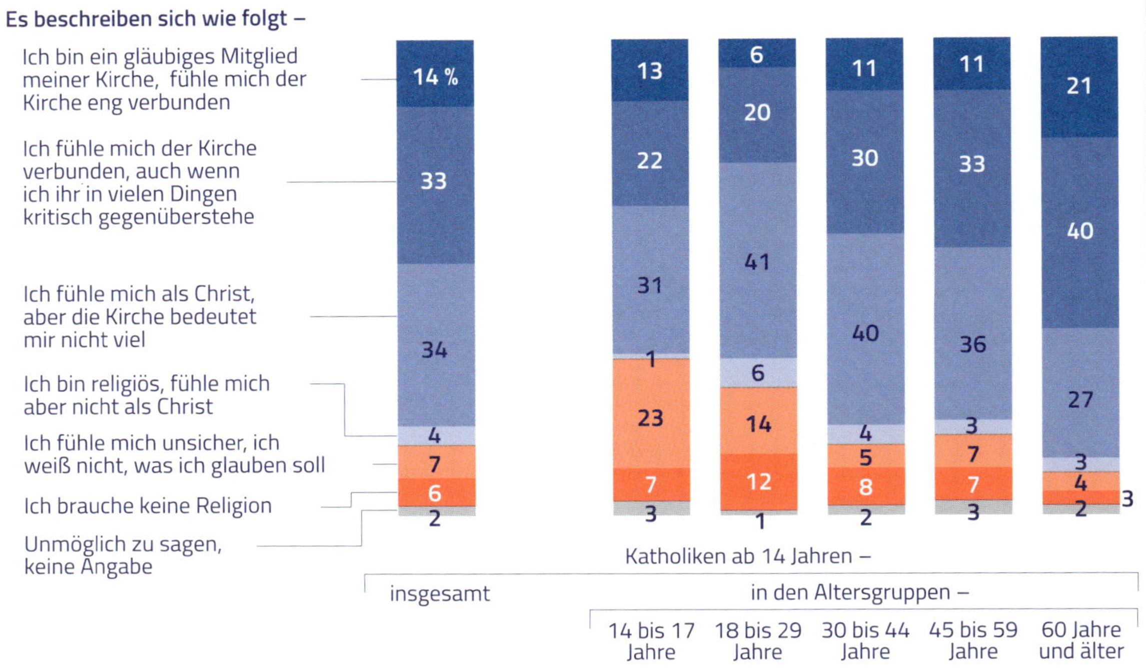

Basis: Bundesrepublik Deutschland, Katholiken ab 14 Jahre; Mehrfachangaben möglich
Quelle: Allensbacher Archiv, IfD-Umfrage 8226

Schaubild 42

Auch die Austrittsneigung ist unter 18- bis 29-Jährigen höher als in anderen Altersgruppen: 51 Prozent der jungen Erwachsenen haben schon mal mit dem Gedanken gespielt, aus der Kirche auszutreten (Schaubild 43).

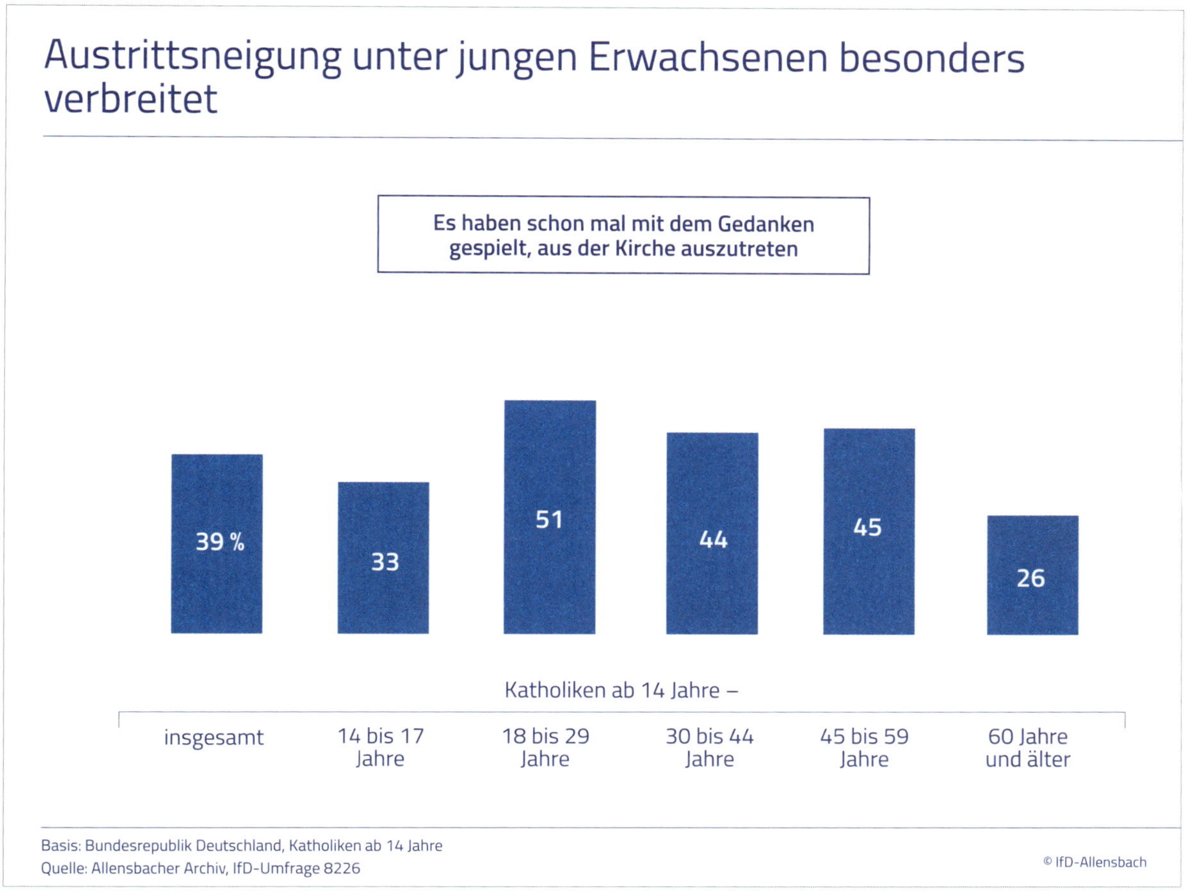

Schaubild 43

18- bis 29-jährige Katholiken glauben auch nur deutlich unterdurchschnittlich häufig daran, dass Jesus Christus Gottes Sohn ist, an die Dreifaltigkeit sowie daran, dass Gott die Welt erschaffen hat. Diese Überzeugungen teilen sie auch seltener als 14- bis 17-Jährige. Aber auch an die Seele und an Gott glauben sie nur unterdurchschnittlich häufig (Schaubild 44).

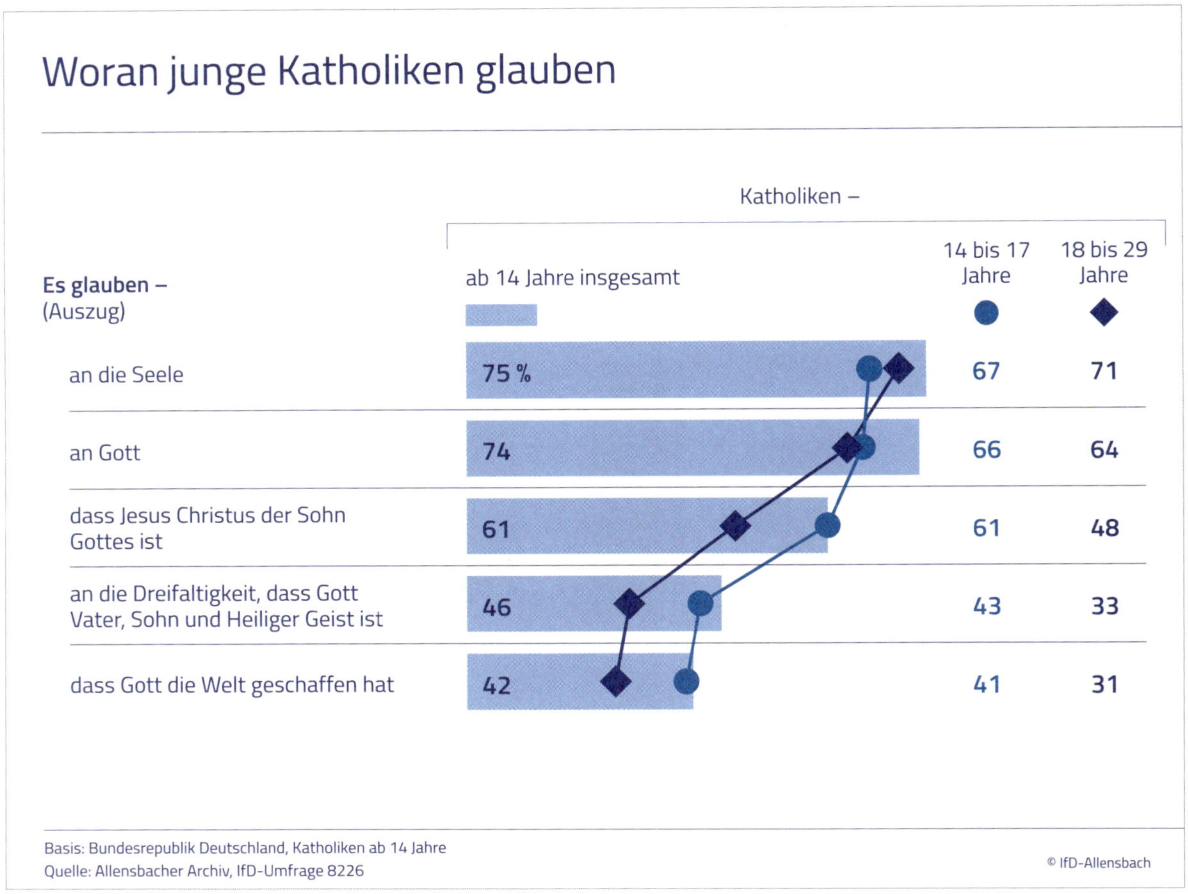

Schaubild 44

Zudem nehmen 20- bis 29-Jährige die katholische Kirche negativer wahr als andere Altersgruppen. Von 13 vorgelegten negativen Imagepunkten zur katholischen Kirche stimmen sie im Durchschnitt bei 4,9 Punkten zu, von 9 positiven Imagepunkten bei durchschnittlich 2,0. Sie stimmen damit deutlich häufiger negativen Aussagen über die katholische Kirche zu als 14- bis 19-Jährige und seltener positiven Aussagen als höhere Altersgruppen (Schaubild 45).[9]

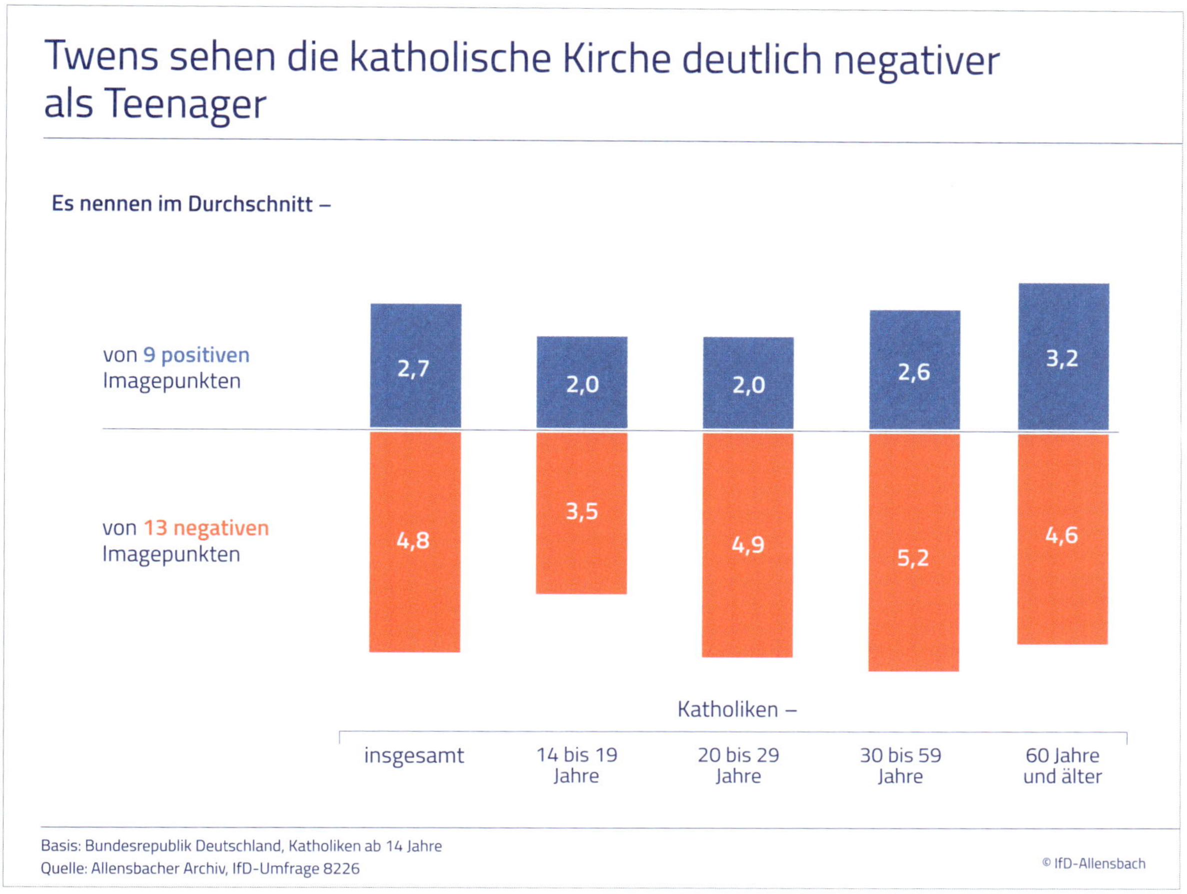

Schaubild 45

9 Im Vergleich von 14- bis 19-Jährigen und 20- bis 29-Jährigen (für eine gesonderte Analyse der 14- bis 17-Jährigen sind die Fallzahlen an dieser Stelle nicht ausreichend, weil die Frage in nur einer Halbgruppe der Stichprobe gestellt wurde) stimmen 20- bis 29-Jährige insbesondere häufiger zu, wenn es heißt, »Die Kirche verhindert die Aufklärung von Missständen in den eigenen Reihen« und »Die Kirche lebt das, was sie vertritt, oft zu wenig glaubwürdig vor«.

Von der katholischen Kirche erwarten 18- bis 29-Jährige insbesondere zwei Punkte deutlich überdurchschnittlich häufig bzw. sind ihnen überdurchschnittlich häufig besonders wichtig: Zum einen, dass die Kirche Missstände in den eigenen Reihen aufklärt. 64 Prozent dieser Altersgruppe erwarten dies von der Kirche. Zum anderen, dass die Kirche offen ist gegenüber allen Menschen, niemanden ausgrenzt (54 Prozent). Insgesamt ist aber auch in dieser Altersgruppe die mit Abstand am häufigsten geäußerte Erwartung, dass sich die Kirche für soziale Zwecke einsetzt, Bedürftige und Schwache unterstützt (85 Prozent).

Wie sich gezeigt hatte, sind 14- bis 17-jährige im Vergleich zu 18- bis 29-jährigen Katholiken in tendenziell höherem Anteil kirchenverbunden, allerdings – was dem Alter entsprechend nicht erstaunt – auch in höherem Anteil glaubensunsicher; die eigenen Glaubensüberzeugungen stehen dabei den katholischen Dogmen tendenziell näher (vgl. Schaubild 42). Tendenziell engagieren sich 14- bis 17-jährige Katholiken auch häufiger in der Kirche als 18- bis 29-Jährige (18 Prozent gegenüber 12 Prozent). Der Übergang vom Leben als Jugendlicher zum Erwachsenendasein ist offenbar auch im Hinblick auf die Kirchenbindung häufig eine Zäsur. Die damit verbundenen Fragen weiter aufzuhellen, wäre Gegenstand einer eigenen Studie.

Allerdings muss bewusst sein, dass auch der derzeit offenbar nicht ungünstige Stand, den die katholische Kirche bei 14- bis 17-Jährigen hat, in Gefahr ist. Denn die Wertschätzung religiöser Erziehung ist bei Katholiken in den letzten gut 10 Jahren deutlich zurückgegangen. Waren 2009 noch 70 Prozent der Katholiken überzeugt, dass es wichtig für Kinder ist, dass sie religiös erzogen werden, sind es derzeit noch 58 Prozent. Allerdings hat nicht nur die ausdrückliche Gegenposition zugenommen, dass es praktisch keinen Unterschied mache, ob Kinder religiös erzogen werden oder nicht, sondern es ist auch die Unsicherheit darüber größer geworden, ob religiöse Erziehung wichtig ist: Der Anteil der in dieser Frage Unentschiedenen ist seit 2009 von 9 auf 15 Prozent gestiegen. Die Position, dass religiöse Erziehung sogar eher schade, spielt dagegen nach wie vor keine Rolle (Schaubild 46).[10]

10 Im Vergleich zu 2009 ist die Überzeugung, dass es für Kinder wichtig ist, religiös erzogen zu werden, auch unter 30- bis 44-Jährigen – also der Altersgruppe junger Eltern – deutlich zurückgegangen, von 66 auf 56 Prozent. Speziell bei Eltern mit Kindern unter 10 Jahren ist das dagegen praktisch nicht der Fall (von 69 Prozent auf 67 Prozent).

Wertschätzung religiöser Erziehung ist zuletzt zurückgegangen

Frage: »Glauben Sie, es ist wichtig für Kinder, dass sie religiös erzogen werden, oder finden Sie, das macht praktisch keinen Unterschied, oder hat es sogar eher einen schlechten Einfluss?«

	Katholiken ab 16 Jahre					
	1979	1989	1998	2002	2009	2020
Religiöse Erziehung –	%	%	%	%	%	%
ist wichtig	**65**	**63**	**67**	**68**	**70**	**58**
macht praktisch keinen Unterschied	**26**	**24**	**23**	**22**	**20**	**25**
hat schlechten Einfluss	**2**	**1**	**1**	**2**	**1**	**2**
Unentschieden, keine Angabe	**7**	**12**	**9**	**8**	**9**	**15**
	100	**100**	**100**	**100**	**100**	**100**

Basis: Bundesrepublik Deutschland (bis 1989 nur Westdeutschland), Katholiken ab 16 Jahre
Quelle: Allensbacher Archiv, IfD-Umfragen, zuletzt 8226

Schaubild 46

3.5 Themeninteressen und Themenerwartungen von Katholiken

Nachdem die aktuellen Rahmenbedingungen für religiöse Kommunikation und potentielle Zielgruppen dargestellt wurden, wird in diesem Kapitel der Fokus auf mögliche Kommunikationsinhalte gelegt. Zwar ist dieses Themenfeld auch mit der Darstellung der Glaubensüberzeugungen und den generellen Erwartungen an die katholische Kirche schon gestreift worden. Im Folgenden werden aber spezifischer die Themeninteressen von Katholiken und die thematischen Erwartungen speziell der katholischen Kirche gegenüber vorgestellt.

Zunächst ist festzustellen, dass das generelle Interesse von Katholiken an religiösen Fragen und kirchlichen Themen tendenziell weiter abnimmt. Damit werden die Voraussetzungen für religiöse Kommunikation weiter eher ungünstiger.

Nur 10 Prozent der Katholiken interessieren sich sehr für religiöse Fragen, nur 9 Prozent sind an kirchlichen Fragen sehr interessiert. Über diesen engsten Kreis hinaus ist jeder fünfte Katholik ziemlich an religiösen Fragen interessiert, gut jeder fünfte ziemlich an kirchlichen Fragen. Jeweils rund die Hälfte interessiert sich etwas, wenn auch nicht besonders für diese Themen. 16 Prozent zeigen gar kein Interesse für religiöse Fragen, 18 Prozent kein Interesse an Themen, die die Kirche betreffen (Schaubild 47).

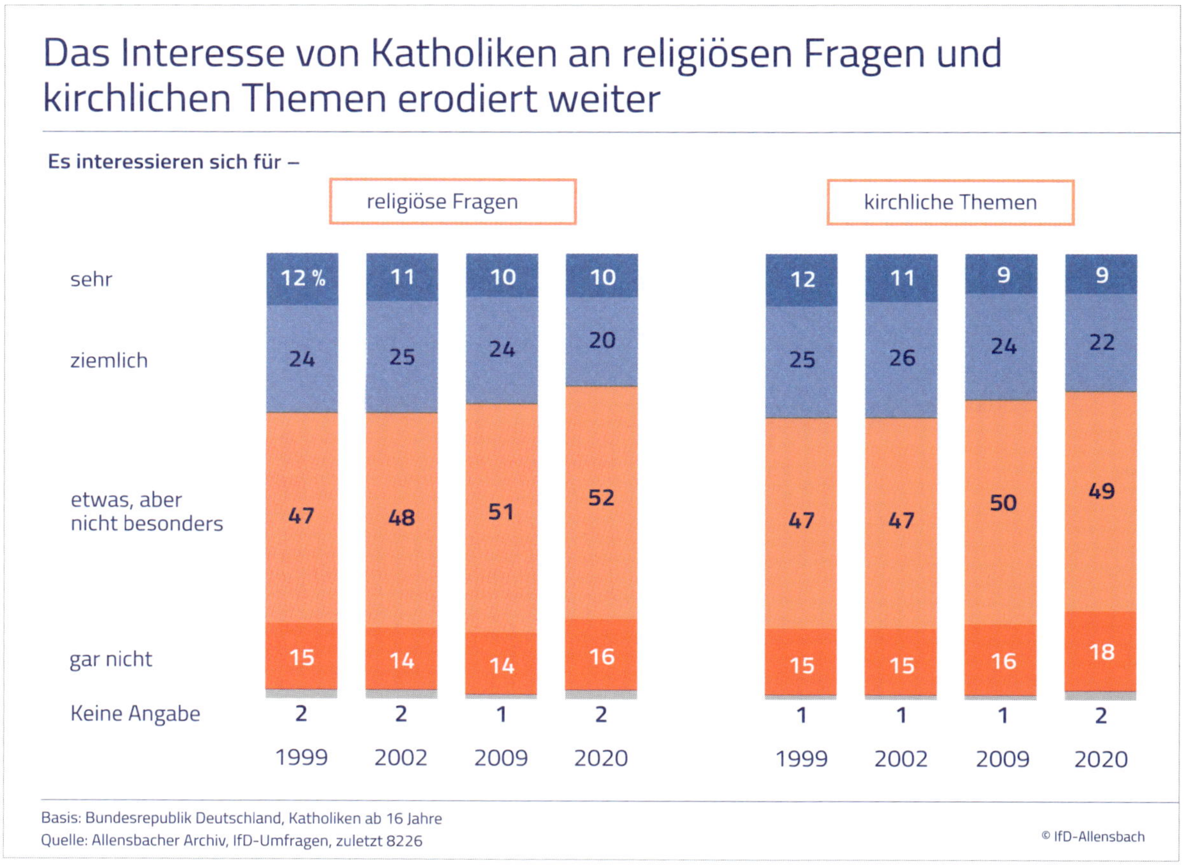

Schaubild 47

Erwartungsgemäß interessieren sich der Kirche eng verbundene Katholiken weit überdurchschnittlich für religiöse Fragen und kirchliche Themen. Aber schon der Kirche kritisch verbundene Katholiken interessieren sich mehrheitlich nur noch etwas, aber nicht besonders dafür. Noch geringer ist das Interesse der kirchendistanzierten Christen: Nur jeder Zehnte interessiert sich sehr oder ziemlich für religiöse Fragen, nicht einmal jeder Zehnte für kirchliche Themen. Schon dieser Befund zeigt, wie groß die Herausforderungen einer gelingenden Kommunikation mit dieser relevanten Zielgruppe sind. Das Interesse der übrigen Segmente – hier zusammengefasst unter dem Begriff »Außenstehende« – ist noch deutlich geringer (Schaubild 48).

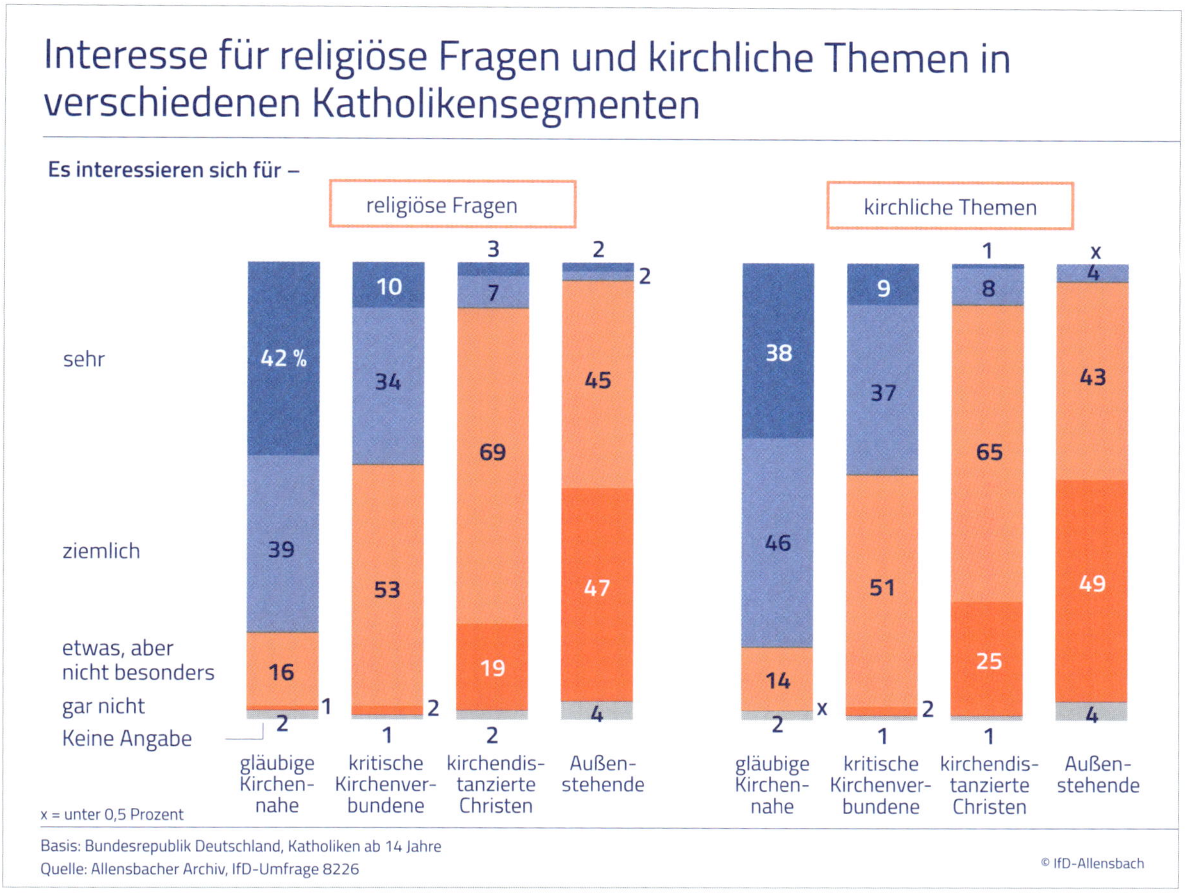

Schaubild 48

Das Interesse an religiösen Fragen und kirchlichen Themen nimmt mit dem Alter zu. Während sich von den unter 30-jährigen Katholiken nicht einmal jeder fünfte sehr oder ziemlich für religiöse Fragen oder für kirchliche Themen interessiert und jeweils über ein Viertel gar nicht, liegt der Anteil der sehr oder ziemlich Interessierten unter den ab 60-jährigen Katholiken bei 41 Prozent bzw. 45 Prozent (Schaubilder 49 und 50).

Wie zu erwarten ist auch das Interesse von Katholiken, die schon mal über einen Kirchenaustritt nachgedacht haben, an religiösen oder kirchlichen Fragen begrenzt: Nur 13 Prozent bekunden, sehr oder ziemlich an religiösen Fragen interessiert zu sein, 14 Prozent haben ein entsprechendes Interesse an Themen, die die Kirche betreffen.

Interesse für religiöse Fragen in verschiedenen Altersgruppen

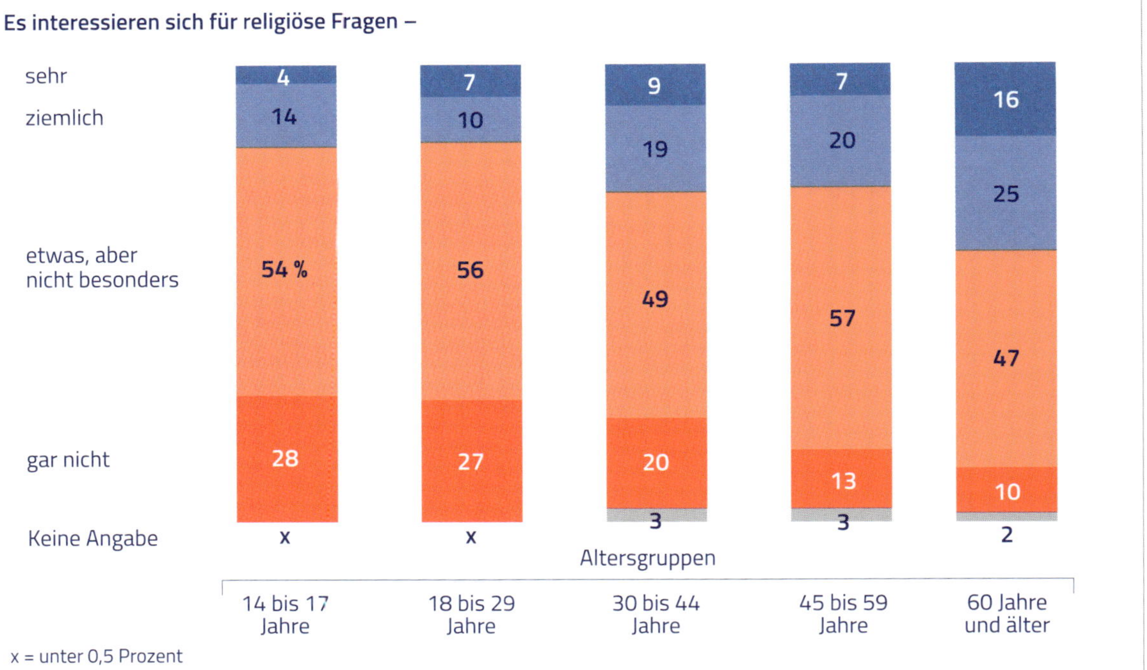

Basis: Bundesrepublik Deutschland, Katholiken ab 14 Jahre
Quelle: Allensbacher Archiv, IfD-Umfrage 8226

© IfD-Allensbach

Schaubild 49

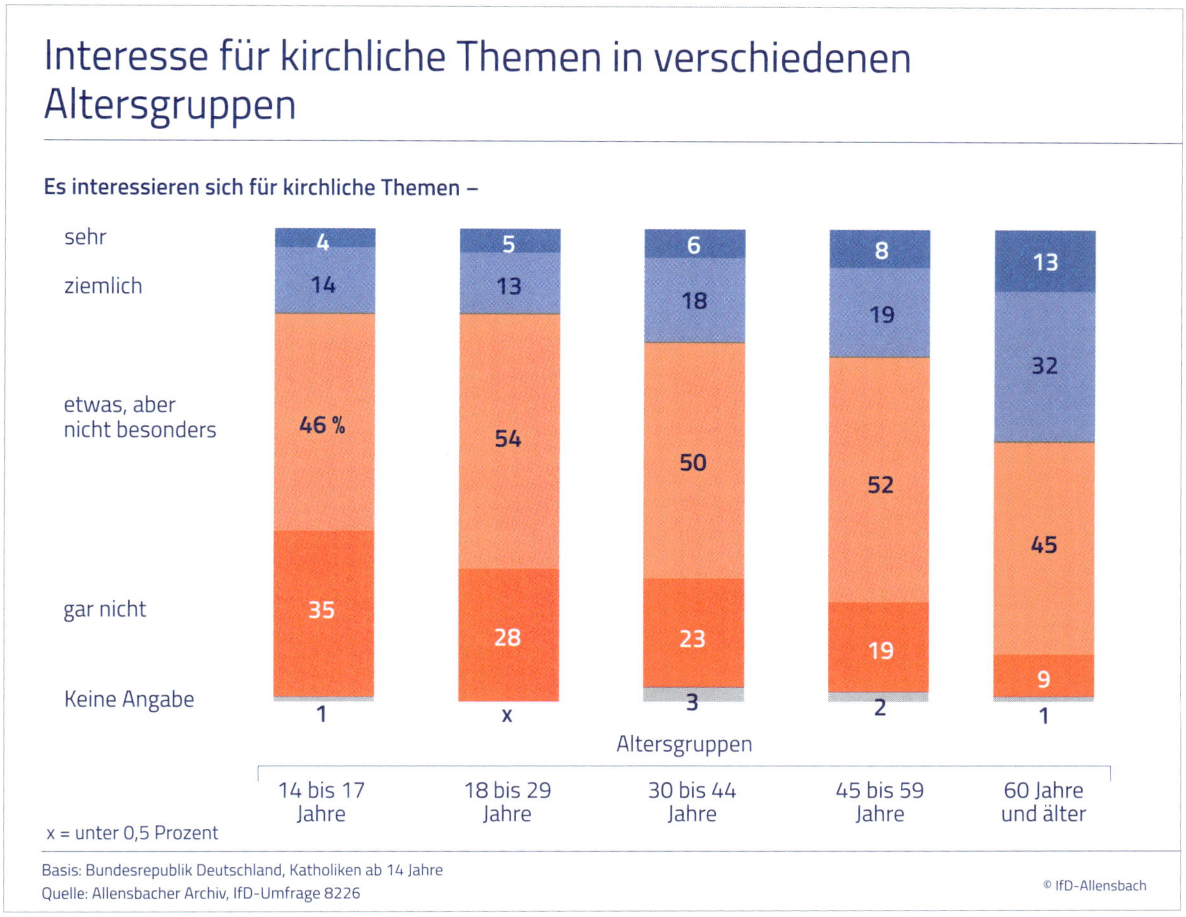

Schaubild 50

Fragt man differenzierter nach dem Interesse an einem breiten Spektrum von Themen, zeigen sich Katholiken vor allem interessiert an Themen, die nicht unmittelbar mit Kirche und Religion zu tun haben. So interessieren sich Katholiken unter den abgefragten Themen am stärksten für das Thema Gesundheit. Rund zwei Drittel interessiert das ganz besonders. Unter den Themen, die auf großes Interesse stoßen, sind aber durchaus Themen, zu denen die katholische Kirche eine inhaltliche Nähe hat, ohne dass es kirchliche oder religiöse Themen im engeren Sinne wären: 56 Prozent der Katholiken interessieren sich besonders für soziale Gerechtigkeit – damit belegt das Thema hinter Gesundheit den zweiten Platz im Ranking. 48 Prozent interessieren sich für Menschenrechte, 47 Prozent für Nachhaltigkeit, Umwelt- und Klimaschutz und 36 Prozent für soziales Engagement.

Unter den Themen mit direktem Kirchenbezug stoßen unter Katholiken am häufigsten kirchenkritische Themen auf Interesse: jeweils rund ein Viertel interessiert sich für Themen, die in der Kirche umstritten sind, wie Abtreibung, Zölibat oder Frauenpriestertum, sowie für die Auseinandersetzung mit Missständen in der Kirche. Jeweils eine knappe weitere Hälfte der Katholiken interessiert sich für diese Themen auch noch, aber nicht so sehr. Ähnlich groß ist das Interesse an generellen Stellungnahmen und Kommentaren zu Problemen unserer Zeit. Besonderes Interesse an der Pfarrgemeinde bzw. daran, was in der Pfarrgemeinde passiert, bekunden 22 Prozent der Katholiken, weitere 35 Prozent sind daran weniger stark interessiert, 42 Prozent kaum oder gar nicht. Ebenfalls 22 Prozent zeigen besonderes Interesse am Thema »Sinn des Lebens«, weitere 44 Prozent begrenztes Interesse.

Weitere Themen mit engerem Kirchen- oder Glaubensbezug stoßen unter Katholiken in nur deutlich kleineren Kreisen auf besonderes Interesse: Stellungnahmen und Aussagen von Papst und Vatikan, wie man in der heutigen Zeit seinen Glauben leben kann, welche Bedeutung die Kirche in der heutigen Gesellschaft hat, kirchliches Brauchtum, Berichte über kirchliche Ereignisse und Entwicklungen, Fragen der Ökumene, Predigt- oder Bibeltexte, Stellungnahmen und Aussagen der deutschen Bischöfe, religiöse Bücher, Beiträge aus dem Leben des Bistums sowie Nachrichten aus kirchlichen Verbänden und Organisationen. Für die meisten dieser Themen interessieren sich Katholiken mehrheitlich kaum oder gar nicht (Schaubild 51).

Themeninteressen der Katholiken im Überblick

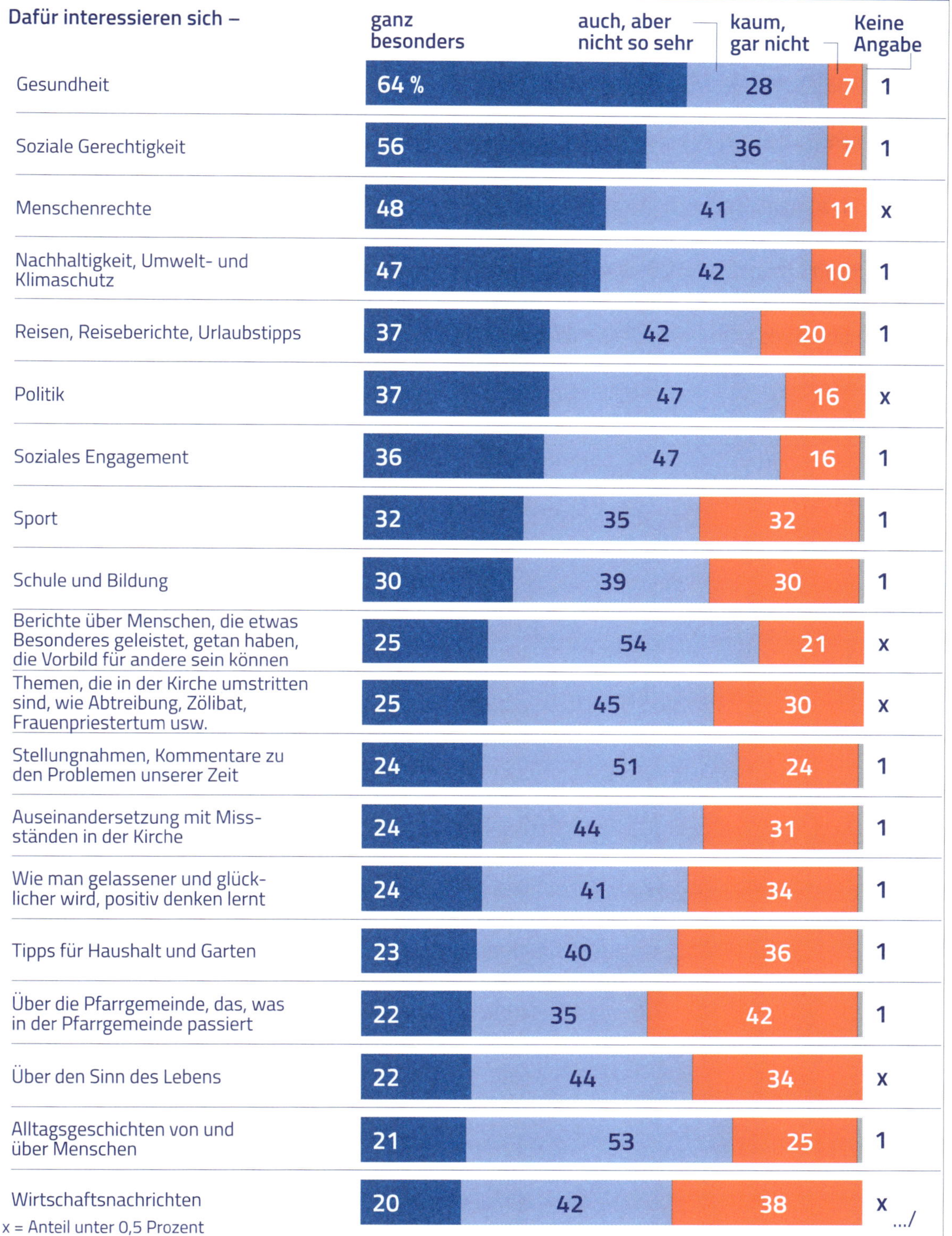

x = Anteil unter 0,5 Prozent

© IfD-Allensbach

Schaubild 51-1

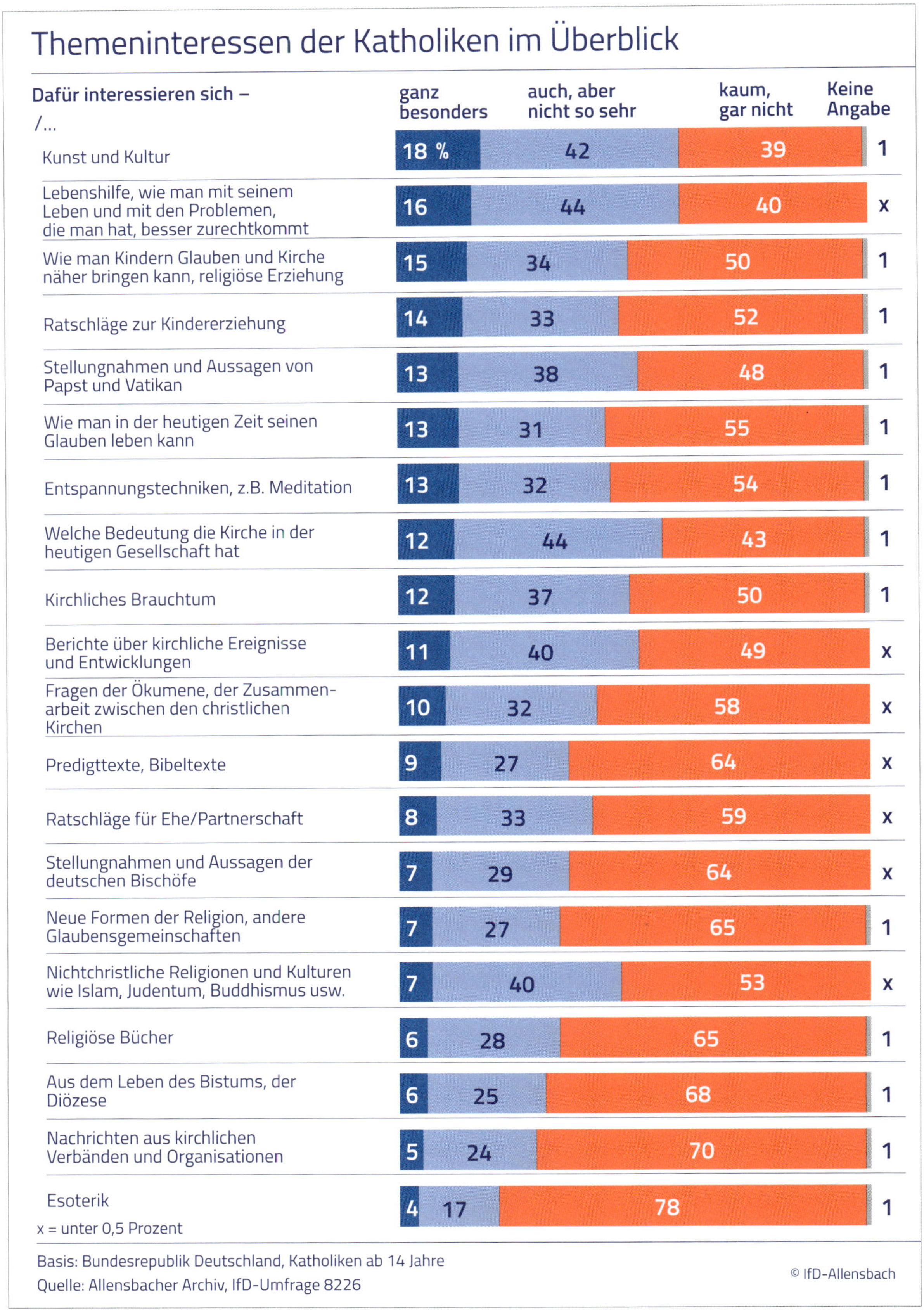

Schaubild 51-2

Dass weniger Themen mit direktem Kirchenbezug als vielmehr allgemeine Themen, zu denen die Kirche einen inhaltlichen Bezug hat, geeignet sind, um Katholiken in der Breite anzusprechen und über den engen Kreis der gläubigen Kirchennahen hinaus weitere Segmente anzusprechen – insbesondere auch kirchendistanzierte Christen –, zeigt eine Analyse von Themeninteressen nach den verschiedenen Katholikensegmenten: So bringen auch kirchendistanzierte Christen dem Thema soziale Gerechtigkeit mehrheitlich ganz besonderes Interesse entgegen. Und auch noch Außenstehende interessieren sich zu rund der Hälfte ganz besonders für das Thema. Für Menschenrechte interessieren sich kirchendistanzierte Christen fast zur Hälfte ganz besonders, für soziales Engagement 30 Prozent.

Demgegenüber ist schon das Interesse an der Pfarrgemeinde und daran, was dort passiert, bei kirchendistanzierten Christen sehr gering: Nur 4 Prozent zeigen besonderes Interesse dafür, weitere 38 Prozent interessieren sich dafür auch, aber nicht so sehr.

Ähnlich gering ist das Interesse dieses Segments an Stellungnahmen und Aussagen von Papst und Vatikan, an Berichten über kirchliche Ereignisse und Entwicklungen sowie an der Frage, welche Bedeutung die Kirche in der heutigen Gesellschaft hat. An diesen Themen ist auch schon das Interesse der kritisch Kirchenverbundenen begrenzt (Schaubild 52).

Auch in jungen Bevölkerungsgruppen ist das Interesse an allgemeinen Themen, bei denen sich ein inhaltlicher Bezug zu Kirche herstellen lässt, deutlich größer als an direkt kirchlichen Themen. Sowohl 14- bis 17-jährige als auch 18- bis 29-jährige Katholiken interessieren sich in vergleichsweise hohen Anteilen besonders für soziale Gerechtigkeit, Menschenrechte, Nachhaltigkeit und soziales Engagement. An dem, was in der Pfarrgemeinde passiert, sind 18- bis 29-Jährige zu immerhin 15 Prozent besonders und zu weiteren 26 Prozent auch noch interessiert. Andere Themen mit engem Kirchenbezug stoßen bei jeweils weniger als 10 Prozent dieser Altersgruppe auf besonderes Interesse.

Themen im Randbereich religiöser Kommunikation stoßen auch in kirchendistanzierten Zielgruppen verbreitet auf Interesse

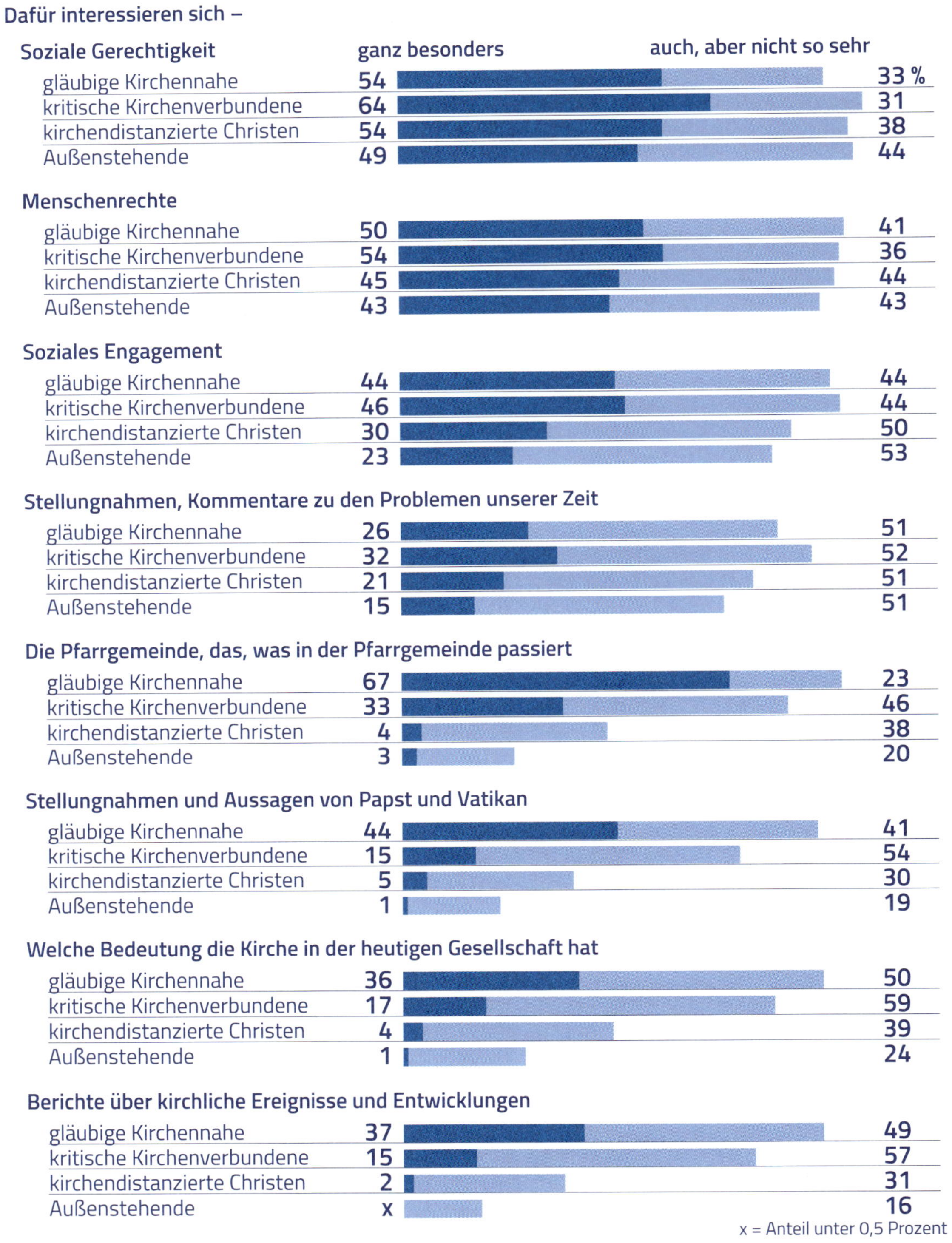

Basis: Bundesrepublik Deutschland, Katholiken ab 14 Jahre
Quelle: Allensbacher Archiv, IfD-Umfrage 8226

Schaubild 52

Katholiken erwarten von der katholischen Kirche auch in hohen Anteilen, dass sie sich zu solchen Themen äußert. So erwarten gut zwei Drittel der Katholiken, dass die katholische Kirche zum Thema soziale Gerechtigkeit Stellung bezieht. Wenn es um den Dialog zwischen den verschiedenen Religionen in Deutschland geht oder um das Thema Sterbehilfe, sind jeweils knapp zwei Drittel der Katholiken der Meinung, dass die katholische Kirche sich hierzu äußern und positionieren sollte. Jeweils gut die Hälfte wünscht sich, dass die katholische Kirche Stellung bezieht zu Kriegen und Konflikten in der Welt, zur Stärkung der Rolle der Frau, zu Wertvorstellungen in der Gesellschaft sowie zum Umgang mit Flüchtlingen.[11]

Bei anderen Themen erwartet jeweils nur eine Minderheit der Katholiken eine Positionierung der katholischen Kirche: Jeweils gut ein Drittel bei den Themen Rechtsextremismus, Einfluss des Islam in Deutschland sowie Sexualität, ein Drittel, wenn es allgemein um Familie und Partnerschaft geht.

Bemerkenswerterweise sind auch nur 31 Prozent bzw. 29 Prozent der Meinung, die katholische Kirche sollte in Fragen von Nachhaltigkeit und Klimaschutz Stellung beziehen – ein Thema, das Katholiken insgesamt durchaus breit interessiert.

Vergleichsweise klein sind die Anteile der Katholiken, die eine Positionierung ihrer Kirche erwarten, wenn es um die Programme der politischen Parteien geht, um Digitalisierung und neue Medien, um Arbeitnehmerrechte oder auch um Konsum bzw. Konsumfragen. Rund ein Viertel erwartet das beim Thema Erziehung (Schaubild 53).

11 Besondere Relevanz hat der Umgang mit Flüchtlingen in diesem Zusammenhang für 14- bis 17-Jährige. 59 Prozent wünschen sich hier, dass die katholische Kirche Stellung bezieht; in dieser Altersgruppe nach dem Thema soziale Gerechtigkeit (62 Prozent) der zweithöchste Anteil unter den abgefragten Themen.

Zu welchen Themen die katholische Kirche Stellung beziehen sollte

Frage: »Hier auf der Liste stehen verschiedene gesellschaftliche Themen. Welche davon sind Ihrer Meinung nach Themen, bei denen die katholische Kirche Stellung beziehen sollte?«

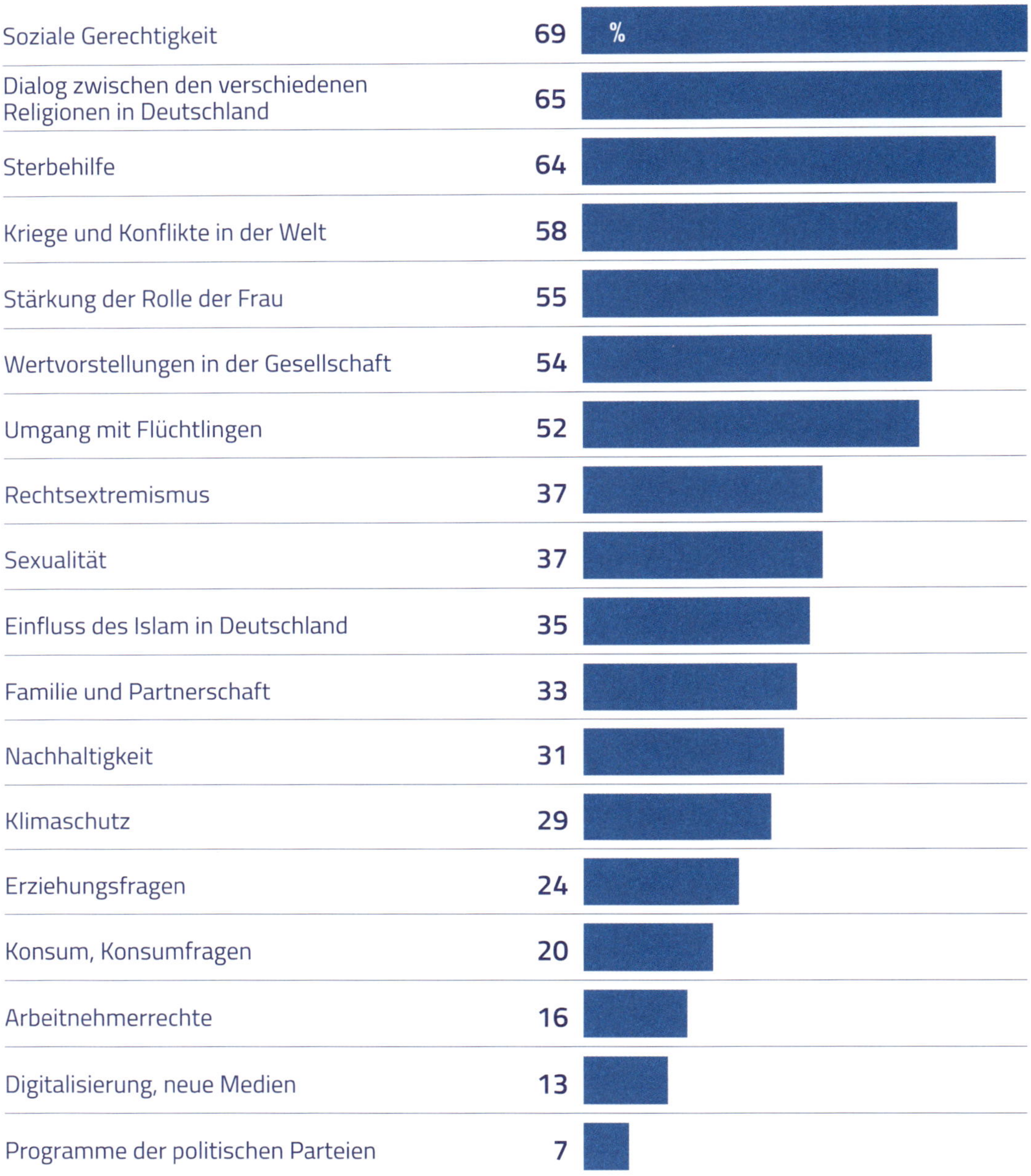

Basis: Bundesrepublik Deutschland, Katholiken ab 14 Jahre
Quelle: Allensbacher Archiv, IfD-Umfrage 8226

Schaubild 53

3.6 Nutzung kirchlicher und religiöser Informationsquellen im Überblick

In den vorangehenden Kapiteln sind die Rahmenbedingungen für religiöse Kommunikation, potentielle Zielgruppen sowie mögliche Themen abgehandelt worden. Der folgende Teil des Berichts befasst sich mit den Kanälen für die religiöse Kommunikation – sowohl mit den verschiedenen Mediengattungen als auch mit der personalen Kommunikation. Dazu gibt dieses Kapitel zunächst einen Überblick über die Nutzung der verschiedenen Kommunikationskanäle.

Das von Katholiken mit Abstand am verbreitetsten genutzte religiöse oder kirchliche Medium ist der Pfarrbrief bzw. das Gemeindeblatt. 19 Prozent lesen den Pfarrbrief häufig, weitere 24 Prozent ab und zu. In der Reichweitenrangliste folgen mit Abstand vor allem Fernseh- und Radioangebote: Pfarrserien – von 11 Prozent der Katholiken häufig, von 22 Prozent ab und zu angesehen –, das Wort zum Sonntag (7 Prozent häufig, 22 Prozent ab und zu) und Worte für den Tag im Radio (7 Prozent häufig, 18 Prozent ab und zu). Aber auch die Bibel gehört zu den mit am häufigsten genutzten religiösen Medienangeboten: 8 Prozent der Katholiken greifen häufig, weitere 19 Prozent ab und zu zur Heiligen Schrift.

Die Kirchenzeitung, das Bistumsblatt wird von 7 Prozent häufig, von weiteren 11 Prozent ab und zu gelesen. Gespräche mit dem Pfarrer, anderen Seelsorgern oder Aktiven in der Gemeinde führen 7 Prozent häufig und 18 Prozent ab und zu.

Andere Medienangebote haben geringere Reichweiten. Besonders auffällig sind die vergleichsweise geringen Reichweiten von religiösen bzw. kirchlichen Onlineangeboten. Lediglich 2 Prozent der Katholiken nutzen häufig Angebote in sozialen Medien, die sich mit Glauben und Religion beschäftigen, weitere 4 Prozent ab und zu. Bei Internetseiten zu diesen Themen, entsprechenden Streamingangeboten oder Podcasts liegt der Anteil der häufigen Nutzer bei jeweils nur einem Prozent (Schaubild 54).

Informationsquellen der Katholiken im Überblick

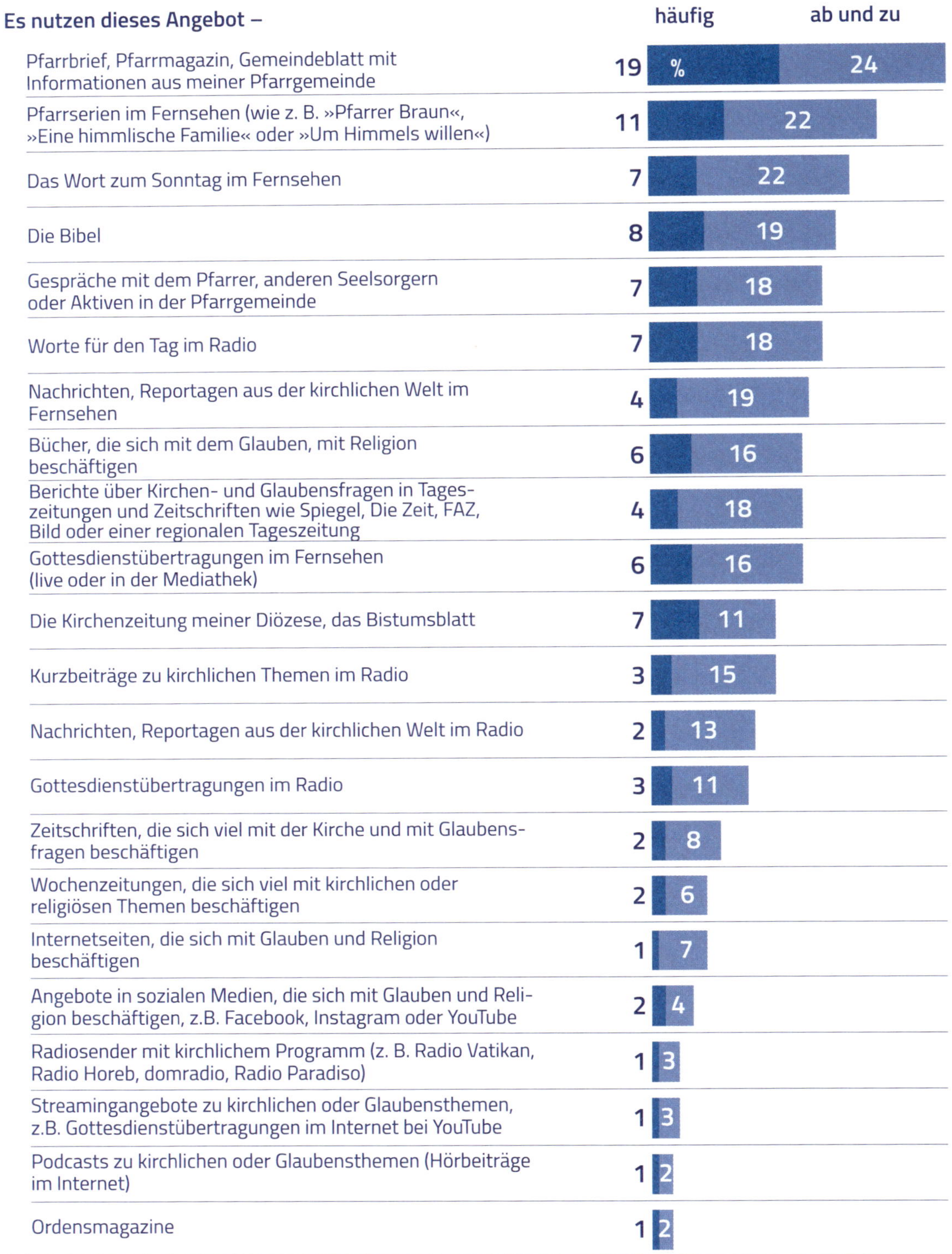

Basis: Bundesrepublik Deutschland, Katholiken ab 14 Jahre
Quelle: Allensbacher Archiv, IfD-Umfrage 8226

© IfD-Allensbach

Schaubild 54

Um die Nutzung religiöser und kirchlicher Medienangebote für verschiedene Teilgruppen im Überblick analysieren zu können, wurden die 21 medialen Kommunikationskanäle in einer Skala zusammengefasst.[12] Auf dieser Skala gilt die Nutzung kirchlicher oder religiöser Medienangebote als –

- **stark** wenn 10 oder mehr der 21 abgefragten medialen Angebote häufig oder ab und zu genutzt werden,
- **mittel** wenn 4 bis 9 Angebote häufig oder ab und zu genutzt werden,
- **schwach** wenn 1 bis 3 Angebote häufig oder ab und zu genutzt werden,
- **gar nicht** wenn keines der Angebote häufig oder ab und zu genutzt wird.

Die Analyse zeigt eine überdurchschnittlich starke Nutzung kirchlicher und religiöser Medienangebote durch Frauen, durch Katholiken ab 60 Jahre sowie – erwartungsgemäß – durch der Kirche eng verbundene Katholiken. Von den kirchendistanzierten Christen zeigt nur rund jeder Fünfte eine mindestens mittlere Nutzung solcher Medien, von den unter 18-Jährigen knapp jeder Vierte (Schaubild 55).

Auch Katholiken, die schon mal mit dem Gedanken gespielt haben, aus der Kirche auszutreten, weisen nur zu 20 Prozent eine mittlere Nutzung religiöser und kirchlicher Medienangebote auf, 43 Prozent nutzen diese gar nicht.

12 Die persönlichen Gespräche mit Pfarrern oder Seelsorgern wurden in diese Skala nicht aufgenommen.

Nutzung kirchlicher oder religiöser Medienangebote (nach Skala)

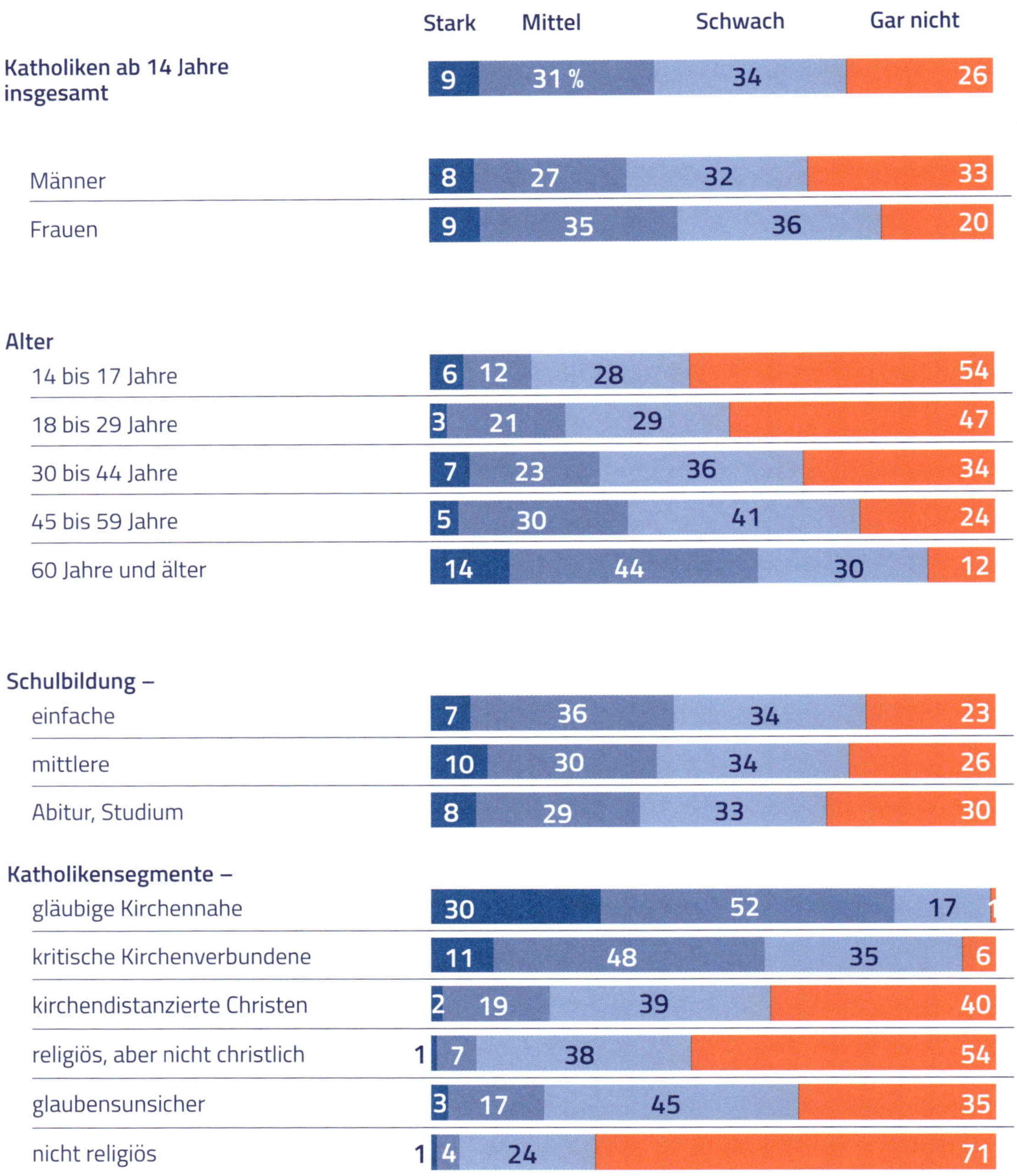

Basis: Bundesrepublik Deutschland, Katholiken ab 14 Jahre
Quelle: Allensbacher Archiv, IfD-Umfrage 8226

Schaubild 55

Wenn kirchendistanzierte Christen und 18- bis 29-Jährige – also zwei als mögliche relevante Zielgruppen religiöser Kommunikation identifizierte Teilgruppen – religiöse und kirchliche Medien insgesamt nur unterdurchschnittlich intensiv nutzen, stellt sich die Frage, über welche Kanäle sie noch am ehesten zu erreichen sind.

Für kirchendistanzierte Christen bietet sich hier am ehesten der Pfarrbrief an – gut jeder Vierte liest ihn zumindest ab und zu –, daneben Berichte über kirchliche oder religiöse Themen im Fernsehen, im Radio oder in säkularen Tageszeitungen und Zeitschriften. Das Internet nutzen dagegen gerade einmal 4 Prozent häufig oder ab und zu für kirchliche oder religiöse Inhalte.

Auch 18- bis 29-Jährige lassen sich noch am ehesten über den Pfarrbrief erreichen. 22 Prozent lesen ihn häufig oder ab und zu. Fast genauso groß ist die Reichweite von Beiträgen zu kirchlichen oder religiösen Themen im Radio (21 Prozent häufig oder ab und zu) und von religiösen Büchern (19 Prozent). Dahinter folgen in engem Abstand Beiträge zu kirchlichen oder religiösen Themen im Fernsehen (17 Prozent), Worte für den Tag im Radio (16 Prozent), Berichte über Kirchen- und Glaubensfragen in säkularen Tageszeitungen oder Zeitschriften (15 Prozent) sowie Das Wort zum Sonntag, Nachrichten und Reprotagen aus der kirchlichen Welt im Fernsehen und Kurzbeiträge zu kirchlichen Themen im Radio (jeweils 14 Prozent). Das Internet nutzen 13 Prozent dieser sehr online-affinen Altersgruppe häufig oder ab und zu für kirchliche oder religiöse Inhalte, 11 Prozent Internetseiten, die sich mit Glauben und Religion beschäftigen, 9 Prozent entsprechende Angebote in sozialen Medien.

Von den Bistumsblättern oder Zeitschriften bzw. Wochenzeitungen speziell zu kirchlichen oder religiösen Themen werden diese Zielgruppen dagegen in nur deutlich kleineren Anteilen erreicht (Tabelle 1).

Mediale Erreichbarkeit strategischer Zielgruppen

Tabelle 1a
Bundesrepublik Deutschland
Katholiken ab 14 Jahre
Juni/Juli 2020

	Katholiken – ab 14 Jahre – insgesamt	Katholiken – ab 14 Jahre – kirchendistanzierte Christen	Katholiken – 18 - 29 Jahre insgesamt
	%	%	%
Es lesen häufig oder ab und zu –			
Pfarrbrief, Pfarrmagazin	43	26	22
Berichte über Kirchen- und Glaubensfragen in säkularen Tageszeitungen und Zeitschriften	22	18	15
Es sehen häufig oder gelegentlich –			
Beiträge zu kirchlichen oder religiösen Themen im Fernsehen	36	21	17
Das Wort zum Sonntag im Fernsehen	29	17	14
Nachrichten, Reportagen aus der kirchlichen Welt im Fernsehen	22	12	14
Es hören häufig oder gelegentlich –			
Beiträge zu kirchlichen oder religiösen Themen im Radio	31	16	21
Worte für den Tag im Radio	25	14	16
Kurzbeiträge zu kirchlichen Themen im Radio	17	12	14
Es lesen häufig oder ab und zu –			
Bücher, die sich mit dem Glauben, mit Religion beschäftigen	22	11	19
Die Kirchenzeitung der Diözese, das Bistumsblatt	18	5	7
Zeitschriften, die sich viel mit der Kirche und mit Glaubensfragen beschäftigen	10	3	4
Wochenzeitungen, die sich viel mit kirchlichen oder religiösen Themen beschäftigen	8	3	2

.../

Mediale Erreichbarkeit strategischer Zielgruppen

Tabelle 1b
Bundesrepublik Deutschland
Katholiken ab 14 Jahre
Juni/Juli 2020

/...

	Katholiken – ab 14 Jahre – insgesamt	Katholiken – ab 14 Jahre – kirchen-distanzierte Christen	Katholiken – 18 - 29 Jahre insgesamt
	%	%	%
Es nutzen häufig oder ab und zu –			
das Internet für kirchliche oder religiöse Inhalte	16	4	13
Internetseiten, die sich mit Glauben und Religion beschäftigen	8	3	11
Angebote in sozialen Medien, die sich mit Glauben und Religion beschäftigen, z.B. Facebook, Instagram oder YouTube	5	3	9
Streamingangebote zu kirchlichen oder Glaubensthemen, z.B. Gottesdienstübertragungen im Internet bei YouTube	4	1	5
Podcasts zu kirchlichen oder Glaubensthemen	3	1	3
Basis	1.690	606	240

QUELLE: Allensbacher Archiv, IfD-Umfrage 8226

Die Bedeutung des Internets, um insbesondere die 18- bis 29-Jährigen zu erreichen, relativiert sich noch einmal dadurch, dass der Anteil derjenigen, die man über diesen Kanal zusätzlich anspricht, d.h. nicht schon über andere Medienangebote erreicht, noch deutlich geringer ist.

Von den 18- bis 29-jährigen Katholiken nutzt nur knapp 1 Prozent das Internet häufig oder ab und zu für kirchliche oder religiöse Inhalte, ohne dass sie gleichzeitig das Fernsehen, Radio oder säkulare Printmedien häufig oder ab und zu für diese Themen nutzen, oder religiöse Printmedien (wobei Pfarrbriefe hier noch nicht einmal berücksichtigt wurden) häufig oder ab und zu lesen. Dagegen hören beispielsweise 6 Prozent der 18- bis 29-Jährigen häufig oder gelegentlich Radiobeiträge zu kirchlichen oder religiösen Themen, ohne dass die anderen genannten Kanäle von ihnen für diese Themen häufig oder gelegentlich genutzt würden. Das Radio erreicht also in dieser Altersgruppe durchaus Personen, die sonst von kirchlichen oder religiösen Medienangeboten nicht erreicht würden, das Internet dagegen kaum. Ähnliches gilt für kirchendistanzierte Christen (Schaubild 56).

Durch verschiedene Mediengattungen erzielte Zusatzreichweiten

Es nutzen häufig oder ab und zu, aber keine der anderen genannten Möglichkeiten häufig oder ab und zu und auch keine Bistumszeitungen, religiösen Bücher, religiöse Zeitschriften oder Wochenzeitungen häufig oder ab und zu –

	Katholiken – ab 14 Jahre insgesamt	18 bis 29 Jahre	kirchen-distanzierte Christen
Beiträge zu kirchlichen oder religiösen Themen im FERNSEHEN	5 %	3	5
Berichte über Kirchen- und Glaubensfragen in Tageszeitungen und Zeitschriften wie Spiegel, Die Zeit, FAZ, Bild oder einer regionalen Tageszeitung	4	2	6
Beiträge zu kirchlichen oder religiösen Themen im RADIO	4	6	4
Das Internet für kirchliche oder religiöse Inhalte	1	1	x

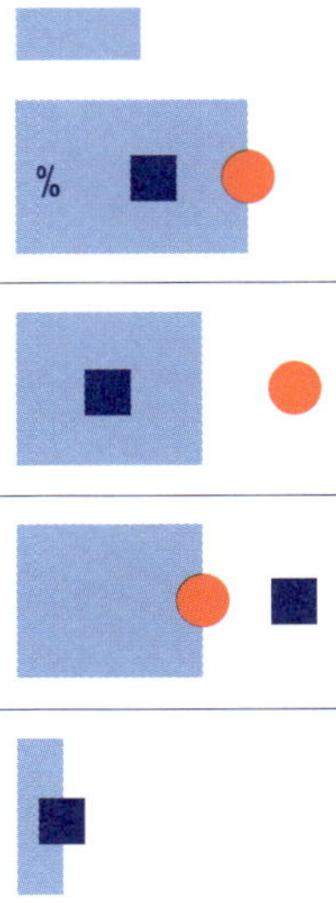

x = unter 0,5 Prozent

Basis: Bundesrepublik Deutschland, Katholiken ab 14 Jahre
Quelle: Allensbacher Archiv, IfD-Umfrage 8226

Schaubild 56

Dass gerade Beiträge in säkularen Zeitungen und Zeitschriften, im Radio oder im Fernsehen, auf die man stößt, ohne sie gezielt gesucht zu haben, eine große Bedeutung gerade für die Kommunikation speziell mit kirchendistanzieren Zielgruppen haben, zeigt der Umgang dieser Gruppe mit solchen Beiträgen.

Schon unter Katholiken insgesamt schauen nur 7 Prozent im Fernsehen, im Radio und in Zeitungen gezielt nach Beiträgen zum Thema Glauben und Kirche. Gleichzeitig schaltet aber auch nur gut ein Drittel der Katholiken solche Beiträge weg bzw. überblättert sie, wenn sie darauf stoßen. Rund ein Viertel nutzt solche Beiträge generell, wenn sie zufällig darauf stoßen, bei weiteren 35 Prozent ist das ganz unterschiedlich. Das zeigt, wie wichtig es ist, solche Beiträge für potentielle Zuschauer/Zuhörer/Leser interessant zu gestalten. Die Analyse nach verschiedenen Teilgruppen zeigt, dass solche Beiträge grundsätzlich auch die Mehrheit der 18- bis 29-jährigen Katholiken sowie der kirchendistanzierten Christen erreichen kann, und selbst rund die Hälfte derer, die schon mal an einen Kirchaustritt gedacht haben (Schaubild 57).

Große Teile auch jüngerer kirchendistanzierter Katholiken sind für mediale Beiträge zum Thema Glaube und Kirche erreichbar, nur eng Kirchenverbundene steuern solche Beiträge in nennenswerten Anteilen gezielt an

Frage: »Wie machen Sie das: Schauen Sie gezielt im Fernsehen, Radio oder Zeitungen nach Beiträgen zum Thema Glaube und Kirche, oder machen Sie das zwar nicht gezielt, aber schauen bzw. hören sich das an, wenn Sie darauf stoßen, oder überblättern Sie solche Beiträge bzw. schalten dabei weg oder hören nicht zu?«

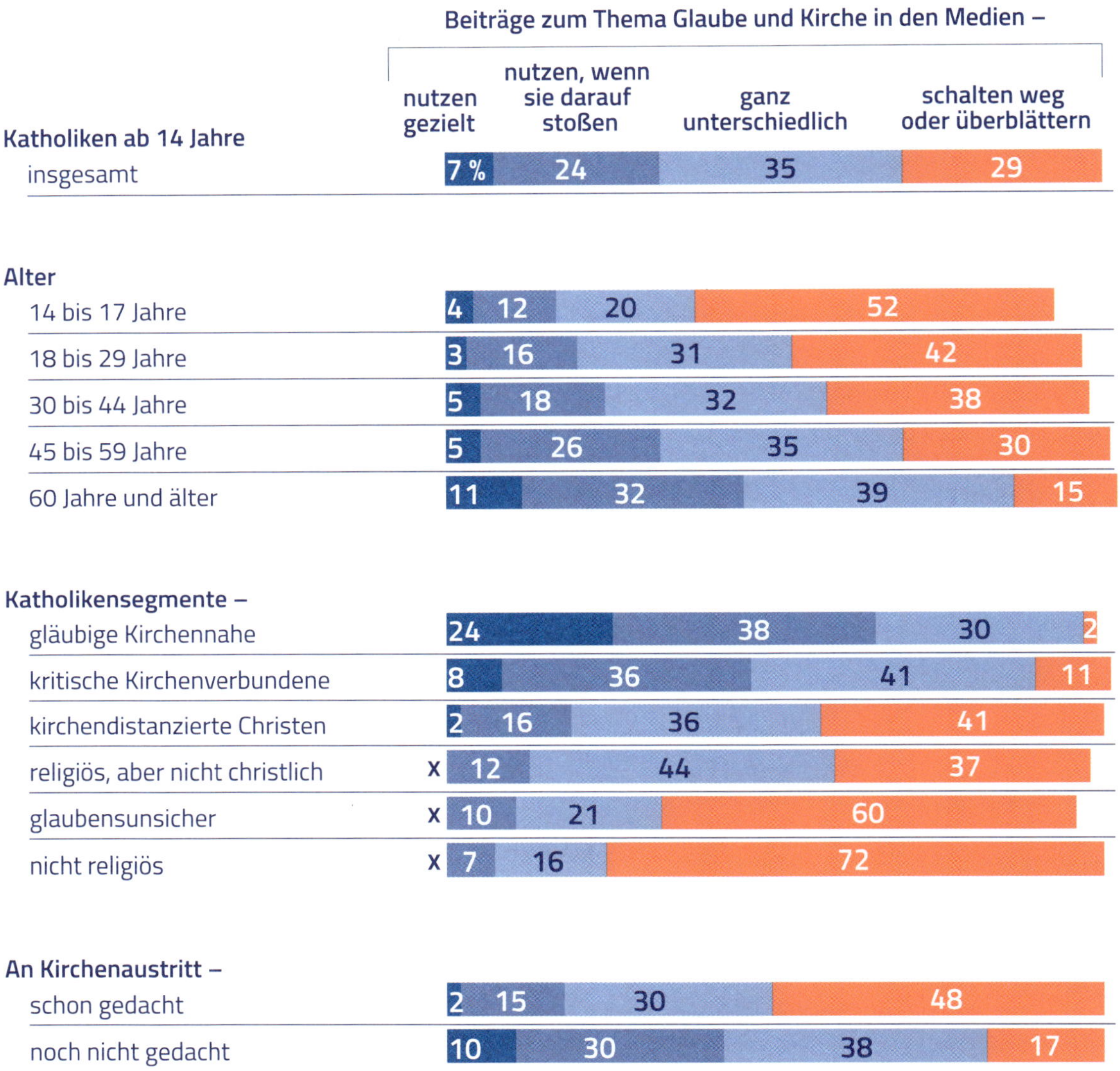

x = unter 0,5 Prozent

Nicht dargestellt: unentschieden, keine Angabe

Basis: Bundesrepublik Deutschland, Katholiken ab 14 Jahre

Quelle: Allensbacher Archiv, IfD-Umfrage 8226

Schaubild 57

Dabei werden Medienbeiträge zum Thema Glaube und Kirche, auf die man zufällig stößt, häufig als interessant empfunden, nur von wenigen generell als nicht so interessant: 44 Prozent der Katholiken, die sich solche Medienbeiträge anschauen oder anhören, wenn sie zufällig darauf stoßen, empfinden sie in der Regel als ganz interessant, lediglich 4 Prozent als eher nicht so interessant. Bei der Hälfte ist das ganz unterschiedlich. Dies unterstreicht noch einmal die Bedeutung der inhaltlichen Ausgestaltung der Beiträge (Schaubild 58).

Medienbeiträge zum Thema Glaube und Religion werden häufig als interessant empfunden, wenn man zufällig darauf stößt

Frage: »Finden Sie das dann in der Regel ganz interessant, oder eher nicht so interessant?«

Es finden solche Beiträge in der Regel –

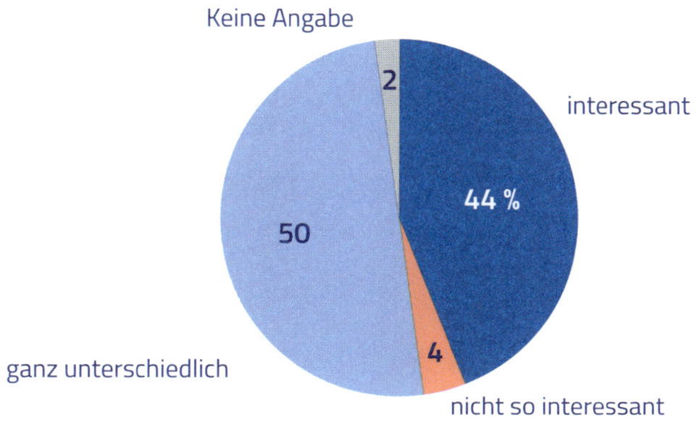

Katholiken, die in den Medien nicht gezielt nach Beiträgen zum Thema Glaube und Kirche suchen, sich das aber anschauen bzw. anhören, wenn sie zufällig darauf stoßen

Basis: Bundesrepublik Deutschland, Katholiken ab 14 Jahre, die Beiträge zum Thema Glaube und Kirche anschauen oder anhören, wenn sie zufällig darauf stoßen
Quelle: Allensbacher Archiv, IfD-Umfrage 8226

Schaubild 58

Die Nutzung der verschiedenen Medienkanäle lässt sich analytisch mit den verschiedenen Themeninteressen der Katholiken kreuzen. So lässt sich beispielsweise auf einer summarischen Ebene abbilden, wie stark religiöse und kirchliche Medienangebote von Katholiken mit bestimmten Themeninteressen genutzt werden. Es zeigt sich eine besonders starke Nutzung solcher Medienangebote durch Katholiken, die besonders daran interessiert sind, etwas aus dem Leben des Bistums zu erfahren, die an religiösen Büchern oder an Nachrichten aus kirchlichen Verbänden und Organisationen interessiert sind (Anhangschaubild 2, S. 231 f.). Dies lässt sich in den Daten weiter auf einzelne Medienkanäle runterbrechen, um auch speziell für kirchliche oder religiöse Interessen bzw. Informationsbedürfnisse zu ermitteln, über welche Medien diese besonders gut befriedigt werden, d.h. besonders gut diejenigen erreichen, die daran Interesse haben.

Welche Themen die Nutzer einzelner Medienkanäle besonders interessieren, wird in den folgenden mediengattungsspezifischen Kapiteln dargestellt.

Für drei ausgewählte Themen wurden im Fragebogen direkt die Informationsquellen von Katholiken erhoben, nämlich Sinn des Lebens, Lebenshilfe und Berichte über kirchliche Ereignisse und Entwicklungen. Näher befragt wurden dazu Katholiken, die sich für das betreffende Thema zumindest auch noch interessieren.

Für das Thema bzw. für Beiträge über den Sinn des Lebens interessieren sich 66 Prozent der Katholiken ganz besonders oder zumindest auch noch, für Lebenshilfe, d. h. wie man mit den Problemen, die man hat, zurechtkommt, interessieren sich 60 Prozent aller Katholiken und für Berichte über kirchliche Ereignisse und Entwicklungen 51 Prozent.

Katholiken, die zu den sehr persönlichen Themen Sinn des Lebens und Lebenshilfe etwas erfahren möchten oder Rat suchen, wählen mit Abstand am häufigsten das Gespräch mit der Familie, Freunden oder Bekannten (75 Prozent bzw. 90 Prozent). Daneben konsultiert jeweils rund ein Drittel Bücher dazu. Jeweils rund jeder Fünfte sucht daneben Gespräche mit Pfarrern, Seelsorgern oder anderen Aktiven in der Gemeinde oder erfährt dazu etwas im Gottesdienst – oder im allgemeinen Fernsehprogramm. Daneben wird von nicht wenigen die Bibel konsultiert, speziell zum Thema Lebenshilfe auch psychologische Beratungsstellen sowie Zeitungen und Zeitschriften.

Bei Interesse an kirchlichen Ereignissen und Entwicklungen nutzt jeweils eine knappe Hälfte Tageszeitungen bzw. Zeitschriften oder Illustrierte, den Pfarrbrief, das allgemeine Fernsehprogramm oder auch persönliche Gespräche mit der Familie, Freunden oder Bekannten. Daneben wird häufig auch das Gespräch mit Pfarrern oder anderen Seelsorgern gesucht oder Informationen im Gottesdienst, in der Messe genutzt. Jeweils rund ein Viertel erfährt zu dem Thema Näheres aus Radiosendungen über Kirche und Religion, aus der Kirchenzeitung, dem Bistumsblatt oder dem allgemeinen Hörfunkprogramm, immerhin 15 Prozent über Internetseiten der Kirche (Tabelle 2).

Informationsquellen von Katholiken zu ausgewählten Themen

Tabelle 2a
Bundesrepublik Deutschland
Katholiken ab 14 Jahre
Juni/Juli 2020

	Es interessieren sich ganz besonders oder auch noch für –		
	den Sinn des Lebens	Lebenshilfe, wie man mit den Problemen, die man hat, zurechtkommt	Berichte über kirchliche Ereignisse und Entwicklungen
	(66%=100)	(60%=100)	(51%=100)
	%	%	%
Es erfahren darüber etwas, suchen da Rat –			
in persönlichen Gesprächen mit der Familie, mit Freunden oder Bekannten	75	90	44
in Büchern	32	33	10
in Gesprächen mit dem Pfarrer, anderen Seelsorgern oder mit Aktiven in der Pfarrgemeinde	19	21	38
im Gottesdienst, in der Messe	18	21	35
im allgemeinen Fernsehprogramm	18	21	44
in der Bibel	18	16	7
aus Sendungen über Religion und Kirche im Fernsehen	14	10	42
aus der Tageszeitung, aus Zeitschriften, Illustrierten	13	20	47
auf Internetseiten anderer Anbieter	11	16	9
im Radio, im allgemeinen Hörfunkprogramm	9	9	23
aus Sendungen über Religion und Kirche im Radio	8	6	27
bei einer psychologischen Beratungsstelle, Telefonseelsorge etc.	8	22	2
in Foren, Blogs, Communities	8	13	4
im Pfarrbrief, im Pfarrmagazin	6	8	44
bei anderen Online-Angeboten, z.B. Podcasts, Videos, Apps	6	10	4
bei Angeboten anderer Anbieter in sozialen Medien wie Facebook	5	8	3

.../

Tabelle 2b
Bundesrepublik Deutschland
Katholiken ab 14 Jahre
Juni/Juli 2020

Informationsquellen von Katholiken zu ausgewählten Themen

/...

	Es interessieren sich ganz besonders oder auch noch für –		
	den Sinn des Lebens	Lebenshilfe, wie man mit den Problemen, die man hat, zurechtkommt	Berichte über kirchliche Ereignisse und Entwicklungen
	(66%=100)	(60%=100)	(51%=100)
	%	%	%
Es erfahren darüber etwas, suchen da Rat –			
aus Wochenzeitungen oder Zeitschriften, die häufiger über Fragen des Glaubens und der Kirche berichten, z. B. Kolpingmagazin, missio magazin usw.	5	5	10
durch die Kirchenzeitung, das Bistumsblatt	4	5	25
auf Internetseiten der Kirche	4	4	15
bei Angeboten der Kirche in sozialen Medien wie Facebook	3	4	7

QUELLE: Allensbacher Archiv, IfD-Umfrage 8226

Zu den drei näher untersuchten Themen besteht durchaus Bedarf an zusätzlichen Informationen oder Anregungen. So wünscht sich jeder sechste Katholik mit Interesse am Thema Sinn des Lebens, darüber mehr zu erfahren, mehr Anregungen zu bekommen. Wenn es um Lebenshilfe geht, wünschen sich das immerhin 13 Prozent der daran interessierten Katholiken, im Hinblick auf kirchliche Ereignisse und Entwicklungen dagegen lediglich 7 Prozent (Schaubild 59).

Zu allen drei Themen sind es dabei eher Frauen als Männer, die Bedarf an zusätzlichen Informationen oder Anregungen artikulieren; speziell beim Thema Sinn des Lebens sind es daneben überdurchschnittlich häufig Katholiken zwischen 18 und 44 Jahren und mit höherer Schulbildung.

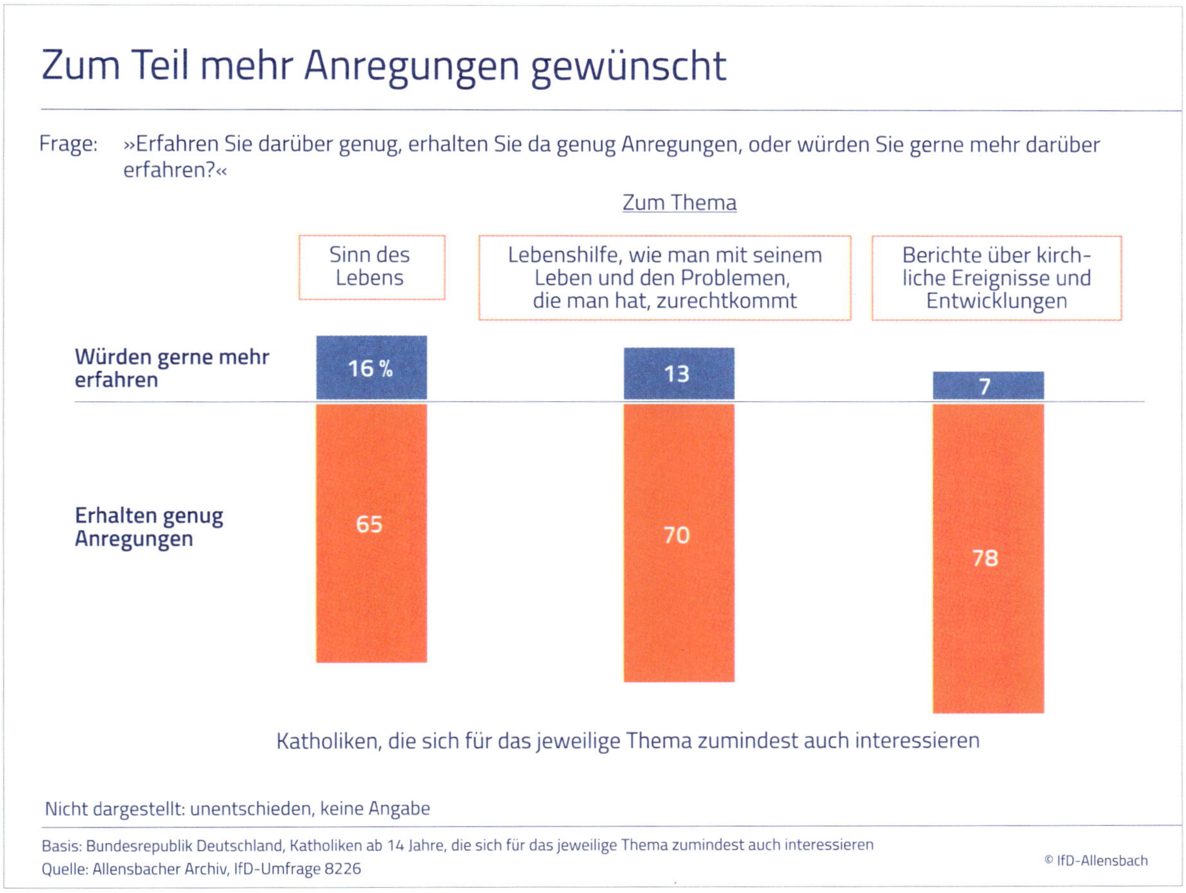

Schaubild 59

3.7 Die Nutzung des Internets für kirchliche und religiöse Inhalte

Ganz allgemein entsprechen die Nutzerreichweiten des Internets unter Katholiken ziemlich genau den Nutzerreichweiten in der Gesamtbevölkerung, sowohl insgesamt als auch in den verschiedenen Altersgruppen: Von der deutschsprachigen Bevölkerung ab 14 Jahren insgesamt nutzen 84 Prozent das Netz, von Katholiken ab 14 Jahren 82 Prozent. Von den unter 45-Jährigen sind sowohl in der Gesamtbevölkerung als auch unter Katholiken knapp unter 100 Prozent online, von den 45- bis 59-Jährigen jeweils 93 Prozent, und von den ab 60-Jährigen insgesamt 58 Prozent und 56 Prozent der ab 60-jährigen Katholiken (Schaubild 60).

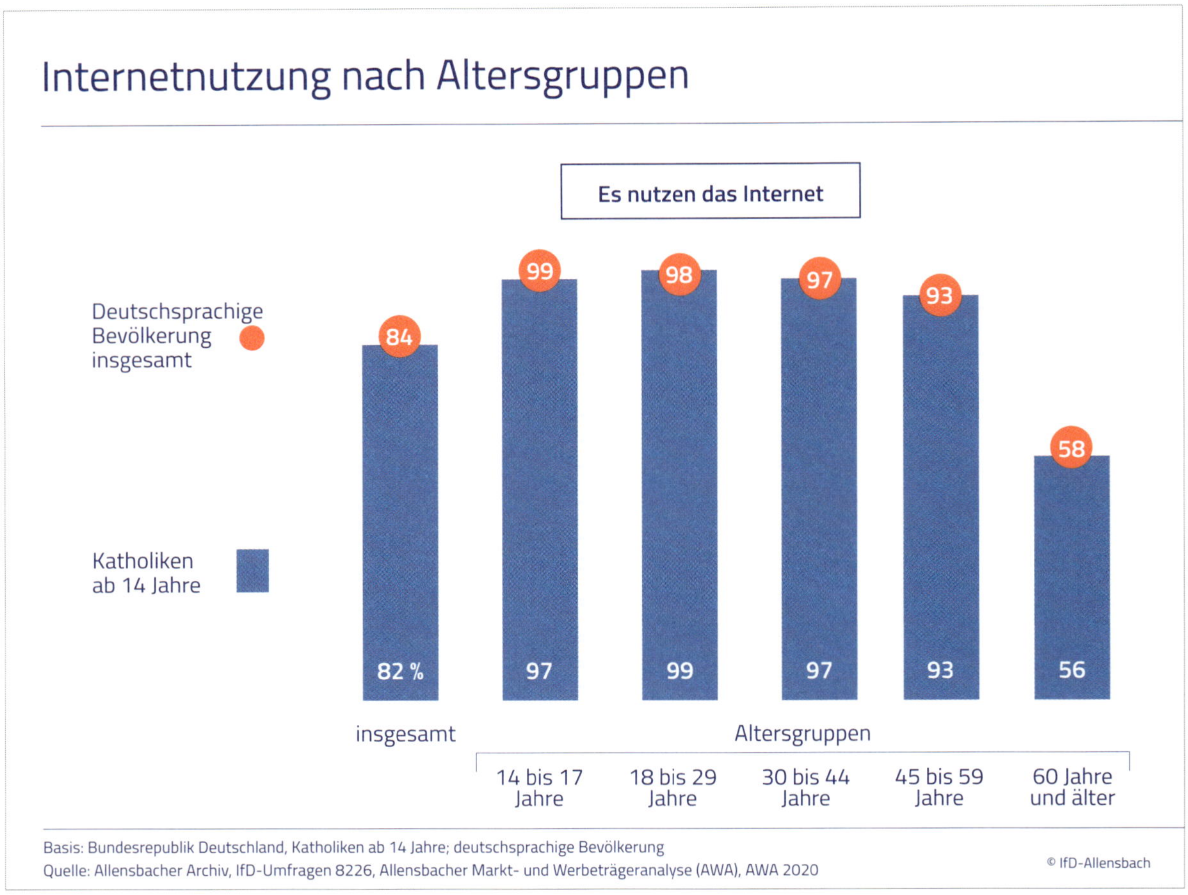

Schaubild 60

Auch im Hinblick auf die Häufigkeit der Internetnutzung bestehen zwischen Gesamtbevölkerung und Katholiken nur geringe Unterschiede. Von der deutschsprachigen Bevölkerung ab 14 Jahren nutzen 60 Prozent das Internet mehrmals täglich oder sogar ständig, fast die ganze Zeit. Unter Katholiken ab 14 Jahren liegt der Anteil mit 56 Prozent nur geringfügig darunter. Weitere 12 Prozent der Katholiken nutzen das Internet einmal am Tag (Bevölkerung: 9 Prozent), bei 14 Prozent der Katholiken bzw. 15 Prozent der Bevölkerung erfolgt die Nutzung sporadischer (Schaubild 61).

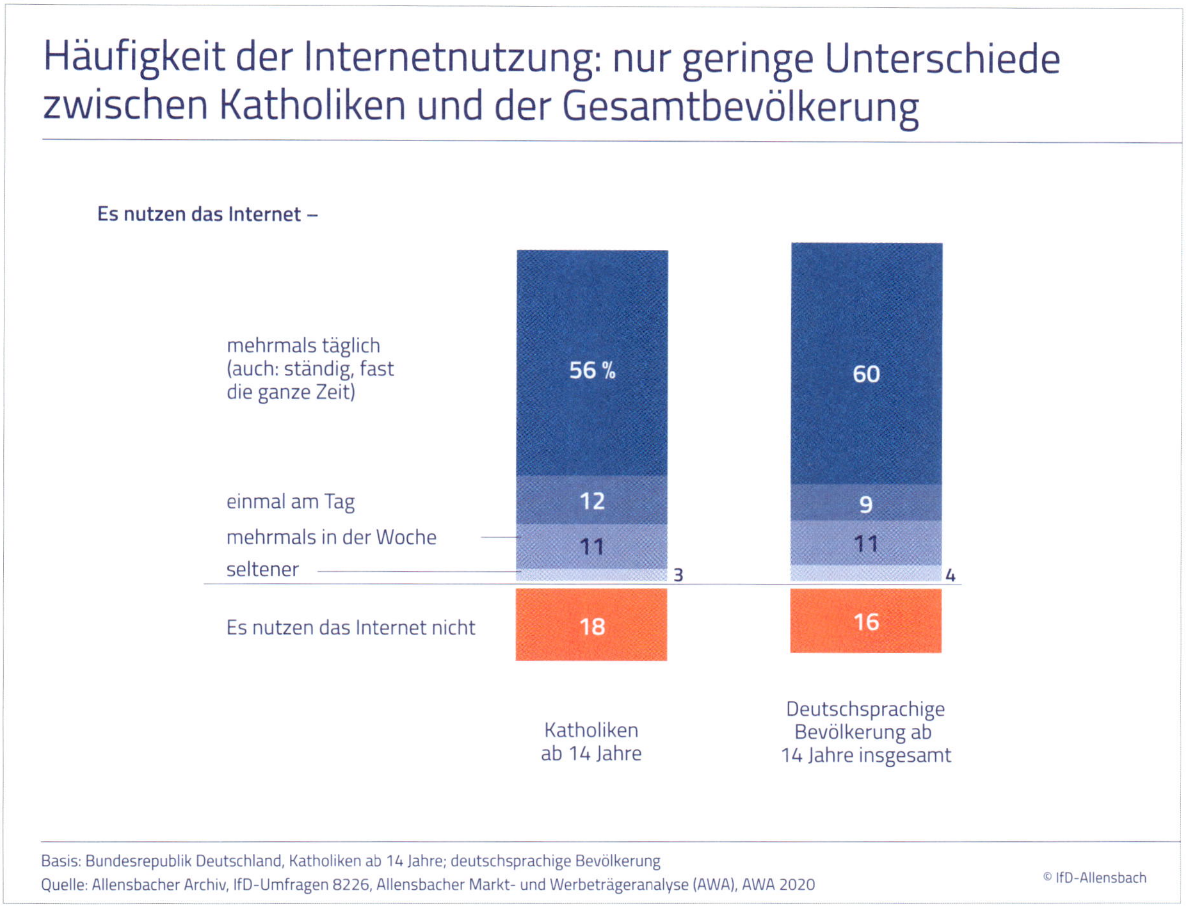

Schaubild 61

Wie in der Bevölkerung insgesamt ist auch unter Katholiken die Häufigkeit der Nutzung altersabhängig. Während 85 Prozent der 18- bis 29-jährigen Katholiken das Netz mehrmals täglich nutzen, sind es jeweils rund drei Viertel der 14- bis 17-jährigen sowie der 30- bis 44-jährigen Katholiken. 45- bis 59-jährige Katholiken sind zu knapp zwei Dritteln mehrmals täglich online, Katholiken ab 60 Jahren dagegen nur zu 25 Prozent (Schaubild 62).

Häufigkeit der Internetnutzung nach Altersgruppen

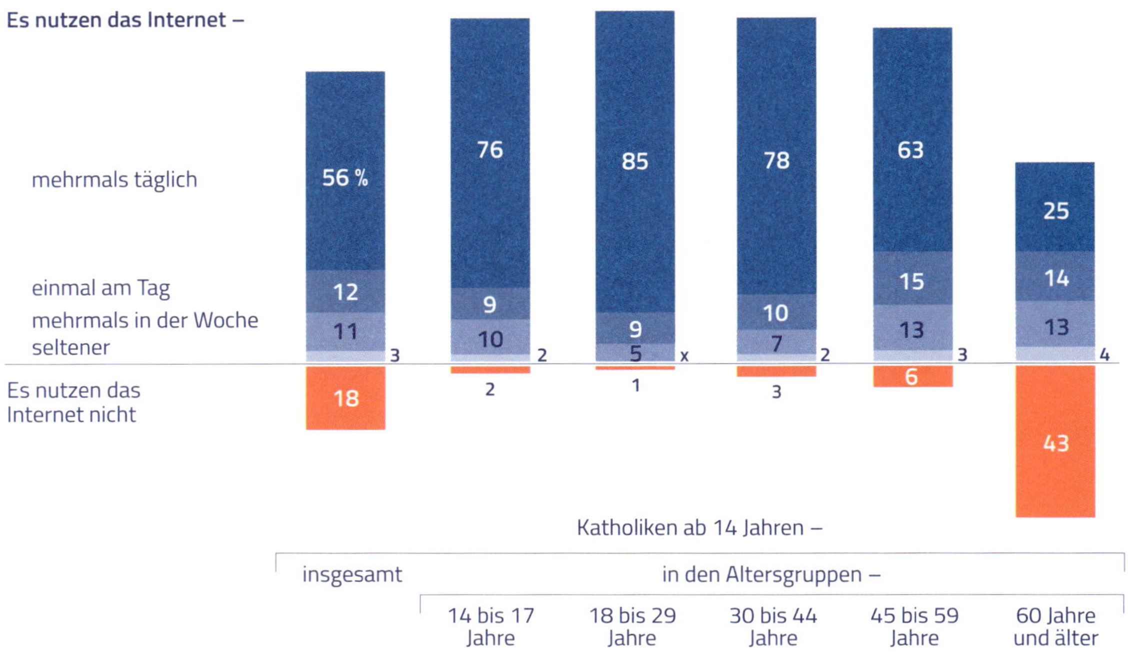

x = unter 0,5 Prozent Nicht dargestellt: keine Angabe

Basis: Bundesrepublik Deutschland, Katholiken ab 14 Jahre
Quelle: Allensbacher Archiv, IfD-Umfrage 8226

Schaubild 62

Die Häufigkeit, mit der verschiedene Katholikensegmente das Internet nutzen, hängt eng mit deren Altersstruktur zusammen (vgl. Schaubild 62). Insbesondere kirchennahe Segmente nutzen das Netz weniger verbreitet bzw. weniger häufig als kirchendistanziertere Gruppen: Von den gläubigen Kirchennahen nutzt knapp die Hälfte das Netz täglich, ein gutes Drittel dagegen gar nicht. Kritisch Kirchenverbundene sind zu rund zwei Dritteln täglich im Internet, jeder Fünfte ist allerdings online abstinent. In den übrigen Segmenten liegt der Anteil täglicher Nutzer bei drei Vierteln oder knapp darüber, der Anteil der Nichtnutzer in der Größenordnung von 10 Prozent (Schaubild 63).

Häufigkeit der Internetnutzung nach Katholikensegmenten

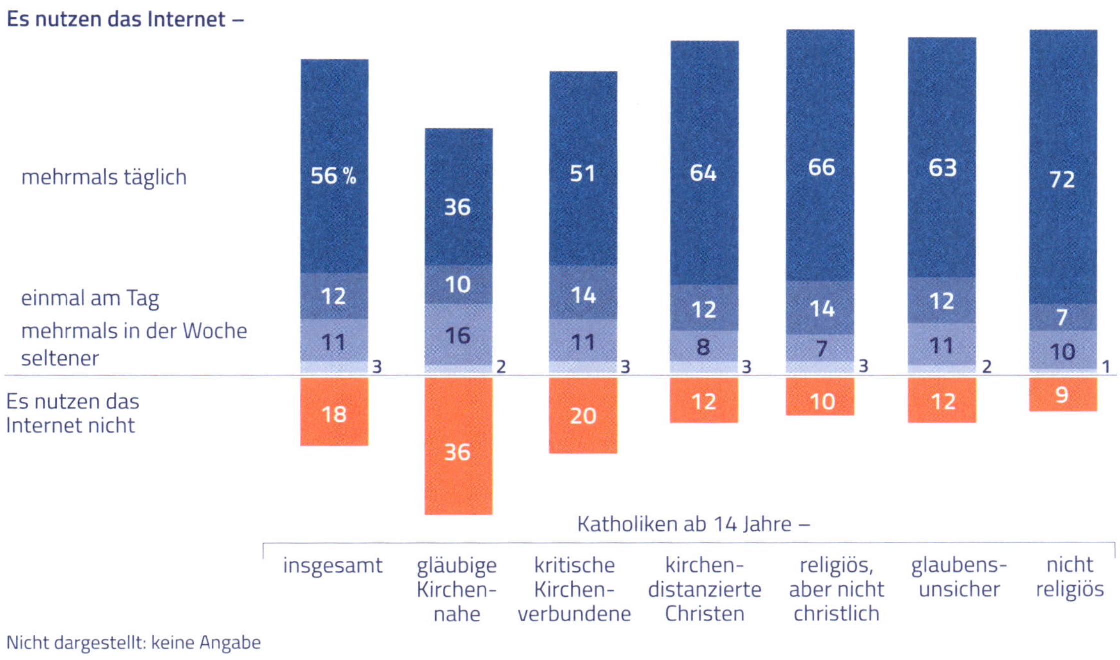

Basis: Bundesrepublik Deutschland, Katholiken ab 14 Jahre
Quelle: Allensbacher Archiv, IfD-Umfrage 8226

© IfD-Allensbach

Schaubild 63

86 Prozent der Katholiken nutzen ein Handy bzw. Smartphone, um ins Internet zu gehen, 67 Prozent ein Laptop bzw. Notebook, 48 einen Desktop-PC und 37 Prozent ein Tablet (Schaubild 64). Auch diese Werte sind den in anderen Studien erhobenen Werten für die Gesamtbevölkerung sehr ähnlich.[13]

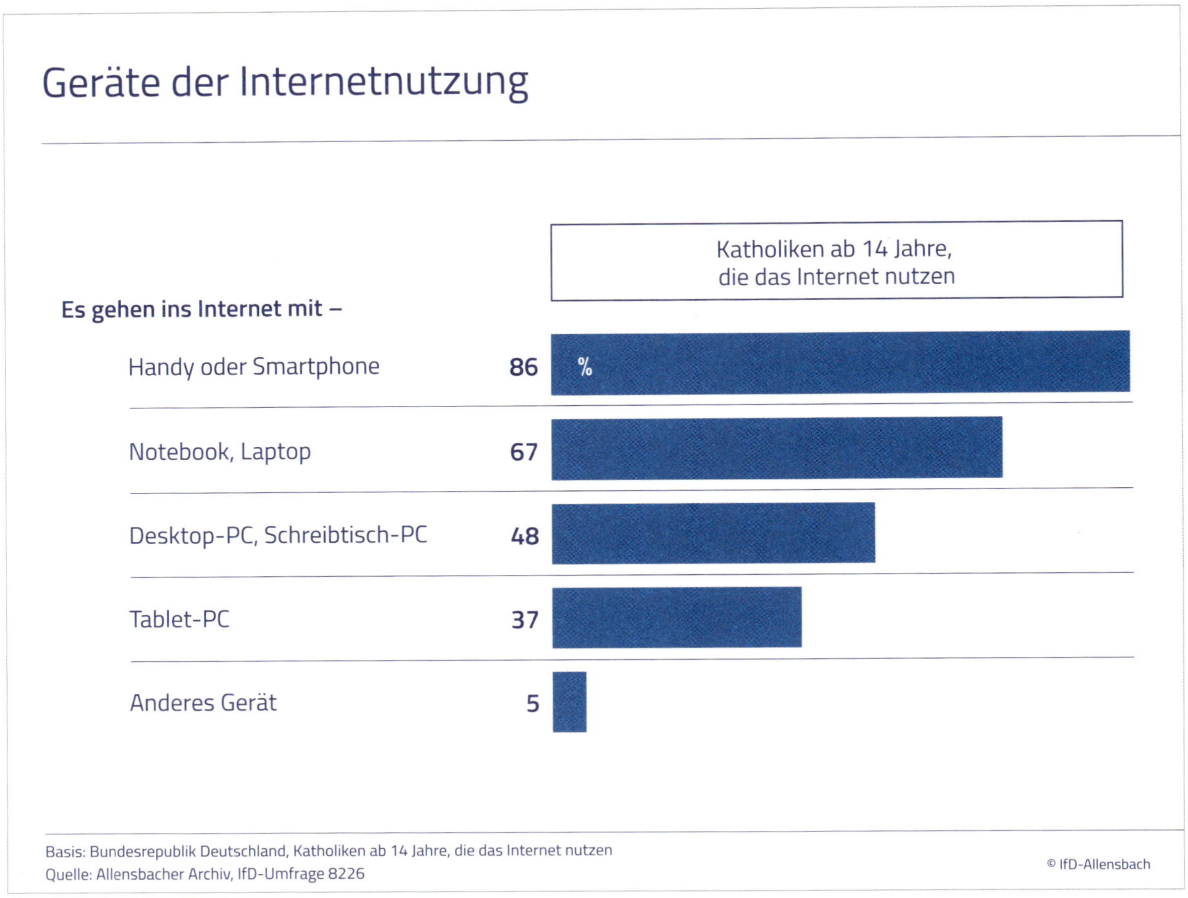

Schaubild 64

13 Vgl. insbesondere die Allensbacher Markt- und Werbeträgeranalyse 2020. Demnach nutzen 83 Prozent der deutschsprachigen Internetnutzer ab 14 Jahren ein Handy/Smartphone, um ins Netz zu gehen, 66 Prozent ein Notebook, 52 Prozent einen Desktop-PC und 33 Prozent ein Tablet.

Mit welchen Geräten das Internet genutzt wird, unterscheidet sich zum Teil in den verschiedenen Altersgruppen. Dabei ist allerdings in allen Altersgruppen das Handy bzw. Smartphone die für den Internetzugang am häufigsten genutzte Gerätegattung, gefolgt von Notebook bzw. Laptop. Daneben hat bei den unter 30-jährigen katholischen Internetnutzern das Tablet eine etwas größere Bedeutung als der Desktop-PC. Letzterer hat insbesondere für ab 45-Jährige eine größere Bedeutung als das Tablet und wird fast ebenso verbreitet genutzt, um ins Internet zu gehen, wie Notebook bzw. Laptop (Schaubild 65). Die Unterschiede zwischen verschiedenen Katholikensegmenten sind begrenzt. Insbesondere liegt die Verteilung für kirchendistanzierte Christen nahe am Durchschnitt.

Geräte der Internetnutzung: Unterschiede zwischen den Altersgruppen

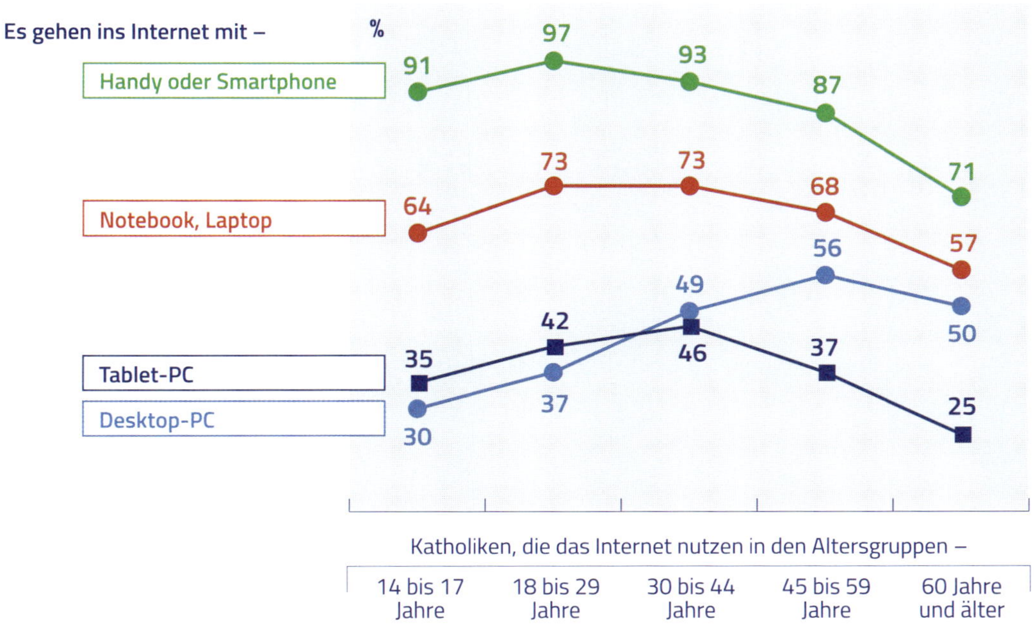

Basis: Bundesrepublik Deutschland, Katholiken ab 14 Jahre, die das Internet nutzen
Quelle: Allensbacher Archiv, IfD-Umfrage 8226

Schaubild 65

Katholiken nutzen das Internet für ein breites Spektrum von Zwecken, insbesondere in hohen Anteilen für Kommunikation, Information, den Abruf von Bewegtbildangeboten sowie für Transaktionen. Im Einzelnen wird das Netz von Katholiken genutzt für

- die Kommunikation,
  - um E-Mails zu schreiben oder zu empfangen (93 Prozent der katholischen Internetnutzer machen dies zumindest gelegentlich),
  - um Textnachrichten, Bilder oder Videos über Messengerdienste zu verschicken (74 Prozent),
  - um zu telefonieren, z. B. über WhatsApp oder Skype (63 Prozent),
  - um soziale Netzwerke zu nutzen (54 Prozent) oder – weniger häufig –,
  - um Twitter zu nutzen (15 Prozent) oder
  - um Kontakte zu knüpfen, neue Leute kennenzulernen bzw. für die Partnersuche (15 Prozent).

- die Information,
  - um im Internet zu recherchieren z. B. über Suchmaschinen (83 Prozent),
  - um Nachschlagewerke wie Wikipedia zu nutzen (74 Prozent),
  - zur Information über Marken, Produkte, Produkttests und für Preisvergleiche (69 Prozent),
  - Internetseiten von Zeitungen oder Zeitschriften (37 Prozent),
  - für den Stellen- oder Wohnungsmarkt oder Kleinanzeigen (35 Prozent) oder
  - um Beiträge, Kommentare in Blogs, Foren oder unter Artikeln zu lesen oder zu verfassen (31 Prozent).

- Bewegtbildangebote,
  - um Videos im Internet anzuschauen, z. B. auf YouTube (71 Prozent), oder
  - um Filme oder Serien kostenpflichtig über Streamingdienste wie Netflix oder Maxdome anzuschauen (36 Prozent).

- Audioangebote,
  - um Musik zu hören bzw. herunterzuladen oder Radio zu hören (48 Prozent) oder
  - um Podcasts zu hören (22 Prozent).

- für Transaktionen, d. h.
  - um im Internet einzukaufen, für Onlineshopping (70 Prozent) oder
  - für Onlinebanking (64 Prozent).

- Onlinespiele (31 Prozent, Schaubild 66).

Im Hinblick auf die Nutzungszwecke des Internets, d. h. die jeweiligen Anteile derer, die das Internet für bestimmte Zwecke nutzen, bestehen zwischen den Internetnutzern in der Bevölkerung insgesamt und den katholischen Internetnutzern keine signifikanten Unterschiede (Anhangschaubild 3, S. 233).

Zwecke der Internetnutzung

Frage: »Hier auf der Liste steht Verschiedenes, was man im Internet machen kann. Was davon machen auch Sie zumindest gelegentlich im Internet?«

Das machen zumindest gelegentlich im Internet –	Katholiken ab 14 Jahre, die das Internet nutzen
E-Mails schreiben oder empfangen	93 %
Internetrecherche, z.B. über Suchmaschinen wie Google	83
Textnachrichten, Bilder oder Videos über Messengerdienste verschicken, z.B. über WhatsApp, Facebook Messenger, Instagram, Snapchat	74
Nachschlagewerke, z.B. Wikipedia	74
Videos im Internet anschauen, z.B. auf YouTube	71
Einkaufen im Internet, Onlineshopping	70
Informationen über Marken und Produkte, Produkttests, Preisvergleiche	69
Onlinebanking, Bankgeschäfte am Computer erledigen	64
Telefonieren über das Internet, z.B. über WhatsApp oder Skype	63
Soziale Netzwerke nutzen, z.B. Facebook, XING usw.	54
Musik hören bzw. herunterladen, Radio hören	48
Internetseiten von Zeitungen oder Zeitschriften	37
Filme oder Serien kostenpflichtig über Streamingdienste anschauen, z.B. über Amazon Prime Video, Maxdome, Netflix	36
Stellenmarkt, Wohnungsmarkt, Kleinanzeigen	35
Onlinespiele spielen	31
Beiträge, Kommentare in Blogs, Foren oder unter Artikeln lesen oder verfassen	31
Podcasts hören	22
Twitter nutzen	15
Kontakte knüpfen, neue Leute kennenlernen, Partnersuche	15

Basis: Bundesrepublik Deutschland, Katholiken ab 14 Jahre, die das Internet nutzen
Quelle: Allensbacher Archiv, IfD-Umfrage 8226

Schaubild 66

Die Nutzungsmotive des Internets sind zum Teil deutlich altersabhängig. Videos im Internet anschauen oder Filme bzw. Serien kostenpflichtig streamen, über das Internet telefonieren, soziale Netzwerke nutzen, Podcasts oder Musik über das Internet hören bzw. herunterladen oder auch Onlinespiele sind unter (katholischen) Internetnutzern ab 45 Jahren – insbesondere aber unter Internetnutzern ab 60 Jahren – deutlich weniger verbreitet als in jüngeren Altersgruppen (Schaubild 67).

Entsprechend der Altersstruktur der gläubigen Kirchennahen nutzt dieses Katholikensegment das Netz auch nur unterdurchschnittlich häufig für Video- oder Audioangebote bzw. soziale Netzwerke.

Die Nutzungsmotive des Internets sind zum Teil stark altersabhängig

Das machen zumindest gelegentlich im Internet –	Katholiken ab 14 Jahre, die das Internet nutzen – insgesamt	14 bis 17 Jahre	18 bis 29 Jahre	30 bis 44 Jahre	45 bis 59 Jahre	60 Jahre und älter
	%	%	%	%	%	%
Videos im Internet anschauen, z.B. auf YouTube	71	88	90	81	68	48
Telefonieren über das Internet z.B. über WhatsApp oder Skype	63	81	73	75	59	48
Soziale Netzwerke nutzen, z.B. Facebook, XING usw.	54	72	82	71	44	24
Musik hören bzw. herunterladen, Radio hören	48	73	76	61	38	23
Filme oder Serien kostenpflichtig über Streamingdienste anschauen, z.B. über Amazon Prime Video, Maxdome, Netflix	36	57	61	48	30	8
Onlinespiele spielen	31	72	48	41	21	15
Podcasts hören	22	39	35	27	14	12

Basis: Bundesrepublik Deutschland, Katholiken ab 14 Jahre, die das Internet nutzen
Quelle: Allensbacher Archiv, IfD-Umfrage 8226

Schaubild 67

Die thematischen Interessen der katholischen Internetnutzer, d. h. ihr Interesse an einem guten Internetangebot zu bestimmten Themen, unterscheidet sich nicht grundlegend von den generellen Themeninteressen von Katholiken (vgl. Schaubild 51). Am häufigsten bekunden sie Interesse an allgemeinen Themen wie Gesundheit, Reisen, Nachhaltigkeit und Politik. Aber auch eine Reihe von Themen, bei denen ein Bezug zur Kirche naheliegt, rangiert vergleichsweise weit oben im Interessenranking. So wünschen sich 35 Prozent der katholischen Internetnutzer ein gutes Internetangebot zum Thema Menschenrechte, 33 Prozent zu sozialer Gerechtigkeit und 27 Prozent zu sozialem Engagement. Bei Themen, die direkten Bezug zur Kirche haben, werden auch hier vor allem Onlineangebote gewünscht zu Themen, die in der Kirche umstritten sind, wie Abtreibung, Zölibat oder Frauenpriestertum, sowie zur Auseinandersetzung mit Missständen in der Kirche.

Rund jeder sechste katholische Internetnutzer bekundet Interesse an einem guten Internetangebot zur eigenen Pfarrgemeinde. Die Kreise, die sich für ein gutes Internetangebot zu anderen, direkt mit der Kirche verbundenen Themen interessieren, sind noch kleiner, also z. B. für Berichte über kirchliche Ereignisse und Entwicklungen (14 Prozent), die Bedeutung der Kirche in der heutigen Gesellschaft (13 Prozent), Stellungnahmen und Aussagen von Papst und Vatikan (12 Prozent), Fragen der Ökumene (12 Prozent), wie man in der heutigen Zeit seinen Glauben leben kann (11 Prozent), Stellungnahmen und Aussagen der deutschen Bischöfe (8 Prozent), aus dem Leben des Bistums, der Diözese (6 Prozent) oder Nachrichten aus kirchlichen Verbänden und Organisationen (6 Prozent, Schaubild 68).

Wie schon im Zusammenhang mit den allgemeinen Themeninteressen gezeigt, sind kirchendistanzierte Christen sowie kirchenfernere Katholikensegmente nur deutlich unterdurchschnittlich häufig an in engerem Sinne kirchlichen Themen bzw. einem guten Onlineangebot zu diesen Themen interessiert.

Interesse an Internetangeboten zu verschiedenen Themen

Frage: »Hier sind noch einmal die Karten mit den Themen, für die Sie sich zumindest etwas interessieren. Bei welchen dieser Themen haben Sie Interesse an einem guten Internetangebot?«

Zu diesem Thema haben Interesse an einem guten Internetangebot –	Katholiken ab 14 Jahre – insgesamt	die das Internet nutzen
Gesundheit	42 %	49
Reisen, Reiseberichte, Urlaubstipps	39	47
Nachhaltigkeit, Umwelt- und Klimaschutz	36	43
Politik	32	38
Menschenrechte	29	35
Soziale Gerechtigkeit	28	33
Schule und Bildung	27	33
Sport	27	32
Stellungnahmen, Kommentare zu den Problemen unserer Zeit	25	30
Soziales Engagement	23	27
Tipps für Haushalt und Garten	22	26
Wirtschaftsnachrichten	21	25
Berichte über Menschen, die etwas Besonderes geleistet, getan haben, die Vorbild für andere sein können	21	24
Kunst und Kultur	19	23
Themen, die in der Kirche umstritten sind, wie Abtreibung, Zölibat, Frauenpriestertum usw.	19	23
Auseinandersetzung mit Missständen in der Kirche	19	23
Wie man gelassener und glücklicher wird, positiv denken lernt	19	22
Lebenshilfe, wie man mit seinem Leben und mit den Problemen, die man hat, besser zurechtkommt	17	20
Über den Sinn des Lebens	16	19

.../

Schaubild 68-1

Interesse an Internetangeboten zu verschiedenen Themen

.../

Zu diesem Thema haben Interesse an einem guten Internetangebot –	Katholiken ab 14 Jahre – insgesamt (%)	Katholiken ab 14 Jahre – die das Internet nutzen
Alltagsgeschichten von und über Menschen	16	19
➤ Über die Pfarrgemeinde, das, was in der Pfarrgemeinde passiert	14	16
Ratschläge zur Kindererziehung	13	16
Entspannungstechniken, z.B. Meditation	13	15
➤ Berichte über kirchliche Ereignisse und Entwicklungen	12	14
➤ Wie man Kindern Glauben und Kirche näher bringen kann, religiöse Erziehung	12	14
➤ Welche Bedeutung die Kirche in der heutigen Gesellschaft hat	11	13
➤ Nichtchristliche Religionen und Kulturen wie Islam, Judentum, Buddhismus usw.	11	13
➤ Stellungnahmen und Aussagen von Papst und Vatikan	10	12
➤ Fragen der Ökumene, der Zusammenarbeit zwischen den christlichen Kirchen	10	12
➤ Wie man in der heutigen Zeit seinen Glauben leben kann	9	11
➤ Kirchliches Brauchtum	9	10
Ratschläge für Ehe/Partnerschaft	8	9
➤ Stellungnahmen und Aussagen der deutschen Bischöfe	7	8
➤ Neue Formen der Religion, andere Glaubensgemeinschaften	6	7
➤ Aus dem Leben des Bistums, der Diözese	5	6
➤ Predigttexte, Bibeltexte	5	6
➤ Nachrichten aus kirchlichen Verbänden und Organisationen	5	6
Esoterik	4	5
➤ Religiöse Bücher	4	4

Basis: Bundesrepublik Deutschland, Katholiken ab 14 Jahre
Quelle: Allensbacher Archiv, IfD-Umfrage 8226

Schaubild 68-2

Insgesamt nutzt fast die Hälfte der katholischen Internetnutzer das Netz auch für kirchliche oder religiöse Inhalte (44 Prozent), darunter aber nur ein kleiner Anteil von 3 Prozent häufig, weitere 13 Prozent ab und zu und 28 Prozent nur selten (Schaubild 69).

Eine verbreitete und darunter auch eine zum Teil häufigere Nutzung des Internets für kirchliche und religiöse Inhalte findet sich dabei nur in kirchennahen Katholikensegmenten: Gläubige kirchennahe Internetnutzer nutzen das Internet zu 79 Prozent auch für kirchliche und religiöse Inhalte, darunter 12 Prozent, die das häufig machen. Unter kritisch kirchenverbundenen Internetnutzern liegt der Anteil derer, die es auch für religiöse oder kirchliche Themen nutzen, bei 68 Prozent, darunter 5 Prozent häufige Nutzer. Anders dagegen unter kirchendistanzierten Christen, die das Internet nutzen. Hier nutzt lediglich ein Viertel im Netz Angebote zu religiösen oder kirchlichen Themen, darunter praktisch niemand häufiger und auch nur 4 Prozent ab und zu. Ähnlich sieht es in den übrigen Katholikensegmenten aus (Schaubild 70).

Fast die Hälfte der Internetnutzer nutzen das Netz auch für kirchliche oder religiöse Inhalte, aber nur wenige häufig

Frage: »Wie häufig nutzen Sie das Internet für kirchliche oder religiöse Inhalte? Würden Sie sagen ...?«

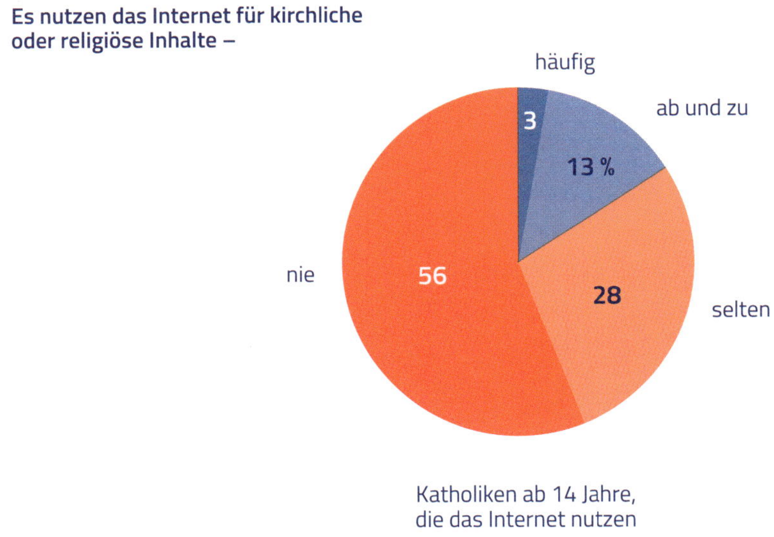

Basis: Bundesrepublik Deutschland, Katholiken ab 14 Jahre, die das Internet nutzen
Quelle: Allensbacher Archiv, IfD-Umfrage 8226

© IfD-Allensbach

Schaubild 69

Häufige Nutzung des Internets für kirchliche und religiöse Inhalte vor allem von Katholiken, die sich der Kirche verbunden fühlen

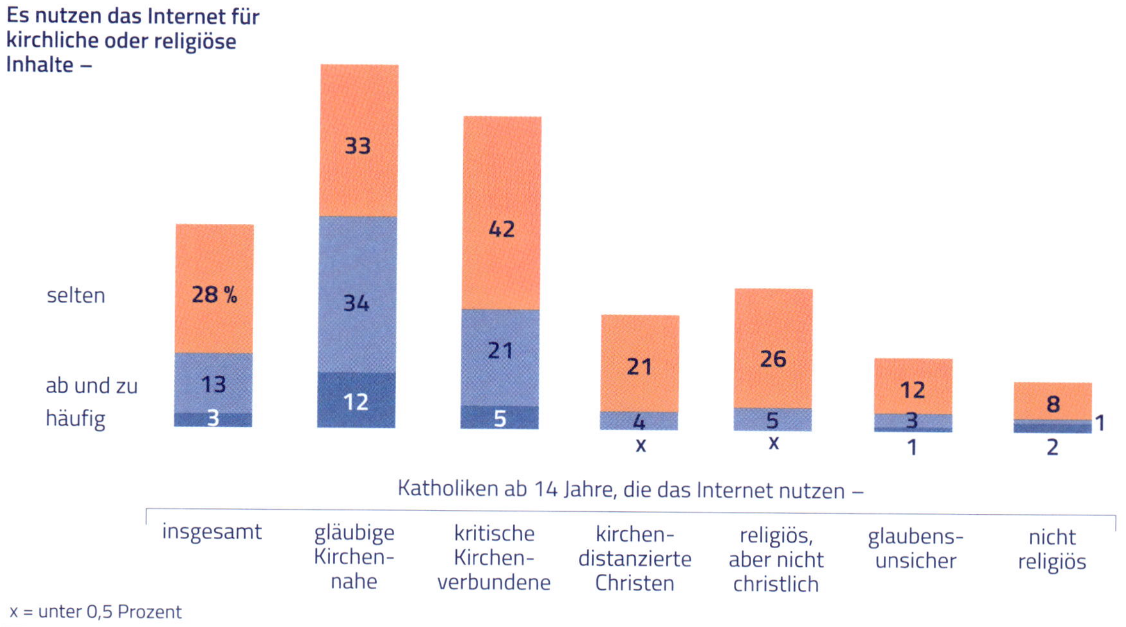

Basis: Bundesrepublik Deutschland, Katholiken ab 14 Jahre, die das Internet nutzen
Quelle: Allensbacher Archiv, IfD-Umfrage 8226

Schaubild 70

Hier zeigt sich deutlich, dass das Internet ein wesentlich interessengesteuertes Medium ist. Weniger als in anderen Medien stößt man hier zufällig auf Themen, die außerhalb des eigenen Radars liegen. Die typische Nutzungsweise ist viel eher, dass gezielt Angebote zu bestimmten Themen gesucht bzw. aufgesucht werden (»aktivierter und strukturierter Informationsbedarf«). Entsprechend erfolgt die Nutzung des Internets für kirchliche oder religiöse Inhalte vor allem von Personen, die an diesen Themen Interesse haben: So nutzen 67 Prozent der Katholiken, die sich sehr für religiöse Fragen interessieren, das Internet auch für kirchliche oder religiöse Inhalte – darunter 16 Prozent häufig –, obwohl der Anteil der Internetnutzer in dieser Gruppe insgesamt nur bei unterdurchschnittlichen 75 Prozent liegt. Umgekehrt nutzen Katholiken, die sich für religiöse Fragen gar nicht interessieren, das Internet auch nur zu 8 Prozent für solche Themen – und dann ganz überwiegend selten –, obwohl insgesamt 89 Prozent dieser Gruppe generell das Internet nutzen (Schaubild 71).

Dementsprechend nutzen auch Personen, die schon mit dem Gedanken gespielt haben, aus der Kirche auszutreten, das Internet nur deutlich unterdurchschnittlich häufig auch für kirchliche oder religiöse Inhalte (26 Prozent, darunter nur 1 Prozent häufig).

Dieser generelle Befund unterstreicht die Notwendigkeit, sich gerade bei der Ansprache über das Internet eng an den Interessen der jeweiligen Zielgruppen zu orientieren.

Das Internet ist ein stark interessengesteuertes Informationsmedium

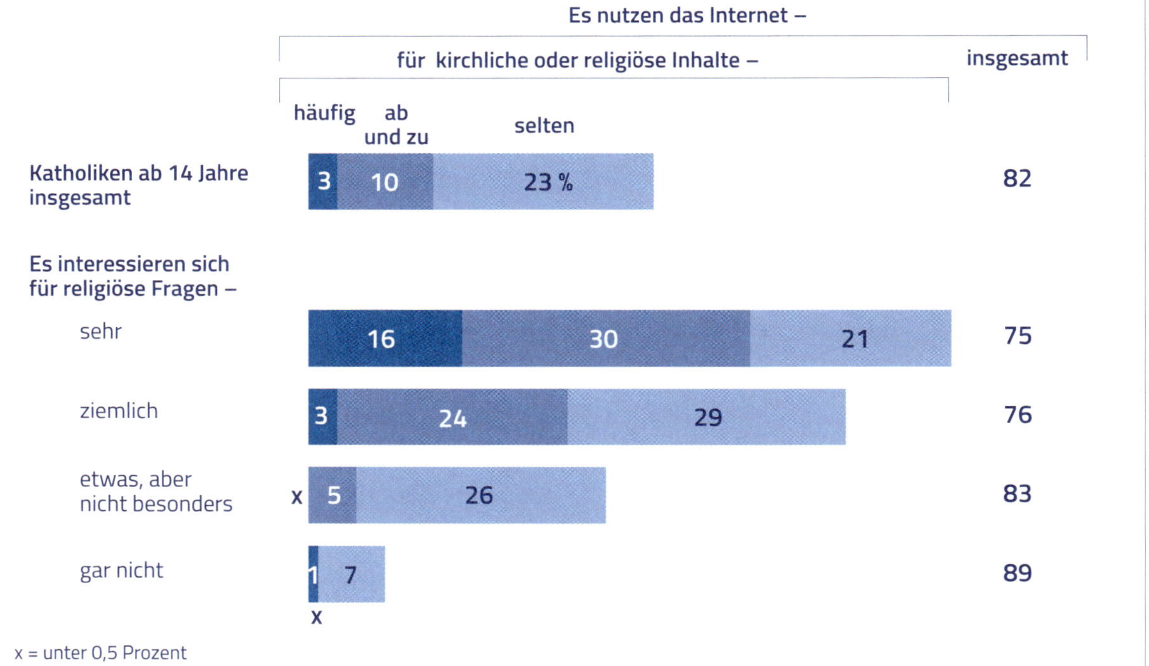

Basis: Bundesrepublik Deutschland, Katholiken ab 14 Jahre
Quelle: Allensbacher Archiv, IfD-Umfrage 8226

© IfD-Allensbach

Schaubild 71

Auf der anderen Seite ist das Internet gerade deshalb ein wichtiges Medium für die kirchliche Binnenkommunikation. Katholiken, die in einer Pfarrgemeinde, einem kirchlichen Verband, einer christlichen Gemeinschaft oder einer anderen kirchlichen Organisation aktiv tätig sind, nutzen das Internet zu 84 Prozent für kirchliche oder religiöse Inhalte, darunter 19 Prozent häufig. Personen, die selbst oder deren Partner bei der Kirche angestellt sind, nutzen das Netz zu rund drei Vierteln für kirchliche oder religiöse Inhalte, darunter 25 Prozent häufig. Katholiken, die weder in der einen noch in der anderen Weise mit der katholischen Kirche verbunden sind, nutzen das Internet »nur« zu 36 Prozent für kirchliche oder religiöse Inhalte, darunter lediglich 1 Prozent häufig (Schaubild 72).

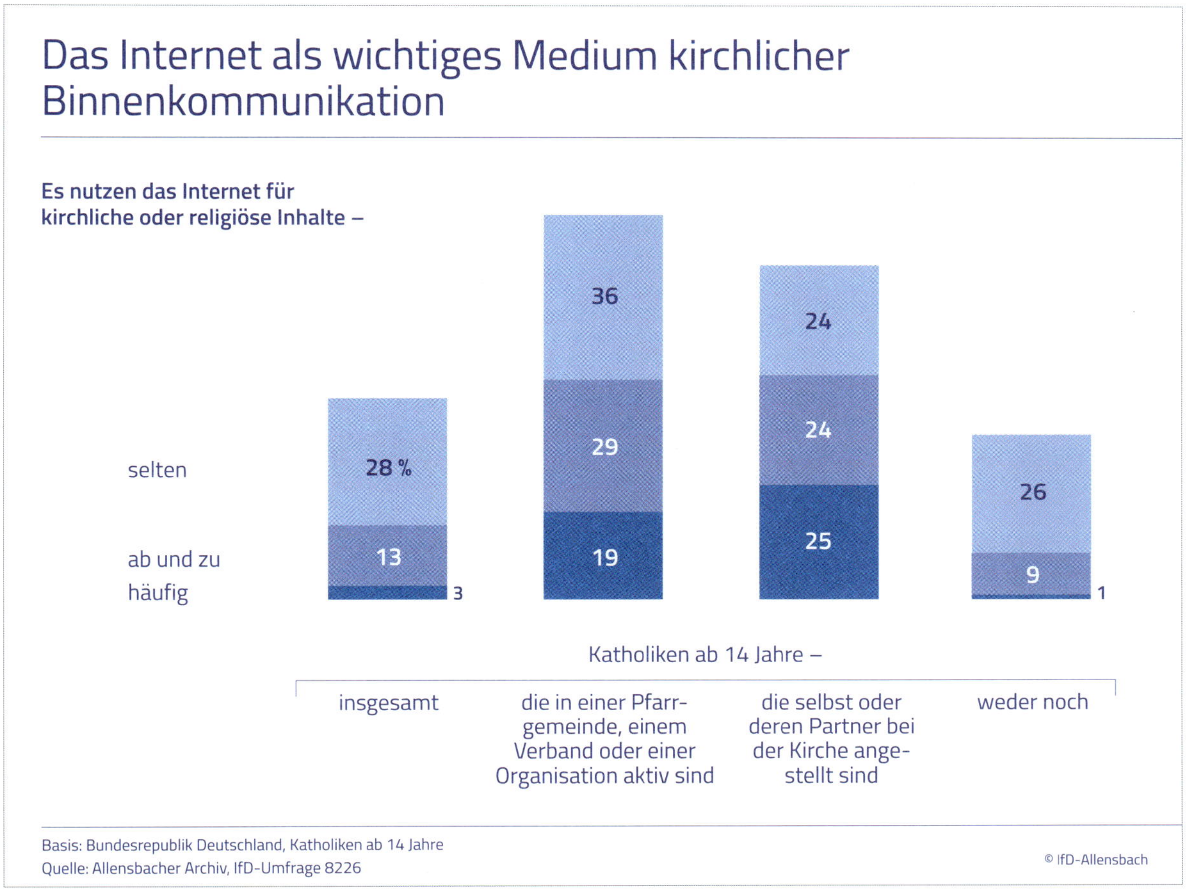

Schaubild 72

Zwischen katholischen Internetnutzern verschiedener Altersgruppen bestehen bemerkenswerterweise nur geringe Unterschiede, wenn es um die Nutzungshäufigkeit für religiöse oder kirchliche Inhalte geht. So nutzen auch von den 18- bis 29-jährigen katholischen Internetnutzern 41 Prozent das Netz auch für kirchliche oder religiöse Inhalte, darunter 3 Prozent häufig. Dies ist sehr nahe an den Durchschnittswerten für katholische Internetnutzer insgesamt (44 Prozent bzw. 3 Prozent, vgl. Schaubild 69). Lediglich die 14- bis 17-Jährigen zeigen hier deutlich niedrigere Werte: Nur 28 Prozent der katholischen Internetnutzer dieser Altersgruppe nutzen das Internet auch für kirchliche oder religiöse Inhalte.

Um Angebote der Kirche im Internet zu nutzen, werden von katholischen Internetnutzern am häufigsten ein Notebook bzw. Laptop oder ein Handy bzw. Smartphone verwendet (jeweils 40 Prozent). Daneben nutzt ein Drittel zu diesem Zweck einen Desktop-PC, 17 Prozent ein Tablet (Schaubild 73). Noch eine herausgehobenere Rolle spielen Notebook und Smartphone dabei für Katholiken, die das Internet nicht nur selten für kirchliche oder religiöse Inhalte nutzen: Jeweils 49 Prozent verwenden dazu (auch) Notebooks oder Smartphones.

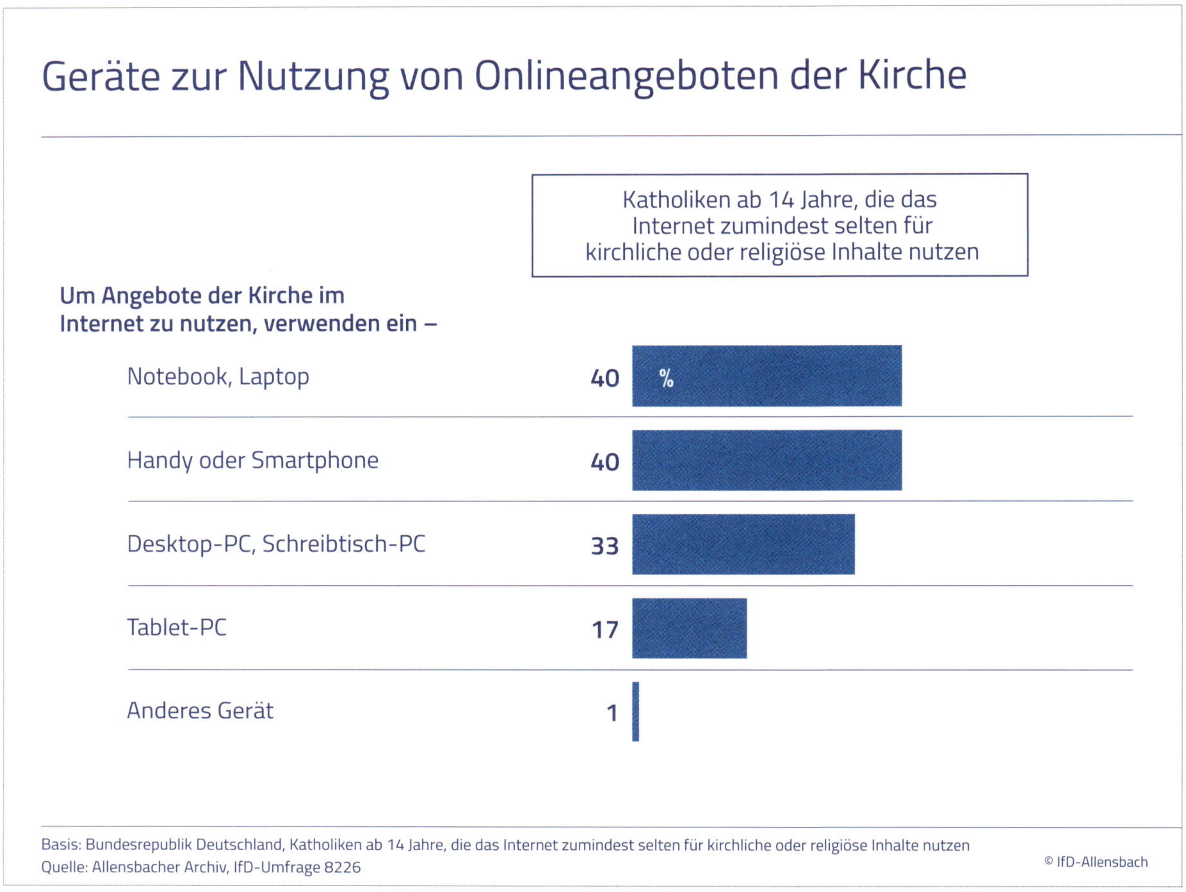

Schaubild 73

Auch hier sind deutlich Unterschiede in der Nutzung der verschiedenen Endgeräte zwischen den Altersgruppen festzustellen. Unter 30-Jährige nutzen Internetangebote der Kirche mit Abstand am häufigsten über ihr Smartphone, 30- bis 44-Jährige in ähnlichen Anteilen über Smartphone und Notebook, zu einem Drittel auch über einen Desktop-PC. Bei 45- bis 59-Jährigen spielen Smartphone, Notebook und Desktop-PC eine ähnlich große Rolle für den Abruf kirchlicher Internetangebote, unter ab 60-Jährigen spielt das Smartphone eine geringere Rolle (Schaubild 74).

Geräte zur Nutzung von Onlineangeboten der Kirche: Unterschiede nach Altersgruppen

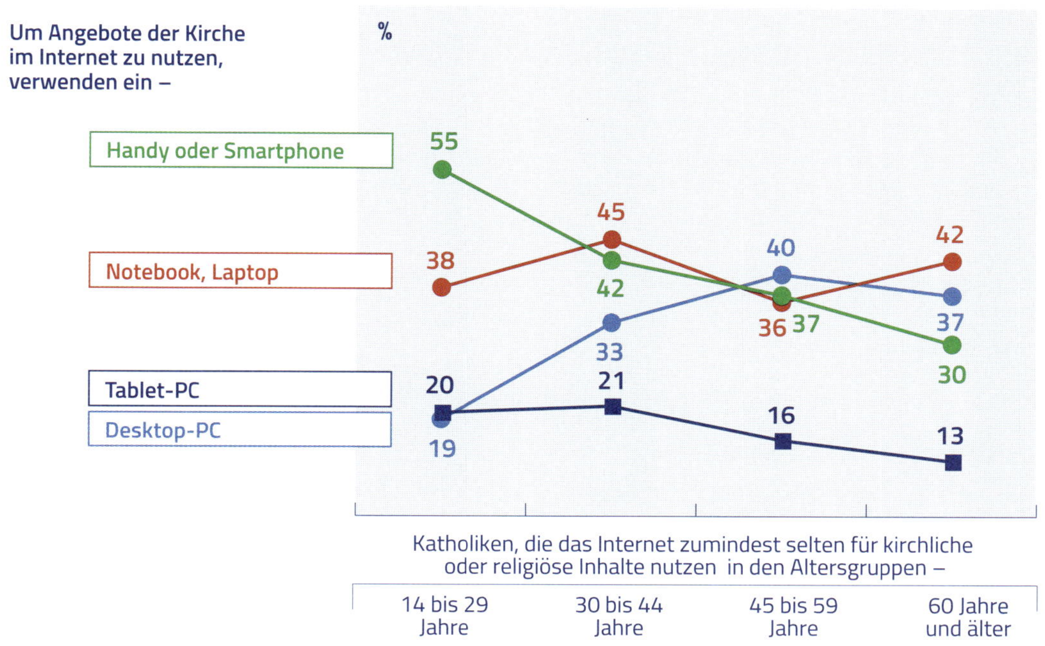

Basis: Bundesrepublik Deutschland, Katholiken ab 14 Jahre, die das Internet zumindest selten für kirchliche oder religiöse Inhalte nutzen
Quelle: Allensbacher Archiv, IfD-Umfrage 8226

Schaubild 74

Auch zwischen den verschiedenen Katholikensegmenten zeigen sich Unterschiede in der Nutzung der Endgeräte zum Abruf kirchlicher Onlineangebote. Für gläubige Kirchennahe wie für kirchendistanzierte Christen spielen dafür Notebook, Smartphone und Desktop-PC eine ähnlich große Rolle, für kritisch Kirchenverbundene spielt der Desktop-PC eine etwas geringere Rolle. Kirchenfernere Segmente nutzen solche Angebote – wenn überhaupt – am ehesten über ihr Smartphone.

Die Nutzer kirchlicher oder religiöser Inhalte im Internet gelangen auf die entsprechenden Angebote am häufigsten über Suchmaschinen wie Google, Yahoo, Web.de usw. 56 Prozent werden so auf die betreffenden Onlineangebote aufmerksam. Daneben steuert aber ein bemerkenswert hoher Anteil kirchliche oder religiöse Angebote auch auf Hinweis oder Empfehlung von Freunden oder Bekannten an (47 Prozent) oder aufgrund von Berichten oder Hinweisen in Zeitungen, Zeitschriften oder Pfarrbriefen (34 Prozent). Gut ein Viertel gelangt über kirchliche Internetportale auf solche Angebote, 17 Prozent über andere Links im Internet. Vergleichsweise wenig Relevanz haben dagegen Berichte oder Hinweise auf Onlineangebote im Radio oder Fernsehen bzw. Werbung in Radio, Fernsehen oder Kino (Schaubild 75).

Navigation im Internet: Internetangebote mit kirchlichen oder religiösen Inhalten werden vor allem über Suchmaschinen angesteuert oder nach Hinweis bzw. Empfehlung von Freunden, Bekannten

Frage: »Wissen Sie noch, wie Sie auf diese Internetangebote kamen? Bitte sagen Sie es mir nach dieser Liste hier. Welche Punkte auf der Liste beschreiben am besten, wie Sie auf diese Internetangebote aufmerksam geworden sind?«

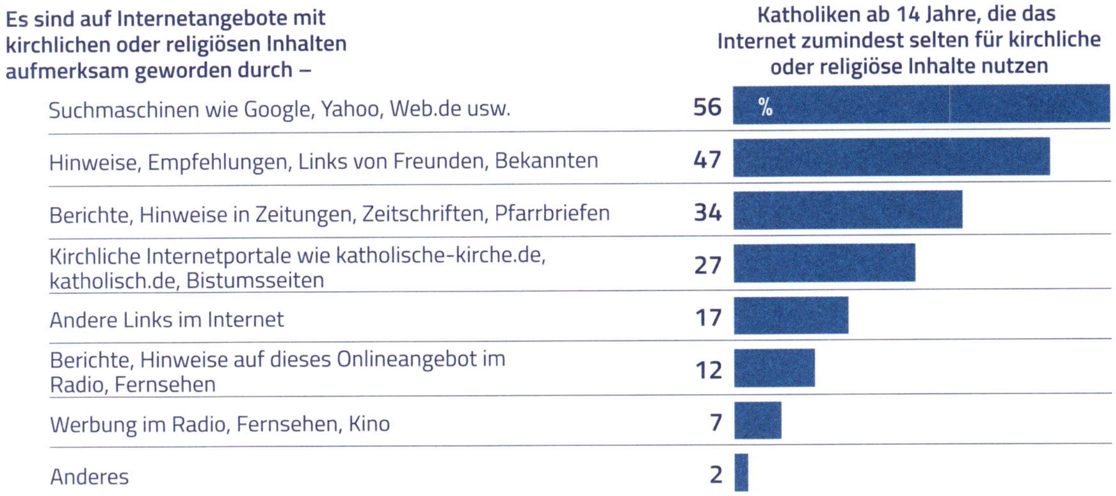

Basis: Bundesrepublik Deutschland, Katholiken ab 14 Jahre, die das Internet zumindest selten für kirchliche oder religiöse Inhalte nutzen
Quelle: Allensbacher Archiv, IfD-Umfrage 8226

© IfD-Allensbach

Schaubild 75

In der Art, wie kirchliche oder religiöse Angebote im Internet von ihren Nutzern angesteuert werden, bestehen deutliche Unterschiede zwischen den Altersgruppen. So nimmt die Bedeutung von Suchmaschinen in höheren Altersgruppen ab, die Bedeutung von Berichten oder Hinweisen in Zeitungen, Zeitschriften oder Pfarrbriefen dagegen zu. Katholiken ab 60 Jahre, die das Internet auch für kirchliche oder religiöse Inhalte nutzen, kommen auf solche Angebote vor allem durch Hinweise, Empfehlungen bzw. Links von Freunden und Bekannten (49 Prozent) oder durch Berichte und Hinweise in Zeitungen, Zeitschriften oder Pfarrbriefen (46 Prozent), etwas weniger häufig dagegen über Suchmaschinen. Für 30- bis 44-Jährige haben Suchmaschinen die mit Abstand größte Bedeutung; insbesondere für 45- bis 59-Jährige, aber auch für unter 30-Jährige haben neben Suchmaschinen auch Hinweise von Freunden und Bekannten eine hohe Bedeutung (Schaubild 76).

Unterschiede in der Onlinenavigation zwischen verschiedenen Altersgruppen

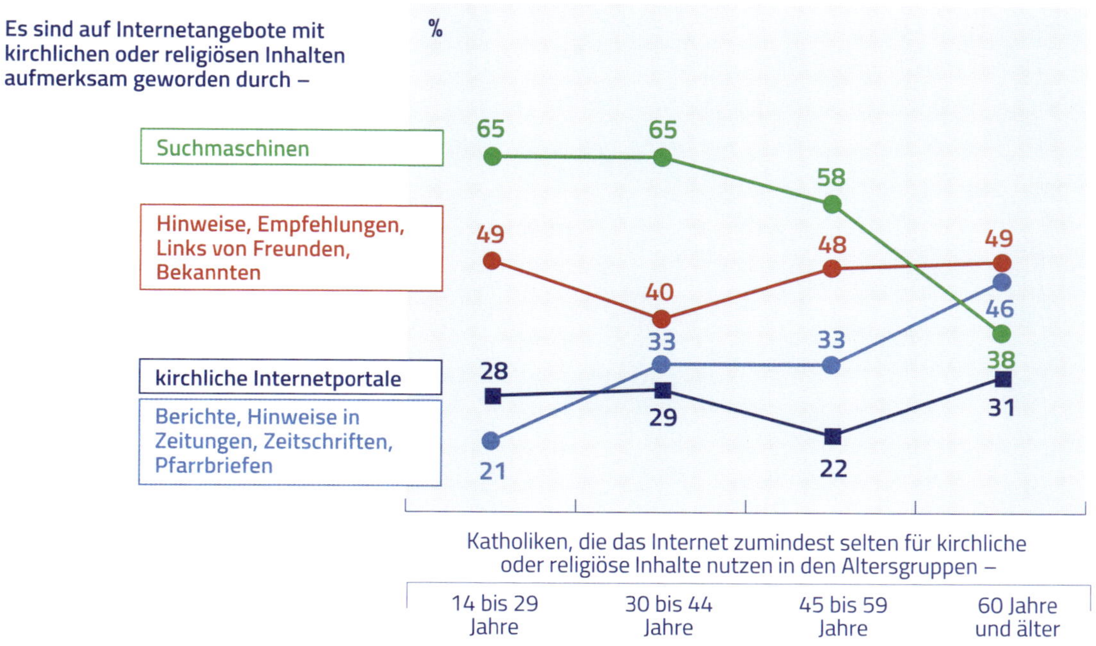

Basis: Bundesrepublik Deutschland, Katholiken ab 14 Jahre, die das Internet zumindest selten für kirchliche oder religiöse Inhalte nutzen
Quelle: Allensbacher Archiv, IfD-Umfrage 8226

© IfD-Allensbach

Schaubild 76

Die Art der Navigation zu kirchlichen oder religiösen Internetangeboten unterscheidet sich auch zwischen verschiedenen Katholikensegmenten. So haben Hinweise oder Empfehlungen von Freunden, Bekannten für kirchennahe Segmente eine deutlich höhere Bedeutung als für kirchendistanziertere Segmente: 63 Prozent der gläubigen Kirchennahen, die das Internet auch für kirchliche oder religiöse Inhalte nutzen, kommen auf diesem Weg auf entsprechende Angebote, von den kritisch Kirchenverbundenen 47 Prozent, von den kirchendistanzierten Christen 40 Prozent und von den weiteren kirchenferneren Segmenten 21 Prozent.

Ebenso haben Berichte, Hinweise in Zeitungen, Zeitschriften und Pfarrbriefen eine deutlich unterschiedliche Relevanz in den verschiedenen Katholikensegmenten. 49 Prozent der gläubigen Kirchennahen, die das Internet auch für kirchliche oder religiöse Inhalte nutzen, steuern auf solche Berichte oder Hinweise hin diese Onlineangebote an, 37 Prozent der kritisch Kirchenverbundenen, 22 Prozent der kirchendistanzierten Christen und 14 Prozent der übrigen kirchenferneren Segmente.

Kirchliche Internetportale führen 44 Prozent der gläubigen Kirchennahen, die das Internet auch für kirchliche oder religiöse Inhalte nutzen, auf entsprechende Internetangebote, 29 Prozent der kritisch Kirchenverbundenen, 12 Prozent der kirchendistanzierten Christen und 16 Prozent der übrigen kirchenferneren Segmente.

Die Bedeutung von Suchmaschinen ist dagegen in allen Katholikensegmenten ähnlich hoch. Der Anteil, der über Suchmaschinen auf Internetangebote mit kirchlichem oder religiösem Inhalt gelangt, liegt jeweils zwischen 50 und 60 Prozent.

Inhaltlich erwarten Katholiken, die das Internet häufig oder zumindest ab und zu für kirchliche oder religiöse Inhalte nutzen, bei einer Reihe von Themen deutlich überdurchschnittlich häufig, dass die katholische Kirche dazu Stellung bezieht. Das betrifft insbesondere Wertvorstellungen in der Gesellschaft, den Umgang mit Flüchtlingen, aber auch das Thema Familie und Partnerschaft und Erziehungsfragen sowie – auf deutlich niedrigerem Niveau – Konsumfragen und das Thema Digitalisierung (Schaubild 77).

Allerdings sind auch für diese Gruppe soziale Gerechtigkeit, der Dialog zwischen den Religionen in Deutschland sowie Sterbehilfe die Themen, bei denen am häufigsten eine Positionierung der katholischen Kirche erwartet wird.

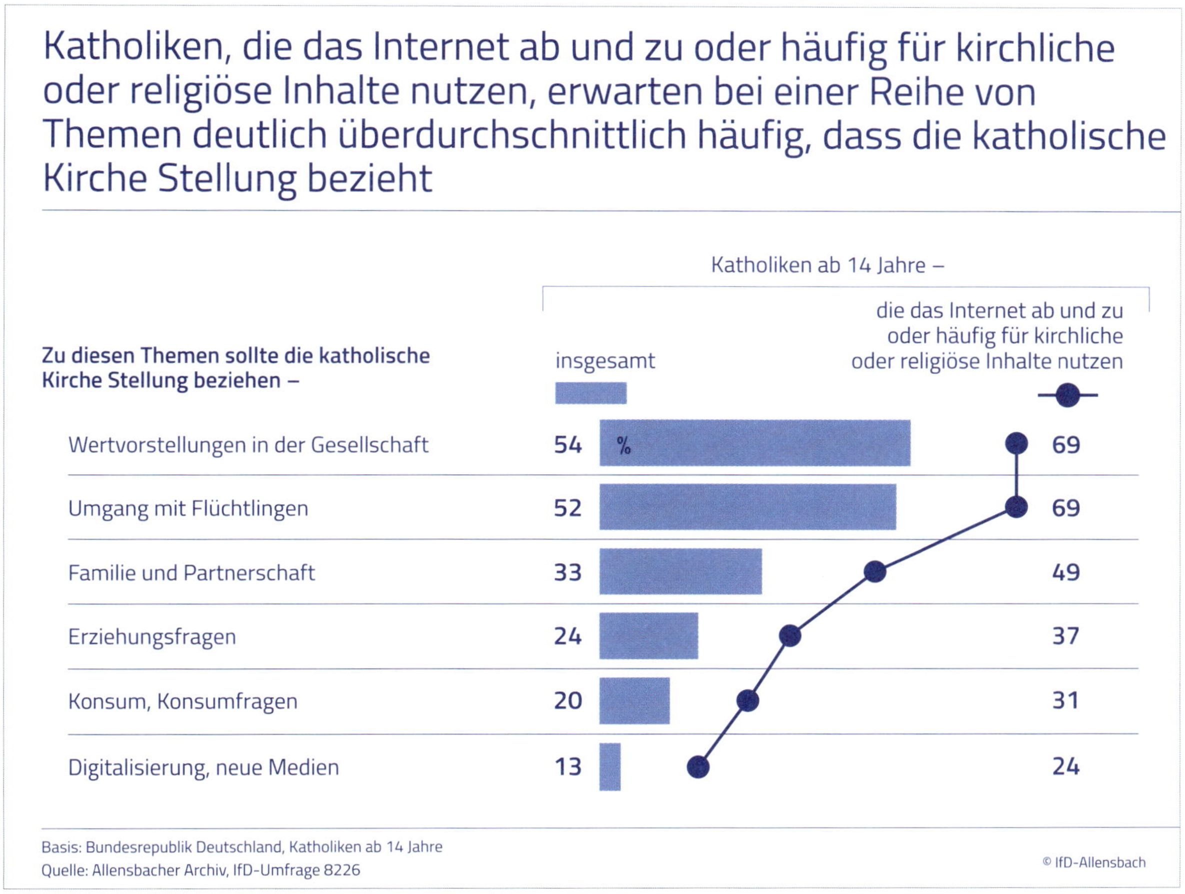

Schaubild 77

Vorangehend wurden die generelle Nutzung des Internets und verschiedener Kanäle durch Katholiken beleuchtet sowie die Nutzung des Internets für kirchliche oder religiöse Inhalte. Die vorliegende Untersuchung bietet aber auch die Möglichkeit, differenzierter die Nutzung verschiedener Onlinekanäle für kirchliche bzw. religiöse Inhalte zu betrachten.

Insgesamt – so hatte sich gezeigt – nutzen 82 Prozent der Katholiken ab 14 Jahren das Internet, darunter 58 Prozent, die das Netz (auch) nutzen, um sich Videos anzuschauen, z. B. auf YouTube, 44 Prozent, die soziale Netzwerke nutzen, 29 Prozent, die Streamingangebote wahrnehmen, und 18 Prozent, um Podcasts zu hören.

Für kirchliche oder religiöse Inhalte nutzen 36 Prozent der Katholiken insgesamt das Internet, darunter 3 Prozent häufig und 10 Prozent ab und zu. Internetseiten, die sich speziell mit Glauben und Religion beschäftigen, werden von einem Viertel der Katholiken genutzt, darunter von 1 Prozent häufig und von weiteren 7 Prozent ab und zu. Angebote in sozialen Medien, die sich mit Glauben und Religion beschäftigen, erreichen einen noch kleineren Kreis: 19 Prozent der Katholiken nutzen solche Angebote, darunter nur 1 Prozent häufig und weitere 4 Prozent ab und zu.

Streamingangebote zu kirchlichen oder Glaubensthemen nutzen 11 Prozent, darunter 1 Prozent häufig, Podcasts in diesem Themenfeld 10 Prozent, darunter ebenfalls nur 1 Prozent häufig (Schaubild 78).

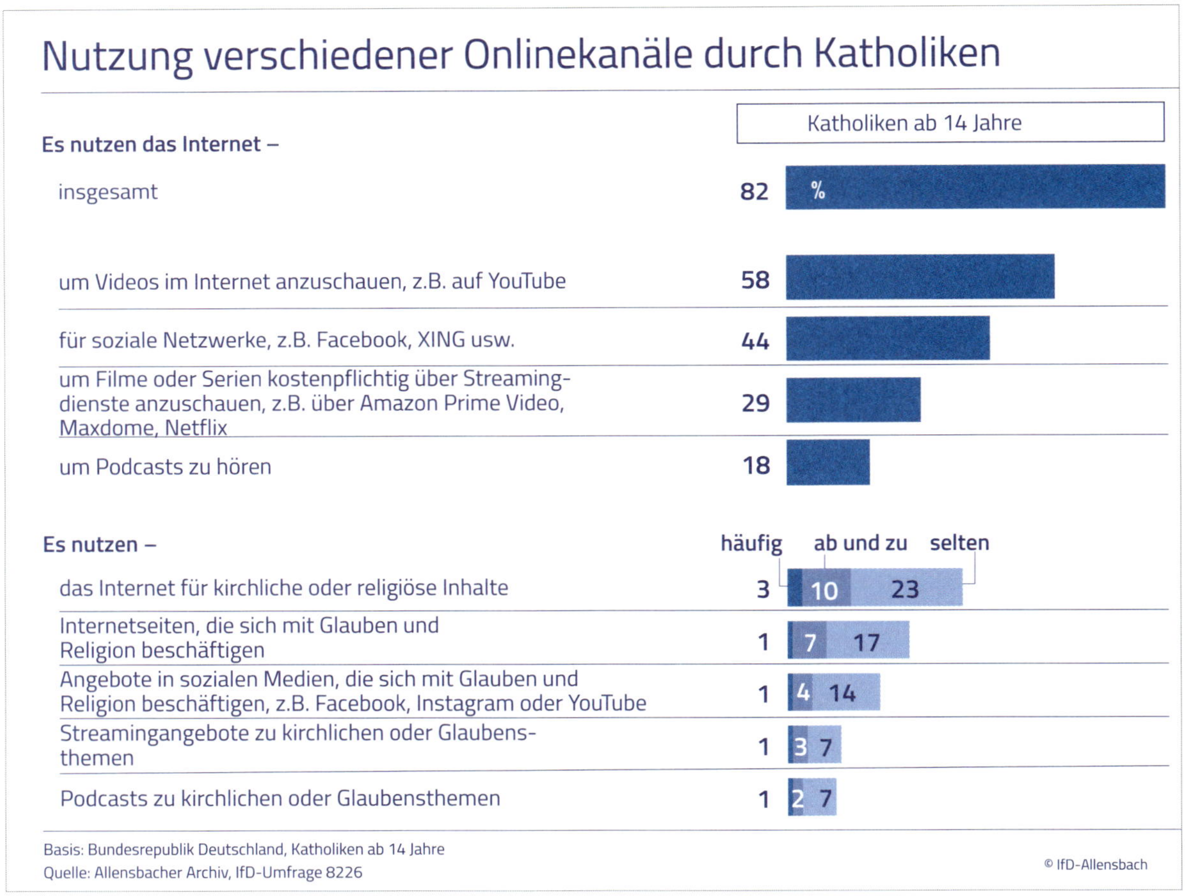

Schaubild 78

Generell ist das Interesse an Internetvideos oder Podcasts mit kirchlichem oder religiösem Inhalt unter Katholiken begrenzt.

Für solche Videos z. B. von Gottesdiensten, mit Worten zum Tag, Nachrichten aus der Kirche, geistlicher Musik etc. bekunden lediglich 3 Prozent der Katholiken insgesamt ein gesteigertes Interesse, weitere 17 Prozent interessieren sich etwas dafür (Schaubild 79).[14]

Nur ein kleiner Teil der Katholiken zeigt gesteigertes Interesse an kirchlichen oder religiösen Onlinevideos

Frage: »Wie groß ist Ihr Interesse, sich im Internet Videos mit kirchlichem oder religiösem Inhalt, z.B. Gottesdienstaufzeichnungen, Worte zum Tag, Nachrichten aus der Kirche, geistliche Musik anzuschauen? Würden Sie sagen, Sie interessieren sich dafür ...?«

Es interessieren sich dafür –

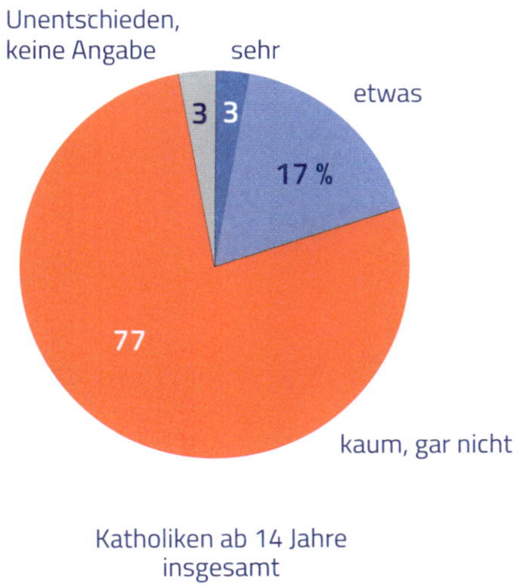

Basis: Bundesrepublik Deutschland, Katholiken ab 14 Jahre
Quelle: Allensbacher Archiv, IfD-Umfrage 8226

Schaubild 79

14 Bezogen auf katholische Internetnutzer sind es ebenfalls 3 Prozent, die sich sehr, und 20 Prozent, die sich etwas dafür interessieren.

Gesteigertes Interesse für solche Angebote findet sich nur in kirchennahen Katholikensegmenten: Von den gläubigen Kirchennahen interessieren sich 10 Prozent sehr, weitere 25 Prozent etwas für Internetvideos mit kirchlichem oder religiösem Inhalt, von den kritisch Kirchenverbundenen 3 Prozent sehr und weitere 27 Prozent etwas. Die Anteile der sehr Interessierten liegt in den anderen Segmenten deutlich unter einem Prozent. Kirchendistanzierte Christen interessieren sich zu 10 Prozent etwas für solche Angebote, Katholiken, die sich als religiös, aber nicht christlich beschreiben, zu 14 Prozent (Schaubild 80). Die Unterschiede im Interesse verschiedener Altersgruppen sind demgegenüber begrenzt.

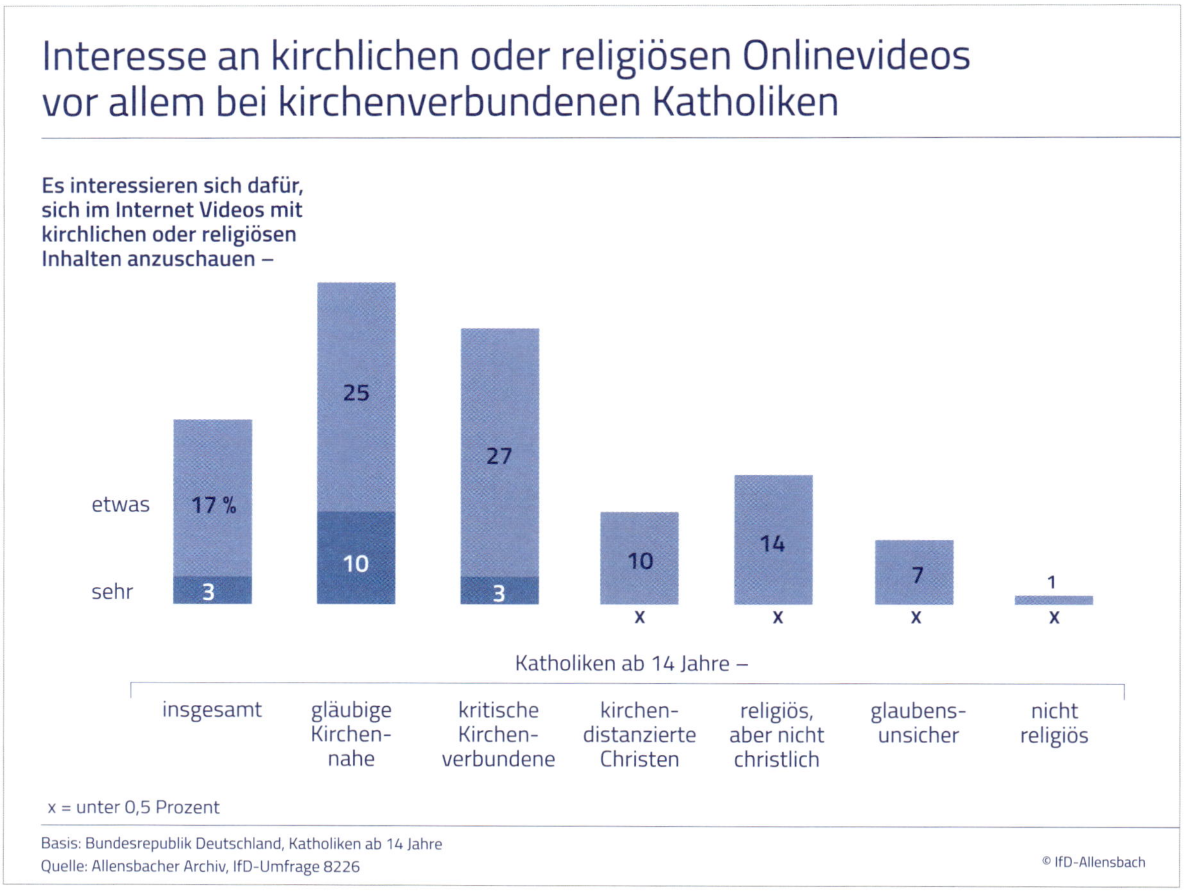

Schaubild 80

Das Interesse an Podcasts mit kirchlichen oder religiösen Inhalten ist noch begrenzter. Lediglich 1 Prozent der Katholiken bekunden, sehr daran interessiert zu sein, weitere 12 Prozent interessieren sich dafür etwas (Schaubild 81).[15]

Eher geringes Interesse an Podcasts mit kirchlichen oder religiösen Inhalten

Frage: »Wie groß ist Ihr Interesse, sich im Internet Podcasts mit solchen Inhalten anzuhören? Würden Sie sagen, Sie interessieren sich dafür ...?«

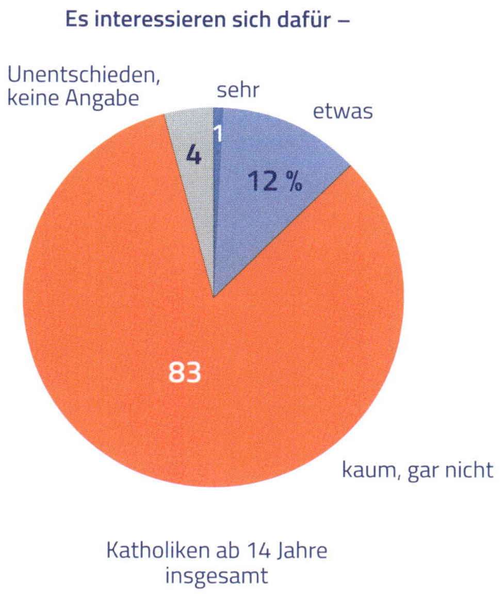

Basis: Bundesrepublik Deutschland, Katholiken ab 14 Jahre
Quelle: Allensbacher Archiv, IfD-Umfrage 8226

Schaubild 81

15 Bezogen auf katholische Internetnutzer liegen diese Anteile bei 1 bzw. 14 Prozent.

Für solche Podcasts interessieren sich gläubige Kirchennahe und kritisch Kirchenverbundene, aber auch Katholiken, die sich als religiös, aber nicht christlich, beschreiben, in ähnlichen Anteilen. Das Interesse kirchendistanzierter Christen ist geringer (Schaubild 82).

Im Vergleich der Altersgruppen ist das Interesse tendenziell am größten unter 18- bis 29-Jährigen (2 Prozent sehr interessiert, weitere 15 Prozent etwas) und unter 30- bis 44-Jährigen (2 Prozent bzw. 14 Prozent), aber auch deren Interesse verbleibt insgesamt auf niedrigem Niveau.

Interesse an kirchlichen oder religiösen Podcasts in verschiedenen Katholikensegmenten

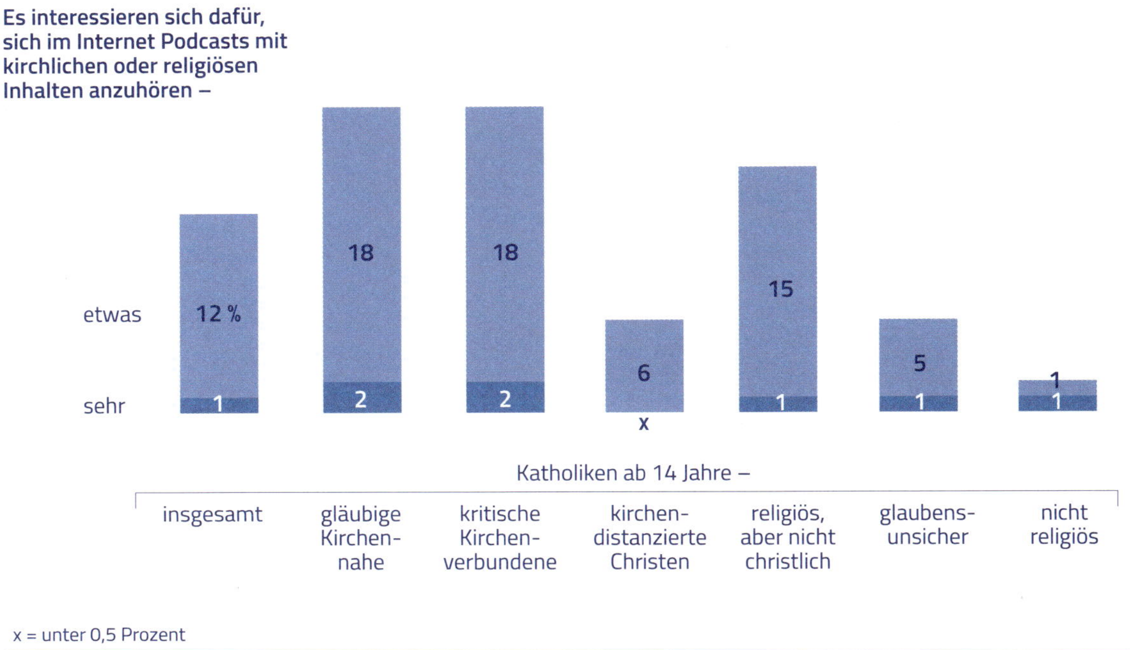

Basis: Bundesrepublik Deutschland, Katholiken ab 14 Jahre
Quelle: Allensbacher Archiv, IfD-Umfrage 8226

Schaubild 82

Die Nutzer religiöser oder kirchlicher Inhalte über die verschiedenen Onlinekanäle – Internetseiten, soziale Medien, Streamingangebote und Podcasts – weisen sehr ähnliche Profile auf: Deutlich überdurchschnittlich häufig sind Katholiken vertreten, die in der Pfarrgemeinde, einem kirchlichen Verband, einer christlichen Gemeinschaft oder einer anderen kirchlichen Organisation aktiv sind, sowie diejenigen, die selbst oder deren Partner bei der katholischen Kirche angestellt sind. Besonders ausgeprägt ist das bei Nutzern von Internetseiten der Fall, die sich mit Glauben und Religion beschäftigen. Das unterstreicht noch einmal die wichtige Funktion des Internets für die kirchliche Binnenkommunikation (vgl. Schaubild 72).

Daneben zeigen alle vier Profile deutlich überdurchschnittliche Anteile der 18- bis 29-Jährigen sowie der 30- bis 44-Jährigen. Insbesondere unter Nutzern sozialer Medien, die sich mit Glauben und Religion beschäftigen, sowie unter Nutzern von Podcasts ist der Anteil der 18- bis 29-Jährigen deutlich überdurchschnittlich groß. Daneben verzeichnen diese beiden Nutzergruppen auch überdurchschnittliche Anteile der 14- bis 17-Jährigen.

Dennoch sind diese Angebote nur sehr bedingt geeignet, um kirchendistanziertere Zielgruppen zu erreichen. In allen vier Nutzergruppen sind gläubige Kirchennahe sowie kritisch Kirchenverbundene deutlich überdurchschnittlich vertreten, die anderen Katholikensegmente, darunter auch die kirchendistanzierten Christen, nur deutlich unterdurchschnittlich häufig. Diese Konzentration der Nutzerschaft auf die beiden kirchenverbundenen Segmente ist besonders ausgeprägt bei Internetseiten, die sich mit Glauben und Religion beschäftigen (Schaubilder 83 bis 86).

Profil von Katholiken, die häufig oder ab und zu Internetseiten nutzen, die sich mit Glauben und Religion beschäftigen (= 8 Prozent)

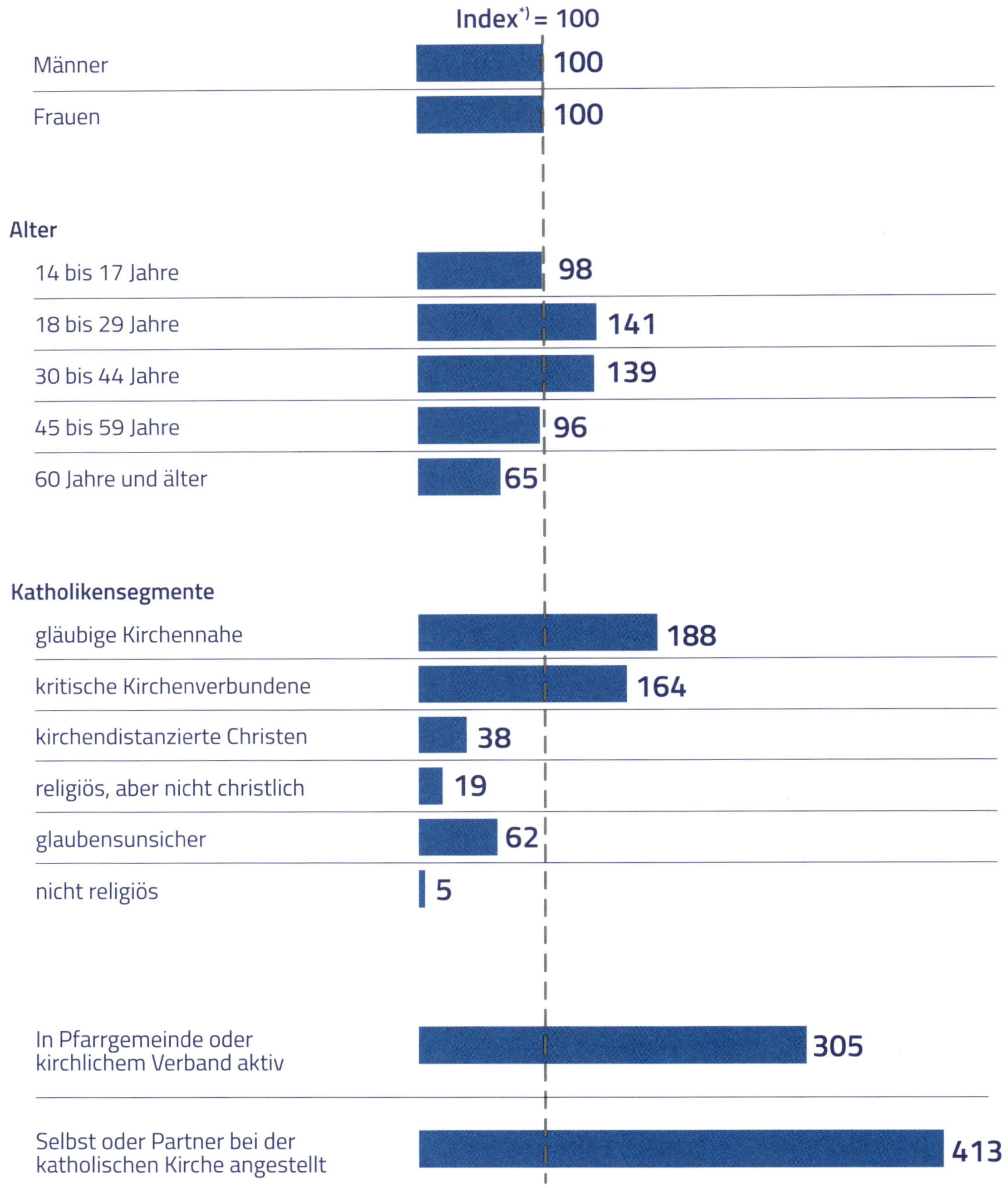

*) Indexdarstellung: Katholiken ab 14 Jahre insgesamt = 100

Basis: Bundesrepublik Deutschland, Katholiken ab 14 Jahre
Quelle: Allensbacher Archiv, IfD-Umfrage 8226

Schaubild 83

Profil von Katholiken, die häufig oder ab und zu Angebote in sozialen Medien nutzen, die sich mit Glauben und Religion beschäftigen (= 5 Prozent)

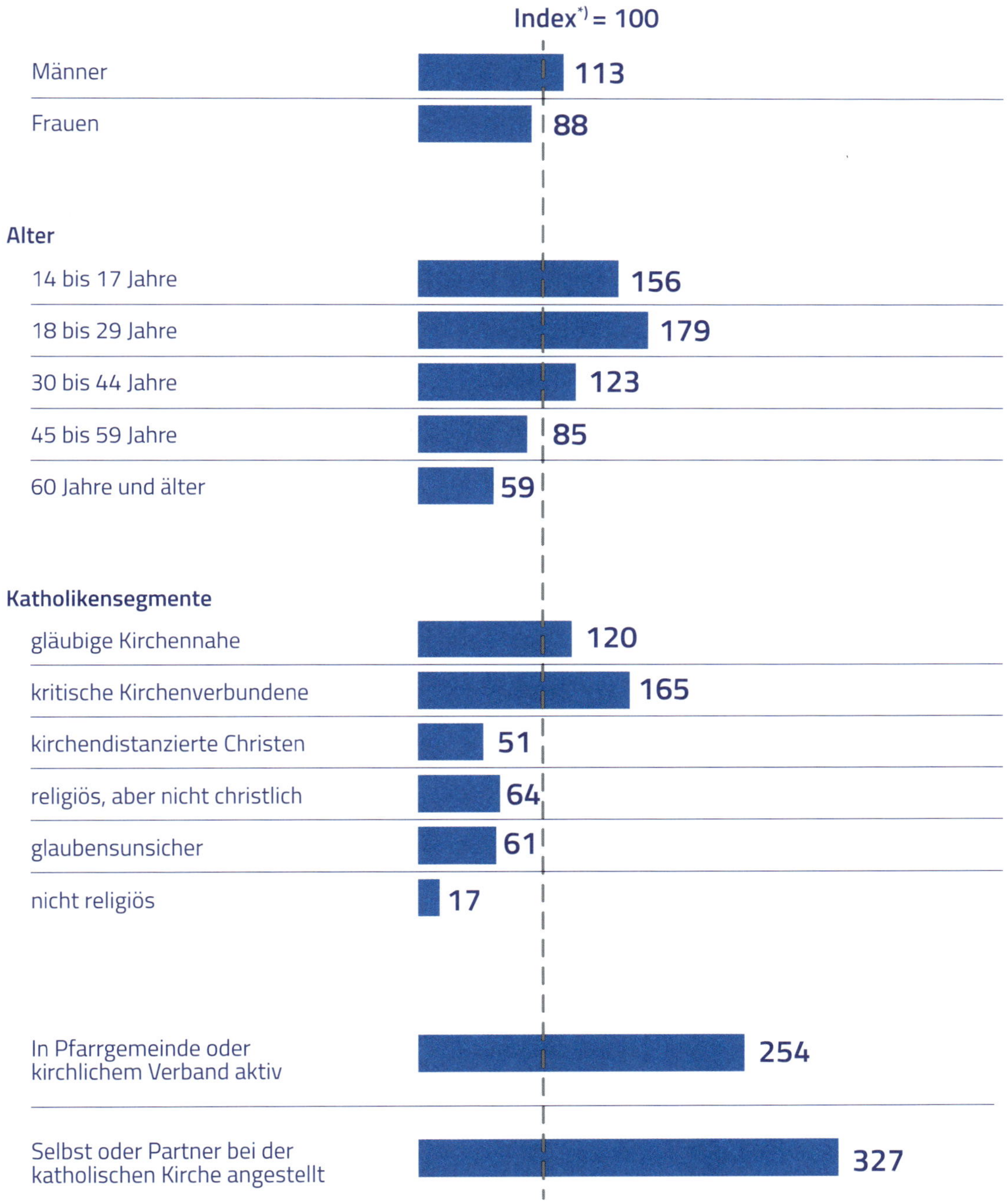

*) Indexdarstellung: Katholiken ab 14 Jahre insgesamt = 100

Basis: Bundesrepublik Deutschland, Katholiken ab 14 Jahre
Quelle: Allensbacher Archiv, IfD-Umfrage 8226

Schaubild 84

Profil von Katholiken, die Podcasts zu kirchlichen oder Glaubensthemen zumindest selten nutzen (= 10 Prozent)

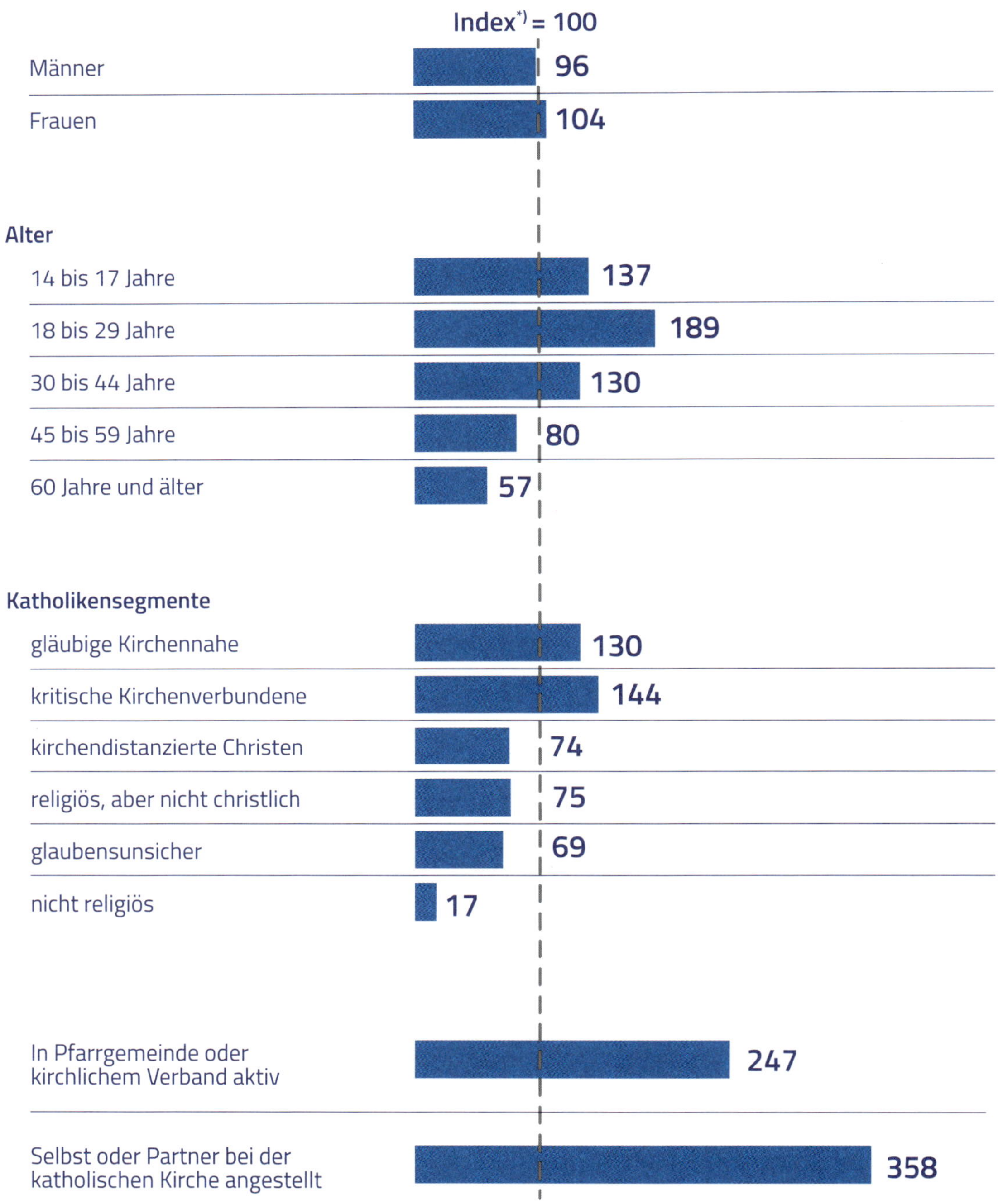

*) Indexdarstellung: Katholiken ab 14 Jahre insgesamt = 100

Basis: Bundesrepublik Deutschland, Katholiken ab 14 Jahre
Quelle: Allensbacher Archiv, IfD-Umfrage 8226

Schaubild 85

Profil von Katholiken, die Streamingangebote zu kirchlichen oder Glaubensthemen zumindest selten nutzen (= 11 Prozent)

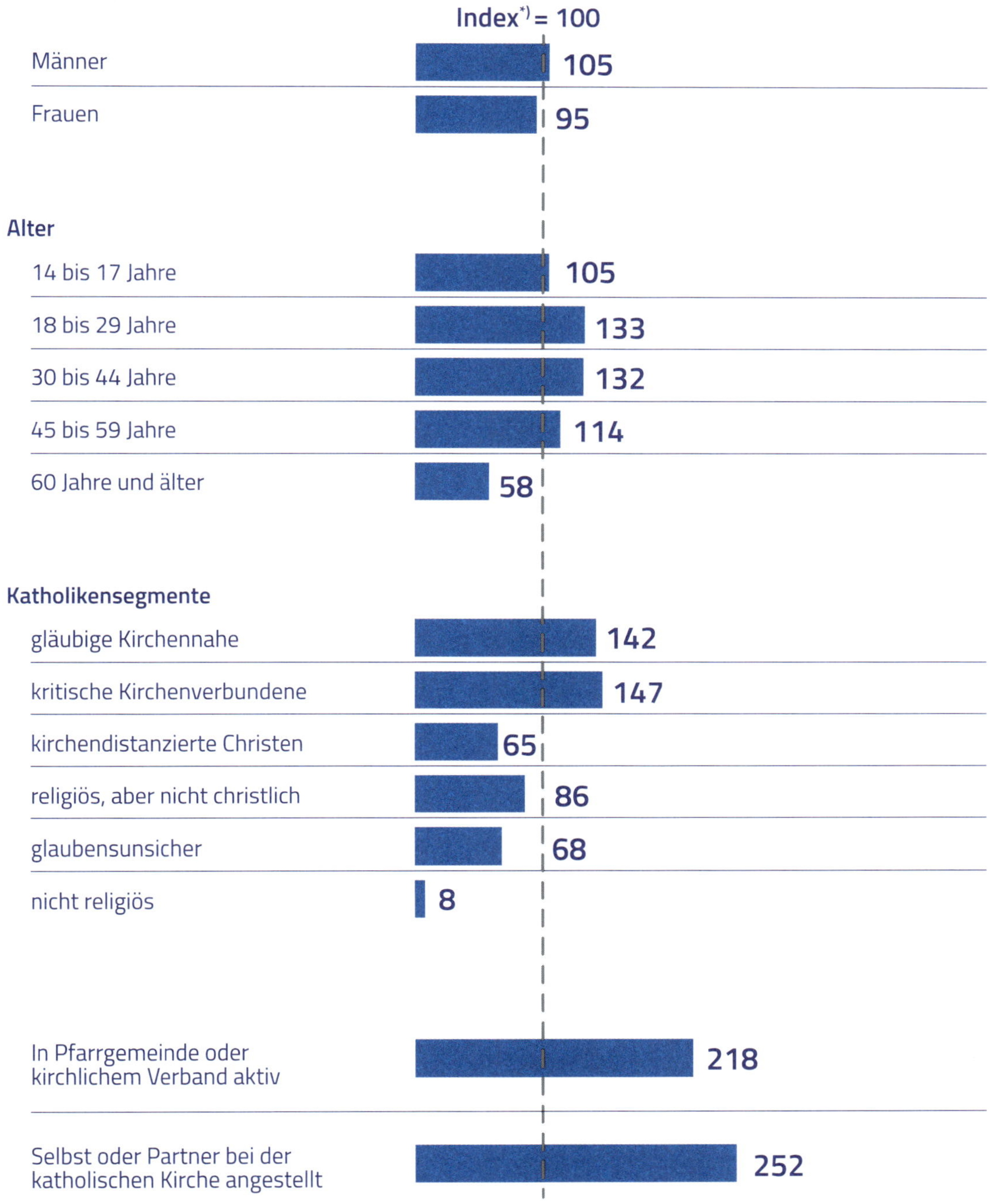

*) Indexdarstellung: Katholiken ab 14 Jahre insgesamt = 100

Basis: Bundesrepublik Deutschland, Katholiken ab 14 Jahre
Quelle: Allensbacher Archiv, IfD-Umfrage 8226

Schaubild 86

Insgesamt werden kirchliche und religiöse Angebote im Internet von deren Nutzern ganz überwiegend als in der Regel hilfreich und informativ bewertet. 53 Prozent der Katholiken, die solche Onlineangebote nutzen, urteilen so, 10 Prozent sind ausdrücklich der gegenteiligen Meinung und 37 Prozent enthalten sich eines Urteils.

Katholiken, die das Internet nicht nur selten für kirchliche und religiöse Inhalte nutzen, urteilen noch positiver: 70 Prozent bewerten die Inhalte als in der Regel hilfreich und informativ, nur 5 Prozent widersprechen. Auch der Anteil der Unentschiedenen ist in dieser Gruppe mit 25 Prozent deutlich kleiner. Kritischer und auch weniger urteilsbereit oder -fähig sind demgegenüber Katholiken, die solche Angebote im Internet nur selten nutzen (Schaubild 87).

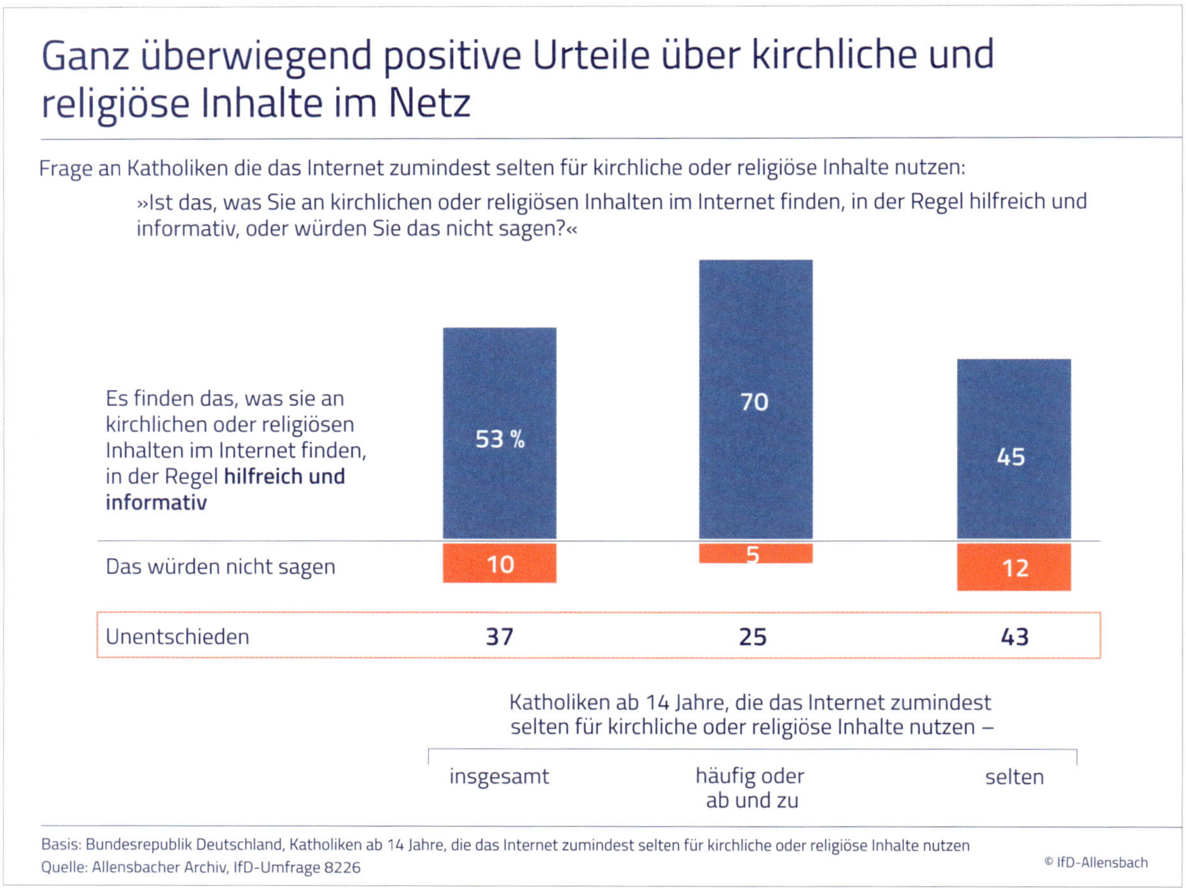

Schaubild 87

Von den Onlineangeboten der Kirche nutzen Katholiken, die im Internet unterwegs sind, vor allem Angebote aus dem eigenen Nahbereich, d. h. die Internetseite der Pfarrgemeinde, Angebote der Pfarrgemeinde in sozialen Medien und die Internetseiten des Bistums, der Diözese. Daneben werden vergleichsweise häufig auch die Internetangebote der kirchlichen Hilfswerke genutzt, die Internetangebote von Akademien und Bildungshäusern der Kirche sowie die Seite katholisch.de.

Die Internetseite ihrer jeweiligen Pfarrgemeinde wird von 6 Prozent der katholischen Internetnutzer häufig, von weiteren 11 Prozent ab und zu und von weiteren 18 Prozent selten genutzt – zusammen gut ein Drittel. Die anderen genannten Angebote haben Nutzerkreise von zwischen 15 und 20 Prozent der katholischen Internetnutzer, darunter jeweils höchstens 2 Prozent häufige Nutzer. Weitere Onlineangebote der katholischen Kirche haben jeweils kleinere Nutzerkreise zu verzeichnen, Influencer, die sich zu christlichen Themen äußern, 9 Prozent (Schaubild 88).

Auch hier ist in Rechnung zu stellen, dass Personen, die in der Kirche aktiv oder beruflich mit der Kirche verbunden sind – sei es, dass sie selbst dort angestellt sind, sei es, dass das auf ihren Partner zutrifft –, in deutlich überdurchschnittlichen Anteilen unter den Nutzern der Onlineangebote der Kirche zu finden sind. So nutzen katholische Internetnutzer, die in einer Pfarrgemeinde, einem kirchlichen Verband, einer christlichen Gemeinschaft oder einer anderen kirchlichen Organisation aktiv sind, zu 55 Prozent die Internetseite ihrer Pfarrgemeinde häufig oder ab und zu.

Es zeigt sich auch, dass viele Onlineangebote den meisten katholischen Internetnutzern gar nicht bekannt sind. Abgesehen von der Internetseite der eigenen Pfarrgemeinde und den Internetangeboten der kirchlichen Hilfswerke trifft dies auf alle abgefragten Onlineangebote der Kirche zu. Unter denen, die die einzelnen Angebote nicht kennen, ist das Interesse zugleich sehr begrenzt, diese Angebote kennenzulernen. Die Potentiale zur Erschließung neuer Nutzer liegen im mittleren bis unteren einstelligen Prozentbereich (Schaubild 88).

Onlineangebote kirchlicher Stellen: Nutzung, Bekanntheit, Interesse

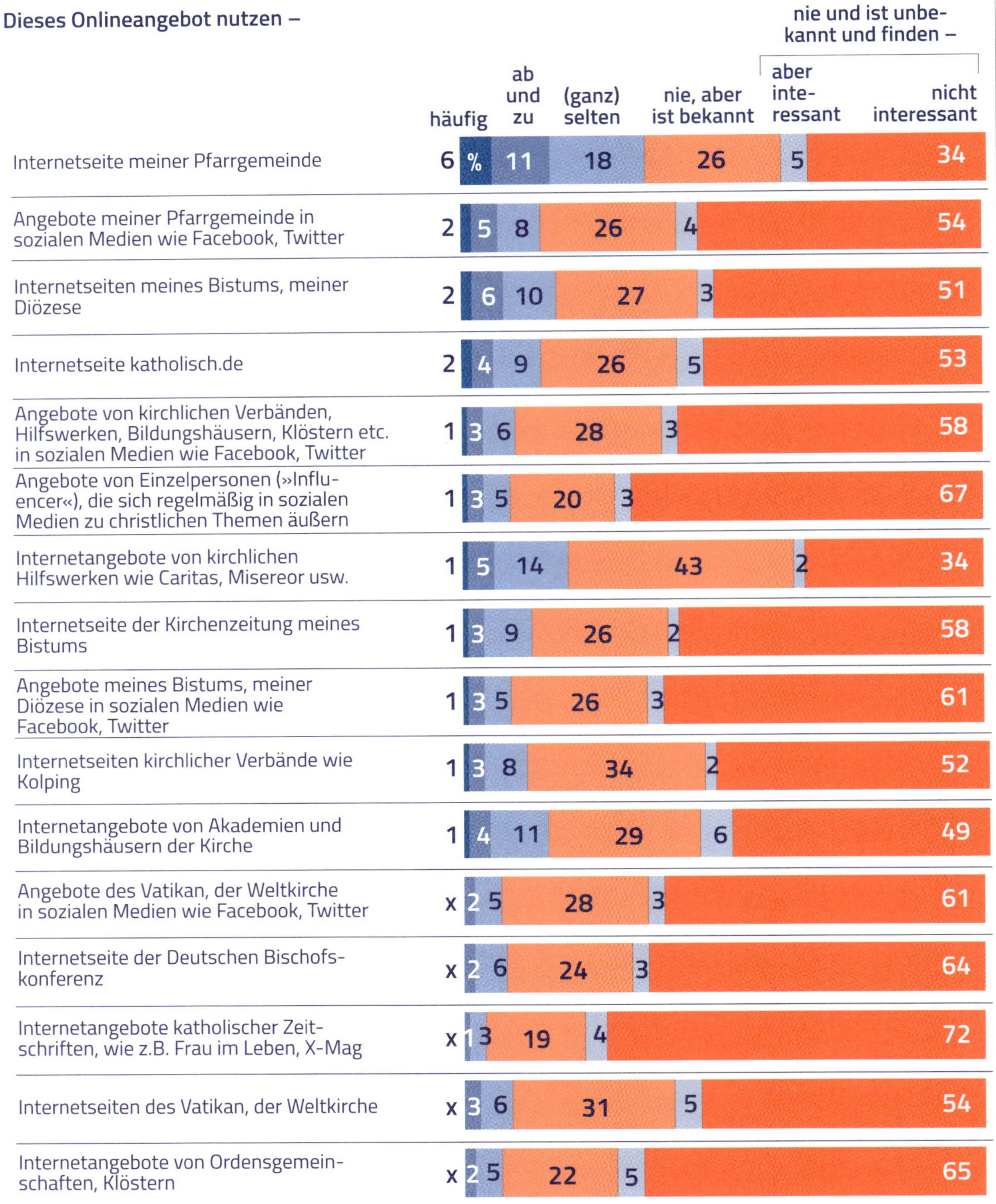

Nicht dargestellt: keine Angabe zur Nutzung x = unter 0,5 Prozent

Basis: Bundesrepublik Deutschland, Katholiken ab 14 Jahre, die das Internet nutzen
Quelle: Allensbacher Archiv, IfD-Umfrage 8226

Schaubild 88

Mit den Angeboten der Kirche im Internet sind die Nutzer eher zufrieden als nicht zufrieden, auch wenn keine wirkliche Begeisterung auszumachen ist. Angesichts der häufig nur sehr sporadischen Nutzung trauen sich viele auch kein generelles Urteil über die Angebote zu.

Insgesamt sind 2 Prozent der Katholiken, die mindestens eines der 16 abgefragten konkreten Onlineangebote der Kirche zumindest selten nutzen, mit den Angeboten der Kirche im Internet generell sehr zufrieden, weitere 44 Prozent zufrieden. Weniger zufrieden äußern sich dagegen 10 Prozent, lediglich 1 Prozent ist gar nicht zufrieden. Weitere 43 Prozent enthalten sich eines konkreten Urteils (Schaubild 89).

Überwiegend Zufriedenheit mit den Onlineangeboten der Kirche, wenn auch keine Begeisterung

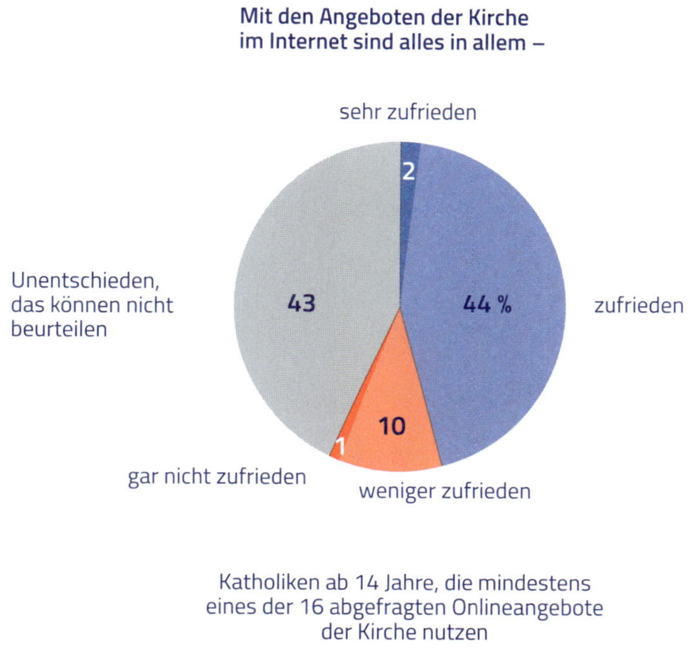

Basis: Bundesrepublik Deutschland, Katholiken ab 14 Jahre, die mindestens eines der 16 abgefragten Onlineangebote der Kirche nutzen
Quelle: Allensbacher Archiv, IfD-Umfrage 8226

© IfD-Allensbach

Schaubild 89

Die Bereitschaft, für Artikel oder Beiträge in kirchlichen Onlinemedien Geld zu bezahlen, ist eher gering. Für lediglich 4 Prozent der Katholiken, die das Internet nutzen, käme das in Frage. Unter denjenigen, die das Internet häufig oder ab und zu auch für kirchliche oder religiöse Inhalte nutzen, ist dieser Kreis mit 14 Prozent allerdings deutlich größer (Schaubild 90). Das deckt sich mit einer generell geringen Bereitschaft der Bevölkerung, für journalistische Leistungen im Internet Geld zu bezahlen. Generell bekunden 13 Prozent der Internetnutzer in Deutschland ihre Bereitschaft, für einzelne Artikel von Zeitschriften im Internet zu bezahlen bzw. praktizieren dies bereits.[16]

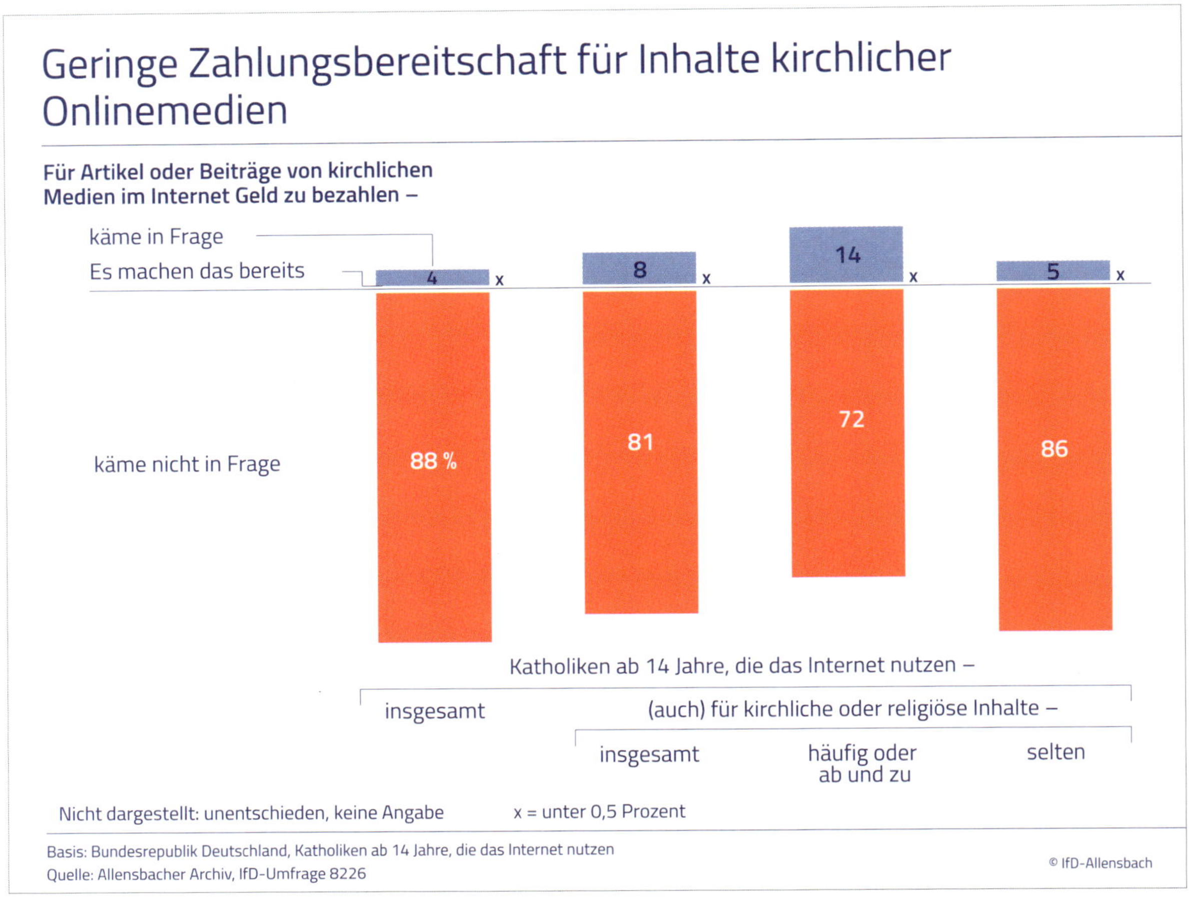

Schaubild 90

16 Allensbacher Markt- und Werbeträgeranalyse 2020.

3.8 Die Nutzung digitaler Angebote der Kirche während des coronabedingten Lockdowns

Auch in der kirchlichen Kommunikation hat die Corona-Krise für einen gewissen »Digitalisierungsschub« gesorgt. Immerhin rund jeder sechste Katholik hat in dieser Zeit digitale Angebote der Kirche oder seiner Kirchengemeinde erstmals oder häufiger genutzt, darunter 8 Prozent, die solche Angebote erstmals, 9 Prozent, die sie häufiger als vorher genutzt haben (Schaubild 91).

»Digitalisierungsschub« durch die Corona-Pandemie auch für die katholische Kirche?

Frage: »Haben Sie während der Corona-Krise bestimmte digitale Angebote der Kirche oder Ihrer Kirchengemeinde häufiger genutzt als zuvor, oder haben Sie in dieser Zeit bestimmte digitale Angebote der Kirche erstmals genutzt, oder ist beides nicht der Fall? Gemeint sind hier alle Arten von digitalen Angeboten, egal ob Internetseiten, Gottesdienstübertragungen usw.«

Es haben während der Corona-Krise bestimmte digitale Angebote der Kirche –

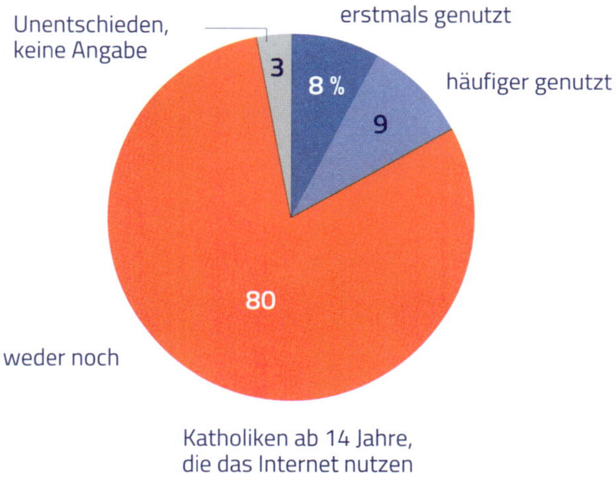

Basis: Bundesrepublik Deutschland, Katholiken ab 14 Jahre, die das Internet nutzen
Quelle: Allensbacher Archiv, IfD-Umfrage 8226

© IfD-Allensbach

Schaubild 91

Von solchen Angeboten haben dabei vor allem mit der Kirche verbundene Katholiken zusätzlich Gebrauch gemacht. Von den gläubigen Kirchennahen haben 20 Prozent solche Angebote erstmals, weitere 29 Prozent häufiger als zuvor genutzt, von den kritisch Kirchenverbundenen 11 Prozent erstmals und 17 Prozent häufiger. In anderen Katholikensegmenten liegen diese Anteile deutlich niedriger, in Summe jeweils deutlich unter 10 Prozent (Schaubild 92).

Erwartungsgemäß finden sich unter den Erstnutzern und häufigeren Nutzern digitaler Angebote während der Corona-Krise deutlich überdurchschnittlich häufig Katholiken, die in ihrer Gemeinde, kirchlichen Verbänden oder Organisationen aktiv sind: 15 Prozent haben solche Angebote erstmals, weitere 35 Prozent häufiger genutzt – zusammen also die Hälfte dieser Gruppe.

Vor allem eng kirchenverbundene Katholiken haben während der Corona-Krise verstärkt digitale Angebote der Kirche genutzt

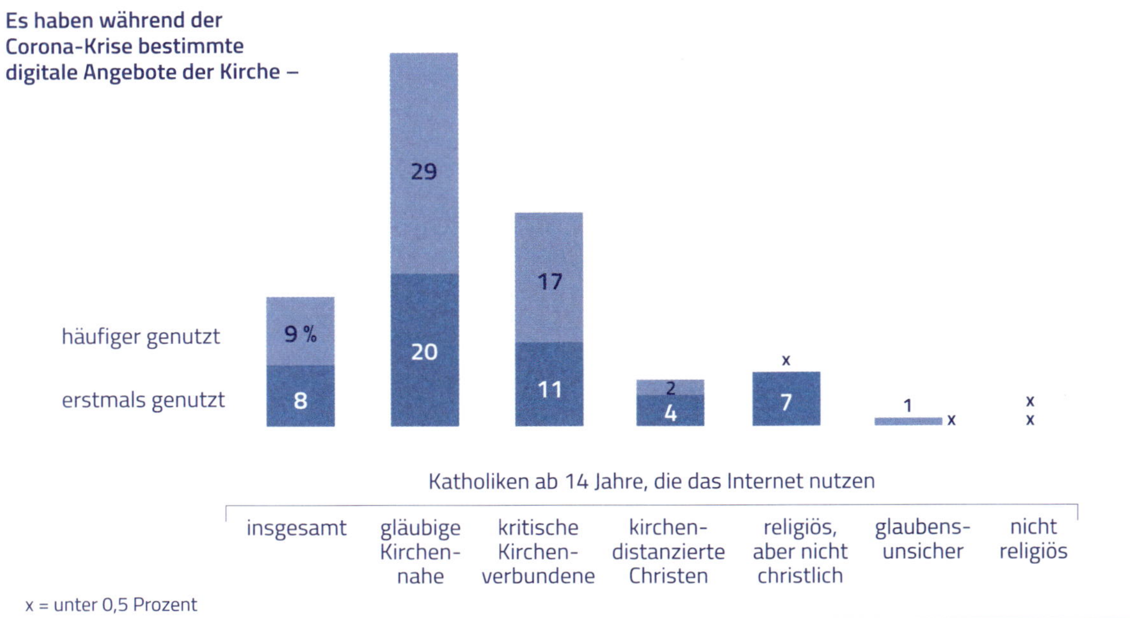

Basis: Bundesrepublik Deutschland, Katholiken ab 14 Jahre, die das Internet nutzen
Quelle: Allensbacher Archiv, IfD-Umfrage 8226

Schaubild 92

Mit Abstand am häufigsten wurden während der Corona-Krise digitale Gottesdienstübertragungen erstmals oder häufiger genutzt: Drei Viertel derer, die solche digitalen Angebote *erstmals* genutzt haben, haben sich Gottesdienstübertragungen über das Internet angesehen, und 61 Prozent derer, die digitale Angebote der Kirche in dieser Zeit *häufiger* als zuvor genutzt haben. Andere konkrete digitale Angebote werden jeweils von höchstens 11 Prozent genannt (Schaubild 93).

Genutzt wurden vor allem Gottesdienstübertragungen

Frage: »Welche digitalen Angebote der Kirche haben Sie während der Corona-Krise erstmals oder häufiger genutzt als vorher?«

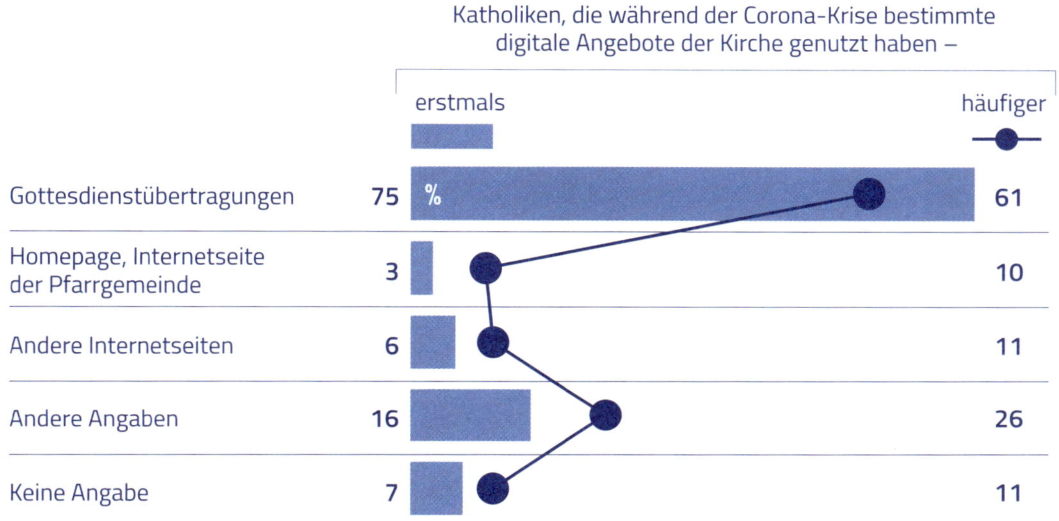

Basis: Bundesrepublik Deutschland, Katholiken ab 14 Jahre, die während der Corona-Krise erstmals oder häufiger bestimmte digitale Angebote der Kirche genutzt haben
Quelle: Allensbacher Archiv, IfD-Umfrage 8226

Schaubild 93

Die (häufigeren oder erstmaligen) Nutzer digitaler Angebote der Kirche während der Corona-Krise waren mit diesen Angeboten ganz überwiegend zufrieden, gut ein Viertel sogar sehr zufrieden, weitere 59 Prozent zufrieden. Weniger zufrieden äußern sich lediglich 9 Prozent, nur 1 Prozent zeigt sich gar nicht zufrieden (Schaubild 94).

Verbreitet Zufriedenheit mit den digitalen Angeboten

Mit den digitalen Angeboten der Kirche, die sie während der Corona-Krise erstmals oder häufiger genutzt haben, waren alles in allem –

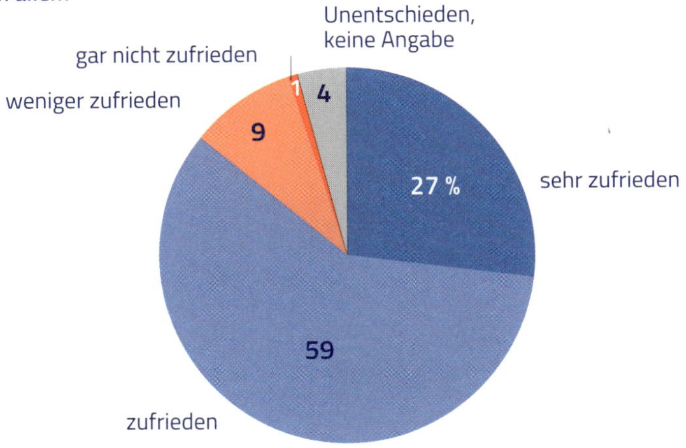

Katholiken ab 14 Jahre, die während der Corona-Krise erstmals oder häufiger bestimmte digitale Angebote der Kirche genutzt haben

Basis: Bundesrepublik Deutschland, Katholiken ab 14 Jahre, die während der Corona-Krise erstmals oder häufiger bestimmte digitale Angebote der Kirche genutzt haben

Quelle: Allensbacher Archiv, IfD-Umfrage 8226

© IfD-Allensbach

Schaubild 94

Die digitalen Angebote der Kirche während der Corona-Krise haben einen Teil der Katholiken offenbar auf den Geschmack gebracht: Rund ein Viertel der (erstmaligen oder häufigeren) Nutzer digitaler Angebote der Kirche während der Corona-Krise wird der eigenen Einschätzung nach solche digitalen Angebote auch in Zukunft verstärkt nutzen, ein weiteres Viertel ist in dieser Frage noch unentschieden. Rund die Hälfte plant dagegen, das eher nicht zu tun (Schaubild 95).

Viele werden aufgrund ihrer Erfahrung während der Corona-Krise digitale Angebote der Kirche vermutlich stärker nutzen

Frage: »Was vermuten Sie: Werden Sie aufgrund der Erfahrungen, die Sie in der Corona-Zeit mit digitalen Angeboten der Kirche gemacht haben, auch zukünftig verstärkt digitale Angebote der Kirche nutzen, oder werden Sie dies eher nicht tun?«

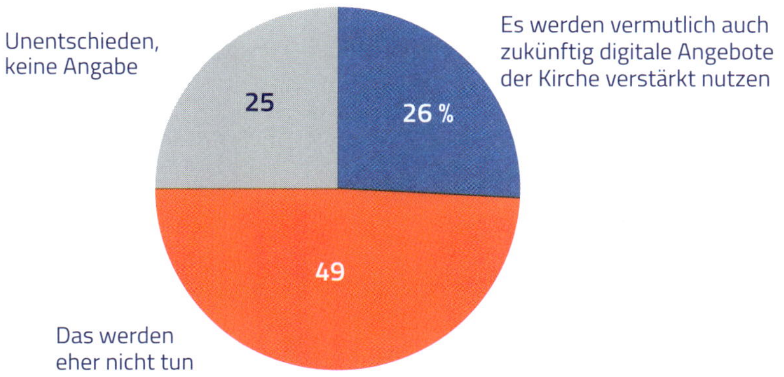

Katholiken ab 14 Jahre, die während der Corona-Krise erstmals oder häufiger bestimmte digitale Angebote der Kirche genutzt haben

Basis: Bundesrepublik Deutschland, Katholiken ab 14 Jahre, die während der Corona-Krise erstmals oder häufiger bestimmte digitale Angebote der Kirche genutzt haben
Quelle: Allensbacher Archiv, IfD-Umfrage 8226

Schaubild 95

3.9 Pfarrbriefe und Pfarrmagazine

Der Pfarrbrief bzw. das Mitteilungsblatt der Pfarrgemeinde vor Ort ist das kirchliche oder religiöse Medium, das von Katholiken mit Abstand am häufigsten genutzt wird und auch in nicht unerheblichem Umfang kirchendistanziertere Katholiken erreicht (vgl. Schaubild 54). Die Hälfte aller Katholiken liest den Pfarrbrief regelmäßig oder zumindest hin und wieder. Im Vergleich zu 2009 ist allerdings der Anteil der regelmäßigen Leser deutlich zurückgegangen, von einem Drittel der Katholiken auf aktuell ein Viertel. Damit setzt sich die schon 2009 im Vergleich zu 2002 zu beobachtende Tendenz verstärkt fort. Angestiegen ist gegenüber 2009 vor allem der Anteil derer, die nicht wissen, ob es bei ihnen vor Ort überhaupt einen Pfarrbrief oder ein Mitteilungsblatt der Gemeinde gibt (Schaubild 96).

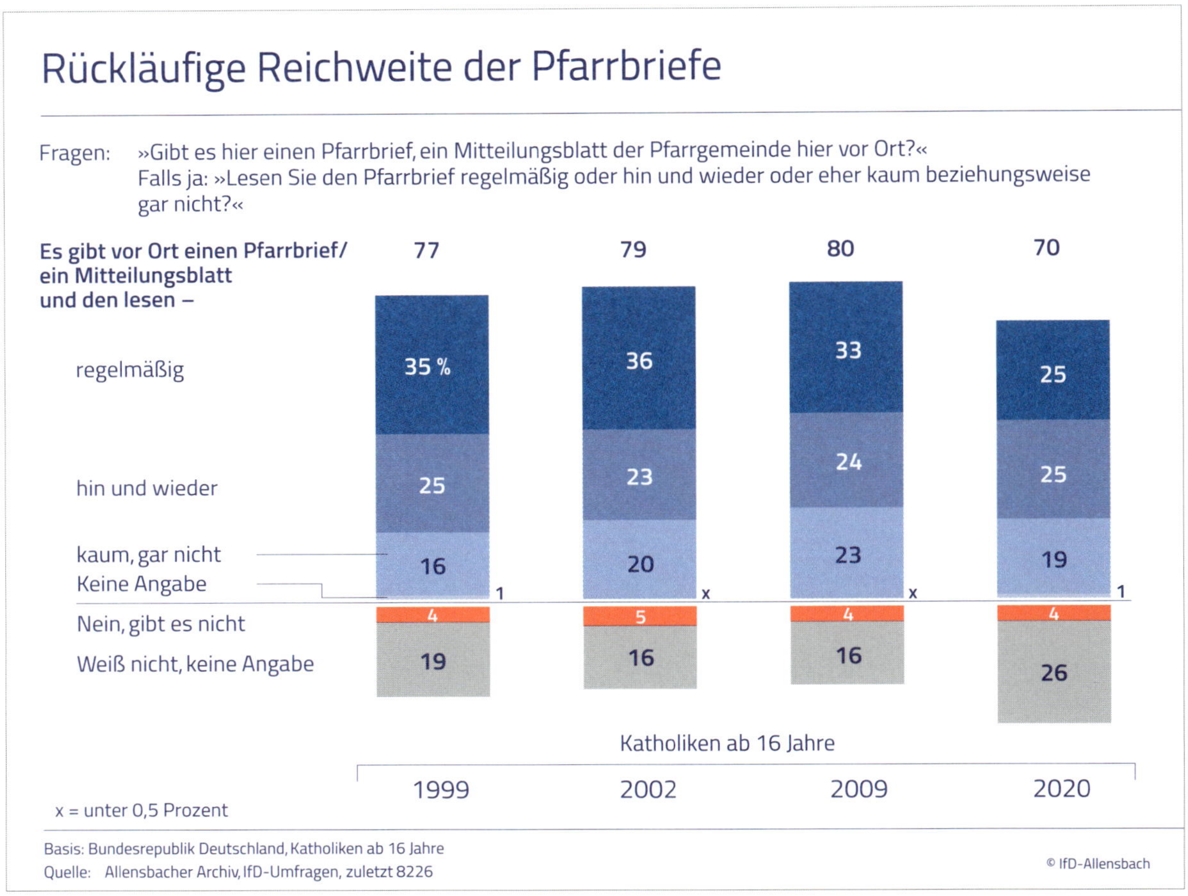

Schaubild 96

Die Bekanntheit des Pfarrbriefs und auch die Regelmäßigkeit der Lektüre hängen vom Urbanisierungsgrad ab: Katholiken, die in Dörfern leben, ist in höherem Anteil bekannt, ob bzw. dass es einen Pfarrbrief gibt, und sie lesen ihn auch in deutlich höherem Anteil regelmäßig, als Katholiken in Klein- und Mittelstädten und – noch deutlicher – als Katholiken in Großstädten.

Bemerkenswerterweise ist Katholiken, deren Gemeinde zu einem Pfarrverband gehört, in tendenziell höherem Anteil geläufig, ob bzw. dass es bei ihnen einen Pfarrbrief gibt, als Katholiken in eigenständigen Pfarrgemeinden. Ebenso lesen Katholiken in Gemeinden, die zu Pfarrverbänden gehören, den Pfarrbrief tendenziell auch regelmäßiger (Schaubild 97).

Pfarrbriefe in überdurchschnittlichem Anteil auf Dörfern sowie in Pfarrverbänden

Frage: »Gibt es hier einen Pfarrbrief, ein Mitteilungsblatt der Pfarrgemeinde hier vor Ort?«

	Katholiken insgesamt	Katholiken in –		Ortsgröße		
		eigenständiger Pfarrgemeinde	einer Gemeinde, die zu einem Pfarrverband gehört	Dörfer	Klein-, Mittelstädte	Großstädte
	%	%	%	%	%	%
Es gibt hier vor Ort einen Pfarrbrief, ein Mitteilungsblatt	**70**	**80**	**88**	**82**	**72**	**60**
lese ich –						
regelmäßig	25	31	38	39	26	15
hin und wieder	25	29	32	23	25	26
kaum,gar nicht	19	20	17	20	20	18
Keine Angabe	1	x	1	x	1	1
Nein, gibt es hier nicht	**4**	**3**	**3**	**4**	**3**	**5**
Weiß nicht, keine konkrete Angabe	**26**	**17**	**9**	**14**	**25**	**35**
	100	**100**	**100**	**100**	**100**	**100**

x = unter 0,5 Prozent

Basis: Bundesrepublik Deutschland, Katholiken ab 14 Jahre
Quelle: Allensbacher Archiv, IfD-Umfrage 8226

Schaubild 97

Die wahrgenommene Erscheinungshäufigkeit des Pfarrbriefes streut breit. Dabei kann rund die Hälfte derer, die wissen, dass es bei ihnen vor Ort einen Pfarrbrief gibt, zur Erscheinungshäufigkeit keine Auskunft geben. 11 Prozent berichten, dass der Pfarrbrief bei ihnen ein- bis dreimal im Jahr erscheint, 16 Prozent von einem quartalsweisen Erscheinungsintervall, 8 Prozent davon, dass der Pfarrbrief 5- bis 11-mal herauskommt, 12 Prozent, dass er monatlich erscheint, und 6 Prozent davon, dass es mehr als 12 Ausgaben im Jahr gibt (Schaubild 98).

Wahrgenommene Erscheinungshäufigkeit des Pfarrbriefs

Frage: »Soweit Sie das sagen können: Wie oft im Jahr kommt bei Ihnen in der Gemeinde der Pfarrbrief?«

Der Pfarrbrief kommt im Jahr –

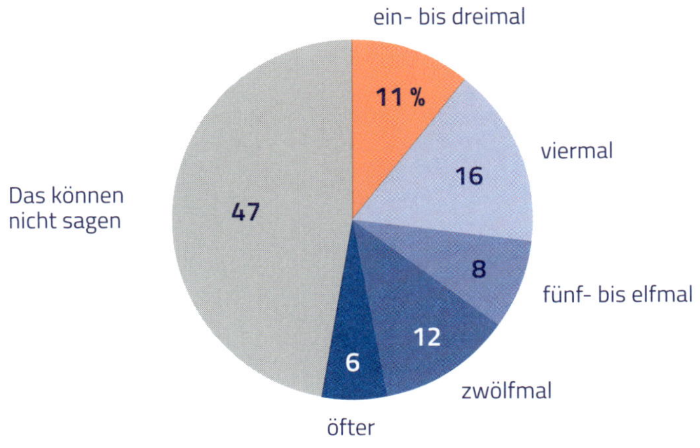

Katholiken ab 14 Jahre, die wissen, dass es vor Ort einen Pfarrbrief/ein Mitteilungsblatt gibt

Basis: Bundesrepublik Deutschland, Katholiken ab 14 Jahre, die wissen, dass es vor Ort einen Pfarrbrief/ein Mitteilungsblatt gibt
Quelle: Allensbacher Archiv, IfD-Umfrage 8226

Schaubild 98

Die angegebene Häufigkeit der Lektüre des Pfarrbriefs wird von den Befragten offenbar ins Verhältnis zum Erscheinungsintervall gesetzt: Eine systematische Korrelation von wahrgenommenem Erscheinungsintervall und berichteter Häufigkeit der Lektüre – in den Kategorien »regelmäßig« und »hin und wieder« – ist nicht zu erkennen (Schaubild 99).

Die angegebene Häufigkeit der Pfarrbrieflektüre wird von den Befragten zur Erscheinungshäufigkeit ins Verhältnis gesetzt

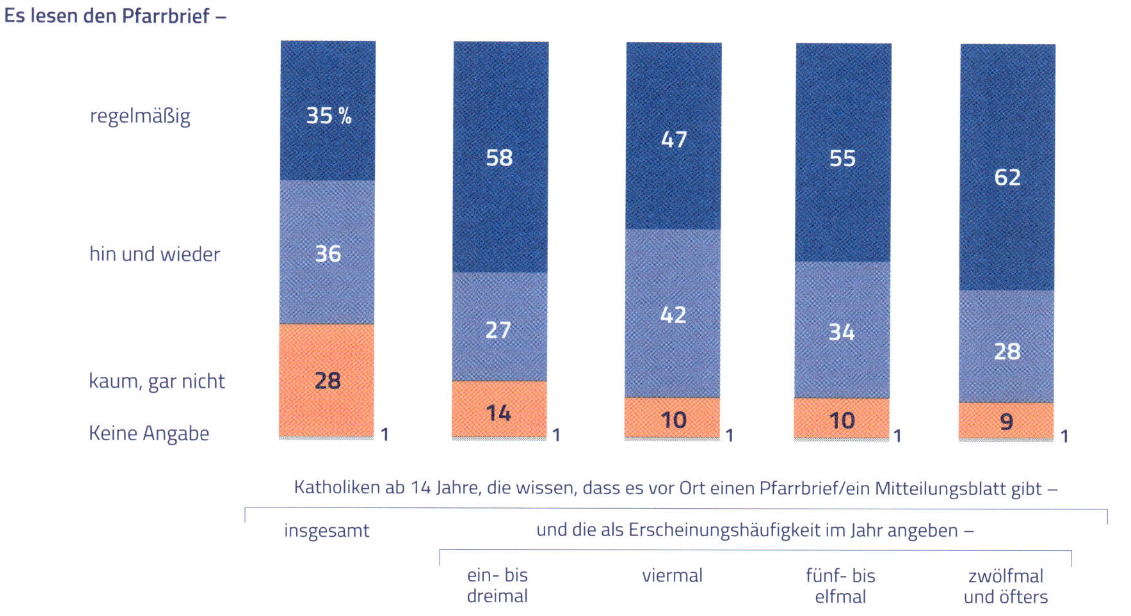

Basis: Bundesrepublik Deutschland, Katholiken ab 14 Jahre, die wissen, dass es vor Ort einen Pfarrbrief/ein Mitteilungsblatt gibt
Quelle: Allensbacher Archiv, IfD-Umfrage 8226

Schaubild 99

Wie andere kirchliche oder religiöse Medien erreicht der Pfarrbrief vor allem mit der Kirche verbundene Segmente, daneben aber in nicht geringem Anteil auch kirchendistanziertere und jüngere Zielgruppen.

So lesen gläubige Kirchennahe den Pfarrbrief zu fast zwei Dritteln regelmäßig, weitere 20 Prozent ab und zu. Kritisch Kirchenverbundene berichten jeweils zu gut einem Drittel von regelmäßiger und gelegentlicher Lektüre – zusammen 71 Prozent. Aber auch kirchendistanzierte Christen lesen zu gut einem Drittel zumindest hin und wieder den Pfarrbrief, darunter 10 Prozent regelmäßig.

Im Vergleich der Altersgruppen zeigt sich ein deutliches Gefälle von alt nach jung: Ältere Katholiken lesen den Pfarrbrief in höheren Anteilen und regelmäßiger als jüngere. Aber auch von den 18- bis 29-jährigen Katholiken liest gut jeder Dritte zumindest hin und wieder den Pfarrbrief, darunter 12 Prozent regelmäßig.

Und die Lektüre des Pfarrbriefs korreliert erwartungsgemäß stark mit der Bindung an die eigene Pfarrgemeinde. Aber auch fast ein Drittel der Katholiken, die nur eine geringe oder keine Bindung an die eigene Pfarrgemeinde empfinden, lesen den Pfarrbrief zumindest hin und wieder (Schaubild 100).

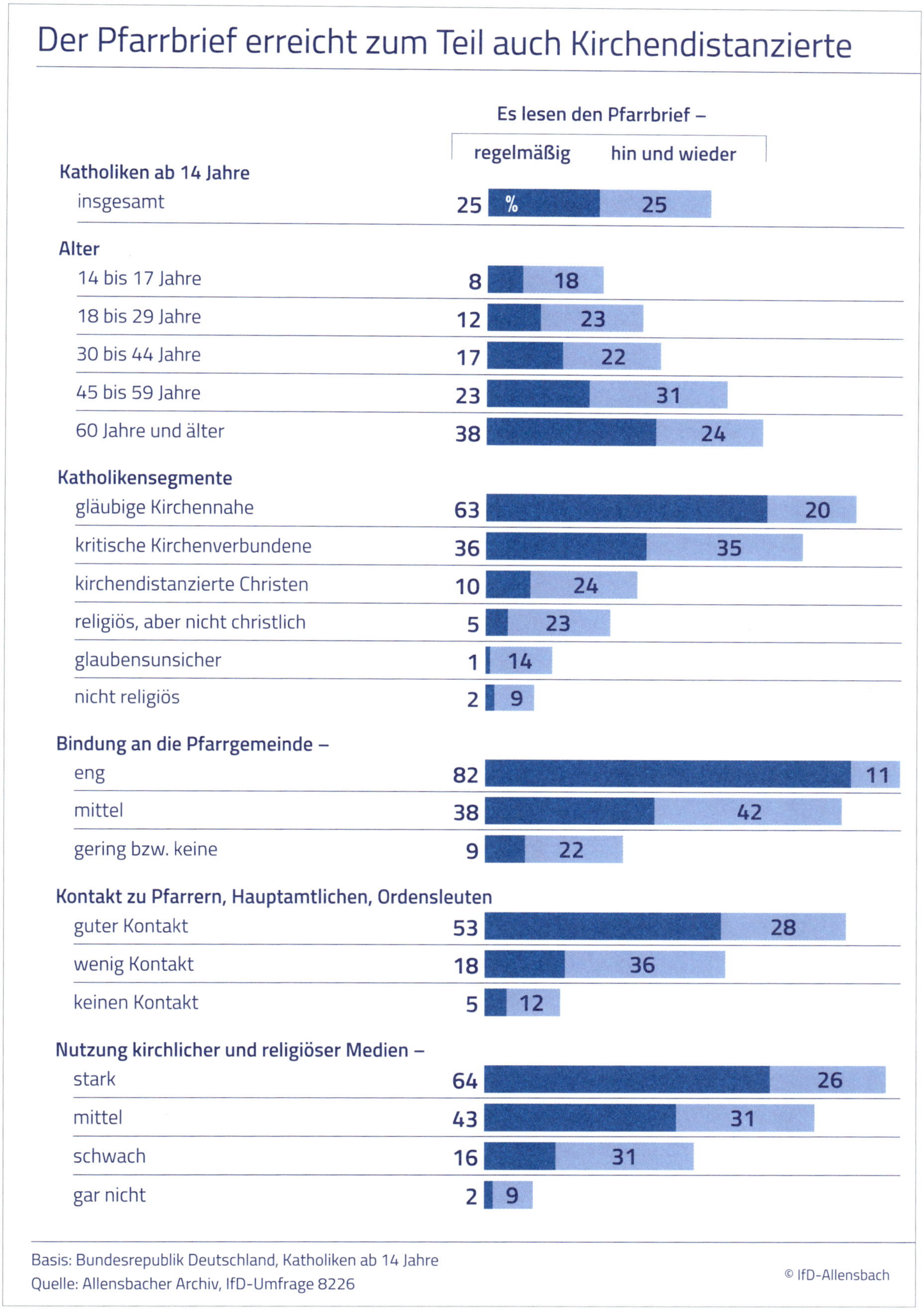

Schaubild 100

Katholiken möchten den Pfarrbrief auch eher gerne weiter als gedruckte Ausgabe erhalten und nicht elektronisch, z. B. per E-Mail oder zum Herunterladen im Internet. 49 Prozent votieren ausdrücklich für die Printausgabe, 16 Prozent für eine elektronische Variante. Ein gutes Drittel der Katholiken ist unentschieden.

In dieser Frage zeigen sich allerdings deutliche Unterschiede in den Altersgruppen. Von den unter 30-Jährigen ist zwar rund der Hälfte egal, wie der Pfarrbrief erscheint. In der Tendenz plädieren junge Katholiken aber eher für eine elektronische Form. 30- bis 44-jährige Katholiken tendieren etwas stärker zur gedruckten Form, Katholiken, die älter sind, ganz deutlich stärker zur Printausgabe. Ihnen ist es auch weniger häufig egal, wie der Pfarrbrief erscheint (Schaubild 101). Insbesondere kirchenverbundene Katholikensegmente wünschen in hohem Anteil, bei der gedruckten Ausgabe zu bleiben: gläubige Kirchennahe zu drei Vierteln, kritisch Kirchenverbundene zu 61 Prozent.

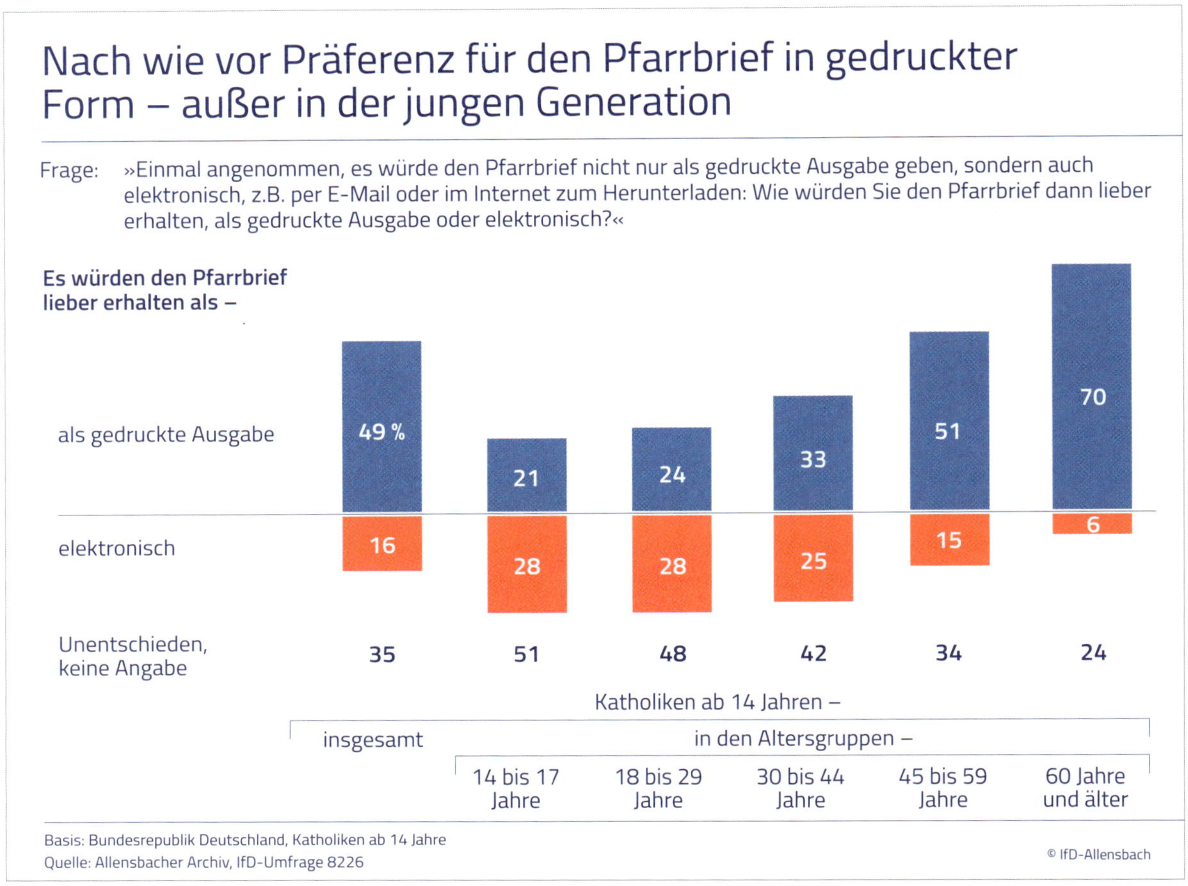

Schaubild 101

Stark ausgeprägt ist die Präferenz für eine Printausgabe des Pfarrbriefs auch bei denjenigen Katholiken, die den Pfarrbrief lesen bzw. regelmäßig lesen: 71 Prozent der Leser des Pfarrbriefs bevorzugen eine gedruckte Ausgabe, lediglich 12 Prozent sprechen sich für eine elektronische Variante aus. Unter regelmäßigen Lesern ist das Urteil noch eindeutiger: Den 81 Prozent Anhängern der gedruckten Fassung stehen hier lediglich 9 Prozent Befürworter einer elektronischen Variante gegenüber. Und selbst Katholiken, die das Internet nutzen, sprechen sich etwa im Verhältnis 2:1 für eine gedruckte Ausgabe aus (Schaubild 102).

Diese Befunde zeigen, dass im Sinne der Leserschaft die Printausgabe der Pfarrbriefe nicht durch eine elektronische Variante ersetzt werden sollte. Es wäre aber ggf. darüber nachzudenken, gerade für jüngere Zielgruppen die gedruckte Ausgabe durch eine elektronische zu ergänzen.

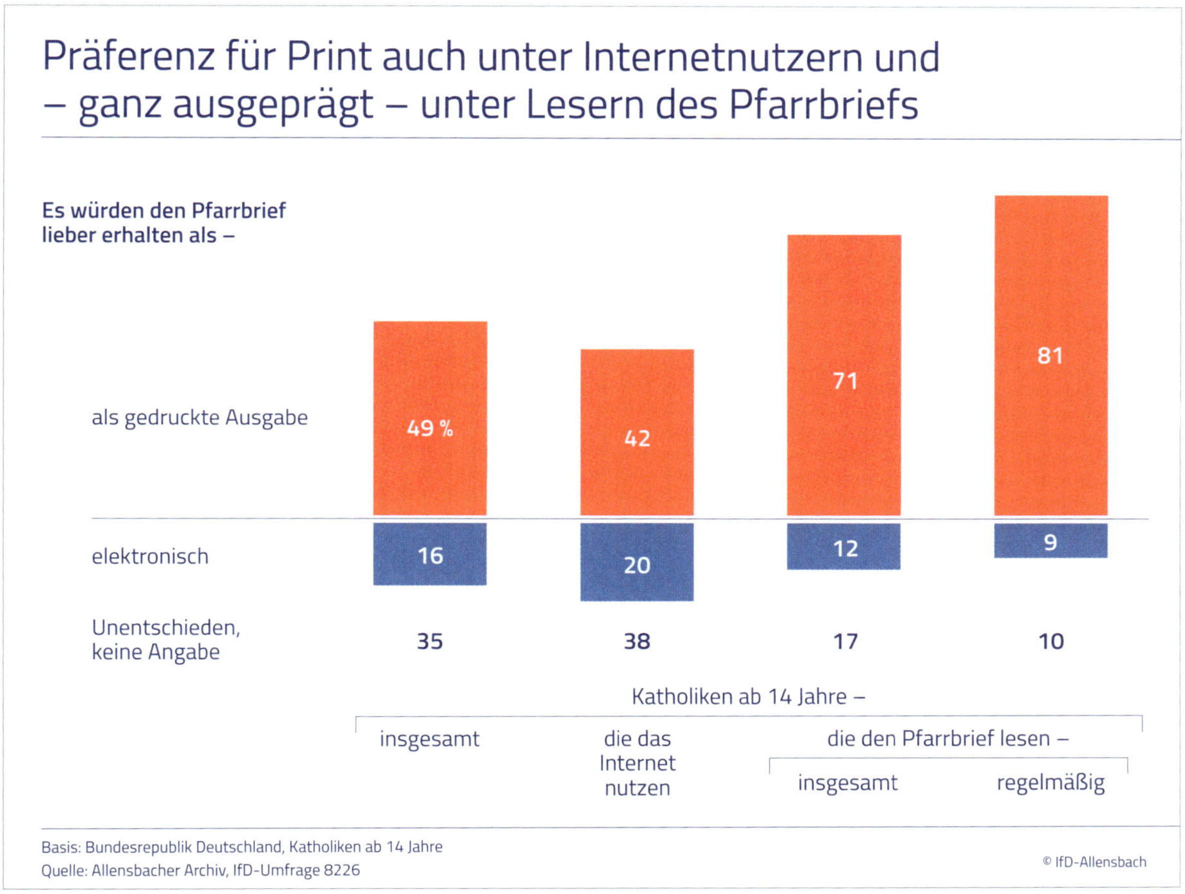

Schaubild 102

Eine Reihe von Pfarrgemeinden und Pfarrverbänden sind dazu übergegangen, statt der bisherigen Pfarrbriefe ein aufwendiger gestaltetes Pfarrmagazin herauszugeben, das auch inhaltlich nicht nur über Termine und das Geschehen in der Pfarrgemeinde berichtet, sondern darüber hinaus Beiträge zu anderen kirchlichen oder religiösen Themen beinhaltet. Es ist – anders als Pfarrbriefe üblicherweise – nicht in schwarz-weiß gehalten, sondern in der Regel farbig gedruckt, und erinnert insgesamt stärker an Zeitschriften. Aktuell berichten 17 Prozent der Katholiken davon, ein solches Pfarrmagazin zu erhalten, zwei Drittel dagegen davon, einen eher einfach gehaltenen Pfarrbrief zu erhalten. Der Rest ist sich nicht sicher bzw. kann das nicht sagen. Dabei werden Pfarrmagazine eher in Pfarrverbänden als in eigenständigen Gemeinden, eher in Großstädten als in Dörfern herausgegeben (Schaubild 103).

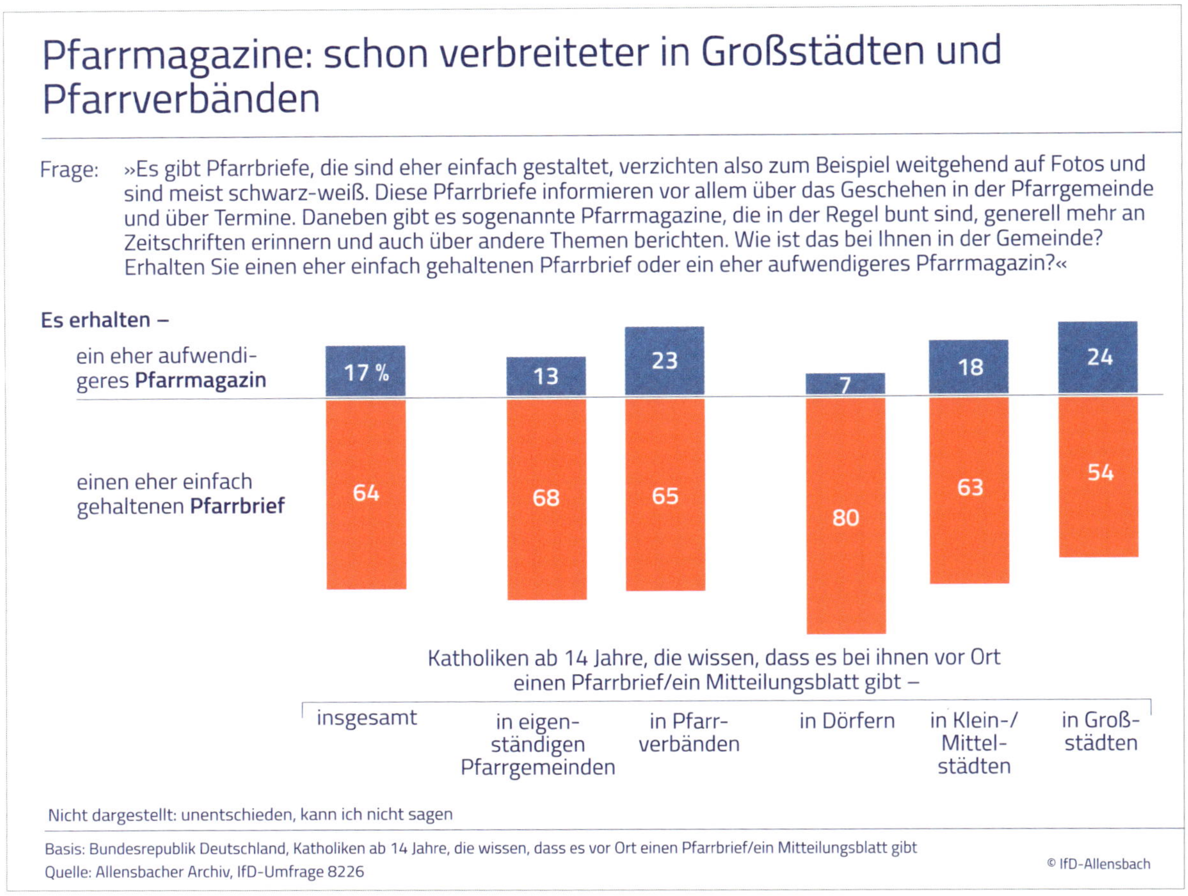

Schaubild 103

Vor die Wahl gestellt, ob sie lieber einen einfach gehaltenen Pfarrbrief oder ein aufwendiger gestaltetes Pfarrmagazin bevorzugen, tendieren Katholiken insgesamt eher zu einem einfach gehaltenen Pfarrbrief (42 Prozent gegenüber 15 Prozent). Einer (knappen) relativen Mehrheit von 43 Prozent ist das allerdings egal.[17] Die Präferenz für einen einfachen Pfarrbrief ist dabei besonders ausgeprägt unter Katholiken, die derzeit einen solchen einfachen Pfarrbrief beziehen: 58 Prozent dieses Kreises votieren für eine einfache Pfarrbriefvariante, nur 7 Prozent für ein aufwendigeres Pfarrmagazin. Ganz anders entscheiden sich Katholiken, die bereits ein Pfarrmagazin beziehen. Hier spricht sich die Mehrheit für ein aufwendigeres Pfarrmagazin aus (53 Prozent), lediglich 6 Prozent für den herkömmlichen Pfarrbrief – allerdings ist es auch in dieser Gruppe 40 Prozent egal. Offenbar ändert sich das Urteil zugunsten des Pfarrmagazins, wenn man dieses neue Medium kennengelernt hat (Schaubild 104).

Tendenziell Präferenz für den herkömmlichen Pfarrbrief – außer bei denen, die schon ein Pfarrmagazin bekommen

Frage: »Was wäre Ihnen lieber, wenn Sie es sich aussuchen könnten? Ein einfach gehaltener Pfarrbrief, oder ein aufwendigeres Pfarrmagazin, oder ist Ihnen das egal?«

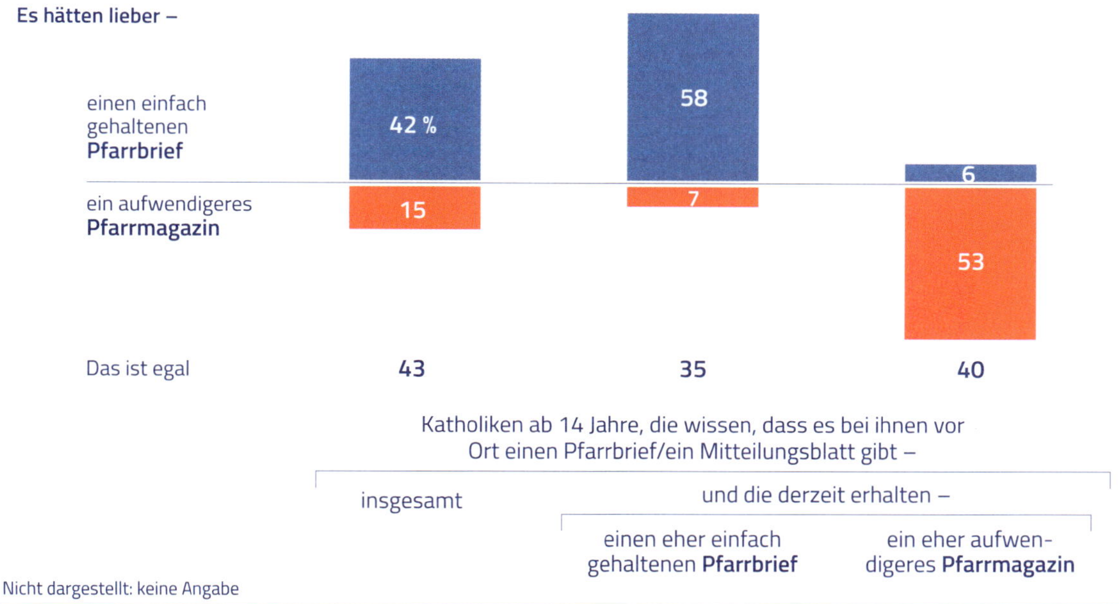

Basis: Bundesrepublik Deutschland, Katholiken ab 14 Jahre, die wissen, dass es vor Ort einen Pfarrbrief/ein Mitteilungsblatt gibt
Quelle: Allensbacher Archiv, IfD-Umfrage 8226

Schaubild 104

17 Dieser Befund – eine relative Mehrheit votiert für den herkömmlichen Pfarrbrief bei hohen Anteilen von Enthaltungen – findet sich in gleicher Weise in den verschiedenen Katholikensegmenten wie auch Altersgruppen wieder.

3.10 Bistumsblätter und Mitgliedermagazine

Generell ist das Bistum keine organisatorische Ebene, mit der sich Katholiken stark identifizieren. Lediglich 5 Prozent fühlen sich ihrem Bistum stark verbunden, weitere 13 Prozent mittel, der Rest nur ganz lose oder gar nicht. Zur eigenen Pfarrgemeinde empfindet demgegenüber gut jeder dritte Katholik eine enge oder zumindest mittlere Bindung. Besonders gering ist die Bindung an das Bistum in jungen Altersgruppen, überdurchschnittlich stark dagegen im Osten.

Die Bindung an das Bistum ist über die letzten rund 25 Jahre kontinuierlich erodiert. 1994 fühlte sich immerhin noch ein Viertel der Katholiken ihrer Diözese eng oder mittel verbunden (Schaubild 105) – bei einer insgesamt deutlich höheren Mitgliederzahl der katholischen Kirche.

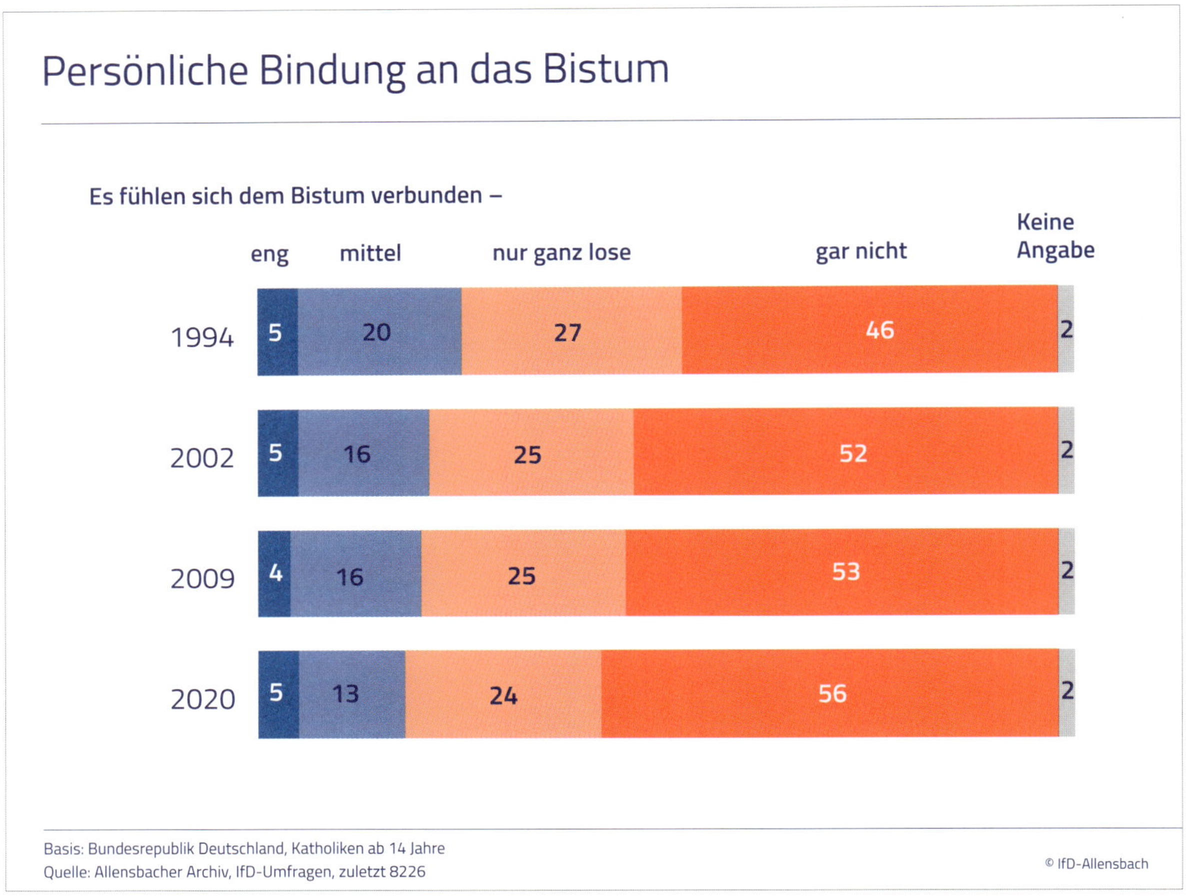

Schaubild 105

Die Kirchenzeitung ihrer Diözese ist rund der Hälfte der Katholiken bekannt. Darunter können 21 Prozent spontan, d. h. auf eine offene Frage hin, den Namen ihrer Bistumszeitung nennen, weitere 30 Prozent kennen ihre Bistumszeitung zwar, können aber den Namen nicht nennen oder machen zum Namen ungenaue oder unzutreffende Angaben. 49 Prozent der Katholiken kennen ihre Bistumszeitung gar nicht (Schaubild 106). Insbesondere unter jüngeren Katholiken ist die jeweilige Bistumszeitung unbekannt: knapp zwei Drittel der unter 30-Jährigen kennen sie gar nicht. Gleiches gilt für kirchendistanzierte Christen.

Im Vergleich zu 2009 hat sich an der Bekanntheit der Bistumszeitung wenig verändert: Vor 11 Jahren kannten 52 Prozent der Katholiken ihre Bistumszeitung, wenn auch nicht immer dem Namen nach, derzeit sind es 51 Prozent.[18]

Bekanntheit der Bistumszeitung

Fragen: »Können Sie mir sagen, wie die Kirchenzeitung Ihrer Diözese, das Bistumsblatt heißt?«
»Auch wenn Ihnen der Name gerade nicht einfällt: Kennen Sie die Bistumszeitung, die Kirchenzeitung Ihrer Diözese, haben Sie die schon mal gelesen oder durchgeblättert, oder kennen Sie die Bistumszeitung nicht?«

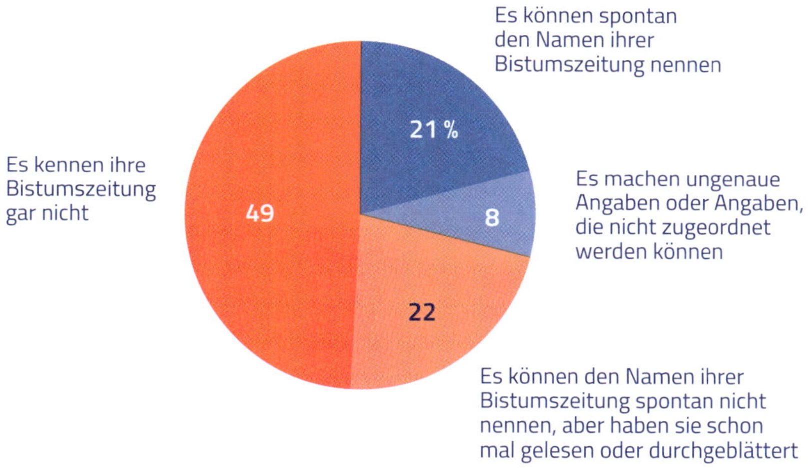

Katholiken ab 14 Jahre

Basis: Bundesrepublik Deutschland, Katholiken ab 14 Jahre
Quelle: Allensbacher Archiv, IfD-Umfrage 8226

Schaubild 106

18 Vgl. Trendmonitor Religiöse Kommunikation 2010, Band 2, S. 14.

8 Prozent der Katholiken haben die Kirchenzeitung im eigenen Haushalt abonniert, darunter erwartungsgemäß vor allem mit der Kirche verbundene Katholiken: Von den gläubigen Kirchennahen gehören 28 Prozent zu den Abonnenten ihres Bistumsblatts, von den kritisch Kirchenverbundenen 11 Prozent. In anderen Katholikensegmenten liegt der Anteil der Abonnenten bei 1 Prozent oder darunter.

Der Anteil der ehemaligen Abonnenten ist mit 9 Prozent der Katholiken tendenziell höher als der Anteil der aktuellen Abonnenten. Vergleichsweise hohe Anteile ehemaliger Abonnenten finden sich in den Teilgruppen, die auch aktuell in hohem Anteil zu den Abonnenten gehören, d. h. unter kirchenverbundenen Katholikensegmenten, Katholiken, die in ihrer Pfarrgemeinde, einem kirchlichen Verband, einer christlichen Gemeinschaft oder anderen kirchlichen Organisation aktiv sind, sowie älteren Katholiken (Schaubild 107). Das weist darauf hin, dass auch und gerade in Teilgruppen, die eine vergleichsweise große Nähe zu ihrem Bistumsblatt haben, das Medium unter Druck steht.

Im langfristigen Vergleich ist auch der Anteil der Abonnenten von Bistumszeitungen unter Katholiken deutlich zurückgegangen. War 1999 noch bei 16 Prozent der Katholiken die Bistumszeitung im Haushalt abonniert, waren es 2002 noch 13 Prozent, 2009 9 Prozent und aktuell 8 Prozent.[19]

Von ihren Abonnenten wird die Bistumszeitung sehr positiv beurteilt. Das war auch in den vorangehenden Untersuchungen bereits festzustellen (Anhangschaubild 4, S. 234). Das ist allerdings auch kein überraschender Befund, denn dauerhaft unzufriedene Abonnenten würden das Abonnement mit hoher Wahrscheinlichkeit kündigen.

19 Vgl. dazu Trendmonitor Religiöse Kommunikation 2000, Trendmonitor Religiöse Kommunikation 2003 und Trendmonitor Religiöse Kommunikation 2010.

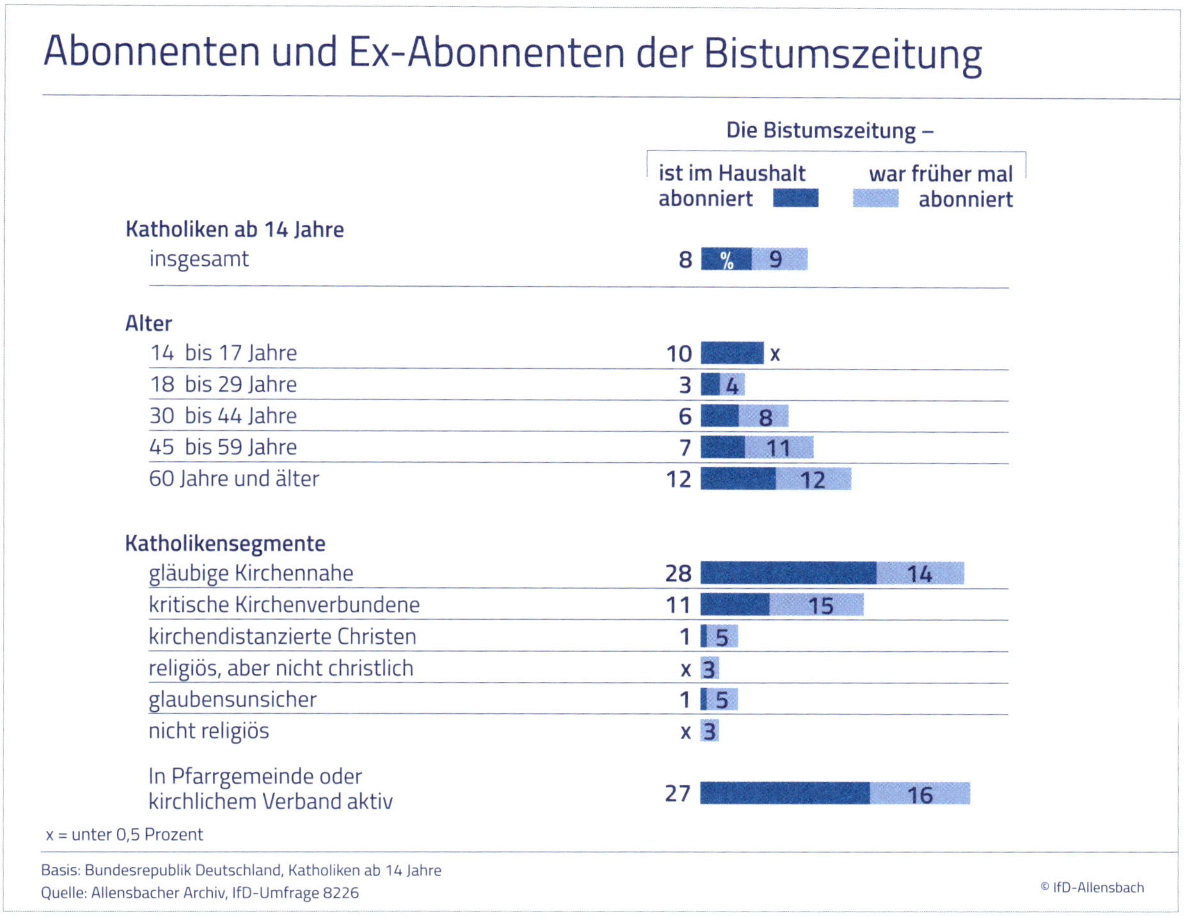

Schaubild 107

Die Nutzung des Bistumsblatts in verschiedenen Teilgruppen zeigt ein ähnliches Bild wie die Anteile der Abonnenten.

Insgesamt lesen 7 Prozent der Katholiken ihre Bistumszeitung häufig, weitere 11 Prozent ab und zu und 19 Prozent selten. Insgesamt greift also ein gutes Drittel der Katholiken zumindest selten mal zu einem Bistumsblatt.

In nennenswerten Anteilen häufig oder zumindest ab und zu werden Bistumszeitungen aber nur in kirchenverbundenen Katholikensegmenten gelesen: Gläubige Kirchennahe lesen ihr Bistumsblatt zu 28 Prozent häufig und zu weiteren 26 Prozent ab und zu, kritisch Kirchenverbundene zu 8 Prozent häufig und zu 16 Prozent ab und zu. Kirchendistanzierte Christen greifen dagegen nur zu einem Prozent häufig zur Bistumszeitung, weitere 5 Prozent ab und zu. In kirchendistanzierteren Segmenten ist das noch weniger häufig der Fall, ebenso unter Katholiken, die schon mal mit dem Gedanken gespielt haben, aus der Kirche auszutreten.

Auch jüngere Zielgruppen werden vom Bistumsblatt nur zu einem kleinen Teil erreicht: Nur 2 Prozent der 18- bis 29-jährigen Katholiken lesen die Kirchenzeitung ihrer Diözese häufig, weitere 5 Prozent ab und zu – zusammen also nicht einmal jeder Zehnte.

Auch Personen, die kirchliche oder religiöse Medien nur schwach nutzen, greifen nur zu einem Prozent häufig und zu weiteren 4 Prozent ab und zu zur Bistumszeitung. Katholiken, die man über andere Medien nur schwer erreicht, erreicht man auch mit dem Bistumsblatt kaum (Schaubild 108).

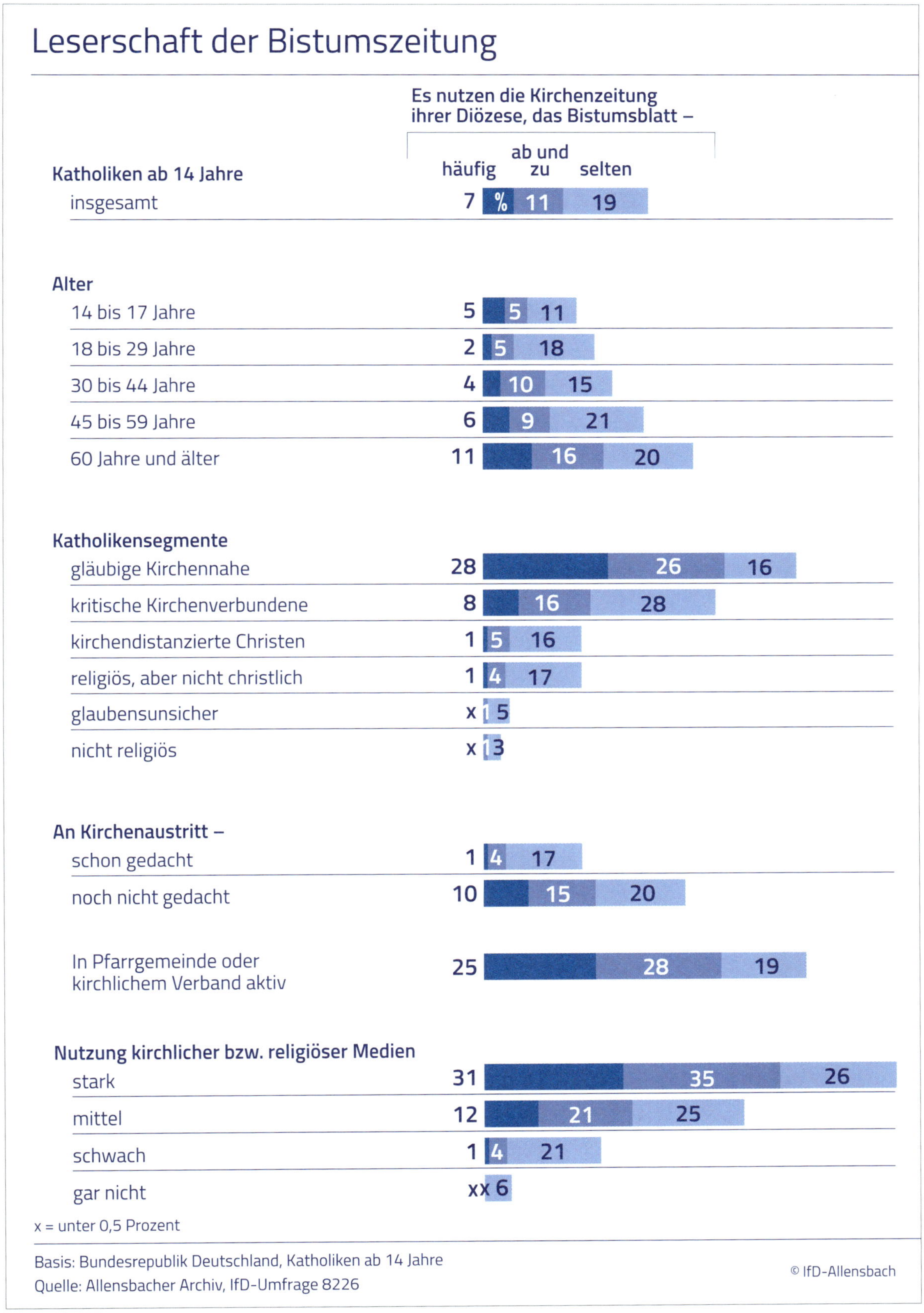

Schaubild 108

Katholiken, die ihre Bistumszeitung häufig lesen, sind an vielen im engeren Sinne kirchlichen Themen deutlich überdurchschnittlich interessiert. Besonders hoch ist das Interesse an der eigenen Pfarrgemeinde bzw. daran, was in der Pfarrgemeinde passiert. 77 Prozent der häufigen Leser von Bistumsblättern interessieren sich hierfür besonders. Jeweils rund die Hälfte bekundet besonderes Interesse an Stellungnahmen und Aussagen von Papst und Vatikan, an sozialem Engagement, an der Frage, wie man in der heutigen Zeit seinen Glauben leben kann, daran, welche Bedeutung die Kirche in der heutigen Gesellschaft hat, an kirchlichem Brauchtum sowie an Berichten über kirchliche Entwicklungen und Ereignisse. Daneben sind 44 Prozent besonders an Themen interessiert, die in der Kirche umstritten sind, wie Abtreibung, Zölibat oder Frauenpriestertum (Schaubild 109).

Deutlich überdurchschnittliches Interesse der Leser von Bistumszeitungen an vielen kirchlichen, religiösen und verwandten Themen

Es interessieren sich besonders für –	Katholiken ab 14 Jahre insgesamt (%)	Häufige Nutzer von Bistumsblättern (%)
Soziales Engagement	36	51
Berichte über Menschen, die etwas Besonderes geleistet, getan haben, die Vorbild für andere sein können	25	41
Themen, die in der Kirche umstritten sind, wie Abtreibung, Zölibat, Frauenpriestertum usw.	25	44
Auseinandersetzung mit Missständen in der Kirche	24	41
Über die Pfarrgemeinde, das, was in der Pfarrgemeinde passiert	22	77
Über den Sinn des Lebens	21	35
Wie man Kindern Glauben und Kirche näher bringen kann, religiöse Erziehung	15	39
Stellungnahmen und Aussagen von Papst und Vatikan	13	52
Wie man in der heutigen Zeit seinen Glauben leben kann	13	49
Welche Bedeutung die Kirche in der heutigen Gesellschaft hat	12	47
Kirchliches Brauchtum	12	46
Berichte über kirchliche Ereignisse und Entwicklungen	11	45
Fragen der Ökumene, der Zusammenarbeit zwischen den christlichen Kirchen	10	31
Predigttexte, Bibeltexte	9	40
Stellungnahmen und Aussagen der deutschen Bischöfe	7	35
Religiöse Bücher	6	26
Aus dem Leben des Bistums, der Diözese	6	42
Nachrichten aus kirchlichen Verbänden und Organisationen	5	28

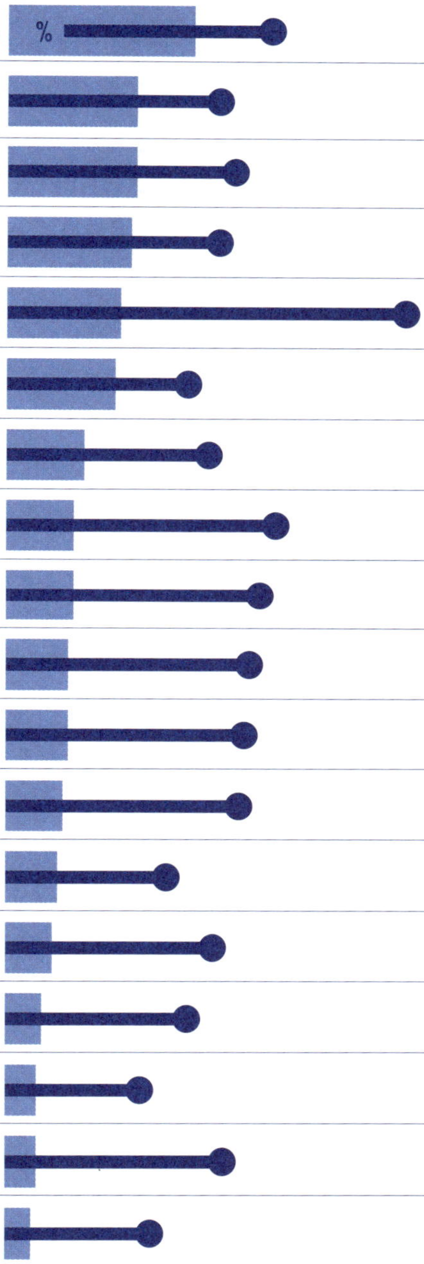

Basis: Bundesrepublik Deutschland, Katholiken ab 14 Jahre
Quelle: Allensbacher Archiv, IfD-Umfrage 8226

Schaubild 109

Ebenso wünschen sich häufige Leser von Bistumszeitungen bei einer Reihe von Themen überdurchschnittlich häufig, dass sich die katholische Kirche dazu positioniert. So erwarten jeweils rund drei Viertel, dass die katholische Kirche zum Dialog zwischen den Religionen in Deutschland Stellung bezieht sowie generell zu Wertvorstellungen in der Gesellschaft. Gut zwei Drittel erwarten, dass sich die Kirche zum Umgang mit Flüchtlingen äußert. Dies sind auch die drei zu dieser Frage meistgenannten Themenbereiche häufiger Leser von Bistumsblättern.

Daneben artikulieren sie überdurchschnittlich häufig die Erwartung, dass sich die katholische Kirche zu Fragen von Familie und Partnerschaft positioniert, zum Thema Nachhaltigkeit, zu Erziehungsfragen und zu Arbeitnehmerrechten, auch wenn diese Themen insgesamt nicht ganz oben auf der Rangliste der Themen stehen, zu denen Stellungnahmen der Kirche erwartet werden (Schaubild 110).

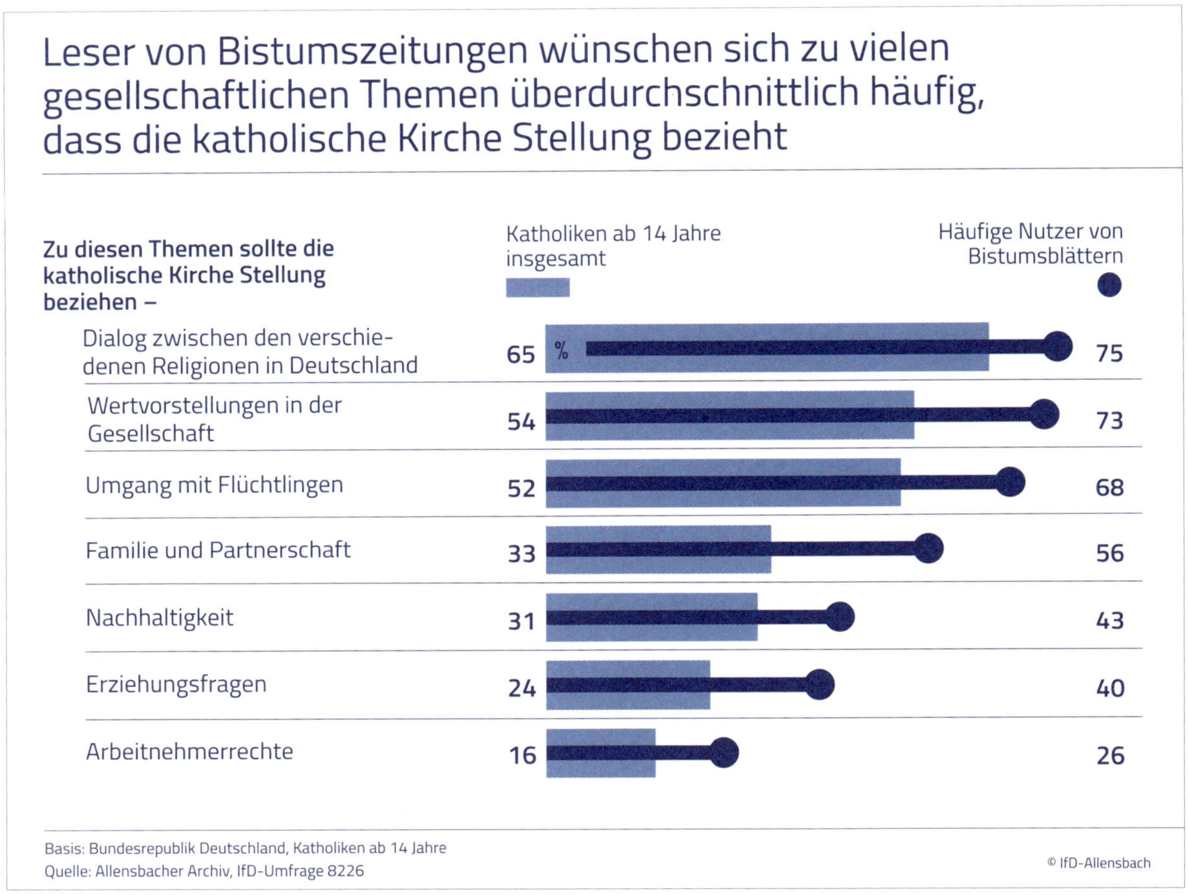

Schaubild 110

Die Internetseiten der Bistumsblätter werden eher ergänzend zur Lektüre der Bistumszeitung genutzt, als dass sie diese oder ein Abonnement der Bistumszeitung ersetzen würden: Denn je häufiger die Kirchenzeitung der Diözese genutzt wird, desto häufiger wird auch die Internetseite der Bistumszeitung genutzt. Und Abonnenten des Bistumsblatts nutzen dessen Internetseite deutlich häufiger als ehemalige Abonnenten. Von den ehemaligen Abonnenten nutzen lediglich 7 Prozent die Internetseite des Bistumsblatts zumindest ab und zu, also möglicherweise als Ersatz für die gedruckte Ausgabe (Schaubild 111).

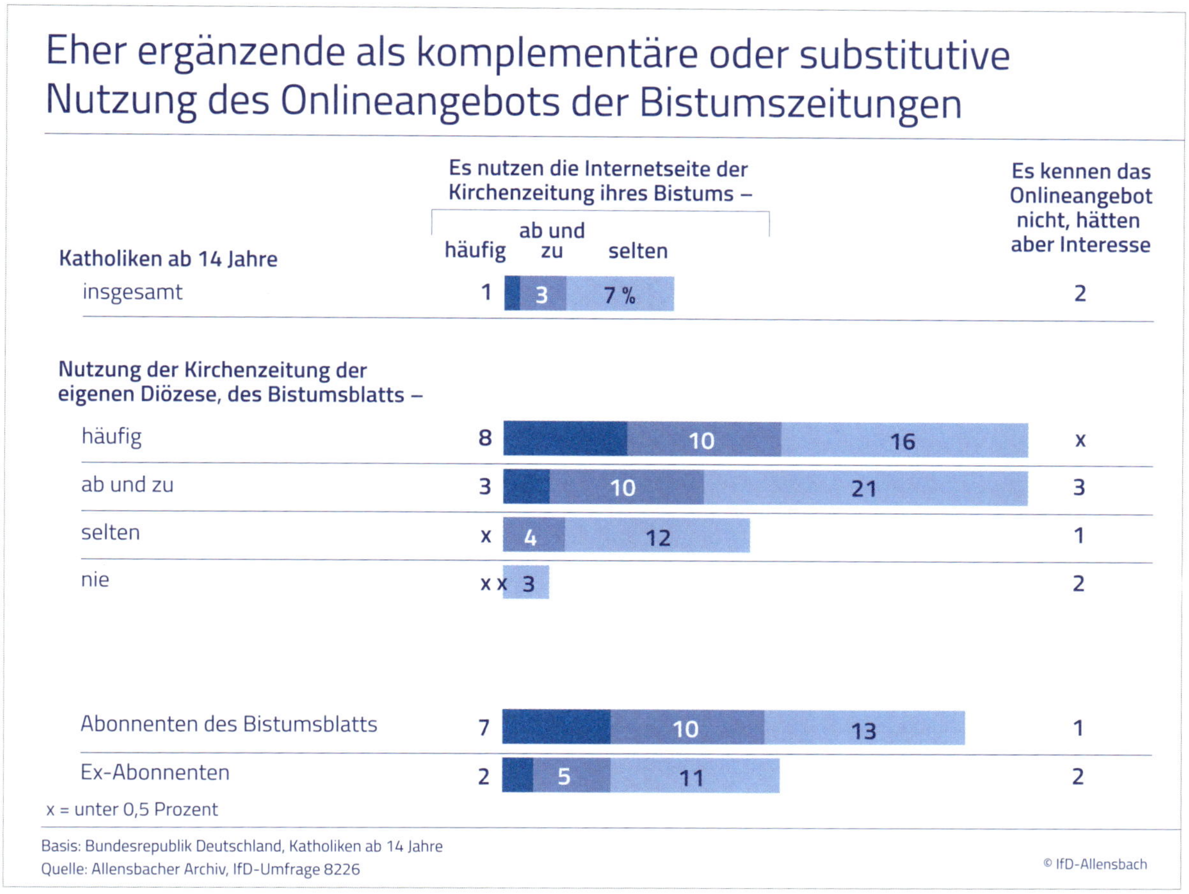

Schaubild 111

Mitgliedermagazine, die in einigen Bistümern kostenlos an alle katholischen Haushalte verteilt werden und – anders als die wöchentlich erscheinenden Bistumsblätter – mehrmals im Jahr erscheinen, sind rund der Hälfte der Katholiken ein Begriff. 29 Prozent der Katholiken haben ein solches Mitgliedermagazin bereits selbst schon gelesen, weitere 19 Prozent haben davon gehört, ohne es selbst schon gelesen zu haben. Rund der Hälfte der Katholiken sagt das dagegen nichts (Schaubild 112).

Mitgliedermagazine sind vielen Katholiken ein Begriff

Frage: »In einigen Bistümern gibt es neben oder statt der kostenpflichtigen Bistumszeitung, die wöchentlich erscheint, ein kostenloses Mitgliedermagazin, das an alle katholischen Haushalte verteilt wird und mehrmals im Jahr erscheint. Haben Sie schon einmal von solchen Mitgliedermagazinen gehört, oder haben Sie so ein Magazin sogar schon mal gelesen, oder sagt Ihnen das nichts?«

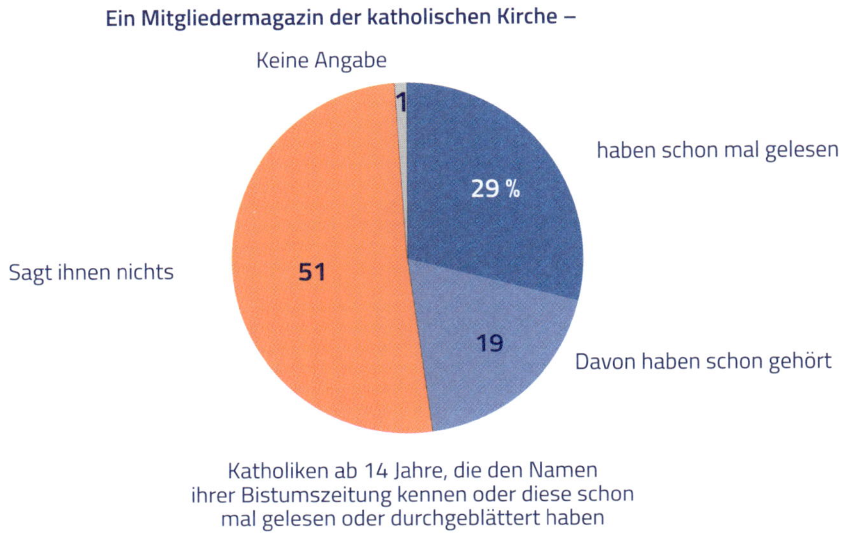

Basis: Bundesrepublik Deutschland, Katholiken ab 14 Jahre, die den Namen ihrer Bistumszeitung kennen oder diese schon mal gelesen oder durchgeblättert haben

Quelle: Allensbacher Archiv, IfD-Umfrage 8226

Schaubild 112

Katholiken, in deren Haushalt das Bistumsblatt abonniert ist, bekunden nach einer kurzen Beschreibung des Konzepts und Vorlage eines Beispieltitelblatts zu zwei Dritteln Interesse daran, ein solches Mitgliedermagazin zu lesen, aber nicht als Ersatz für die Kirchenzeitung, sondern nur als zusätzliches Angebot. Interesse daran, ein Mitgliedermagazin anstelle der Bistumszeitung zu lesen, äußern nur 2 Prozent der derzeitigen Bistumsblatt-Abonnenten. Knapp ein Drittel dieser Gruppe hat generell kein Interesse an einem Mitgliedermagazin (Schaubild 113).

Bei der Interpretation dieses und der folgenden Ergebnisse muss man sich natürlich bewusst sein, dass dies nur eine erste Indikation dafür sein kann, wie erfolgversprechend ein solches Konzept ist. Das tatsächliche Interesse und die tatsächliche Akzeptanz hängen natürlich stark von der inhaltlichen und formalen Ausgestaltung des Angebots ab. Insofern sind die dargestellten Interessenbekundungen vor allem als Interessenpotentiale zu verstehen, die es ggf. durch eine gute Umsetzung des Konzepts zu erschließen gilt.

Mitgliedermagazin: kein Ersatz fürs Bistumsblatt, aber gerne als zusätzliches Angebot

Frage: »In solchen Mitgliedermagazinen wird nicht nur über das Geschehen in der Kirche, sondern auch über andere Themen aus kirchlicher Perspektive berichtet. Hier ist einmal die Titelseite eines solchen Mitgliedermagazins: Hätten Sie Interesse daran, anstatt Ihrer Bistumszeitung ein solches kostenloses Magazin zu lesen, oder hätten Sie Interesse daran, zusätzlich zu Ihrer Bistumszeitung ein solches kostenloses Magazin zu bekommen, oder hätten Sie daran kein Interesse?«

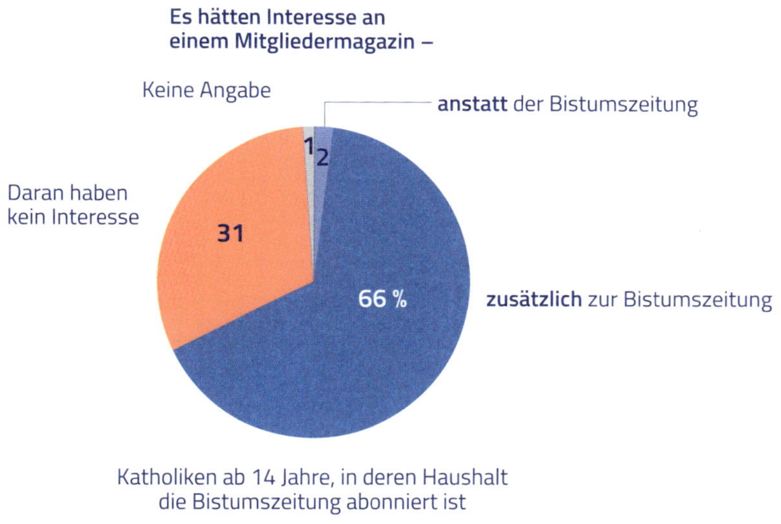

Basis: Bundesrepublik Deutschland, Katholiken ab 14 Jahre, in deren Haushalt die Bistumszeitung abonniert ist
Quelle: Allensbacher Archiv, IfD-Umfrage 8226

Schaubild 113

Von denjenigen Katholiken, die die Bistumszeitung zwar nicht abonniert haben, aber sie kennen, bekunden 39 Prozent Interesse an einem solchen Mitgliedermagazin, 36 Prozent dagegen ausdrücklich kein Interesse, der Rest zeigt sich unentschieden. Dabei hängt das Interesse stark davon ab, ob bzw. wie gut man Mitgliedermagazine bereits kennt. Diejenigen, die ein Mitgliedermagazin schon mal gelesen haben, bekunden deutlich häufiger Interesse daran als diejenigen, die von Mitgliedermagazinen bislang noch nichts gehört hatten: 47 Prozent derer, die so ein Mitgliedermagazin schon mal gelesen haben, hätten Interesse, ein solches Magazin zu bekommen, lediglich 27 Prozent sind ausdrücklich nicht interessiert. Von denen, die ein Mitgliedermagazin zwar noch nicht gelesen, aber schon davon gehört haben, wären 44 Prozent daran interessiert, ein solches Magazin zu lesen, 37 Prozent ausdrücklich nicht interessiert. Und von denjenigen, für die das Konzept neu ist, bekunden lediglich 34 Prozent Interesse, 42 Prozent sind dagegen nicht interessiert (Schaubild 114).

Verbreitet Interesse an einem Mitgliedermagazin – insbesondere bei denen, die schon Kontakt damit hatten

Frage: »In solchen Mitgliedermagazinen wird nicht nur über das Geschehen in der Kirche, sondern auch über andere Themen aus kirchlicher Perspektive berichtet. Hier ist einmal die Titelseite eines solchen Mitgliedermagazins: Hätten Sie Interesse daran, anstatt Ihrer Bistumszeitung ein solches kostenloses Magazin zu lesen, oder hätten Sie Interesse daran, zusätzlich zu Ihrer Bistumszeitung ein solches kostenloses Magazin zu bekommen, oder hätten Sie daran kein Interesse?«

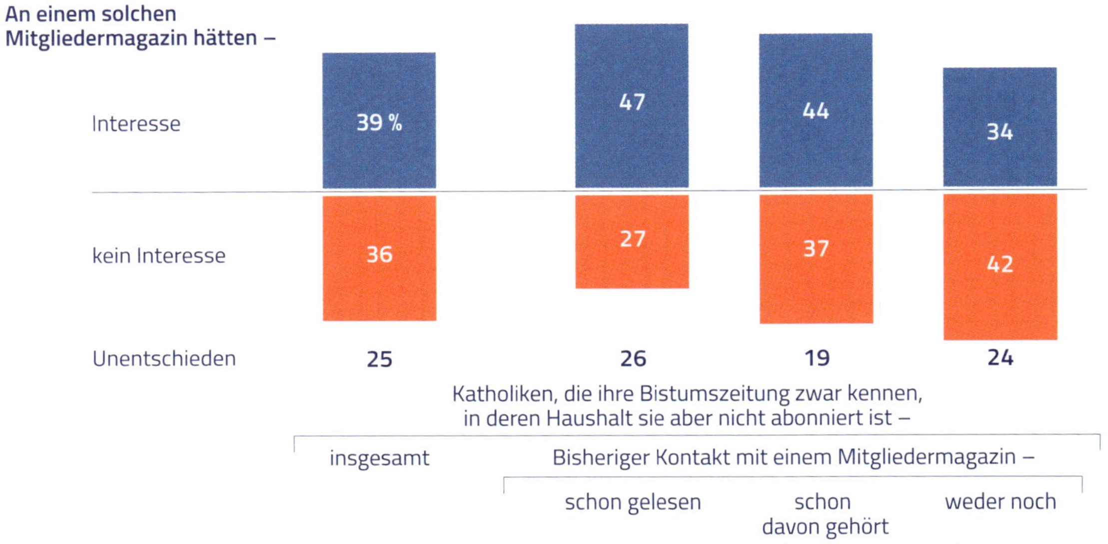

Basis: Bundesrepublik Deutschland, Katholiken ab 14 Jahre, die ihre Bistumszeitung zwar kennen, in deren Haushalt sie aber nicht abonniert ist
Quelle: Allensbacher Archiv, IfD-Umfrage 8226

© IfD-Allensbach

Schaubild 114

Interesse daran, ein Mitgliedermagazin zu lesen, hätten auch bemerkenswerte Anteile unter den jüngeren Katholiken und unter kirchendistanzierten Christen: Knapp ein Drittel der unter 30-Jährigen zeigt sich an Mitgliedermagazinen interessiert, 29 Prozent der kirchendistanzierten Christen (Schaubild 115).

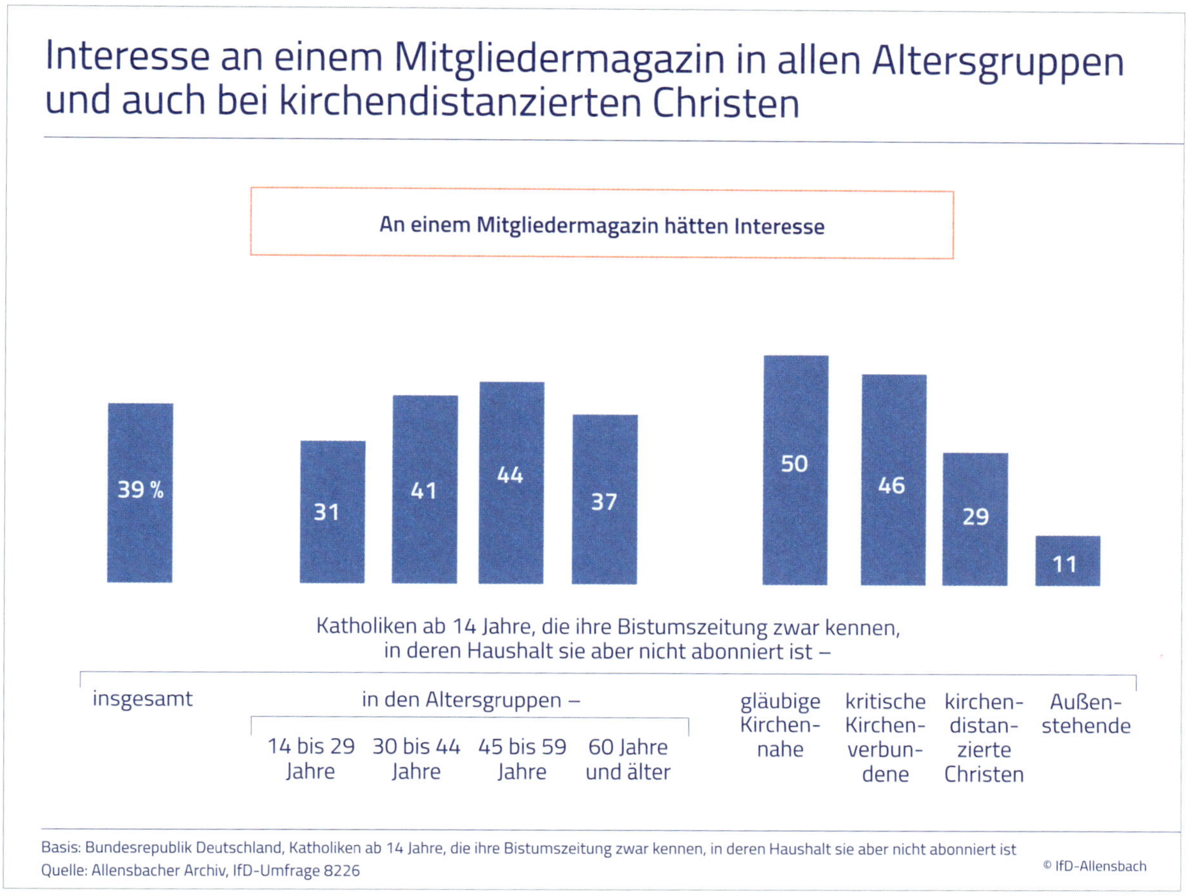

Schaubild 115

3.11 Kirchennahe und säkulare Zeitungen und Zeitschriften

Kirchennahe bzw. religiöse Zeitschriften oder Wochenzeitungen werden nur von kleinen Teilen der Katholiken häufig oder zumindest ab und zu genutzt. So lesen 2 Prozent der Katholiken häufig Zeitschriften, die sich viel mit der Kirche und mit Glaubensfragen beschäftigen, weitere 8 Prozent ab und zu. Ebenfalls 2 Prozent der Katholiken lesen häufig Wochenzeitungen, die sich viel mit kirchlichen oder religiösen Themen beschäftigen, weitere 6 Prozent ab und zu. Ordensmagazine werden von lediglich einem Prozent der Katholiken häufig und von weiteren 2 Prozent ab und zu gelesen (Schaubild 116).

Nutzung kirchlicher und kirchennaher Zeitschriften und Magazine

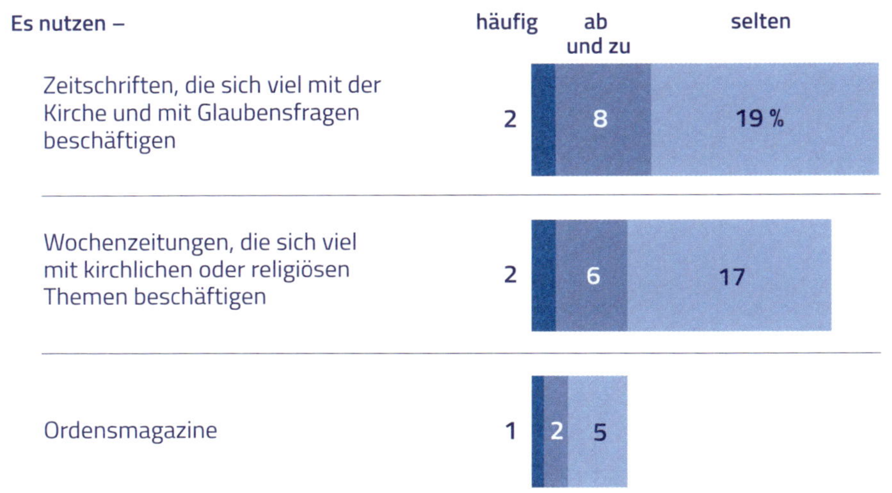

Basis: Bundesrepublik Deutschland, Katholiken ab 14 Jahre
Quelle: Allensbacher Archiv, IfD-Umfrage 8226

Schaubild 116

Die Profile der Leser solcher Printangebote sind sich sehr ähnlich. Sie erreichen kirchenverbundene Segmente – insbesondere gläubige Kirchennahe – in deutlich überdurchschnittlichem Anteil, kirchendistanziertere Segmente, darunter auch die kirchendistanzierten Christen, nur deutlich unterdurchschnittlich. Deutlich überdurchschnittlich gut erreicht werden Katholiken, die kirchliche oder religiöse Medien ohnehin stark nutzen. Auch ältere Bevölkerungsgruppen werden überdurchschnittlich gut erreicht. Wochenzeitungen, die sich viel mit kirchlichen oder religiösen Themen beschäftigen, verzeichnen unter ihren zumindest gelegentlichen Lesern auch einen leicht überdurchschnittlichen Anteil von 30- bis 44-Jährigen (Schaubilder 117, 118 und 119). Insgesamt erreichen diese Medienangebote vor allem den »harten Kern« der Katholiken.

Profil von Katholiken, die Zeitschriften häufig oder ab und zu nutzen, die sich viel mit der Kirche und mit Glaubensfragen beschäftigen

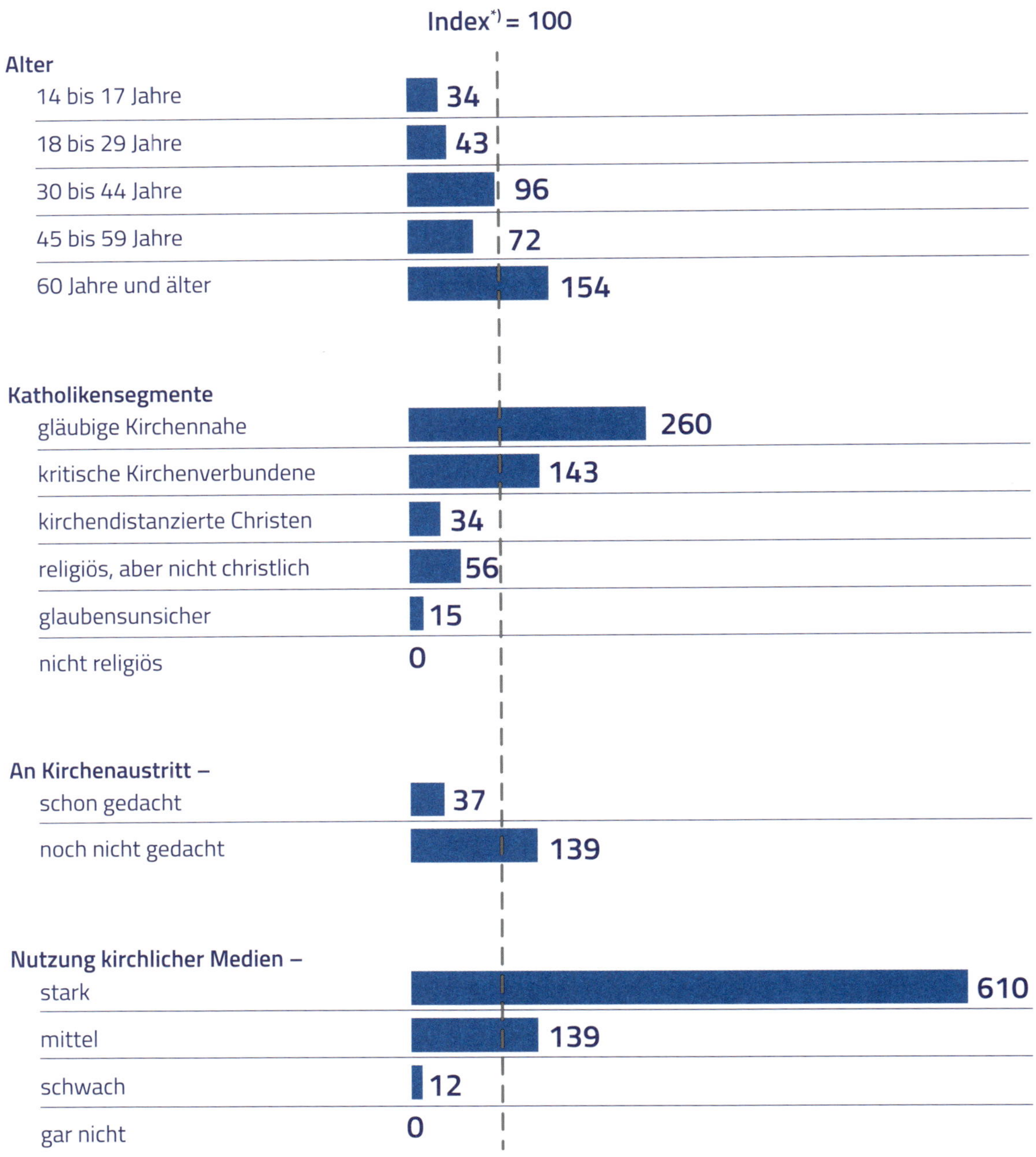

*) Indexdarstellung: Katholiken ab 14 insgesamt = 100

Basis: Bundesrepublik Deutschland, Katholiken ab 14 Jahre
Quelle: Allensbacher Archiv, IfD-Umfrage 8226

Schaubild 117

Profil von Katholiken, die Wochenzeitungen häufig oder ab und zu nutzen, die sich viel mit kirchlichen oder religiösen Themen beschäftigen

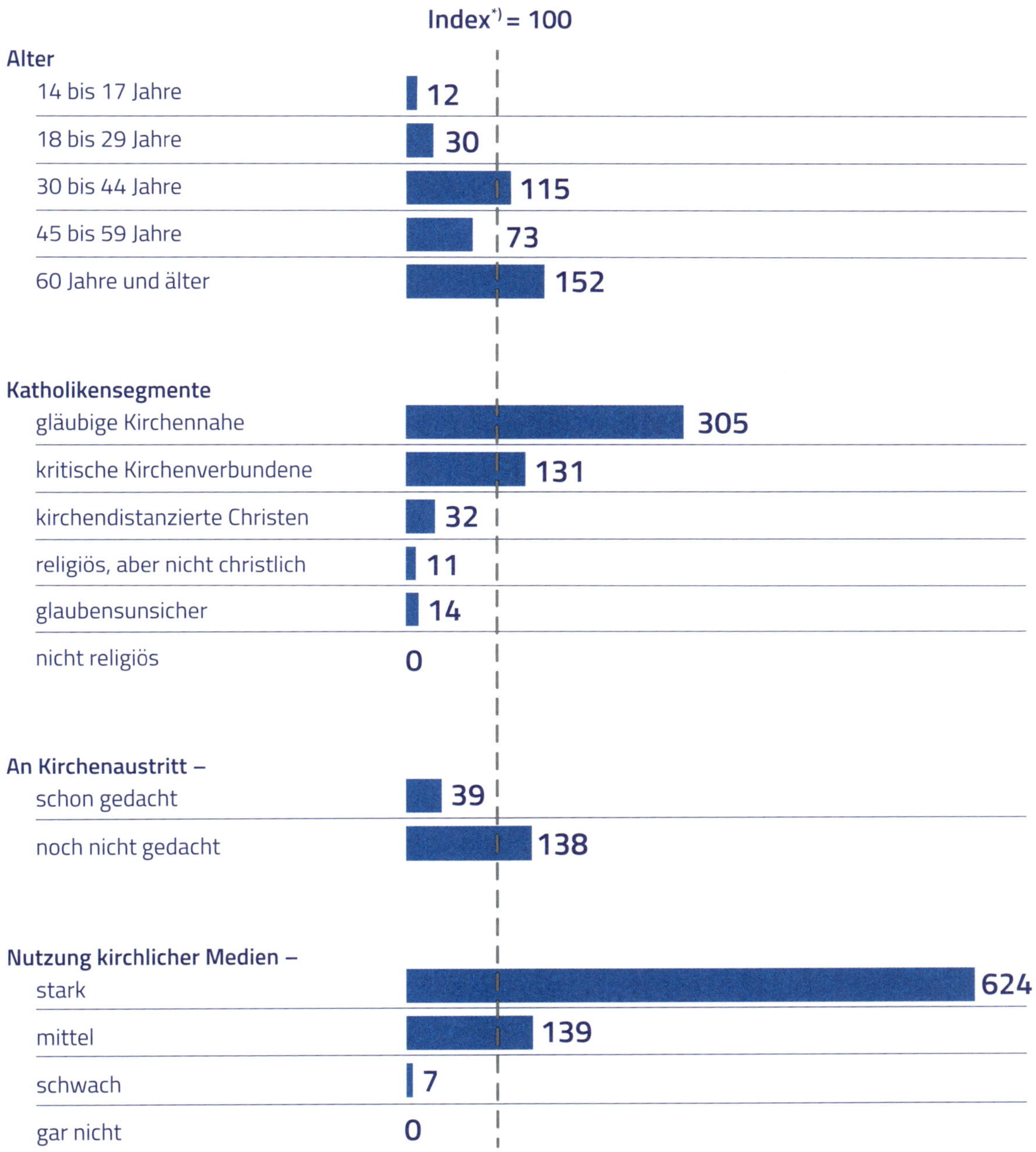

*) Indexdarstellung: Katholiken ab 14 insgesamt = 100

Basis: Bundesrepublik Deutschland, Katholiken ab 14 Jahre
Quelle: Allensbacher Archiv, IfD-Umfrage 8226

Schaubild 118

Profil von Katholiken, die Ordensmagazine zumindest selten nutzen

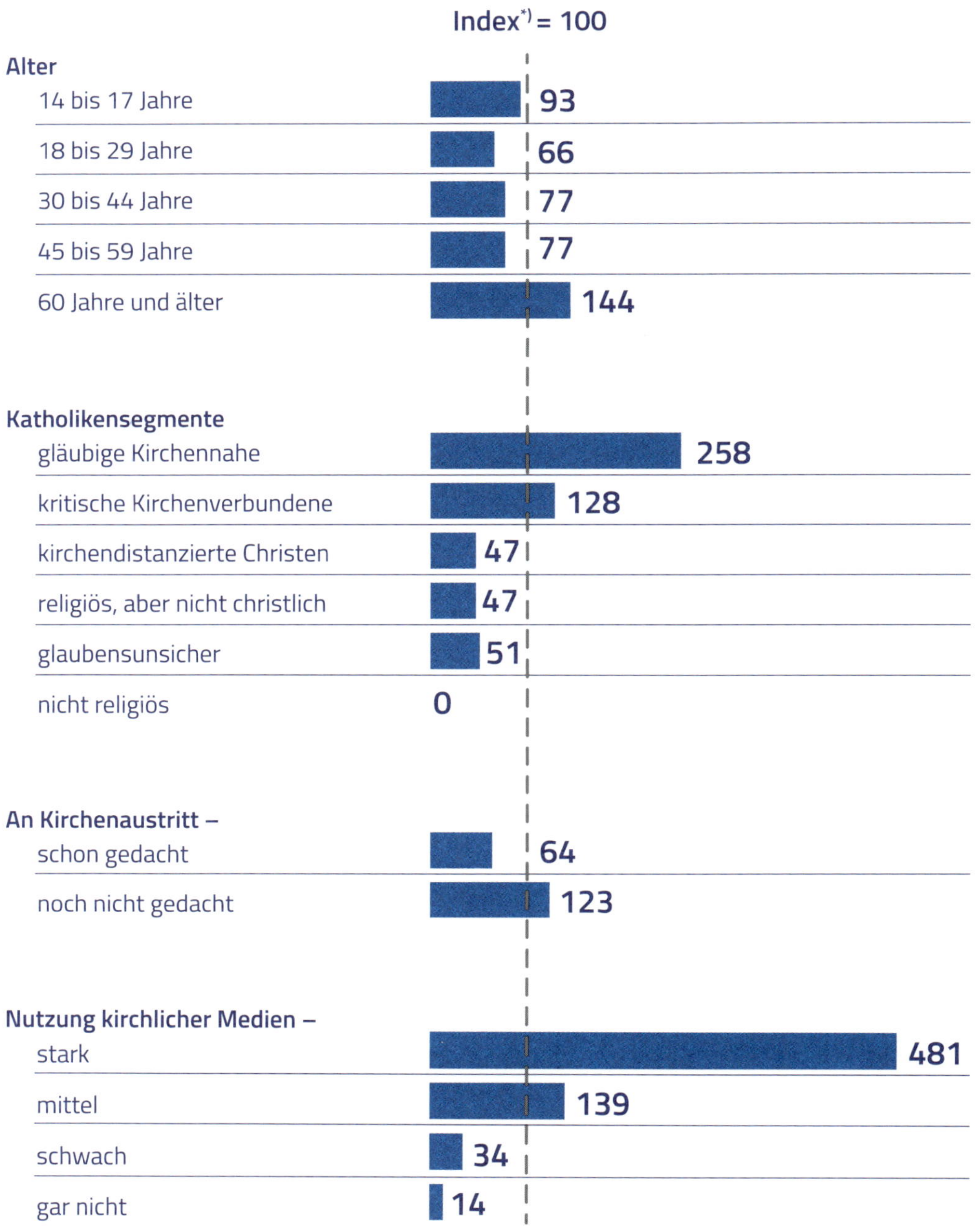

*) Indexdarstellung: Katholiken ab 14 insgesamt = 100

Basis: Bundesrepublik Deutschland, Katholiken ab 14 Jahre
Quelle: Allensbacher Archiv, IfD-Umfrage 8226

Schaubild 119

Zur inhaltlichen Optimierung solcher Angebote können die Interessenprofile der Nutzer dieser Angebote analysiert werden. So zeigt sich, dass sich Katholiken, die zumindest selten Ordensmagazine lesen, deutlich überdurchschnittlich häufig für die Bedeutung interessieren, die die Kirche in unserer heutigen Zeit hat, für Berichte über kirchliche Ereignisse und Entwicklungen, für Predigt- und Bibeltexte, aber auch dafür, was in ihrer Pfarrgemeinde passiert (Schaubild 120).

Insgesamt ist in dieser Gruppe allerdings das Interesse am Thema soziale Gerechtigkeit am größten. Daneben ist jeweils rund die Hälfte der Gruppe an Menschenrechten, Nachhaltigkeit und sozialem Engagement besonders interessiert.

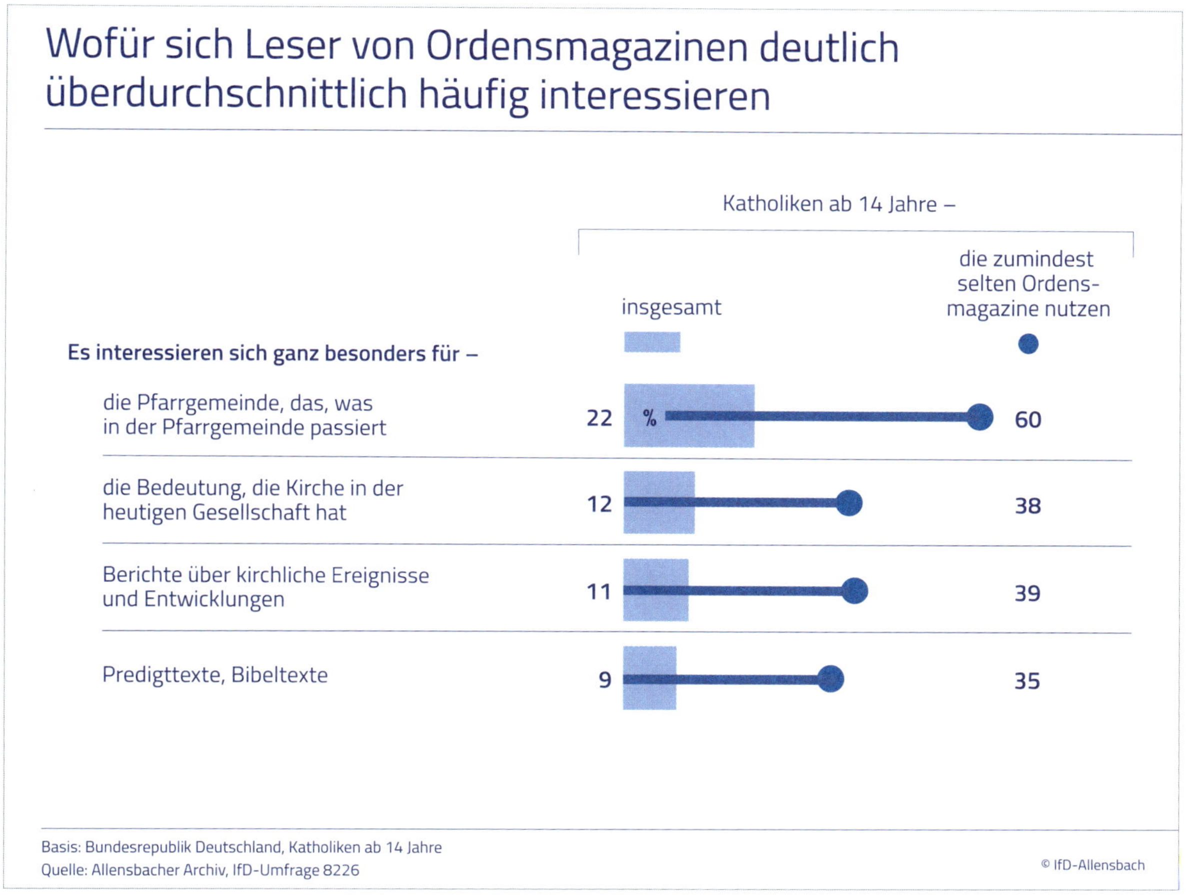

Schaubild 120

Berichte über Kirchen- und Glaubensfragen in säkularen Printmedien zum aktuellen Geschehen, also Tageszeitungen und Zeitschriften wie Spiegel, Die Zeit, FAZ, Bild oder regionale Tageszeitungen, haben unter Katholiken eine deutlich größere Reichweite als kirchennahe bzw. religiöse Zeitschriften oder Wochenzeitungen. 22 Prozent lesen solche Berichte zumindest ab und zu, darunter 4 Prozent häufig. Weitere 25 Prozent nehmen solche Beiträge selten zur Kenntnis. Angesichts der Tatsache, dass die Berichterstattung über Kirche und Glauben in säkularen Medien nicht kontinuierlich Tag für Tag oder Woche für Woche erfolgt, sondern anlassbezogen, ereignisgetrieben, überrascht nicht, dass solche Berichte vor allem ab und zu oder selten genutzt werden.

Solche Beiträge und Berichte erreichen in nicht unerheblichem Anteil auch kirchendistanziertere Segmente, insbesondere 43 Prozent der kirchendistanzierten Christen, von denen rund jeder Sechste solche Beiträge sogar mindestens ab und zu liest. Auch jüngere und mittlere Altersgruppen werden in vergleichsweise hohen Anteilen von diesem Angebot erreicht (18- bis 29-Jährige: 36 Prozent insgesamt, darunter 14 Prozent mindestens ab und zu), ebenso Katholiken, die schon mit dem Gedanken gespielt haben, aus der Kirche auszutreten, oder auch Katholiken, die kirchliche bzw. religiöse Medien insgesamt nur mittel oder schwach nutzen (Schaubild 121).

Nutzung von Berichten über Kirchen- und Glaubensfragen in säkularen Printmedien

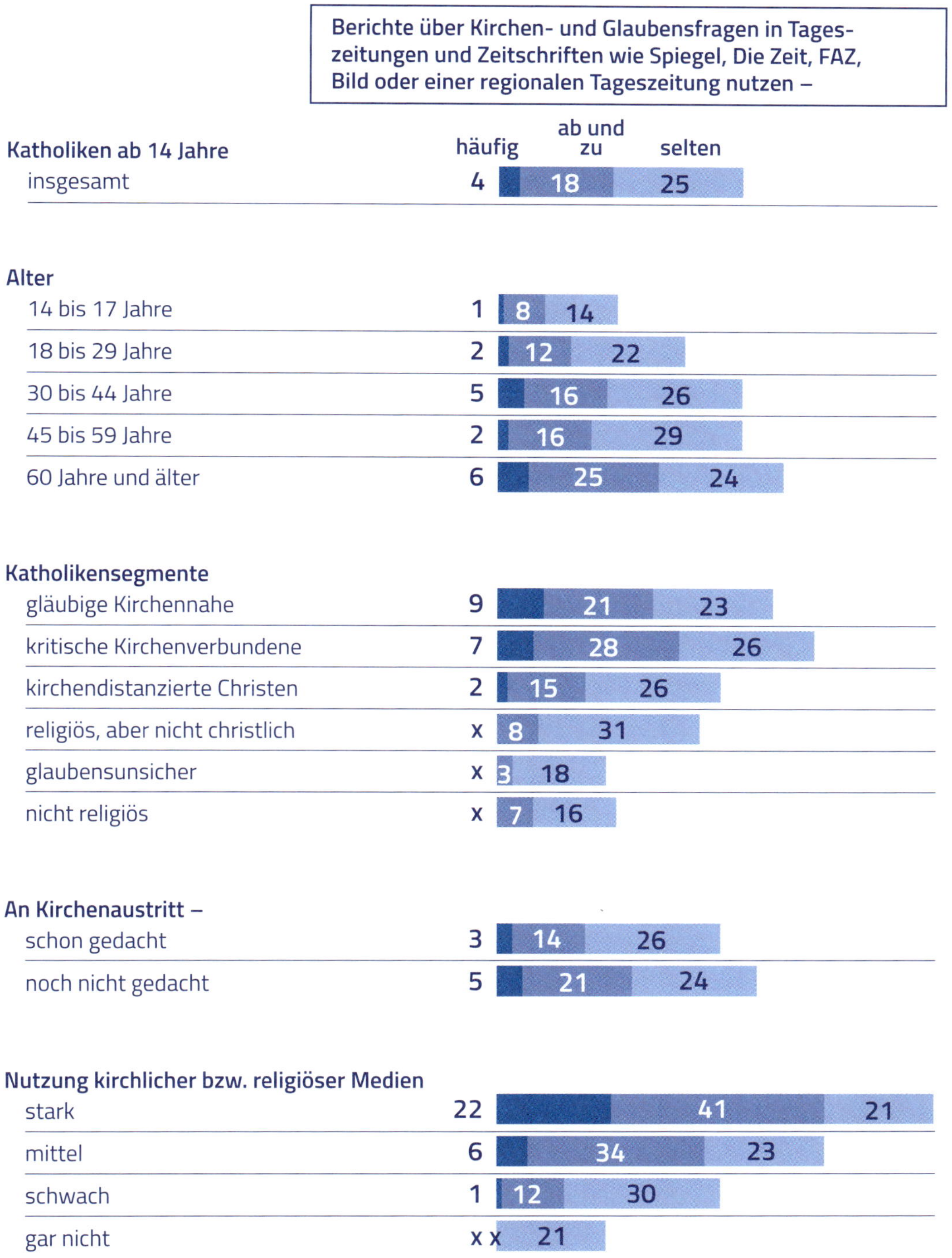

x = unter 0,5 Prozent

Basis: Bundesrepublik Deutschland, Katholiken ab 14 Jahre
Quelle: Allensbacher Archiv, IfD-Umfrage 8226

Schaubild 121

Dabei ist zusätzlich in Rechnung zu stellen, dass die Nutzung (säkularer) Tageszeitungen stark altersabhängig ist und vor allem junge Zielgruppen auf diesem Weg grundsätzlich zunehmend schwieriger zu erreichen sind: Unter 30-jährige Katholiken lesen nur zu 18 Prozent täglich oder fast täglich eine Tageszeitung, Katholiken ab 60 Jahren dagegen zu 77 Prozent (Schaubild 122).

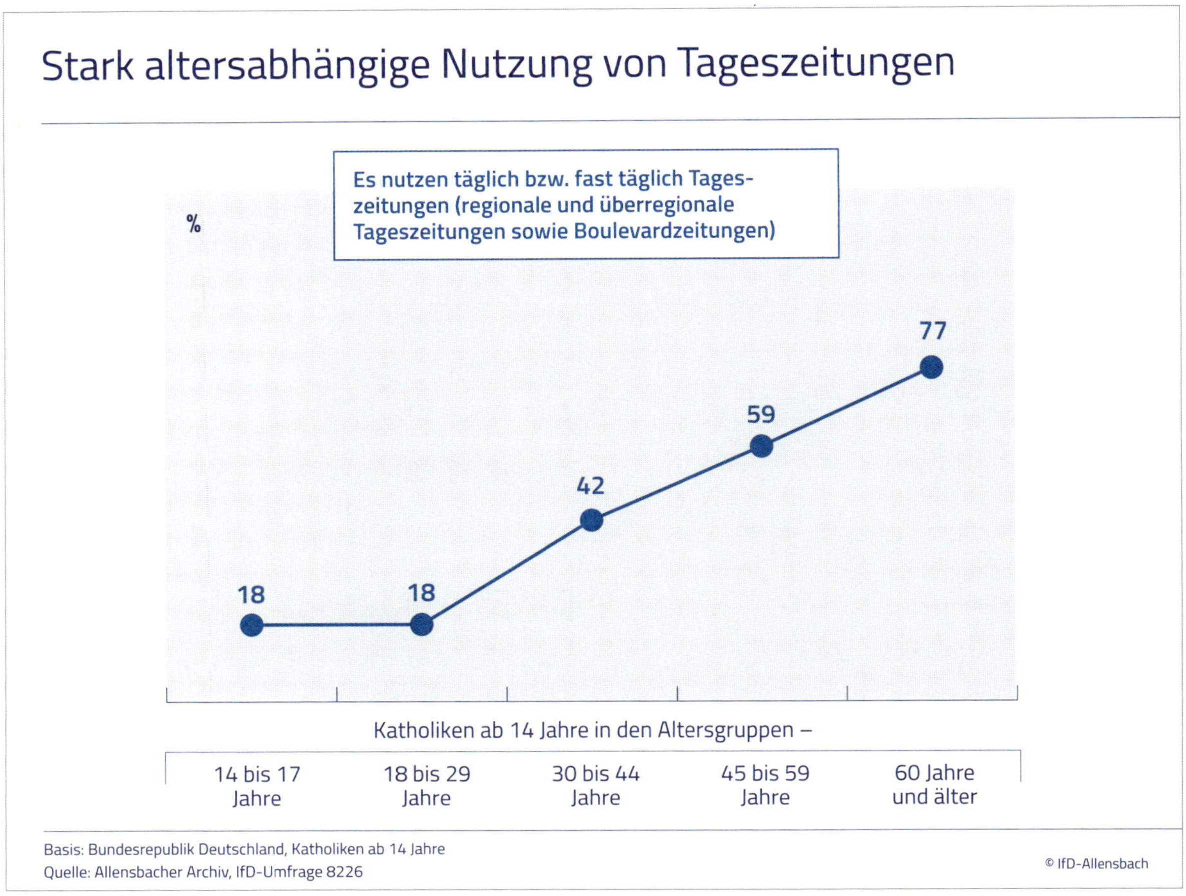

Schaubild 122

Zudem ist zu berücksichtigen, dass die Beiträge zu Kirchen- und Glaubensfragen, die in aktuellen säkularen Printmedien zur Kenntnis genommen werden, natürlich insbesondere auch kirchenkritische Beiträge einschließen. So interessieren sich Katholiken, die Beiträge in säkularen Zeitungen und Zeitschriften zumindest ab und zu lesen, deutlich überdurchschnittlich häufig besonders für Themen, die in der Kirche umstritten sind, sowie für die Auseinandersetzung mit Missständen in der Kirche – daneben auch für Stellungnahmen und Kommentare zu Problemen unserer Zeit (Schaubild 123).

Insgesamt ist allerdings auch in dieser Gruppe das Interesse deutlich größer an Themen wie soziale Gerechtigkeit, Nachhaltigkeit, Umwelt- und Klimaschutz oder Menschenrechten.

Wofür sich häufige oder gelegentliche Leser von Berichten über Kirchen- und Glaubensfragen in säkularen Printmedien deutlich überdurchschnittlich häufig interessieren

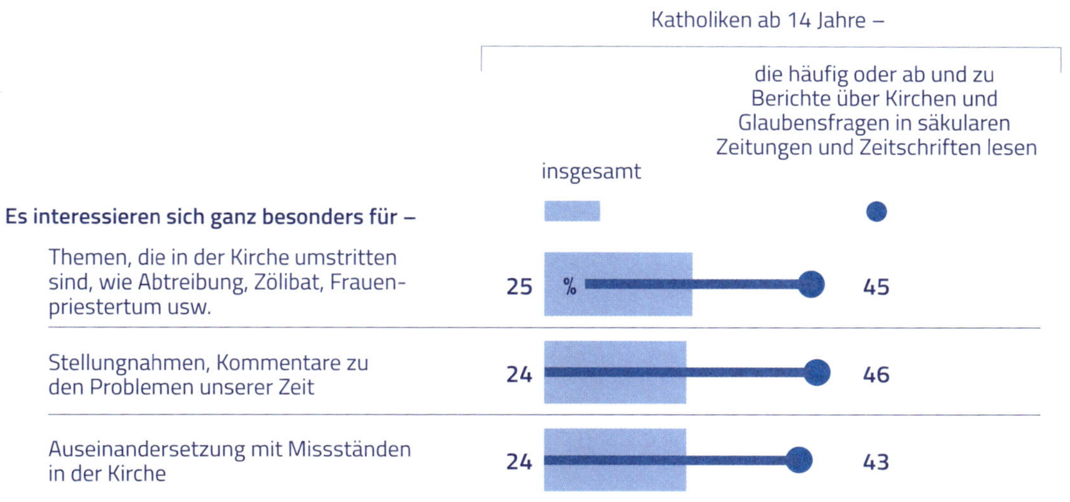

Basis: Bundesrepublik Deutschland, Katholiken ab 14 Jahre
Quelle: Allensbacher Archiv, IfD-Umfrage 8226

Schaubild 123

3.12 Religiöse Bücher

Wie andere Studien zeigen, ist der Anteil regelmäßiger Buchleser in der Bevölkerung insgesamt in den letzten 10 Jahren deutlich zurückgegangen. So hat sich der Anteil täglicher Buchleser von 2010 bis 2020 von 17 auf 12 Prozent der deutschen Bevölkerung ab 14 Jahren reduziert, der Anteil wöchentlicher Buchleser von 31 auf 28 Prozent. Mittlerweile greifen 42 Prozent der Bevölkerung seltener als einmal im Monat zu einem Buch. Vor 10 Jahren waren es »nur« 34 Prozent (Schaubild 124).

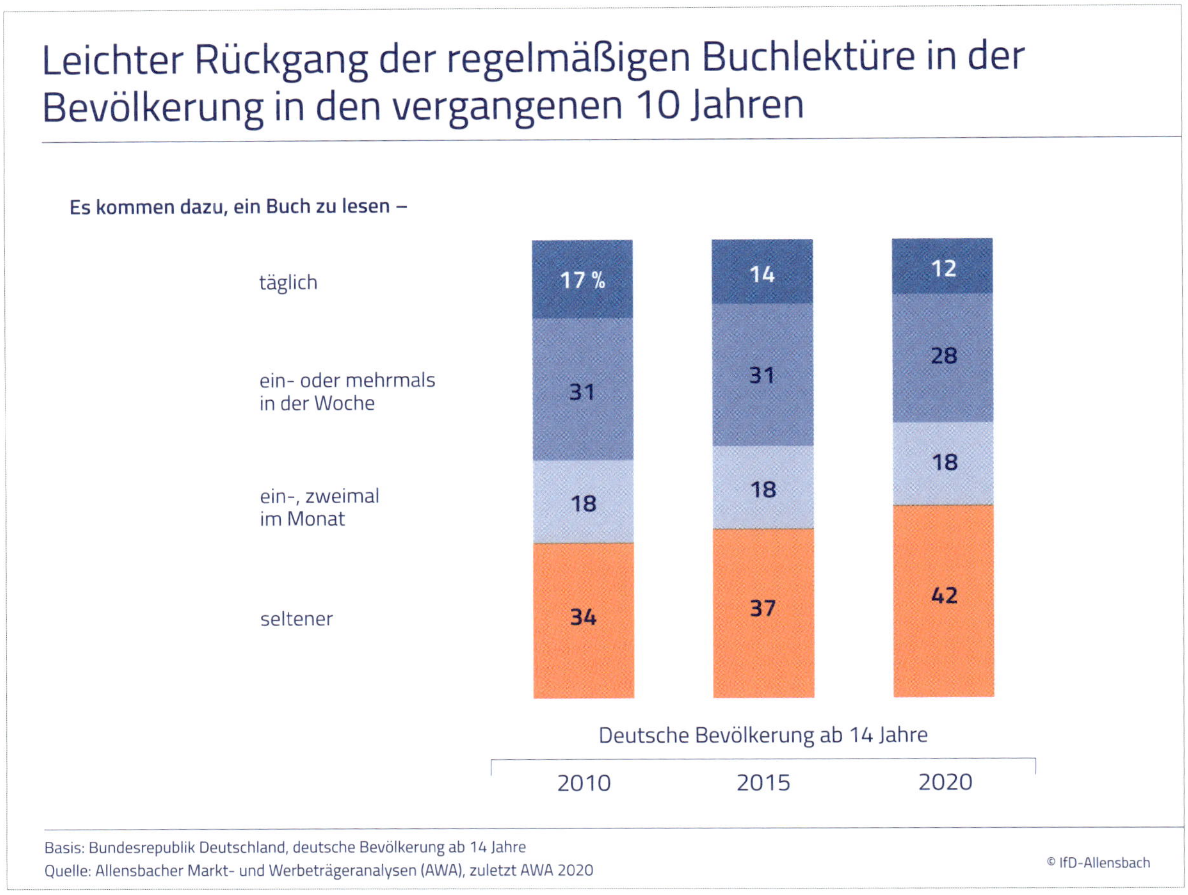

Schaubild 124

Parallel dazu hat sich auch die Altersstruktur der regelmäßigen Buchleser verändert, der Anteil älterer Bevölkerungsgruppen hat deutlich zugenommen. Der Anteil der ab 60-Jährigen unter denjenigen, die mehrmals pro Woche oder sogar täglich ein Buch in die Hand nehmen, ist seit 2010 von 33 auf 42 Prozent gestiegen, der Anteil der 45- bis 59-Jährigen praktisch stabil geblieben. Die Anteile jüngerer Altersgruppen sind dagegen zurückgegangen (Schaubild 125).

Für diese Entwicklung spielt der allgemeine demografische Wandel, d. h. die Alterung der Gesellschaft insgesamt, nur eine untergeordnete Rolle: Der Anteil der ab 60-Jährigen unter Buchlesern hat deutlich stärker zugenommen als der Anteil der ab 60-Jährigen in der Bevölkerung. Gleiches gilt für die Abnahme des Anteils junger Altersgruppen an den Buchlesern (Anhangschaubild 5, S. 235).

Veränderung der Altersstruktur der Buchleser: Der Anteil der ab 60-Jährigen wächst

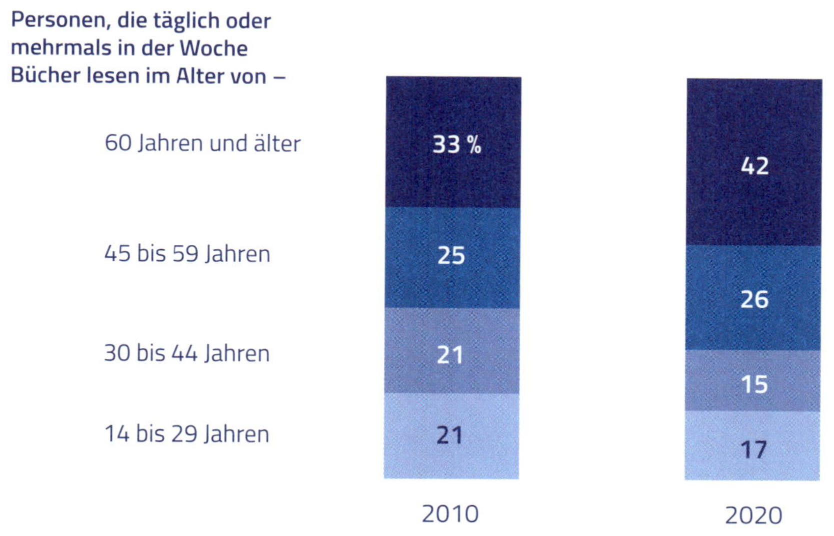

Basis: Bundesrepublik Deutschland, deutsche Bevölkerung ab 14 Jahre, Personen die täglich oder mehrmals in der Woche Bücher lesen
Quelle: Allensbacher Markt- und Werbeträgeranalysen (AWA), AWA 2010, 2020

Schaubild 125

Die Abgrenzung religiöser Bücher erfolgte im Rahmen der Umfrage wie in den vorangehenden Studien zum religiösen Buch nicht über eine abstrakte Definition, sondern durch Vorlage einer Liste mit 23 konkret benannten Segmenten sowohl explizit religiöser Bücher (»Kernbereich«) als auch von Büchern aus verwandten Bereichen, d. h. »implizit« religiöser Bücher («Öffnungsbereich»). Diese Segmente umfassen:

Buchgattungen aus dem Kernbereich

- Bibeln, Kinderbibeln
- Romane und Erzählungen zu religiösen Themen
- Gebetbücher
- Bücher über Kindererziehung, auch zum Thema »Wie man Kindern Glauben vermitteln kann«
- Bücher, in denen aktuelle Fragen aus Politik, Wirtschaft und Gesellschaft aus kirchlicher oder religiöser Sicht behandelt werden
- Bücher über die christliche Kirche und ihre Geschichte
- Bücher über Glaubensfragen
- Lexika, Nachschlagewerke zu religiösen Themen
- Kinderbücher mit religiösem Hintergrund, zu religiösen Themen
- Bücher über das Leben christlicher Männer und Frauen
- Bücher über das Christentum in anderen Erdteilen, über die Weltkirche
- Bücher über religiöses Brauchtum oder kirchliche Feste
- Theologisch-wissenschaftliche Bücher
- Anleitungen zum religiösen Leben

Buchgattungen aus dem Öffnungsbereich

- Bücher über den Sinn des Lebens, auch zur Bewältigung von Sinnkrisen
- Besinnliche Geschenkbücher
- Bücher über andere, nicht-christliche Religionen und Weltanschauungen, wie Islam, Buddhismus
- Bücher zur Bewältigung von Lebenskrisen, z. B. ausgelöst durch schwere Krankheiten, Todesfälle oder Trennung
- Bücher zur Meditation
- Bücher, die sich kritisch mit dem Christentum auseinandersetzen, Hintergründe, Enthüllungen
- Bücher über moralische und ethische Fragen
- Ehe, Partnerschaft und Glaube (Ratgeber)

Weder Kern- noch Öffnungsbereich

- Bücher über religiöse Kunst

Insgesamt haben 57 Prozent der Katholiken in den letzten 2, 3 Jahren einmal »ein Buch dieser Art« gelesen, d. h. sind im Sinne dieser Umfrage Leser religiöser Bücher. Im Vergleich zu 2009 ist der Anteil der Leser religiöser Bücher unter den Katholiken damit bemerkenswert stabil. Und auch die Lesefrequenz ist nur leicht rückläufig: Der Anteil mindestens wöchentlicher Leser religiöser Bücher unter Katholiken ist in diesen 11 Jahren gerade einmal von 10 auf 9 Prozent zurückgegangen, der Anteil derjenigen, die ein-, zweimal im Monat zu religiösen Büchern greifen, von 14 auf 13 Prozent. Das ist umso bemerkenswerter, als der Anteil an Buchlesern insgesamt, aber auch der regelmäßigen Buchleser, nicht nur in der Bevölkerung insgesamt (s.o.), sondern auch unter Katholiken deutlich zurückgegangen ist, darunter insbesondere der Anteil der regelmäßigen Leser (Schaubild 126). Das Segment religiöser Bücher scheint vom allgemeinen Leserückgang bislang eher verschont zu bleiben.[20]

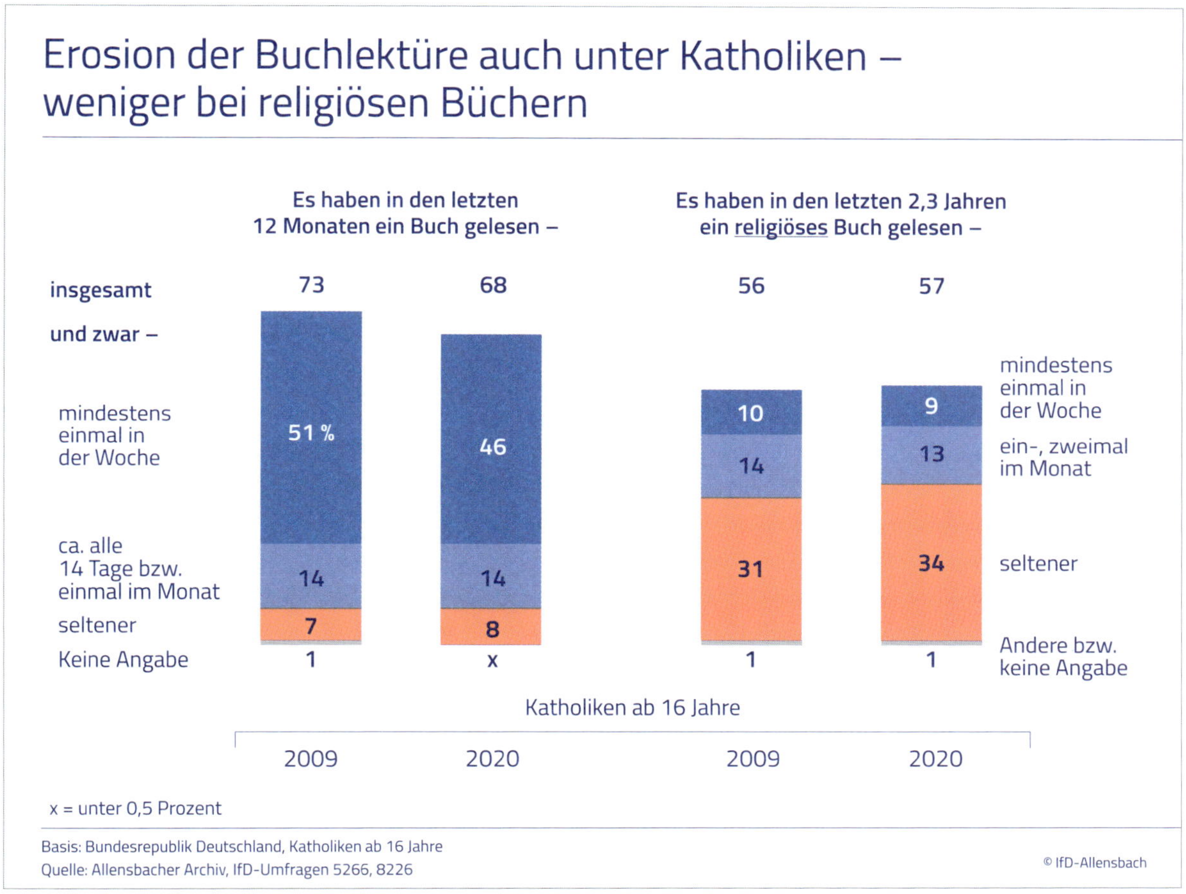

Schaubild 126

20 Es ist hier allerdings die insgesamt rückläufige Zahl an Katholiken in Rechnung zu stellen. D. h. eine Aussage über die absolute Entwicklung des Segments ist nicht möglich, da keine Daten zur Nutzung religiöser Bücher durch Nicht-Katholiken vorliegen.

Insgesamt lesen unter Katholiken Frauen häufiger Bücher als Männer und kirchenverbundene Katholikensegmente häufiger als kirchendistanziertere Segmente. Zwischen den verschiedenen Altersgruppen bestehen dagegen nur geringe Unterschiede in den Anteilen derer, die in den letzten 12 Monaten ein Buch gelesen haben.

Auch zu religiösen Büchern greifen Frauen deutlich häufiger als Männer – in den letzten 2, 3 Jahren 65 Prozent gegenüber 48 Prozent. Noch deutlicher sind die Unterschiede zwischen kirchenverbundenen und kirchendistanzierten Segmenten: Während 81 Prozent der gläubigen Kirchennahen und 69 Prozent der kritisch Kirchenverbundenen in den letzten 2, 3 Jahren mal ein religiöses Buch gelesen haben, trifft das nur auf jeweils knapp die Hälfte der kirchendistanzierten Christen und der Katholiken, die sich als religiös, aber nicht christlich verstehen, zu. In Sachen religiöses Buch bestehen auch etwas deutlichere Unterschiede zwischen den Altersgruppen als beim Bücherlesen generell. Der Anteil der Leser religiöser Bücher ist in höheren Altersgruppen – insbesondere unter Katholiken ab 60 Jahren – größer als in der jüngeren Generation, insbesondere unter 14- bis 17-Jährigen. Insgesamt greifen aber bemerkenswert große Anteile sowohl der jüngeren Altersgruppen als auch der kirchendistanzierteren Katholikensegmente zu religiösen Büchern (Schaubild 127). Diese Unterschiede zeigen sich auch, wenn man differenzierter die Lesefrequenz religiöser Bücher in verschiedenen Teilgruppen analysiert (Anhangschaubild 6, S. 236).

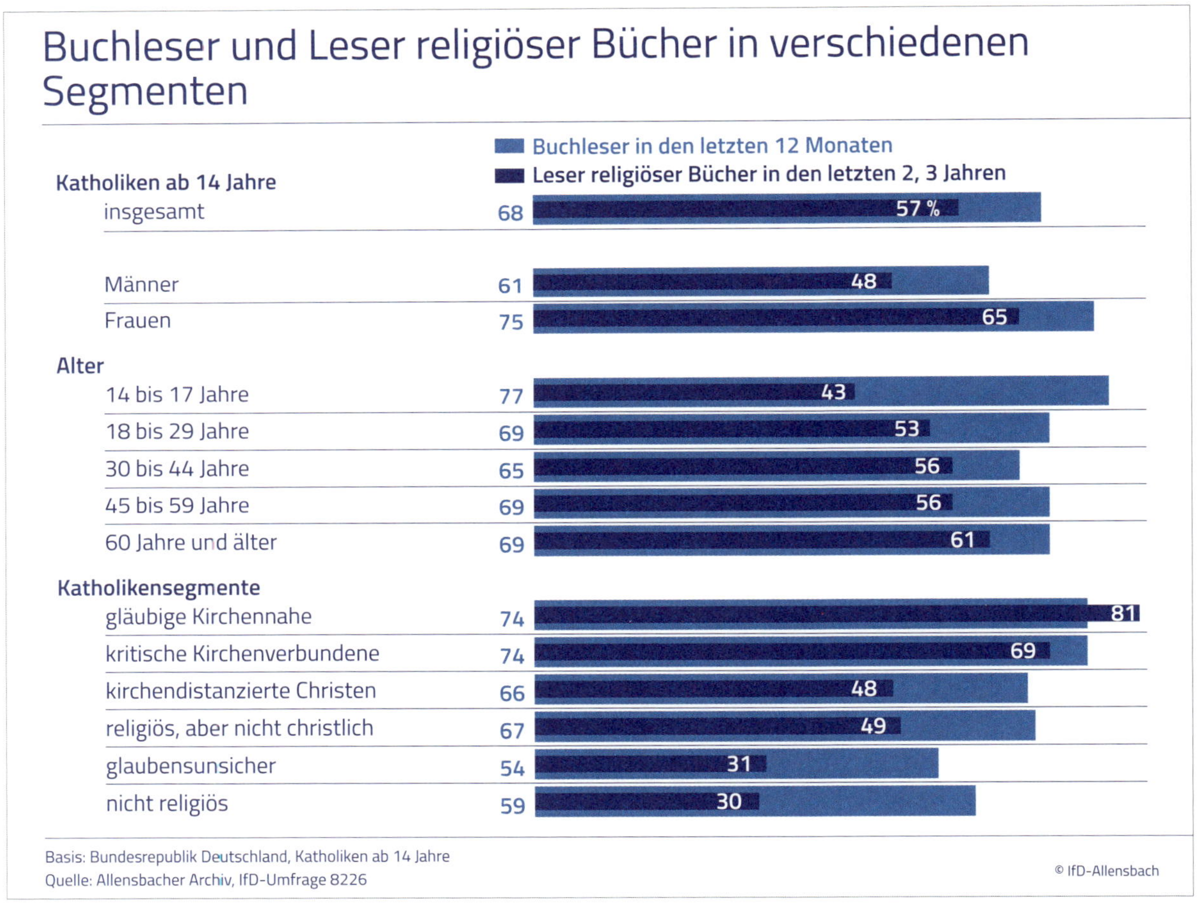

Schaubild 127

Dabei ist es keineswegs so, dass jüngere Altersgruppen oder kirchendistanziertere Segmente ausschließlich zu nur implizit religiösen Büchern aus dem »Öffnungsbereich« greifen. Insgesamt haben 39 Prozent der Katholiken in den letzten 2, 3 Jahren auch oder ausschließlich Bücher aus dem Kernbereich gelesen, weitere 18 Prozent ausschließlich Bücher aus dem Öffnungsbereich.

18- bis 29-jährige Katholiken haben dabei zu 36 Prozent (auch) Bücher aus dem Kernbereich gelesen – ein annähernd durchschnittlicher Wert. Lediglich die ab 60-Jährigen weisen unter den Altersgruppen mit 46 Prozent Kernbereichslesern einen deutlich höheren Wert auf. Und jeweils mehr als jeder vierte kirchendistanzierte Christ bzw. Katholik, der sich als religiös, aber nicht christlich beschreibt, hat in den letzten 2, 3 Jahren zu einem Buch aus dem Kernbereich gegriffen. Für gläubige Kirchennahe trifft das zu fast drei Vierteln, für kritisch Kirchenverbundene zur Hälfte zu (Schaubild 128).

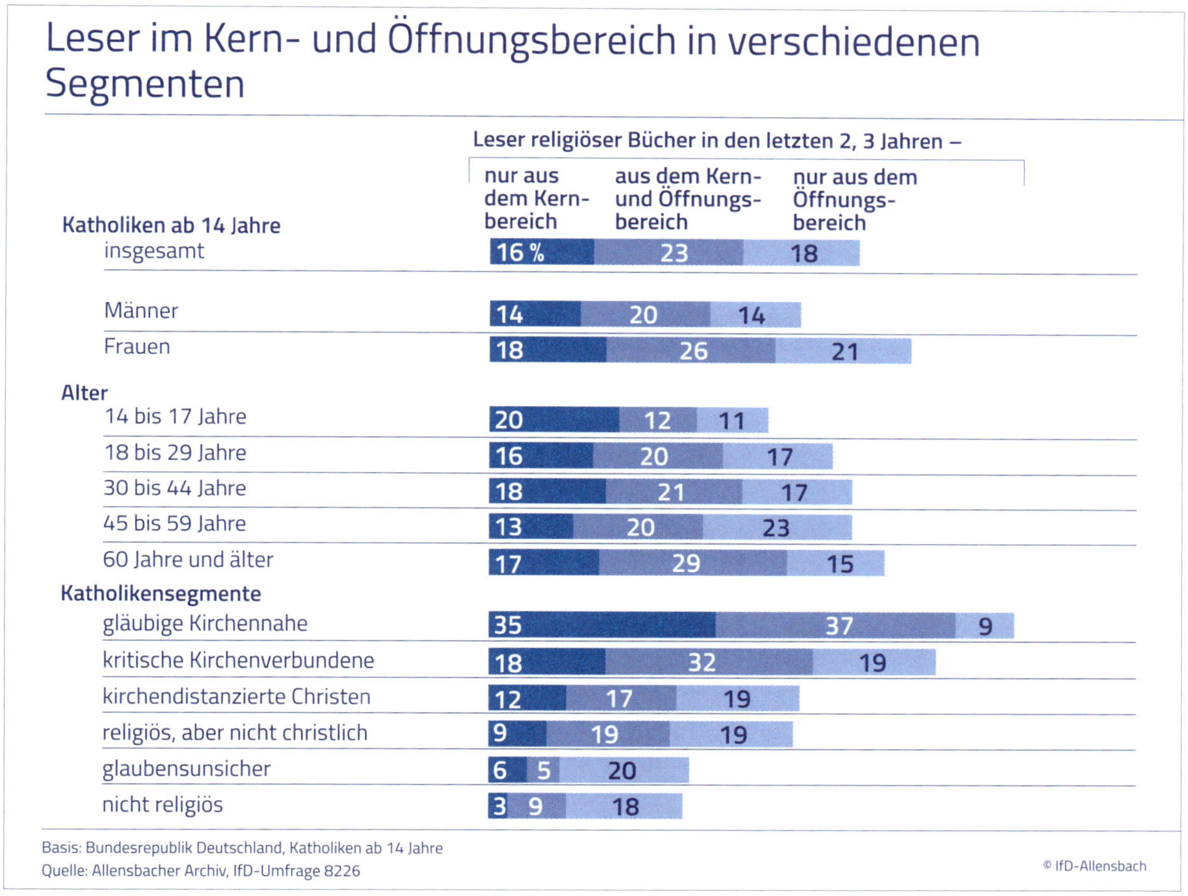

Schaubild 128

Auf der Ebene einzelner Teilsegmente religiöser Bücher bekunden Katholiken am verbreitetsten Interesse an einer Reihe von Segmenten aus dem Öffnungsbereich: Für Bücher über den Sinn des Lebens, auch zur Bewältigung von Sinnkrisen, interessieren sich 30 Prozent der Katholiken, für Bücher zur Bewältigung von Lebenskrisen 23 Prozent, für Bücher, die sich kritisch mit dem Christentum auseinandersetzen, 20 Prozent. Besinnliche Geschenkbücher stoßen bei 19 Prozent auf Interesse, Bücher über andere, nicht-christliche Religionen und Weltanschauungen bei 18 Prozent und Bücher über moralisch-ethische Fragen bei 16 Prozent.

Bücher über die christliche Kirche und ihre Geschichte sowie Bibeln, Kinderbibeln sind die einzigen beiden Segmente aus dem Kernbereich, die bei mehr als 15 Prozent der Katholiken auf Interesse stoßen.

Vergleichsweise gering ist das Interesse von Katholiken an Anleitungen zum religiösen Leben (4 Prozent), an Büchern über religiöse Kunst (6 Prozent) sowie an theologisch-wissenschaftlichen Büchern, an Lexika, Nachschlagewerken zu religiösen Themen oder an religiösen Kinderbüchern (jeweils 7 Prozent).

Im Vergleich zu 2009 ist das Interesse von Katholiken insbesondere gestiegen an Ratgebern zu Ehe, Partnerschaft und Glauben, Büchern zur Meditation, Büchern, in denen aktuelle Fragen aus Politik, Wirtschaft und Gesellschaft aus kirchlicher oder religiöser Sicht behandelt werden sowie an Büchern über den Sinn des Lebens. Deutlich zurückgegangen ist dagegen das Interesse an besinnlichen Geschenkbüchern (Schaubild 129).

Interesse an religiösen Büchern im Vergleich zu 2009

Basis: Bundesrepublik Deutschland, Katholiken ab 16 Jahre
Quelle: Allensbacher Archiv, IfD-Umfragen 10047, 8226

Schaubild 129

Deutliche Interessenunterschiede im Hinblick auf religiöse Bücher sind zwischen Männern und Frauen festzustellen: Während Frauen deutlich häufiger als Männer Interesse bekunden an Büchern über den Sinn des Lebens, auch zur Bewältigung von Sinnkrisen, an Büchern zur Bewältigung von Lebenskrisen, an besinnlichen Geschenkbüchern sowie an Romanen und Erzählungen zu religiösen Themen, interessieren sich Männer häufiger als Frauen für Bücher über die christliche Kirche und ihre Geschichte sowie für Bücher, in denen aktuelle Fragen aus Politik, Wirtschaft und Gesellschaft aus kirchlicher oder religiöser Sicht behandelt werden (Schaubild 130).

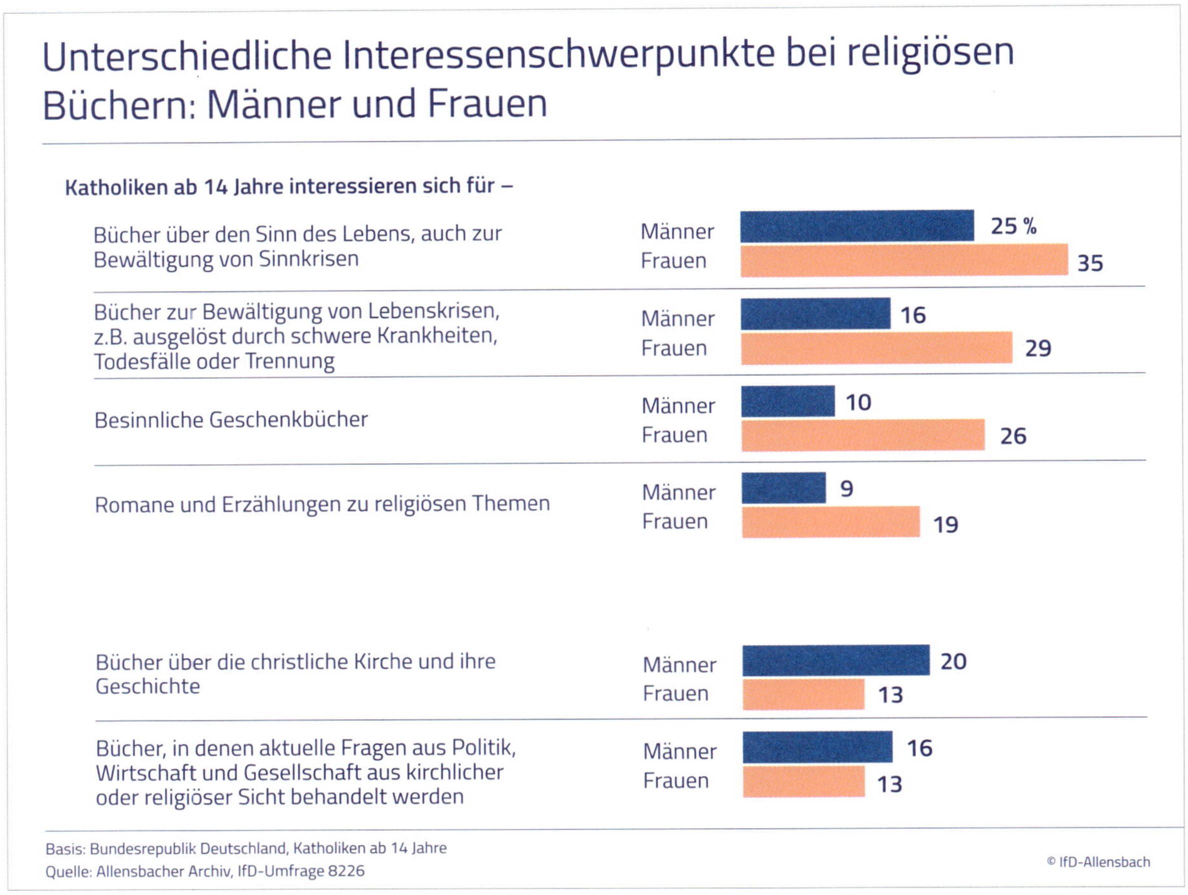

Schaubild 130

Bücher über den Sinn des Lebens sind auch das Teilsegment religiöser Bücher, das sich in den letzten 2, 3 Jahren der größten Leserschaft erfreute. 16 Prozent der Katholiken haben in diesem Zeitraum (mindestens) ein Buch mit diesem Thema gelesen. 13 Prozent haben eine Bibel oder Kinderbibel in die Hand genommen, 11 Prozent ein Buch zur Bewältigung von Lebenskrisen und 10 Prozent besinnliche Geschenkbücher. Die anderen abgefragten Teilsegmente hatten eine Leserreichweite von jeweils unter 10 Prozent.

In der Gegenüberstellung der Anteile der Interessierten sowie der Anteile der tatsächlichen Leser lässt sich für jedes Teilsegment eine Potentialausschöpfung bestimmen, d.h. ermitteln, in welchem Anteil die an einem Segment Interessierten auch als Leser gewonnen werden konnten.

Die mit Abstand höchsten Potentialausschöpfungen finden sich bei Gebetbüchern sowie Bibeln, Kinderbibeln mit 84 bzw. 80 Prozent. Es folgen Bücher zur Meditation (63 Prozent) sowie – jeweils auf sehr niedrigem Niveau – Lexika sowie Bücher über religiöse Kunst (jeweils 60 Prozent). Alle anderen Segmente weisen Potentialausschöpfungen von um die 50 Prozent auf, Bücher über moralische und ethische Fragen sowie Ratgeber zu Ehe, Partnerschaft und Glaube mit jeweils 41 Prozent etwas geringere Ausschöpfungen (Schaubild 131).

Potentialausschöpfung: Interesse an verschiedenen Arten religiöser Bücher und ihre tatsächliche Nutzung

Katholiken ab 14 Jahre –

interessieren sich dafür

haben in den letzten 2, 3 Jahren gelesen

	haben in den letzten 2, 3 Jahren gelesen	interessieren sich dafür	Anteil Leser am Interessenpotential*)
Bücher über den Sinn des Lebens, auch zur Bewältigung von Sinnkrisen	16	30	55
Bücher zur Bewältigung von Lebenskrisen, z.B. ausgelöst durch schwere Krankheiten, Todesfälle oder Trennung	11	23	48
Bücher, die sich kritisch mit dem Christentum auseinandersetzen, Hintergründe, Enthüllungen	9	20	46
Besinnliche Geschenkbücher	10	19	54
Bücher über andere, nicht-christliche Religionen und Weltanschauungen, wie Islam, Buddhismus	9	18	52
Bücher über die christliche Kirche und ihre Geschichte	9	16	55
Bücher über moralische und ethische Fragen	7	16	41
Bibeln, Kinderbibeln	13	16	80
Bücher, in denen aktuelle Fragen aus Politik, Wirtschaft und Gesellschaft aus kirchlicher oder religiöser Sicht behandelt werden	7	14	50
Romane und Erzählungen zu religiösen Themen	8	14	55
Bücher über das Christentum in anderen Erdteilen, über die Weltkirche	7	13	53
Bücher zur Meditation	8	13	63
Bücher über Kindererziehung, auch zum Thema »Wie man Kindern Glauben vermitteln kann«	6	13	49
Bücher über Glaubensfragen	6	12	55
Ehe, Partnerschaft und Glaube (Ratgeber)	5	11	41
Bücher über das Leben christlicher Männer und Frauen	6	11	55
Bücher über religiöses Brauchtum oder kirchliche Feste	5	11	48
Gebetbücher	8	9	84
Kinderbücher mit religiösem Hintergrund, zu religiösen Themen	4	7	54
Lexika, Nachschlagewerke zu religiösen Themen	4	7	60
Theologisch-wissenschaftliche Bücher	4	7	57
Bücher über religiöse Kunst	3	6	60
Anleitungen zum religiösen Leben	2	4	57

*) Berechnung auf Basis der ungerundeten Befunde aus Tabellenband (mit einer Nachkommastelle)

Basis: Bundesrepublik Deutschland, Katholiken ab 14 Jahre
Quelle: Allensbacher Archiv, IfD-Umfrage 8226

125

Schaubild 131

3.13 E-Books und Hörbücher

Das Segment der E-Books gewinnt im Buchmarkt allgemein zunehmend an Bedeutung. Die Zahl der E-Book-Käufer, d. h. der Anteil derjenigen, die innerhalb eines Jahres ein E-Book gekauft bzw. kostenpflichtig heruntergeladen haben, hat sich von 2013 bis 2020 von 6,0 auf 10,7 Prozent annähernd verdoppelt (Schaubild 132).

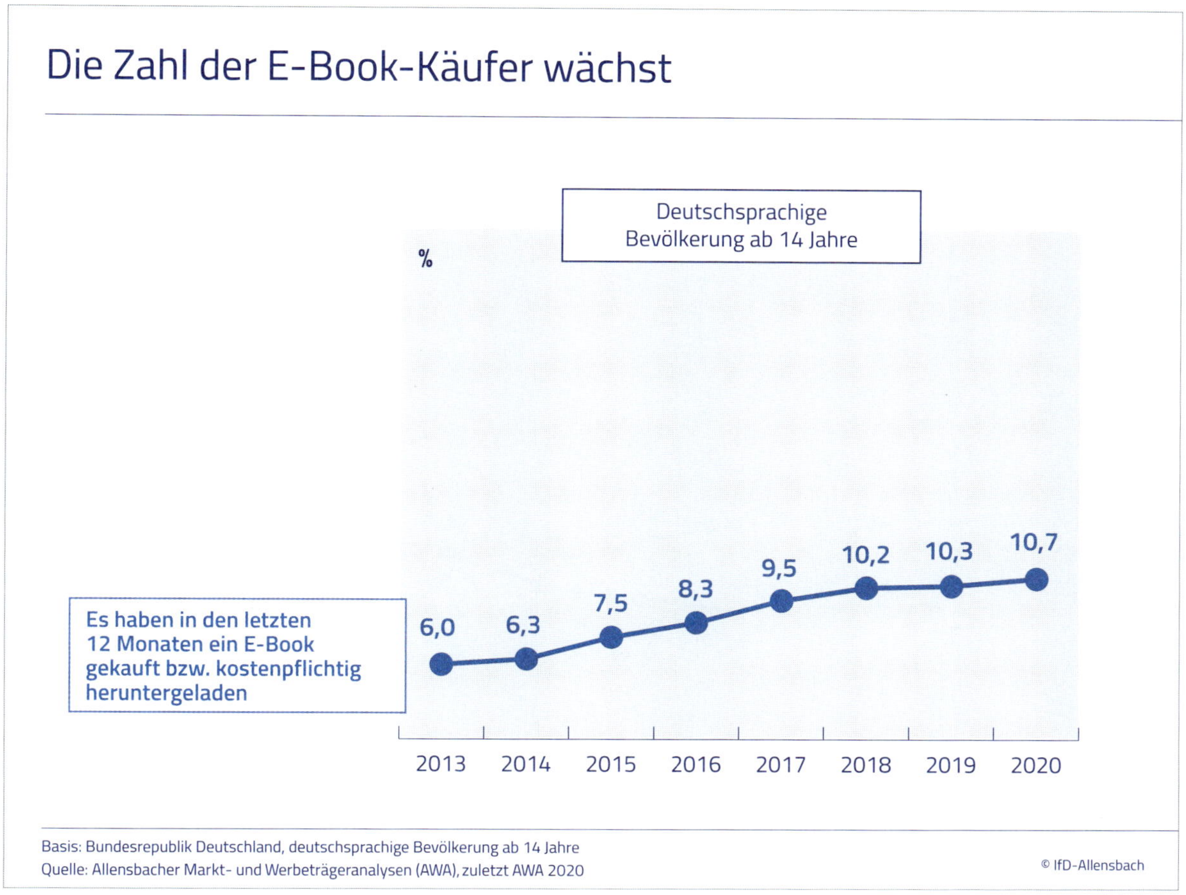

Schaubild 132

Ebenso ist seit 2014 ein kontinuierlicher Anstieg des Anteils der E-Book-Leser in der Bevölkerung zu beobachten, von 7,8 auf zuletzt 12,9 Prozent. Eine dynamische Ausweitung des Reichweitenpotentials für E-Books lässt sich dagegen nicht feststellen. Die Ausweitung des Leserkreises war fast ausschließlich eine Erschließung des bereits interessierten Potentials. Es ist nur eine leichte Tendenz zur Ausweitung des erschließbaren Potentials zu beobachten: Der Anteil der Bevölkerung, der ausdrücklich nicht an E-Books interessiert ist, war bis 2017 annähernd stabil und ist seitdem von 69 auf 65 Prozent zurückgegangen (Schaubild 133).

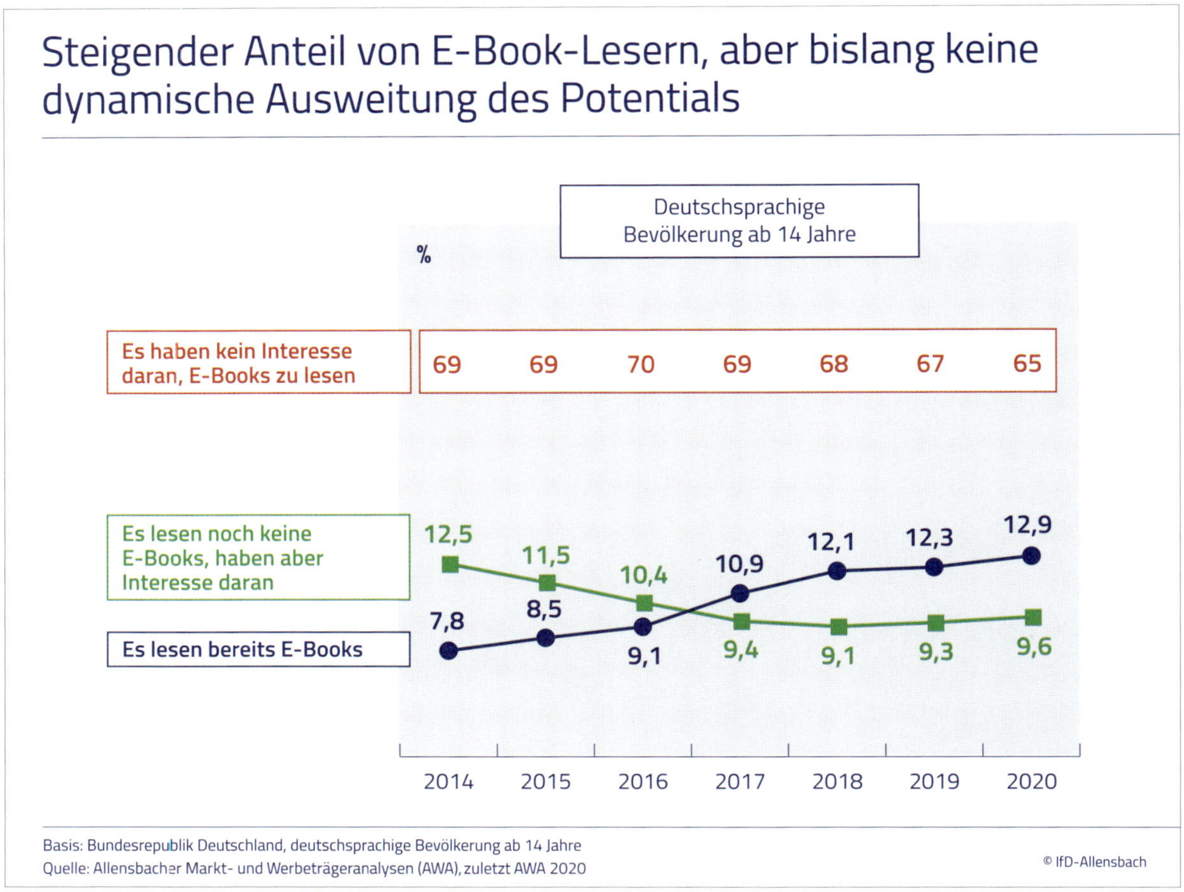

Schaubild 133

Der Markt für Hörbücher zeigt noch weniger Dynamik als der Markt für E-Books: Seit 2005 ist der Anteil der Bevölkerung, der innerhalb eines Jahres ein Hörbuch gekauft bzw. kostenpflichtig heruntergeladen hat, zunächst von 6,0 auf 8,7 Prozent angestiegen, um danach wieder auf 6,7 Prozent zurückzugehen und zuletzt wieder auf 8,4 Prozent anzusteigen (Schaubild 134).

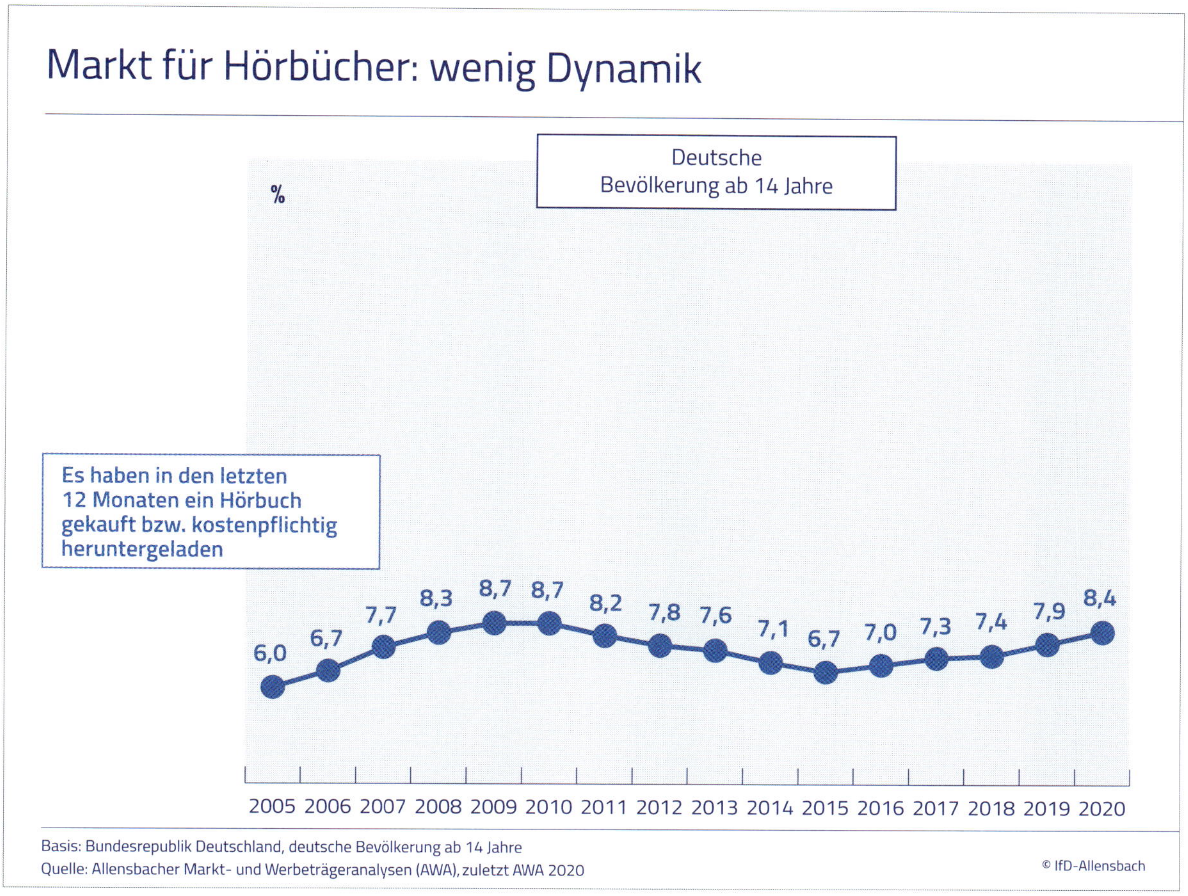

Schaubild 134

15 Prozent der Katholiken haben in den letzten 12 Monaten ein E-Book gekauft bzw. kostenpflichtig heruntergeladen, darunter rund die Hälfte 3 oder mehr E-Books. Hörbücher haben 13 Prozent der Katholiken in den letzten 12 Monaten gekauft bzw. kostenpflichtig heruntergeladen, darunter 8 Prozent mehrere Hörbücher (Schaubild 135).[21]

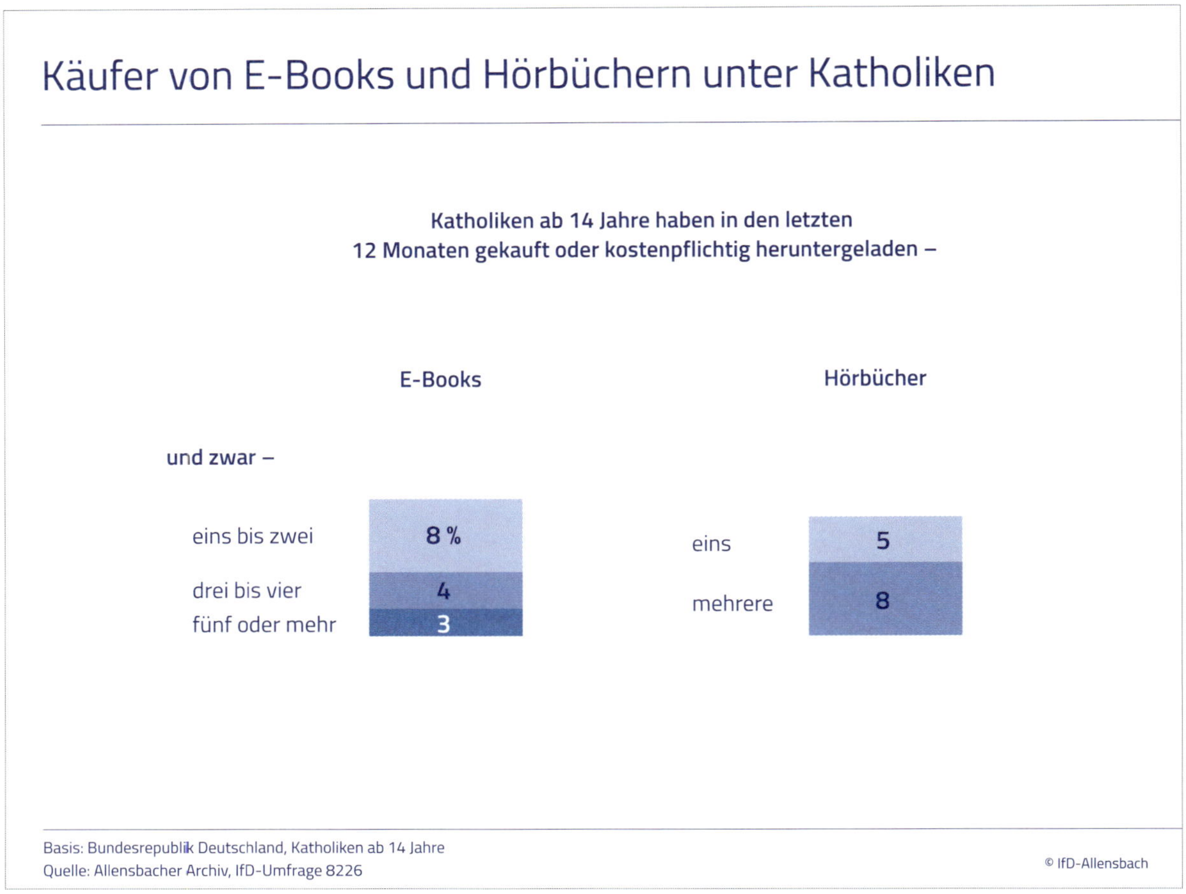

Schaubild 135

21 Dass der hier berichtete Anteil von E-Book- bzw. Hörbuchkäufern höher liegt als der für die Gesamtbevölkerung aus anderen Studien berichtete Anteil (vgl. Schaubilder 132 und 134) darf nicht zu dem Schluss verleiten, dass Katholiken diese Angebote überdurchschnittlich häufig kostenpflichtig erwerben. Die Unterschiede sind vielmehr in methodischen Unterschieden der Studien begründet, die eine direkte Vergleichbarkeit erschweren. Wertet man den Anteil der E-Book- bzw. Hörbuchkäufer unter Katholiken in der Allensbacher Markt- und Werbeträgeranalyse vergleichbar mit den Ergebnissen für die Gesamtbevölkerung aus, zeigen sich leicht unterdurchschnittliche Werte.

Katholische Käufer von E-Books und Hörbuchern sind überdurchschnittlich jung und gut gebildet. Katholiken, die in den letzten 12 Monaten ein E-Book gekauft bzw. kostenpflichtig heruntergeladen haben, sind deutlich überdurchschnittlich häufig unter 45 Jahren und deutlich unterdurchschnittlich häufig 60 Jahre oder älter. Sie verfügen deutlich überdurchschnittlich häufig über Abitur oder haben sogar ein Studium absolviert, nur deutlich unterdurchschnittlich häufig über einen nur einfachen Schulabschluss. Die verschiedenen Katholikensegmente sind in bemerkenswert ähnlichen Anteilen vertreten (Schaubild 136).

Für das soziodemografische Profil katholischer Hörbuchkäufer gilt ganz Ähnliches. Auch sie sind deutlich überdurchschnittlich häufig jünger als 45 Jahre und in deutlich unterdurchschnittlichem Anteil 60 Jahre oder älter. Sie haben fast doppelt so häufig wie der Durchschnitt der Katholiken Abitur gemacht oder ein Studium absolviert. Dass kirchennahe oder kirchendistanziertere Segmente in besonderer Weise vertreten sind, ist nicht zu erkennen. Katholiken, die sich als religiös, aber nicht christlich beschreiben, sind ebenso überdurchschnittlich stark vertreten wie kritisch Kirchenverbundene oder nicht Religiöse; gläubige Kirchennahe sind ebenso unterdurchschnittlich häufig vertreten wie Glaubensunsichere (Schaubild 137).

Profil von katholischen E-Book-Käufern

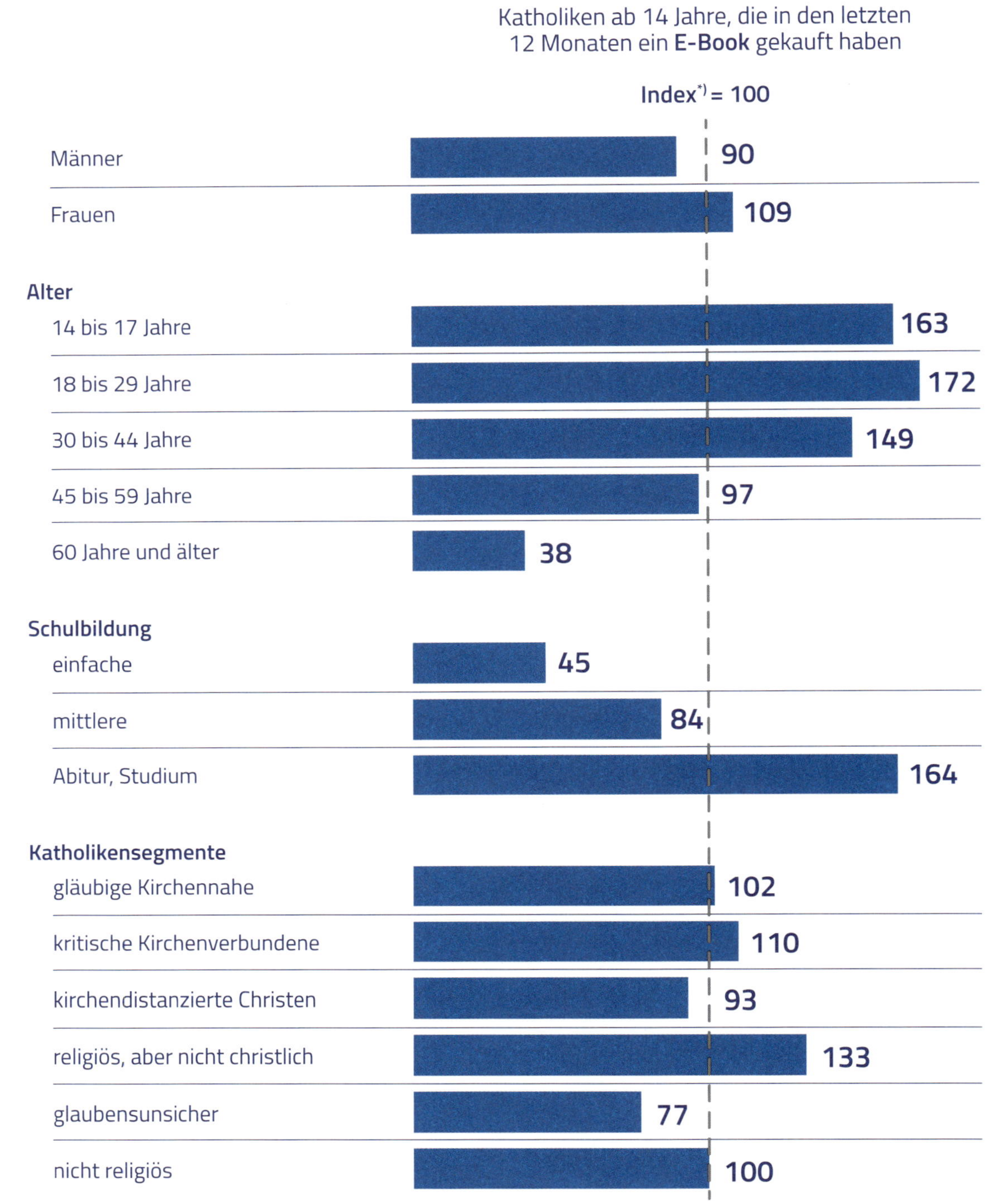

*) Indexdarstellung: Katholiken ab 14 insgesamt = 100

Basis: Bundesrepublik Deutschland, Katholiken ab 14 Jahre
Quelle: Allensbacher Archiv, IfD-Umfrage 8226

Schaubild 136

Profil von katholischen Hörbuchkäufern

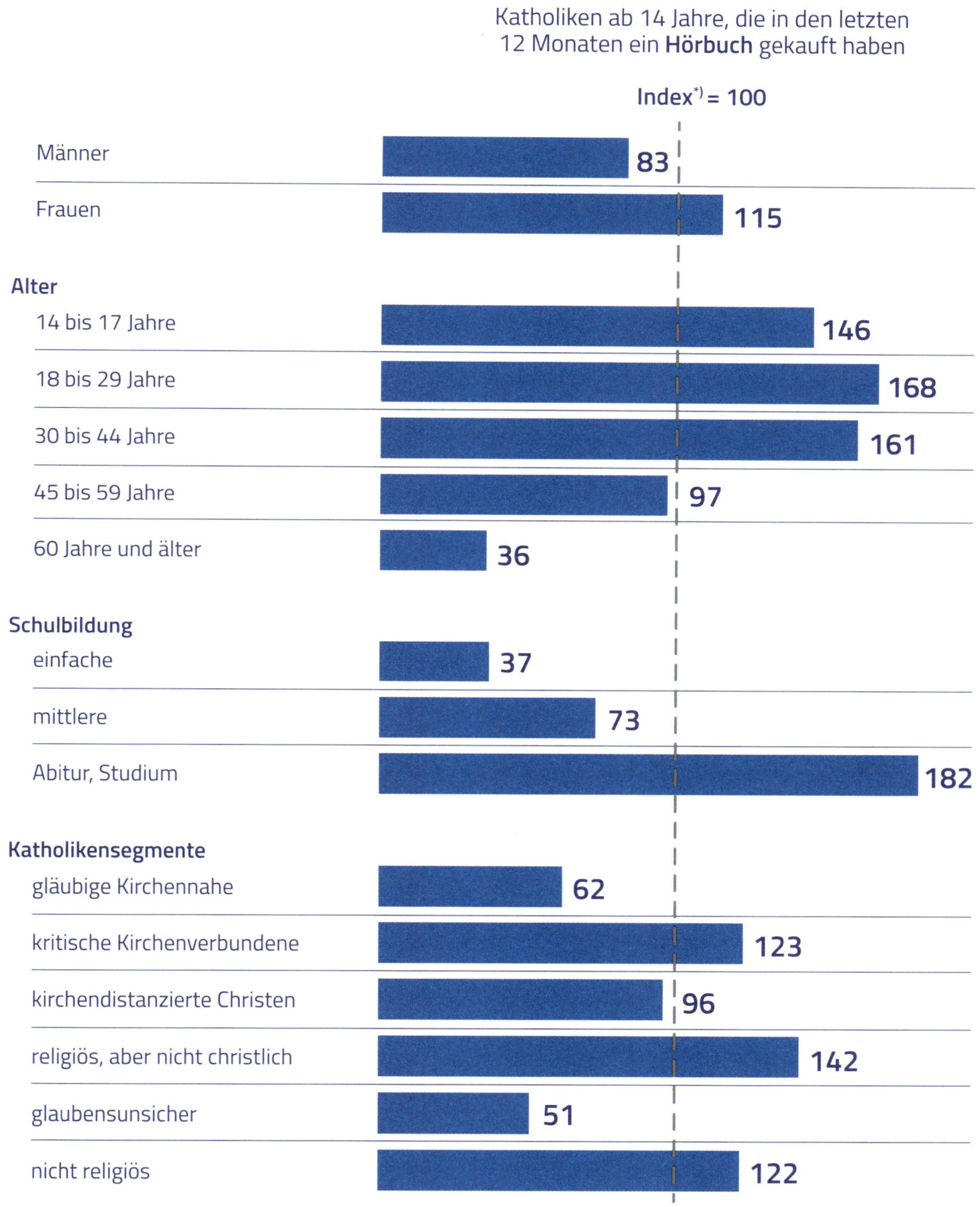

*) Indexdarstellung: Katholiken ab 14 insgesamt = 100

Basis: Bundesrepublik Deutschland, Katholiken ab 14 Jahre
Quelle: Allensbacher Archiv, IfD-Umfrage 8226

Schaubild 137

Speziell religiöse E-Books lesen bereits 8 Prozent der Katholiken, weitere 5 Prozent hätten Interesse daran, religiöse Bücher als E-Book zu lesen. Nur wenige – 1 Prozent – haben sich religiöse Bücher schon mit der Vorlesefunktion eines Lesegeräts vorlesen lassen, weitere 5 Prozent bekunden Interesse an dieser Möglichkeit.

Besonders groß ist das Potential für religiöse Hörbücher: Zwar haben auch erst 5 Prozent der Katholiken religiöse Bücher als Hörbücher gehört, weitere 11 Prozent wären daran aber interessiert (Schaubild 138).

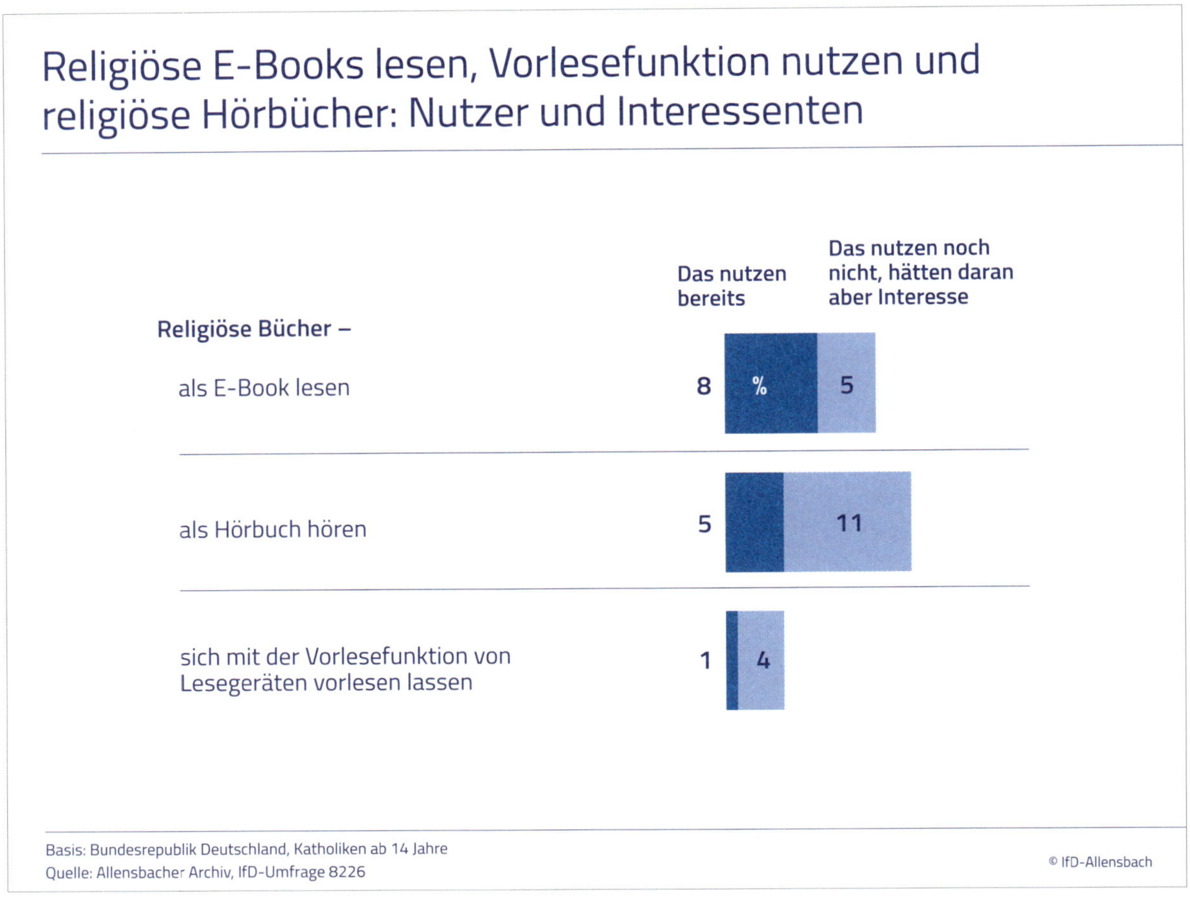

Schaubild 138

Die soziodemografischen Profile von Katholiken, die religiöse Bücher bereits als E-Book lesen oder daran interessiert sind bzw. die religiöse Bücher schon als Hörbücher gehört haben oder daran interessiert sind, ähneln den Profilen der Käufer von E-Books bzw. Hörbuchern insgesamt: Es sind überdurchschnittlich junge und gut gebildete Teilgruppen: Katholiken unter 45 Jahren sind deutlich überdurchschnittlich, Katholiken ab 60 Jahren deutlich unterdurchschnittlich stark vertreten. Katholiken mit Abitur oder Studium finden sich deutlich überdurchschnittlich häufig, Katholiken mit nur Volks- oder Hauptschulabschluss dagegen nur deutlich unterdurchschnittlich häufig in diesen Kreisen. Speziell bei den Nutzern und Interessenten von Hörbüchern fällt der deutlich überdurchschnittliche Anteil der 14- bis 17-Jährigen auf. Und unter denjenigen, die religiöse Bücher schon als E-Book gelesen haben oder sich dafür interessieren, ist insbesondere der Anteil der Katholiken, die sich als religiös, aber nicht christlich beschreiben, deutlich überdurchschnittlich groß.

Sowohl religiöse E-Books als auch religiöse Hörbücher sind auch für weite Teile der Katholiken interessant, die religiöse und kirchliche Medienangebote ansonsten kaum oder gar nicht nutzen (Schaubilder 139 und 140).

Sowohl Leser von E-Books bzw. Interessenten daran als auch Hörer/Interessenten von Hörbüchern sind überdurchschnittlich stark interessiert an Büchern zur Meditation, wenn auch in diesen beiden Gruppen Bücher über den Sinn des Lebens (auch zur Bewältigung von Sinnkrisen) sowie Bücher zur Bewältigung von Lebenskrisen insgesamt auf noch größeres Interesse stoßen.

Profil von Katholiken, die religiöse Bücher schon als **E-Book** gelesen haben oder daran interessiert sind

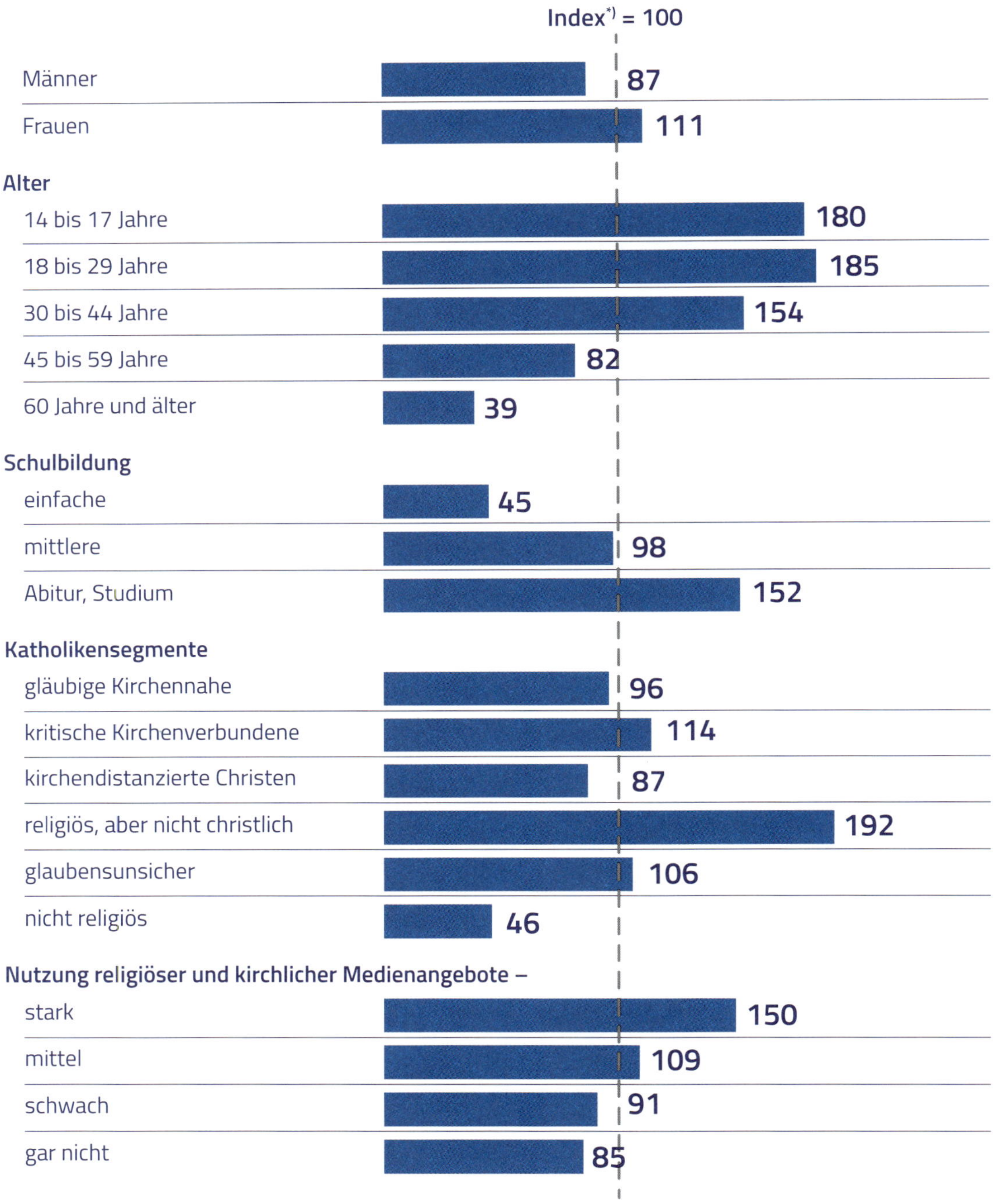

*) Indexdarstellung: Katholiken ab 14 insgesamt = 100

Basis: Bundesrepublik Deutschland, Katholiken ab 14 Jahre
Quelle: Allensbacher Archiv, IfD-Umfrage 8226

Schaubild 139

Profil von Katholiken, die religiöse Bücher schon als **Hörbücher** gehört haben oder daran interessiert sind

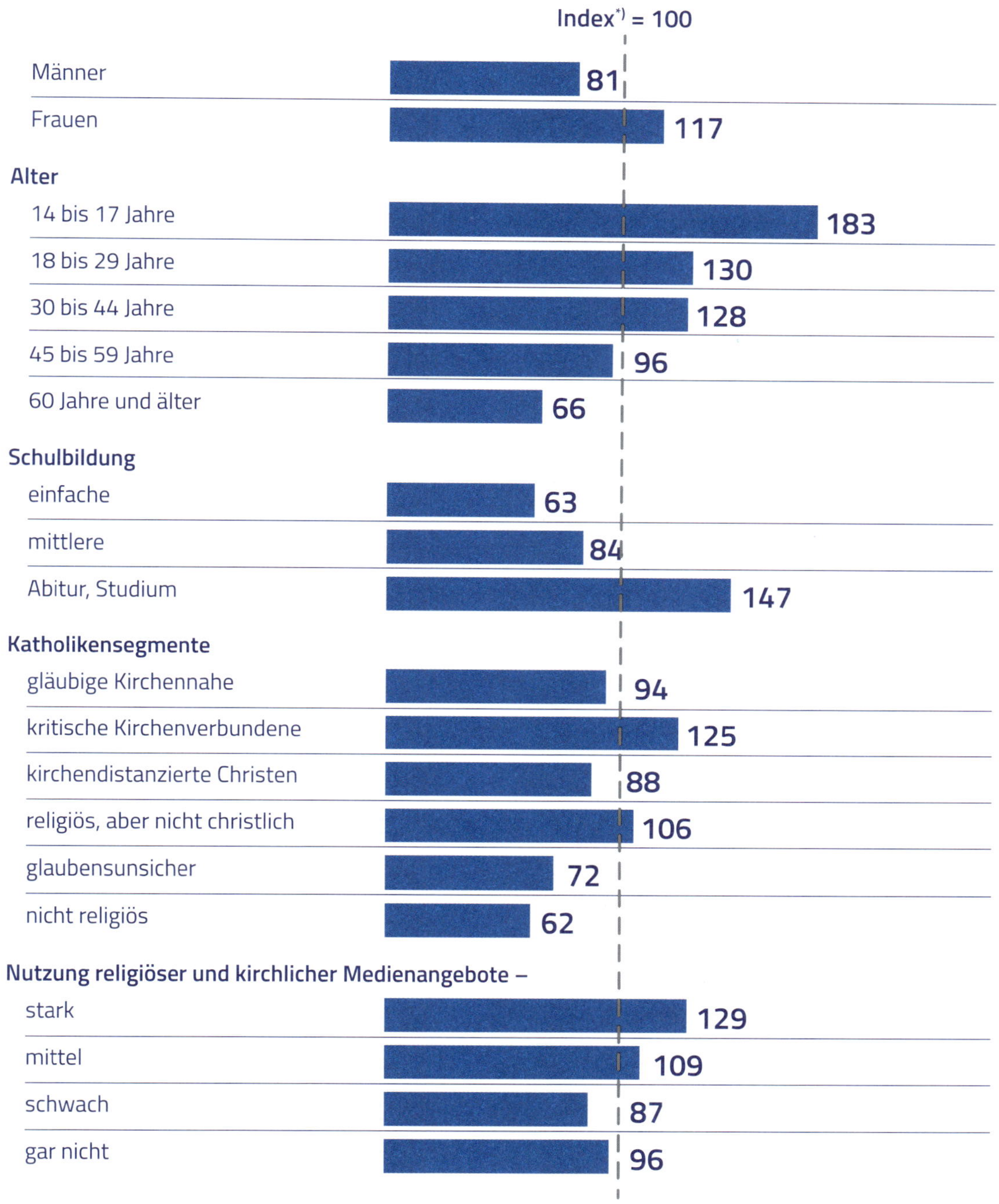

*) Indexdarstellung: Katholiken ab 14 insgesamt = 100

Basis: Bundesrepublik Deutschland, Katholiken ab 14 Jahre
Quelle: Allensbacher Archiv, IfD-Umfrage 8226

Schaubild 140

Daran, sich religiöse Bücher über die Vorlesefunktion eines E-Book-Readers vorlesen zu lassen, zeigen im Vergleich verschiedener Altersgruppen nur die 14- bis 17-jährigen Katholiken überdurchschnittliches Interesse bzw. haben das schon mal gemacht. Die Unterschiede zwischen verschiedenen Bildungsschichten sind hier auch weniger ausgeprägt als bei der Nutzung oder dem Interesse an religiösen E-Books bzw. religiösen Hörbüchern. Vergleichsweise wenig interessiert zeigen sich kirchendistanzierte Christen. Und Katholiken, die religiöse oder kirchliche Medienangebote nur schwach oder gar nicht nutzen, sind für dieses Angebot nur unterdurchschnittlich empfänglich (Schaubild 141).

Deutlich überdurchschnittlich ausgeprägt und auch insgesamt am größten ist das Interesse derer, die die Vorlesefunktion eines E-Book-Readers schon für religiöse Bücher genutzt haben oder daran interessiert sind, an Büchern über den Sinn des Lebens (auch zur Bewältigung von Sinnkrisen) sowie an Büchern zur Bewältigung von Lebenskrisen.

Profil von Katholiken, die sich religiöse Bücher schon mit der **Vorlesefunktion** eines E-Book-Readers haben vorlesen lassen oder daran interessiert wären

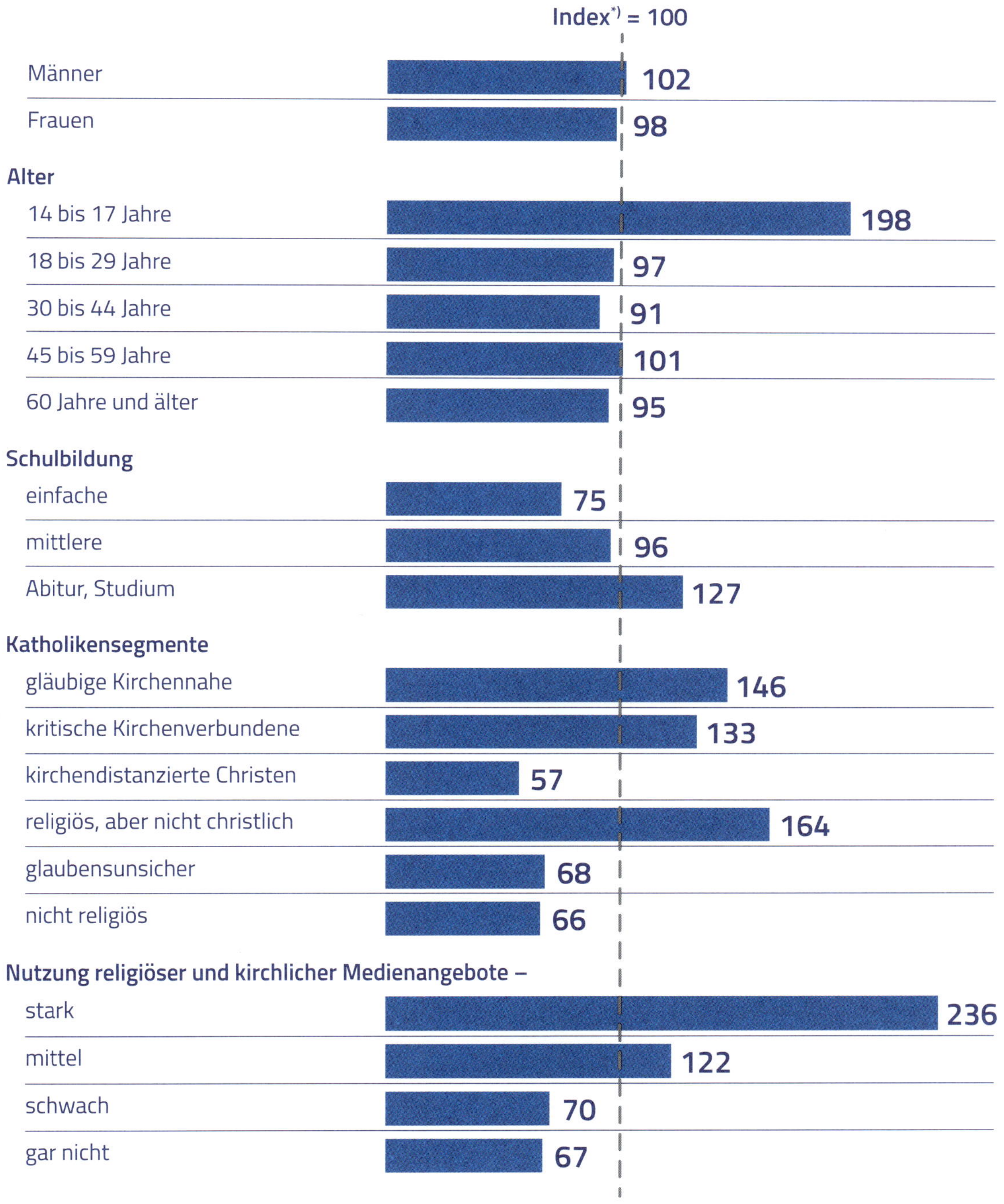

*) Indexdarstellung: Katholiken ab 14 insgesamt = 100

Basis: Bundesrepublik Deutschland, Katholiken ab 14 Jahre
Quelle: Allensbacher Archiv, IfD-Umfrage 8226

Schaubild 141

3.14 Katholische Öffentliche Büchereien (KÖB)

Nach dem Eindruck der Katholiken hat die Anzahl Katholischer Öffentlicher Büchereien (KÖB) in den letzten gut 10 Jahren abgenommen. Berichteten 2009 noch 43 Prozent aller Katholiken ab 16 Jahren davon, dass es bei ihnen am Ort eine KÖB gibt, liegt dieser Anteil aktuell bei nur noch 36 Prozent. Das wird nur zum Teil dadurch etwas kompensiert, dass nun 16 statt 13 Prozent vermelden, dass es eine solche Einrichtung zwar nicht am Ort selbst, aber in der näheren Umgebung gibt. 17 statt 14 Prozent verneinen ganz, dass es bei ihnen eine Katholische Öffentliche Bücherei gibt. Fast unverändert ein knappes Drittel der Katholiken weiß das nicht genau (Schaubild 142).

Weniger Katholische Öffentliche Büchereien?

Frage: »Wissen Sie das zufällig: Gibt es bei Ihnen am Ort oder in der näheren Umgebung eine Katholische Öffentliche Bücherei bzw. eine Pfarrbücherei, oder ist das nicht der Fall?«

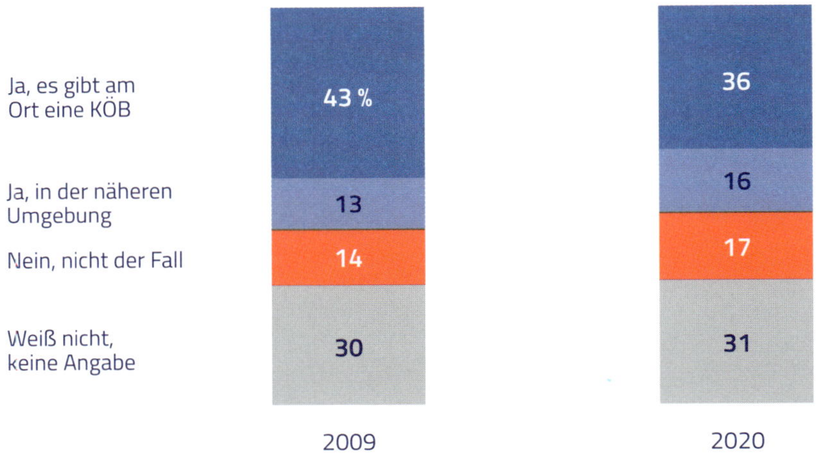

Basis: Bundesrepublik Deutschland, Katholiken ab 16 Jahre
Quelle: Allensbacher Archiv, IfD-Umfragen 5266, 8226

Schaubild 142

Insofern verwundert es auch nicht, dass der Anteil der Katholiken, die schon mal eine Katholische Öffentliche Bücherei besucht haben, tendenziell abnimmt, von 36 Prozent in 2009 auf aktuell 33 Prozent (Schaubild 143).

Der Anteil der Nutzer von KÖB ist dagegen bemerkenswert stabil: Wie in 2009 leihen sich 12 Prozent der Katholiken dort manchmal ein Buch aus (Schaubild 144).

Der Anteil der Katholiken, der eine Katholische Öffentliche Bücherei besucht hat, nimmt tendenziell ab

Frage: »Waren Sie selbst schon mal in einer Katholischen Öffentlichen Bücherei bzw. Pfarrbücherei, oder ist das nicht das Fall?«

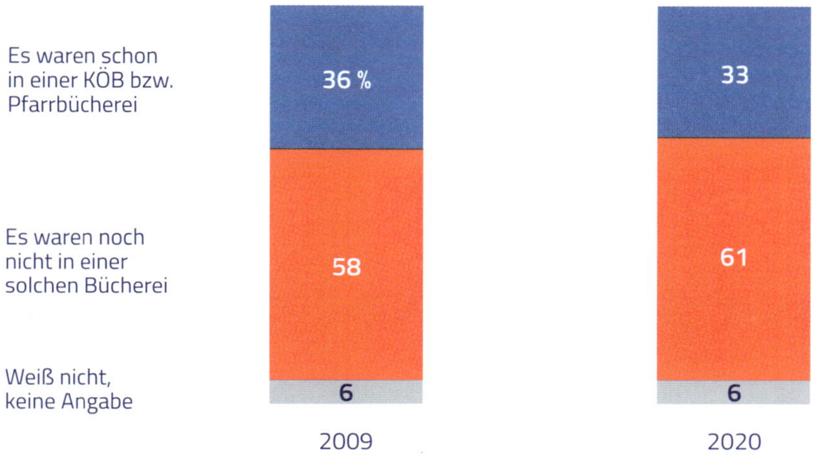

Basis: Bundesrepublik Deutschland, Katholiken ab 16 Jahre
Quelle: Allensbacher Archiv, IfD-Umfragen 5266, 8226
© IfD-Allensbach

Schaubild 143

Anteil der Katholiken, die Katholische Öffentliche Büchereien nutzen, bleibt stabil

Frage: »Leihen Sie manchmal ein Buch aus der Katholischen Öffentlichen Bücherei oder der Pfarrbücherei aus?«

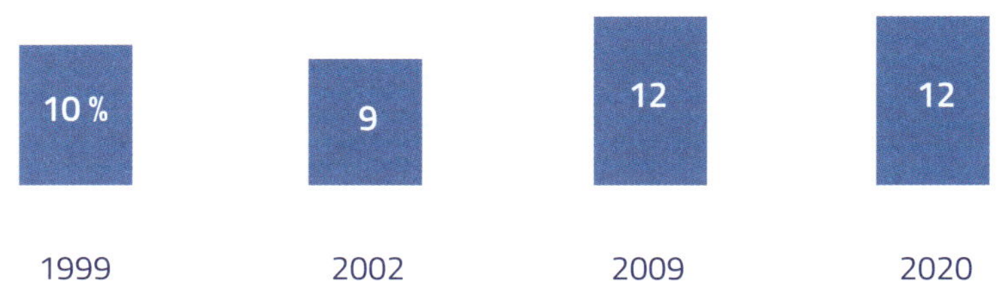

Basis: Bundesrepublik Deutschland, Katholiken ab 16 Jahre
Quelle: Allensbacher Archiv, IfD-Umfragen, zuletzt 8226

Schaubild 144

Nutzer Katholischer Öffentlicher Büchereien sind zu rund drei Vierteln – und damit deutlich überdurchschnittlich häufig – Katholiken, die sich ihrer Pfarrgemeinde eng oder zumindest mittelstark verbunden fühlen, zu fast der Hälfte Personen, die selbst oder deren Partner in der Kirche angestellt oder die ehrenamtlich in der Kirche aktiv sind.

Nutzer sind darüber hinaus in hohem Anteil 60 Jahre und älter – auch wenn 14- bis 17-jährige Katholiken überdurchschnittlich häufig unter den Nutzern zu finden sind, zudem eher Frauen als Männer (Schaubild 145).

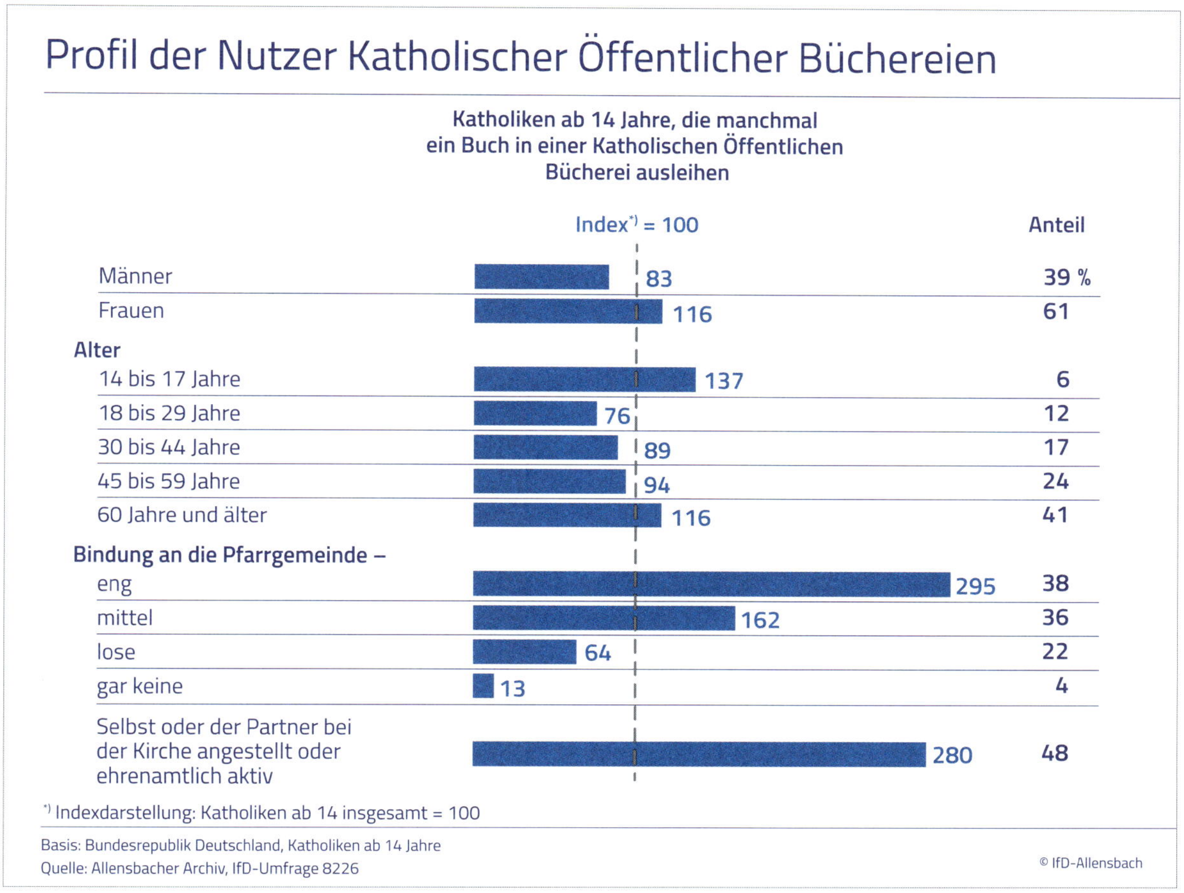

Schaubild 145

3.15 Radio, Fernsehen und religiöse Musik

Kirchliche bzw. religiöse Angebote im Radio und Fernsehen erzielen eine bemerkenswerte Reichweite und erreichen zum Teil auch kirchendistanziertere Segmente.

Insgesamt hört sich fast ein Drittel der Katholiken zumindest gelegentlich Beiträge zu kirchlichen oder religiösen Themen im Radio an, darunter 4 Prozent sogar häufig. Erwartungsgemäß nutzen kirchenverbundene Katholikensegmente und höhere Altersgruppen solche Angebote überdurchschnittlich häufig – gläubige Kirchennahe zu 59 Prozent sowie Katholiken ab 60 Jahren zu 42 Prozent zumindest gelegentlich. Aber auch rund jeder fünfte 18- bis 29-jährige Katholik und rund jeder sechste kirchendistanzierte Christ hört sich solche Beiträge zumindest gelegentlich an (Schaubild 146).

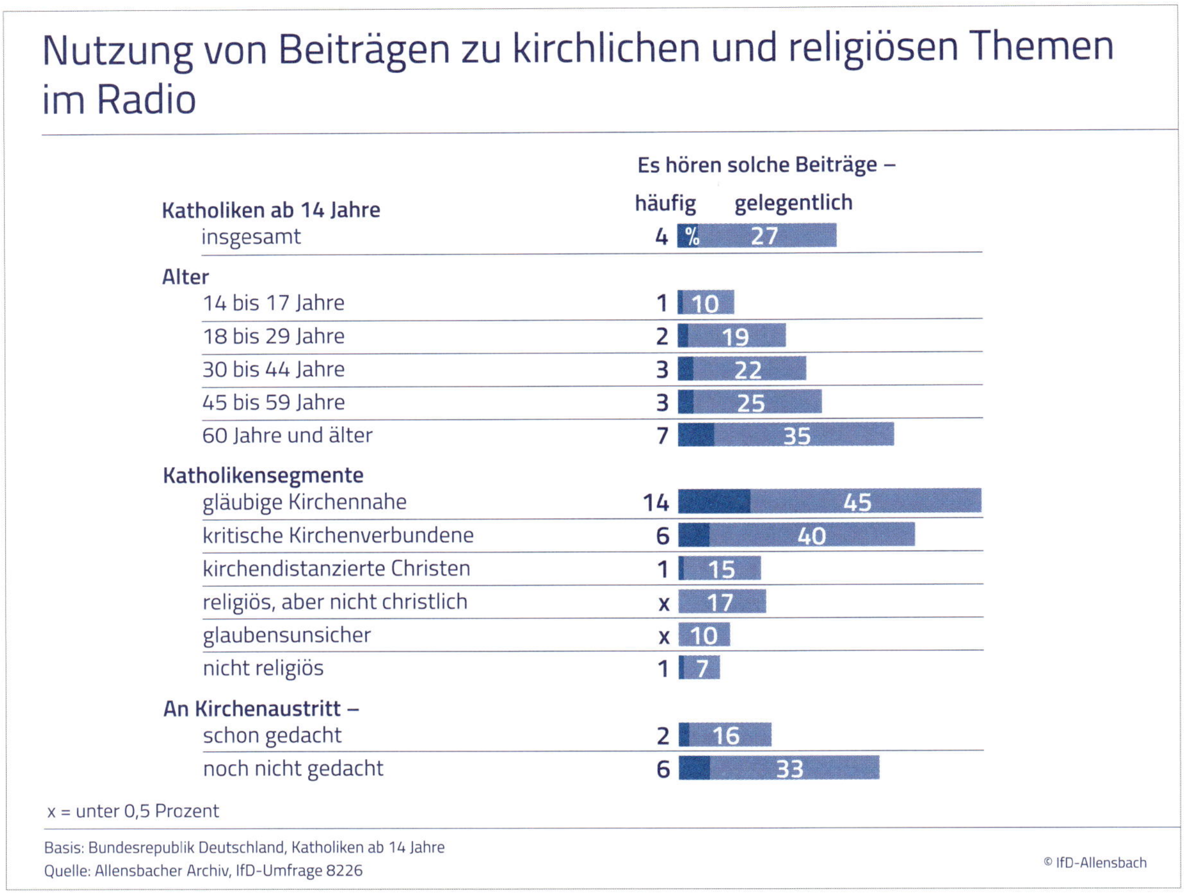

Schaubild 146

Dabei ist in Rechnung zu stellen, dass die Radionutzung stark altersabhängig ist, insbesondere die Nutzung öffentlich-rechtlicher Radiosender: Der Anteil derjenigen, die täglich oder fast täglich öffentlich-rechtliche Radiosender hören, ist in höheren Altersgruppen deutlich größer als in jüngeren. So finden sich 14- bis 17-jährige Katholiken nur zu 12 Prozent unter den (fast) täglichen Hörern des öffentlich-rechtlichen Rundfunks, ab 60-Jährige dagegen rund zur Hälfte. Bei den unter 30-jährigen Katholiken spielen private Radiosender eine größere Rolle als öffentlich-rechtliche. Insgesamt sind bei den privaten Radiosendern die Unterschiede zwischen den Altersgruppen weniger ausgeprägt. Katholiken ab 60 Jahren nutzen diese allerdings deutlich weniger häufig als unter 60-Jährige (Schaubild 147).

Stark altersabhängige Radionutzung

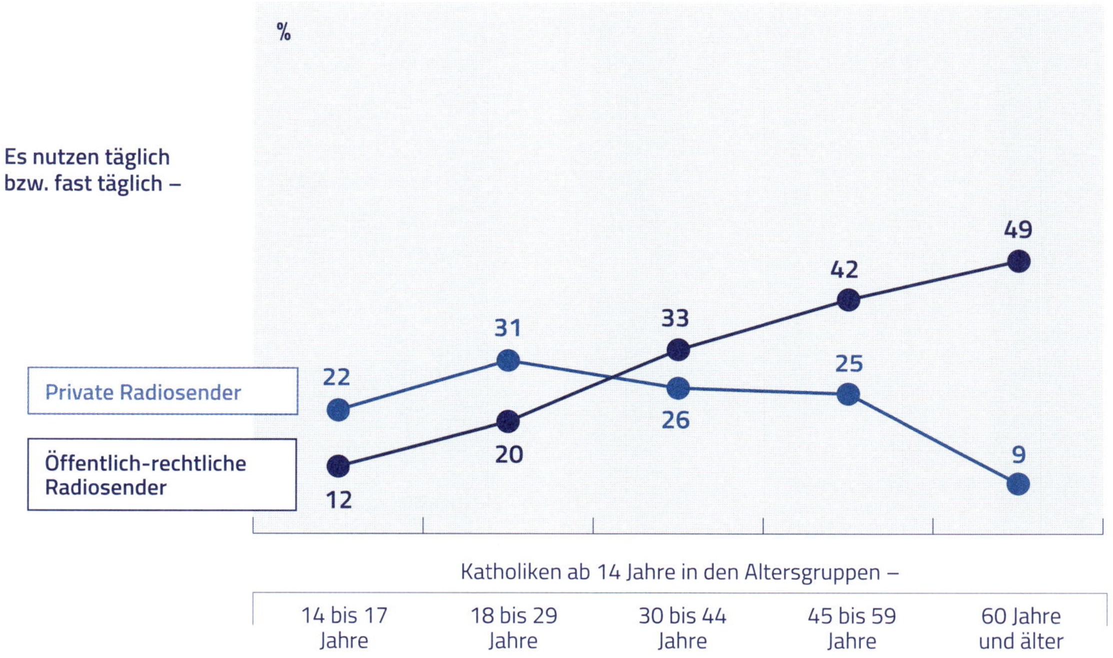

Basis: Bundesrepublik Deutschland, Katholiken ab 14 Jahre
Quelle: Allensbacher Archiv, IfD-Umfrage 8226

Schaubild 147

Beiträge zu kirchlichen und religiösen Themen im Fernsehen erzielen noch größere Reichweiten: 37 Prozent der Katholiken sehen solche Beiträge zumindest gelegentlich, darunter 4 Prozent häufig.

Auch hier ist die Nutzung unter kirchennahen Segmenten und älteren Katholiken überdurchschnittlich stark. Aber auch rund jeder sechste unter 30-jährige Katholik sowie rund jeder fünfte kirchendistanzierte Christ sieht solche Beiträge zumindest gelegentlich (Schaubild 148).

Auch hier ist die generelle Nutzung des Mediums stark altersabhängig, insbesondere – ähnlich wie beim Radio – was das öffentlich-rechtliche Fernsehen betrifft: Von den 14- bis 17-jährigen Katholiken schauen lediglich 13 Prozent (fast) täglich öffentlich-rechtliches Fernsehen, Katholiken ab 60 Jahre dagegen zu 83 Prozent. Für unter 30-jährige Katholiken spielen private Fernsehsender eine größere Rolle als öffentlich-rechtliche (Schaubild 149).

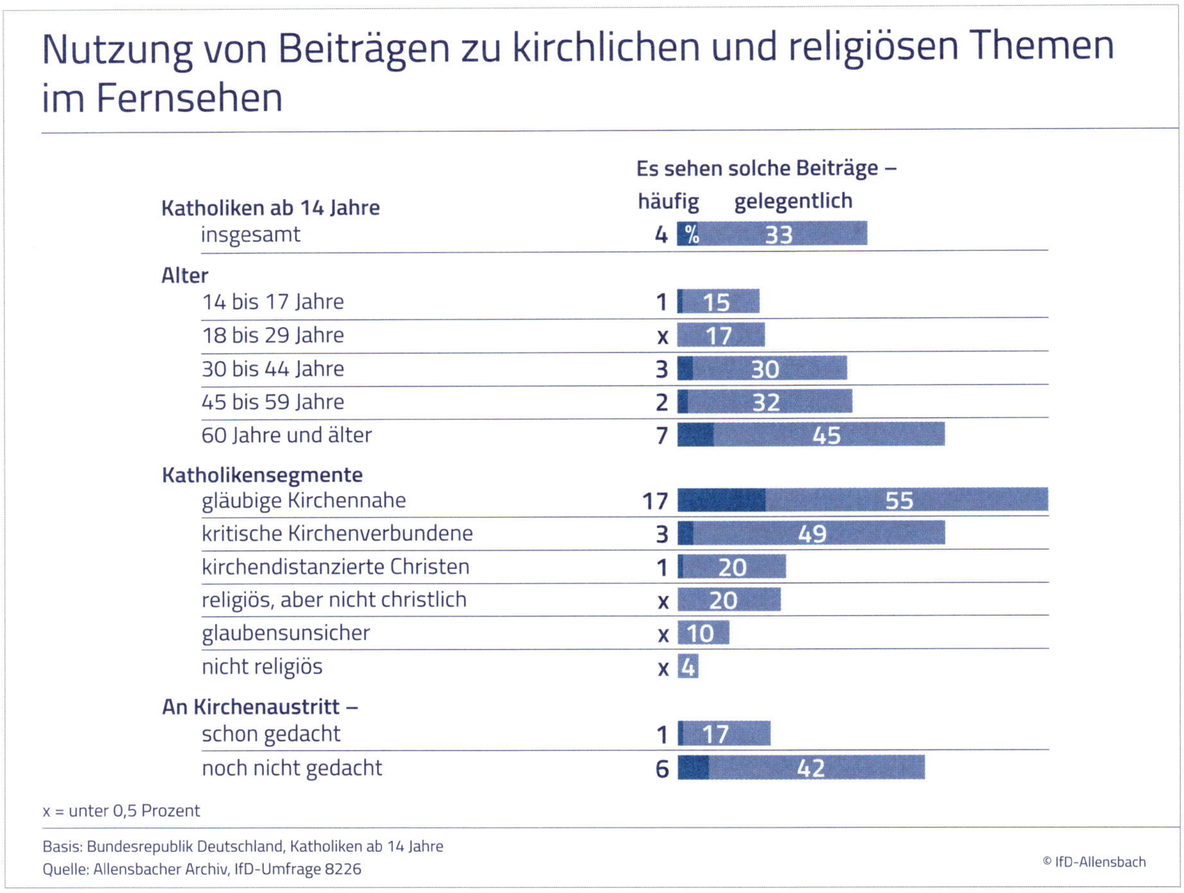

Schaubild 148

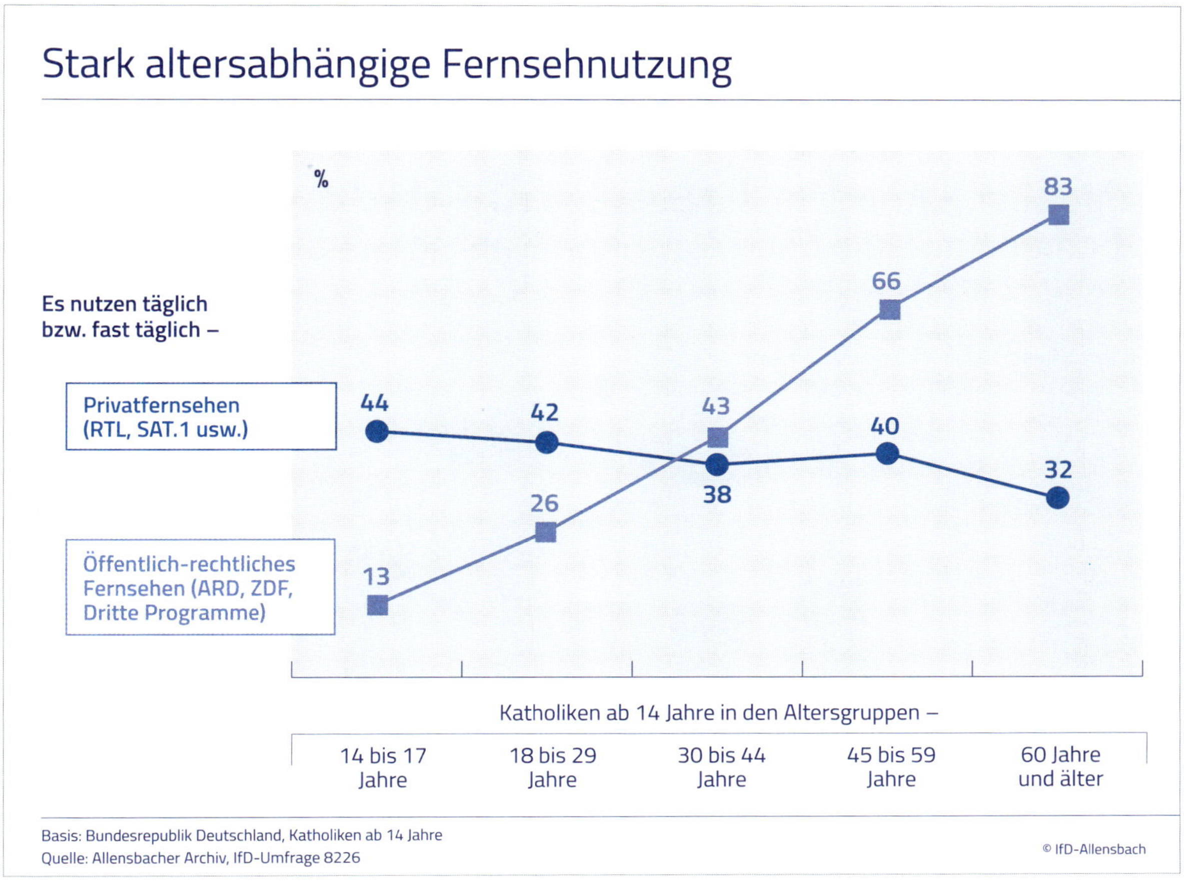

Schaubild 149

Im Vergleich zu 2009 sind die Anteile der Katholiken, die im Radio oder im Fernsehen häufig oder gelegentlich Beiträge zu kirchlichen und religiösen Themen hören bzw. sehen, praktisch stabil (Schaubild 150).

Anteil der Katholiken, die Beiträge zu kirchlichen oder religiösen Themen im Radio und Fernsehen wahrnehmen, bleibt stabil

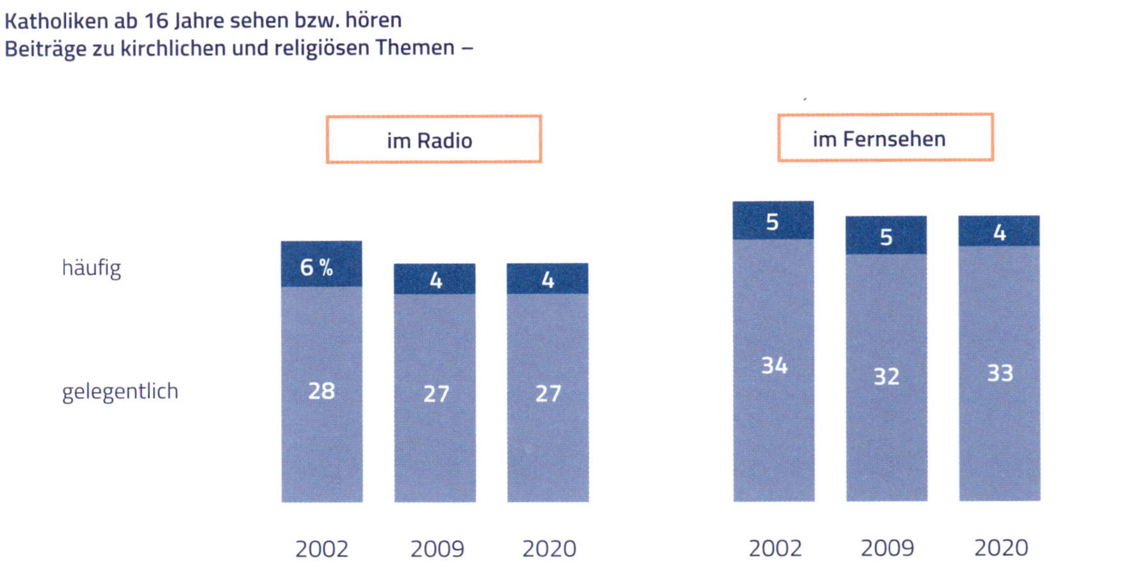

Basis: Bundesrepublik Deutschland, Katholiken ab 16 Jahre
Quelle: Allensbacher Archiv, IfD-Umfragen 4263, 5266, 8226

© IfD-Allensbach

Schaubild 150

Vergleichsweise hohe Reichweiten erzielen im Radio die Worte für den Tag. 7 Prozent der Katholiken hören das häufig, weitere 18 Prozent ab und zu – zusammen also jeder Vierte. Hinzu kommen weitere 20 Prozent, die diese Beiträge selten hören.

Andere Kurzbeiträge zu kirchlichen Themen im Radio werden von 17 Prozent zumindest gelegentlich, von weiteren 24 Prozent selten gehört, Nachrichten und Reportagen aus der kirchlichen Welt von 15 Prozent zumindest gelegentlich und weiteren 24 Prozent selten und Gottesdienstübertragungen von 14 Prozent zumindest gelegentlich und 18 Prozent selten. Deutlich geringer ist die Reichweite von Radiosendern mit kirchlichem Programm, wie Radio Paradiso, Radio Horeb oder das domradio: 4 Prozent hören solche Sender zumindest ab und zu, 9 Prozent selten.

Im Fernsehen erreichen vor allem Pfarrserien wie »Pfarrer Braun« oder »Um Himmels Willen« ein breites Publikum, auch wenn man diskutieren mag, inwieweit dies als kirchliches oder religiöses Medienangebot im eigentlichen Sinne einzuordnen ist. Ein Drittel der Katholiken schaut sich dies zumindest ab und zu an, weitere 21 Prozent selten. Aber auch das Wort zum Sonntag erreicht 29 Prozent der Katholiken zumindest ab und zu, ein weiteres Viertel selten.

Daneben werden Gottesdienstübertragungen von gut jedem fünften Katholiken mindestens ab und zu, von weiteren 23 Prozent selten angeschaut, Nachrichten und Reportagen aus der kirchlichen Welt im Fernsehen ebenfalls von knapp jedem Vierten zumindest ab und zu und weiteren 30 Prozent selten (Schaubild 151).

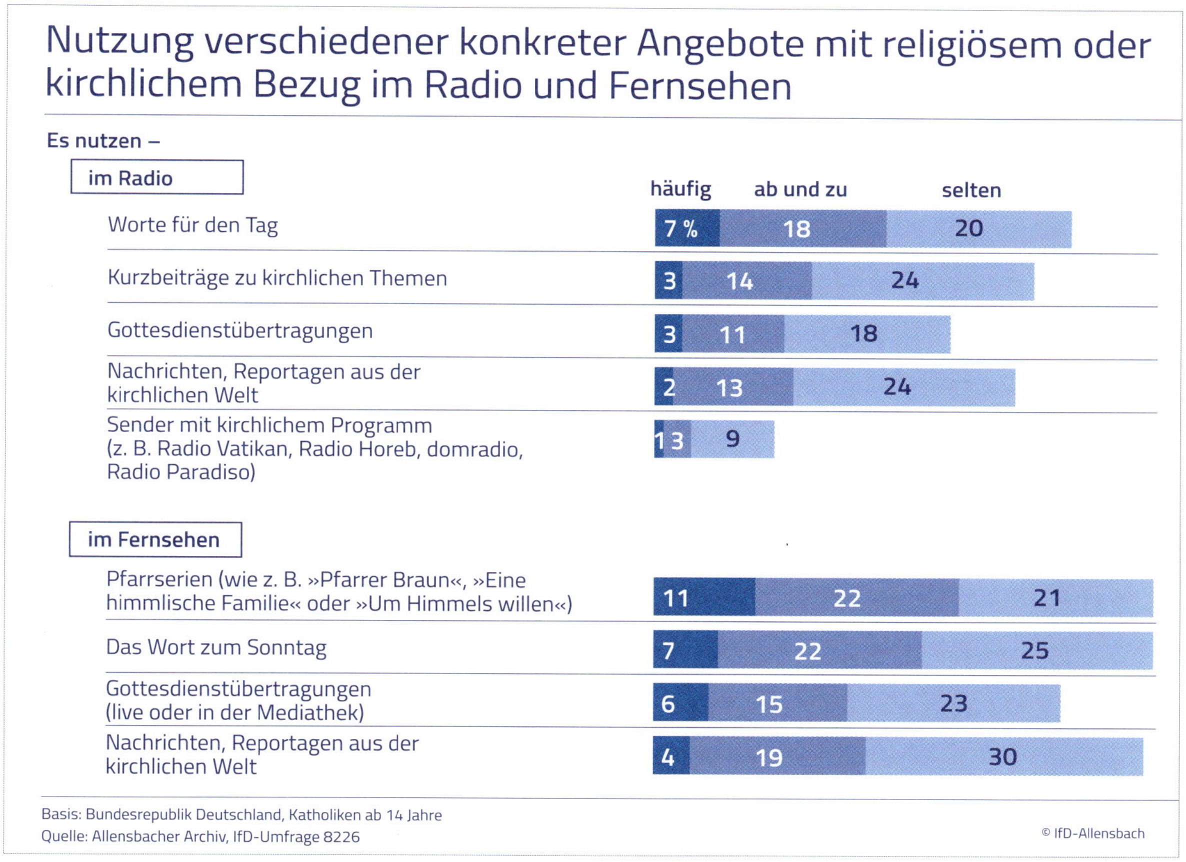

Schaubild 151

Die Reichweiten der verschiedenen kirchlichen und religiösen Angebote im Radio und im Fernsehen stoßen in den verschiedenen Katholikensegmenten erwartungsgemäß auf deutlich unterschiedlich starke Aufmerksamkeit. Alle genannten konkreten Angebote in den Funkmedien werden von kirchennahen Segmenten in höheren Anteilen zumindest ab und zu genutzt als von kirchendistanzierteren Segmenten. So schauen sich gläubige Kirchennahe jeweils zu rund der Hälfte zumindest ab und zu das Wort zum Sonntag, Gottesdienstübertragungen oder Nachrichten und Reportagen aus der kirchlichen Welt im Fernsehen an, jeweils gut ein Drittel hört im Radio mindestens ab und zu Worte für den Tag, Kurzbeiträge zu kirchlichen Themen, Nachrichten oder Reportagen aus der kirchlichen Welt sowie Gottesdienstübertragungen.

Aber auch kirchendistanzierte Christen sehen sich zu 17 Prozent zumindest ab und zu das Wort zum Sonntag im Fernsehen an und zu 12 Prozent Reportagen aus der kirchlichen Welt. Knapp ein Drittel schaut daneben mindestens ab und zu Pfarrserien. Im Radio hören sie zu 14 Prozent häufig oder ab und zu Worte für den Tag, zu 12 Prozent Kurzbeiträge zu kirchlichen Themen.

Katholiken, die sich als religiös, aber nicht christlich beschreiben, hören zu bemerkenswerten 30 Prozent mindestens ab und zu Worte für den Tag im Radio (Schaubilder 152 und 153).

Nutzung kirchlicher und religiöser Angebote im Radio in verschiedenen Katholikensegmenten

	Katholiken ab 14 Jahre –						
	insgesamt	gläubige Kirchennahe	kritische Kirchenverbundene	kirchendistanzierte Christen	religiös, aber nicht christlich	glaubensunsicher	nicht religiös
Es nutzen im Radio häufig oder ab und zu –	%	%	%	%	%	%	%
Worte für den Tag	25	35	38	14	30	10	7
Kurzbeiträge zu kirchlichen Themen	17	34	22	12	12	6	4
Nachrichten, Reportagen aus der kirchlichen Welt	15	34	21	8	10	4	5
Gottesdienstübertragungen	14	37	18	6	12	4	1
Sender mit kirchlichem Programm	4	12	5	2	x	3	x

x = unter 0,5 Prozent

Basis: Bundesrepublik Deutschland, Katholiken ab 14 Jahre
Quelle: Allensbacher Archiv, IfD-Umfrage 8226

© IfD-Allensbach

Schaubild 152

Nutzung kirchlicher und religiöser Angebote im Fernsehen in verschiedenen Katholikensegmenten

	Katholiken ab 14 Jahre –						
	insgesamt	gläubige Kirchen-nahe	kritische Kirchen-verbundene	kirchen-distanzierte Christen	religiös, aber nicht christlich	glaubens-unsicher	nicht religiös
	%	%	%	%	%	%	%
Es sehen im Fernsehen häufig oder ab und zu –							
Pfarrserien	33	49	37	31	28	24	12
Wort zum Sonntag	29	56	41	17	17	11	2
Reportagen	22	49	30	12	15	8	6
Gottesdienst-übertragungen	21	53	30	8	7	6	2

Basis: Bundesrepublik Deutschland, Katholiken ab 14 Jahre
Quelle: Allensbacher Archiv, IfD-Umfrage 8226

Schaubild 153

Fast ein Drittel der Katholiken hört zumindest gelegentlich gezielt religiöse Musik, also nicht nur zufällig nebenbei. Dabei umfasst religiöse Musik in dieser Allgemeinheit ein breites Spektrum verschiedener Musikstile, von Kirchenmusik über Gospels bis hin zu modernen Bands, die Musik mit religiösem Bezug machen.

Auch beim Rezipieren religiöser Musik ist ein deutliches Altersgefälle festzustellen: Katholiken in höheren Altersgruppen hören in deutlich höheren Anteilen zumindest gelegentlich gezielt religiöse Musik als Katholiken in jüngeren Altersgruppen: Katholiken ab 60 Jahren zu 36 Prozent, 14- bis 17-jährige Katholiken zu nur 14 Prozent.

Auch kirchennahe Segmente hören in höheren Anteilen religiöse Musik als kirchenfernere Segmente. Die Unterschiede sind allerdings weniger ausgeprägt als bei vielen anderen Indikatoren: 51 Prozent der gläubigen Kirchennahen und 38 Prozent der kritisch Kirchenverbundenen hören zumindest gelegentlich religiöse Musik, aber auch 21 Prozent der kirchendistanzierten Christen und 27 Prozent der Katholiken, die sich selbst als religiös, aber nicht christlich beschreiben (Schaubild 154).

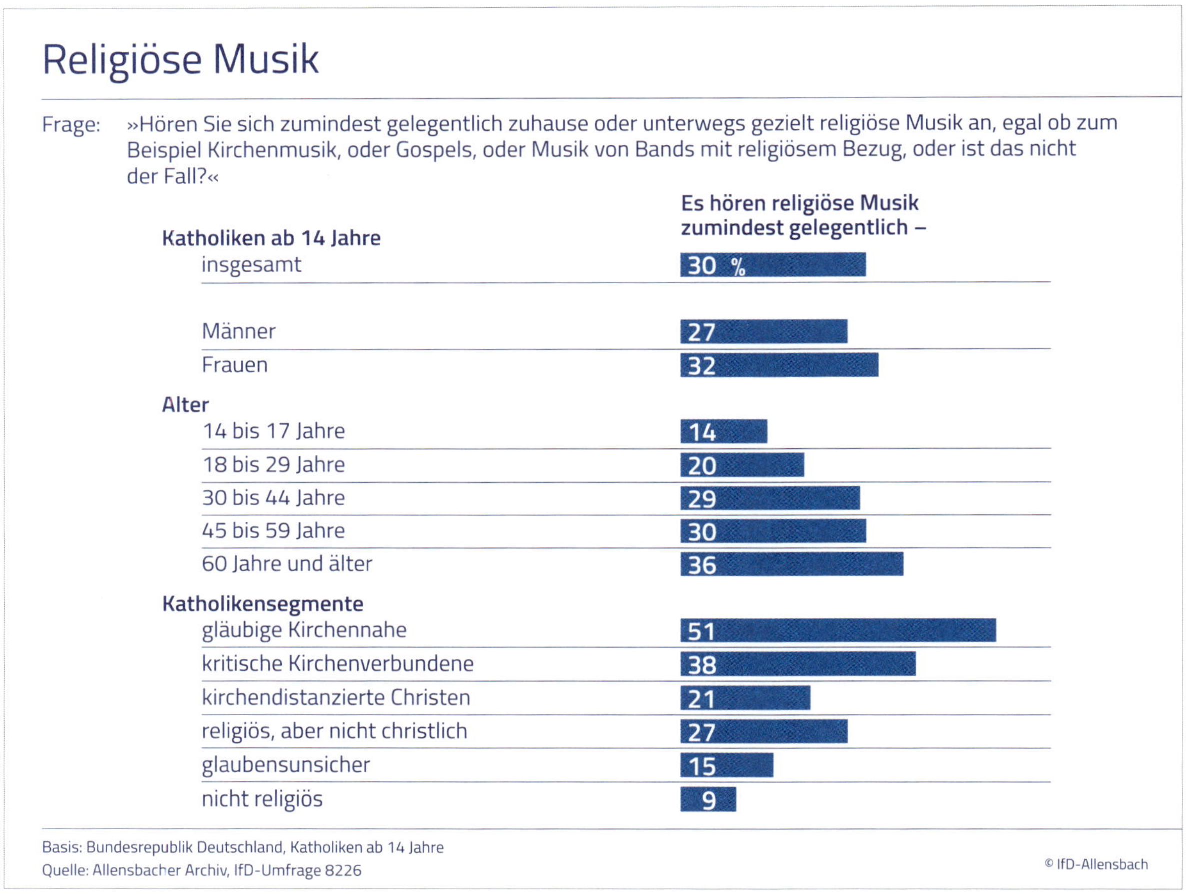

Schaubild 154

Rund die Hälfte der Katholiken hat auch selbst schon religiöse Musik gekauft (48 Prozent), 46 Prozent ausdrücklich noch nicht und die übrigen 6 Prozent sind sich nicht sicher (Schaubild 155).

Rund die Hälfte der Hörer religiöser Musik haben selbst auch schon solche Musik gekauft

Frage: »Haben Sie sich selber schon mal religiöse Musik gekauft oder ist das nicht der Fall?«

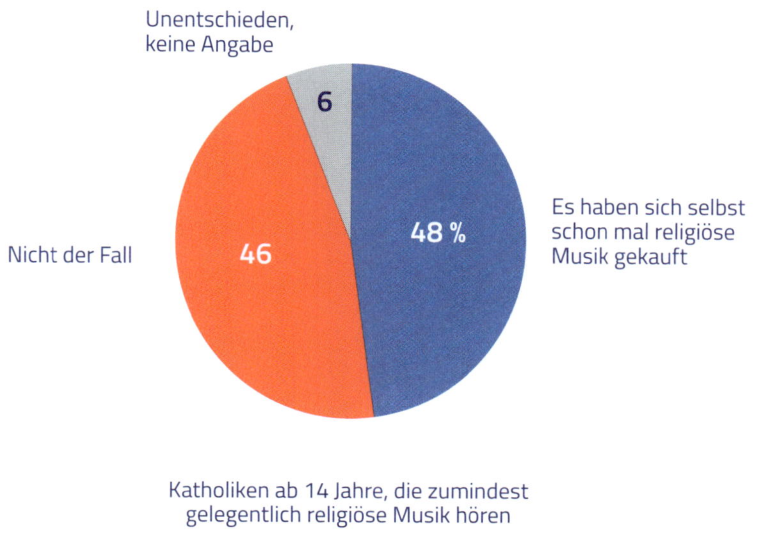

Basis: Bundesrepublik Deutschland, Katholiken ab 14 Jahre, die zumindest gelegentlich religiöse Musik hören
Quelle: Allensbacher Archiv, IfD-Umfrage 8226

Schaubild 155

3.16 Personale Kommunikation und die Pfarrgemeinde vor Ort

Neben der Nutzung medialer kirchlicher und religiöser Angebote wird im Rahmen des Trendmonitors auch die Kommunikation über kirchliche und religiöse Themen im persönlichen Nahbereich und mit Vertretern der Kirche untersucht.

Im Familienkreis sowie im Freundes- und Bekanntenkreis wird über Glaubensfragen und religiöse Themen heute ähnlich häufig gesprochen wie schon vor rund 20 Jahren. Im Familienkreis sprechen aktuell 19 Prozent der Katholiken häufiger über Glaubensfragen und religiöse Themen, 26 Prozent nicht so häufig, 37 Prozent nur selten und 16 Prozent gar nicht. Im Freundes- und Bekanntenkreis werden solche Themen weniger häufig besprochen als in der Familie. 11 Prozent sprechen mit Freunden oder Bekannten häufiger über Glaubensfragen und religiöse Themen, 22 Prozent nicht so häufig, 41 Prozent selten und rund ein Viertel gar nicht (Schaubild 156).

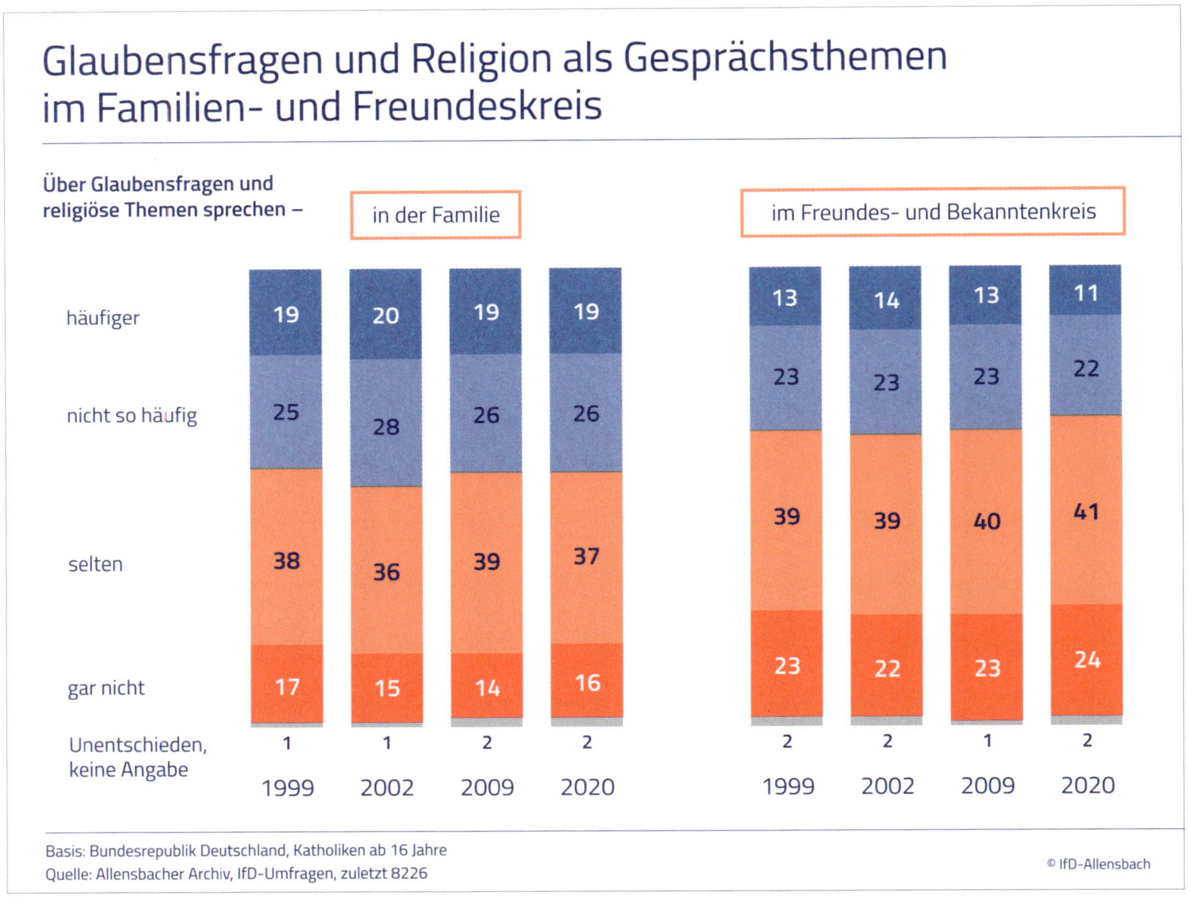

Schaubild 156

Dabei fällt es der Mehrheit der Katholiken leicht, im eigenen Freundes- und Bekanntenkreis über Fragen des Glaubens und der Religion zu sprechen (59 Prozent), gut jedem Fünften allerdings nicht so leicht (22 Prozent). Im Vergleich zu 2009 haben sich diese Werte damit praktisch nicht verändert (2009: 59 Prozent bzw. 21 Prozent).

In besonders hohem Anteil tun sich Glaubensunsichere schwer, im eigenen Freundes- und Bekanntenkreis über Fragen des Glaubens und der Religion zu sprechen (37 Prozent), in besonders geringem Anteil gläubige Kirchennahe (14 Prozent).

Gleichzeitig hat aber die Mehrheit der Katholiken den Eindruck, dass es den meisten anderen Menschen bei uns nicht so leichtfällt, über diese Themen zu sprechen (55 Prozent), nur 21 Prozent sind der gegenteiligen Überzeugung. Zwar hat der Anteil derer, die davon ausgehen, dass sich die meisten Menschen bei uns schwertun, über Glauben und Religion zu sprechen, in den letzten rund 20 Jahren leicht abgenommen (2002: 62 Prozent, 2009: 58 Prozent), aber noch immer wird dieses Themenfeld offenbar in gewisser Weise als tabuisiert wahrgenommen, Religion bleibt für viele »Privatsache«.

An potentiellen Gesprächspartnern zum Thema Glaube und Religion mangelt es in der Regel nicht. 57 Prozent der Katholiken haben jemanden in der Familie oder im Freundes- und Bekanntenkreis, mit dem sie sich über Glaubensfragen austauschen können, wenn ihnen danach ist, nur 7 Prozent beklagen, dass es da niemanden gibt. Rund jeder dritte Katholik hat allerdings gar kein Bedürfnis nach solchen Gesprächen (32 Prozent, Schaubild 157).

Katholiken, die sich als religiös, aber nicht christlich, als glaubensunsicher oder als nicht religiös bezeichnen, haben mehrheitlich gar kein Bedürfnis, sich mit anderen darüber auszutauschen, kirchendistanzierte Christen zu 44 Prozent. Dies unterstreicht noch einmal die Herausforderung, diese Gruppen mit kirchlichen oder religiösen Botschaften zu erreichen. Ebenso haben junge Katholiken in vergleichsweise hohem Anteil kein Interesse an Gesprächen über Glaubensfragen: 14- bis 17-Jährige zu 39 Prozent, 18- bis 29-Jährige zu 41 Prozent.

Und auch Katholiken, die kirchliche Medienangebote gar nicht nutzen, haben in hohem Anteil auch kein Bedürfnis nach persönlichen Gesprächen über Glaubensfragen (59 Prozent).

Insgesamt wenig unbefriedigter Gesprächsbedarf über Glaubensfragen

Frage: »Gibt es in Ihrer Familie, in Ihrem Freundes- oder auch im weiteren Bekanntenkreis jemanden, mit dem Sie sich über Glaubensfragen aussprechen können, wenn Sie das Bedürfnis danach haben, oder gibt es da im Grunde niemanden, oder haben Sie gar nicht das Bedürfnis nach solchen Gesprächen?«

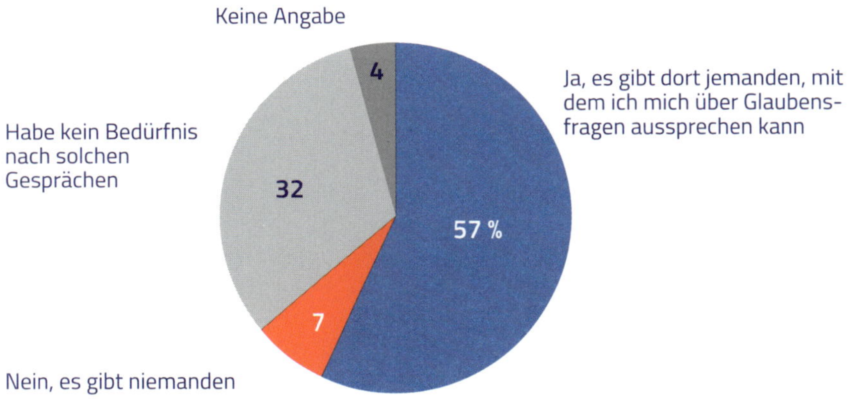

Basis: Bundesrepublik Deutschland, Katholiken ab 14 Jahre
Quelle: Allensbacher Archiv, IfD-Umfrage 8226

Schaubild 157

Katholiken, die in ihrer Familie oder ihrem Freundes- und Bekanntenkreis niemanden haben, mit dem sie sich über Glaubensfragen aussprechen können, wenn sie das Bedürfnis danach haben – und auch nicht sagen, dass sie dieses Bedürfnis nicht haben –, sind überdurchschnittlich häufig 60 Jahre und älter, haben eher nur wenige Freunde und Bekannte, sind eher Frauen als Männer und überdurchschnittlich häufig glaubensunsicher (Schaubild 158).

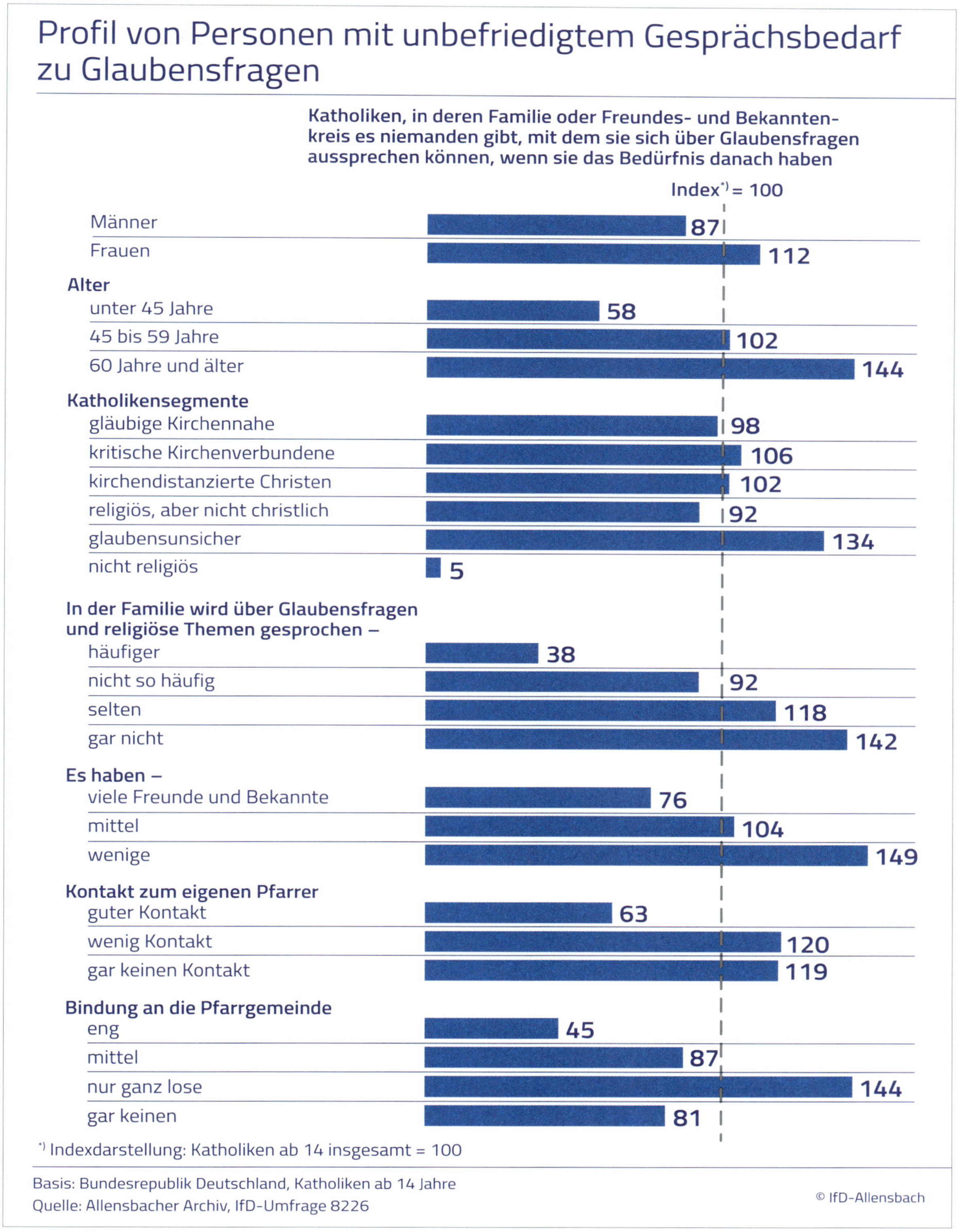

Schaubild 158

Für die Interpretation der Ergebnisse zu den persönlichen Kontakten von Katholiken zu Vertretern der Kirche vor Ort – seien es der Pfarrer, andere Priester oder in der Kirchengemeinde Aktive – ist die Bindung an die Pfarrgemeinde ein wichtiger Rahmen. Lediglich 13 Prozent der Katholiken ab 16 Jahren fühlen sich ihrer Pfarrgemeinde eng verbunden, weitere 22 Prozent mittel. Rund ein Drittel beschreibt die Bindung als lose, 29 Prozent fühlen sich ihrer Pfarrgemeinde gar nicht verbunden. Damit hat die Bindung von Katholiken an ihre Pfarrgemeinde – trotz abnehmender Kirchenmitgliederzahlen – im Vergleich zu 2009 signifikant abgenommen.

Dabei ist die Bindung von Katholiken, deren Gemeinde einem Pfarrverband angehört, nicht signifikant geringer als die Bindung von Katholiken in eigenständigen Pfarrgemeinden (Schaubild 159).[22]

Bindung an die Pfarrgemeinde rückläufig, aber keine überdurchschnittliche Distanz in den Pfarrverbänden

Es bezeichnen die Bindung an ihre Pfarrgemeinde als –	Katholiken ab 16 Jahre insgesamt 1999	2002	2009	2020	2020 Katholiken in – eigenständiger Pfarrgemeinde	einer Gemeinde, die zu einem Pfarrverband gehört
	%	%	%	%	%	%
eng	18	16	16	13	18	19
mittel	24	25	25	22	31	27
nur ganz lose	31	31	33	34	30	38
gar keine Bindung	26	27	25	29	20	15
Keine Angabe	1	1	1	2	1	1
	100	100	100	100	100	100

Basis: Bundesrepublik Deutschland, Katholiken ab 16 Jahre
Quelle: Allensbacher Archiv, IfD-Umfragen, zuletzt 8226

Schaubild 159

22 Dass die Werte für die Bindung von Katholiken insgesamt deutlich niedriger liegen als sowohl die Werte von Katholiken in eigenständigen Pfarrgemeinden als auch von Katholiken in Gemeinden, die zu einem Pfarrverband gehören, ist darauf zurückzuführen, dass 34 Prozent aller Katholiken, darunter viele mit geringer Kirchenbindung, gar nicht wissen, zu welcher Art von Kirchengemeinde sie gehören.

Die verbreitet geringe Bindung an die eigene Gemeinde zeigt sich auch daran, dass ein Viertel der Katholiken den Pfarrer ihrer Pfarrgemeinde nicht einmal dem Namen nach kennt (Schaubild 160).

Ein Viertel der Katholiken kennt den eigenen Pfarrer nicht mal dem Namen nach

Frage: »Kennen Sie den Pfarrer Ihrer Pfarrgemeinde, ist er Ihnen zumindest dem Namen nach bekannt?«

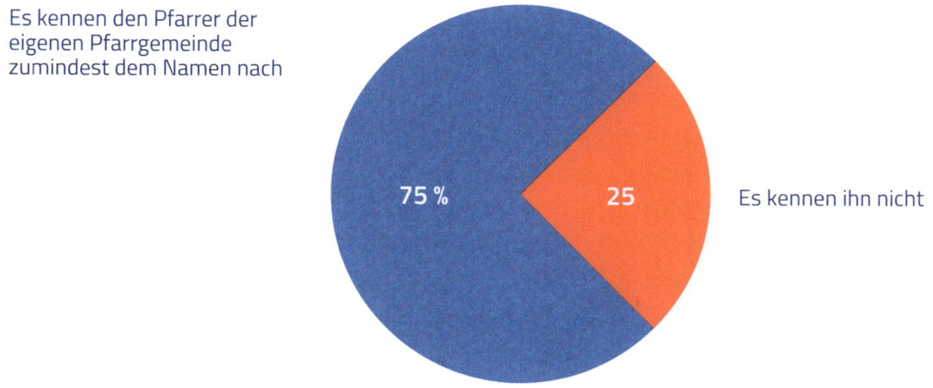

Basis: Bundesrepublik Deutschland, Katholiken ab 14 Jahre
Quelle: Allensbacher Archiv, IfD-Umfrage 8226

© IfD-Allensbach

Schaubild 160

Insgesamt haben 22 Prozent der Katholiken einen guten Kontakt zum Pfarrer ihrer Pfarrgemeinde, wechseln also auch mal ein paar persönliche Worte, weitere 29 Prozent haben wenig Kontakt und rund die Hälfte keinen Kontakt bzw. kennen ihn gar nicht. Nicht wenige Katholiken haben (auch) Kontakt zu anderen Priestern außer dem eigenen Pfarrer: Immerhin 16 Prozent berichten hier von einem guten Kontakt, 22 Prozent von wenig Kontakt. Zu anderen hauptamtlichen Mitarbeitern der Kirche vor Ort wie Pastoralreferenten, Diakonen oder Gemeindereferenten haben 19 Prozent guten, weitere 24 Prozent wenig Kontakt.

Vergleichsweise wenig verbreitet ist der Kontakt mit Ordensleuten oder z. B. mit Klöstern. Hier berichten insgesamt nur 16 Prozent von Kontakten, darunter 6 Prozent von einem guten Kontakt.

Relativ verbreitet ist der Kontakt zu Mitarbeitern anderer kirchlicher Einrichtungen wie Bildungsstätten, Kindergärten, Schulen oder Katholischen Öffentlichen Büchereien. 21 Prozent haben hier einen guten Kontakt, weitere 29 Prozent wenig Kontakt (Schaubild 161).

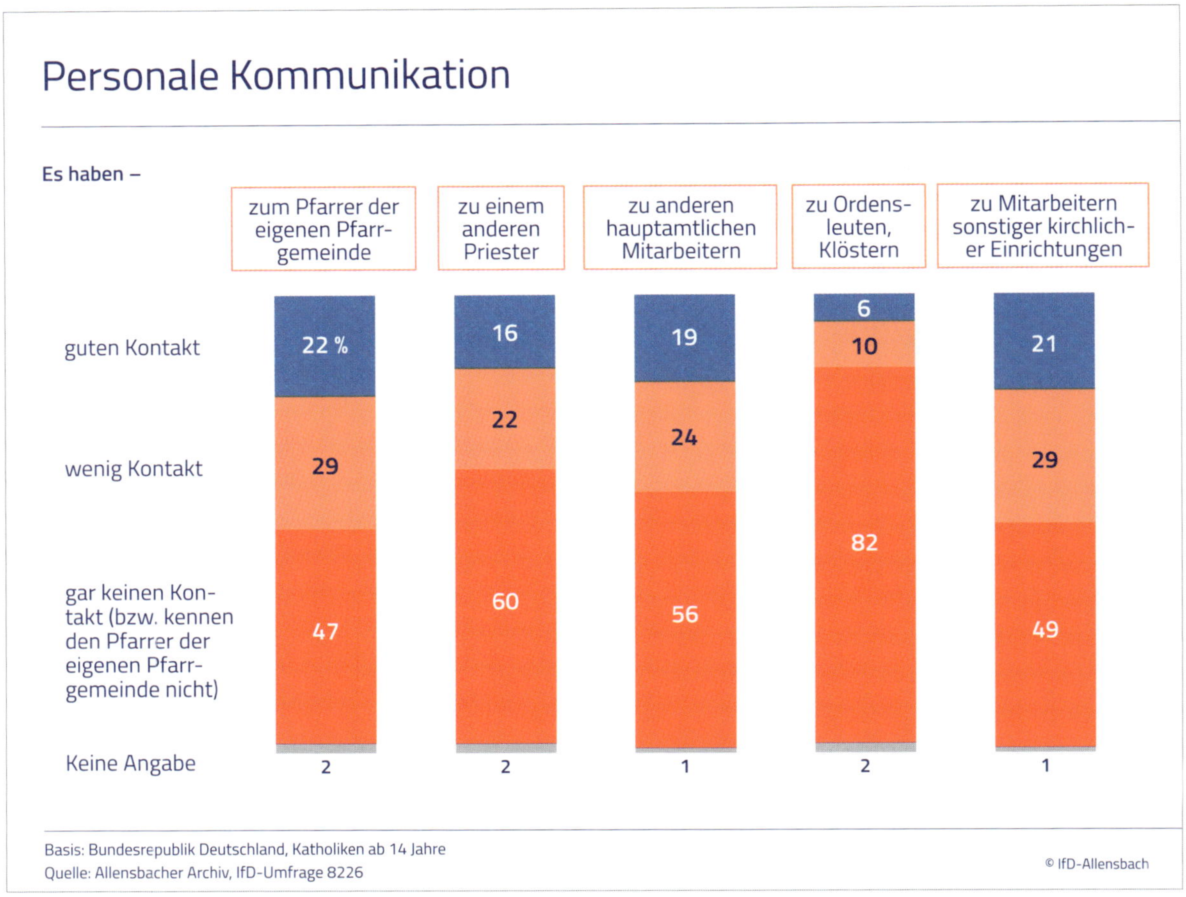

Schaubild 161

Im Vergleich zu 2009 ist der Anteil der Katholiken mit gutem Kontakt zu Vertretern der Kirche leicht erodiert. Das gilt sowohl für den guten Kontakt zum eigenen Pfarrer – auch der Anteil derer, die ihn zumindest dem Namen nach kennen, ist rückläufig – als auch für den guten Kontakt zu anderen Priestern, zu sonstigen hauptamtlichen Mitarbeitern oder zu Ordensleuten. Am wenigsten stark ist der Rückgang des Anteils derer, die guten Kontakt zu kirchlichen Einrichtungen wie Bildungsstätten, Kindergärten, Schulen oder Büchereien haben (Schaubild 162).

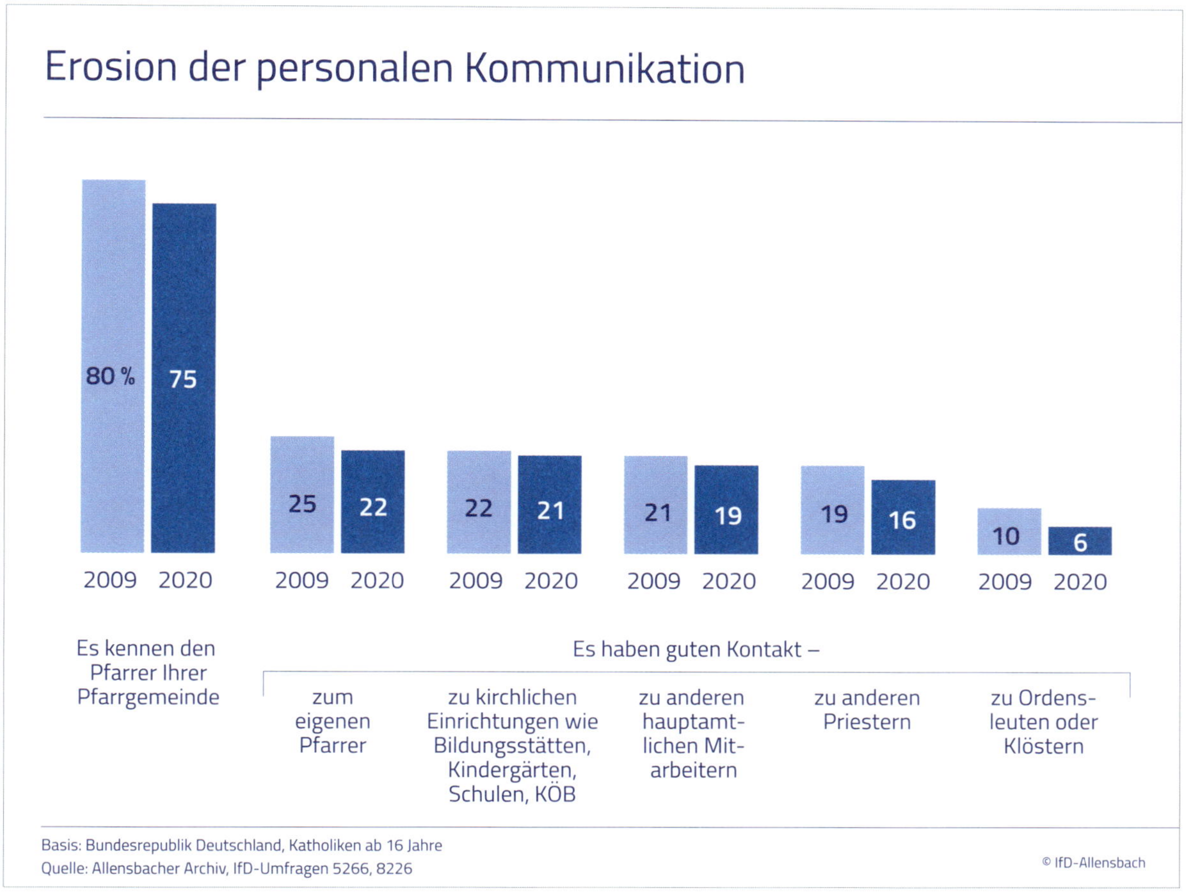

Schaubild 162

Auch beim persönlichen Kontakt zu Kirchenvertretern vor Ort unterscheiden sich die Katholikensegmente deutlich. Von den Katholiken insgesamt haben 40 Prozent Kontakt zu mindestens einem Vertreter, hauptamtlichen Mitarbeiter oder Mitarbeiter einer kirchlichen Einrichtung. Unter gläubigen Kirchennahen liegt dieser Anteil bei 80 Prozent, darunter 69 Prozent, die guten Kontakt zum eigenen Pfarrer haben. Auch kritisch Kirchenverbundene haben mehrheitlich guten Kontakt zu mindestens einem Ansprechpartner bei der Kirche oder kirchlichen Einrichtungen. Auf kirchendistanzierte Christen trifft das nur zu rund einem Viertel zu. Dabei berichtet diese Gruppe noch am häufigsten von guten Kontakten zu Mitarbeitern kirchlicher Einrichtungen wie Bildungsstätten, Kindergärten, Schulen oder Büchereien. Kirchenfernere Segmente haben noch seltener persönliche Kontakte, auch diese Segmente am ehesten mit Mitarbeitern der genannten kirchlichen Einrichtungen (Schaubild 163).

Personale Kommunikation: wenig Kontakte der Kirchenferneren

	Katholiken ab 14 Jahre –						
	insgesamt	gläubige Kirchennahe (14%=100)	kritische Kirchenverbundene (33%=100)	kirchendistanzierte Christen (34%=100)	religiös, aber nicht christlich (4%=100)	glaubensunsicher (7%=100)	nicht religiös (6%=100)
Es haben guten Kontakt zu –	%	%	%	%	%	%	%
ihrem Pfarrer	22	69	29	6	5	4	2
anderen Priestern	16	43	22	7	2	2	1
Ordensleuten	6	17	9	3	3	1	x
hauptamtlichen Mitarbeitern	19	52	28	4	3	3	3
Mitarbeitern sonstiger kirchlicher Einrichtungen	21	36	30	12	10	13	9
mindestens einem davon	40	80	54	24	18	18	11

x = unter 0,5 Prozent

Basis: Bundesrepublik Deutschland, Katholiken ab 14 Jahre
Quelle: Allensbacher Archiv, IfD-Umfrage 8226

Schaubild 163

Im Vergleich verschiedener Altersgruppen fällt auf, dass 18- bis 29-jährige Katholiken in geringstem Anteil guten Kontakt zu mindestens einem Vertreter, hauptamtlichen Mitarbeiter oder Mitarbeiter einer kirchlichen Einrichtung haben (30 Prozent). Das betrifft auch den Kontakt zum eigenen Pfarrer; nur 15 Prozent dieser Altersgruppe haben einen guten Kontakt zum Pfarrer der eigenen Pfarrgemeinde (Schaubild 164).

Im Vergleich von Katholiken in eigenständigen Pfarrgemeinden und in Pfarrgemeinden, die zu einem Pfarrverband gehören, zeigen sich keine Defizite im Hinblick auf die Kontakte zu Kirchenvertretern bzw. -mitarbeitern (Schaubild 165).[23]

Personale Kommunikation nach Altersgruppen

	Katholiken ab 14 Jahre –					
Es haben guten Kontakt zu –	insgesamt	14 bis 17 Jahre	18 bis 29 Jahre	30 bis 44 Jahre	45 bis 59 Jahre	60 Jahre und älter
	%	%	%	%	%	%
ihrem Pfarrer	22	26	15	20	18	28
anderen Priestern	16	9	10	12	17	20
Ordensleuten	6	3	6	4	7	8
hauptamtlichen Mitarbeitern	19	20	15	14	17	24
Mitarbeitern sonstiger kirchlicher Einrichtungen	21	25	19	30	20	18
mindestens einem davon	40	41	30	41	37	46
Es kennen den Pfarrer ihrer Pfarrgemeinde	75	72	63	69	77	82

Basis: Bundesrepublik Deutschland, Katholiken ab 14 Jahre
Quelle: Allensbacher Archiv, IfD-Umfrage 8226

Schaubild 164

23 Dass die Werte für die Kontakte von Katholiken insgesamt deutlich niedriger liegen als sowohl die Werte von Katholiken in eigenständigen Pfarrgemeinden als auch von Katholiken in Gemeinden, die zu einem Pfarrverband gehören, ist darauf zurückzuführen, dass 34 Prozent aller Katholiken, darunter viele mit geringer Kirchenbindung, gar nicht wissen, zu welcher Art von Kirchengemeinde sie gehören.

Personale Kommunikation: keine besonderen Defizite in Pfarrverbänden

	Katholiken ab 14 Jahre insgesamt	Katholiken in – eigenständiger Pfarrgemeinde	Katholiken in – einer Gemeinde, die zu einem Pfarrverband gehört
Es haben guten Kontakt zu –	%	%	%
ihrem Pfarrer	22	31	29
anderen Priestern	16	19	24
Ordensleuten	6	7	11
hauptamtlichen Mitarbeitern	19	24	29
Mitarbeitern sonstiger kirchlicher Einrichtungen	21	25	30
mindestens einem davon	40	47	55

Basis: Bundesrepublik Deutschland, Katholiken ab 14 Jahre
Quelle: Allensbacher Archiv, IfD-Umfrage 8226

Schaubild 165

Was die Ansprache kirchenfernerer Segmente und Teilgruppen insgesamt deutlich erschwert, ist, dass eine schlechte mediale Erreichbarkeit mit kirchlichen oder religiösen Inhalten in aller Regel nicht durch verstärkte personale Kommunikation kompensiert wird: Katholiken, die kirchliche oder religiöse Medienangebote nur schwach oder gar nicht nutzen, haben auch in nur kleinen Anteilen persönlich guten Kontakt zu mindestens einem Vertreter, hauptamtlichem Mitarbeiter oder Mitarbeiter einer kirchlichen Einrichtung und führen auch in nur kleinen Anteilen häufiger Gespräche über Glaubensfragen und religiöse Themen in der Familie oder im Freundes- und Bekanntenkreis (Schaubild 166). Sowohl die mediale Information als auch die persönliche Kommunikation sind letztlich stark interessengetrieben.

Blockierte mediale Kommunikation wird in der Regel nicht durch verstärkte personale Kommunikation kompensiert

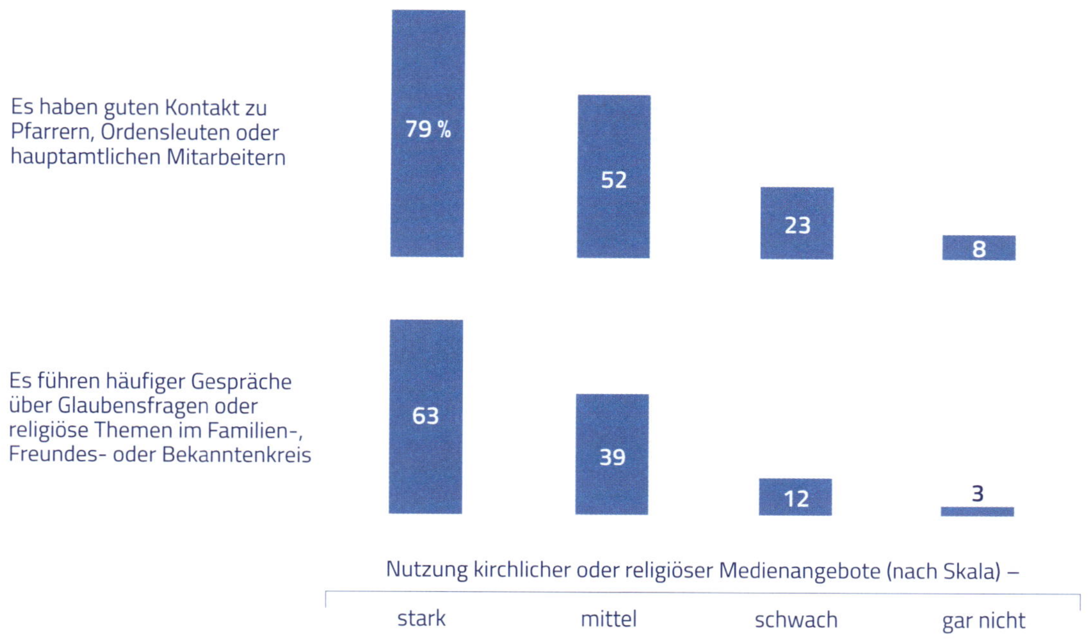

Basis: Bundesrepublik Deutschland, Katholiken ab 14 Jahre
Quelle: Allensbacher Archiv, IfD-Umfrage 8226

Schaubild 166

Auch wenn sich nur 13 Prozent der Katholiken ihrer Pfarrgemeinde eng verbunden fühlen, und nur 19 Prozent guten Kontakt zum eigenen Pfarrer haben, ist die Zufriedenheit damit, wie Wünsche und Anliegen von Pfarrer oder Pfarrbüro behandelt werden, hoch – auch wenn sich hier viele kein Urteil erlauben. 9 Prozent der Katholiken sind sehr zufrieden damit, wie Wünsche und Anliegen von Pfarrer oder Pfarrbüro behandelt werden, weitere 38 Prozent zufrieden. Lediglich 7 Prozent zeigen sich damit weniger zufrieden, nur 2 Prozent gar nicht zufrieden. Fast die Hälfte der Katholiken – 44 Prozent – können das allerdings nicht beurteilen, weder aus eigener Erfahrung noch vom Hörensagen (Schaubild 167).

Zwischen verschiedenen Altersgruppen bestehen dabei nur geringe Unterschiede, auch wenn sich die 18- bis 29-Jährigen in geringstem Anteil ausdrücklich (sehr) zufrieden zeigen (33 Prozent).

Verbreitet Zufriedenheit mit der Behandlung von Anliegen durch die Kirche vor Ort

Frage: »Wenn Sie einmal danach gehen, was Sie selbst erlebt oder von anderen gehört haben: Wie zufrieden sind Sie alles in allem damit, wie Ihr Pfarrer oder Pfarrbüro Wünsche und Anliegen behandeln, die an Sie herangetragen werden? Sind Sie damit alles in allem sehr zufrieden, zufrieden, weniger zufrieden, oder gar nicht zufrieden?«

Damit, wie der Pfarrer oder das Pfarrbüro Wünsche oder Anliegen behandeln, sind –

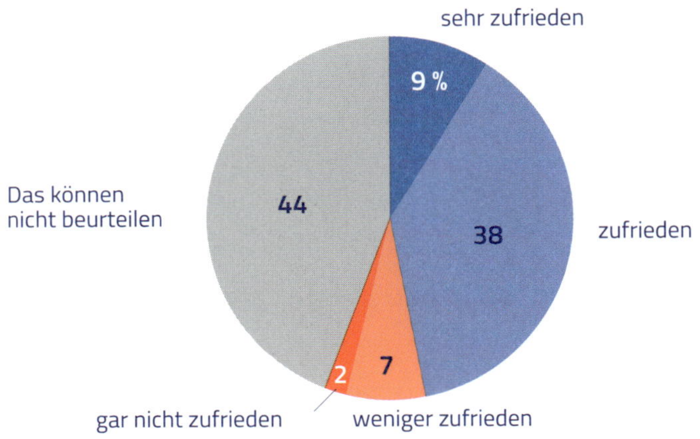

Basis: Bundesrepublik Deutschland, Katholiken ab 14 Jahre
Quelle: Allensbacher Archiv, IfD-Umfrage 8226

Schaubild 167

In besonders hohem Anteil äußern sich kirchenverbundene Segmente zufrieden mit der Behandlung von Wünschen und Anliegen durch die Kirche vor Ort. Aber auch kirchenfernere Segmente sind nur zu jeweils kleinen Anteilen ausdrücklich unzufrieden, eher können sie in dieser Frage nicht urteilen. So zeigt sich von den kirchendistanzierten Christen rund ein Drittel (sehr) zufrieden, 9 Prozent dagegen weniger oder gar nicht zufrieden (Schaubild 168).

Auf Dörfern ist die Zufriedenheit mit der Kirche vor Ort größer als in Städten, in eigenständigen Pfarrgemeinden größer als in Gemeinden, die zu Pfarrverbänden gehören (Schaubild 169).

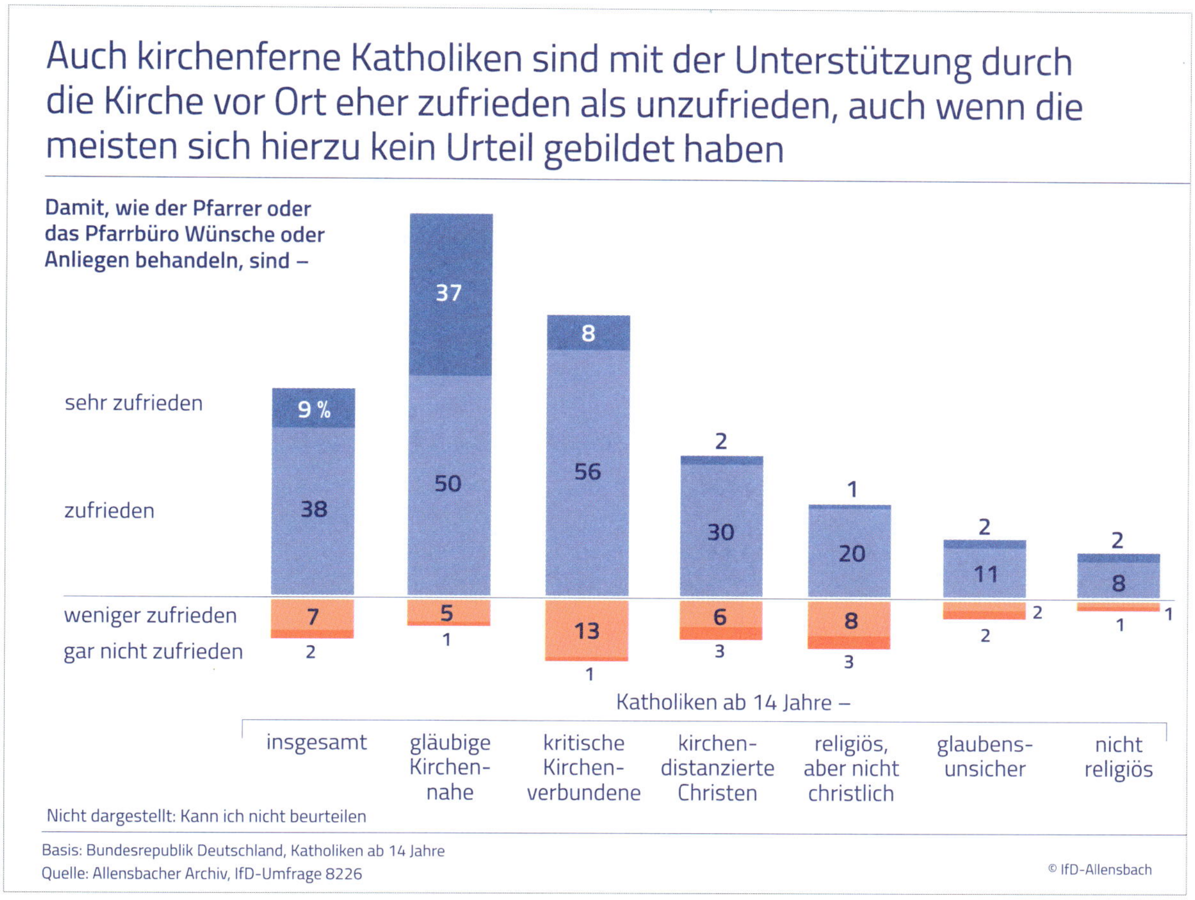

Schaubild 168

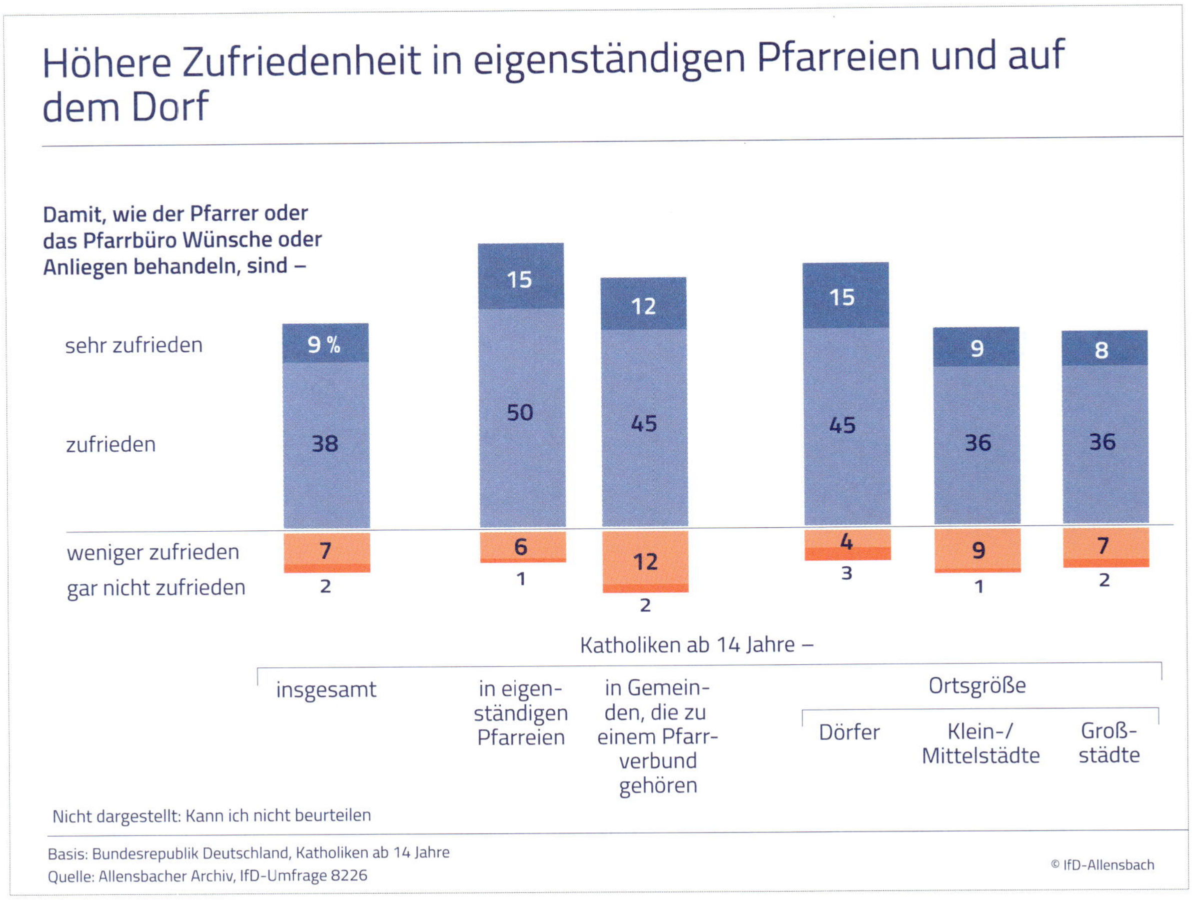

Schaubild 169

4 EMPFEHLUNGEN

Insgesamt wird zur Ansprache verschiedener Katholikensegmente und Zielgruppen eine differenzierte Strategie benötigt, die Kommunikationskanäle und Botschaften zielgruppengerecht selektiert.

Als strategisch interessanteste Zielgruppen wurden die kirchendistanzierten Christen sowie junge Erwachsene von 18 bis 29 Jahren identifiziert. Sie sind am ehesten über den Pfarrbrief, über Radio- und Fernsehbeiträge zu religiösen Themen sowie über religiöse Bücher zu erreichen, kirchendistanzierte Christen daneben auch über Beiträge in säkularen Printmedien zum aktuellen Geschehen.

Generell sollte gerade mit diesen Zielgruppen medial so kommuniziert werden, dass sie den Botschaften begegnen (können), ohne sie gezielt gesucht haben zu müssen – denn das ausdrückliche Interesse an religiösen Fragen oder kirchlichen Themen ist in diesen Gruppen gering. Große Teile auch der kirchendistanzierten Segmente stehen aber solchen Beiträgen in Funk, Fernsehen und Printmedien, auf die sie zufällig stoßen – insbesondere, wenn sie ansprechend und inhaltlich relevant ausgestaltet sind –, aufgeschlossen gegenüber und nehmen sie als interessant wahr.

Gerade für junge Katholiken kann daneben das Internet flankierend genutzt werden. Dazu wäre es hilfreich, Hinweise auf Onlineangebote in den oben genannten Kanälen zu platzieren, mit denen diese Zielgruppe vergleichsweise gut erreicht wird. Von einer aktiven Suche dieser Gruppen nach religiösen Inhalten im Internet kann nicht ausgegangen werden. Man darf sich auch nicht der Illusion hingeben, dass über das Internet kirchendistanzierte Zielgruppen in nennenswertem Umfang erreicht bzw. neu an die Kirche gebunden werden können. Kommunikation im Internet ist eher geeignet, bestehende Bindungen zu unterstützen als bereits gelockerte Bindungen wiederherzustellen.

Inhaltlich sollten diese Zielgruppen vor allem nicht über direkt kirchliche Themen angesprochen werden, sondern über Beiträge zu allgemeineren Themen, zu denen Kirche einen Bezug herstellen kann, wie soziale Gerechtigkeit, soziales Engagement, Menschenrechte oder über Stellungnahmen zu den Problemen unserer Zeit. Kirche muss ihre Relevanz in Themenbereichen zeigen, die für diese Zielgruppen relevant sind. Speziell Nachhaltigkeit und Klimaschutz ist dabei allerdings ein Themengebiet, das Katholiken zwar breit interessiert, aber bei dem nur eine Minderheit erwartet, dass sich die Kirche hierzu positioniert. Als Thema für religiöse Bücher stößt die Frage nach dem Sinn des Lebens bzw. Hilfen zur Bewältigung von Sinnkrisen in diesen Zielgruppen – wie unter Katholiken insgesamt – am verbreitetsten auf Interesse.

Die katholische Kirche wird von ihren Mitgliedern nach wie vor sehr verbreitet als Institution wahrgenommen, in der wichtige Schritte im Leben gefeiert werden. Gleichzeitig herrscht unter Katholiken hohe Zufriedenheit damit, wie die Kirche vor Ort Anliegen ihrer Mitglieder behandelt. Vielleicht gibt es Möglichkeiten, diese

Berührungspunkte noch stärker für die Vermittlung der Relevanz der Institution über den jeweiligen festlichen Anlass hinaus zu nutzen.

Das Interesse kirchenverbundener Segmente an im engeren Sinne kirchlichen Themen kann dagegen über kirchliche Medien befriedigt werden, z. B. die Bistumszeitungen, Zeitschriften und Wochenzeitungen aus diesem Themenfeld oder durchaus auch die Pfarrbriefe. Ergänzende und vertiefende Internetangebote sind hier durchaus sinnvoll. Da die kirchenverbundenen Katholikensegmente von ihrer Altersstruktur her vergleichsweise alt sind, sollten die Angebote technisch nicht zu anspruchsvoll sein. Multimediaangebote und soziale Netzwerke werden in höheren Altersgruppen bzw. in den kirchenverbundenen Segmenten nach wie vor nur deutlich unterdurchschnittlich stark genutzt. Dennoch können Zusatzangebote über das Internet wie Podcasts, Streamingangebote, Angebote in sozialen Medien oder Onlinevideos ein interessantes Zusatzangebot für kirchenverbundene Segmente in jungen bis mittleren Altersgruppen sein. Dass kirchliche Onlineangebote über Suchmaschinen einfach gefunden werden können, ist gerade für junge kirchenverbundene Zielgruppen wichtig.

Das Internet ist darüber hinaus ein wichtiges Medium der kirchlichen Binnenkommunikation, über das sowohl konkrete »Nutzinformationen« (Termine, Personalien, etc.) als auch Zusatzinformationen für besonders interessierte Kreise transportiert werden können. Eine alleinige Fokussierung auf dieses Medium zur Binnenkommunikation scheint aber – insbesondere wegen des hohen Anteils Älterer unter den ehrenamtlich in der Kirche Aktiven – nicht geraten.

Katholikensegmente, die der Kirche noch ferner stehen als kirchendistanzierte Christen, dürften sich von der katholischen Kirche bereits so weit entfernt haben, dass der Versuch, eine Bindung durch kommunikative Maßnahmen wieder herzustellen, vermutlich wenig Aussicht auf Erfolg hat. Die zur Verfügung stehenden Ressourcen sollten deshalb eher in die Stärkung bzw. Wiederherstellung der Bindung der o.g. Gruppen investiert werden.

Zu zwei Medienangeboten der Kirche sind mögliche Änderungen bzw. Alternativen abgefragt worden:

Da beim Pfarrbrief eine große Mehrheit der Katholiken die gedruckte Ausgabe gegenüber einer elektronischen Ausgabe z. B. per E-Mail favorisiert, sollte die gedruckte Ausgabe bis auf Weiteres beibehalten werden. Speziell für junge Katholiken könnte aber alternativ zusätzlich eine elektronische Variante angeboten werden.

Pfarrmagazine sind ein für viele attraktives Angebot. Die jetzigen Pfarrbriefe werden zwar nicht als defizitär erlebt, aber Pfarrmagazine überzeugen mehrheitlich dort, wo es sie schon gibt. Gerade angesichts der großen Bedeutung von Pfarrbriefen im kirchlichen Medienangebot könnte eine attraktive Neugestaltung wichtige Impulse bringen.

Auch Mitgliedermagazine könnten ein Konzept sein, mit dem Katholiken breit angesprochen werden können, auch kirchenfernere Segmente und jüngere Zielgruppen. Dabei ist zu bedenken, dass in der vorliegenden Untersuchung nur ein generelles Interessenpotential abgebildet werden konnte und dazu ggf. vertiefende Untersuchungen notwendig sind. In jedem Fall aber empfinden jetzige Abonnenten von Bistumszeitungen ein solches Mitgliedermagazin nicht als Ersatz für die Bistumszeitung, sondern nur als interessantes Zusatzangebot. Sollten Bistumszeitungen durch Mitgliedermagazine ersetzt werden, besteht die Gefahr, große Teile der »Stammklientel« zu verprellen.

5 ANHANG

Stichprobenstruktur nach Kirchennähe

Anhangtabelle
Bundesrepublik Deutschland
Katholiken ab 16 Jahre
Juni/Juli 2020

	Spezialumfrage unter Katholiken für den "MDG Trendmonitor religiöse Kommunikation" Juni/Juli 2020		Zum Vergleich: Katholiken in der Bevölkerung Juli 2020
	ungewichtet	gewichtet	
	%	%	%
Von den befragten Katholiken stufen sich selbst ein –			
Ich bin gläubiges Mitglied meiner Kirche, fühle mich der Kirche eng verbunden	11,4	14,1	14,3
Ich fühle mich der Kirche verbunden, auch wenn ich ihr in vielen Dingen kritisch gegenüberstehe	28,2	32,8	33,1
Ich fühle mich als Christ, aber die Kirche bedeutet mir nicht viel	36,1	34,3	34,5
Außenstehende (d.h. Personen, die religiös sind, sich aber nicht als Christ fühlen bzw. die sich unsicher fühlen, was sie glauben sollen bzw. die keine Religion brauchen)	22,0	17,0	17,3
Unmöglich zu sagen bzw. keine Angabe	2,7	2,0	0,7
n =	1.658	1.658	289

QUELLE: Allensbacher Archiv, IfD-Umfragen 8226, 12019

In welchen Bereichen, zu welchen Themen Katholiken glauben, die Haltung der Kirche zu kennen

Frage: »Hier auf diesen Karten steht Verschiedenes, wozu die Kirche Stellung bezieht. Bei welchen dieser Punkte wissen Sie zumindest ungefähr, welche Haltung die katholische Kirche da vertritt?«

Hierzu kennen die Haltung der katholischen Kirche zumindest ungefähr –

Basis: Bundesrepublik Deutschland, Katholiken ab 14 Jahre
Quelle: Allensbacher Archiv, IfD-Umfrage 8226

Anhangschaubild 1

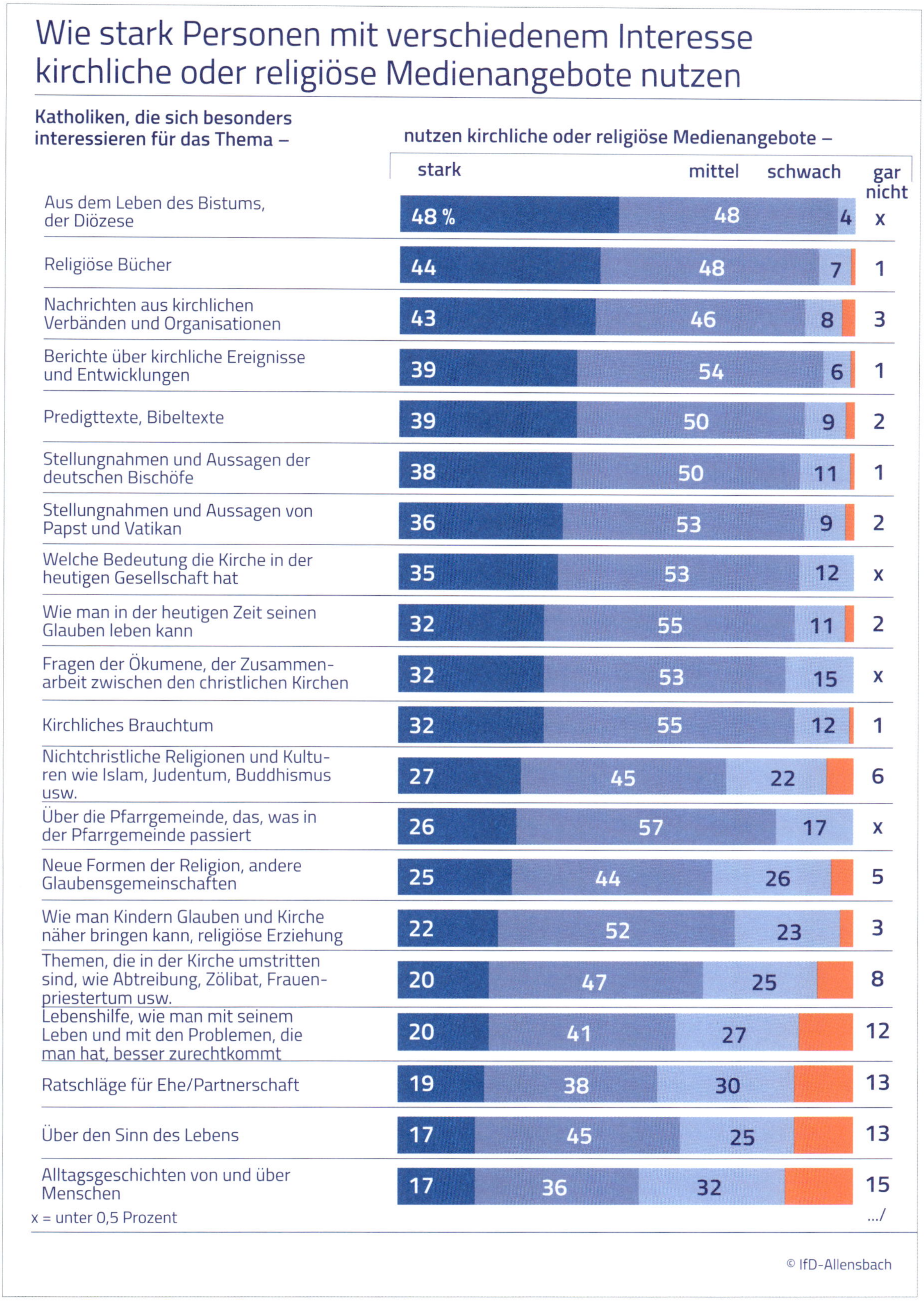

Anhangschaubild 2-1

Wie stark Personen mit verschiedenem Interesse kirchliche oder religiöse Medienangebote nutzen

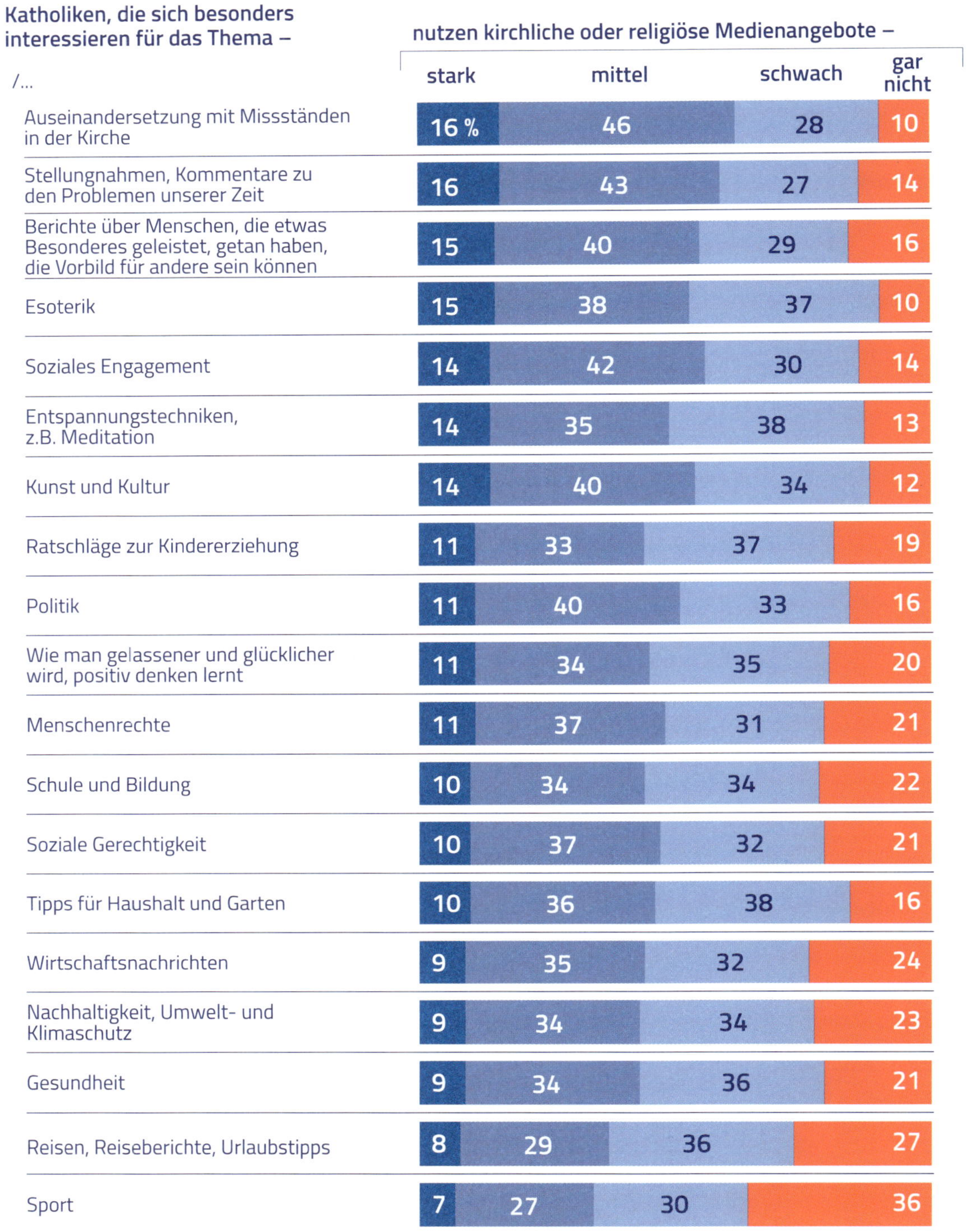

x = unter 0,5 Prozent

Basis: Bundesrepublik Deutschland, Katholiken ab 14 Jahre
Quelle: Allensbacher Archiv, IfD-Umfrage 8226

Anhangschaubild 2-2

Zwecke der Internetnutzung: Gesamtbevölkerung

Frage: »Welche dieser Angebote nehmen Sie häufiger im Internet in Anspruch? Was von dieser Liste machen Sie häufiger im Internet?«

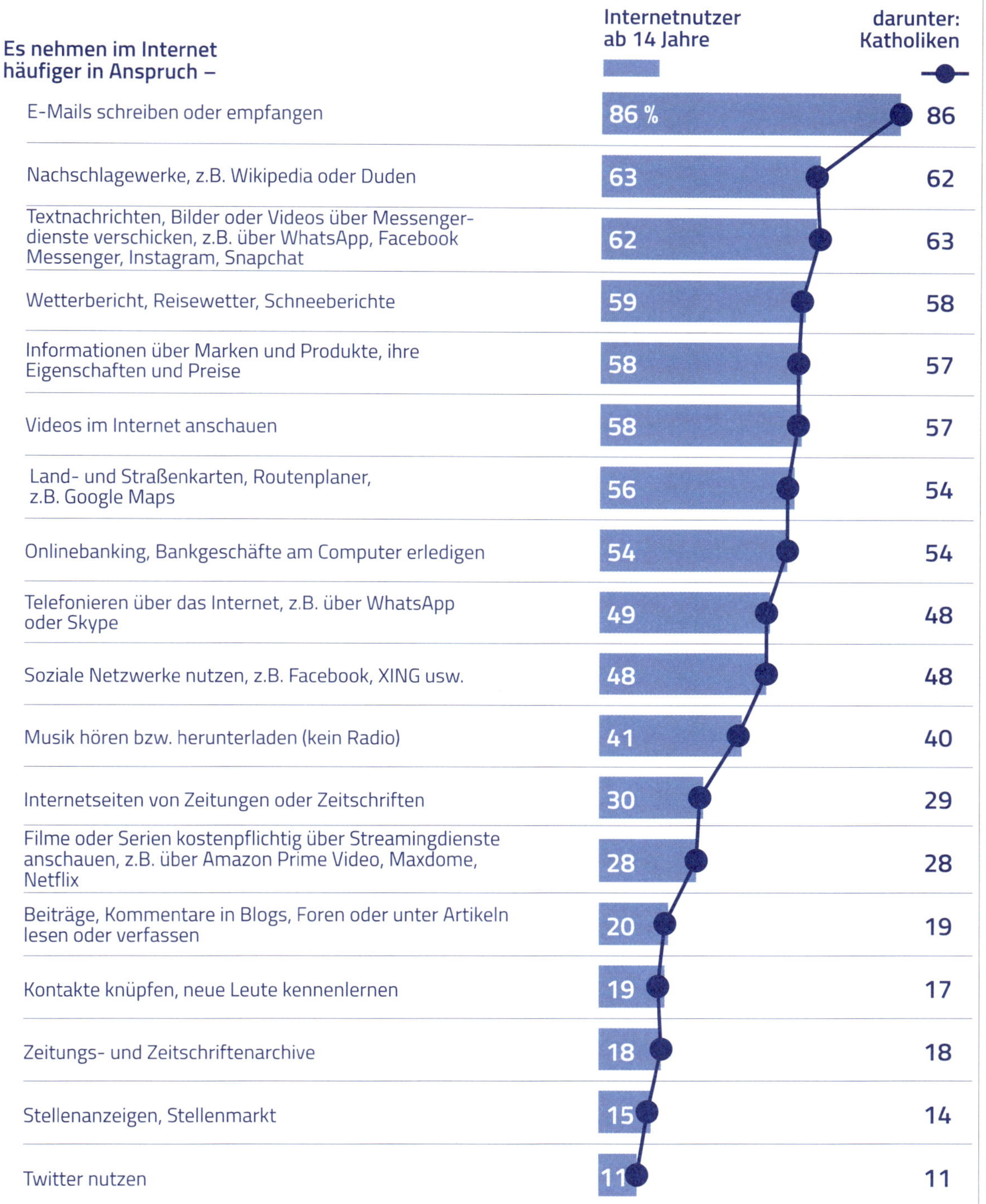

Basis: Bundesrepublik Deutschland, deutschsprachige Internetnutzer ab 14 Jahre
Quelle: Allensbacher Markt- und Werbeträgeranalyse (AWA), AWA 2020

© IfD-Allensbach

Anhangschaubild 3

Positive Beurteilung der Bistumszeitung durch Abonnenten

Fragen: »Wie bewerten Sie die Bistumszeitung insgesamt? Dazu habe ich hier ein Bildblatt mit schwarzen und weißen Kästchen. +5 würde bedeuten, diese Bistumszeitung gefällt Ihnen ganz ausgezeichnet, und -5 würde bedeuten, die Bistumszeitung gefällt Ihnen überhaupt nicht. Welches Kästchen wählen Sie?«

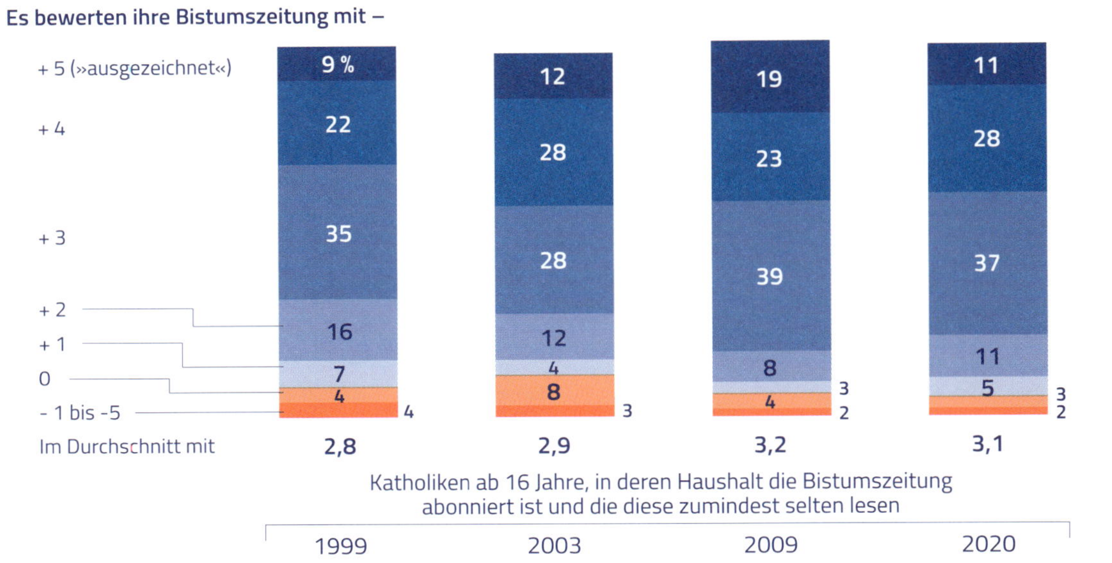

Nicht dargestellt: unentschieden, keine Angabe

Basis: Bundesrepublik Deutschland, Katholiken ab 16 Jahre, in deren Haushalt die Bistumszeitung abonniert ist und die diese zumindest selten lesen

Quelle: Allensbacher Archiv, IfD-Umfrage 8226

Anhangschaubild 4

Veränderung der Altersstruktur der Buchleser: Der Anteil der ab 60-Jährigen wächst

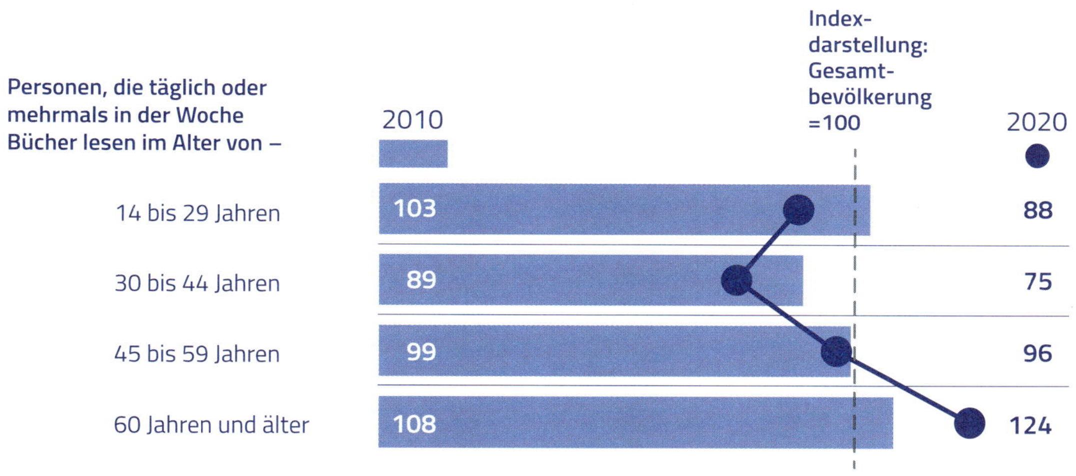

Basis: Bundesrepublik Deutschland, deutsche Bevölkerung ab 14 Jahre
Quelle: Allensbacher Markt- und Werbeträgeranalysen (AWA), AWA 2010, 2020

Anhangschaubild 5

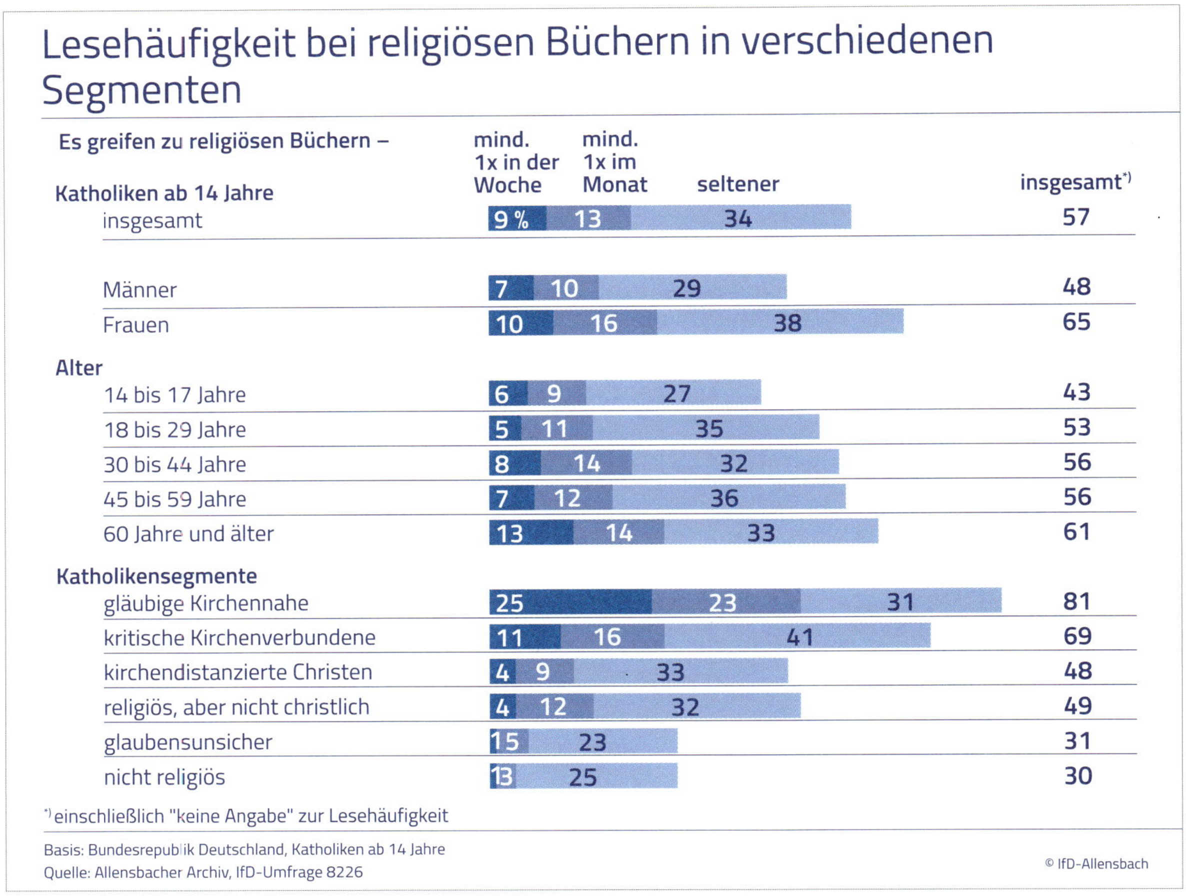

Anhangschaubild 6

UNTERSUCHUNGSDATEN

Befragter Personenkreis:	Katholiken ab 14 Jahre in der Bundesrepublik Deutschland.
Anzahl der Befragten:	1.690 Katholiken
Auswahlmethode:	Repräsentative Quotenauswahl Den Interviewern wurden dabei Quoten vorgegeben, die ihnen vorschrieben, wie viele Personen sie zu befragen hatten und nach welchen Merkmalen diese auszuwählen waren. Die Befragungsaufträge oder Quoten wurden auf Bistümer und innerhalb der Bistümer auf Groß-, Mittel- und Kleinstädte sowie Landgemeinden verteilt. Darüber hinaus wurden den Interviewern Geschlecht und Altersgruppen der von ihnen zu befragenden Katholiken vorgegeben. Die Verteilung der Befragungsaufträge nach Bistümern und Gemeindegrößenklassen erfolgte im Anhalt an die kirchenstatistischen Daten für 2018, die weitere Quotierung orientierte sich an den Ergebnissen der Allensbacher Werbeträgeranalyse 2020 (AWA 2020) für Katholiken ab 14 Jahre in Deutschland. Die AWA 2020 ist eine bevölkerungsrepräsentative Umfrage mit insgesamt 23.191 Befragten ab 14 Jahre, von denen 5.945 Katholiken waren.
Gewichtung:	Zur Angleichung an Strukturdaten der aktuell verfügbaren Kirchenstatistik bzw. der AWA 2020 erfolgte eine faktorielle Gewichtung der Ergebnisse.
Repräsentanz:	Die gewichtete Stichprobe entspricht, wie die nachfolgende Gegenüberstellung zeigt, den Katholiken ab 14 Jahre in Deutschland. Diese Übereinstimmung im Rahmen der statistischen Genauigkeitsgrenzen ist eine notwendige Voraussetzung dafür, dass die Ergebnisse verallgemeinert werden dürfen.
Art der Interviews:	Die Befragung wurde mündlich-persönlich (Face-to-Face) nach einem einheitlichen Frageformular vorgenommen. Die Interviewer waren angewiesen, die Fragen wörtlich und in unveränderter Reihenfolge vorzulesen.
Anzahl der eingesetzten Interviewer	An der Befragung waren insgesamt 426 geschulte Interviewer des IfD Allensbach beteiligt.
Termin der Befragung:	Die Interviews wurden vom 26. Juni bis 23. Juli 2020 durchgeführt.
IfD-Archiv-Nr. der Umfrage:	8226

STATISTIK

der in der Umfrage 8226 befragten Personengruppe (Katholiken in Deutschland ab 14 Jahre) im Vergleich zu den Zahlen der Kirchenstatistik.

	Umfrage 8226 %	Kirchenstatistik (*) %
Bistümer		
Aachen	4	4
Augsburg	6	6
Bamberg	3	3
Berlin	2	2
Dresden-Meißen	1	1
Eichstätt	2	2
Erfurt	1	1
Essen	3	3
Freiburg	8	8
Fulda	2	2
Görlitz	0	0
Hamburg	2	2
Hildesheim	3	3
Köln	8	8
Limburg	3	3
Magdeburg	0	0
Mainz	3	3
München u. Freising	7	7
Münster	8	8
Osnabrück	2	2
Paderborn	6	6
Passau	2	2
Regensburg	5	5
Rottenburg-Stuttgart	8	8
Speyer	2	2
Trier	6	6
Würzburg	3	3
	100	100
Regionen		
Nord (Bremen, Hamburg, Niedersachsen, Schleswig-Holstein)	8	8
Nordrhein-Westfalen	29	31
Mitte/West (Hessen, Rheinland-Pfalz, Saarland)	15	15
Baden-Württemberg	16	16
Bayern	28	26
Neue Bundesländer (einschließlich Gesamt-Berlin)	4	4
	100	100

(*) Katholiken Ende 2019 gemäß Kirchenstatistik

STATISTIK

der in der Umfrage 8226 befragten Personengruppe (Katholiken in Deutschland ab 14 Jahre) im Vergleich zu den Zahlen der AWA 2020.

	Umfrage 8226 %	AWA 2020 (*) %
Geschlecht		
Männer	47	47
Frauen	53	53
	100	100
Alter		
14-19 Jahre	6	6
20-29 Jahre	13	13
30-39 Jahre	13	13
40-49 Jahre	14	14
50-59 Jahre	19	19
60-69 Jahre	14	14
70 Jahre und älter	21	21
	100	100
Haushaltsgröße		
Alleinstehend	23	23
2 Personen im HH	38	38
3 Personen im HH	16	16
Mehr als 3 Pers. im HH	23	23
	100	100
Familienstand		
Ledig	29	29
Verheiratet	54	54
Geschieden	7	7
Verwitwet	10	10
	100	100
Kirchenbesuch		
Jeden Sonntag	6	6
Fast jeden Sonntag	11	11
Ab und zu	29	29
Selten	40	40
Nie/keine Angabe	14	14
	100	100

(*) Mit Ausnahme des Kirchenbesuches Daten für Katholiken ab 14 Jahre in der AWA 2020. Kirchenbesuch auf Basis der Ergebnisse für 3.388 Katholiken, die im Rahmen von elf Repräsentativbefragungen (August 2019 bis Juli 2020) mit insgesamt 13.856 Befragten befragt wurden.

2
SINUS-MILIEU-ANALYSEN EINER REPRÄSENTATIVBEFRAGUNG UNTER KATHOLIKINNEN UND KATHOLIKEN IN DEUTSCHLAND

Durchgeführt von
SINUS Markt- und Sozialforschung GmbH

Marc Calmbach und Tim Gensheimer

1 EINFÜHRUNG

Dieser Teil des MDG-Trendmonitors – Religiöse Kommunikation 2020/21 fasst die Studienergebnisse differenziert nach dem Gesellschafts- und Zielgruppenmodell der Sinus-Milieus® zusammen.

Seit über 40 Jahren erforscht das SINUS-Institut den Wertewandel und die Lebenswelten der Menschen in Deutschland. Daraus entstanden ist die Typologie der Sinus-Milieus®, die die deutsche Gesellschaft in aktuell zehn »Gruppen Gleichgesinnter« mit jeweils ähnlicher Lebensauffassung, Lebensweise und Werten einteilt. Die Sinus-Milieus® liefern somit ein wirklichkeitsgetreues Bild der real existierenden Vielfalt in der Gesellschaft, indem sie die Befindlichkeiten und Orientierungen der Menschen, ihre Werte, Lebensziele, Lebensstile und Einstellungen sowie ihre soziale Lage vor dem Hintergrund des soziokulturellen Wandels genau beschreiben.

Wie bereits erwähnt, wurde das Sinus-Milieu-Modell in die Untersuchung des Instituts für Demoskopie Allensbach integriert und in der gleichen Stichprobe erhoben. Die Sinus-Milieus® wurden aus folgenden Gründen in das Studiendesign eingebunden:

- Durch die Sinus-Milieus® wird deutlich, welche lebensweltlichen Schwerpunkte Katholikinnen und Katholiken haben und wie Katholikinnen und Katholiken mit Blick auf die verschiedenen Untersuchungsthemen »ticken«. Weiterhin können die Befragungsergebnisse vor dem Hintergrund lebensweltlicher Vielfalt ausgewiesen und erklärt werden. Die jahrzehntelange SINUS-Lebensweltforschung zeigt: Eine Einteilung der Bevölkerung nach soziodemografischen Merkmalen reicht für ein Tiefenverständnis nicht aus. Befragte mit ähnlichen soziodemografischen Profilen (soziodemografische Zwillinge, z. B. mit vergleichbarem Alter, Bildungshintergrund oder Einkommen) können aus unterschiedlichen Lebenswelten mit jeweils unterschiedlichen Werten und Lebensweisen stammen. Die lebensweltliche Perspektive ersetzt die soziodemografische Betrachtung nicht, sondern ergänzt diese um eine soziokulturelle Dimension (»Verstehen statt Beschreiben«).

- Auch im kirchlichen Kontext und im Bereich der religiösen Kommunikation wird seit Jahren mit den Sinus-Milieus® gearbeitet. Der Milieuansatz von SINUS wurde auch bereits im MDG-Trendmonitor 2010 sowie in zahlreichen anderen Studien zu Katholikinnen und Katholiken berücksichtigt, wodurch sich entsprechende Vergleichsmöglichkeiten bieten. Gerade für die religiöse Kommunikation liegt bereits umfangreiches Wissen vor, auf das ergänzend zurückgegriffen werden kann.

Im Vergleich zum MDG-Trendmonitor 2010 wird die SINUS-Perspektive in dieser aktuellen Studie separat dargestellt. Im Folgenden werden zunächst alle Studienergebnisse differenziert nach Sinus-Milieus® dargestellt und eingeordnet. Das SINUS-Kapitel schließt mit darauf aufbauenden Milieu-Steckbriefen und milieuspezifischen Empfehlungen.

1.1 Einführung in die Sinus-Milieus®

Seit über 40 Jahren erforscht das SINUS-Institut den Wertewandel und die Lebenswelten der Menschen. Daraus entstanden sind die Sinus-Milieus, eines der bekanntesten und einflussreichsten Instrumente für die Zielgruppen-Segmentation. Die Zielgruppenbestimmung von SINUS orientiert sich an der Lebensweltanalyse unserer Gesellschaft. Die Sinus-Milieus gruppieren Menschen, die sich in ihrer Lebensauffassung und Lebensweise ähneln. Grundlegende Wertorientierungen gehen dabei ebenso in die Analyse ein wie Alltagseinstellungen zur Arbeit, zur Familie, zur Freizeit, zu Geld und Konsum. Die Sinus-Milieus rücken also den Menschen und das gesamte Bezugssystem seiner Lebenswelt ganzheitlich ins Blickfeld.[1]

Die folgende Grafik (Abbildung 1) zeigt die aktuelle Milieulandschaft in Deutschland und die Position der verschiedenen Milieus nach sozialer Lage und normativer Grundorientierung. So ergibt sich ein modellhaftes Abbild der sozialen Schichtung und der Wertestruktur der deutschen Gesellschaft. Je höher ein bestimmtes Milieu in dieser Grafik angesiedelt ist, desto gehobener sind Bildung, Einkommen und Berufsgruppe; je weiter es sich nach rechts erstreckt, desto moderner im soziokulturellen Sinn ist die Grundorientierung des jeweiligen Milieus. Was die Grafik auch zeigt: Die Grenzen zwischen den Milieus sind fließend; Lebenswelten sind nicht so (scheinbar) exakt eingrenzbar wie soziale Schichten. SINUS nennt das die »Unschärferelation der Alltagswirklichkeit«. Wäre das nicht der Fall, könnte man schwerlich von einem lebensechten Modell sprechen. Berührungspunkte und Übergänge zwischen den Milieus sind deshalb ein grundlegender Bestandteil des Sinus-Milieukonzepts.

Die Prozentzahlen in dem Modell verweisen auf die Größe der einzelnen Milieus. Grundgesamtheit sind dabei die deutschsprachigen Katholiken ab 14 Jahren in Deutschland.

1 Methodologisch wird das umgesetzt durch den Rückgriff auf aus der Ethnologie entlehnte Erhebungsverfahren wie etwa das non-direktiv angelegte narrative Interview, bei der die Befragten in ihrer eigenen Sprache alle aus ihrer Sicht relevanten Lebensbereiche darstellen (siehe hierzu: Flaig, Berthold Bodo / Barth, Bertram: Hoher Nutzwert und vielfältige Anwendung: Entstehung und Entfaltung des Informationssystems Sinus-Milieus, in: Bertram Barth et al. (Hrsg.), Praxis der Sinus-Milieus: Gegenwart und Zukunft eines modernen Gesellschafts- und Zielgruppenmodells, Wiesbaden, Deutschland, 2018, S. 3-22.).

MILIEUSTRUKTUR DER KATHOLIKEN IN DEUTSCHLAND

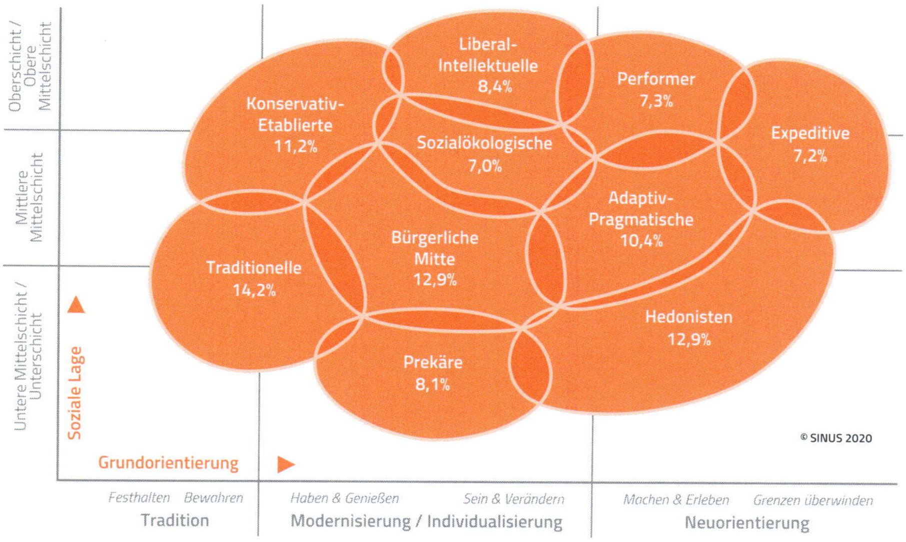

Abbildung 1

Die einzelnen Sinus-Milieus werden in den folgenden Kapiteln näher beschrieben.

1.2 Die Sinus-Milieus im Überblick

1.2.1 Konservativ-Etablierte

1.2.1.1 Kurzcharakterisierung

Beim Konservativ-etablierten Milieu handelt es sich um das klassische Establishment mit klaren Exklusivitäts- und Führungsansprüchen und entsprechendem Standesbewusstsein – ein Milieu, das geprägt ist von Verantwortungs- und Erfolgsethik und einem zunehmenden Wunsch nach Ordnung und Balance.

1.2.1.2 Grundorientierung und Lebensstil

Konservativ-Etablierte haben das Selbstbewusstsein des klassischen Establishments und sehen sich als verantwortungsbewusste gesellschaftliche Elite. Man strebt nach Erfolg durch Leistung, Pflichtbewusstsein, Zielstrebigkeit und Ernsthaftigkeit und hat hohe Erwartungen an sich selbst und an andere. Milieutypisch ist Erfolgs- und Machbarkeitsdenken wie auch die Akzeptanz gesellschaftlicher Ungleichheit und die Betonung von Macht, Hierarchie und Rang.

Das Leben nach dem »Prinzip Verantwortung« basiert auf einem Fundament konservativ-bürgerlicher Werte: Tradition, (Hoch-) Kultur, intakte Familie, Solidität, Anstand, Autorität, Glaube und Religion.

Der Lebensstil im Konservativ-etablierten Milieu ist geprägt von der Bewahrung bewährter Traditionen und Lebensformen, einem ausgeprägten Familiensinn und profilierten Exklusivitätsansprüchen. Prägend sind auch das Bedürfnis nach Distinktion (Abgrenzung nach unten) und die starken Entre-nous-Tendenzen – d. h. am liebsten bleibt man unter sich, in den gehobenen Zirkeln von Gleichgestellten. Luxus und exklusiver Konsum, sich etwas gönnen, bedient und verwöhnt werden sind Privilegien, von denen man glaubt, dass sie einem aufgrund der persönlichen Leistung und der daraus resultierenden gesellschaftlichen Stellung zustehen.

In der Freizeit stehen familiäre, gesellschaftliche und kulturelle Aktivitäten im Vordergrund. Milieutypisch ist das starke Interesse an Hochkultur und Kunst (Theater, Oper, klassische Konzerte, Museen, Galerien, Kulturreisen), verbunden mit Distanz zu extravaganten, trivialen bzw. populären Erscheinungsformen. Konservativ-Etablierte pflegen gerne Hobbys mit hohem Sozialprestige (z. B. Golf, Segeln). Viele Milieuangehörige betreiben soziales und karitatives Engagement, um ihrer Rolle als Vorbild und Mitgestalter der Gesellschaft gerecht zu werden.

Im Milieu der Konservativ-Etablierten hat man eine Vorliebe für das Edle, Vornehme, Kultivierte, für Harmonie und Ebenmaß. Alles Übertriebene, Schreiende, Vulgäre, aber auch allzu Verspieltes, wird abgelehnt. Distinktion und Kennerschaft sind die dominanten alltagsästhetischen Motive – von großbürgerlich bis klassisch-modern. Bevorzugt werden klare Linien und großzügige Arrangements. Das Bedürfnis nach Exklusivität, Wertigkeit und Repräsentation spielt eine große Rolle.

1.2.1.3 Kommunikation

In der Kommunikation mit dem Konservativ-etablierten Milieu gilt es, den gesellschaftlichen Status zu respektieren und möglichst das Selbstbild des Milieus als Elite mit Führungsanspruch zu bestätigen. Das bedeutet eine Ansprache der Milieuangehörigen als wirtschaftlich und gesellschaftlich relevante Zielgruppe, die Anerkennung ihres Verantwortungs- und Leistungsethos sowie die Signalisierung von Souveränität und Meinungsführerschaft.

1.2.2 Liberal-Intellektuelle

1.2.2.1 Kurzcharakterisierung

Beim Liberal-intellektuellen Milieu handelt es sich um die aufgeklärte Bildungselite mit kritischer Weltsicht, liberaler Grundhaltung und postmateriellen Wurzeln. Typisch für das Milieu ist ein ausgeprägter Individualismus und der Wunsch nach Selbstbestimmung und Selbstentfaltung.

1.2.2.2 Grundorientierung und Lebensstil

Typisch für das Milieu der Liberal-Intellektuellen ist seine liberale, kosmopolitische Grundhaltung mit den Leitwerten Weltoffenheit, Toleranz, Anti-Fundamentalismus und Diversity. Liberal-Intellektuelle sind leistungsbereit und zeigen Durchhaltevermögen. Sie sind verantwortungsbewusst und gleichzeitig pragmatisch, sie streben nach Erfolg, haben aber keine klassische Karriereorientierung. Sie akzeptieren die Leistungsgesellschaft und das Prinzip der Selbstverantwortung, haben aber auch den starken Wunsch nach einer besseren und gerechteren Welt.

Viele Liberal-Intellektuelle leben einen postmateriell geprägten Individualismus. Sie möchten Freiräume für sich selbst schaffen (auch gegen Sachzwänge), streben nach Zeitsouveränität und Entschleunigung. Ein gehobener Lebensstandard macht es möglich, sich Freiheiten zu »erkaufen« und die eigenen Spielräume kreativ auszugestalten.

Charakteristisch für das Milieu ist die Betonung der ethischen Grundlagen des (Zusammen-) Lebens: Achtsamkeit, Respekt, Toleranz, Gemeinschaftssinn, Verantwortung, Gerechtigkeit und Liebe. Gleichzeitig pflegt man eine kritische Weltsicht, zeigt eine ausgeprägte Tendenz zum Relativieren und Hinterfragen.

Liberal-Intellektuelle streben nach einem ganzheitlichen Lebensentwurf auf hohem Niveau. Sie haben meist anspruchsvolle intellektuelle und kulturelle Interessen. Charakteristisch ist die Pflege der Lebenskunst und die Wertschätzung von subtilen Genüssen, Ästhetik, Bildung und Kultur. Viele Liberal-Intellektuelle verfolgen das Ideal einer nachhaltigen, umwelt- und gesundheitsbewussten Lebensführung, zeigen dabei aber keinen missionarischen Eifer. Ihr Konsumverhalten ist anspruchsvoll und selektiv (»weniger ist mehr«), verbunden mit einer Aversion gegen die oberflächliche Konsum- und Mediengesellschaft.

Die Milieuangehörigen haben hohe ästhetische Ansprüche, auch im Alltag. Sie zeigen sich offen für ein breites Spektrum an Genres und Stilen (solange sie Anspruch und Niveau beweisen), sind dabei aber immer auf der Suche nach dem Authentischen, Originellen. Sie verachten den Mainstream-Geschmack und reagieren empfindlich auf Protz und Prunk, Kitsch und Trash. Viele Milieuangehörige verfügen über Stil-Sensibilität, Kennerschaft und Kunstverstand. Bevorzugt wird häufig ein unprätentiöser Gestus: klar, zeitlos, reduziert; Understatement ist ein beliebtes Stilmittel.

Liberal-Intellektuelle sind offen für Neues und Außergewöhnliches, für Erkenntnisse, die (neue) Perspektiven eröffnen, Visionen aufzeigen – haben aber auch eine kritische, reflektierte Haltung gegenüber Medien und Inhalten und suchen am liebsten selbst aktiv nach Informationen und Hintergrundwissen. Typisch ist eine zielgerichtete, selektive Mediennutzung und die Suche nach seriösen Quellen.

1.2.2.3 Kommunikation

Erfolgversprechend ist eine niveauvolle, unaufdringliche Ansprache, die das Selbstbild des Milieus als liberale, tolerante Kosmopoliten mit Verantwortungsbewusstsein und gleichzeitig die milieuspezifische Vorliebe für Genuss, Kultur und Exklusivität bedient.

1.2.3 Performer

1.2.3.1 Kurzcharakterisierung

Beim Milieu der Performer handelt es sich um die multioptionale, effizienzorientierte Leistungselite unserer Gesellschaft mit einer hohen Technik- und IT-Affinität und global-ökonomischem Denken. Das Milieu sieht sich selbst als Konsum- und Stil-Avantgarde, zeigt aber deutliche Etablierungstendenzen und ist dabei, seinen früheren visionären Elan zu verlieren.

1.2.3.2 Grundorientierung und Lebensstil

Performer haben eine von Zielstrebigkeit, Leistungsoptimismus und pragmatischem Denken geprägte Grundhaltung. Typisch ist ihre Effizienz-, Wettbewerbs- und Karriereorientierung, verbunden mit dem Streben nach Selbstverwirklichung und intensivem Leben. »Flexibel zum Erfolg« kann als Leitmotiv für das Milieu gelten. Man steckt viel Energie und Risikobereitschaft in die Verfolgung seiner Ziele, und man möchte Erfolg haben, wenn und wo sich Chancen auftun.

Performer orientieren sich sehr stark am Prinzip der Selbstverantwortung, befürworten den freien Wettbewerb, treten ein für Deregulierung und Globalisierung. Individualität und Freiheit sind zentrale Werte. Jeder ist für sein Glück selbst verantwortlich, muss selbst wissen, was er leisten und erreichen kann.

Die Angehörigen dieses Milieus verstehen sich als die moderne Elite: smart, dynamisch, kosmopolitisch und immer einen Schritt voraus. Sie sind Stil- und Technik-Trendsetter, denken global, sind getrieben von Neugier und dem Wunsch, unter den Ersten und Besten zu sein. Viele Performer haben einen Avantgarde-Anspruch hinsichtlich Konsum, Designpräferenzen und Lebensart, und sie haben eine ausgeprägte Konsumneigung: Konsum ist Belohnung für Leistung. Die Ansprüche an Qualität und Service sind entsprechend hoch. Viele Performer haben ein robustes Selbstbild als Macher, Networker und Multitasker und ein entsprechend großes Ich-Vertrauen. Aber sie sind auch sehr sensibel für Status-Aspekte und anfällig für Prestige-Signale.

Die meisten Milieuangehörigen haben großes Interesse an sportlicher Betätigung (Trendsport, Prestigesport, Extremsport) und bevorzugen generell eine aktive Outdoor-orientierte Freizeitgestaltung. Performer haben eine hohe IT- und Multimedia-Kompetenz; die neuen Medien werden selbstverständlich in die alltägliche Lebensführung integriert – wobei die Technik den Doppelcharakter eines Spielzeugs wie auch eines Arbeitsmittels zur Effizienzsteigerung hat.

Das dominante alltagsästhetische Prinzip im Milieu der Performer ist ein extravertierter Individualismus. Die Inszenierungen zielen auf Wirkung, Extravaganz und Selbstpräsentation. Weil man sich als Avantgarde versteht, greift man aktuelle Moden und Designtrends gerne auf. Performer lehnen die traditionelle wie die zeitgemäße »Spießer-Ästhetik« ab (Eiche rustikal ebenso wie Landhaus-Nostalgie), bevorzugen einen coolen Modernismus und haben oft ein Faible für modernes (Industrie-) Design und technisch anmutende Materialien wie Stahl, Beton und Glas.

1.2.3.3 Kommunikation

Hilfreich in der Kommunikation mit Performern ist es, das Selbstverständnis des Milieus als Elite und Avantgarde zu verstärken, indem man den Adressaten einen Informationsvorsprung verschafft und sie als »First Mover«, die auf der Höhe der Zeit sind, anspricht. Das bedeutet, Signale der Anerkennung von Leistung, Kreativität und Risikobereitschaft an die Zielgruppe zu senden und gleichzeitig den Nutzen der Botschaft zu betonen: als Hilfe zur Selbstpositionierung bzw. zur Erreichung persönlicher oder beruflicher Ziele. Entscheidend sind Effizienz und Professionalität des Auftritts.

1.2.4 Expeditive

1.2.4.1 Kurzcharakterisierung

Beim Expeditiven Milieu handelt es sich um die postmoderne, online und offline vernetzte Avantgarde, die mental, kulturell und geografisch mobil ist und über die in der globalisierten Welt erforderlichen Schlüsselkompetenzen verfügt. Das Milieu ist stark individualistisch geprägt; typisch sind Neugier, Weltoffenheit und Experimentierfreude.

1.2.4.2 Grundorientierung und Lebensstil

Typisch für Expeditive ist eine nonkonformistische, risikoakzeptierende Grundhaltung ohne ideologische Festlegungen. Sie sind offen für alles und wollen vom Leben lernen, wollen Grenzen durchbrechen, Horizonte erweitern, neue Herausforderungen annehmen. Viele sehen das Leben als Spiel – und die ganze Welt als ihre Bühne. Sie haben eine grundsätzliche Neugier und Toleranz gegenüber unterschiedlichen Lebensformen und Kulturen. Ihre Leitwerte sind Weltoffenheit, Kreativität und Vitalität (Dynamik, Speed), Spaß/Genuss und intensives Erleben.

Expeditive sind ambitioniert, haben aber keine klassische Erfolgs- und Aufstiegsorientierung. Wichtiger als Karriere um jeden Preis ist Zeit für sich selbst und die eigenen (privaten) Projekte. Bei der Verfolgung der eigenen Lebensthemen und Leidenschaften zeigt man Ehrgeiz und strategische Zielorientierung. Mit den gegebenen Verhältnissen geht man pragmatisch um, verfügt über große Flexibilität und Anpassungsfähigkeit.

Expeditive sind die postmoderne Lifestyle-Avantgarde unserer Gesellschaft: weltanschaulich unvoreingenommen, kreativ, oft subkulturaffin und in entspannter Opposition zum bürgerlichen Lebensstil. Sie haben ein Faible für das Außergewöhnliche und Neue, das Ungedachte, die Verbindung und Überwindung von Gegensätzen, und sie stehen auf Kriegsfuß mit allem Dogmatischen (z. B. Öko-Hardliner). Entsprechend haben sie häufig unkonventionelle Karrieren (z. B. in der Kreativbranche) und bunte Patchwork-Biografien.

Die meisten haben großes Interesse an Musik, Kunst und Kultur. Dabei bevorzugen sie das Unkonventionelle abseits des Mainstreams; sie haben Freude an stilistischen Provokationen, bis hin zu einem inszeniert-nachlässigen Erscheinungsbild, grenzen sich aber ab von Trash und legen Wert auf Distinktion.

Expeditive zeigen ein selektives Konsumverhalten mit dem Fokus auf Neuheit, limitierte Verfügbarkeit und Extravaganz. Sie lieben das Einzigartige/Besondere, was nicht jeder hat. Wichtig ist den Expeditiven die demonstrative Distanz zum Massengeschmack. Sie sehen sich selbst als Teil der progressiven Popkulturelite und pflegen ein entsprechendes Selbstbewusstsein. Mainstream- und Spießerästhetik lehnen sie ab (Eiche rustikal ebenso wie IKEA), ihre Vorliebe gilt unkonventionellen Inszenierungen; viele sind selbst kreativ-künstlerisch tätig.

Expeditive haben ein starkes Bedürfnis nach Kommunikation und Vernetzung, im realen wie im virtuellen Leben. Die Kommunikation mit diesem Milieu sollte deshalb multimedial sein und nicht nur über klassische Kanäle vermittelt. Expeditive verstehen sich als Netzavantgarde, haben hohe Internet-Kompetenz und gehen souverän mit moderner IT um.

1.2.4.3 Kommunikation

Erfolgversprechend ist eine Ansprache der Expeditiven als postmoderne, tolerante Lifestyle-Avantgarde und eine Thematisierung des milieutypischen Selbstbilds von Vielseitigkeit und Offenheit für alles (»no limits«), möglichst in Verbindung mit Signalen der Anerkennung von Außergewöhnlichkeit und Kreativität der Adressaten. Hilfreich ist dabei ein lockerer Stil, eine Tonalität, die entspannt und unaufdringlich ist, dabei souverän und anspruchsvoll – ohne aufgesetzt oder überheblich zu wirken.

1.2.5 Adaptiv-Pragmatische

1.2.5.1 Kurzcharakterisierung

Beim Adaptiv-pragmatischen Milieu handelt es sich um die moderne junge Mitte in unserer Gesellschaft mit ausgeprägtem Lebenspragmatismus und Nützlichkeitsdenken. Die Milieuangehörigen zeigen Leistungs- und Anpassungsbereitschaft, wollen aber auf Spaß, Komfort und Unterhaltung nicht verzichten. Adaptiv-Pragmatische sind zielstrebig, flexibel und weltoffen – und haben gleichzeitig ein starkes Bedürfnis nach Verankerung und Zugehörigkeit.

1.2.5.2 Grundorientierung und Lebensstil

Die Angehörigen dieses Milieus sind aufgeschlossen und zielstrebig, erfolgsorientiert, dynamisch und gut organisiert, aber auch kompromissbereit und zu Graden konventionell. Sie sind offen für neue Trends, Medien und Technologien. Und sie sind ständig auf der Suche: nach Etablierung im Beruf und im Privaten, nach Halt und Orientierung in ihrem Leben.

Typisch für das Milieu ist eine pragmatische Grundhaltung und ein funktionales, utilitaristisches Denken (»was bringt mir das?«). Adaptiv-Pragmatische sind nüchtern, »down to earth«, benefit- statt risikoorientiert. Von abstrakten Idealen, Ideologien und jeder Form von Extremen halten sie sich fern. Es geht darum, das Beste aus seinen Möglichkeiten zu machen, sich (realistische) Ziele zu setzen und diese zu erreichen; wichtige Ziele sind: eine Arbeit zu haben, die man gern macht, genug Geld zu haben, um sich seine materiellen Wünsche erfüllen zu können, eine schöne Wohnung, ein Auto, ein erfülltes Freizeitleben und vor allem Freunde und Familie, die man lieben und denen man vertrauen kann.

Das Lifestyle-Ideal der Adaptiv-Pragmatischen lässt sich mit den Schlagworten jung, modisch, trendy gut charakterisieren. Die Angehörigen dieses Milieus grenzen sich ab von altbackenen Werten, Lebensweisen und Moralvorstellungen. Sie sind offen für Neues, insbesondere bei Medien und Technologien, adaptieren aufkommende Trends – sind aber keine wirklichen Trendsetter wie etwa die Expeditiven. Verbreitet ist ein intensiver Medienkonsum und eine hohe Aktivität in sozialen Netzwerken.

Adaptiv-Pragmatische folgen dem Mainstream der modernen Freizeitkultur, ihr Freizeitverhalten ist stark unterhaltungs- bzw. erlebnisorientiert, ihre Stilpräferenzen sind konventionell-modern. Typisch für das Milieu ist seine unvergrübelte Konsumneigung: Konsumieren bedeutet Lebensqualität.

Adaptiv-Pragmatische sind in Geschmacksfragen stark beeinflussbar. Sie sind außenorientiert und deshalb empfänglich für modische Leitbilder, und sie greifen neue Trends schnell auf. Die Orientierung am Mainstream hat für sie nichts Negatives. Im Gegenteil: Am wohlsten fühlt man sich dort, wo viele den gleichen Geschmack teilen. Bei aller Zeitgeistigkeit mag man es gerne moderat und ausgeglichen. Der Wunsch nach Geborgenheit und Harmonie ist in diesem Milieu sehr stark. Das zeigt sich u. a. in der Liebe zu verspielten Details und dekorativen Elementen. Das eigene Wohnumfeld gestaltet man freundlich und bunt – aber immer auch warm und gemütlich. Design soll modern, praktisch, preiswert und flexibel sein – und für alle Gelegenheiten passen.

1.2.5.3 Kommunikation

Kommunikation mit Adaptiv-Pragmatischen sollte an die Verortung des Milieus in der jungen Mitte anknüpfen, d. h. ihrem Selbstverständnis als moderner Mainstream gerecht werden – der offen ist für neue Trends, aber nicht übertreiben und immer realistisch bleiben will. Die Angehörigen dieses Milieus mögen es locker und zeitgemäß, aber auch praktisch und alltagsrelevant. Gute Erfolgsaussichten haben Angebote/Ansprachen, die einen modernen, freizeitbezogenen Lifestyle mit einer milieugerechten Benefit-Argumentation verbinden.

1.2.6 Sozialökologische

1.2.6.1 Kurzcharakterisierung

Die Sozialökologischen sind ein engagiert gesellschaftskritisches Milieu mit normativen Vorstellungen vom »richtigen« Leben. Sie haben ein ausgeprägtes ökologisches Gewissen und sind häufig Globalisierungsskeptiker und Bannerträger von Political Correctness und Diversity (Multikulturalismus).

1.2.6.2 Grundorientierung und Lebensstil

Leitmotive der Sozialökologischen sind Nachhaltigkeit, Entschleunigung und Gerechtigkeit. Das Milieu versteht sich als ökologische und soziale Avantgarde, als Träger globaler Verantwortung und »Gewissen der Gesellschaft«. Viele sind schonungslose Aufklärer und Kritiker von Missständen (Umweltzerstörung, soziale Spaltung, Ausbeutung der Dritten Welt), die dazu beitragen wollen, die Welt zu einem besseren Ort zu machen. Und viele haben genaue Vorstellungen von dem, was richtig und gut ist, versuchen nachhaltige Alternativen vorzuleben (Ernährung, Wohnen, Energie, Mobilität) und – mit teilweise ausgeprägtem Sendungsbewusstsein – andere davon zu überzeugen.

Die Sozialökologischen kritisieren die materialistische Wachstums- und Überflussgesellschaft, die sinnentleerte Jagd nach Geld und Konsum und die neoliberale Ellbogen-Mentalität – vor dem Hintergrund starker Wertebezüge und postmaterieller Ansprüche (Rettung des Planeten, Gerechtigkeit, Toleranz, Solidarität). Viele sind selbst aktiv im sozialen Bereich bzw. im Umwelt- und Naturschutz, setzen sich ein für einen nachhaltigen Lebensstil, für politische Korrektheit, für Vielfalt und Multikulturalismus. Viele haben ein ausgeprägtes Interesse an fremden Kulturen.

Typisch für das Milieu ist sein Streben nach Authentizität, Ganzheitlichkeit und Balance (auch Fitness und Gesundheit). Sozialökologische sind Anhänger von Downsizing und Entschleunigung mit der Vision eines nachhaltigen Lebens in der Gesellschaft wie im Privaten. Sie orientieren sich an den Leitwerten Freiheit, Verantwortung, Selbstverwirklichung, Achtsamkeit, Natürlichkeit und Sinnlichkeit. Viele haben ausgeprägte kontemplative Bedürfnisse und eine Affinität zu Spiritualität und Esoterik.

Sozialökologische definieren sich eher über anspruchsvolle intellektuelle und kulturelle Interessen als über Besitz und Konsum. Ihr Motto ist »mehr Sein als Schein«, und sie haben eine große Distanz zu Künstlichem, Oberflächlichem und Protzigem. Vom Massengeschmack der modernen Konsumgesellschaft grenzen sie sich ebenso ab wie gegenüber Trash und Kitsch. Sie wollen es unprätentiös und statusneutral, legen keinen Wert auf Exklusivität und Extravaganz. Typisch ist die Vorliebe des Milieus für offene, flexible Strukturen und belebte Arrangements (menschliches Maß). In der Alltagsästhetik des Milieus zeigt sich seine Sehnsucht nach dem Echten und Natürlichen, aber auch sein Hang zu Idyllisierung und Nostalgie.

Im Freizeitleben der Sozialökologischen spielen Kultur und Kommunikation eine große Rolle. Man ist gerne in Gemeinschaft und an Orten, wo steife bürgerliche Konventionen durchbrochen werden: auf alternativen Stadtfesten, in Kulturcafés, Kleinkunstveranstaltungen etc.

1.2.6.3 Kommunikation

Trotz verbreiteter Skepsis gegenüber den (Massen-) Medien sind Sozialökologische auf allen Kanälen (online und offline) erreichbar. Bei der Ansprache des Milieus empfiehlt sich ein reflektierender Stil und eine kritisch-hinterfragende Tonalität. Jede Form werblicher Kommunikation und »Verkaufe« verbietet sich. Insbesondere die Sensibilität gegenüber »Greenwashing« ist groß. Stattdessen sind Achtsamkeit und Toleranz geboten, auch in der Sprache (Gender Mainstreaming ist Pflicht). Erfolgversprechend sind Signale der Anerkennung von Verantwortungsethik und Gutmenschentum des Adressaten. Als Leitmotive der Ansprache eignen sich Nachhaltigkeit, soziale Gerechtigkeit, Lebenssinn, Wohlfühlmomente, Selbstentfaltung und Visionen einer besseren Gesellschaft.

1.2.7 Bürgerliche Mitte

1.2.7.1 Kurzcharakterisierung

Die Bürgerliche Mitte ist der leistungs- und anpassungsbereite Mainstream, der nach beruflicher und sozialer Etablierung strebt und gesicherte und harmonische Verhältnisse möchte. Das Milieu bejaht grundsätzlich die gesellschaftliche Ordnung, leidet aber zunehmend unter Verunsicherung, Überforderung und Abstiegsängsten.

1.2.7.2 Grundorientierung und Lebensstil

Die Angehörigen der Bürgerlichen Mitte sehen sich selbst als Mitte und Rückgrat der Gesellschaft – sozusagen als »Otto Normalverbraucher«, aber nicht selten auch als »Melkkuh der Nation«. Durch Zielstrebigkeit, Leistungs- und Anpassungsbereitschaft möchte man einen angemessenen Status in der Gesellschaft – in der wohlsituierten Mitte – erreichen.

Die Bürgerliche Mitte möchte gesicherte materielle Verhältnisse, sowie Beständigkeit, Ordnung und Balance – beruflich wie privat. Sie will teilhaben an der modernen Welt, aber realistisch und bodenständig bleiben, nichts übertreiben und kein Risiko eingehen. Glück und Erfüllung verspricht zuvorderst die Geborgenheit in einer intakten Familie und das Eingebundensein in die lokale Nahwelt mit einem verlässlichen und akzeptierenden Netzwerk von Freunden, Nachbarn, Vereinen. Harmonie, Freundlichkeit, Rücksicht, Fairness, Treue und Zuverlässigkeit sind entsprechend wichtige Werte.

Typisch für die Angehörigen des Milieus ist ein konventioneller, modern-bürgerlicher Lebensstil, charakterisiert durch das Streben nach sozialer Nähe und Wärme sowie nach Ausgleich von Arbeit und Freizeit, persönlichen Interessen und familiären Pflichten. Viele haben ausgeprägte Komfort-Ansprüche und eine starke Wellness-Orientierung, sehnen sich nach Lebensqualität und Genuss. Konsum-Priorität haben ein gut ausgestattetes, gemütliches Heim und ein gepflegtes Outfit. Aber auch für Auto, Urlaub, Freizeit, Sport und nicht zuletzt für die aufwändige Förderung der Kinder und Enkel (Stichwort »Bildungswettrüsten«) wird gerne Geld ausgegeben.

Im Milieu der Bürgerlichen Mitte orientiert man sich an sozialen Normen und Konventionen. Auch geschmacklich passt man sich an das Empfinden der Mehrheit an und bevorzugt eine konventionell-moderne Ästhetik. Gängige Trends werden gerne aufgegriffen. Viele haben eine Schwäche für modische Design-Produkte einerseits, für rustikal-natürliche Ästhetik und Retro-Trends andererseits. Gleichzeitig schätzt man das Praktische und Pflegeleichte – wobei Funktionalität und Ordnung als Symbol für Intaktheit und Sicherheit stehen.

Leitmotiv des Milieus ist »das Erreichte sichern« – was allerdings schwer fällt in Zeiten, in denen die Zukunft immer weniger planbar scheint. Tatsächlich breitet sich in der Bürgerlichen Mitte zunehmend Verunsicherung und Furcht vor sozialem Abstieg aus: Angst, nicht mehr mitzukommen (technologisch, finanziell), den Anforderungen steigender Komplexität (Digitalisierung) und Diversität (Zuwanderung) nicht mehr gerecht werden zu können – mit der Folge wachsender Unzufriedenheit und Erschöpfung sowie verstärkter Cocooning- und Abschottungstendenzen.

1.2.7.3 Kommunikation

Diese im letzten Abschnitt erwähnte Befindlichkeit ist in der Kommunikation mit der Bürgerlichen Mitte mit zu berücksichtigen. Die Kommunikation sollte keine Störimpulse setzen und nicht allzu elaboriert und herausfordernd sein. Erfolgversprechend ist ein klarer, unprätentiöser Stil, eine lebendige, bildhafte Sprache, eine freundliche Tonalität sowie die Beachtung sozialer Konventionen (z. B. Höflichkeit). Leitmotive der Ansprache könnten sein: gesicherte Verhältnisse herstellen; das gute Mittelmaß finden; integriert sein und mitreden können; bodenständig, gesellig und lebensfroh bleiben.

1.2.8 Traditionelle

1.2.8.1 Kurzcharakterisierung

Das Traditionelle Milieu hat seinen Schwerpunkt in der Sicherheit und Ordnung liebenden älteren Generation und ist verhaftet in der kleinbürgerlichen Welt bzw. in der traditionellen Arbeiterkultur. Das Milieu ist geprägt von Sparsamkeit und Anpassung an die Notwendigkeiten, aber auch von einem zunehmenden Gefühl des Abgehängtseins.

1.2.8.2 Grundorientierung und Lebensstil

Die Angehörigen des Traditionellen Milieus haben ein hierarchisches, von Konformität und traditionellen Moralvorstellungen geprägtes Weltbild. Sie sind, so ihr Selbstbild, »die kleinen Leute«, rechtschaffen und bodenständig – aber durch die gesellschaftliche Modernisierung zunehmend an den Rand gedrängt. Die Folgen sind oft Resignation und Verbitterung.

Das Leitmotiv der Traditionellen könnte heißen: »Keine Experimente«. Sie halten fest an traditionellen Tugenden wie Pflichterfüllung, Anstand, Sparsamkeit und Disziplin. Ihr Lebensprinzip ist Bescheidenheit (»man muss zufrieden sein mit dem, was man hat«). Sie haben keine hoch gesteckten Ziele (mehr), sondern lediglich den Wunsch nach Gesundheit, Ruhe und Harmonie. Glücklich wird das Leben durch die Liebe (in der Partnerschaft, in der Familie) und den Glauben. Im Alltag legt man Wert darauf, in geordneten Verhältnissen zu leben, man passt sich an sein soziales Umfeld an und ist bestrebt, den hart erarbeiteten Lebensstandard zu bewahren.

Wichtig für Traditionelle ist das Vertraute, Gewohnte und Bodenständige. Routinen, Rituale und Bräuche geben Sicherheit und Geborgenheit. Idealerweise soll alles so bleiben, wie es immer schon war. Wandel und Veränderung erzeugen Unbehagen. Die Bereitschaft des Milieus, sich auf Neues und Fremdes einzulassen, ist gering. Die Vergangenheit wird oft romantisch verklärt (»früher war alles besser«). Entsprechend ausgeprägt ist die Tendenz der Traditionellen zum Rückzug in die heile Welt der eigenen vier Wände. Typisch ist ein passives Freizeitverhalten mit dem Fokus auf Haus, Garten, Hobbys und familiäre Verpflichtungen. Die Suche nach Entspannung und Ablenkung durch Medienkonsum (Fernsehen, Zeitschriften) ist weit verbreitet – wobei das Leben der Traditionellen weitgehend offline stattfindet. Zu digitalen Angeboten, Internet und Multimedia hat man eine große Distanz.

Wichtigste Stilprinzipien im Milieu sind Ordnung, Sauberkeit und Zweckmäßigkeit (praktisch, pflegeleicht, haltbar). Man hat keinen Bedarf nach Extravaganzen und stilistischer Abgrenzung, sondern möchte den althergebrachten Standard. Am liebsten hat man es altdeutsch-rustikal (im Wohnbereich: Schrankwand, Eckbank, »Gelsenkirchener Barock«). Bequemlichkeit geht vor Ästhetik und Design, und Geschmack richtet sich nach dem Geldbeutel.

1.2.8.3 Kommunikation

Zu beachten in der Kommunikation mit Traditionellen ist eine milieugerechte Einfachstruktur der Aussagen: Kongruenz von Bild und Text, keine abgehobene Sprache, nicht theorielastig – sondern alltagsnah, praktisch und solide. Erfolgversprechend sind affirmative, harmonische Botschaften, die die Sehnsucht der Zielgruppe nach Ruhe, Verlässlichkeit und Gemütlichkeit bedienen, die menschliche Nähe schaffen und die Sicherheit und Klarheit in einer zunehmend überkomplexen Welt versprechen. Leitmotiv der Ansprache kann das Bewahren des Bewährten, Traditionellen, Überlieferten sein, oder das Angebot von Rückhalt und Unterstützung, verbunden mit Signalen an die Adressaten, dass sie gebraucht werden und etwas Nützliches beitragen können.

1.2.9 Prekäre

1.2.9.1 Kurzcharakterisierung

Bei den Prekären handelt es sich um die um Orientierung und Teilhabe bemühte Unterschicht, die dazugehören möchte und den Wunsch hat, Anschluss zu halten an die Konsumstandards der breiten Mitte. In diesem Milieu häufen sich soziale Benachteiligungen, Ausgrenzungserfahrungen, Verbitterung und Ressentiments.

1.2.9.2 Grundorientierung und Lebensstil

Viele Angehörige des Prekären Milieus leben in sozial und finanziell schwierigen Verhältnissen. Und viele fühlen sich aufgrund einer Kumulation von Defiziten (fehlende Ausbildung, Krankheit, familiäre Probleme, Arbeitslosigkeit) als Benachteiligte – ohne eigene Schuld. Die Alltagswirklichkeit ist vom Kampf um das tägliche Überleben geprägt, die eigenen Gestaltungsmöglichkeiten sind gering, der Einzelne ist ohnmächtig, und wer unten ist, hat wenig Chancen. Entsprechend beklagt werden die ungerechten Zustände in der Gesellschaft, die mangelnde Solidarität, die Gier der Bessergestellten und deren Verachtung der kleinen Leute.

Die Folge ist häufig ein um sich greifender Pessimismus, Perspektiv- und Hoffnungslosigkeit – oder auch ein trotziges Selbstbewusstsein mit aggressiver Abgrenzung gegenüber Randgruppen, Chauvinismus und Protestbereitschaft.

Kompensatorisch ist bei den Prekären das Bemühen mitzuhalten weit verbreitet. Die Milieuangehörigen haben den starken Wunsch nach Identität und Zugehörigkeit, die Sehnsucht, wahrgenommen und ernst genommen zu werden. Gerade weil man sich selbst meist auf der Verliererseite sieht, möchte man anerkannt sein und dazugehören. Prekäre haben ausgeprägte konsum-materialistische Wünsche; man möchte sich etwas leisten können, ein »Stück vom Kuchen« abbekommen. Das Wichtigste im Leben ist aber Gesundheit und der Zusammenhalt in der Familie; viele sind bereit, zurückzustecken, damit es der Familie gut geht und die Kinder es einmal besser haben.

Manche suchen Ablenkung von der harten Realität durch Flucht in Traumwelten (Geld, Luxus, Prestige) oder intensiven Medien- und Genussmittelkonsum (Zigaretten, Alkohol, Süßigkeiten, Snacks). Die Teilnahme am Leben der Reichen und Schönen via Yellow Press und TV-Serien sorgt für sekundäre Glücksmomente. Im Milieu der Prekären haben Äußerlichkeitswerte eine große Bedeutung (z. B. Body-Kult); insbesondere bei Männern findet sich oft ein starkes Geltungsbedürfnis. Prekäre sind ausgesprochen mode- und trendaffin. Sie sind gepolt auf Unterhaltung und Entertainment in jeglicher Form und haben Freude an der medialen Trashkultur. Trotz Technikbegeisterung (Unterhaltungselektronik, TV, Computerspiele) haben sie häufig aber nur eine geringe IT-Kompetenz.

1.2.9.3 Kommunikation

Kommunikation mit dem Milieu sollte verständlich und verständnisvoll sein, respektvoll und vertrauenerweckend, geradeheraus – und durchaus zupackend und direktiv (Orientierung gebend). Dabei verbietet es sich, von oben herab zu sprechen und mit dem moralischen Zeigefinger zu winken. Prekäre brauchen keine frommen Ratschläge, sondern anschauliche Beispiele und Tipps für das tägliche Überleben. Viele haben eine Präferenz für plakative Auftritte und »ehrliche«, unverblümte Aussagen. Ihr Vertrauen in die (Massen-) Medien ist groß, ebenso wie ihre Affinität zu Werbung. Leitmotiv der Ansprache sollte primär Akzeptanz und Anerkennung sein, im Sinne von Zugehörigkeit bzw. Anschluss an die Mitte der Gesellschaft.

1.2.10 Hedonisten

1.2.10.1 Kurzcharakterisierung durch das SINUS-Institut

Das Hedonistische Milieu ist die spaß- und erlebnisorientierte moderne Unterschicht und untere Mitte, die im Hier und Jetzt leben möchte – möglichst unbekümmert und spontan. Viele Hedonisten sind angepasst im Beruf, wollen aber in der Freizeit aus den Zwängen des Alltags ausbrechen.

1.2.10.2 Grundorientierung und Lebensstil

Das Leben der Hedonisten ist oft turbulent, bunt und überraschend. Ihre Philosophie ist: frei, spontan und uneingeschränkt ganz in der Gegenwart zu leben; nicht warten, sparen und sich krumm legen, sondern das Leben gleich genießen. Hedonisten haben eine ausgeprägte Erlebnisorientierung und den Wunsch nach intensivem Leben. Sie lieben Fun & Action und pflegen einen expansiven, outdoor-orientierten Lebensstil. Der milieutypische Anspruch, »sein eigenes Ding« zu machen, seinen eigenen Träumen nachzugehen, kommt meist in der Freizeit zum Tragen. Die Freizeit als Refugium für unprogrammiertes Leben ist der eigentliche Lebensraum des Milieus, wo man sich nicht selten zielstrebig und engagiert mit seinen speziellen Interessen (von Mangas bis Motorsport) beschäftigt.

Entgegen ihrem Selbstbild sind Hedonisten oft weniger cool und entspannt als ständig auf der Suche: nach Kommunikation, Unterhaltung, Party, Job, Wohnung, Geld – und nicht zuletzt nach sozialer Akzeptanz. Man möchte »gut drauf« sein, um auf andere anziehend zu wirken, und man möchte geschätzt, geliebt und gebraucht werden. Zentrale Bedeutung im Leben haben die Familie, die Beziehung, die Freunde und die Emotionen, die man mit ihnen teilt. Materielle Ziele werden selten ernsthaft verfolgt, weil man Planung und Anstrengung vermeiden will. Dennoch möchte man nicht auf die Dinge verzichten, die das Leben angenehmer machen (Auto, Reisen, Events, Unterhaltungselektronik, IT). Die Maxime des Milieus lautet: möglichst keine einschränkenden Verpflichtungen, kein Stress; Anpassung wo nötig, Freiheit wo möglich. Der Bezug zu gesellschaftlichen Normen, Werten und Konventionen ist entsprechend flexibel.

Milieutypisch ist ein spontaner Konsumstil und ein unkontrollierter Umgang mit Geld; häufig lebt man auf Pump. Viele haben eine hohe Konsumneigung bei Ausgehen, Musik, Games, Kleidung, Sport und identifizieren sich mit den jeweils aktuellen Lifestyle-Trends. Jugendlichkeits- und Body-Kult sind mächtige Lifestyle-Normen im Milieu (gängige Schönheitsideale und Pop-Ikonen als Vorbilder) – bereiten den (älteren) Milieuangehörigen aber zunehmend Probleme. Ein anderes Segment der Hedonisten profiliert sich über demonstrative Unangepasstheit, durch Spaß an Tabuverletzungen und Provokation und einer Vorliebe für Unkonventionelles (z. B. Faible für Retro, Esoterik und Fantasy).

1.2.10.3 Kommunikation

Originalität, starke Reize und die Missachtung bürgerlicher Ordnungsnormen sind charakteristische Stilansprüche, die in der Kommunikation mit den Hedonisten berücksichtigt werden sollten. Erfolgversprechend ist es, an die Anti-Spießer-Sehnsucht des Milieus anzuknüpfen, an das Bedürfnis, anders zu sein und aus den Zwängen der Konvention auszubrechen. Leitmotive der Ansprache in diesem Sinn wären Spannung, Spontaneität und Neugier, Freiheit, Selbstverwirklichung, Spaß und Lebensfreude. Zum Scheitern verurteilt sind dagegen Aussagen/Angebote, die als Bevormundung oder Verpflichtung interpretiert werden können, sowie alle Botschaften, die Anstrengung, Aufschub und Verzicht predigen.

1.3 Exkurs: Lesehilfe/Erläuterung zu Berichtstabellen

In diesem Teilbericht werden die Befragungsergebnisse in der Gesamtstichprobe und nach Sinus-Milieus in Tabellenform dargestellt. Dabei wird graphisch gekennzeichnet, ob ein Wert in einem Sinus-Milieu deutlich überdurchschnittlich oder unterdurchschnittlich ist.

1.3.1 Einfärbungen in den Tabellen

Die Einfärbungen in den Tabellen geben an, ob ein Wert in einem Sinus-Milieu stark überdurchschnittlich oder stark unterdurchschnittlich ist, also deutlich vom Wert der Gesamtstichprobe abweicht (Abbildung 2).

»Einmal abgesehen davon, ob Sie in die Kirche gehen oder nicht – würden Sie sagen, Sie sind ... « (in %)

	Gesamt	KET	LIB	PER	EPE	ADA	SÖK	BÜM	TRA	PRE	HED
Ein religiöser Mensch	**65**	81	70	57	43	68	69	69	85	50	42
Kein religiöser Mensch	**19**	❶	16	❷	30	17	12	17	7	24	34
Ein überzeugter Atheist	**2**	1	0	2	4	0	1	1	0	4	4
Unentschieden	**15**	12	14	11	23	14	18	14	8	22	20

KET = Konservativ-Etablierte **LIB** = Liberal-Intellektuelle **PER** = Performer **EPE** = Expeditive **ADA** = Adaptiv-Pragmatische
SÖK = Sozialökologische **BÜM** = Bürgerliche Mitte **TRA** = Traditionelle **PRE** = Prekäre **HED** = Hedonisten
Stark überdurchschnittlich
Stark unterdurchschnittlich

Abbildung 2

- Beispiel 1: 81 % der Konservativ-Etablierten und 65 % der Gesamtstichprobe geben an, ein religiöser Mensch zu sein. Damit ist der Wert im Sinus-Milieu der Konservativ-Etablierten stark überdurchschnittlich und daher grün eingefärbt.

- Beispiel 2: 57 % der Performer und 65 % der Gesamtstichprobe geben an, ein religiöser Mensch zu sein. Damit ist der Wert im Sinus-Milieu der Expeditiven stark unterdurchschnittlich und daher rot eingefärbt.

1.3.2 Regeln der Einfärbungen in den Tabellen

Um zu erkennen, wie deutlich die Werte in den Sinus-Milieus vom Wert in der Gesamtstichprobe abweichen, wird ein Index errechnet:

$$\text{Index} = \frac{\text{Wert im Sinus-Milieu (in \%, mit Nachkommastelle)}}{\text{Wert in der Gesamtstichprobe (in \%, mit Nachkommastelle)}} * 100$$

Der Indexwert setzt den Wert in einem Sinus-Milieu mit dem Wert in der Gesamtstichprobe in Beziehung:

- Index ist 100: Wert im Sinus-Milieus entspricht dem Wert in der Gesamtstichprobe
- Index größer als 100: Wert im Sinus-Milieu liegt über dem Wert in der Gesamtstichprobe (überdurchschnittlich)
- Index kleiner als 100: Wert im Sinus-Milieu liegt unter dem Wert in der Gesamtstichprobe (unterdurchschnittlich)

Abhängig vom Wert in der Gesamtstichprobe gelten unterschiedliche Indexgrenzen und somit Einfärberegeln zur Kennzeichnung von stark überdurchschnittlichen und stark unterdurchschnittlichen Werten (Abbildung 3).

Ein Gruppen-Wert ist stark überdurchschnittlich bei ...	
... einem Wert in der Gesamtstichprobe (in %) ...	... und einem Index größer als
0 - 39	> 120
40 - 59	> 115
60 - 79	> 110
80 - 100	> 105

Ein Gruppen-Wert ist stark unterdurchschnittlich bei ...	
... einem Wert in der Gesamtstichprobe (in %) ...	... und einem Index kleiner als
0 - 39	< 80
40 - 59	< 85
60 - 79	< 90
80 - 100	< 95

Abbildung 3

»Interessieren Sie sich für religiöse Fragen?« (in %)

	Gesamt	KET	LIB	PER	EPE	ADA	SÖK	BÜM	TRA	PRE	HED
Sehr	10	18	10	7	7	5	18	10	14	6	8
Ziemlich	20	26	21	17	10	11	27	23	31	16	11
Etwas, aber nicht besonders	52	45	55	56	58	60	47	54	44	55	51
Gar nicht	16	9	14	19	25	22	6	10	8	21	29
Keine Angabe	2	2	1	2	1	2	2	3	3	2	2
MIN. ZIEMLICH	30	44	30	23	16	16	45	33	45	22	19
MIN. ETWAS	82	89	85	80	74	76	92	86	89	77	69

KET = Konservativ-Etablierte; LIB = Liberal-Intellektuelle; PER = Performer; EPE = Expeditive; ADA = Adaptiv-Pragmatische
SÖK = Sozialökologische; BÜM = Bürgerliche Mitte; TRA = Traditionelle; PRE = Prekäre; HED = Hedonisten

Stark überdurchschnittlich
Stark unterdurchschnittlich

Abbildung 4

Zur genaueren Berechnung des Indexwertes werden Ergebniswerte mit Nachkommastelle berücksichtigt. Zur einfachen Lesbarkeit sind in den folgenden Berichtstabellen jedoch gerundete Werte eingetragen. Daher ist es möglich, dass ein »gleiches« Ergebnis in einem Milieu eingefärbt ist und in einem anderen Milieu nicht (Abbildung 4).

- Auf die Frage »Interessieren Sie sich für religiöse Fragen?« antworten mit »keine Angabe« 2 % in der Gesamtstichprobe bzw. 2 % in den Milieus der Konservativ-Etablierten, Performer, Adaptiv-Pragmatischen, Sozialökologischen, Prekären und Hedonisten.

- Die 2 %-Werte in den Milieus der Performer, Sozialökologischen und Hedonisten sind als »stark unterdurchschnittlich« eingefärbt, d. h. sie liegen unter den Indexgrenzen zur Kennzeichnung von stark abweichenden Werten.

- Die 2 %-Werte in den Milieus der Konservativ-Etablierten, Adaptiv-Pragmatischen und Prekären sind nicht eingefärbt, d. h. sie liegen nicht unter oder über den Indexgrenzen zur Kennzeichnung von stark abweichenden Werten.

Die Betrachtung der Werte in den Sinus-Milieus mit Nachkommastelle und den entsprechenden Indexwerten verdeutlicht, weshalb der »gleiche« Wert von 2 % in einigen Milieus als stark unterdurchschnittlich gekennzeichnet ist und in anderen Milieus nicht (Abbildung 5).

»Interessieren Sie sich für religiöse Fragen?« (in %)

	Gesamt	KET	LIB	PER	EPE	ADA	SÖK	BÜM	TRA	PRE	HED
Keine Angabe (Werte in %, mit Nachkommastelle)	2,1	2,2	1,2	1,6	0,9	2,2	1,7	3,4	2,8	2,1	1,6
Keine Angabe (Indexwerte)		*104*	*54*	*73*	*41*	*104*	*78*	*157*	*129*	*98*	*73*

KET = Konservativ-Etablierte; LIB = Liberal-Intellektuelle; PER = Performer; EPE = Expeditive; ADA = Adaptiv-Pragmatische; SÖK = Sozialökologische; BÜM = Bürgerliche Mitte; TRA = Traditionelle; PRE = Prekäre; HED = Hedonisten

Grün: Stark überdurchschnittlich; Rot: Stark unterdurchschnittlich

Abbildung 5

- Entsprechend den Einfärberegeln des SINUS-Instituts (siehe oben) bestimmt der Wert von 2,1 in der Gesamtstichprobe, dass alle Werte in den Milieus mit einem Index unter 80 als stark unterdurchschnittlich und über 120 als stark überdurchschnittlich gelten.

- Ersteres ist in obigem Beispiel bei den Milieus der Liberal-Intellektuellen, Performer, Expeditiven, Sozialökologischen und Hedonisten der Fall, Letzteres in den Milieus der Bürgerlichen Mitte und Traditionellen.

- Die Indexwerte in den Milieus der Konservativ-Etablierten, Adaptiv-Pragmatischen und Prekären liegen zwischen den Indexgrenzen von 80 und 120 und sind daher nicht eingefärbt, weil sie nahe am Durchschnitt liegen.

2 GLAUBE, RELIGION UND KIRCHE

2.1 Interessen

2.1.1 Themeninteressen

Weil sich in diversen Untersuchungen gezeigt hat, dass nur bei einer uneingeschränkten Zustimmung von einer genuinen Affinität zu einem bestimmten Thema ausgegangen werden sollte, wurde die Frage nach den Themeninteressen auf Basis der höchsten Zustimmungskategorie einer 4er-Skala (»interessiert mich ganz besonders«) ausgewertet (Abbildung 6).

Die Bereiche Gesundheit, Soziales und Ökologie sind am häufigsten milieuübergreifend von Interesse.

In einem ersten Schritt wurde in den Blick genommen, mit welchen Themen milieuübergreifend möglichst viele Menschen erreicht werden können. Hier kristallisieren sich zwei Kern- und zwei Potentialthemen heraus:

- Gesundheit und soziale Gerechtigkeit sind Themen, die in den meisten Milieus auf größtes Interesse stoßen: In acht von zehn Lebenswelten sagen mindestens die Hälfte der Milieuangehörigen, dass diese Themen besonders interessant sind. Bei acht von zehn Milieus rangieren diese Themen auf den Plätzen 1 oder 2.

- Die Themen Menschenrechte und Nachhaltigkeit, Umwelt- und Klimaschutz werden mit Ausnahme der Milieus am unteren Rand sowie im bürgerlich-traditionellen Segment ebenfalls von jeweils mindestens 50 % der Milieuangehörigen als sehr interessant eingestuft. Es sind hier v. a. die modernen Leitmilieus der Performer und Expeditiven sowie die stark postmateriell geprägten Sozialökologischen, die diesen gesellschaftlichen Herausforderungen eine besondere Bedeutung zuschreiben.

Im Panorama der im engeren Sinne religiösen bzw. kirchlichen Themen interessieren in allen Milieus besonders Aspekte rund um die kirchliche Sexualmoral.

Religiöse und kirchliche Themen stoßen in keinem der zehn Milieus auf besonderes Interesse. Am ehesten interessiert man sich dabei für problemzentrierte Themen: Rund jeder Vierte zeigt sich sehr interessiert an innerkirchlich stark umstrittenen Themen wie zum Beispiel Abtreibung, Zölibat, Frauenpriestertum sowie an der Auseinandersetzung mit Missständen in der Kirche. Hier sind es besonders die Konservativ-Etablierten und die Sozialökologischen, die diese Themen bewegen. Das ist plausibel, denn für beide Milieus ist die Auseinandersetzung mit moralischen Aspekten eines »guten Lebens« sowie der kritische Blick auf gesellschaftliche Modernisierungsprozesse charakteristisch. Während Sozialökologische sich mit Blick auf Gender- und Sexualitätsfragen als Vorreiter kirchlicher Modernisierung verstehen (oft auch als »feministisches Korrektiv«), halten Konservativ-Etablierte hingegen besonders an der tradierten kirchlichen Ordnung fest.

»Wie sehr interessieren Sie die folgenden Themen?« (in %)
- Interessiert mich ganz besonders

	Gesamt	KET	LIB	PER	EPE	ADA	SÖK	BÜM	TRA	PRE	HED
Gesundheit	**64**	74	64	67	41	67	55	65	73	65	60
Soziale Gerechtigkeit	**56**	62	59	62	60	59	67	58	48	45	52
Menschenrechte	**48**	52	55	57	59	52	67	45	32	32	48
Nachhaltigkeit, Umwelt- und Klimaschutz	**47**	54	54	61	61	53	65	42	29	35	43
Über Reisen, Reiseberichte, Urlaubstipps	**37**	38	48	57	46	44	38	39	16	30	35
Politik	**37**	42	52	51	35	26	50	37	37	28	22
Soziales Engagement	**36**	39	47	38	34	39	50	44	25	20	28
Sport	**32**	35	26	46	49	34	20	32	19	26	44
Schule und Bildung	**30**	31	37	29	45	46	36	32	8	19	29
Berichte über Menschen, die etwas Besonderes geleistet, getan haben, die Vorbild für andere sein können	**25**	25	28	32	26	23	35	32	19	17	18
Themen, die in der Kirche umstritten sind, wie Abtreibung, Zölibat, Frauenpriestertum usw.	**25**	35	25	23	22	21	38	25	20	16	23
Stellungnahmen, Kommentare zu den Problemen unserer Zeit	**24**	30	34	28	27	22	34	23	17	18	19
Auseinandersetzung mit Missständen in der Kirche	**24**	31	29	28	20	22	37	22	19	18	21

	Gesamt	KET	LIB	PER	EPE	ADA	SÖK	BÜM	TRA	PRE	HED
Wie man gelassener und glücklicher wird, positiv denken lernt	**24**	29	17	22	25	36	35	22	9	21	29
Tipps für Haushalt und Garten	**23**	23	23	18	12	36	15	23	28	28	20
Über die Pfarrgemeinde, das, was in der Pfarrgemeinde passiert	**22**	34	26	13	9	17	23	29	39	10	9
Über den Sinn des Lebens	**22**	30	19	16	15	23	39	17	17	19	23
Alltagsgeschichten von und über Menschen	**21**	23	16	17	16	21	30	21	23	20	17
Wirtschaftsnachrichten	**20**	21	37	49	16	20	20	16	12	15	11
Kunst und Kultur	**18**	17	26	28	24	11	31	16	8	18	18
Lebenshilfe, wie man mit seinem Leben und mit den Problemen, die man hat, besser zurechtkommt	**16**	14	8	13	13	16	25	22	10	16	22
Wie man Kindern Glauben und Kirche näher bringen kann, religiöse Erziehung	**15**	21	23	9	11	18	11	22	13	9	7
Ratschläge zur Kindererziehung	**14**	13	17	10	14	25	17	17	5	10	13
Stellungnahmen und Aussagen von Papst und Vatikan	**13**	22	11	11	4	14	19	15	20	5	5
Wie man in der heutigen Zeit seinen Glauben leben kann	**13**	20	8	14	9	12	15	13	17	8	9
Entspannungstechniken, z.B. Meditation	**13**	14	11	12	12	13	21	11	5	18	17

	Gesamt	KET	LIB	PER	EPE	ADA	SÖK	BÜM	TRA	PRE	HED
Welche Bedeutung die Kirche in der heutigen Gesellschaft hat	**12**	19	10	15	5	9	25	15	14	7	5
Kirchliches Brauchtum	**12**	19	15	11	3	6	10	15	17	8	7
Berichte über kirchliche Ereignisse und Entwicklungen	**11**	18	6	12	5	9	21	10	15	5	8
Fragen der Ökumene, der Zusammenarbeit zwischen den christlichen Kirchen	**10**	15	7	14	6	7	17	9	14	3	6
Predigttexte, Bibeltexte	**9**	10	8	4	5	9	8	12	15	6	6
Ratschläge für Ehe/Partnerschaft	**8**	7	3	7	4	16	11	12	3	9	10
Stellungnahmen und Aussagen der deutschen Bischöfe	**7**	13	5	5	2	7	10	9	7	5	5
Neue Formen der Religion, andere Glaubensgemeinschaften	**7**	7	5	8	4	4	13	6	8	5	8
Nichtchristliche Religionen und Kulturen wie Islam, Judentum, Buddhismus usw.	**7**	5	6	14	10	2	20	3	2	5	8
Religiöse Bücher	**6**	12	5	3	2	6	7	6	9	6	5
Aus dem Leben des Bistums, der Diözese	**6**	10	1	1	5	8	10	6	12	3	2
Nachrichten aus kirchlichen Verbänden und Organisationen	**5**	6	1	4	4	8	6	3	6	2	4
Esoterik	**4**	3	2	4	7	6	7	1	1	8	6

KET = Konservativ-Etablierte **LIB** = Liberal-Intellektuelle **PER** = Performer **EPE** = Expeditive **ADA** = Adaptiv-Pragmatische
SÖK = Sozialökologische **BÜM** = Bürgerliche Mitte **TRA** = Traditionelle **PRE** = Prekäre **HED** = Hedonisten
Stark überdurchschnittlich
Stark unterdurchschnittlich

Basis: n = 1.690; alle Befragten (rep. für deutschsprachige Katholiken ab 14 Jahren in der BRD)

Abbildung 6

Interesse an der Pfarrgemeinde vor Ort besteht v. a. in den älteren bürgerlichen Milieus.

Am Geschehen in der Pfarrgemeinde sind vor allem die älteren Milieus mit einer starken Heimat- bzw. Traditionsverwurzelung überdurchschnittlich interessiert: die Bürgerliche Mitte (29 %), die Konservativ-Etablierten (34 %) und besonders die Traditionellen (39 %). Sie unterscheiden sich hier besonders von der modernen Unterschicht (Prekäre: 10 %, Hedonisten: 9 %) und den kosmopolitisch orientierten und mobilen Milieus der Performer (13 %) und der Expeditiven (9 %), die es wenig interessiert, was in der Pfarrgemeinde passiert.

Das Thema religiöse Erziehung interessiert vor allem die gehobenen bildungsbürgerlichen Milieus und die Milieus der gesellschaftlichen Mitte.

Wie man Kindern Glauben und Kirche näherbringen kann, interessiert die Befragten je nach Milieu in sehr unterschiedlichem Maße. Während sich das klassische Establishment (Konservativ-Etablierte, Liberal-Intellektuelle) und die Milieus des gesellschaftlichen Mainstreams (Bürgerliche Mitte, Adaptiv-Pragmatische) hier zu jeweils ca. einem Fünftel »sehr interessiert« zeigen, fällt das Interesse in den Milieus der Unterschicht (Prekäre, Hedonisten), bei den Sozialökologischen sowie in den jüngeren postmodernen Leitmilieus (Performer, Expeditive) sehr schwach aus (nur jeweils etwa ein Zehntel zeigt sich in diesen Lebenswelten »sehr interessiert« an religiöser Erziehung).

Themen rund um religiöse Vielfalt und den religiösen Öffnungsbereich (Spiritualität, Esoterik, neue Formen der Religion) stoßen besonders im Sozialökologischen Milieu auf Interesse.

Die Sozialökologischen zeigen im Milieuvergleich das größte Interesse an nicht-christlichen Religionen, an neuen Formen religiöser Vergemeinschaftung, an Fragen der Ökumene, am Sinn des Lebens und an Meditation. Sie sind auch mit am offensten für esoterische Themen. Die größte Distanz zu Esoterik zeigt sich in den bürgerlichen Milieus der unteren Mitte (Traditionelle, Bürgerliche Mitte).

Im Expeditiven Milieu ist die Distanz zu kirchlichen und religiösen Themen am größten.

Die Expeditiven zeigen im Milieuvergleich mit am wenigsten Interesse an kirchlichen Themen, Schriften, Entwicklungen, Impulsen und Traditionen (Brauchtümer, religiöse Erziehung). Dagegen sind sie an säkularen (Lifestyle-)Themen wie Kunst und Kultur, Reisen, Sport und Bildung überdurchschnittlich interessiert. Die Performer ähneln den Expeditiven hier in vielen Punkten, sind jedoch im Gegensatz zu den Expeditiven stärker an Fragen zur Bedeutung der Kirche in der heutigen Zeit und an Formen zeitgemäßer religiöser Praxis interessiert.

Traditionelle und Prekäre sind am wenigsten an gesellschaftlichen Themen (Politik, Soziales, Ökologie, Kultur) interessiert. Die Prekären zeigen im Unterschied zu den Traditionellen auch kein Interesse an religiösen und kirchlichen Themen.

Von allen Milieus sind die Prekären und die Traditionellen mit Abstand am wenigsten an den großen Themen unserer Zeit interessiert, wie z. B. soziale Gerechtigkeit und ökologische Herausforderungen. Auch Missstände in der Kirche interessieren sie nicht besonders. Bei den Prekären ist dies der Fall, weil sie generell kirchendistanziert sind. Die Traditionellen stellen dagegen die Institution Kirche nicht in Frage und sind von allen Milieus mit am stärksten an kirchlichen und religiösen Themen interessiert.

2.1.2 Interesse an Religion und Kirche

Wie die milieuspezifische Auswertung der Themeninteressen zeigt, gibt es kein im engeren Sinne religiöses oder kirchliches Thema, das von mehr als etwa 40 % der Angehörigen eines bestimmten Milieus als besonders interessant eingestuft wird. Die Auswertung der direkt formulierten Fragen »Interessieren Sie sich für religiöse Fragen?« und »Inwieweit interessieren Sie sich für Themen, die die Kirche betreffen?« bestätigt die geringe Affinität zu kirchlichen bzw. religiösen Themen (Abbildungen 7 und 8):

- In keiner Lebenswelt findet sich eine Mehrheit, die sich »sehr« oder zumindest »ziemlich« für religiöse Fragen interessiert (insgesamt sind das 30 %). Wie bei der Abfrage der spezifischen Themeninteressen zeigt sich auch bei der allgemeinen Frage, dass nur wenige ein ausgeprägtes religiöses Interesse haben: Einzig bei Konservativ-Etablierten, Sozialökologischen und Traditionellen interessieren sich jeweils ca. 45 % »sehr« oder »ziemlich« für religiöse Fragen. In den anderen Milieus liegt dieser Anteil lediglich zwischen ca. 15 % (Expeditive, Adaptiv-Pragmatische) und 30 % (Liberal-Intellektuelle, Bürgerliche Mitte).

- Dieselben Milieuschwerpunkte zeigen sich auch bei der Frage nach dem Interesse an Themen, die die Kirche betreffen: Die Konservativ-Etablierten (47 %), die Sozialökologischen (44 %) und die Traditionellen (49 %) interessieren sich hier am stärksten. Mit Abstand am seltensten bekunden die Zukunftsmilieus der Expeditiven (10 %) und Adaptiv-Pragmatischen (14 %) ein Interesse an Kirchenthemen.

»Interessieren Sie sich für religiöse Fragen?« (in %)

	Gesamt	KET	LIB	PER	EPE	ADA	SÖK	BÜM	TRA	PRE	HED
Sehr	10	18	10	7	7	5	18	10	14	6	8
Ziemlich	20	26	21	17	10	11	27	23	31	16	11
Etwas, aber nicht besonders	52	45	55	56	58	60	47	54	44	55	51
Gar nicht	16	9	14	19	25	22	6	10	8	21	29
Keine Angabe	2	2	1	2	1	2	2	3	3	2	2
MIN. ZIEMLICH	30	44	30	23	16	16	45	33	45	22	19
MIN. ETWAS	82	89	85	80	74	76	92	86	89	77	69

KET = Konservativ-Etablierte; LIB = Liberal-Intellektuelle; PER = Performer; EPE = Expeditive; ADA = Adaptiv-Pragmatische; SÖK = Sozialökologische; BÜM = Bürgerliche Mitte; TRA = Traditionelle; PRE = Prekäre; HED = Hedonisten

Stark überdurchschnittlich / Stark unterdurchschnittlich

Basis: n = 1.690; alle Befragten (rep. für deutschsprachige Katholiken ab 14 Jahren in der BRD)

Abbildung 7

»Inwieweit interessieren Sie sich für Themen, die die Kirche betreffen?« (in %)

	Gesamt	KET	LIB	PER	EPE	ADA	SÖK	BÜM	TRA	PRE	HED
Sehr	9	12	6	9	3	5	16	12	13	2	5
Ziemlich	22	35	27	20	7	9	28	21	36	17	14
Etwas, aber nicht besonders	49	39	55	46	60	64	43	52	41	53	47
Gar nicht	18	13	12	24	30	20	12	11	8	26	33
Keine Angabe	2	1	1	1	1	2	1	4	2	2	1
MIN. ZIEMLICH	31	47	33	29	10	15	44	34	49	20	19
MIN. ETWAS	80	86	88	75	69	78	87	85	90	72	66

KET = Konservativ-Etablierte; LIB = Liberal-Intellektuelle; PER = Performer; EPE = Expeditive; ADA = Adaptiv-Pragmatische; Stark überdurchschnittlich
SÖK = Sozialökologische; BÜM = Bürgerliche Mitte; TRA = Traditionelle; PRE = Prekäre; HED = Hedonisten; Stark unterdurchschnittlich

Basis: n = 1.690; alle Befragten (rep. für deutschsprachige Katholiken ab 14 Jahren in der BRD)

Abbildung 8

2.2 Religiosität

2.2.1 Religiöse Selbstverortung

»Einmal abgesehen davon, ob Sie in die Kirche gehen oder nicht – würden Sie sagen, Sie sind ... « (in %)

	Gesamt	KET	LIB	PER	EPE	ADA	SÖK	BÜM	TRA	PRE	HED
Ein religiöser Mensch	65	81	70	57	43	68	69	69	85	50	42
Kein religiöser Mensch	19	7	16	31	30	17	12	17	7	24	34
Ein überzeugter Atheist	2	1	0	2	4	0	1	1	0	4	4
Unentschieden	15	12	14	11	23	14	18	14	8	22	20

KET = Konservativ-Etablierte; LIB = Liberal-Intellektuelle; PER = Performer; EPE = Expeditive; ADA = Adaptiv-Pragmatische; Stark überdurchschnittlich
SÖK = Sozialökologische; BÜM = Bürgerliche Mitte; TRA = Traditionelle; PRE = Prekäre; HED = Hedonisten; Stark unterdurchschnittlich

Basis: n = 1.690; alle Befragten (rep. für deutschsprachige Katholiken ab 14 Jahren in der BRD)

Abbildung 9

Trotz relativ geringem Interesse an religiösen und kirchlichen Themen bezeichnen sich die meisten Katholiken in fast allen Milieus als religiös.

Auch wenn in keiner Lebenswelt mehr als die Hälfte der Milieuangehörigen deutliches Interesse an religiösen Fragen oder kirchlichen Themen bekundet, kann daraus nicht abgeleitet werden, dass sich die Katholiken in Deutschland mehrheitlich nicht als religiöse Menschen verstehen. Denn: Die Frage, ob man sich unabhängig davon, ob man in die Kirche geht oder nicht, als religiöser Mensch bezeichnen würde, wird in acht von zehn Milieus von mindestens der Hälfte bejaht. Insgesamt sagen 65 % der Befragten von sich, sie seien »ein religiöser Mensch«. Nur in den jüngeren, hedonistisch orientierten Milieus der Hedonisten und Expeditiven liegt der Anteil derer, die sich als religiöse Menschen bezeichnen, unter 50 % (Hedonisten: 42 %, Expeditive: 43 %). Am deutlichsten fällt die Selbstidentifikation als religiös in den ältesten Milieus aus: Unter den Konservativ-Etablierten (81 %) und den Traditionellen (85 %) ist ein religiöses Selbstverständnis die Normalität. In den postmateriell geprägten Milieus (Liberal-Intellektuelle, Sozialökologische) sowie in den Mainstream-Milieus (Bürgerliche Mitte,

Adaptiv-Pragmatische) bezeichnen sich ca. 70 % als religiöse Menschen, und auch bei den Performern liegt der Anteil mit 57 % über der Hälfte (wenn auch etwas unter dem Durchschnitt von 65 % insgesamt; Abbildung 9).

Atheisten und unreligiöse Katholiken sind unter Expeditiven, Prekären und Hedonisten überrepräsentiert.

In allen Milieus zählt sich nur ein Bruchteil zu den überzeugten Atheisten, noch am ehesten ist diese Position unter Expeditiven, Prekären und Hedonisten zu finden (jeweils 4 % vs. 2 % Gesamt). In diesen Lebenswelten sind auch Katholiken, die sich als unreligiös bezeichnen, überrepräsentiert – vor allem im jungen Elitemilieu der Expeditiven (30 % vs. 19 % Gesamt). Auch bei den Performern (31 %) und in der modernen Unterschicht (Prekäre und Hedonisten jeweils 24 %) ist ein erheblicher Teil unreligiös (Abbildung 9).

2.2.2 Woran Katholiken glauben

Die Katholiken wurden anhand von 22 Vorgaben gefragt, woran sie glauben (Mehrfachnennungen waren möglich). Hier unterscheiden sich die Milieus bisweilen drastisch voneinander (Abbildung 10).

»Die Menschen sind ja in Fragen der Religion, in Glaubensdingen ganz verschieden. Wir möchten gern einmal erfahren, woran heute Menschen glauben. Bitte nennen Sie alles, an das Sie persönlich glauben.« (in %) (Mehrfachnennungen möglich)

	Gesamt	KET	LIB	PER	EPE	ADA	SÖK	BÜM	TRA	PRE	HED
An die Seele	**75**	83	85	75	71	78	75	74	77	76	63
An Gott	**74**	90	75	69	58	74	72	80	88	70	56
Dass es irgendeine überirdische Macht gibt	**65**	67	68	63	71	76	62	64	56	72	59
Dass Jesus Christus der Sohn Gottes ist	**61**	75	54	61	45	59	56	71	79	56	42
Dass es Wunder gibt	**60**	61	62	52	63	60	61	64	63	55	54
Dass in der Natur alles eine Seele hat, auch Tiere und Pflanzen	**58**	53	71	65	63	55	65	59	48	55	59
Dass es ein Leben nach dem Tod gibt	**55**	70	52	50	55	46	56	58	64	51	43
Dass es Engel gibt	**47**	52	47	35	34	49	45	50	59	46	42
Die Dreifaltigkeit, dass Gott Vater, Sohn und Heiliger Geist ist	**46**	62	44	50	24	40	37	53	66	36	30
Dass es den Himmel gibt	**43**	58	39	33	31	41	37	48	60	41	30
Dass Gott in allem ist	**43**	54	49	35	30	40	54	40	57	36	29

	Gesamt	KET	LIB	PER	EPE	ADA	SÖK	BÜM	TRA	PRE	HED
Dass Gott die Welt geschaffen hat	**42**	52	33	36	25	35	39	47	66	38	27
An die Auferstehung der Toten im Reich Gottes	**39**	57	33	33	23	31	37	49	59	26	28
Dass im Leben alles vorherbestimmt ist	**33**	31	35	33	20	36	23	34	38	35	35
An mystische Erfahrungen, an Begegnungen mit dem Geheimnisvollen	**29**	27	24	30	35	33	33	27	19	31	35
An die Seelenwanderung	**26**	20	26	24	21	33	28	28	23	27	27
An das Jüngste Gericht	**26**	41	19	18	11	15	16	32	47	19	16
Dass es den Teufel gibt	**23**	32	14	14	12	22	14	25	37	22	20
Dass es die Hölle gibt	**22**	32	13	14	9	20	13	25	35	20	20
An die Wiedergeburt, dass man in anderer Gestalt wieder auf die Welt kommt	**21**	16	21	24	22	21	21	16	17	28	30
An die Macht der Sterne, dass die Sterne Einfluss auf das menschliche Schicksal haben	**21**	20	10	23	16	28	18	19	18	27	24
An Geister	**13**	6	13	12	13	18	7	11	10	12	22

KET = Konservativ-Etablierte; **LIB** = Liberal-Intellektuelle; **PER** = Performer; **EPE** = Expeditive; **ADA** = Adaptiv-Pragmatische; **SÖK** = Sozialökologische; **BÜM** = Bürgerliche Mitte; **TRA** = Traditionelle; **PRE** = Prekäre; **HED** = Hedonisten

Stark überdurchschnittlich (grün hinterlegt) / Stark unterdurchschnittlich (rot hinterlegt)

Basis: n = 1.690; alle Befragten (rep. für deutschsprachige Katholiken ab 14 Jahren in der BRD)

Abbildung 10

Unter den Konservativ-Etablierten und den Traditionellen ist man am meisten von den Kernbeständen der katholischen Glaubenslehre überzeugt.

Beide Gruppen unterscheiden sich bei sehr vielen der erhobenen Aspekte deutlich von den anderen Lebenswelten. Einige besonders prägnante Beispiele: Während unter Konservativ-Etablierten und Traditionellen 58 % bzw. 60 % an den Himmel glauben, tun dies in den anderen Milieus nur 30 % bis 48 %. Dass Gott die Welt geschaffen hat, ist unter Konservativ-Etablierten (52 %) und v. a. Traditionellen (66 %) eine Mehrheitsmeinung, in allen anderen Milieus stimmen nur zwischen ca. 25 % (Expeditive) und 47 % (Bürgerliche Mitte) zu. Auch glauben Konservativ-Etablierte und Traditionelle jeweils zu knapp einem Drittel, dass es den Teufel und die Hölle gibt, während das insgesamt weniger als ein Viertel so sieht.

Am wenigsten sind Expeditive und Hedonisten von katholischen Glaubensbestandteilen überzeugt. Die Sozialökologischen sind trotz hoher Religionsaffinität bei manchen Glaubensinhalten skeptisch.

Vor dem Hintergrund ihres geringen Interesses an religiösen Themen und ihrer schwachen religiösen Selbstidentifikation ist es nicht überraschend, dass im Milieuvergleich Expeditive und Hedonisten von vielen Glaubenssätzen am wenigsten überzeugt sind. Interessant ist, dass sich Sozialökologische zwar überdurchschnittlich für religiöse und kirchliche Themen interessieren und sich auch mehrheitlich als religiös bezeichnen, aber vielen Glaubensfragen nur unterdurchschnittlich zustimmen.

In den postmateriellen und postmodernen Milieus wird die Idee eines »strafenden Gottes« am stärksten abgelehnt.

Nur ein vergleichsweise kleiner Teil der postmateriellen (Sozialökologische, Liberal-Intellektuelle) und der postmodernen Milieus (Performer, Expeditive) glaubt an das Jüngste Gericht, den Teufel und die Hölle. Dieses Antwortverhalten lässt sich mit dem milieutypischen autoritätskritischen Mindset erklären. Auch stünde ein strafender Gott der Genuss- und Spaßorientierung dieser Milieus entgegen. Expeditive und Sozialökologische distanzieren sich auch am stärksten von der Meinung, dass im Leben alles vorherbestimmt sei. Das lässt sich vermutlich mit dem für beide Gruppen typischen Streben nach Autonomie und individueller Selbstentfaltung interpretieren.

2.2.3 Wertschätzung religiöser Erziehung

»Glauben Sie, es ist wichtig für Kinder, dass sie religiös erzogen werden, oder finden Sie, das macht praktisch keinen Unterschied, oder hat es sogar eher einen schlechten Einfluss?« (in %)

	Gesamt	KET	LIB	PER	EPE	ADA	SÖK	BÜM	TRA	PRE	HED
Wichtig	**58**	73	68	41	39	59	60	69	77	38	39
Praktisch keinen Unterschied	**25**	16	19	45	37	24	26	20	13	28	36
Schlechter Einfluss	**2**	0	1	1	1	2	2	0	1	3	5
Keine Angabe	**15**	11	12	12	23	15	13	10	10	31	19

KET = Konservativ-Etablierte; **LIB** = Liberal-Intellektuelle; **PER** = Performer; **EPE** = Expeditive; **ADA** = Adaptiv-Pragmatische; **SÖK** = Sozialökologische; **BÜM** = Bürgerliche Mitte; **TRA** = Traditionelle; **PRE** = Prekäre; **HED** = Hedonisten

Grün: Stark überdurchschnittlich; Rot: Stark unterdurchschnittlich

Basis: n = 1.690; alle Befragten (rep. für deutschsprachige Katholiken ab 14 Jahren in der BRD)

Abbildung 11

Die Meinung, dass religiöse Erziehung bei Kindern einen schlechten Einfluss hat, wird in keinem Milieu ernsthaft vertreten.

Noch am ehesten sind Prekäre (3 %) und Hedonisten (5 %) dieser Ansicht – wobei in beiden Milieus die Rate der Antwortverweigerer sehr hoch liegt (31 % und 19 %). Bei Ersteren mag dies an dem überdurchschnittlichen Anteil von in der DDR sozialisierten Befragten liegen, bei Letzteren könnte dies mit der milieutypischen »Anti-Haltung« gegenüber Bevormundung im Allgemeinen und durch die Kirche im Besonderen zu tun haben (man will sich bei der Erziehung nicht »reinreden« lassen; Abbildung 11).

Religiöse Erziehung wird in den meisten Milieus von einer klaren Mehrheit als wichtig eingestuft.

Dass religiöse Erziehung wichtig ist, ist in sieben von zehn Milieus die dominante Meinung und wird klar häufiger geäußert als die Position, dass es keinen Unterschied mache, ob man Kinder religiös erzieht oder nicht. Einzig die postmodernen Milieus (Performer, Expeditive) sowie die Hedonisten sind hier gespalten: Zu etwa ähnlichen Anteilen wird die Ansicht vertreten, dass religiöse Erziehung wichtig ist bzw. dass sie praktisch keinen Unterschied macht. Vor dem Hintergrund der unideologischen, weltoffenen und selbstbewussten Grundhaltung dieser Milieus ist es plausibel, dass weite Teile finden, dass es keines religiösen »Unterbaus« bei der Erziehung bedarf (Abbildung 11).

2.2.4 Typologie: Einstellungen im Kontext von Glaube und Kirche

Die befragten Katholiken wurden gebeten, sich im Spektrum verschiedener Einstellungen zu Glaube und Kirche zu verorten. Zur Auswahl standen Vorgaben, die folgende Mindsets typologisch abbilden: Gläubige Kirchennahe, Kritische Kirchenverbundene, Kirchendistanzierte Christen, Glaubensunsichere, Nicht-Religiöse sowie Personen, die sich als religiös, aber nicht christlich verstehen (Abbildung 12).

»Wo auf dieser Liste würden Sie sich heute einstufen, bei welchem Punkt?« (in %) (Mehrfachnennungen möglich)

	Gesamt	KET	LIB	PER	EPE	ADA	SÖK	BÜM	TRA	PRE	HED
Gläubige Kirchennahe *(Ich bin ein gläubiges Mitglied meiner Kirche, fühle mich der Kirche eng verbunden)*	14	25	8	11	1	7	9	20	32	8	6
Kritische Kirchenverbundene *(Ich fühle mich der Kirche verbunden, auch wenn ich ihr in vielen Dingen kritisch gegenüberstehe)*	33	43	40	28	25	32	42	35	39	25	18
Kirchendistanzierte Christen *(Ich fühle mich als Christ, aber die Kirche bedeutet mir nicht viel)*	34	24	39	39	47	40	34	33	21	38	38
Religiös, aber nicht christlich *(Ich bin religiös, fühle mich aber nicht christlich)*	4	2	4	8	5	3	2	1	3	7	6
Glaubensunsichere *(Ich fühle mich unsicher, ich weiß nicht, was ich glauben soll)*	7	4	3	6	8	11	5	6	3	11	14
Nicht Religiöse *(Ich brauche keine Religion)*	6	1	5	7	14	5	4	4	2	10	15
Unmöglich zu sagen/keine Angabe	2	2	1	2	0	3	5	2	0	2	5

KET = Konservativ-Etablierte; LIB = Liberal-Intellektuelle; PER = Performer; EPE = Expeditive; ADA = Adaptiv-Pragmatische; SÖK = Sozialökologische; BÜM = Bürgerliche Mitte; TRA = Traditionelle; PRE = Prekäre; HED = Hedonisten

Grün: Stark überdurchschnittlich; Rot: Stark unterdurchschnittlich

Basis: n = 1.690; alle Befragten (rep. für deutschsprachige Katholiken ab 14 Jahren in der BRD)

Abbildung 12

Die Gruppe der »Gläubigen Kirchennahen« ist in allen Milieus in der Minderheit. Die »Kritischen Kirchenverbundenen« und die »Kirchendistanzierten Christen« stellen in allen Lebenswelten die größten Gruppen.

Sich als gläubiges Mitglied der Kirche eng verbunden zu fühlen, ist in allen Milieus die klare Ausnahme. Bei den Expeditiven gibt es sogar so gut wie gar keine »Gläubigen Kirchennahen« (1 %). Noch am ehesten findet sich dieser Typus bei den Konservativ-Etablierten (25 %), in der Bürgerlichen Mitte (20 %) und im Traditionellen Milieu (32 %) – aber selbst in diesen an Kirchen- und Religionsthemen interessierten Gruppen verorten sich die Menschen eher als kirchendistanziert oder kirchenkritisch.

In fünf von zehn Milieus sehen sich die Befragten mehrheitlich bei den »Kirchendistanzierten Christen«. Nur in der Bürgerlichen Mitte (55 %), bei den Konservativ-Etablierten (68 %) und den Traditionellen (71 %) schreibt sich eine Mehrheit einem der beiden kirchenverbundenen Typen zu (»Gläubige Kirchennahe« oder »Kritische Kirchenverbundene«).

Etwa jeder Sechste der befragten Katholiken gehört zur Gruppe der »Glaubensunsicheren« (7 %), der »Nicht-Religiösen« (6 %) oder zu denen, die sich als religiös, aber nicht christlich verstehen (4 %). Dieser für die katholische Kirche schwer erreichbare Personenkreis ist bei den Expeditiven (27 %), den Prekären (28 %) und vor allem den Hedonisten (35 %) deutlich überrepräsentiert.

2.2.5 Häufigkeit des Kirchenbesuchs

»Wie häufig besuchen Sie die Kirche?« (in %)

	Gesamt	KET	LIB	PER	EPE	ADA	SÖK	BÜM	TRA	PRE	HED
Jeden Sonntag	6	10	5	2	1	2	10	8	14	3	4
Fast jeden Sonntag	11	21	11	7	2	6	11	15	21	5	2
Ab und zu	29	34	29	33	22	32	37	33	28	24	21
Selten	40	29	38	40	54	46	33	36	31	45	49
Nie	14	7	17	18	22	14	9	8	5	23	24
Keine Angabe	0	0	0	0	0	0	0	1	1	0	0

KET = Konservativ-Etablierte; LIB = Liberal-Intellektuelle; PER = Performer; EPE = Expeditive; ADA = Adaptiv-Pragmatische; SÖK = Sozialökologische; BÜM = Bürgerliche Mitte; TRA = Traditionelle; PRE = Prekäre; HED = Hedonisten

Stark überdurchschnittlich
Stark unterdurchschnittlich

Basis: n = 1.690; alle Befragten (rep. für deutschsprachige Katholiken ab 14 Jahren in der BRD)

Abbildung 13

Lediglich Konservativ-Etablierte und Traditionelle sind treue Kirchgänger.

In keinem Milieu findet sich eine Mehrheit regelmäßiger Kirchgänger (Antwortkategorien »jeden Sonntag« bzw. »fast jeden Sonntag«). Am regelmäßigsten besuchen Angehörige des Konservativ-etablierten (31 %) und des Traditionellen Milieus (35 %) den Sonntagsgottesdienst (im Vergleich zu 17 % im Durchschnitt). Unter den Sozialökologischen und in der Bürgerlichen Mitte ist es knapp jeder Fünfte, unter Liberal-Intellektuellen sind es 16 %. In den anderen Milieus besuchen nur zwischen drei und neun Prozent regelmäßig die Kirche. Insgesamt gehen über knapp die Hälfte der Katholiken nie oder nur selten in die Kirche. Bei den Expeditiven und Hedonisten sind sogar drei von vier Milieuangehörigen Gottesdienstverweigerer (Abbildung 13).

2.3 Personale religiöse Kommunikation

2.3.1 Gesprächspartner im Nahumfeld

»Gibt es in Ihrer Familie, in Ihrem Freundes- oder auch im weiteren Bekanntenkreis jemanden, mit dem Sie sich über Glaubensfragen aussprechen können, wenn Sie das Bedürfnis danach haben, oder gibt es da im Grunde niemanden, oder haben Sie gar nicht das Bedürfnis nach solchen Gesprächen?« (in %)

	Gesamt	KET	LIB	PER	EPE	ADA	SÖK	BÜM	TRA	PRE	HED
Ja, gibt jemanden	57	68	62	50	58	57	62	59	63	47	44
Nein, gibt niemanden	7	6	3	4	3	4	7	9	8	9	8
Kein Bedürfnis nach solchen Gesprächen	32	24	31	43	37	34	26	26	22	43	45
Keine Angabe	4	2	3	4	2	5	5	5	7	2	4

KET = Konservativ-Etablierte; LIB = Liberal-Intellektuelle; PER = Performer; EPE = Expeditive; ADA = Adaptiv-Pragmatische; SÖK = Sozialökologische; BÜM = Bürgerliche Mitte; TRA = Traditionelle; PRE = Prekäre; HED = Hedonisten

Stark überdurchschnittlich / Stark unterdurchschnittlich

Basis: n = 1.690; alle Befragten (rep. für deutschsprachige Katholiken ab 14 Jahren in der BRD)

Abbildung 14

In den unterschichtigen Milieus der Prekären und Hedonisten, aber auch im Elite-Milieu der Performer besteht das geringste Bedürfnis nach Gesprächen über Glaubensfragen.

Mit Ausnahme der Performer (50 %), Hedonisten (44 %) und Prekären (47 %) wird in allen Milieus von einer Mehrheit angegeben, dass es im eigenen Umfeld jemanden gibt, mit dem man sich bei Bedarf über Glaubensfragen aussprechen kann (insgesamt 57 %). Vor allem die Konservativ-Etablierten (68 %) haben ein Umfeld, das offen ist für solche Gespräche. Auch bei Performern, Hedonisten und Prekären ist es nicht so, dass es niemanden in der Familie oder im Freundes- und Bekanntenkreis gäbe, mit dem man über Glaubensfragen sprechen könnte – in diesen Lebenswelten haben viele (jeweils fast die Hälfte) schlicht kein Bedürfnis, sich über Glaubensfragen zu unterhalten (Abbildung 14).

2.3.2 Wie schwer fällt das religiöse Gespräch?

Die Katholiken wurden nicht nur gefragt, ob sie im eigenen Umfeld Ansprechpartner für Glaubensfragen haben, sondern auch, wie leicht es ihnen fällt, über die eigenen religiösen Überzeugungen sowie über Fragen des Glaubens und der Religion zu sprechen (Abbildung 15).

Besonders den intellektuell-aufgeschlossenen postmateriellen Milieus fällt es leicht, Gespräche über die eigene Religiosität zu führen.

In allen Lebenswelten sagt mindestens die Hälfte der Milieuangehörigen, dass es ihnen leicht fällt, über Fragen des Glaubens und der Religion im Allgemeinen und über die eigene Religiosität im Besonderen zu sprechen. Besonders im postmateriellen Segment hat man damit kein Problem (Sozialökologische: 70 %, Liberal-Intellektuelle: 69 %). Vergleichsweise zurückhaltend äußern sich hier die bürgerlichen Mainstream-Milieus (Bürgerliche Mitte: 54 %, Adaptiv-Pragmatische: 47 %) sowie die unterschichtigen Milieus (Prekäre: 48 %, Hedonisten: 53 %). Bei den Adaptiv-Pragmatischen (34 %) und den Prekären (30 %) findet sich der größte Anteil an Befragten, die explizit zugeben, dass ihnen solche Gespräche nicht so leicht fallen (Gesamt: 22 %).

»Fällt es Ihnen persönlich leicht, in Ihrem Freundes- und Bekanntenkreis über Ihre eigenen religiösen Überzeugungen, über Fragen des Glaubens und der Religion zu sprechen, oder fällt Ihnen das nicht so leicht?« (in %)

	Gesamt	KET	LIB	PER	EPE	ADA	SÖK	BÜM	TRA	PRE	HED
Fällt mir persönlich leicht	**59**	67	69	62	66	47	70	54	63	48	53
Nicht so leicht	**22**	21	14	19	16	34	16	24	18	30	22
Unentschieden, keine Angabe	**19**	12	18	19	19	19	14	22	19	22	25

»Wie ist ganz allgemein Ihr Eindruck: Fällt es den meisten bei uns leicht oder nicht so leicht, mit anderen Menschen über Fragen des Glaubens und der Religion zu sprechen?« (in %)

	Gesamt	KET	LIB	PER	EPE	ADA	SÖK	BÜM	TRA	PRE	HED
Fällt den meisten leicht	**21**	20	24	23	33	24	18	17	21	13	24
Nicht so leicht	**55**	65	54	50	47	52	62	63	52	56	48
Unentschieden, keine Angabe	**24**	15	22	27	20	24	20	20	27	31	29

KET = Konservativ-Etablierte; LIB = Liberal-Intellektuelle; PER = Performer; EPE = Expeditive; ADA = Adaptiv-Pragmatische; SÖK = Sozialökologische; BÜM = Bürgerliche Mitte; TRA = Traditionelle; PRE = Prekäre; HED = Hedonisten

Stark überdurchschnittlich (grün) / Stark unterdurchschnittlich (rot)

Basis: n = 1.690; alle Befragten (rep. für deutschsprachige Katholiken ab 14 Jahren in der BRD)

Abbildung 15

Die Antworten auf die projektive Frage, wie es anderen bei Gesprächen über Religion und Glaube geht, verrät ein gewisses Unbehagen.

Auffällig bei den Fragen danach, wie leicht es fällt, über Religion und Glauben zu sprechen, ist die Diskrepanz zwischen Selbst- und Fremdbild: Für sich selbst behaupten 59 % der Befragten, das falle ihnen leicht. In Projektion auf andere sind 55 % der Ansicht, das falle den meisten nicht so leicht. Diese Differenz ist ein Indikator für kognitive Dissonanz und deutet auf ein latentes Unbehagen hin, das viele Katholiken verspüren, wenn sie sich öffentlich zu ihrem Glauben bekennen sollen.

Am größten ist die Differenz zwischen Selbst- und Fremdbild in den von einem starken Selbstbewusstsein geprägten Leitmilieus der Konservativ-Etablierten und Liberal-Intellektuellen. Die geringste Differenz findet sich bei den Zukunftsmilieus der Expeditiven und Adaptiv-Pragmatischen, für die ein zwangloser Umgang mit dem Thema Religion typisch ist.

2.4 Katholische Kirche

2.4.1 Wahrnehmung der katholischen Kirche

2.4.1.1 Image

Das Image der katholischen Kirche ist auch bei ihren Mitgliedern recht gemischt. Von den befragten Katholiken stimmen den vorgegebenen positiven Imageaspekten im Durchschnitt 30 % zu. Bei den Negativaspekten sind es im Durchschnitt 37 % (Abbildung 16).

»Welchen dieser Aussagen über die katholische Kirche insgesamt würden Sie zustimmen?« (in %) (Mehrfachnennungen möglich)

POSITIVE ASPEKTE	Gesamt	KET	LIB	PER	EPE	ADA	SÖK	BÜM	TRA	PRE	HED
Die Kirche bietet vielen Menschen Orientierung	62	77	61	54	49	66	72	67	74	40	47
Die Kirche ist nach wie vor wichtig	49	68	46	34	36	45	50	60	70	26	27
Die Kirche engagiert sich sehr für soziale Anliegen	48	65	44	51	32	49	51	62	51	26	39
Es gibt in der Kirche viele eindrucksvolle, ungewöhnliche Menschen	25	36	38	26	18	24	34	22	26	8	20
In der Kirche findet man noch echtes Gemeinschaftsgefühl	23	34	22	22	7	21	21	27	40	12	12
In der Kirche kann man sich zu Hause fühlen	21	33	13	15	13	14	19	28	35	14	12
Die Kirche ist ein Anwalt für die Schwachen und Unterdrückten	18	25	10	23	5	15	21	21	20	11	18
Die Kirche ist in unserer Gesellschaft die einzige ernst zu nehmende moralische Instanz	16	30	7	15	10	17	15	13	29	9	5
Die Kirche ist heute sehr offen und tolerant	9	7	2	5	3	11	7	13	18	10	2

NEGATIVE ASPEKTE	Gesamt	KET	LIB	PER	EPE	ADA	SÖK	BÜM	TRA	PRE	HED
Die Kirche hält teilweise zu starr an überholten Normen fest	70	70	80	75	78	84	83	66	48	66	66
Die Kirche müsste sich mehr an die Erwartungen der Menschen von heute anpassen	59	55	69	58	73	71	70	59	43	51	56
Die Kirche verhindert die Aufklärung von Missständen in den eigenen Reihen	59	41	68	70	71	65	68	64	45	56	59
Die Kirche ist für junge Menschen unattraktiv	56	47	60	61	65	58	57	50	50	60	65
Die Sprache der Kirche, das Vokabular, ist teilweise veraltet	49	44	46	52	64	57	47	50	39	51	47
Frauen werden von der Kirche nicht ausreichend anerkannt	46	43	51	56	48	49	55	52	37	39	43
Die Kirche lebt das, was sie vertritt, oft zu wenig glaubwürdig vor	46	48	57	48	45	49	55	42	38	38	50
Die Kirche begründet ihre Haltungen oft zu wenig	23	17	23	26	26	14	24	25	24	26	25
Das Klima in der Kirche ist heute nicht gut	22	20	20	29	26	17	21	19	17	18	37
Andersdenkende werden heute in der Kirche unterdrückt	18	12	25	17	23	17	18	23	8	19	22
Die Mitmenschlichkeit kommt in der Kirche zu kurz	17	11	20	18	21	18	9	14	13	25	21
Die Kirche ist zu ängstlich, schirmt sich zu sehr ab	14	8	11	14	21	10	29	12	8	15	20
Die Kirche passt sich zu sehr an den Zeitgeist an	5	9	3	1	5	3	0	9	6	7	5

KET = Konservativ-Etablierte LIB = Liberal-Intellektuelle PER = Performer EPE = Expeditive ADA = Adaptiv-Pragmatische
SÖK = Sozialökologische BÜM = Bürgerliche Mitte TRA = Traditionelle PRE = Prekäre HED = Hedonisten

Stark überdurchschnittlich (grün) / Stark unterdurchschnittlich (rot)

Basis: n = 845; nur Halbgruppe B

Abbildung 16

Erwartungsgemäß haben Konservativ-Etablierte und Traditionelle im Milieuvergleich das positivste Bild von der katholischen Kirche.

Die Konservativ-Etablierten stimmen fast allen der zur Bewertung vorgelegten positiven Imageaspekte der katholischen Kirche überdurchschnittlich zu. Auch die Traditionellen sind bei vielen Aspekten deutlich überzeugter von der Kirche als die meisten anderen Milieus. Beide Gruppen heben zum Beispiel die (moralische)

Orientierungsfunktion der Kirche und ihre gesellschaftliche Relevanz vergleichsweise stark hervor. Auch sind diese Milieus am häufigsten der Ansicht, dass die Kirche Gemeinschaft stiftet und man sich in ihr zuhause fühlen kann.

Bei der Beurteilung negativer Imageaspekte ergibt sich der gleiche Befund: Konservativ-Etablierte und besonders Traditionelle stehen der Kirche im Milieuvergleich am wenigsten kritisch gegenüber. So unterstellen sie der Kirche zum Beispiel am seltensten, dass sie die Aufklärung von innerkirchlichen Missständen verhindert, dass Andersdenkende in der Kirche unterdrückt werden, oder dass die Kirche sich zu sehr abschirmt.

Das postmaterielle Milieusegment sowie die jungen modernen Milieus kritisieren am deutlichsten die Unzeitgemäßheit der Kirche.

Die Liberal-Intellektuellen, Sozialökologischen, Expeditiven und Adaptiv-Pragmatischen vertreten im Milieuvergleich am stärksten die Ansicht, dass die Kirche zu starr an überholten Normen festhält und sich nicht genug an die heutigen Erwartungen der Menschen anpasst. Kurz: Sie kritisieren die katholische Kirche als unzeitgemäß.

Kritik an einer ausgrenzenden Kirche schallt am lautesten aus dem Expeditiven und Hedonistischen Milieu.

Die Expeditiven sind insgesamt betrachtet ein sehr kirchenskeptisches Milieu. Sie stellen nicht nur die Zeitgemäßheit der Kirche überdurchschnittlich stark in Frage, sondern äußern gemeinsam mit den Hedonisten auch am häufigsten Kritik an einer ausgrenzenden Kirche: Aussagen wie, dass Andersdenkende in der Kirche unterdrückt werden, dass die Mitmenschlichkeit zu kurz kommt, dass die Kirche sich zu sehr abschirmt und dass sie für junge Menschen unattraktiv ist, stimmen sie überdurchschnittlich oft zu. Auch hält so gut wie niemand aus diesen Milieus die Kirche für offen und tolerant.

Diese beiden Milieus können der Kirche auch sonst nur wenig Positives abgewinnen: Nur jeweils ein Bruchteil kann sich vorstellen, sich in der Kirche zuhause zu fühlen und dort ein Gemeinschaftsgefühl zu finden. Auch scheint überdurchschnittlich vielen der Gedanke fremd, dass man in der Kirche eindrucksvolle, ungewöhnliche Menschen treffen kann.

Im Prekären Milieu ist man am wenigsten vom sozialen Engagement der Kirche überzeugt und glaubt auch mit am wenigsten an ihre sozial-integrative Kraft.

Die Menschen der Prekären Lebenswelt sind im Gruppenvergleich am wenigsten der Meinung, dass die Kirche (moralische) Orientierung, Gemeinschaft und Mitmenschlichkeit bietet. Auch sind nur vergleichsweise wenige Milieuangehörige davon überzeugt, dass sich die Kirche für soziale Anliegen engagiert und als Anwalt für die Schwachen und Unterdrückten handelt. Entsprechend sagen nur 27 %, dass die Kirche nach wie vor wichtig ist (Gesamt: 49 %).

2.4.1.2 Nähe / Distanz zu kirchlichen Positionen

»Hier auf diesen Karten steht Verschiedenes, wozu die Kirche Stellung bezieht. Bei was davon sind Sie mit der offiziellen Haltung der katholischen Kirche weitgehend einverstanden und bei was eher unzufrieden?« (in %)
- Da bin ich mit der offiziellen Haltung der katholischen Kirche weitgehend einverstanden

	Gesamt	KET	LIB	PER	EPE	ADA	SÖK	BÜM	TRA	PRE	HED
Karitatives Engagement, z.B. Alten- und Krankenpflege	**80**	84	80	83	76	81	85	89	80	76	68
Engagement für den Frieden	**65**	75	62	70	60	58	65	70	71	52	56
Einsatz für die Menschenrechte	**54**	68	51	48	49	42	56	65	68	47	41
Rolle des Papstes	**53**	74	45	58	37	62	40	63	62	38	31
Wert der menschlichen Arbeit und humane Arbeitsbedingungen	**50**	57	53	62	36	45	51	54	57	44	41
Haltung zu Erziehung und Wertevermittlung	**48**	61	32	45	34	55	48	57	56	39	35
Haltung zur Ökumene, zur Zusammenarbeit mit anderen christlichen Kirchen, anderen Religionen	**45**	48	37	49	32	45	40	55	58	42	37
Haltung zu Konsum	**38**	49	49	34	30	32	45	46	38	21	31

	Gesamt	KET	LIB	PER	EPE	ADA	SÖK	BÜM	TRA	PRE	HED
Abtreibung	**19**	31	4	15	9	13	14	14	43	14	12
Umgang mit Homosexuellen in der Kirche	**15**	16	11	8	3	9	3	18	33	19	13
Umgang mit Kritikern innerhalb der katholischen Kirche	**13**	17	9	11	7	4	7	18	23	20	10
Haltung zur Sexualität	**13**	20	7	7	1	12	3	11	28	11	13
Rolle der Frau in der Kirche	**12**	8	2	1	8	4	4	21	24	13	18
Zölibat	**11**	11	4	11	5	6	4	14	27	6	8
Aufklärung von Missständen innerhalb der katholischen Kirche	**11**	16	8	5	6	7	5	14	17	9	12
Empfängnisverhütung	**10**	15	5	1	2	9	2	19	17	4	10

KET = Konservativ-Etablierte; LIB = Liberal-Intellektuelle; PER = Performer; EPE = Expeditive; ADA = Adaptiv-Pragmatische; SÖK = Sozialökologische; BÜM = Bürgerliche Mitte; TRA = Traditionelle; PRE = Prekäre; HED = Hedonisten

Stark überdurchschnittlich / Stark unterdurchschnittlich

Basis: n = 845; nur Halbgruppe B

Abbildung 17

Auf die Frage wie man zur offiziellen Haltung der Kirche in Bezug auf verschiedene gesellschaftspolitische Themen steht, zeigt sich aus der Milieuperspektive Folgendes (Abbildung 17):

Die Kirche hat in allen Milieus Rückhalt bei ihrem karitativen Engagement und ihrem Einsatz für den Frieden.

Von 16 abgefragten gesellschaftlichen Aufgaben und Herausforderungen gibt es nur zwei, bei denen sich in allen Milieus eine Mehrheit mit der offiziellen Haltung der Kirche weitgehend einverstanden zeigt: zum einen das karitative Engagement (z. B. Alten- und Krankenpflege) und zum anderen der kirchliche Einsatz für den Frieden. Besonders das karitative Engagement stößt auf hohe Akzeptanz – die Zustimmung in den Milieus liegt hier zwischen 68 % (Hedonisten) und 84 % (Konservativ-Etablierte).

Bei den meisten erhobenen kirchlichen Positionen (neun von 16) findet sich in keinem Milieu eine Mehrheit, die sich weitgehend mit der Kirchenhaltung einverstanden erklärt. Besonders die kirchliche Sexualmoral steht in der Kritik – und zwar in allen Milieus.

Selbst in den konservativen Kernzielgruppen der Konservativ-Etablierten und Traditionellen ist eine deutliche Mehrheit mit der kirchlichen Haltung zu Fragen rund um Gender und Sexualität nicht einverstanden.

Die Katholiken stehen in allen Milieus der offiziellen Haltung der Kirche zu sexualmoralischen Fragen und *gender politics* mehrheitlich klar ablehnend gegenüber: Umgang mit Homosexuellen, Haltung zur Sexualität, Zölibat, Rolle der Frau in der Kirche, Empfängnisverhütung und Abtreibung. Zwar lehnen die Konservativ-Etablierten und Traditionellen sowie die Bürgerliche Mitte den kirchlichen Kurs bei diesen Themen noch am wenigsten ab, allerdings hat die Kirche selbst in diesen Gruppen hier keinen substantiellen Rückhalt.

Im Milieuvergleich ist auffallend, wie sehr die Traditionellen sich bei den oben genannten Aspekten von den anderen Milieus abheben. Sie »ticken« hier bei einigen Punkten (Abtreibung, Homosexuelle, Zölibat, Haltung zur Sexualität) wesentlich reaktionärer und rückwärtsgewandter als die anderen Gruppen. Aber noch einmal: Selbst im stark überalterten Milieu der Traditionellen haben sich die Rollenbilder und Mindsets zumindest teilweise modernisiert.

2.4.1.3 Gedanken zum Kirchenaustritt

»Haben Sie selbst schon mal mit dem Gedanken gespielt, aus der Kirche auszutreten?« (in %) (Mehrfachnennungen möglich)

	Gesamt	KET	LIB	PER	EPE	ADA	SÖK	BÜM	TRA	PRE	HED
Ja	**39**	35	36	52	56	35	47	28	17	48	51
Nein, nie	**61**	65	64	48	44	65	53	72	83	52	49

KET = Konservativ-Etablierte **LIB** = Liberal-Intellektuelle **PER** = Performer **EPE** = Expeditive **ADA** = Adaptiv-Pragmatische
SÖK = Sozialökologische **BÜM** = Bürgerliche Mitte **TRA** = Traditionelle **PRE** = Prekäre **HED** = Hedonisten
Stark überdurchschnittlich / Stark unterdurchschnittlich

Basis: n = 1.690; alle Befragten (rep. für deutschsprachige Katholiken ab 14 Jahren in der BRD)

Abbildung 18

Bei der Frage, ob man schon einmal mit dem Gedanken gespielt hat, aus der Kirche auszutreten, zeigen sich deutliche Milieuunterschiede.

Im Milieu der Bürgerlichen Mitte und besonders bei den Traditionellen ist jeweils der weitaus größte Teil (72 % bzw. 83 %) fest von der Kirchenmitgliedschaft überzeugt. Sie gehört in diesen Lebenswelten zu einer Normalbiografie dazu. In den gehobenen Milieus der Konservativ-Etablierten und Liberal-Intellektuellen sowie auch in der modernen Mitte (Adaptiv-Pragmatische) haben knapp zwei Drittel noch nie an einen Kirchenaustritt gedacht. Alle anderen Milieus sind gespalten: Die eine Hälfte der Milieuangehörigen hat schon an der Kirchenmitgliedschaft gezweifelt, die andere nicht (Abbildung 18).

2.4.2 Erwartungen an die katholische Kirche

2.4.2.1 Soll-Ist-Vergleich

»Können Sie mir sagen, was Sie persönlich von der katholischen Kirche erwarten, was die katholische Kirche in Ihren Augen leisten sollte? Welche Punkte von dieser Liste wären für Sie besonders wichtig?« (in %) (Mehrfachnennungen möglich)

	Gesamt	KET	LIB	PER	EPE	ADA	SÖK	BÜM	TRA	PRE	HED
Die Kirche setzt sich für soziale Zwecke ein, unterstützt Bedürftige und Schwache	88	89	92	90	87	92	90	93	80	86	83
Bietet einen würdigen Rahmen, um wichtige Schritte im Leben zu feiern, zum Beispiel Taufe oder Hochzeit	72	80	85	69	70	74	65	78	68	72	64
Die Kirche spendet Trost in schwierigen Lebenslagen	72	83	81	67	68	70	77	82	74	59	57
Die Kirche bietet Beratungs- und Hilfsangebote, die einem in schwierigen Lebenslagen weiterhelfen	62	77	78	52	65	69	71	55	52	51	58
Die Kirche bietet Ruhe und Gelegenheit, Abstand vom Alltag zu gewinnen	57	52	63	63	44	59	65	64	56	58	50
In der Kirche findet man Ansprechpartner oder Hilfe, wenn man sie braucht	56	64	64	51	54	52	58	54	49	60	55
Die Kirche klärt Missstände in den eigenen Reihen auf	54	57	58	55	73	59	65	53	37	51	54
Die Kirche gibt Antwort auf die Frage nach dem Sinn des Lebens	47	62	47	44	33	44	56	52	51	48	30
In der Kirche fühlt man sich in einer Gemeinschaft aufgehoben	47	60	64	38	44	47	49	49	43	45	31

	Gesamt	KET	LIB	PER	EPE	ADA	SÖK	BÜM	TRA	PRE	HED
Die Kirche lebt Werte, an denen man sich orientieren kann	43	58	56	33	38	44	52	39	43	36	33
Die Kirche ist offen gegenüber allen Menschen, grenzt niemanden aus, wie zum Beispiel Homosexuelle oder Geschiedene	41	44	53	32	60	49	54	35	18	30	49
Der Gottesdienst in der Kirche gibt Kraft für den Alltag	36	49	38	23	21	28	43	43	46	36	25
Die Kirche geht mit der Zeit, ist offen für Neues	35	43	45	44	44	34	45	30	16	28	38
Die Kirche bietet gleichberechtigte Chancen für Männer und Frauen	34	32	44	31	38	35	46	29	17	39	42
Die Kirche stärkt mich in meinen Glaubensüberzeugungen	33	47	35	22	26	27	28	32	42	42	27
Die Kirche vertritt traditionelle Standpunkte, folgt nicht dem Zeitgeist	31	32	25	29	26	28	31	35	38	36	26
Die Kirche bezieht zu aktuellen politischen und gesellschaftlichen Themen Stellung, mischt sich in Diskussionen ein	31	36	32	46	27	27	39	30	31	16	28
Die Kirche bietet Antworten für moralische Probleme und Nöte	30	48	29	24	17	30	38	30	24	21	34

KET = Konservativ-Etablierte LIB = Liberal-Intellektuelle PER = Performer EPE = Expeditive ADA = Adaptiv-Pragmatische
SÖK = Sozialökologische BÜM = Bürgerliche Mitte TRA = Traditionelle PRE = Prekäre HED = Hedonisten
Stark überdurchschnittlich
Stark unterdurchschnittlich

Basis: n = 845; nur Halbgruppe A

Abbildung 19

Was sollte die Kirche aus Sicht der Katholiken leisten, welche Erwartungen werden an sie gestellt? Die Milieuanalyse hierzu zeigt Folgendes (Abbildung 19):

Die gehobenen bildungsbürgerlichen Milieus haben die ausgeprägteste Erwartungshaltung an die katholische Kirche.

Blickt man auf das Gesamtpanorama der zur Bewertung vorgelegten Erwartungen an die Kirche, so wird deutlich, dass die postmateriell geprägten Milieus (Sozialökologische und Liberal-Intellektuelle) sowie die Konservativ-Etablierten die Kirche am stärksten in die Pflicht nehmen. Von 18 erhobenen Aspekten halten die Konservativ-Etablierten elf, die Liberal-Intellektuellen zehn und die Sozialökologischen neun überdurchschnittlich häufig für besonders wichtig.

Von der Kirche wird in allen Milieus mehrheitlich v. a. soziales Engagement und Seelsorge erwartet – am stärksten wird dies von den Liberal-Intellektuellen und Konservativ-Etablierten eingefordert.

Blick man auf diejenigen Erwartungen an die Kirche, die von mindestens der Hälfte der Befragten in allen Milieus für besonders wichtig gehalten werden, zeigt sich: Die Kirche soll zuvorderst Bedürftige und Schwache unterstützen (mind. 80 % Zustimmung in allen Milieus), in schwierigen Lebenslagen Trost spenden (je nach Milieu ca. 60 % bis 80 % Zustimmung) und ganz allgemein Ansprechpartner sein bzw. Hilfe anbieten, wenn man sie braucht (zwischen 52 % bis 64 % Zustimmung).
Liberal-Intellektuelle und Konservativ-Etablierte betonen Seelsorge-Aspekte (Trost, Hilfe und Beratung in schwierigen Lebenslagen) am stärksten (zu jeweils ca. 80 %). Ausgerechnet eine der Kernzielgruppen karitativer und seelsorgerischer Arbeit, das Milieu der Prekären, stimmt diesem Anspruch am wenigsten zu (nur knapp über die Hälfte).

In allen Milieus wird mehrheitlich erwartet, dass die Kirche eine gute Dienstleisterin bei wichtigen Feiern im Leben ist (z. B. Hochzeit, Taufe).

Über alle Milieus hinweg äußern mehr als zwei Drittel die Erwartung, dass die Kirche einen würdigen Rahmen bei der Feier von wichtigen Schritten im Leben bietet (z. B. Hochzeit und Taufe). Am stärksten wird dies von den gehobenen Leitmilieus der Konservativ-Etablierten (80 %) und Liberal-Intellektuellen (85 %) eingefordert. Bei den Adaptiv-Pragmatischen, in der Bürgerlichen Mitte und im Prekären Milieu heben ca. drei von vier Milieuangehörigen diesen Aspekt als persönliche Erwartung an die Kirche hervor. Unter den Performern, Expeditiven, Sozialökologischen, Traditionellen und Hedonisten sind es jeweils ca. zwei Drittel, die großen Wert auf die Kasualien legen.

Dass die Kirche ethische Orientierung im Leben bietet, erwarten vor allem Konservativ-Etablierte und Sozialökologische.

Die Sozialökologischen und vor allem die Konservativ-Etablierten äußern im Milieuvergleich am deutlichsten die Erwartung, dass die Kirche Antworten auf die Frage nach dem Sinn des Lebens gibt (Konservativ-Etablierte: 62 %, Sozialökologische: 56 %, Gesamt: 47 %), dass sie Werte lebt, an denen man sich orientieren kann (Konservativ-Etablierte: 58 %, Sozialökologische: 52 %, Gesamt: 43 %) und dass sie Antworten bietet für moralische Probleme und Nöte (Konservativ-Etablierte: 48 %, Sozialökologische: 38 %, Gesamt: 30 %).

Die Erwartungshaltung, dass sich die Kirche modernisiert, ist im Traditionellen Milieu mit großem Abstand am schwächsten ausgeprägt.

Die Milieuanalyse der Akzeptanz offizieller kirchlicher Positionen hat gezeigt, dass die Traditionellen die kirchliche Haltung zu Abtreibung, Homosexualität, Zölibat etc. weniger stark ablehnen als die anderen Milieus – wenngleich auch dieses Milieu mehrheitlich nicht mit der Sexualmoral der Kirche d'accord geht. Gehen die Traditionellen aber soweit, dass sie von der Kirche erwarten, ihre offiziellen Positionen zu überdenken? Dem scheint nicht so: Denn von allen Milieus fordern die Traditionellen am seltensten, dass sich die Kirche gegenüber allen Menschen öffnet, auch Homosexuellen und Geschiedenen (18 %, Gesamt: 41 %). Auch finden es nur 17 % in diesem Milieu besonders wichtig, dass die Kirche gleichberechtigte Chancen für Männer und Frauen bietet (Gesamt: 34 %). Dass die Kirche mit der Zeit gehen und offen für Neues sein soll, ist ebenfalls eine klare Minderheitenmeinung unter Traditionellen (16 % vs. 35 % Gesamt).

Der Soll-Ist-Vergleich zeigt starke Defizite der katholischen Kirche.

Die Katholiken wurden nicht nur gefragt, was die katholische Kirche leisten sollte (»Soll«), sondern auch, was sie aus Sicht der Befragten faktisch leistet (»Ist«). Hierfür wurde ihnen die Liste mit den verschiedenen Erwartungen an die Kirche erneut vorgelegt (Abbildung 20).

»Können Sie mir sagen, was Sie persönlich von der katholischen Kirche erwarten, was die katholische Kirche in Ihren Augen leisten sollte? Welche Punkte von dieser Liste wären für Sie besonders wichtig?« (in %) (Mehrfachnennungen möglich)
»Und was leistet die katholische Kirche? Welche Punkte der Liste erfüllt sie Ihrem Eindruck nach?« (in %) (Mehrfachnennungen möglich)

Lesehinweis:
- Negativer Wert = Anspruch wird nicht erfüllt = Anspruch (Soll-Zustand) größer als dessen Erfüllung in der Realität (Ist-Zustand)
- Positiver Wert = Anspruch wird erfüllt = Anspruch (Soll-Zustand) kleiner als dessen Erfüllung in der Realität (Ist-Zustand)

Defizite	Gesamt	KET	LIB	PER	EPE	ADA	SÖK	BÜM	TRA	PRE	HED
Die Kirche klärt Missstände in den eigenen Reihen auf	**-37**	-31	-39	-38	-61	-36	-53	-35	-19	-36	-43
Die Kirche ist offen gegenüber allen Menschen, grenzt niemanden aus, wie zum Beispiel Homosexuelle oder Geschiedene	**-34**	-33	-45	-28	-56	-46	-49	-30	-10	-23	-41
Die Kirche geht mit der Zeit, ist offen für Neues	**-28**	-34	-39	-29	-43	-24	-45	-20	-12	-24	-33
Die Kirche bietet gleichberechtigte Chancen für Männer und Frauen	**-28**	-21	-42	-27	-35	-30	-41	-20	-12	-35	-34
Die Kirche lebt Werte, an denen man sich orientieren kann	**-20**	-27	-26	-18	-14	-23	-32	-14	-19	-15	-18
Die Kirche gibt Antwort auf die Frage nach dem Sinn des Lebens	**-19**	-23	-20	-22	-9	-11	-27	-21	-19	-22	-12
Die Kirche spendet Trost in schwierigen Lebenslagen	**-18**	-22	-23	-7	-17	-22	-25	-16	-18	-22	-12
Die Kirche setzt sich für soziale Zwecke ein, unterstützt Bedürftige und Schwache	**-18**	-9	-23	-25	-26	-19	-24	-15	-13	-13	-22
In der Kirche findet man Ansprechpartner oder Hilfe, wenn man sie braucht	**-17**	-15	-14	-13	-17	-11	-25	-11	-14	-37	-22

Defizite	Gesamt	KET	LIB	PER	EPE	ADA	SÖK	BÜM	TRA	PRE	HED
Die Kirche bietet Beratungs- und Hilfsangebote, die einem in schwierigen Lebenslagen weiterhelfen	**-16**	-11	-29	-8	-19	-23	-27	-12	-8	-10	-21
Die Kirche bietet Antworten für moralische Probleme und Nöte	**-14**	-28	-11	-15	-9	-18	-26	-4	-4	-13	-20
In der Kirche fühlt man sich in einer Gemeinschaft aufgehoben	**-13**	-15	-25	-4	-4	-16	-16	-12	-11	-24	-6
Die Kirche stärkt mich in meinen Glaubensüberzeugungen	**-13**	-17	-17	-12	-16	-8	-16	-5	-12	-27	-10
Die Kirche bezieht zu aktuellen politischen und gesellschaftlichen Themen Stellung, mischt sich in Diskussionen ein	**-13**	-13	-15	-22	-19	-11	-28	-6	-15	-3	-5
Die Kirche bietet Ruhe und Gelegenheit, Abstand vom Alltag zu gewinnen	**-11**	-1	-11	-7	-4	-11	-24	-11	-14	-19	-12
Der Gottesdienst in der Kirche gibt Kraft für den Alltag	**-7**	-8	0	-2	-2	0	-8	-7	-11	-16	-7
Bietet einen würdigen Rahmen, um wichtige Schritte im Leben zu feiern, zum Beispiel Taufe oder Hochzeit	**-3**	3	-3	0	11	-1	-4	-8	-8	-6	-6
Die Kirche vertritt traditionelle Standpunkte, folgt nicht dem Zeitgeist	**9**	17	20	22	19	3	20	-4	-8	4	15

KET = Konservativ-Etablierte **LIB** = Liberal-Intellektuelle **PER** = Performer **EPE** = Expeditive **ADA** = Adaptiv-Pragmatische
SÖK = Sozialökologische **BÜM** = Bürgerliche Mitte **TRA** = Traditionelle **PRE** = Prekäre **HED** = Hedonisten
Stark überdurchschnittlich
Stark unterdurchschnittlich
Basis: n = 845; nur Halbgruppe A

Abbildung 20

Quer durch die Milieus werden die Erwartungen der Mitglieder von der Kirche enttäuscht. Am ehesten noch werden die Erwartungen der Befragten bei den Kasualien eingelöst.

Es zeigt sich, dass nur bei wenigen Aspekten die Erwartung der Katholiken mehr oder weniger erfüllt wird (also keine oder nur eine moderate Diskrepanz zwischen Soll und Ist besteht). Den eigenen Anspruch an die Kirche sehen die Befragten in allen Milieus am ehesten bei kirchlichen Feiern (z. B. Hochzeit, Taufe) eingelöst.

In allen Milieus besteht hinsichtlich kirchlicher Modernisierung eine große Diskrepanz zwischen Wunsch und Wirklichkeit – besonders im postmateriellen Milieusegment und bei den Expeditiven.

In den weltoffenen Milieus der Liberal-Intellektuellen, Sozialökologischen und Expeditiven wird der Modernisierungsanspruch an die Kirche am wenigsten eingelöst gesehen. Die Kirche hinkt den Erwartungen dieser Milieus bei der innerkirchlichen Missstandsaufklärung, der Offenheit gegenüber Homosexuellen oder Geschiedenen, der Gleichberechtigung von Männern und Frauen sowie bei der generellen Bereitschaft, mit der Zeit zu gehen und sich für Neues zu öffnen, deutlich hinterher.

Liberal-Intellektuelle und Sozialökologische sind von allen Milieus am stärksten von der Kirche enttäuscht. Denn bei allen (Sozialökologische) bzw. fast allen (Liberal-Intellektuelle) abgefragten Erwartungsaspekten klafft zwischen Wunsch und Wirklichkeit bei diesen Milieus eine große Lücke.

2.4.2.2 Öffentliche Stellungnahmen

Die befragten Katholiken wurden gebeten, für verschiedene gesellschaftliche Herausforderungen anzugeben, inwiefern sie der Ansicht sind, dass die katholische Kirche hier Stellung beziehen sollte (Abbildung 21).

»Hier auf der Liste stehen verschiedene gesellschaftliche Themen. Welche davon sind Ihrer Meinung nach Themen, bei denen die katholische Kirche Stellung beziehen sollte?« (in %) (Mehrfachnennungen möglich)

	Gesamt	KET	LIB	PER	EPE	ADA	SÖK	BÜM	TRA	PRE	HED
Soziale Gerechtigkeit	**69**	78	75	72	70	69	78	71	60	58	67
Dialog zwischen den verschiedenen Religionen in Deutschland	**65**	70	74	71	74	63	75	60	56	50	67
Sterbehilfe	**64**	68	59	63	61	64	64	66	68	58	64
Kriege und Konflikte in der Welt	**58**	59	62	66	60	57	69	54	53	49	56
Stärkung der Rolle der Frau	**55**	55	63	58	57	58	70	54	48	46	52
Wertvorstellungen in der Gesellschaft	**54**	74	60	37	50	49	57	53	59	46	46
Umgang mit Flüchtlingen	**52**	60	55	64	53	54	64	50	45	38	47
Rechtsextremismus	**37**	36	43	53	39	35	53	32	30	26	41
Sexualität	**37**	35	37	43	38	40	52	37	28	33	36

	Gesamt	KET	LIB	PER	EPE	ADA	SÖK	BÜM	TRA	PRE	HED
Einfluss des Islam in Deutschland	**35**	39	35	39	31	38	37	30	35	37	37
Familie und Partnerschaft	**33**	37	35	43	23	40	30	41	33	23	23
Nachhaltigkeit	**31**	33	37	31	37	32	44	30	22	25	32
Klimaschutz	**29**	31	35	40	34	31	44	22	17	20	31
Erziehungsfragen	**24**	33	22	19	17	31	25	30	22	20	18
Konsum, Konsumfragen	**20**	21	18	24	25	14	31	14	17	14	24
Arbeitnehmerrechte	**16**	19	17	21	12	17	24	19	10	12	17
Digitalisierung, neue Medien	**13**	13	14	12	21	14	18	12	8	4	15
Programme der politischen Parteien	**7**	10	3	7	6	5	8	7	7	8	9

KET = Konservativ-Etablierte; LIB = Liberal-Intellektuelle; PER = Performer; EPE = Expeditive; ADA = Adaptiv-Pragmatische; SÖK = Sozialökologische; BÜM = Bürgerliche Mitte; TRA = Traditionelle; PRE = Prekäre; HED = Hedonisten

Stark überdurchschnittlich / Stark unterdurchschnittlich

Basis: n = 1.690; alle Befragten (rep. für deutschsprachige Katholiken ab 14 Jahren in der BRD)

Abbildung 21

Im Traditionellen und v. a. im Prekären Milieu sind die Menschen am seltensten der Meinung, dass die Kirche zu gesellschaftlichen Themen Stellung beziehen sollte.

Die Traditionellen und v. a. die Prekären sind bei den meisten der abgefragten Themen seltener als die anderen Milieus der Ansicht, dass die Kirche sich hierzu positionieren sollte. Dies betrifft insbesondere die Themen soziale Gerechtigkeit, interreligiöser Dialog, Rechtsextremismus, Nachhaltigkeit, Klimaschutz, Arbeitnehmerrechte und Digitalisierung bzw. neue Medien. Mit Blick auf die Prekären kann das damit erklärt werden, dass sich in diesem Milieu ein überdurchschnittlicher Anteil als nicht religiös versteht und daher auch keinen kirchlichen Einfluss in die Gesellschaft wünscht. Bei den Traditionellen ist die Zurückhaltung so zu erklären, dass diese Gruppe vermutlich wünscht, dass sich die Kirche auf ihr religiöses »Kerngeschäft« konzentriert und sich nicht um säkulare Dinge kümmert.

Die Sozialökologischen nehmen die Kirche mit am stärksten in die gesellschaftliche Verantwortung.

Im Gegensatz zu Prekären und Traditionellen fordern besonders die Sozialökologischen die Kirche auf, Stellung zu beziehen – v. a. mit Blick auf soziale, politische und ökologische Herausforderungen. Auch in den Milieus der Konservativ-Etablierten und der Performer legt man häufig Wert darauf, dass die Kirche sich aktiv in den gesellschaftlichen Dialog einbringt. In den Milieus der Mitte (Adaptiv-Pragmatische und Bürgerliche Mitte) bestehen keine besonderen Erwartungen hinsichtlich kirchlicher Verlautbarungen. Lediglich bei Fragen der Familie und Partnerschaft und bei Erziehungsfragen wünscht man sich überdurchschnittlich häufig, dass die Kirche öffentlich Position bezieht.

2.5 Pfarrgemeinde vor Ort

2.5.1 Persönliche Bindung an die Pfarrgemeinde

Die Bindung an die Kirche vor Ort ist im bürgerlichen und traditionellen Segment relativ am stärksten, in den jüngeren Elite-Milieus sowie in den Unterschichtsmilieus am schwächsten.

Von allen Milieus ist der Anteil derer, die sich ihrer Pfarrgemeinde verbunden fühlen (enge oder mittlere Bindung), bei den Konservativ-Etablierten (57 %) und den Traditionellen (54 %) am größten. Es sind die einzigen Milieus, bei denen mehr als die Hälfte der Milieuangehörigen eine persönliche Bindung zur Kirchengemeinde angibt. Auch in der Bürgerlichen Mitte ist mit 42 % ein substantieller Teil der Kirche vor Ort mehr oder weniger eng verbunden. Bei allen anderen Milieus fällt die Bindung deutlich schwächer aus. Unter den jüngeren und hedonistisch orientierten Milieus (Expeditive, Hedonisten) sind es nur jeweils 17 %, bei den Performern und Prekären jeweils 26 % und im postmateriellen Segment (Liberal-Intellektuelle, Sozialökologische) sowie bei den Adaptiv-Pragmatischen nur etwa ein Drittel (Abbildung 22).

In den modernen Leitmilieus der Performer (39 %) und Expeditiven (49 %) sowie in den unterschichtigen Milieus (Prekäre: 47 %, Hedonisten: 45 %) haben weite Teile gar kein Verhältnis zur Pfarrgemeinde.

»Wie würden Sie Ihre persönliche Bindung an Ihre Pfarrgemeinde beschreiben?« (in %)

	Gesamt	KET	LIB	PER	EPE	ADA	SÖK	BÜM	TRA	PRE	HED
Enge Bindung	**13**	27	13	12	2	8	15	13	23	4	4
Mittlere Bindung	**22**	30	20	14	15	21	20	29	31	22	13
Nur ganz lose Bindung	**34**	29	37	35	34	40	33	40	30	26	37
Gar keine Bindung	**29**	14	28	39	49	31	32	15	13	47	45
Keine Antwort	**2**	0	2	1	0	0	1	3	3	2	1

KET = Konservativ-Etablierte, LIB = Liberal-Intellektuelle, PER = Performer, EPE = Expeditive, ADA = Adaptiv-Pragmatische, Stark überdurchschnittlich
SÖK = Sozialökologische, BÜM = Bürgerliche Mitte, TRA = Traditionelle, PRE = Prekäre, HED = Hedonisten, Stark unterdurchschnittlich

Basis: n = 1.690; alle Befragten (rep. für deutschsprachige Katholiken ab 14 Jahren in der BRD)

Abbildung 22

2.5.2 Zufriedenheit mit der Behandlung persönlicher Anliegen

Die Milieus, die viel Kontakt zur Pfarrgemeinde vor Ort haben, sind auch am zufriedensten mit ihr.

In den drei Milieus, die der Pfarrgemeinde vor Ort am stärksten verbunden sind (Konservativ-Etablierte, Traditionelle, Bürgerliche Mitte), ist man auch am zufriedensten mit ihr: Jeweils ca. 60 % dieser Gruppen erklären, sehr oder eher zufrieden damit zu sein, wie der Pfarrer oder das Pfarrbüro die eigenen Wünsche und Anliegen behandeln. In den anderen Milieus äußert man sich diesbezüglich deutlich zurückhaltender – vor allem im Expeditiven (30 %), Prekären (28 %) und Hedonistischen Milieu (32 %) ist nur eine Minderheit zufrieden mit der Qualität des Kontakts zur eigenen Pfarrgemeinde. Daraus darf aber nicht abgeleitet werden, dass diese Gruppen explizit unzufrieden mit der lokalen Pfarrgemeinde wären – der größte Teil dieser Befragten hat gar keinen Kontakt zur Gemeinde und erklärt deshalb, keine Zufriedenheitseinschätzung vornehmen zu können (Expeditive: 63 %, Prekäre: 56 %, Hedonisten: 60 %; Abbildung 23).

»Wenn Sie einmal danach gehen, was Sie selbst erlebt oder von anderen gehört haben: Wie zufrieden sind Sie alles in allem damit, wie Ihr Pfarrer oder Pfarrbüro Wünsche und Anliegen behandeln, die an sie herangetragen werden? Sind Sie damit alles in allem sehr zufrieden, zufrieden, weniger zufrieden, oder gar nicht zufrieden?« (in %)

	Gesamt	KET	LIB	PER	EPE	ADA	SÖK	BÜM	TRA	PRE	HED
Sehr zufrieden	**9**	16	13	10	6	4	9	13	12	3	4
Zufrieden	**38**	44	33	38	24	41	33	48	50	25	28
Weniger zufrieden	**7**	7	5	7	6	5	10	7	9	14	6
Gar nicht zufrieden	**2**	1	3	1	1	1	4	2	1	3	2
Kann nicht beurteilen	**44**	33	46	43	63	50	44	29	28	56	60
Keine Angabe	**0**	0	0	1	0	0	0	0	0	0	0
Zufrieden (sehr / eher)	**47**	60	46	48	30	44	42	61	62	27	33
Unzufrieden (weniger / gar nicht zufrieden)	**9**	8	8	8	7	5	14	9	10	16	8

KET = Konservativ-Etablierte, LIB = Liberal-Intellektuelle, PER = Performer, EPE = Expeditive, ADA = Adaptiv-Pragmatische, Stark überdurchschnittlich
SÖK = Sozialökologische, BÜM = Bürgerliche Mitte, TRA = Traditionelle, PRE = Prekäre, HED = Hedonisten, Stark unterdurchschnittlich

Basis: n = 1.690; alle Befragten (rep. für deutschsprachige Katholiken ab 14 Jahren in der BRD)

Abbildung 23

2.5.3 Bekanntheit des Pfarrers

»Kennen Sie den Pfarrer Ihrer Pfarrgemeinde, ist er Ihnen zumindest dem Namen nach bekannt?« (in %)

	Gesamt	KET	LIB	PER	EPE	ADA	SÖK	BÜM	TRA	PRE	HED
Ja	75	88	70	75	54	78	77	82	89	65	60
Nein	25	12	30	25	46	22	23	18	11	35	39
Keine Angabe	0	0	0	0	1	0	0	0	1	0	1

KET = Konservativ-Etablierte; LIB = Liberal-Intellektuelle; PER = Performer; EPE = Expeditive; ADA = Adaptiv-Pragmatische; SÖK = Sozialökologische; BÜM = Bürgerliche Mitte; TRA = Traditionelle; PRE = Prekäre; HED = Hedonisten

Stark überdurchschnittlich / Stark unterdurchschnittlich

Basis: n = 1.690; alle Befragten (rep. für deutschsprachige Katholiken ab 14 Jahren in der BRD)

Abbildung 24

In allen Milieus ist der Pfarrer einer Mehrheit bekannt – am häufigsten bei den älteren Milieus, am seltensten bei den jüngeren.

Auf die Frage, ob der Pfarrer vor Ort den Menschen zumindest dem Namen nach bekannt ist, antwortet in allen Milieus über die Hälfte der Befragten mit Ja. Es zeigen sich aber wie bei den anderen Fragen zur Pfarrgemeinde die gleichen Milieuschwerpunkte: Während der Pfarrer vor Ort bei Konservativ-Etablierten und Traditionellen am bekanntesten ist (88 % bzw. 89 %), ist er bei den Expeditiven (54 %), Prekären (65 %) und Hedonisten (60 %) am wenigsten bekannt (Abbildung 24).

2.5.4 Qualität des persönlichen Kontakts

Den besten Kontakt zu kirchlichen Mitarbeitern pflegen die Konservativ-Etablierten, Traditionellen und die Sozialökologischen.

Befragte aus den Milieus der Konservativ-Etablierten und Sozialökologischen geben am häufigsten an, guten Kontakt zu den verschiedenen kirchlichen Gruppen zu haben. Auch die Bürgerliche Mitte pflegt einen guten Draht zum Pfarrer und den anderen Hauptamtlichen. Konservativ-Etablierte und Sozialökologische haben darüber hinaus auch noch überdurchschnittlich häufig einen guten Kontakt zu kirchlichen Einrichtungen, zu anderen Priestern und zu Ordensleuten.

Erwartungsgemäß wird die Qualität des persönlichen Kontakts von den kirchenfernen Gruppen der Expeditiven, Prekären und Hedonisten am schlechtesten beurteilt.

3 MEDIEN UND KOMMUNIKATION

3.1 Mediennutzung allgemein

3.1.1 Am häufigsten genutzte Medien

Die Leitmedien für Katholiken – also Medien, die mit Abstand am häufigsten und intensiv genutzt werden, – sind und bleiben das öffentlich-rechtliche Fernsehen und die gedruckte Regionalzeitung / Tageszeitung. Etwas weniger häufig genutzt werden private TV- und Radiosender sowie soziale Medien (Abbildung 25).

»Wie häufig nutzen Sie die einzelnen Medien?« (in %)
- Nutze ich täglich bzw. fast täglich

	Gesamt	KET	LIB	PER	EPE	ADA	SÖK	BÜM	TRA	PRE	HED
Öffentlich-rechtliches Fernsehen (ARD, ZDF, Dritte Programme)	**59**	65	62	59	26	43	66	74	84	55	43
Regionalzeitung, Tageszeitung hier aus der Gegend (nicht online)	**51**	63	53	52	19	34	57	62	74	44	32
Öffentlich-rechtliche Radiosender (NDR, WDR, SWR usw.)	**38**	45	42	44	26	24	48	50	39	29	32
Privatfernsehen (RTL, SAT1 usw.)	**37**	37	25	37	36	46	25	48	33	38	40
Soziale Medien im Internet, z.B. YouTube, Facebook, Twitter	**32**	27	24	35	70	55	32	20	5	19	49
Private Radiosender	**20**	17	19	21	25	37	14	20	9	20	26
Internetseiten von Online-Diensten wie T-Online, gmx.de, web.de	**16**	23	23	23	26	16	16	14	5	4	16

	Gesamt	KET	LIB	PER	EPE	ADA	SÖK	BÜM	TRA	PRE	HED
Online-Angebote und Apps von Fernseh- oder Radiosendern wie z.B. tagesschau.de	**7**	7	8	11	12	8	18	4	1	3	8
Online-Angebote und Apps von Zeitungen und Zeitschriften (faz.net, spiegel.de, stern.de usw.)	**6**	4	7	16	11	6	12	3	1	4	7
Boulevardzeitungen wie Bild, Express, B.Z. oder andere (nicht online)	**5**	4	4	8	1	5	0	7	5	10	8
Überregionale Tageszeitungen, z.B. Süddeutsche Zeitung, Frankfurter Allgemeine Zeitung, WELT oder andere (nicht online)	**5**	5	7	7	6	1	9	4	4	2	5
Nachrichtenmagazine oder Wochenzeitungen wie Der Spiegel, Focus, Die Zeit oder andere (nicht online)	**4**	7	5	6	6	3	5	3	1	0	4
Kirchliche Informationsangebote, z.B. Kirchenzeitungen, Bistumsblätter, kirchliche Radiosender	**3**	4	2	2	0	2	3	2	6	3	1
Illustrierte wie Stern, Bunte oder andere (nicht online)	**1**	1	2	0	0	1	1	0	2	1	1

KET = Konservativ-Etablierte **LIB** = Liberal-Intellektuelle **PER** = Performer **EPE** = Expeditive **ADA** = Adaptiv-Pragmatische
SÖK = Sozialökologische **BÜM** = Bürgerliche Mitte **TRA** = Traditionelle **PRE** = Prekäre **HED** = Hedonisten
Stark überdurchschnittlich
Stark unterdurchschnittlich
Basis: n = 1.690; alle Befragten (rep. für deutschsprachige Katholiken ab 14 Jahren in der BRD)

Abbildung 25

Leitmedien für traditionelle Milieus: Öffentlich-rechtliche Sender und Regionalzeitungen.

Erwartungsgemäß zeigen sich deutliche Milieuunterschiede in der Mediennutzung: So werden das öffentlich-rechtliche TV sowie gedruckte Regionalzeitungen und Tageszeitungen am häufigsten von den älteren Milieus mit einer starken Traditions- und Heimatverwurzelung (Traditionelle, Bürgerliche Mitte und Konservativ-Etablierte) täglich oder fast täglich genutzt, während die jüngeren Milieus mit einer starken Online-Affinität (Expeditive, Adaptiv-Pragmatische und Hedonisten) öffentlich-rechtliches Fernsehen und die gedruckte Lokalzeitung deutlich seltener intensiv nutzen.

Leitmedien für moderne Milieus: Social Media und private TV- und Radiosender.

Die jüngeren Milieus, vor allem die Expeditiven, nutzen am häufigsten Social Media-Angebote (Expeditive: 70 %, Adaptiv-Pragmatische: 55 %, Hedonisten: 49 %; Abbildung 26). Auch private TV- und Radioangebote werden von diesen Milieus intensiv genutzt – in der Regel sogar häufiger als öffentlich-rechtliche Sender.

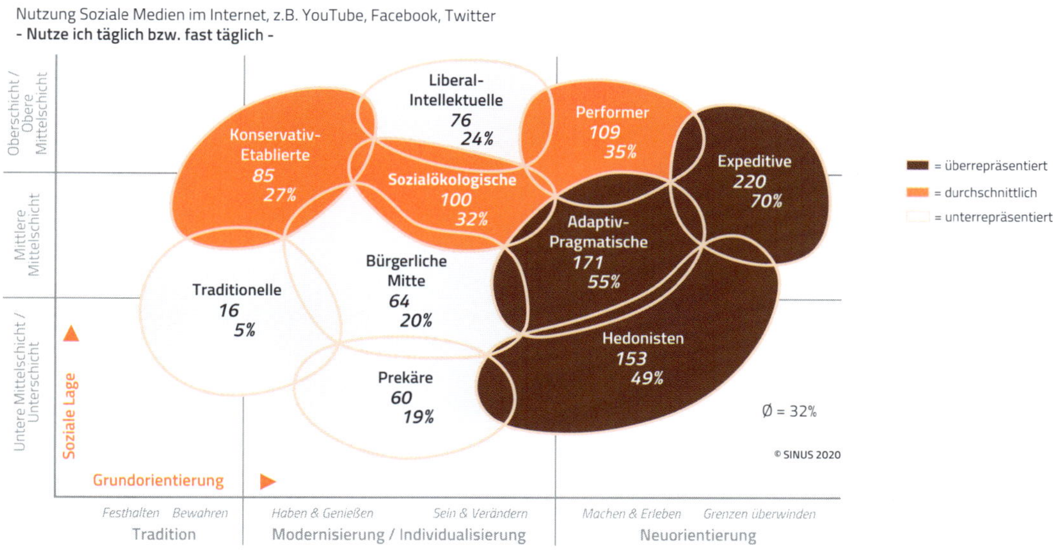

Abbildung 26

Digital Divide: Digitale Angebote erreichen die Mitte der Gesellschaft und den traditionellen Rand so gut wie gar nicht.

Internetseiten von Onlinediensten werden vor allem in den Leitmilieus (Konservativ-Etablierte, Liberal-Intellektuelle, Performer und Expeditive) überdurchschnittlich genutzt (von je ca. einem Viertel der Milieuangehörigen). Am wenigsten erreichen diese Angebote die Prekären und Traditionellen (4 % bzw. 5 %).

Online-Angebote und Apps von Fernseh- oder Radiosendern bzw. von Zeitungen und Zeitschriften werden nur von einer Minderheit der Katholiken (7 % bzw. 6 %) intensiv genutzt – noch am häufigsten in den bildungsnahen Milieus der Performer, Expeditiven und Sozialökologischen. Auffällig ist hier der Kontrast zu den älteren Milieus der Bürgerlichen Mitte, der Traditionellen und der Prekären, die diese Angebote so gut wie gar nicht nutzen. Aber auch in den stark informationsaffinen Milieus nehmen App-Angebote von Medienmarken nur einen Platz im unteren Mittelfeld ein.

Überregionale Tages- und Wochenmagazine sowie Magazine spielen im Medienbudget der befragten Katholiken eine untergeordnete Rolle. Nur 5 % bzw. 4 % nutzen diese Medien täglich oder fast täglich. Auch in den gehobenen Milieus (Konservativ-Etablierte, Liberal-Intellektuelle, Performer, Expeditive, Sozialökologische) sind es nur wenig mehr.

Auch Boulevardmedien werden von den Befragten insgesamt wenig genutzt (5 % täglich oder fast täglich). Lediglich in den Milieus der Prekären und Hedonisten findet sich eine überdurchschnittliche Nutzung (10 % bzw. 8 %).

Kirchliche Medien stehen in fast allen Milieus an letzter oder vorletzter Stelle hinsichtlich der Nutzungsfrequenz.

Kirchliche Informationsangebote, z. B. Kirchenzeitungen, Bistumsblätter oder kirchliche Radiosender, werden in allen Milieus nur von einem Bruchteil täglich bzw. fast täglich genutzt, am ehesten noch von den traditionellen Milieus der Konservativ-Etablierten (4 %) und Traditionellen (6 %) (Abbildung 27).

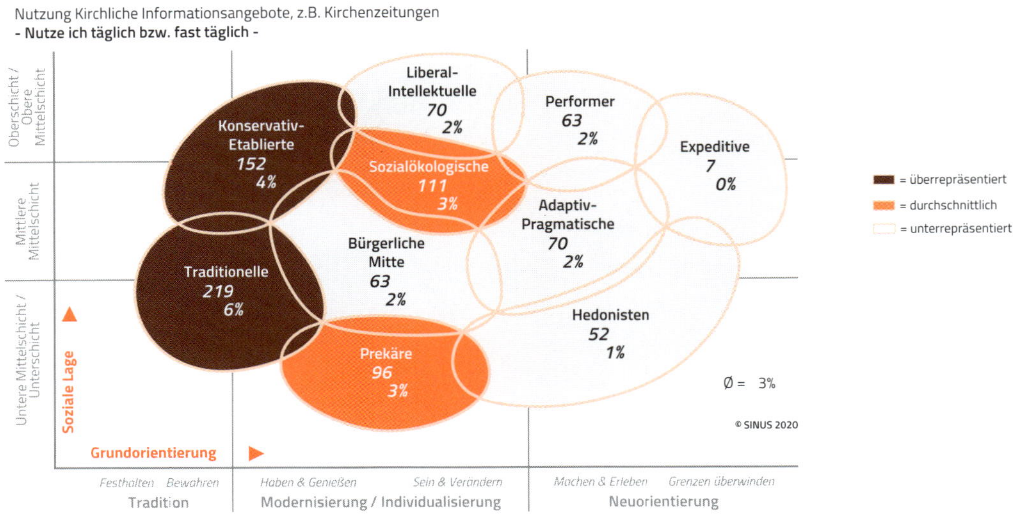

Abbildung 27

3.1.2 Medienpräferenz beim Lesen längerer Texte

Je traditioneller die Grundorientierung eines Milieus, desto stärker die Präferenz für Printmedien.

Zwar liest eine Mehrheit der Katholiken (57 %) längere Texte lieber auf Papier, doch gilt dies nicht in gleichem Maße für alle Lebenswelten. Die Präferenz für die Lektüre auf Papier ist besonders im traditionell-bürgerlichen Segment (Bürgerliche Mitte, Traditionelle), bei Prekären sowie bei Sozialökologischen ausgeprägt. Bei den jüngeren Milieus ist erwartungsgemäß die Bildschirm-Akzeptanz überdurchschnittlich ausgeprägt. Es gilt also: je traditioneller die Grundorientierung eines Milieus, desto stärker die Präferenz für die Lektüre auf Papier, und je moderner die Grundorientierung, desto stärker die Präferenz für den Screen. Dieses Muster spiegelt den generellen digitalen Graben in der Gesellschaft und entspricht der milieuspezifischen Verteilung von IT-Kompetenzen und -Affinitäten (Abbildung 28).

Lesen Sie längere Texte lieber auf Papier, oder lieber am Bildschirm, oder macht das für Sie keinen Unterschied?

Papier

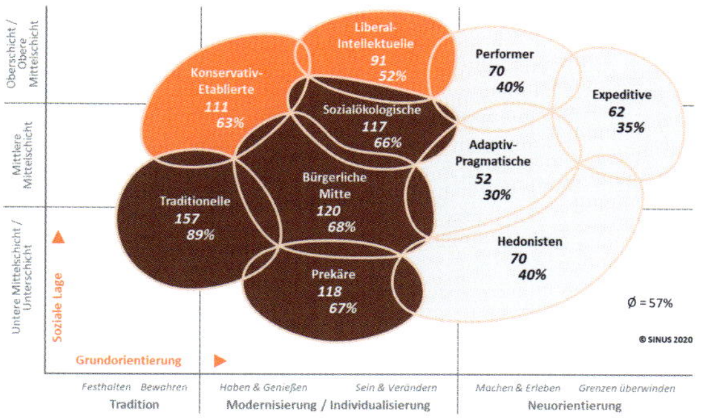

Basis: n = 1.690; alle Befragten (rep. für deutschsprachige Katholiken ab 14 Jahren in der BRD)
= überrepräsentiert = durchschnittlich = unterrepräsentiert

Bildschirm

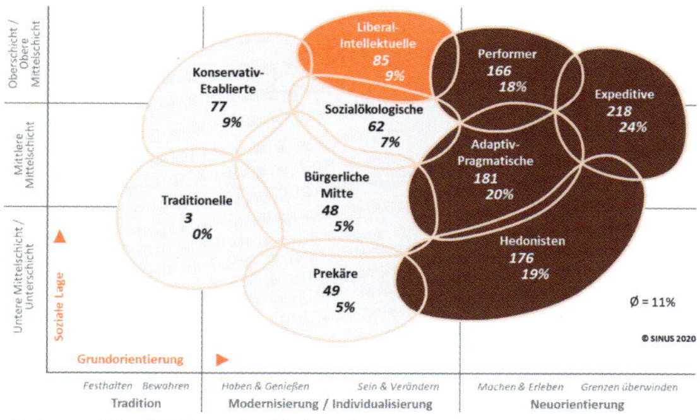

Basis: n = 1.690; alle Befragten (rep. für deutschsprachige Katholiken ab 14 Jahren in der BRD)
= überrepräsentiert = durchschnittlich = unterrepräsentiert

Abbildung 28

Für die modernen Milieus macht es keinen Unterschied, ob sie Texte gedruckt oder am Bildschirm lesen.

Auf die Frage, ob man längere Texte lieber auf Papier oder am Bildschirm liest, antworten einige Milieus am häufigsten, dass es für sie keinen Unterschied macht. Dazu gehören neben der »digitalen Speerspitze« der Expeditiven und Performer auch die Milieus der Liberal-Intellektuellen und Adaptiv-Pragmatischen.

3.2 Nutzung kirchlicher und religiöser Medienangebote

3.2.1 Beiträge in TV und Radio

»Hören Sie manchmal im Radio Beiträge zu kirchlichen und religiösen Themen?« (in %)

	Gesamt	KET	LIB	PER	EPE	ADA	SÖK	BÜM	TRA	PRE	HED
Ja …	31	41	26	25	17	21	38	39	42	23	25
… häufig	4	4	3	1	3	2	3	7	8	4	2
… gelegentlich	27	37	23	24	14	18	35	32	35	19	22
Selten, nie	69	58	74	74	83	79	63	60	57	77	75
Keine Angabe	1	1	0	1	0	1	0	1	1	0	0

»Wie oft sehen Sie Beiträge zu kirchlichen und religiösen Themen im Fernsehen?« (in %)

	Gesamt	KET	LIB	PER	EPE	ADA	SÖK	BÜM	TRA	PRE	HED
Ja …	36	53	32	35	11	22	41	45	54	32	24
… häufig	4	4	1	1	0	4	5	6	7	5	1
… gelegentlich	33	49	31	34	11	19	36	39	47	27	22
Selten, nie	63	47	68	65	89	77	59	53	45	67	75
Keine Angabe	1	0	0	1	1	0	0	2	1	2	1

KET = Konservativ-Etablierte; LIB = Liberal-Intellektuelle; PER = Performer; EPE = Expeditive; ADA = Adaptiv-Pragmatische; SÖK = Sozialökologische; BÜM = Bürgerliche Mitte; TRA = Traditionelle; PRE = Prekäre; HED = Hedonisten

Stark überdurchschnittlich
Stark unterdurchschnittlich

Basis: n = 1.690; alle Befragten (rep. für deutschsprachige Katholiken ab 14 Jahren in der BRD)

Abbildung 29

Beiträge zu kirchlichen und religiösen Themen im Fernsehen und im Radio werden jeweils von etwa einem Drittel der befragten Katholiken genutzt (Radio: 31 %, TV: 36 %). Die Milieu-Analyse zeigt, dass es bei der Rezeption kirchlicher und religiöser Beiträge (unabhängig vom Medium) deutliche lebensweltliche Schwerpunkte gibt (Abbildung 29).

Die kirchennahen Milieus nutzen Beiträge zu kirchlichen und religiösen Themen überdurchschnittlich häufig.

Rezipienten von religiösen bzw. kirchlichen Radio- oder TV-Beiträgen finden sich überdurchschnittlich in den älteren kirchennahen Milieus der Traditionellen, der Konservativ-Etablierten und der Bürgerlichen Mitte. Radio-Beiträge werden auch von Sozialökologischen überdurchschnittlich genutzt. Die jungen kirchenkritischen Milieus (Expeditive, Adaptiv-Pragmatische und Hedonisten) konsumieren diese Formate besonders selten.

3.2.2 Medienbeiträge zu Glaube und Kirche (Informationsverhalten / Bewertung)

Nach Medienbeiträgen zum Thema Glaube und Kirche wird nur ganz selten gezielt gesucht (7 % aller Katholiken). Immerhin ein Viertel der Befragten (24 %) hört bzw. schaut sich solche Beiträge an, wenn sie zufällig darauf stoßen, während fast ein Drittel (29 %) wegschaltet bzw. nicht zuhört (Abbildung 30).

Rezeption von Medienbeiträgen zum Thema Glaube und Kirche

»Wie machen Sie das: Schauen Sie gezielt im Fernsehen, Radio oder Zeitungen nach Beiträgen zum Thema Glaube und Kirche, oder machen Sie das zwar nicht gezielt, aber schauen bzw. hören sich das an, wenn Sie darauf stoßen, oder überblättern Sie solche Beiträge bzw. schalten dabei weg oder hören nicht zu?« (in %)

Basis: Alle Befragte	Gesamt	KET	LIB	PER	EPE	ADA	SÖK	BÜM	TRA	PRE	HED
Gezielt	7	7	6	3	3	4	9	11	12	5	3
Zufällig	24	37	22	24	21	14	34	32	22	21	17
Ganz unterschiedlich	35	38	44	31	22	35	28	33	48	36	27
Schalten weg	29	13	26	36	53	37	26	22	12	35	46
Unentschieden	5	5	2	5	2	10	4	3	7	3	8

Basis: n = 1.690; alle Befragten (rep. für deutschsprachige Katholiken ab 14 Jahren in der BRD)

Bewertung von Medienbeiträgen zum Thema Glaube und Kirche

»Finden Sie die Beiträge zum Thema Glaube und Kirche dann in der Regel ganz interessant, oder eher nicht so interessant?« (in %)

Basis: Nur Befragte, die sich Beiträge zum Thema Glaube und Kirche anschauen oder anhören, wenn sie darauf stoßen	Gesamt	KET	LIB	PER	EPE	ADA	SÖK	BÜM	TRA	PRE	HED
Interessant	44	48	53	29	50	49	64	33	43	45	31
Nicht so interessant	4	4	5	0	0	5	0	5	4	3	15
Ganz unterschiedlich	50	47	43	69	50	46	34	60	53	52	42
Unentschieden	2	1	0	2	0	0	2	2	0	0	11

KET = Konservativ-Etablierte, LIB = Liberal-Intellektuelle, PER = Performer, EPE = Expeditive, ADA = Adaptiv-Pragmatische, SÖK = Sozialökologische, BÜM = Bürgerliche Mitte, TRA = Traditionelle, PRE = Prekäre, HED = Hedonisten

Stark überdurchschnittlich / Stark unterdurchschnittlich

Basis: n = 413; Befragte, die sich Beiträge zum Thema Glaube und Kirche anschauen oder anhören, wenn sie darauf stoßen

Abbildung 30

Die gezielte Rezeption von Glaubens- und Kirchenberichterstattung ist typisch für die traditionellen und glaubensaffinen Milieus, das Ignorieren solcher Beiträge ist charakteristisch für die (post-)modernen Milieus.

Die Milieuanalyse zeigt ein bekanntes Muster:

- Die im weitesten Sinne kirchen- und glaubensaffinen Milieus (Konservativ-Etablierte, Traditionelle, Bürgerliche Mitte und Sozialökologische) sind auch die wichtigsten Rezipienten von Medienbeiträgen zu Glaube und Kirche. Überdurchschnittlich häufig suchen sie gezielt danach (v. a. Traditionelle und Angehörige der Bürgerlichen Mitte) oder bleiben dabei, wenn sie zufällig darauf stoßen (Konservativ-Etablierte, Sozialökologische).

- Besonders gering ist die Affinität zu religiösen Medienbeiträgen in den postmodernen Milieus (Expeditive, Hedonisten) – dort vermeidet ca. jeder Zweite entsprechende Angebote. Aber auch bei den Performern und Adaptiv-Pragmatischen sowie im Prekären Milieu entziehen sich überdurchschnittlich viele (ca. je ein Drittel) diesen Medienbeiträgen ganz bewusst.

- Auffällig ist, dass das bildungs- und kulturaffine Milieu der Liberal-Intellektuellen ebenso wie die Traditionellen häufig situationsabhängig entscheiden, ob sie einen Medienbeitrag konsumieren oder nicht.

Bei der Frage an Rezipienten, wie interessant solche TV-, Radio- oder Zeitungsbeiträge eingestuft werden, zeigt sich, dass in allen Milieus nur ein Bruchteil solche Beiträge explizit als uninteressant einstuft. Darüber hinaus lässt sich aus der Milieuperspektive Folgendes festhalten:

- Liberal-Intellektuelle und v. a. Sozialökologische finden Glaubens- und Kirchenberichterstattung im Milieuvergleich am häufigsten interessant.

- Performer und Angehörige der Bürgerlichen Mitte geben am häufigsten an, dass sie auf diese Frage keine pauschale Antwort haben.

- Hedonisten können mit Beiträgen zu Glaube und Kirche am wenigsten anfangen.

3.2.3 Spezifische Formate

Diverse Medien, aber auch die Kirche selbst, veröffentlichen Angebote, die sich mit Fragen des Glaubens und der Religion befassen. Zu den am häufigsten genutzten Angeboten gehören Mitteilungen der Pfarrgemeinde, einschlägige Berichterstattungen oder Unterhaltungsformate in den überregionalen Medien, aber auch die Bibel (Abbildung 31).

Besonders Rundfunk und Online-Angebote (Streamingservices, soziale Medien oder Podcasts) mit einem kirchlichen Absender sowie Ordensmagazine erreichen nur eine kleine Minderheit.

»Wie häufig nutzen Sie die verschiedenen Angebote der Medien und der Kirche, die sich mit Fragen des Glaubens und der Religion befassen?« (in %)
- Nutze ich häufig + nutze ich ab und zu + nutze ich selten

	Gesamt	KET	LIB	PER	EPE	ADA	SÖK	BÜM	TRA	PRE	HED
Pfarrbrief, Pfarrmagazin, Gemeindeblatt mit Informationen aus meiner Pfarrgemeinde	**68**	76	74	60	39	62	74	81	83	62	50
Die Bibel	**57**	69	62	49	39	50	66	59	66	50	48
Pfarrserien im Fernsehen (wie z.B. 'Pfarrer Braun', 'Eine himmlische Familie' oder 'Um Himmels willen')	**54**	64	48	43	34	54	37	69	71	51	47
Das Wort zum Sonntag im Fernsehen	**54**	65	47	44	36	41	52	69	69	54	44
Gespräche mit dem Pfarrer, anderen Seelsorgern oder Aktiven in der Pfarrgemeinde	**53**	69	57	45	32	53	51	64	67	40	38
Nachrichten, Reportagen aus der kirchlichen Welt im Fernsehen	**53**	64	61	52	36	39	60	62	62	47	40
Bücher, die sich mit dem Glauben, mit Religion beschäftigen	**49**	58	61	42	36	38	69	54	51	43	39
Berichte über Kirchen- und Glaubensfragen in Tageszeitungen und Zeitschriften wie Spiegel, Die Zeit, FAZ, Bild oder einer regionalen Tageszeitung	**47**	57	62	60	33	37	65	50	43	37	37
Worte für den Tag im Radio	**45**	53	47	41	35	35	51	51	48	44	39
Gottesdienstübertragungen im Fernsehen (live oder in der Mediathek)	**44**	58	42	39	25	34	39	52	61	44	30
Kurzbeiträge zu kirchlichen Themen im Radio	**41**	52	41	41	30	28	47	47	44	35	41

	Gesamt	KET	LIB	PER	EPE	ADA	SÖK	BÜM	TRA	PRE	HED
Nachrichten, Reportagen aus der kirchlichen Welt im Radio	**39**	45	44	34	24	30	45	46	46	33	36
Die Kirchenzeitung meiner Diözese, das Bistumsblatt	**36**	49	33	40	17	20	50	41	49	30	27
Gottesdienstübertragungen im Radio	**32**	47	26	27	12	27	29	44	46	18	22
Zeitschriften, die sich viel mit der Kirche und mit Glaubensfragen beschäftigen	**29**	36	33	27	13	22	40	37	33	23	23
Wochenzeitungen, die sich viel mit kirchlichen oder religiösen Themen beschäftigen	**25**	28	25	31	14	15	33	32	27	21	24
Internetseiten, die sich mit Glauben und Religion beschäftigen	**25**	33	32	30	29	30	31	18	9	21	27
Angebote in sozialen Medien, die sich mit Glauben und Religion beschäftigen, z.B. Facebook, Instagram oder YouTube	**19**	26	14	22	31	23	21	12	5	15	27
Radiosender mit kirchlichem Programm (z.B. Radio Vatikan, Radio Horeb, domradio, Radio Paradiso)	**13**	18	14	15	6	4	11	14	16	9	13
Streamingangebote zu kirchlichen oder Glaubensthemen, z.B. Gottesdienstübertragungen im Internet bei YouTube	**12**	18	12	12	12	12	8	6	9	9	16
Podcasts zu kirchlichen oder Glaubensthemen (Hörbeiträge im Internet)	**10**	12	9	12	13	10	18	4	4	5	14
Ordensmagazine	**8**	13	4	5	4	3	11	7	10	8	10

KET = Konservativ-Etablierte; LIB = Liberal-Intellektuelle; PER = Performer; EPE = Expeditive; ADA = Adaptiv-Pragmatische
SÖK = Sozialökologische; BÜM = Bürgerliche Mitte; TRA = Traditionelle; PRE = Prekäre; HED = Hedonisten
Grün: Stark überdurchschnittlich; Rot: Stark unterdurchschnittlich
Basis: n = 1.690; alle Befragten (rep. für deutschsprachige Katholiken ab 14 Jahren in der BRD)

Abbildung 31

Medienangebote zu Glaubens- oder Religionsfragen werden – unabhängig von Absender, Medium oder Format – am häufigsten von den kirchenverbundenen Milieus konsumiert.

Die genauere Betrachtung der Nutzung verschiedener religiöser und kirchlicher Formate verdeutlicht, dass es unabhängig von Absender, Medium oder Format klare Milieuschwerpunkte gibt, die sich deutlich vom Muster in der generellen Mediennutzung unterscheiden (siehe Kapitel 3.1.1).

Traditionelle und Konservativ-Etablierte nutzen fast alle Angebote zu Glaubens- und Religionsfragen stark überdurchschnittlich – auch außerhalb ihrer gewohnten Medien.

Traditionelle und Konservativ-Etablierte nutzen die ganze Bandbreite an Angeboten überdurchschnittlich stark. Dabei sind Mitteilungen der Pfarrgemeinde, Gespräche mit dem Pfarrer, die Bibel, Angebote im öffentlich-rechtlichen Fernsehen (Wort zum Sonntag, Pfarrserien) sowie einschlägige Presseberichte die am häufigsten verwendeten Formate. Während Konservativ-Etablierte auch Online-Formate nutzen, greifen Traditionelle kaum auf solche Angebote zurück – was sich mit der grundsätzlichen Internet-Scheu dieses Milieus erklären lässt.

Moderne Milieus rezipieren einzelne kirchliche bzw. religiöse Formate überdurchschnittlich – besonders in den Medien, die sie üblicherweise nutzen.

Insbesondere die Milieus der Bürgerlichen Mitte und der Sozialökologischen nutzen einzelne Angebote überdurchschnittlich stark. Während Sozialökologische Print-Medien (Zeitung, Zeitschriften, Bücher...) auch bei Glaubens- oder Religionsangeboten überdurchschnittlich nutzen, liegt der Fokus der Bürgerlichen Mitte stärker auf Radio- und TV-Angeboten.

Auch Liberal-Intellektuelle und Performer nutzen vereinzelt Glaubens- oder Religionsformate stark überdurchschnittlich, z. B. Berichte in Zeitungen und Magazinen. Auch hier entspricht die Nutzung der religiösen Angebote den generellen Mediennutzungsgewohnheiten.

Die jungen postmodernen Milieus rezipieren Glaubens- und Religionsformate am seltensten – selbst in den Medien, die sie generell intensiv nutzen.

Das Rezeptionsverhalten der jungen Milieus (Expeditive, Adaptiv-Pragmatische und Hedonisten) zeigt, dass die intensive Nutzung bestimmter Medien nicht automatisch auch zur Nutzung von Glaubens- und Religionsformaten in diesen Medien führt. Das geringe Interesse an Religions- und Glaubensfragen in diesen Milieus führt zu einer stark unterdurchschnittlichen Nutzung entsprechender Medienangebote – auf allen medialen Kanälen.

3.3 Internet

3.3.1 Nutzungshäufigkeit

Eine große Mehrheit (82 %) der Katholiken nutzt das Internet. Dabei zeigen sich aber deutliche Milieuunterschiede (Digital Divide bzw. Digitaler Graben; Abbildung 32).

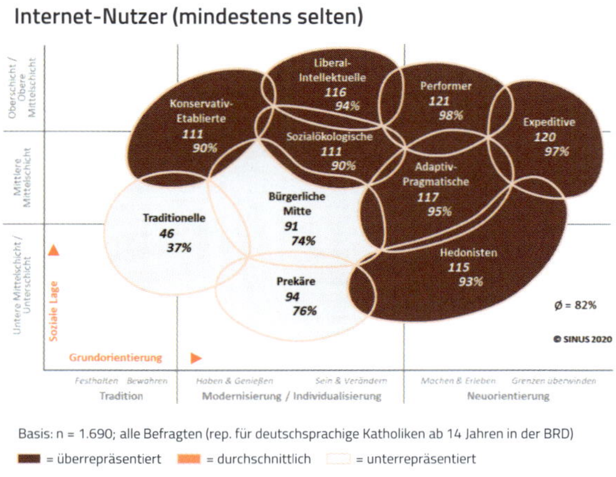

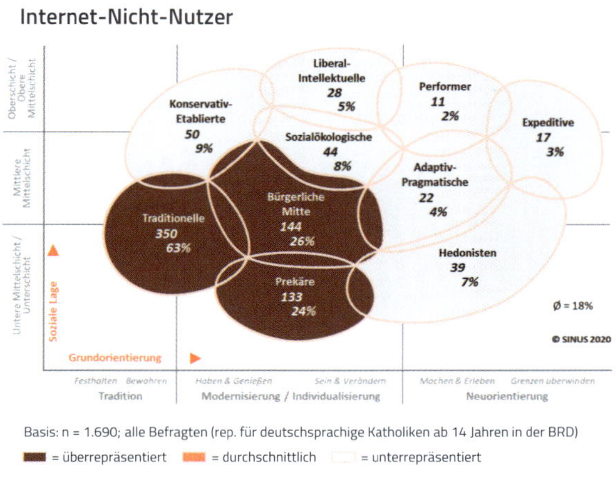

Abbildung 32

Spaltung in der Internetnutzung zwischen zwischen (post-)modernen Milieus und traditionellen Milieus.

Heavy User des Internets sind die gehobenen sowie die jüngeren Milieus, an erster Stelle die Expeditiven, von denen 87 % das Internet mehrmals täglich nutzen. Bei Performern, Adaptiv-Pragmatischen, Hedonisten und Liberal-Intellektuellen sind es mindestens 70 %, die mehrmals täglich online sind.

Gelegenheitsnutzer des Internets (Nutzung einmal oder mehrmals wöchentlich) finden sich v. a. in den Milieus der Sozialökologischen, der Bürgerlichen Mitte und bei Prekären. Die Traditionellen nutzen das Internet nur gelegentlich. Es ist das einzige Milieu, das das Internet mehrheitlich überhaupt nicht nutzt (63 %).

3.3.2 Nutzungsanlässe

Das Internet ist Medium und Angebot zugleich und kann für viele individuelle Zwecke und Anlässe genutzt werden. Wenn katholische Internet-Nutzer gefragt werden, was sie zumindest gelegentlich online machen, zeigt sich: Das Internet dient vor allem der Kommunikation (d. i. E-Mails, Messenger, Telefonie oder Social Media) und zur Informationsrecherche (d. i. Suchmaschinen, Nachschlagewerke, Produkttests und Nachrichten), weiterhin auch zur Vereinfachung des Alltags durch vielfältige Dienstleistungen (z. B. Online-Shopping oder Online-Banking) und nicht zuletzt auch zur Unterhaltung (Musik, Filme/Serien, Videos, Spiele, Nachrichten).

»Was davon machen auch Sie zumindest gelegentlich im Internet?« (in %) (Mehrfachnennungen möglich)

	Gesamt	KET	LIB	PER	EPE	ADA	SÖK	BÜM	TRA	PRE	HED
E-Mails schreiben oder empfangen	93	96	96	96	98	94	96	90	85	80	90
Internetrecherche, z.B. über Suchmaschinen wie Google	83	80	89	85	92	88	91	76	75	68	83
Textnachrichten, Bilder oder Videos über Messengerdienste verschicken, z.B. über WhatsApp, Facebook Messenger, Instagram, Snapchat	74	76	75	87	94	89	72	62	42	56	77
Nachschlagewerke, z.B. Wikipedia	74	78	81	77	90	70	83	65	63	63	72
Videos im Internet anschauen, z.B. auf YouTube	71	61	65	68	97	90	67	62	39	65	84
Einkaufen im Internet, Onlineshopping	70	68	75	78	87	79	65	63	41	64	72
Informationen über Marken und Produkte, Produkttests, Preisvergleiche	69	66	80	80	79	69	66	61	59	62	70
Onlinebanking, Bankgeschäfte am Computer erledigen	64	74	79	73	76	55	63	56	52	49	63
Telefonieren über das Internet, z.B. über WhatsApp oder Skype	63	62	58	72	85	76	61	51	43	47	68
Soziale Netzwerke nutzen, z.B. Facebook, XING usw.	54	51	44	63	81	74	41	37	16	40	68
	Gesamt	**KET**	**LIB**	**PER**	**EPE**	**ADA**	**SÖK**	**BÜM**	**TRA**	**PRE**	**HED**
Musik hören bzw. herunterladen, Radio hören	48	44	39	54	90	56	38	32	16	37	62
Internetseiten von Zeitungen oder Zeitschriften	37	33	46	63	55	28	45	24	22	35	31
Filme oder Serien kostenpflichtig über Streamingdienste anschauen, z.B. über Amazon Instant Video, Maxdome, Netflix	36	26	33	47	73	43	33	19	6	21	48
Stellenmarkt, Wohnungsmarkt, Kleinanzeigen	35	29	22	39	54	34	37	28	28	33	43
Online-Spiele spielen	31	25	23	33	49	40	24	22	11	21	51
Beiträge, Kommentare in Blogs, Foren oder unter Artikeln lesen oder verfassen	31	29	28	37	57	41	27	15	9	19	35
Podcasts hören	22	24	23	20	44	27	31	6	3	9	24
Twitter nutzen	15	9	13	18	31	22	12	8	1	10	19
Kontakte knüpfen, neue Leute kennenlernen, Partnersuche	15	13	9	19	32	15	6	9	4	11	23

KET = Konservativ-Etablierte; LIB = Liberal-Intellektuelle; PER = Performer; EPE = Expeditive; ADA = Adaptiv-Pragmatische; SÖK = Sozialökologische; BÜM = Bürgerliche Mitte; TRA = Traditionelle; PRE = Prekäre; HED = Hedonisten

Stark überdurchschnittlich / Stark unterdurchschnittlich

Basis: n = 1.382; Befragte, die das Internet nutzen

Abbildung 33

Je moderner die Grundorientierung eines Milieus, desto intensiver und vielfältiger die Online-Nutzung.

Unter Internet-Nutzern zeigen sich milieuspezifische Schwerpunkte bei den Nutzungsanlässen. Diese verdeutlichen den digitalen Graben zwischen (post-)modernen Milieus und traditionellen Milieus: Je moderner ein Milieu, desto intensiver und vielfältiger die Online-Nutzung (Abbildung 33).

(Post-)moderne Milieus nutzen das Internet verstärkt für Kommunikation und Unterhaltung.

Expeditive nutzen alle in der Befragung erhobenen Online-Angebote stark überdurchschnittlich, nutzen also das Internet in seiner ganzen Vielfalt, wobei Kommunikation und Unterhaltung stärker im Vordergrund stehen als Alltags-Convenience durch Online-Dienstleistungen. Ein vergleichbares Nutzungsprofil zeigen auch die Adaptiv-Pragmatischen, wenn auch auf etwas niedrigerem Niveau. Die Hedonisten nutzen hingegen vor allem Unterhaltungsangebote.

Die modernen gesellschaftlichen Leitmilieus der Performer und Liberal-Intellektuellen nutzen verstärkt Informations- und Convenience-Angebote im Internet.

Auch Performer und Liberal-Intellektuelle nutzen überdurchschnittlich das Internet, zeigen aber spezifische Nutzungsmotivationen: Während Performer vor allem Convenience-Angebote überdurchschnittlich stark nutzen, nehmen Liberal-Intellektuelle verstärkt Informationsangebote wie Nachrichten oder Produkttests wahr und erkennbar seltener Unterhaltungsservices. Auch soziale Medien werden von diesem Milieu stark unterdurchschnittlich genutzt.

Auch Milieus, die das Internet eher weniger nutzen, lassen typische Nutzungsprofile erkennen. So stehen für Traditionelle tendenziell Informationsangebote im Vordergrund, während Kommunikations- und Unterhaltungsangebote nur von nachrangiger Bedeutung sind. Das Internetverhalten der Bürgerlichen Mitte ähnelt dem der Traditionellen – bis auf die stärkere Nutzung von Messengerdiensten und sozialen Netzwerken.

3.3.3 Interesse an Internetangeboten

Das Kapitel 2.1.1 gibt im Detail Auskunft über die unterschiedlichen Interessensschwerpunkte der Milieus. Dabei sind die Themenbereiche Gesundheit, Soziales und Ökologie milieuübergreifend von Relevanz. Bezüglich der religiösen bzw. kirchlichen Themen zeigen sich milieuspezifische Schwerpunkte: So ist das Interesse an der Pfarrgemeinde vor Ort vor allem in den älteren bürgerlichen Milieus ausgeprägt. Das Thema religiöse Erziehung stößt vor allem in den gehobenen bildungsbürgerlichen Milieus und in den Milieus der gesellschaftlichen Mitte auf Interesse. Themen rund um religiöse Vielfalt und den religiösen Öffnungsbereich (Spiritualität, Esoterik) interessiert wiederum besonders Sozialökologische, während Expeditive insgesamt die größte Distanz zu kirchlichen bzw. religiösen Themen aufweisen.

Generell gilt für alle Befragten: Je größer das Interesse an einem Thema, desto größer das Interesse an einem guten Internetangebot dazu.

Ergänzend wurden die Befragten gebeten anzugeben, bei welchen Themen sie auch Interesse an einem guten Internetangebot hätten. Dabei zeigt sich wenig überraschend: Je größer das generelle Interesse an einem Thema ist, desto größer ist auch das Interesse an einem guten Internetangebot zu diesem Thema. Doch während sich bei der allgemeinen Abfrage der Themeninteressen milieuspezifische Schwerpunkte zeigen, ergeben sich bei der Nachfrage, zu welchen dieser Themen auch Interesse an einem guten Internetangebot besteht, eher Schwerpunkte, die auf den digitalen Graben zwischen internetaffinen vs. internetdistanzierten Milieus zurückzuführen sind (Abbildung 34).

»Hier sind noch einmal die Karten mit den Themen, für die Sie sich zumindest etwas interessieren. Bei welchen dieser Themen haben Sie Interesse an einem guten Internetangebot?« (in %) (Mehrfachantworten möglich)

	Gesamt	KET	LIB	PER	EPE	ADA	SÖK	BÜM	TRA	PRE	HED
Gesundheit	42	35	55	58	50	48	36	39	20	41	49
Über Reisen, Reiseberichte, Urlaubstipps	39	33	56	66	55	55	28	33	15	28	44
Nachhaltigkeit, Umwelt- und Klimaschutz	36	31	54	46	53	43	44	33	14	25	37
Politik	32	34	50	62	38	32	37	29	11	22	30
Menschenrechte	29	28	50	39	48	29	37	23	10	19	32
Soziale Gerechtigkeit	28	24	40	32	41	31	41	23	12	23	28
Schule und Bildung	27	21	45	37	39	43	25	24	6	17	32
Sport	27	22	28	47	42	32	21	25	9	23	35
Stellungnahmen, Kommentare zu den Problemen unserer Zeit	25	31	38	32	39	26	34	22	10	15	23
Soziales Engagement	23	21	31	32	31	22	33	26	7	22	20
Tipps für Haushalt und Garten	22	18	29	30	26	32	20	20	12	23	23
Wirtschaftsnachrichten	21	22	40	54	25	20	15	14	9	13	17
Berichte über Menschen, die etwas Besonderes geleistet, getan haben, die Vorbild für andere sein können	21	21	24	29	25	26	27	22	9	14	21

	Gesamt	KET	LIB	PER	EPE	ADA	SÖK	BÜM	TRA	PRE	HED
Kunst und Kultur	19	19	35	42	33	16	24	15	6	11	16
Themen, die in der Kirche umstritten sind, wie Abtreibung, Zölibat, Frauenpriestertum usw.	19	23	23	29	24	18	26	20	8	15	17
Auseinandersetzung mit Missständen in der Kirche	19	23	30	23	24	21	27	15	8	14	18
Wie man gelassener und glücklicher wird, positiv denken lernt	19	16	18	23	27	32	22	13	6	16	24
Lebenshilfe, wie man mit seinem Leben und mit den Problemen, die man hat, besser zurechtkommt	17	15	13	16	25	17	23	15	6	22	25
Über den Sinn des Lebens	16	18	17	17	23	17	26	13	5	15	19
Alltagsgeschichten von und über Menschen	16	21	13	18	20	17	18	17	6	17	19
Über die Pfarrgemeinde, das, was in der Pfarrgemeinde passiert	14	26	23	10	12	18	8	17	9	11	6
Ratschläge zur Kindererziehung	13	11	22	13	10	26	8	15	4	11	14
Entspannungstechniken, z.B. Meditation	13	11	8	20	22	15	15	10	5	12	17
Berichte über kirchliche Ereignisse und Entwicklungen	12	21	17	16	13	10	13	10	8	11	7
Wie man Kindern Glauben und Kirche näher bringen kann, religiöse Erziehung	12	16	18	9	12	20	6	14	9	9	7
Welche Bedeutung die Kirche in der heutigen Gesellschaft hat	11	17	19	12	11	10	12	12	7	12	5

	Gesamt	KET	LIB	PER	EPE	ADA	SÖK	BÜM	TRA	PRE	HED
Nichtchristliche Religionen und Kulturen wie Islam, Judentum, Buddhismus usw.	11	8	16	16	21	11	22	7	3	7	11
Stellungnahmen und Aussagen von Papst und Vatikan	10	21	15	10	9	11	14	7	5	6	6
Fragen der Ökumene, der Zusammenarbeit zwischen den christlichen Kirchen	10	13	18	16	8	8	16	8	6	4	7
Wie man in der heutigen Zeit seinen Glauben leben kann	9	18	13	8	10	12	13	6	5	9	6
Kirchliches Brauchtum	9	18	15	7	8	5	5	12	5	8	6
Ratschläge für Ehe/Partnerschaft	8	8	8	13	8	14	8	8	2	6	10
Stellungnahmen und Aussagen der deutschen Bischöfe	7	15	8	9	6	6	7	4	6	3	4
Neue Formen der Religion, andere Glaubensgemeinschaften	6	4	9	9	14	6	10	4	2	5	6
Aus dem Leben des Bistums, der Diözese	5	13	7	3	3	4	9	5	5	4	3
Predigttexte, Bibeltexte	5	9	9	4	6	2	10	3	4	5	5
Nachrichten aus kirchlichen Verbänden und Organisationen	5	13	9	5	3	5	5	2	3	3	2
Esoterik	4	3	2	2	4	8	5	1	1	4	10
Religiöse Bücher	4	9	7	3	4	3	5	2	3	2	2

KET = Konservativ-Etablierte; LIB = Liberal-Intellektuelle; PER = Performer; EPE = Expeditive; ADA = Adaptiv-Pragmatische; SÖK = Sozialökologische; BÜM = Bürgerliche Mitte; TRA = Traditionelle; PRE = Prekäre; HED = Hedonisten

Stark überdurchschnittlich (grün); Stark unterdurchschnittlich (rot)

Basis: n = 1.690; alle Befragten (rep. für deutschsprachige Katholiken ab 14 Jahren in der BRD)

Abbildung 34

Das Interesse an einem guten themenspezifischen Online-Angebot ist v. a. bedingt durch die milieuspezifische Internetaffinität und ein ausgeprägtes Informationsbedürfnis.

So äußern die internetaffinen Milieus, die sich vor allem im (post-)modernen Wertespektrum finden und zu den jüngeren Milieus zählen, überdurchschnittlich häufig Interesse an einem Internetangebot zu ihren Themeninteressen. Dazu gehören die Milieus der Liberal-Intellektuellen, Performer, Expeditive und vereinzelt auch Adaptiv-Pragmatische. Typisch für diese Milieus ist neben ihrer Online-Affinität zudem, dass diese sich prinzipiell für viele verschiedene Themen interessieren und dadurch ohnehin ein gesteigertes Informationsbedürfnis haben.

Deutlich wird das Zusammenspiel von Internetaffinität und generellem Informationsinteresse bei den Hedonisten: Dieses Milieu bewegt sich zwar überdurchschnittlich häufig im Internet, äußert aber nur selten ein starkes Interesse an Angeboten abseits der milieutypischen Lifestyle-Themen rund um Fun, Sport und Action.

Bei religiösen und kirchlichen Themen muss eine grundlegende Internetaffinität vorhanden sein, damit ein entsprechendes Internetangebot interessiert.

Das Interesse an Internetangeboten zu kirchlichen und religiösen Themen ist unter Katholiken eher gering ausgeprägt und betrifft v. a. Informationen zur Lebenshilfe oder Lokales und weniger grundsätzliche Informationen zu Glaube, Religion und Kirche.

Obwohl die Milieus der Konservativ-Etablierten und Sozialökologischen nur durchschnittlich internetaffin sind, äußern sie ein überdurchschnittlich starkes Interesse an Online-Angeboten zu nahezu allen kirchlichen bzw. religiösen Themen. Auch die Liberal-Intellektuellen und vereinzelt die Performer und Expeditiven haben Interesse an Internetangeboten zu diesen Themen.

Internetferne Milieus wie Traditionelle oder die Bürgerliche Mitte sind zwar überdurchschnittlich an kirchlichen bzw. religiösen Themen interessiert, nutzen aber das Internet deutlich seltener als der Durchschnitt aller Katholiken. Entsprechend besteht in diesen Milieus nur ein unterdurchschnittliches Interesse an Online-Angeboten zu diesen Themen.

3.3.4 Nutzungshäufigkeit des Internets für religiöse und kirchliche Inhalte

Knapp die Hälfte der Internet-Nutzer (44 %) nutzt das Internet auch für kirchliche oder religiöse Inhalte, der überwiegende Teil hiervon (28 %) aber eher selten (Abbildung 35).

»Wie häufig nutzen Sie das Internet für kirchliche oder religiöse Inhalte?« (in %)

	Gesamt	KET	LIB	PER	EPE	ADA	SÖK	BÜM	TRA	PRE	HED
Nutze das Internet dafür	**44**	59	51	37	39	37	50	49	41	37	36
… häufig	**3**	4	2	2	2	3	9	5	1	2	2
… ab und zu	**13**	22	9	10	7	9	17	15	19	11	7
… selten	**28**	34	39	25	30	24	25	29	21	23	27
Nutze das Internet dafür nie	**56**	41	49	63	62	63	50	51	59	63	65

KET = Konservativ-Etablierte, **LIB** = Liberal-Intellektuelle, **PER** = Performer, **EPE** = Expeditive, **ADA** = Adaptiv-Pragmatische, Stark überdurchschnittlich
SÖK = Sozialökologische, **BÜM** = Bürgerliche Mitte, **TRA** = Traditionelle, **PRE** = Prekäre, **HED** = Hedonisten, Stark unterdurchschnittlich

Basis: n = 1.382; Befragte, die das Internet nutzen

Abbildung 35

Einzig im konservativ-etablierten Milieu nutzt mehr als die Hälfte das Internet für kirchliche oder religiöse Inhalte.

Kirchlicher oder religiöser Online-Content wird in allen Milieus nur von einem Bruchteil der Befragten häufiger abgerufen. Das trifft besonders auf die kirchendistanzierten Gruppen zu: Je ca. zwei Drittel der Hedonisten, Performer, Adaptiv-Pragmatischen, Prekären und Expeditiven greifen nie auf solchen Content zu. Einzig im Konservativ-etablierten Milieu finden sich mehr User kirchlichen Contents als Nicht-User.

3.3.5 Geräte zur Nutzung von kirchlichen Online-Angeboten

Katholiken, die das Internet für kirchliche oder religiöse Inhalte nutzen, rufen den Content zu jeweils 40 % über Notebooks bzw. Laptops und Handys bzw. Smartphones ab. Jeder Dritte greift darauf über Desktop-PCs zu, und 17 % nutzen Tablets (Abbildung 36).

»Welches Gerät nutzen Sie in der Regel, wenn Sie Angebote der Kirche im Internet nutzen?« (in %) (Mehrfachnennungen möglich)

	Gesamt	KET	LIB	PER	EPE	ADA	SÖK	BÜM	TRA	PRE	HED
Notebook, Laptop	**40**	46	37	53	36	40	45	31	46	28	41
Handy oder Smartphone	**40**	27	41	33	34	50	42	51	21	35	54
Desktop-PC, Schreibtisch-PC	**33**	34	36	34	26	26	39	46	41	28	20
Tablet-PC	**17**	19	19	11	11	9	18	19	22	19	22
Anderes Gerät	**1**	0	1	3	1	1	0	1	0	4	5
Keine Angabe	**5**	4	4	6	14	1	4	5	2	13	2

KET = Konservativ-Etablierte, **LIB** = Liberal-Intellektuelle, **PER** = Performer, **EPE** = Expeditive, **ADA** = Adaptiv-Pragmatische, Stark überdurchschnittlich
SÖK = Sozialökologische, **BÜM** = Bürgerliche Mitte, **TRA** = Traditionelle, **PRE** = Prekäre, **HED** = Hedonisten, Stark unterdurchschnittlich

Basis: n = 603; Befragte, die das Internet für kirchliche oder religiöse Inhalte nutzen

Abbildung 36

Moderne Milieus nutzen verstärkt mobile Geräte, traditionelle Milieus stationäre Geräte für kirchliche Online-Angebote.

Es lassen sich nur grobe Milieu-Schwerpunkte feststellen: (Post-)Moderne Milieus nutzen überdurchschnittlich mobile Geräte wie Laptops oder Smartphones zu diesem Zweck, während bürgerlich-traditionelle Milieus verstärkt Desktop-PCs zu diesem Zweck nutzen. Die stärkste Präferenz für das Handy/Smartphone zeigt sich in den jungen Milieus der Adaptiv-Pragmatischen und Hedonisten.

3.3.6 Interesse an Online-Videos und Podcasts mit kirchlichem oder religiösem Inhalt

Das Interesse für Online-Videos mit kirchlichem oder religiösem Inhalt, z. B. Gottesdienstaufzeichnungen, Worte zum Tag, Nachrichten aus der Kirche oder geistliche Musik, ist unter deutschen Katholiken eher gering ausgeprägt (19 %). Noch geringer ist das Interesse an entsprechenden Podcasts (13 %) (Abbildung 37).

Das größte (und überdurchschnittliche) Interesse bekunden Konservativ-Etablierte. Unterdurchschnittlich starkes Interesse äußern Traditionelle und Hedonisten. Während Erstere das Internet stark eingeschränkt nutzen, dürfte die Erklärung für Letztere am fehlenden thematischen Interesse liegen.

»Wie groß ist Ihr Interesse, sich im Internet Videos mit kirchlichem oder religiösem Inhalt, z.B. Gottesdienstaufzeichnungen, Worte zum Tag, Nachrichten aus der Kirche, geistliche Musik anzuschauen? Würden Sie sagen, Sie interessieren sich dafür ...?« (in %)

	Gesamt	KET	LIB	PER	EPE	ADA	SÖK	BÜM	TRA	PRE	HED
Interesse vorhanden ...	19	39	18	21	16	19	24	22	10	17	11
... sehr	3	6	0	3	1	4	3	3	1	2	2
... etwas	17	33	18	18	15	15	21	19	8	15	10
Kaum, gar nicht	77	57	81	77	83	81	72	72	84	79	87
Unentschieden, keine Angabe	3	4	1	1	1	1	3	6	6	4	2

KET = Konservativ-Etablierte; LIB = Liberal-Intellektuelle; PER = Performer; EPE = Expeditive; ADA = Adaptiv-Pragmatische; Stark überdurchschnittlich
SÖK = Sozialökologische; BÜM = Bürgerliche Mitte; TRA = Traditionelle; PRE = Prekäre; HED = Hedonisten; Stark unterdurchschnittlich
Basis: n = 1.690; alle Befragten (rep. für deutschsprachige Katholiken ab 14 Jahren in der BRD)

»Wie groß ist Ihr Interesse, sich im Internet Podcasts mit solchen (kirchlichen oder religiösen) Inhalten anzuhören? Würden Sie sagen, Sie interessieren sich dafür ...?« (in %)

	Gesamt	KET	LIB	PER	EPE	ADA	SÖK	BÜM	TRA	PRE	HED
Interesse vorhanden ...	13	22	14	15	19	16	15	10	4	9	9
... sehr	1	2	0	2	1	0	5	1	0	2	0
... etwas	12	20	13	12	18	16	9	10	4	7	9
Kaum, gar nicht	83	75	84	81	79	83	83	84	86	86	89
Unentschieden, keine Angabe	4	3	2	5	2	2	3	6	10	5	1

KET = Konservativ-Etablierte; LIB = Liberal-Intellektuelle; PER = Performer; EPE = Expeditive; ADA = Adaptiv-Pragmatische; Stark überdurchschnittlich
SÖK = Sozialökologische; BÜM = Bürgerliche Mitte; TRA = Traditionelle; PRE = Prekäre; HED = Hedonisten; Stark unterdurchschnittlich
Basis: n = 1.690; alle Befragten (rep. für deutschsprachige Katholiken ab 14 Jahren in der BRD)

Abbildung 37

Online-Videos und Podcasts treffen auf geringes Interesse, könnten aber unterschiedliche Zielgruppen erreichen.

Podcasts mit kirchlichen oder religiösen Inhalten treffen auf noch geringeres Interesse als Online-Videos. Markt-Media-Studien zeigen aber, dass Podcasts in den letzten Jahren enorm an Reichweite und Relevanz gewonnen haben, insbesondere bei den jungen postmodernen Zielgruppen. Auch die Daten der vorliegenden

Studie zeigen, dass besonders die jungen Zukunftsmilieus der Expeditiven und Adaptiv-Pragmatischen überdurchschnittlich Interesse an solchen Angeboten haben, aber auch Konservativ-Etablierte zeigen sich hier vergleichsweise affin.

3.3.7 Bekanntheit von Online-Angeboten kirchlicher Stellen

Die Online-Angebote verschiedener kirchlicher Stellen sind katholischen Internet-Nutzern durchaus bekannt.

Die bekanntesten Internet-Angebote sind solche von kirchlichen Hilfswerken, Verbänden, Akademien und lokalen Gemeinden, des Bistums oder des Vatikans (mindestens 40 %, maximal 63 %), gefolgt von diversen Präsenzen in den sozialen Medien (34 % bis 41 %). Am wenigsten bekannt (unter 30 %) sind Influencer oder Auftritte katholischer Zeitschriften (Abbildung 38).

»Wie häufig nutzen Sie diese Angebote kirchlicher Stellen im Internet?« (in %)
- Nutze ich häufig + nutze ich ab und zu + nutze ich (ganz) selten + nutze ich nie, aber kenne ich

	Gesamt	KET	LIB	PER	EPE	ADA	SÖK	BÜM	TRA	PRE	HED
Internetangebote von kirchlichen Hilfswerken wie Caritas, Misereor usw.	**63**	71	74	67	57	52	65	63	61	61	61
Internetseite meiner Pfarrgemeinde	**61**	75	66	61	52	53	62	63	71	59	51
Internetseiten kirchlicher Verbände wie Kolping	**46**	59	57	48	41	28	48	46	53	48	39
Internetseiten meines Bistums, meiner Diözese	**45**	61	52	46	35	36	51	43	47	43	38
Internetangebote von Akademien und Bildungshäusern der Kirche	**45**	56	58	45	38	30	56	43	46	41	37
Internetseite katholisch.de	**41**	55	45	41	31	34	46	42	43	39	36
Angebote meiner Pfarrgemeinde in sozialen Medien wie Facebook, Twitter	**41**	50	40	37	34	40	45	44	37	34	42
Internetseiten des Vatikan, der Weltkirche	**41**	46	59	46	38	28	45	36	40	33	38

	Gesamt	KET	LIB	PER	EPE	ADA	SÖK	BÜM	TRA	PRE	HED
Internetseite der Kirchenzeitung meines Bistums	**40**	50	52	39	27	33	42	41	45	33	35
Angebote von kirchlichen Verbänden, Hilfswerken, Bildungshäusern, Klöstern etc. in sozialen Medien wie Facebook, Twitter	**38**	42	42	25	32	37	44	35	43	27	47
Angebote des Vatikan, der Weltkirche in sozialen Medien wie Facebook, Twitter	**35**	42	39	36	30	32	41	26	35	27	39
Angebote meines Bistums, meiner Diözese in sozialen Medien wie Facebook, Twitter	**34**	45	38	34	26	30	41	29	37	30	34
Internetseite der Deutschen Bischofskonferenz	**32**	41	36	35	21	21	38	33	41	30	28
Internetangebote von Ordensgemeinschaften, Klöstern	**29**	39	38	24	19	18	33	29	32	26	31
Angebote von Einzelpersonen (»Influencer«), die sich regelmäßig in sozialen Medien zu christlichen Themen äußern	**29**	33	26	27	34	22	33	22	26	29	37
Internetangebote katholischer Zeitschriften, wie z.B. Frau im Leben, X-Mag	**24**	26	31	17	20	22	30	21	28	20	22

KET = Konservativ-Etablierte **LIB** = Liberal-Intellektuelle **PER** = Performer **EPE** = Expeditive **ADA** = Adaptiv-Pragmatische
SÖK = Sozialökologische **BÜM** = Bürgerliche Mitte **TRA** = Traditionelle **PRE** = Prekäre **HED** = Hedonisten
Stark überdurchschnittlich
Stark unterdurchschnittlich
Basis: n = 1.382; Befragte, die das Internet nutzen

Abbildung 38

Internet-Angebote kirchlicher Stellen werden am ehesten von bildungsbürgerlichen und traditionell orientierten Milieus genutzt.

Naturgemäß ist die konkrete Nutzung von Internet-Angeboten kirchlicher Stellen niedriger als deren Bekanntheit (maximal 35 % Nutzungsrate unter katholischen Internet-Nutzern). Bildungsbürgerliche Milieus (Konservativ-Etablierte, Liberal-Intellektuelle und Sozialökologische) und traditionell orientierte Milieus (Traditionelle, Bürgerliche Mitte) nutzen viele Online-Angebote überdurchschnittlich, (post-)moderne Milieus deutlich seltener. Eine auffällige Ausnahme bilden Angebote in den sozialen Medien, die auch von Expeditiven und Hedonisten – auf niedrigem Niveau – überdurchschnittlich genutzt werden (Abbildung 39).

»Wie häufig nutzen Sie diese Angebote kirchlicher Stellen im Internet?« (in %)
- Nutze ich häufig + nutze ich ab und zu + nutze ich (ganz) selten

	Gesamt	KET	LIB	PER	EPE	ADA	SÖK	BÜM	TRA	PRE	HED
Internetseite meiner Pfarrgemeinde	35	52	42	36	25	31	37	43	36	27	22
Internetangebote von kirchlichen Hilfswerken wie Caritas, Misereor usw.	20	26	28	25	21	10	26	17	17	17	18
Internetseiten meines Bistums, meiner Diözese	18	29	19	24	13	12	22	17	20	12	12
Internetangebote von Akademien und Bildungshäusern der Kirche	16	20	19	16	12	12	25	14	18	11	12
Internetseite katholisch.de	15	21	20	22	7	8	20	18	14	10	12
Angebote meiner Pfarrgemeinde in sozialen Medien wie Facebook, Twitter	14	25	11	11	10	8	15	16	14	12	16
Internetseite der Kirchenzeitung meines Bistums	13	20	17	16	8	7	18	12	24	9	8
Internetseiten kirchlicher Verbände wie Kolping	12	17	15	12	7	7	14	17	16	11	9
Angebote von kirchlichen Verbänden, Hilfswerken, Bildungshäusern, Klöstern etc. in sozialen Medien wie Facebook, Twitter	10	14	12	10	14	3	12	9	7	7	14
Internetseiten des Vatikan, der Weltkirche	9	15	11	13	7	6	7	11	14	2	7
Angebote von Einzelpersonen (»Influencer«), die sich regelmäßig in sozialen Medien zu christlichen Themen äußern	9	10	4	9	13	9	14	7	4	10	9
Angebote meines Bistums, meiner Diözese in sozialen Medien wie Facebook, Twitter	9	14	5	7	7	6	14	6	11	3	12
Internetseite der Deutschen Bischofskonferenz	8	13	4	11	5	6	13	6	11	4	8
Angebote des Vatikan, der Weltkirche in sozialen Medien wie Facebook, Twitter	7	11	6	7	5	3	9	7	6	2	10
Internetangebote von Ordensgemeinschaften, Klöstern	7	10	4	7	7	2	10	7	5	6	11
Internetangebote katholischer Zeitschriften, wie z.B. Frau im Leben, X-Mag	5	5	6	4	5	4	7	6	4	3	7

KET = Konservativ-Etablierte; LIB = Liberal-Intellektuelle; PER = Performer; EPE = Expeditive; ADA = Adaptiv-Pragmatische; SÖK = Sozialökologische; BÜM = Bürgerliche Mitte; TRA = Traditionelle; PRE = Prekäre; HED = Hedonisten

Stark überdurchschnittlich / Stark unterdurchschnittlich

Basis: n = 1.382; Befragte, die das Internet nutzen

Abbildung 39

3.4 Digitale kirchliche Angebote während der Corona-Krise (Nutzung/Bewertung/perspektivische Nutzung)

Ein kleiner Teil (17 %) der befragten Katholiken, die das Internet nutzen, haben während der Corona-Krise digitale Angebote der Kirche oder ihrer Kirchengemeinde genutzt. Besonders häufig wurden diese Angebote von Konservativ-Etablierten, Traditionellen und Sozialökologischen abgerufen (zwischen 26 % und 33 %). Zudem ist auffällig, dass Konservativ-Etablierte, Traditionelle und auch Hedonisten diese Angebote überdurchschnittlich häufig zum ersten Mal verwendet haben (Abbildung 40).

»Haben Sie während der Corona-Krise bestimmte digitale Angebote der Kirche oder Ihrer Kirchengemeinde häufiger genutzt als zuvor, oder haben Sie in dieser Zeit bestimmte digitale Angebote der Kirche erstmals genutzt? Gemeint sind hier alle Arten von digitalen Angeboten, egal ob Internetseiten, Gottesdienstübertragungen usw.« (in %)

	Gesamt	KET	LIB	PER	EPE	ADA	SÖK	BÜM	TRA	PRE	HED
Genutzt …	17	33	15	13	13	6	26	12	33	9	15
… erstmals genutzt	8	14	6	3	6	1	7	6	17	7	10
… häufiger genutzt	9	19	9	10	7	5	19	7	16	2	5
Nicht genutzt	80	66	85	85	87	87	72	81	66	87	82
Unentschieden, weiß nicht	3	1	0	2	1	7	2	7	1	4	3

KET = Konservativ-Etablierte LIB = Liberal-Intellektuelle PER = Performer EPE = Expeditive ADA = Adaptiv-Pragmatische Stark überdurchschnittlich
SÖK = Sozialökologische BÜM = Bürgerliche Mitte TRA = Traditionelle PRE = Prekäre HED = Hedonisten Stark unterdurchschnittlich
Basis: n = 1.382; Befragte, die das Internet nutzen

Abbildung 40

Digitale Angebote der Kirche wurden während der Corona-Krise zwar von wenigen genutzt, von den Nutzern aber überwiegend positiv bewertet.

Eine deutliche Mehrheit, die diese Angebote in Anspruch genommen hat, äußert sich zufrieden darüber (86 %). Besonders zufrieden waren Konservativ-Etablierte, Liberal-Intellektuelle, aber auch Hedonisten (Abbildung 41).

»Wie zufrieden waren Sie mit diesen Angeboten alles in allem?« (in %)

	Gesamt	KET	LIB	PER	EPE	ADA	SÖK	BÜM	TRA	PRE	HED
Sehr zufrieden	27	46	17	46	37	13	7	28	10	15	28
Eher zufrieden	59	52	78	39	37	63	63	49	72	76	68
Weniger zufrieden	9	2	5	12	23	25	14	19	3	3	4
Gar nicht zufrieden	1	0	0	0	0	0	5	0	0	0	0
Unentschieden	4	0	0	3	4	0	10	4	15	6	0
Zufrieden	86	98	95	85	74	75	71	77	82	91	96
Nicht zufrieden	10	2	5	12	23	25	20	19	3	3	4

KET = Konservativ-Etablierte LIB = Liberal-Intellektuelle PER = Performer EPE = Expeditive ADA = Adaptiv-Pragmatische Stark überdurchschnittlich
SÖK = Sozialökologische BÜM = Bürgerliche Mitte TRA = Traditionelle PRE = Prekäre HED = Hedonisten Stark unterdurchschnittlich
Basis: n = 234; Befragte, die während der Corona-Krise digitale Angebote der Kirche erstmals oder häufiger genutzt haben

Abbildung 41

Dennoch gibt die Hälfte dieser Nutzer (49 %) an, digitale Angebote der Kirche zukünftig nicht verstärkt zu nutzen, 25 % der Befragten sind unentschieden, und nur ein Viertel (26 %) möchte digitale Kirchen-Angebote in der Zukunft öfter nutzen – darunter insbesondere Angehörige der technikaffinen Milieus der Performer und Expeditiven, aber auch Angehörige des Prekären Milieus (Abbildung 42).

»Werden Sie aufgrund der Erfahrungen, die Sie in der Corona-Zeit mit digitalen Angeboten der Kirche gemacht haben, auch zukünftig verstärkt digitale Angebote der Kirche nutzen?« (in %)

	Gesamt	KET	LIB	PER	EPE	ADA	SÖK	BÜM	TRA	PRE	HED
Verstärkt nutzen	26	29	20	35	41	28	28	11	22	36	20
Eher nicht tun	49	47	33	21	53	65	55	65	47	33	64
Unentschieden	25	25	47	44	6	7	18	24	31	31	16

KET = Konservativ-Etablierte; LIB = Liberal-Intellektuelle; PER = Performer; EPE = Expeditive; ADA = Adaptiv-Pragmatische; SÖK = Sozialökologische; BÜM = Bürgerliche Mitte; TRA = Traditionelle; PRE = Prekäre; HED = Hedonisten

Stark überdurchschnittlich / Stark unterdurchschnittlich

Basis: n = 234; Befragte, die während der Corona-Krise digitale Angebote der Kirche erstmals oder häufiger genutzt haben

Abbildung 42

3.5 Pfarrbrief

3.5.1 Leserschaft

Der Pfarrbrief wird vor allem in kirchenaffinen Milieus gelesen.

Jeder zweite Katholik (50 %) liest den Pfarrbrief der Gemeinde vor Ort. Die Leserschaft teilt sich in gleiche Teile in regelmäßige und gelegentliche Leser (je 25 %). Auch in der Leserschaft dieses Mediums finden sich eindeutige Milieu-Unterschiede: Überdurchschnittlich häufig wird der örtliche Pfarrbrief in den kirchenaffinen Milieus gelesen, also in den traditionellen (Konservativ-Etablierte, Traditionelle, Bürgerliche Mitte) sowie auch in den bildungsbürgerlichen Gruppen (Liberal-Intellektuelle, Sozialökologische; Abbildung 43).

»Gibt es einen Pfarrbrief, ein Mitteilungsblatt der Pfarrgemeinde hier vor Ort?« (in %)
Falls ja: »Lesen Sie den Pfarrbrief regelmäßig oder hin und wieder oder eher kaum beziehungsweise gar nicht?« (in %)

	Gesamt	KET	LIB	PER	EPE	ADA	SÖK	BÜM	TRA	PRE	HED
Lese ich …	50	67	52	42	27	41	57	62	68	40	29
… regelmäßig	25	35	32	15	14	14	31	33	40	15	10
… hin und wieder	25	32	20	27	13	27	26	29	28	26	19
Kaum, gar nicht	19	13	25	23	27	27	21	13	10	24	23
Es gibt keinen Pfarrbrief	30	20	23	34	47	32	21	25	21	34	47
Keine Angabe	1	0	0	1	0	0	1	1	2	1	1

KET = Konservativ-Etablierte; LIB = Liberal-Intellektuelle; PER = Performer; EPE = Expeditive; ADA = Adaptiv-Pragmatische; SÖK = Sozialökologische; BÜM = Bürgerliche Mitte; TRA = Traditionelle; PRE = Prekäre; HED = Hedonisten

Stark überdurchschnittlich / Stark unterdurchschnittlich

Basis: n = 1.690; alle Befragten (rep. für deutschsprachige Katholiken ab 14 Jahren in der BRD)

Abbildung 43

Knapp jeder fünfte Katholik (19 %) liest den Pfarrbrief kaum oder gar nicht. Diese Angabe machen insbesondere postmoderne, jüngere Milieus (Expeditive, Adaptiv-Pragmatische und Hedonisten) sowie das Milieu der Prekären.

Moderne Milieus lesen den Pfarrbrief deutlich seltener oder kennen ihn gar nicht.

Immerhin jeder dritte Katholik (30 %) gibt an, dass es keinen Pfarrbrief vor Ort gebe. Darunter sind vermutlich viele, die ihren Pfarrbrief schlicht nicht kennen oder nicht bewusst wahrnehmen. Einen ersten Hinweis dafür liefern die Milieu-Details: So sind es die kirchenfernen Milieus der Expeditiven und Hedonisten, die besonders häufig angeben, dass es keinen Pfarrbrief gibt (je 47 %), während dies von den kirchennahen Befragten nur ca. 20 % behaupten.

3.5.2 Formatpräferenz

Je weniger digitalaffin ein Milieu, desto deutlicher fällt die Präferenz für den gedruckten Pfarrbrief aus.

Vergleichbar zur Formatpräferenz bei längeren Texten (siehe Kapitel 3.1.2) will eine knappe Mehrheit der Katholiken (49 %) den Pfarrbrief lieber als gedruckte Ausgabe bekommen. Das gilt nicht in gleichem Maße für alle Lebenswelten. Immerhin jeder sechste Katholik entscheidet sich bewusst für den Pfarrbrief in elektronischer Form, z. B. per Mail oder als Download. Besonders stark ausgeprägt ist diese Präferenz in den digitalaffinen Milieus der Expeditiven und Performer. Auf der anderen Seite haben die tendenziell digitalscheuen Milieus der Traditionellen und Bürgerlichen Mitte eine sehr starke Präferenz für die gedruckte Version (79 % bzw. 63 %) (Abbildung 44).

»Einmal angenommen, es würde den Pfarrbrief nicht nur als gedruckte Ausgabe geben, sondern auch elektronisch, z.B. per E-Mail oder im Internet zum Herunterladen: Wie würden Sie den Pfarrbrief dann lieber erhalten, als gedruckte Ausgabe oder elektronisch?« (in %)

	Gesamt	KET	LIB	PER	EPE	ADA	SÖK	BÜM	TRA	PRE	HED
Als gedruckte Ausgabe	**49**	52	45	33	20	39	50	63	79	51	34
Elektronisch	**16**	18	22	28	36	18	18	10	2	9	18
Unentschieden, keine Angabe	**35**	31	33	39	44	43	32	28	20	40	49

KET = Konservativ-Etablierte **LIB** = Liberal-Intellektuelle **PER** = Performer **EPE** = Expeditive **ADA** = Adaptiv-Pragmatische
SÖK = Sozialökologische **BÜM** = Bürgerliche Mitte **TRA** = Traditionelle **PRE** = Prekäre **HED** = Hedonisten

Stark überdurchschnittlich
Stark unterdurchschnittlich

Basis: n = 1.690; alle Befragten (rep. für deutschsprachige Katholiken ab 14 Jahren in der BRD)

Abbildung 44

Etwas mehr als ein Drittel der Befragten sind unentschieden hinsichtlich der Formatpräferenz. Besonders die jüngeren kirchenfernen Milieus (Expeditive, Hedonisten und Adaptiv-Pragmatische) haben dazu – weil sie der Pfarrbrief nicht interessiert – keine Meinung.

3.5.3 Pfarrbrief versus Pfarrmagazin

Die meisten Katholiken (64 %), in deren Gemeinde es einen Pfarrbrief gibt, erhalten einen einfach gehaltenen Pfarrbrief, der weitestgehend auf Farbfotos verzichtet und meist schwarz-weiß gedruckt ist und der in erster Linie über das Geschehen in der örtlichen Gemeinde oder über Termine berichtet. Deutlich weniger Katholiken (17 %) erhalten ein sogenanntes Pfarrmagazin. Diese Magazine sind in der Regel bunt, erinnern mehr an Zeitschriften und berichten auch über andere Themen (Abbildung 45).

»Es gibt Pfarrbriefe, die sind eher einfach gestaltet, verzichten also zum Beispiel weitgehend auf Fotos und sind meist schwarz-weiß. Diese Pfarrbriefe informieren vor allem über das Geschehen in der Pfarrgemeinde und über Termine. Daneben gibt es sogenannte Pfarrmagazine, die in der Regel bunt sind, generell mehr an Zeitschriften erinnern und auch über andere Themen berichten.
Wie ist das bei Ihnen in der Gemeinde? Erhalten Sie einen eher einfach gehaltenen Pfarrbrief oder ein eher aufwendigeres Pfarrmagazin?« (in %)

	Gesamt	KET	LIB	PER	EPE	ADA	SÖK	BÜM	TRA	PRE	HED
Einfach gehaltenen Pfarrbrief	64	74	70	68	60	54	62	69	65	56	56
Aufwendigeres Pfarrmagazin	17	16	16	20	12	23	20	17	18	16	15
Unentschieden, kann ich nicht sagen	19	11	14	13	29	24	18	14	17	28	29

KET = Konservativ-Etablierte; LIB = Liberal-Intellektuelle; PER = Performer; EPE = Expeditive; ADA = Adaptiv-Pragmatische; SÖK = Sozialökologische; BÜM = Bürgerliche Mitte; TRA = Traditionelle; PRE = Prekäre; HED = Hedonisten
Stark überdurchschnittlich; Stark unterdurchschnittlich
Basis: n = 1.185; Befragte, in deren Gemeinde es einen Pfarrbrief gibt

Abbildung 45

Die meisten Katholiken wünschen sich einen einfach gehaltenen Pfarrbrief, oder es ist ihnen egal – nur eine Minderheit möchte ein aufwendig gestaltetes Magazin.

Zwei von fünf Katholiken (42 %) möchten einen einfach gehaltenen Pfarrbrief, darunter vor allem die konservativen Milieus (Konservativ-Etablierte und Traditionelle, je 52 %). Nur einer von fünf Katholiken (15 %) wünscht sich ein aufwendigeres Pfarrmagazin, insbesondere die Milieus der Mitte (Sozialökologische, Bürgerliche Mitte und Adaptiv-Pragmatische). Den übrigen Befragten (43 %) ist die Gestaltung des Pfarrbriefs egal. Am häufigsten sagen dies Adaptiv-Pragmatische, Hedonisten und Prekäre (Abbildung 46).

»Was wäre Ihnen lieber, wenn Sie es sich aussuchen könnten? Ein einfach gehaltener Pfarrbrief oder ein aufwendigeres Pfarrmagazin?« (in %)

	Gesamt	KET	LIB	PER	EPE	ADA	SÖK	BÜM	TRA	PRE	HED
Einfach gehaltener Pfarrbrief	42	52	37	39	40	26	42	47	52	33	36
Aufwendigeres Pfarrmagazin	15	14	16	17	16	18	20	19	10	14	6
Egal	43	34	46	44	43	56	37	33	37	53	56
Keine Angabe	1	0	0	0	1	0	1	1	2	0	1

KET = Konservativ-Etablierte; LIB = Liberal-Intellektuelle; PER = Performer; EPE = Expeditive; ADA = Adaptiv-Pragmatische; SÖK = Sozialökologische; BÜM = Bürgerliche Mitte; TRA = Traditionelle; PRE = Prekäre; HED = Hedonisten
Stark überdurchschnittlich; Stark unterdurchschnittlich
Basis: n = 1.185; Befragte, in deren Gemeinde es einen Pfarrbrief gibt

Abbildung 46

3.6 Bistumsblätter/Mitgliedermagazine

3.6.1 Bekanntheit, Nutzungshäufigkeit und Abonnement der Bistumszeitung

Ein weiteres kirchliches Kommunikationsmedium ist das Bistumsblatt, die wöchentliche Kirchenzeitung einer Diözese. Werden Katholiken nach dem Namen ihrer Bistumszeitung gefragt, können 21 % den Namen spontan nennen, weitere 22 % kennen die Zeitung auf Nachfrage und haben diese schon einmal gelesen oder durchgeblättert. Besonders die kirchenaffinen Milieus der Konservativ-Etablierten, Sozialökologischen und Traditionellen sind in diesen beiden Gruppen überrepräsentiert (Abbildung 47).

»Können Sie mir sagen, wie die Kirchenzeitung Ihrer Diözese, das Bistumsblatt heißt?« (in %) (offene Abfrage)
Falls nein: »Auch wenn Ihnen der Name gerade nicht einfällt: Kennen Sie die Bistumszeitung, die Kirchenzeitung Ihrer Diözese?« (in %)

	Gesamt	KET	LIB	PER	EPE	ADA	SÖK	BÜM	TRA	PRE	HED
Es können spontan den Namen ihrer Bistumszeitung nennen	**21**	35	21	21	12	16	26	20	25	23	11
Es machen ungenaue Angaben oder Angaben, die nicht zugeordnet werden können	**8**	8	10	8	3	6	9	11	12	4	6
Es können den Namen ihrer Bistumszeitung spontan nicht nennen, aber haben sie schon mal gelesen oder durchgeblättert	**22**	26	22	19	10	19	28	26	28	23	14
Es kennen ihre Bistumszeitung gar nicht	**49**	31	47	52	76	59	36	43	35	50	70

KET = Konservativ-Etablierte **LIB** = Liberal-Intellektuelle **PER** = Performer **EPE** = Expeditive **ADA** = Adaptiv-Pragmatische
SÖK = Sozialökologische **BÜM** = Bürgerliche Mitte **TRA** = Traditionelle **PRE** = Prekäre **HED** = Hedonisten
Stark überdurchschnittlich (grün) / Stark unterdurchschnittlich (rot)

Basis: n = 1.690; alle Befragten (rep. für deutschsprachige Katholiken ab 14 Jahren in der BRD)

Abbildung 47

Im jungen Milieusegment ist die Bistumszeitung mehrheitlich unbekannt.

Knapp die Hälfte (49 %) der befragten Katholiken kennen ihre Bistumszeitung gar nicht. Besonders hoch ist dieser Wert in den postmodernen, jungen Milieus (Expeditive: 76 %, Hedonisten: 70 % und Adaptiv-Pragmatische: 59 %), aber auch in den Milieus der Performer, Liberal-Intellektuellen und Prekären kennt eine Mehrheit ihre Bistumszeitung nicht.

Das Bistumsblatt wird überdurchschnittlich von kirchenaffinen Milieus genutzt.

Das Bistumsblatt wird von etwa einem Drittel der Katholiken zumindest selten genutzt (36 %). Erwartungsgemäß sind es wieder die kirchenaffinen Milieus der Konservativ-Etablierten, Sozialökologischen und Traditionellen, die das Bistumsblatt überdurchschnittlich nutzen. Die geringste Nutzung findet sich in den postmodernen Milieus der Expeditiven, Adaptiv-Pragmatischen und Hedonisten (Abbildung 48).

Nur wenige katholische Haushalte beziehen die Bistumszeitung im Abonnement – die Abonnenten stammen aus den kirchenaffinen Milieus.

Nur eine Minderheit der befragten Katholiken (8 %) hat die Bistumszeitung abonniert. Überdurchschnittlich häufig findet sich die Bistumszeitung in den Haushalten der kirchenaffinen Milieus: Konservativ-Etablierte (15 %), Traditionelle (14 %) und Sozialökologische (11 %) (Abbildung 49).

»Wie häufig nutzen Sie die verschiedenen Angebote der Medien und der Kirche, die sich mit Fragen des Glaubens und der Religion befassen?« (in %)
- Antwort: **Die Kirchenzeitung meiner Diözese, das Bistumsblatt**

	Gesamt	KET	LIB	PER	EPE	ADA	SÖK	BÜM	TRA	PRE	HED
Nutze das Bistumsblatt	36	49	33	40	17	20	50	41	49	30	27
... häufig	7	10	5	8	1	5	10	6	15	2	2
... ab und zu	11	17	8	7	5	7	17	12	17	13	5
... selten	19	22	20	25	12	9	23	23	16	16	21
Nutze das Bistumsblatt nicht	63	50	67	60	83	80	50	59	50	69	71
Keine Angabe	1	2	0	0	0	0	0	0	1	1	2

KET = Konservativ-Etablierte; LIB = Liberal-Intellektuelle; PER = Performer; EPE = Expeditive; ADA = Adaptiv-Pragmatische; SÖK = Sozialökologische; BÜM = Bürgerliche Mitte; TRA = Traditionelle; PRE = Prekäre; HED = Hedonisten

Stark überdurchschnittlich
Stark unterdurchschnittlich

Basis: n = 1.690; alle Befragten (rep. für deutschsprachige Katholiken ab 14 Jahren in der BRD)

Abbildung 48

»Haben Sie oder jemand anders im Haushalt die Bistumszeitung abonniert?« (in %)

	Gesamt	KET	LIB	PER	EPE	ADA	SÖK	BÜM	TRA	PRE	HED
Ja	8	15	5	5	7	5	11	7	14	4	3
Nein	41	50	48	40	16	34	52	48	50	43	26
Kenne meine Bistumszeitung nicht	49	32	46	52	76	59	36	43	35	50	69
Weiß nicht, keine Angabe	2	3	0	2	1	3	2	2	1	3	2

KET = Konservativ-Etablierte; LIB = Liberal-Intellektuelle; PER = Performer; EPE = Expeditive; ADA = Adaptiv-Pragmatische; SÖK = Sozialökologische; BÜM = Bürgerliche Mitte; TRA = Traditionelle; PRE = Prekäre; HED = Hedonisten

Stark überdurchschnittlich
Stark unterdurchschnittlich

Basis: n = 1.690; alle Befragten (rep. für deutschsprachige Katholiken ab 14 Jahren in der BRD)

Abbildung 49

Die Abonnenten der Bistumszeitung lesen diese auch meist regelmäßig (74 %), d. h. jede bzw. fast jede Ausgabe. Besonders intensive Leser sind erneut in den kirchenaffinen Milieus zu finden (Abbildung 50).[2]

»Wie häufig lesen Sie die Bistumszeitung?« (in %)

Basis: Befragte, deren Haushalt die Bistumszeitung abonniert hat	Gesamt	KET	LIB	PER	EPE	ADA	SÖK	BÜM	TRA	PRE	HED
Lese ich ...	95	100	73	100	72	100	100	100	100	75	85
... regelmäßig, jede, fast jede Ausgabe	74	83	47	75	45	55	85	63	98	63	21
... gelegentlich, etwa jede dritte, vierte Ausgabe	11	18	13	12	15	0	15	19	2	12	0
... seltener	10	0	13	13	12	45	0	18	0	0	64
Lese ich nie	5	0	27	0	28	0	0	0	0	25	16

KET = Konservativ-Etablierte; LIB = Liberal-Intellektuelle; PER = Performer; EPE = Expeditive; ADA = Adaptiv-Pragmatische; SÖK = Sozialökologische; BÜM = Bürgerliche Mitte; TRA = Traditionelle; PRE = Prekäre; HED = Hedonisten

Stark überdurchschnittlich
Stark unterdurchschnittlich

Basis: n = 133; Befragte, deren Haushalt die Bistumszeitung abonniert hat

Abbildung 50

2 Vorsicht: Die Milieuanalyse dieser Frage fußt auf einer geringen Fallzahl und darf daher nur eingeschränkt interpretiert bzw. als Tendenz verstanden werden.

Kirchenaffine Milieus sind auch unter den Ex-Abonnenten überdurchschnittlich vertreten.

9 % der befragten Katholiken hatten die Bistumszeitung früher einmal abonniert. Auch unter den Ex-Abonnenten sind kirchenaffine Milieus überrepräsentiert: Konservativ-Etablierte (19 %), Sozialökologische (13 %) und Bürgerliche Mitte (12 %) (Abbildung 51).

»War die Bistumszeitung in Ihrem Haushalt früher mal abonniert oder noch nie?« (in %)

	Gesamt	KET	LIB	PER	EPE	ADA	SÖK	BÜM	TRA	PRE	HED
Ja, früher mal abonniert	9	19	10	10	3	3	13	12	9	7	5
Nein, noch nie abonniert	33	33	38	33	14	31	39	35	42	37	23
Keine Angabe	1	2	0	0	1	2	0	4	0	1	0
Trifft nicht zu (Bistumszeitung aktuell abonniert bzw. generell unbekannt)	57	46	52	57	82	64	47	49	49	54	72

KET = Konservativ-Etablierte, SÖK = Sozialökologische, LIB = Liberal-Intellektuelle, BÜM = Bürgerliche Mitte, PER = Performer, TRA = Traditionelle, EPE = Expeditive, PRE = Prekäre, ADA = Adaptiv-Pragmatische, HED = Hedonisten; Stark überdurchschnittlich; Stark unterdurchschnittlich

Basis: n = 1.690; alle Befragten (rep. für deutschsprachige Katholiken ab 14 Jahren in der BRD)

Abbildung 51

3.6.2 Bekanntheit Mitgliedermagazin

Neben bzw. anstelle der Bistumszeitung erscheint in einigen Diözesen ein kostenloses Mitgliedermagazin, das an alle katholischen Haushalte verteilt wird und mehrmals im Jahr erscheint. Zur Veranschaulichung der folgenden Befragungsinhalte wurde den Respondenten eine Beispieltitelseite eines Mitgliedermagazins vorgelegt (Abbildung 52).

Die Mehrheit der Katholiken, die ihre Bistumszeitung kennen, kennen das Mitgliedermagazin nicht.

Einer knappen Mehrheit der Katholiken, die ihre Bistumszeitung kennen, sie aber nicht abonniert haben (43 % aller Katholiken), ist das Mitgliedermagazin des Bistums kein Begriff (53 %). Das trifft besonders für das Milieu der Expeditiven zu, von denen 66 % das Magazin nicht kennen. Außer in den Milieus der Konservativ-Etablierten und der Bürgerlichen Mitte ist der Anteil der Befragten, die das Magazin nicht kennen, größer als der Anteil derer, die es kennen.

»In einigen Bistümern gibt es neben oder statt der kostenpflichtigen Bistumszeitung, die wöchentlich erscheint, ein kostenloses Mitgliedermagazin, das an alle katholischen Haushalte verteilt wird und mehrmals im Jahr erscheint. Haben Sie schon einmal von solchen Mitgliedermagazinen gehört, oder haben Sie so ein Magazin sogar schon mal gelesen?« (in %)

Basis: Befragte, die die Bistumszeitung kennen, aber deren Haushalt die Bistumszeitung nicht abonniert hat	Gesamt	KET	LIB	PER	EPE	ADA	SÖK	BÜM	TRA	PRE	HED
Bekannt ...	46	51	46	48	30	44	40	49	49	41	48
... schon mal gelesen	28	35	31	23	20	33	27	24	29	22	28
... schon davon gehört	18	16	15	25	10	11	12	25	20	19	20
Nicht bekannt	53	50	54	52	66	53	59	46	52	57	52
Keine Angabe	1	0	0	0	5	3	1	5	0	3	0

KET = Konservativ-Etablierte, SÖK = Sozialökologische, LIB = Liberal-Intellektuelle, BÜM = Bürgerliche Mitte, PER = Performer, TRA = Traditionelle, EPE = Expeditive, PRE = Prekäre, ADA = Adaptiv-Pragmatische, HED = Hedonisten; Stark überdurchschnittlich; Stark unterdurchschnittlich

Basis: n = 725; Befragte, die die Bistumszeitung kennen, aber deren Haushalt die Bistumszeitung nicht abonniert hat

Abbildung 52

Vor allem Konservativ-Etablierte haben schon ein Mitgliedermagazin gelesen.

Etwa ein Viertel der Katholiken, die ihre Bistumszeitung kennen, aber nicht abonniert haben (43 % aller Katholiken), haben das Mitgliedermagazin schon einmal gelesen (28 %), insbesondere Konservativ-Etablierte (35 %). Weiteren 18 % ist dieses Magazin bekannt, verstärkt Performern (25 %) und der Bürgerlichen Mitte (25 %).

3.6.3 Interesse am Mitgliedermagazin

Bistumszeitungs-Abonnenten haben mehrheitlich auch Interesse am Mitgliedermagazin, insbesondere Konservativ-Etablierte[3]

Katholiken, in deren Haushalt die Bistumszeitung abonniert ist (8 % aller Katholiken), haben meist Interesse daran, ein Mitgliedermagazin zusätzlich zur Bistumszeitung zu erhalten (66 %). Unter konservativ-etablierten Abonnenten ist das Interesse an diesem Zusatzangebot nahezu vollständig vorhanden (87 %).

Explizit kein Interesse an einem Mitgliedermagazin äußert jeder dritte Bistumszeitungs-Abonnent (31 %). Besonders ausgeprägt ist dieses Desinteresse in den postmateriell geprägten Milieus (Liberal-Intellektuelle und Sozialökologische) sowie im Prekären und im Hedonistischen Milieu.

Nur sehr wenige Abonnenten der Bistumszeitung wollen das Mitgliedermagazin anstelle ihrer Bistumszeitung erhalten (2 %), vor allem Adaptiv-Pragmatische (13 %) und Hedonisten (16 %) (Abbildung 53).

»In solchen Mitgliedermagazinen wird nicht nur über das Geschehen in der Kirche, sondern auch über andere Themen aus kirchlicher Perspektive berichtet. Hier ist einmal die Titelseite eines solchen Mitgliedermagazins: Hätten Sie Interesse daran, anstatt Ihrer Bistumszeitung ein solches kostenloses Magazin zu lesen, oder hätten Sie Interesse daran, zusätzlich zu Ihrer Bistumszeitung ein solches kostenloses Magazin zu bekommen, oder hätten Sie daran kein Interesse? « (in %)

Basis: Befragte, deren Haushalt die Bistumszeitung abonniert hat	Gesamt	KET	LIB	PER	EPE	ADA	SÖK	BÜM	TRA	PRE	HED
Zusätzlich	66	87	51	51	64	59	54	71	68	52	21
Anstatt	2	0	0	8	0	13	0	0	1	0	16
Kein Interesse	31	13	50	18	36	28	46	29	31	48	64
Keine Angabe	1	0	0	24	0	0	0	0	0	0	0

KET = Konservativ-Etablierte; LIB = Liberal-Intellektuelle; PER = Performer; EPE = Expeditive; ADA = Adaptiv-Pragmatische; SÖK = Sozialökologische; BÜM = Bürgerliche Mitte; TRA = Traditionelle; PRE = Prekäre; HED = Hedonisten

Stark überdurchschnittlich / Stark unterdurchschnittlich

Basis: n = 133; Befragte, deren Haushalt die Bistumszeitung abonniert hat

Abbildung 53

Besonders Bistumszeitungs-Kenner im Milieu der Expeditiven sind sehr aufgeschlossen für ein Mitgliedermagazin.

Unter Katholiken, die ihre Bistumszeitung kennen, aber nicht abonniert haben (43 % aller Katholiken), haben 39 % grundsätzlich Interesse an einem Mitgliedermagazin. Überdurchschnittliches Interesse besteht in den Milieus der Sozialökologischen (49 %) und Expeditiven (47 %). Letztere äußern sich auch häufig »unentschieden« (31 % Expeditive vs. 25 % Gesamt), weshalb dieses Milieu durchaus als Potential für ein Mitgliedermagazin betrachtet werden kann. »Kein Interesse« haben in diesem Milieu lediglich 22 % – das ist der geringste Wert im Milieuvergleich (Abbildung 54).

3 Vorsicht: Die Milieuanalyse dieser Frage fußt auf einer geringen Fallzahl und darf daher nur eingeschränkt interpretiert bzw. als Tendenz verstanden werden.

»In solchen Mitgliedermagazinen wird nicht nur über das Geschehen in der Kirche, sondern auch über andere Themen aus kirchlicher Perspektive berichtet. Hier ist einmal die Titelseite eines solchen Mitgliedermagazins: Hätten Sie Interesse daran, anstatt Ihrer Bistumszeitung ein solches kostenloses Magazin zu lesen, oder hätten Sie Interesse daran, zusätzlich zu Ihrer Bistumszeitung ein solches kostenloses Magazin zu bekommen, oder hätten Sie daran kein Interesse?« (in %)

Basis: Befragte, deren Haushalt die Bistumszeitung abonniert hat	Gesamt	KET	LIB	PER	EPE	ADA	SÖK	BÜM	TRA	PRE	HED
Zusätzlich	66	87	51	51	64	59	54	71	68	52	21
Anstatt	2	0	0	8	0	13	0	0	1	0	16
Kein Interesse	31	13	50	18	36	28	46	29	31	48	64
Keine Angabe	1	0	0	24	0	0	0	0	0	0	0

KET = Konservativ-Etablierte; LIB = Liberal-Intellektuelle; PER = Performer; EPE = Expeditive; ADA = Adaptiv-Pragmatische; SÖK = Sozialökologische; BÜM = Bürgerliche Mitte; TRA = Traditionelle; PRE = Prekäre; HED = Hedonisten

Stark überdurchschnittlich

Stark unterdurchschnittlich

Basis: n = 133; Befragte, deren Haushalt die Bistumszeitung abonniert hat

Abbildung 54

3.7 Buch/Katholische Öffentliche (Pfarr-)Büchereien

3.7.1 Lesehäufigkeit von Büchern allgemein

Vielleser sind vor allem in den Milieus mit postmaterieller Grundorientierung zu finden.

Fast sieben von zehn Katholiken in Deutschland lesen generell Bücher (68 %). Etwas weniger als die Hälfte aller Katholiken (46 %) gibt an, häufig (mindestens einmal pro Woche) ein Buch zu lesen. Dabei sind es vor allem die postmateriell geprägten Milieus der Sozialökologischen (62 %) und der Liberal-Intellektuellen (59 %), die häufig – oft täglich – zum Buch greifen. Am häufigsten (25 %) werden Bücher »mehrmals in der Woche« gelesen, in den Leitmilieus der Konservativ-Etablierten und der Performer sogar von jeweils 31 %.

Ein Drittel der befragten Katholiken (32 %) gibt an, keine Bücher zu lesen. Diese Antwort wird in den Milieus der Traditionellen (48 %) und Prekären (39 %) besonders häufig gegeben (Abbildung 55).

»Was würden Sie ungefähr schätzen, wie oft Sie dazu kommen, in einem Buch zu lesen?« (in %)

	Gesamt	KET	LIB	PER	EPE	ADA	SÖK	BÜM	TRA	PRE	HED
Buchleser …	68	71	81	74	73	63	90	67	52	60	71
… täglich	12	11	17	7	10	8	25	9	10	12	12
… mehrmals in der Woche	25	31	28	31	28	26	20	28	22	24	18
… etwa einmal pro Woche	9	9	13	11	8	10	16	9	4	9	9
… so alle 14 Tage	6	7	6	8	6	6	7	6	3	3	10
… ungefähr einmal im Monat	8	8	9	8	12	4	10	5	8	6	12
… seltener, nicht jeden Monat	8	6	7	9	11	10	11	11	4	6	10
Keine Buchleser	32	29	20	26	27	37	10	33	48	39	29
Häufige Buchleser (mind. etwa einmal pro Woche)	46	50	59	49	45	44	62	46	37	45	40
Gelegentliche Buchleser (mind. alle 14 Tage)	52	57	65	58	51	49	69	51	40	48	49

KET = Konservativ-Etablierte; LIB = Liberal-Intellektuelle; PER = Performer; EPE = Expeditive; ADA = Adaptiv-Pragmatische; SÖK = Sozialökologische; BÜM = Bürgerliche Mitte; TRA = Traditionelle; PRE = Prekäre; HED = Hedonisten

Stark überdurchschnittlich

Stark unterdurchschnittlich

Basis: n = 1.690; alle Befragten (rep. für deutschsprachige Katholiken ab 14 Jahren in der BRD)

Abbildung 55

3.7.2 Lesehäufigkeit von religiösen Büchern

Religiöse Bücher werden vor allem in den bildungsbürgerlichen Milieus gelesen.

Religiöse Bücher (siehe Definition in Kapitel 3.7.3) werden von 38 % der Katholiken zumindest gelegentlich gelesen. Neben den Sozialökologischen (60 %) und Liberal-Intellektuellen (47 %) lesen auch Konservativ-Etablierte überdurchschnittlich religiöse Bücher (46 %).

Deutlich weniger Befragte können als häufige Leser religiöser Bücher gelten. So lesen nur 9 % mindestens einmal pro Woche ein religiöses Buch, während 46 % zumindest einmal pro Woche zu solch einem Buch greifen. Kirchenaffine Milieus lesen überdurchschnittlich häufig religiöse Bücher (Traditionelle, Konservativ-Etablierte und Sozialökologische, je 14 %).

43 % aller Katholiken lesen keine religiösen Bücher, verstärkt zeigt sich dieses Desinteresse in den jungen Milieus der Expeditiven (54 %) und Hedonisten (53 %) sowie im Milieu der Prekären (53 %) (Abbildung 56).

»Was würden Sie sagen, wie oft Sie im Allgemeinen zu solchen Büchern greifen, wie sie hier auf dieser Liste [mit religiösen Büchern] beschrieben sind?« (in %)

	Gesamt	KET	LIB	PER	EPE	ADA	SÖK	BÜM	TRA	PRE	HED
Leser von religiösen Büchern ...	**56**	64	72	54	45	49	75	58	52	47	48
... täglich, fast täglich	**3**	2	1	1	4	1	4	3	6	5	2
... etwa einmal pro Woche	**6**	13	7	6	4	3	10	6	9	1	3
... im Monat vielleicht ein-, zweimal	**13**	17	15	14	7	9	19	12	13	10	13
... alle paar Monate mal	**17**	15	25	18	11	17	28	17	15	14	11
... vielleicht einmal im Jahr	**11**	9	16	7	10	11	12	14	7	11	12
... alle paar Jahre mal	**7**	9	9	9	9	9	2	5	3	5	7
Keine Leser von religiösen Büchern	**43**	35	29	45	54	47	23	41	47	53	50
Andere Antwort	**1**	0	0	0	0	3	1	0	1	0	1
Keine Angabe	**1**	1	0	2	1	1	1	1	1	0	1
Häufige Leser (mind. etwa einmal pro Woche)	**9**	14	7	6	8	4	14	9	14	6	5
Gelegentliche Leser (mind. alle paar Monate mal)	**38**	46	47	37	26	30	60	39	42	31	29

KET = Konservativ-Etablierte; LIB = Liberal-Intellektuelle; PER = Performer; EPE = Expeditive; ADA = Adaptiv-Pragmatische; SÖK = Sozialökologische; BÜM = Bürgerliche Mitte; TRA = Traditionelle; PRE = Prekäre; HED = Hedonisten

Grün: Stark überdurchschnittlich; Rot: Stark unterdurchschnittlich

Basis: n = 1.690; alle Befragten (rep. für deutschsprachige Katholiken ab 14 Jahren in der BRD)

Abbildung 56

3.7.3 Interesse an religiösen Büchern

Kulturaffine, religiöse Milieus interessieren sich überdurchschnittlich stark für verschiedene Arten religiöser Bücher.

In der vorliegenden Untersuchung wurden die Befragten gebeten, ihr Interesse an 23 verschiedenen Themen bzw. Arten religiöser Bücher anzugeben. Für die meisten Katholiken gelten Bücher, die sich mit Sinnfragen (30 % interessieren sich dafür) oder mit der Bewältigung von Lebenskrisen (23 %) beschäftigen, als am interessantesten. Für alle weiteren Themen zeigen sich im Schnitt nur weniger als 20 % der Befragten interessiert. Am breitesten ist das Interessensspektrum in den bildungsnahen und kirchenaffinen Milieus der Konservativ-Etablierten und Sozialökologischen (Abbildung 57).

»Für welche Art von Büchern interessieren Sie sich?« (in %) (Mehrfachnennungen möglich)

	Gesamt	KET	LIB	PER	EPE	ADA	SÖK	BÜM	TRA	PRE	HED
Bücher über den Sinn des Lebens, auch zur Bewältigung von Sinnkrisen	**30**	31	26	24	31	24	51	32	22	34	32
Bücher zur Bewältigung von Lebenskrisen, z.B. ausgelöst durch schwere Krankheiten, Todesfälle oder Trennung	**23**	22	19	13	18	27	31	27	21	26	23
Bücher, die sich kritisch mit dem Christentum auseinandersetzen, Hintergründe, Enthüllungen	**20**	24	26	24	19	13	27	18	11	18	22
Besinnliche Geschenkbücher	**19**	20	18	14	14	16	19	18	21	19	23
Bücher über andere, nicht-christliche Religionen und Weltanschauungen, wie Islam, Buddhismus	**18**	20	16	18	30	8	39	16	10	19	18
Bücher über die christliche Kirche und ihre Geschichte	**16**	24	13	11	15	9	20	22	22	15	9
Bücher über moralische und ethische Fragen	**16**	18	22	16	19	15	31	13	11	11	14
Bibeln, Kinderbibeln	**16**	23	16	8	10	10	16	19	21	13	15
Bücher, in denen aktuelle Fragen aus Politik, Wirtschaft und Gesellschaft aus kirchlicher oder religiöser Sicht behandelt werden	**14**	14	19	14	16	6	30	16	15	5	13
Romane und Erzählungen zu religiösen Themen	**14**	13	8	11	13	14	15	17	21	11	10
Bücher über das Christentum in anderen Erdteilen, über die Weltkirche	**13**	17	17	12	12	7	19	12	16	8	13
Bücher zur Meditation	**13**	11	10	14	18	14	25	9	6	11	21
Bücher über Kindererziehung, auch zum Thema »Wie man Kindern Glauben vermitteln kann«	**13**	11	12	9	15	20	17	17	8	5	11
Bücher über Glaubensfragen	**12**	19	10	7	10	5	20	14	14	7	9
Ehe, Partnerschaft und Glaube (Ratgeber)	**11**	13	6	10	4	15	13	14	10	11	12
Bücher über das Leben christlicher Männer und Frauen	**11**	17	6	12	6	9	9	14	17	7	6
Bücher über religiöses Brauchtum oder kirchliche Feste	**11**	20	9	9	5	7	8	17	11	10	9
Gebetbücher	**9**	18	5	4	4	4	3	9	19	8	6
Kinderbücher mit religiösem Hintergrund, zu religiösen Themen	**7**	5	10	7	11	12	10	11	3	2	6
Lexika, Nachschlagewerke zu religiösen Themen	**7**	12	5	8	5	7	10	8	7	7	4
Theologisch-wissenschaftliche Bücher	**7**	13	5	8	7	4	10	6	5	4	6
Bücher über religiöse Kunst	**6**	6	6	4	5	0	11	4	5	8	9
Anleitungen zum religiösen Leben	**4**	6	2	2	1	3	3	3	6	2	7

KET = Konservativ-Etablierte; LIB = Liberal-Intellektuelle; PER = Performer; EPE = Expeditive; ADA = Adaptiv-Pragmatische; SÖK = Sozialökologische; BÜM = Bürgerliche Mitte; TRA = Traditionelle; PRE = Prekäre; HED = Hedonisten

Stark überdurchschnittlich / Stark unterdurchschnittlich

Basis: n = 1.690; alle Befragten (rep. für deutschsprachige Katholiken ab 14 Jahren in der BRD)

Abbildung 57

Jedes Milieu hat spezielle Interessensschwerpunkte, die die Grundorientierung und den Lebensstil der Milieus spiegeln.

Im Einzelnen zeigt sich:

- Neben diversen Ratgebern interessieren sich Konservativ-Etablierte verstärkt für historische und kritische Bücher über das Christentum und andere Religionen sowie für Bücher zu gelebtem Glauben und theologischen Fragen.
- Liberal-Intellektuelle zeigen Interesse an der gesellschaftlich-politischen Verortung von Christentum und Kirche sowie an Büchern, die moralische und ethische Fragen behandeln, während Ratgeberliteratur und Anleitungen zu gelebtem Glauben kaum interessieren.
- Auch Performer bewerten kritisch-historische Betrachtungen des Christentums überdurchschnittlich als interessant. Geringes Interesse gilt Ratgebern und christlichen Primärtexten wie die Bibel oder Gebetbücher.

- Expeditive interessieren sich am ehesten für interreligiöse Themen und Meditation sowie – lebensphasenbedingt – für Ratgeber zur Kindererziehung. Kaum Interesse besteht hingegen für Bücher zur Glaubenspraxis.
- Auch Adaptiv-Pragmatische zeigen sich interessiert an religiösen Büchern zur Kindererziehung und auch zu Partnerschafts- oder Lebenskrisen-Ratgebern. Wenig interessant sind kulturhistorische und glaubenspraktische Themen.
- Sozialökologische äußern überdurchschnittliches Interesse an den meisten religiösen Büchern, insbesondere an Ratgebern für schwierige Zeiten sowie an Büchern, die das Christentum kritisch-historisch, interkulturell oder im Rahmen von aktuellen Entwicklungen betrachten.
- In der Bürgerlichen Mitte besteht ein leicht überdurchschnittliches Interesse an Büchern, die sich mit Kindern befassen, sowie an Büchern zu Glaubensritualen und historischen Themen. Vergleichsweise schwach ist das Interesse an religiösen und moralisch-ethischen Fragestellungen.
- Traditionelle zeigen verstärkt Interesse an christlichen Primärtexten (Gebetbücher, Bibeln, Anleitungen zum religiösen Leben) und Sinn-Ratgebern, aber auch an historischen Betrachtungen zu Kirche oder christlichen Personen.
- Bei Prekären besteht noch am ehesten Interesse an Ratgebern bei Lebens- und Sinnkrisen. Andere religiöse Bücher sind wenig interessant.
- Hedonisten geben überdurchschnittlich häufig an, sich für Lifestyle-Bücher (Geschenkbücher, Meditationsanleitungen), aber auch für kritische Betrachtungen des Christentums zu interessieren. Unterdurchschnittlich interessant sind historische Bücher.

3.7.4 Lektüre religiöser Bücher in den letzten Jahren

In der Folge wurden die Katholiken gefragt, welche dieser religiösen Bücher sie in den letzten zwei, drei Jahren tatsächlich gelesen haben. Naturgemäß liegt die tatsächliche Lektüre von Büchern niedriger als das theoretische Interesse an ihnen.

Generell werden religiöse Bücher nur von wenigen gelesen (siehe Kapitel 3.7.2). 43 % der Befragten sagen sogar, dass sie in den letzten Jahren gar kein Buch mit einem der 23 vorgeschlagenen Themen gelesen haben. Diese Antwort geben die postmodernen Milieus (Expeditive, Hedonisten) sowie die Prekären besonders häufig (jeweils mehr als 50 %).

Die meisten Leser finden Sinn-/Lebens-Ratgeber (16 % bzw. 11 %) und die Bibel (13 %). Alle anderen Arten religiöser Bücher werden nur von einer kleinen Minderheit der Katholiken gelesen (unter 10 % Leser).

Die kultur- und kirchenaffinen Milieus der Sozialökologischen und Konservativ-Etablierten lesen besonders häufig religiöse Bücher.

Vergleichbar zum generellen Interesse an religiösen Büchern sind es vor allem die kirchen- und kulturaffinen Milieus (verstärkt Sozialökologische, nachgelagert Konservativ-Etablierte), die zum einen relativ häufig religiöse Bücher lesen und zum anderen dabei auch viele verschiedene Themen abdecken.

Im Vergleich zur Gesamtstichprobe gibt es in diesen beiden Vielleser-Milieus einige thematische Überschneidungen in ihrer Lektüreliste: Beide interessieren sich für Sinn- und Lebensratgeber sowie für historische und kritische Bücher über das Christentum und für Bücher über andere Religionen. Darüber hinaus haben Sozialökologische auch überdurchschnittlich häufig Meditationsbücher sowie Bücher mit moralisch-ethischen Fragestellungen und religiöse Betrachtungen der Zeitgeschichte gelesen, während Konservativ-Etablierte verstärkt zu Primärtexten (Bibeln, Gebetbücher) gegriffen haben. Auch Liberal-Intellektuelle lesen überdurchschnittlich häufig religiöse Bücher. In den letzten Jahren am häufigsten gelesen wurden in diesem print-affinen Milieu Bücher, die sich mit gesellschaftlich-politischen und interreligiösen Themen kritisch auseinandersetzen (Abbildung 58).

»Haben Sie in den letzten zwei, drei Jahren einmal ein Buch dieser Art gelesen?« (in %) (Mehrfachnennungen möglich)

	Gesamt	KET	LIB	PER	EPE	ADA	SÖK	BÜM	TRA	PRE	HED
Bücher über den Sinn des Lebens, auch zur Bewältigung von Sinnkrisen	**16**	18	14	15	17	13	38	15	11	16	17
Bibeln, Kinderbibeln	**13**	18	17	10	7	6	15	13	17	9	10
Bücher zur Bewältigung von Lebenskrisen, z.B. ausgelöst durch schwere Krankheiten, Todesfälle oder Trennung	**11**	12	11	11	10	10	16	10	8	11	14
Besinnliche Geschenkbücher	**10**	12	11	5	6	8	15	11	9	12	10
Bücher über andere, nicht-christliche Religionen und Weltanschauungen, wie Islam, Buddhismus	**9**	13	12	13	11	5	21	7	5	8	7
Bücher über die christliche Kirche und ihre Geschichte	**9**	14	5	8	6	4	15	9	14	5	8
Bücher, die sich kritisch mit dem Christentum auseinandersetzen, Hintergründe, Enthüllungen	**9**	13	13	17	5	4	15	8	6	6	8
Bücher zur Meditation	**8**	7	7	10	9	5	21	6	3	11	12
Gebetbücher	**8**	14	5	8	4	2	4	7	15	7	5
Romane und Erzählungen zu religiösen Themen	**8**	5	7	4	4	9	11	9	11	8	6
Bücher, in denen aktuelle Fragen aus Politik, Wirtschaft und Gesellschaft aus kirchlicher oder religiöser Sicht behandelt werden	**7**	7	12	10	7	2	12	6	6	5	8
Bücher über das Christentum in anderen Erdteilen, über die Weltkirche	**7**	12	9	12	2	1	14	8	7	5	4
Bücher über moralische und ethische Fragen	**7**	8	4	8	4	9	16	6	2	6	7
Bücher über Glaubensfragen	**6**	10	8	4	4	5	14	4	7	4	6
Bücher über Kindererziehung, auch zum Thema »Wie man Kindern Glauben vermitteln kann«	**6**	4	9	7	5	9	10	10	3	2	6
Bücher über das Leben christlicher Männer und Frauen	**6**	9	2	4	5	3	7	9	10	3	5
Bücher über religiöses Brauchtum oder kirchliche Feste	**5**	6	6	9	4	3	3	7	5	4	5
Ehe, Partnerschaft und Glaube (Ratgeber)	**5**	4	2	3	3	6	10	5	2	5	6
Lexika, Nachschlagewerke zu religiösen Themen	**4**	6	3	6	7	3	5	5	6	3	2
Kinderbücher mit religiösem Hintergrund, zu religiösen Themen	**4**	4	7	5	5	7	6	4	1	1	3
Theologisch-wissenschaftliche Bücher	**4**	5	4	6	6	1	9	2	2	3	5
Bücher über religiöse Kunst	**3**	4	3	2	5	2	5	3	2	5	6
Anleitungen zum religiösen Leben	**2**	2	1	0	0	2	2	2	5	2	3
Keines davon	**43**	35	29	44	53	47	23	41	47	52	50

KET = Konservativ-Etablierte **LIB** = Liberal-Intellektuelle **PER** = Performer **EPE** = Expeditive **ADA** = Adaptiv-Pragmatische
SÖK = Sozialökologische **BÜM** = Bürgerliche Mitte **TRA** = Traditionelle **PRE** = Prekäre **HED** = Hedonisten

Stark überdurchschnittlich (grün) / Stark unterdurchschnittlich (rot)

Basis: n = 1.690; alle Befragten (rep. für deutschsprachige Katholiken ab 14 Jahren in der BRD)

Abbildung 58

3.7.5 Käufer von E-Books und Hörbüchern

Käufer von E-Books und Hörbüchern finden sich vor allem im modernen gehobenen Segment.

Jeweils nur ein kleiner Teil der Katholiken hat in den letzten 12 Monaten E-Books (15 %) und Hörbücher (13 %) gekauft. Die Milieu-Schwerpunkte der Käufer dieser beiden Medien sind vergleichbar. So sind es vor allem die bildungsbürgerlichen Milieus der Liberal-Intellektuellen und Sozialökologischen und die medien- und innovationsaffinen Milieus der Performer und Expeditiven, die diese Medien überdurchschnittlich häufig gekauft haben. Bei Hörbüchern kommen noch die Hedonisten dazu. Weniger Interesse an diesen Medien besteht im traditionellen Segment und in der gesellschaftlichen Mitte (Abbildungen 59 und 60).

»Haben Sie in den letzten 12 Monaten ein oder mehrere E-Books, also Bücher, die man als Datei auf ein elektronisches Lesegerät lädt, gekauft oder kostenpflichtig aus dem Internet heruntergeladen?« (in %)

	Gesamt	KET	LIB	PER	EPE	ADA	SÖK	BÜM	TRA	PRE	HED
E-Book gekauft	15	16	23	29	27	14	20	8	3	10	17
... 1-2	8	6	14	16	12	8	10	5	2	3	8
... 3-4	4	6	2	11	7	3	5	1	0	4	5
... 5 und mehr	3	3	6	3	9	3	6	2	1	3	5
Nein, keins	85	84	77	71	73	86	80	91	96	90	83
Keine Angabe	0	0	0	0	0	0	0	1	1	1	0

KET = Konservativ-Etablierte, LIB = Liberal-Intellektuelle, PER = Performer, EPE = Expeditive, ADA = Adaptiv-Pragmatische, SÖK = Sozialökologische, BÜM = Bürgerliche Mitte, TRA = Traditionelle, PRE = Prekäre, HED = Hedonisten

Stark überdurchschnittlich / Stark unterdurchschnittlich

Basis: n = 1.690; alle Befragten (rep. für deutschsprachige Katholiken ab 14 Jahren in der BRD)

Abbildung 59

»Haben Sie in den letzten 12 Monaten ein oder mehrere Hörbücher gekauft oder kostenpflichtig aus dem Internet heruntergeladen?« (in %)

	Gesamt	KET	LIB	PER	EPE	ADA	SÖK	BÜM	TRA	PRE	HED
Hörbuch gekauft	13	13	16	20	20	12	25	8	1	5	18
... eins	5	7	6	5	6	6	4	5	1	2	8
... mehrere	8	6	10	15	14	6	21	4	0	3	10
Nein, keins	86	86	83	80	79	87	75	91	98	94	80
Keine Angabe	1	1	1	0	1	1	0	1	1	1	2

KET = Konservativ-Etablierte, LIB = Liberal-Intellektuelle, PER = Performer, EPE = Expeditive, ADA = Adaptiv-Pragmatische, SÖK = Sozialökologische, BÜM = Bürgerliche Mitte, TRA = Traditionelle, PRE = Prekäre, HED = Hedonisten

Stark überdurchschnittlich / Stark unterdurchschnittlich

Basis: n = 1.690; alle Befragten (rep. für deutschsprachige Katholiken ab 14 Jahren in der BRD)

Abbildung 60

3.7.6 Interesse und Nutzung von religiösen Hörbüchern oder E-Books

Das Interesse an religiösen Hörbüchern oder E-Books bzw. deren bereits erfolgte Nutzung liegt schwerpunktmäßig im modernen gehobenen Segment.

Das Interesse daran, religiöse Bücher als Hörbuch (14 %), E-Book (11 %) oder mit einer Vorlesefunktion (5 %) zu nutzen, ist unter den befragten Katholiken generell gering ausgeprägt. Auch die bereits erfolgte Nutzung dieser Formate für religiöse Bücher ist sehr niedrig (max. 8 % bei E-Books).

Die Milieuschwerpunkte bei Interesse und Nutzung dieser Funktionen für religiöse Bücher sind nicht anders als die Käufer von E-Books und Hörbüchern generell: So sind es vor allem die bildungsbürgerlichen Milieus der Liberal-Intellektuellen und Sozialökologischen sowie die medien- und innovationsaffinen Milieus der Performer und Expeditiven und teilweise auch der Hedonisten, die sich überdurchschnittlich stark für diese Funktionen interessieren bzw. sie bereits genutzt haben. Auf der anderen Seite haben insbesondere Traditionelle und Prekäre verstärkt kaum Interesse an E-Books und Hörbüchern und haben diese bisher auch so gut wie nicht genutzt (Abbildung 61).

»Hätten Sie Interesse daran, solche [religiösen] Bücher elektronisch als E-Book zu lesen, oder sie sich mit der Vorlesefunktion von Lesegeräten für E-Books vorlesen zu lassen, oder sie als Hörbuch anzuhören, oder ist nichts davon der Fall?« (in %)

	Gesamt	KET	LIB	PER	EPE	ADA	SÖK	BÜM	TRA	PRE	HED
Als Hörbuch hören	**14**	15	18	23	17	12	21	13	4	11	16
Als E-Book lesen	**11**	12	15	17	15	11	17	8	3	6	13
Vorlesefunktion nutzen	**5**	8	5	8	4	3	5	7	4	4	5
Nichts davon der Fall	**74**	68	69	62	68	76	60	75	90	84	71
Keine Angabe	**0**	0	0	0	0	0	1	1	0	1	1

»Haben Sie eine dieser Möglichkeiten schon mal für Bücher von der Liste [mit religiösen Büchern] genutzt oder ist das nicht der Fall?« (in %)

	Gesamt	KET	LIB	PER	EPE	ADA	SÖK	BÜM	TRA	PRE	HED
Hörbuch gehört	**5**	4	8	9	11	1	6	5	1	4	8
E-Book gelesen	**8**	9	10	17	10	8	11	5	2	6	9
Vorlesefunktion genutzt	**1**	3	0	3	4	0	2	1	1	0	2
Nein, nicht der Fall	**87**	86	84	77	79	90	82	90	96	91	80
Keine Angabe	**1**	0	0	0	0	0	0	1	0	2	3

KET = Konservativ-Etablierte **LIB** = Liberal-Intellektuelle **PER** = Performer **EPE** = Expeditive **ADA** = Adaptiv-Pragmatische Stark überdurchschnittlich
SÖK = Sozialökologische **BÜM** = Bürgerliche Mitte **TRA** = Traditionelle **PRE** = Prekäre **HED** = Hedonisten Stark unterdurchschnittlich

Basis: n = 1.690; alle Befragten (rep. für deutschsprachige Katholiken ab 14 Jahren in der BRD)

Abbildung 61

3.7.7 Bekanntheit und Nutzung Katholischer Öffentlicher (Pfarr-)Büchereien

Besonders kirchen- und kulturaffine Milieus kennen die katholischen Büchereien am Wohnort.

Eine knappe Mehrheit der befragten Katholiken (52 %) gibt an, dass es bei ihnen am Ort (37 %) bzw. in der näheren Umgebung (16 %) eine Katholische Öffentliche Bücherei oder Pfarrbücherei gibt. Besonders häufig wissen das Angehörige der Konservativ-etablierten und Sozialökologischen Milieus.

»Wissen Sie das zufällig: Gibt es bei Ihnen am Ort oder in der näheren Umgebung eine Katholische Öffentliche Bücherei bzw. eine Pfarrbücherei, oder ist das nicht der Fall?« (in %)

	Gesamt	KET	LIB	PER	EPE	ADA	SÖK	BÜM	TRA	PRE	HED
Ja ...	**52**	63	48	51	37	48	64	54	57	49	46
... gibt es am Ort	**36**	48	33	35	27	28	49	35	44	32	32
... in der näheren Umgebung	**16**	15	17	16	10	19	16	19	13	16	14
Nein, nicht der Fall	**17**	13	21	17	15	20	15	17	23	14	11
Weiß nicht, keine Angabe	**31**	24	31	32	49	33	21	29	19	38	43

KET = Konservativ-Etablierte **LIB** = Liberal-Intellektuelle **PER** = Performer **EPE** = Expeditive **ADA** = Adaptiv-Pragmatische Stark überdurchschnittlich
SÖK = Sozialökologische **BÜM** = Bürgerliche Mitte **TRA** = Traditionelle **PRE** = Prekäre **HED** = Hedonisten Stark unterdurchschnittlich

Basis: n = 1.690; alle Befragten (rep. für deutschsprachige Katholiken ab 14 Jahren in der BRD)

Abbildung 62

Bei der Interpretation dieses Ergebnisses muss beachtet werden, dass ein Drittel (31 %) der Katholiken nicht weiß, ob es diese Einrichtungen in ihrer Nähe gibt. Dies sagen insbesondere die postmodernen Milieus der Expeditiven und Hedonisten sowie das Milieu der Prekären (Abbildung 62).

Nutzerschwerpunkte von katholischen Büchereien liegen bei Konservativ-Etablierten und Traditionellen.

Weiterhin gibt ein Drittel aller Katholiken (33 %) an, dass sie schon einmal in einer Katholischen Öffentlichen Bücherei bzw. Pfarrbücherei waren. Sozialökologische (42 %) und Konservativ-Etablierte (39 %) haben solche Einrichtungen überdurchschnittlich oft besucht, wohingegen Expeditive diese überdurchschnittlich häufig noch nie (67 %) genutzt haben.

Am häufigsten schon einmal Bücher ausgeliehen haben Angehörige des Konservativ-etablierten Milieus (17 %) und des Traditionellen Milieus (15 %), am seltensten Expeditive (5 %) und Hedonisten (9 %) (Abbildung 63).

»Waren Sie selbst schon mal in einer Katholischen Öffentlichen Bücherei bzw. Pfarrbücherei?« (in %)

	Gesamt	KET	LIB	PER	EPE	ADA	SÖK	BÜM	TRA	PRE	HED
War schon dort	**33**	39	38	29	27	31	42	30	37	29	32
Nicht der Fall	**61**	57	55	65	67	63	55	63	60	66	61
Weiß nicht, keine Angabe	**6**	4	6	6	6	6	3	7	3	6	8

»Leihen Sie manchmal ein Buch aus der Katholischen Öffentlichen Bücherei oder der Pfarrbücherei aus?« (in %)

Basis: Alle Befragten	Gesamt	KET	LIB	PER	EPE	ADA	SÖK	BÜM	TRA	PRE	HED
Ja	**12**	17	13	11	5	11	13	10	15	13	9
Nein	**22**	22	25	19	22	20	29	21	22	16	22
Keine Besuche in der KÖB	**67**	61	62	71	73	69	58	70	63	71	69

KET = Konservativ-Etablierte **LIB** = Liberal-Intellektuelle **PER** = Performer **EPE** = Expeditive **ADA** = Adaptiv-Pragmatische
SÖK = Sozialökologische **BÜM** = Bürgerliche Mitte **TRA** = Traditionelle **PRE** = Prekäre **HED** = Hedonisten
Stark überdurchschnittlich
Stark unterdurchschnittlich
Basis: n = 1.690; alle Befragten (rep. für deutschsprachige Katholiken ab 14 Jahren in der BRD)

Abbildung 63

3.8 Religiöse Musik

3.8.1 Gezielte Rezeption

Insbesondere Konservativ-Etablierte hören bewusst religiöse Musik.

Knapp jeder dritte Katholik (30 %) hört zumindest gelegentlich gezielt religiöse Musik, z. B. Kirchenmusik, Gospels oder Musik von Bands mit religiösem Bezug. Vor allem das Milieu der Konservativ-Etablierten hört solche Musik überdurchschnittlich häufig (40 %).

Der deutlich größere Anteil, nämlich zwei Drittel aller Katholiken (66 %), hört jedoch keine religiöse Musik, insbesondere in den jungen und modernen Milieus der Adaptiv-Pragmatischen (74 %) und Hedonisten (72 %) ist das nicht der Fall (Abbildung 64).

»Hören Sie sich zumindest gelegentlich zuhause oder unterwegs gezielt religiöse Musik an, egal ob zum Beispiel Kirchenmusik, oder Gospels, oder Musik von Bands mit religiösem Bezug?« (in %)

	Gesamt	KET	LIB	PER	EPE	ADA	SÖK	BÜM	TRA	PRE	HED
Höre gelegentlich	**30**	40	30	34	33	24	35	30	32	23	23
Nicht der Fall	**65**	55	66	62	67	74	60	66	62	71	72
Unentschieden	**5**	6	5	5	0	3	5	5	6	6	6

KET = Konservativ-Etablierte; LIB = Liberal-Intellektuelle; PER = Performer; EPE = Expeditive; ADA = Adaptiv-Pragmatische; SÖK = Sozialökologische; BÜM = Bürgerliche Mitte; TRA = Traditionelle; PRE = Prekäre; HED = Hedonisten
Stark überdurchschnittlich / Stark unterdurchschnittlich

Basis: n = 1.690; alle Befragten (rep. für deutschsprachige Katholiken ab 14 Jahren in der BRD)

Abbildung 64

3.8.2 Kaufbereitschaft

Kulturaffine Milieus sind überdurchschnittlich oft dazu bereit, für religiöse Musik zu bezahlen.

Etwa die Hälfte (48 %) der Hörer von religiöser Musik (das sind 30 % aller Katholiken) hat selbst schon einmal Musik dieses Genres gekauft. Überdurchschnittlich viele Käufer finden sich in den kulturaffinen Milieus der Konservativ-Etablierten und Sozialökologischen.

Die höchsten Nicht-Käufer-Anteile von religiöser Musik sind in den Milieus der Prekären (63 %) und Expeditiven (57 %) zu finden. Bei Ersteren dürfte dies durch fehlende finanzielle Ressourcen begründet sein, während Letztere verstärkt Musik-Streaming-Services im Internet nutzen, bei denen Hörer nicht für einzelne Musikstücke zahlen, sondern Hör-Abonnements für einen umfangreichen Katalog abschließen (Abbildung 65).

»Haben Sie sich selber schon mal religiöse Musik gekauft?« (in %)

Basis: Befragte, die religiöse Musik anhören	Gesamt	KET	LIB	PER	EPE	ADA	SÖK	BÜM	TRA	PRE	HED
Gekauft	**48**	61	48	46	41	46	62	38	55	29	45
Nicht der Fall	**46**	38	51	40	57	52	35	45	44	63	49
Unentschieden	**6**	2	1	14	2	2	3	17	1	8	6

KET = Konservativ-Etablierte; LIB = Liberal-Intellektuelle; PER = Performer; EPE = Expeditive; ADA = Adaptiv-Pragmatische; SÖK = Sozialökologische; BÜM = Bürgerliche Mitte; TRA = Traditionelle; PRE = Prekäre; HED = Hedonisten
Stark überdurchschnittlich / Stark unterdurchschnittlich

Basis: n = 504; Befragte, die religiöse Musik anhören / n = 1.690; alle Befragten (rep. für deutschsprachige Katholiken ab 14 Jahren in der BRD)

Abbildung 65

4 MILIEUSTECKBRIEFE RELIGIÖSE KOMMUNIKATION

4.1 Konservativ-Etablierte

Überzeugte Christen mit enger Gemeindeverbundenheit und Interesse an innerkirchlichen Diskursen.

Interesse an Religion und Kirche
Im Milieuvergleich mit das stärkste Interesse an Religion und Kirche

	%	Index
an religiösen Fragen sehr / ziemlich interessiert	44	145

	%	Index
an kirchlichen Themen sehr / ziemlich interessiert	47	152

Verbundenheit mit der Kirche
Hoher Anteil treuer Kirchengänger, große Zufriedenheit und Verbundenheit mit der eigenen Pfarrgemeinde

	%	Index
regelmäßige Kirchenbesuche: (fast) jeden Sonntag	31	179
Kirchenaustrittsgedanken	35	90

	%	Index
enge / mittlere Bindung an Pfarrgemeinde	57	162
Zufriedenheit mit Pfarrgemeinde	60	127

Selbstverortung im Kontext Glaube und Kirche
Deutlich überrepräsentiert in den kirchenverbundenen Gruppen, v. a. bei den »Gläubigen Kirchennahen«

	%	Index
Kritische Kirchenverbundene	43	130
Gläubige Kirchennahe	25	178
Kirchendistanzierte Christen	24	71

	%	Index
Glaubensunsichere	4	57
Religiös, aber nicht christlich	2	54
Nicht-Religiöse	1	20

Image der Kirche

Die Kirche gilt als moralische Instanz und Hüterin christlicher Traditionen.

Top 5 nach Prozent	%	Index
Die Kirche bietet vielen Menschen Orientierung	77	124
Die Kirche hält teilweise zu starr an überholten Normen fest	70	101
Die Kirche ist nach wie vor wichtig	68	140
Die Kirche engagiert sich sehr für soziale Anliegen	65	134
Die Kirche müsste sich mehr an die Erwartungen der Menschen von heute anpassen	55	93

Top 5 nach Index	%	Index
Die Kirche ist in unserer Gesellschaft die einzige ernst zu nehmende moralische Instanz	30	186
Die Kirche passt sich zu sehr an den Zeitgeist an	9	168
In der Kirche kann man sich zuhause fühlen	33	156
In der Kirche findet man noch echtes Gemeinschaftsgefühl	34	146
Es gibt in der Kirche viele eindrucksvolle, ungewöhnliche Menschen	36	144

Bottom 5 nach Prozent	%	Index
Die Kirche ist heute offen und sehr tolerant	7	81
Die Kirche ist zu ängstlich, schirmt sich zu sehr ab	8	58
Die Mitmenschlichkeit kommt in der Kirche zu kurz	11	69
Andersdenkende werden heute in der Kirche unterdrückt	12	69
Die Kirche begründet ihre Haltungen oft zu wenig	17	77

Bottom 5 nach Index	%	Index
Die Kirche ist zu ängstlich, schirmt sich zu sehr ab	8	58
Andersdenkende werden heute in der Kirche unterdrückt	12	69
Die Mitmenschlichkeit kommt in der Kirche zu kurz	11	69
Die Kirche verhindert die Aufklärung von Missständen in den eigenen Reihen	41	70
Die Kirche begründet ihre Haltungen oft zu wenig	17	77

Erwartungen an die Kirche

Die Kirche soll Seelsorgerin sein und Orientierung und Kraft geben.

Top 5 nach Prozent	%	Index
Die Kirche setzt sich für soziale Zwecke ein, unterstützt Bedürftige und Schwache	89	101
Die Kirche spendet Trost in schwierigen Lebenslagen	83	116
Bietet einen würdigen Rahmen, um wichtige Schritte im Leben zu feiern, zum Beispiel Taufe oder Hochzeit	80	111
Die Kirche bietet Beratungs- und Hilfsangebote, die einem in schwierigen Lebenslagen weiterhelfen	77	125
In der Kirche findet man Ansprechpartner oder Hilfe, wenn man sie braucht	64	115

Top 5 nach Index	%	Index
Die Kirche bietet Antworten für moralische Probleme und Nöte	48	162
Die Kirche stärkt mich in meinen Glaubensüberzeugungen	47	141
Der Gottesdienst in der Kirche gibt Kraft für den Alltag	49	135
Die Kirche lebt Werte, an denen man sich orientieren kann	58	135
Die Kirche bietet Beratungs- und Hilfsangebote, die einem in schwierigen Lebenslagen weiterhelfen	77	125

Themeninteressen

An vielen Themen rund und um Religion und Kirche sehr interessiert, aktives Auftreten der Kirche in der Öffentlichkeit erwünscht.

Top 5 nach Prozent	%	Index
Gesundheit	74	116
Soziale Gerechtigkeit	62	110
Nachhaltigkeit, Umwelt- und Klimaschutz	54	113
Menschenrechte	52	108
Politik	42	114

Top 5 nach Index	%	Index
Stellungnahmen und Aussagen der deutschen Bischöfe	13	184
Religiöse Bücher	12	184
Stellungnahmen und Aussagen von Papst und Vatikan	22	168
Kirchliches Brauchtum	19	162
Berichte über kirchliche Ereignisse und Entwicklungen	18	161

Am häufigsten genutzte Medien (Basis: täglich / fast täglich)
Starke Nutzung traditioneller Leitmedien (öffentlich-rechtliches TV und Radio, Regionalzeitungen), aber auch Öffnung hin zu Internet-Angeboten, vergleichsweise starke Nutzung kirchlicher Informationsangebote.

Top 5 nach Prozent	%	Index
Öffentlich-rechtliches Fernsehen	65	109
Regionalzeitung, Tageszeitung hier aus der Gegend (nicht online)	63	124
Öffentlich-rechtliche Radiosender	45	118
Privatfernsehen	37	98
Soziale Medien im Internet	27	85

Top 5 nach Index	%	Index
Nachrichtenmagazine oder Wochenzeitungen	7	176
Kirchliche Informationsangebote	4	152
Internetseiten von Online-Diensten	23	146
Regionalzeitung, Tageszeitung hier aus der Gegend (nicht online)	63	124
Öffentlich-rechtliche Radiosender	45	118

Beiträge zu Glaube und Kirche in den Medien: Nutzung und Informationsverhalten
Überdurchschnittlich häufige, aber meist zufällige Rezeption von Glaubens- und Kirchenbeiträgen, Corona führt zu stärkerer Nutzung digitaler Angebote.

Nutzung ...	%	Index
... im Radio (häufig / gelegentlich)	41	134
... im TV (häufig / gelegentlich)	53	146
... im Internet (häufig / ab und zu / selten) (Basis: Internet-Nutzer)	59	136
... von digitalen kirchlichen Angeboten während der Corona-Krise (erstmals / häufiger genutzt) (Basis: Internet-Nutzer)	33	192

Informationsverhalten	%	Index
Gezielt	7	109
Zufällig	37	152
Ganz unterschiedlich	38	108
Schalten weg / Überblättern / Hören nicht zu	13	45
Unentschieden	5	100

Nutzung spezifischer Medienangebote zu Glaube und Religion

Sehr hohe Nutzung von Medienangeboten zu Glaube und Religion, v. a. lokale Angebote und TV- und Radioformate, aber auch Offenheit für Internetangebote.

Top 5 nach Prozent	%	Index
Pfarrbrief, Pfarrmagazin, Gemeindeblatt mit Informationen aus meiner Pfarrgemeinde	76	113
Gespräche mit dem Pfarrer, anderen Seelsorgern oder Aktiven in der Pfarrgemeinde	69	130
Die Bibel	69	122
Das Wort zum Sonntag im Fernsehen	65	121
Nachrichten, Reportagen aus der kirchlichen Welt im Fernsehen	64	122

Top 5 nach Index	%	Index
Ordensmagazine	13	165
Streamingangebote zu kirchlichen oder Glaubensthemen	18	153
Gottesdienstübertragungen im Radio	47	149
Radiosender mit kirchlichem Programm	18	141
Angebote in sozialen Medien, die sich mit Glauben und Religion beschäftigen	26	139

Lesen von (religiösen) Büchern

Leicht überdurchschnittlich leseaffines Milieu, vergleichsweise hohe Affinität zu religiösen Büchern.

Lesen von Büchern allgemein	%	Index
Buchleser	71	104
- häufige Buchleser (mind. einmal pro Woche)	50	109
Keine Buchleser	29	91
Käufer von E-Books	16	105

Lesen von religiösen Büchern	%	Index
Leser von religiösen Büchern	64	115
- häufige Leser (mind. etwa einmal pro Woche)	14	157
Keine Leser von religiösen Büchern	35	81
Käufer von Hörbüchern	13	102

Interesse an religiösen Büchern

Neben Ratgebern verstärktes Interesse an historischen und kritischen Büchern über das Christentum und andere Religionen sowie Bücher zu gelebtem Glauben und Glaubensritualen.

Top 5 nach Prozent	%	Index
Bücher über den Sinn des Lebens, auch zur Bewältigung von Sinnkrisen	31	103
Bücher, die sich kritisch mit dem Christentum auseinandersetzen, Hintergründe, Enthüllungen	24	125
Bücher über die christliche Kirche und ihre Geschichte	24	148
Bibeln, Kinderbibeln	23	146
Bücher zur Bewältigung von Lebenskrisen	22	96

Top 5 nach Index	%	Index
Gebetbücher	18	203
Theologisch-wissenschaftliche Bücher	13	188
Bücher über religiöses Brauchtum oder kirchliche Feste	20	180
Bücher über Glaubensfragen	19	164
Lexika, Nachschlagewerke zu religiösen Themen	12	162

Internet – 90% dieses Milieus nutzen das Internet (Gesamtstichprobe: 81%)

Hohe Internetnutzung.

Internet – Bekanntheit von Online-Angeboten kirchlicher Stellen (Basis: Internet-Nutzer)

Online-Angebote kirchlicher Stellen sind stark überdurchschnittlich bekannt, insbesondere die digitalen Kanäle vor Ort / in der Region und Angebote kirchlicher Verbände.

Bekanntheit von Online-Angeboten Top 5 nach Prozent	%	Index
Internetseite meiner Pfarrgemeinde	75	123
Internetangebote von kirchlichen Hilfswerken	71	112
Internetseiten meines Bistums, meiner Diözese	61	135
Internetseiten kirchlicher Verbände	59	128
Internetangebote von Akademien und Bildungshäusern der Kirche	56	126

Bekanntheit von Online-Angeboten Top 5 nach Index	%	Index
Internetseiten meines Bistums, meiner Diözese	61	135
Internetseite katholisch.de	55	134
Internetangebote von Ordensgemeinschaften, Klöstern	39	134
Angebote meines Bistums, meiner Diözese in sozialen Medien	45	131
Internetseiten kirchlicher Verbände	59	128

4.2 Liberal-Intellektuelle

Kirchenkritische Potentialzielgruppe, die mehr Transparenz, Diversität und (lebensweltliche) Nähe fordert.

Interesse an Religion und Kirche

Durchschnittliches Interesse an Religion und Kirche.

	%	Index
an religiösen Fragen sehr / ziemlich interessiert	30	100

	%	Index
an kirchlichen Themen sehr / ziemlich interessiert	33	106

Verbundenheit mit der Kirche

Durchschnittliche Verbundenheit mit der Kirche.

	%	Index
regelmäßige Kirchenbesuche: (fast) jeden Sonntag	16	89
Kirchenaustrittsgedanken	36	93

	%	Index
enge / mittlere Bindung an Pfarrgemeinde	33	94
Zufriedenheit mit Pfarrgemeinde	46	98

Selbstverortung im Kontext Glaube und Kirche

Die Liberal-Intellektuellen stehen der Kirche mehrheitlich mit kritischer Sympathie gegenüber.

	%	Index
Kritische Kirchenverbundene	40	123
Kirchendistanzierte Christen	39	116
Gläubige Kirchennahe	8	60

	%	Index
Nicht-Religiöse	5	70
Glaubensunsichere	3	40
Religiös, aber nicht christlich	4	102

Image der Kirche

Die Kirche lebt nicht das, was sie predigt, und geht nicht mit der Zeit – gleichwohl ist sie eine wichtige moralische Instanz und hat charismatische Persönlichkeiten.

Top 5 nach Prozent	%	Index
Die Kirche hält teilweise zu starr an überholten Normen fest	80	115
Die Kirche müsste sich mehr an die Erwartungen der Menschen von heute anpassen	69	118
Die Kirche verhindert die Aufklärung von Missständen in den eigenen Reihen	68	116
Die Kirche bietet vielen Menschen Orientierung	61	98
Die Kirche ist für junge Menschen unattraktiv	60	107

Top 5 nach Index	%	Index
Es gibt in der Kirche viele eindrucksvolle, ungewöhnliche Menschen	38	150
Andersdenkende werden in der Kirche unterdrückt	25	140
Die Kirche lebt das, was sie vertritt, oft zu wenig glaubwürdig vor	57	124
Die Mitmenschlichkeit kommt in der Kirche zu kurz	20	122
Die Kirche müsste sich mehr an die Erwartungen der Menschen von heute anpassen	69	118

Bottom 5 nach Prozent	%	Index
Die Kirche ist heute sehr offen und tolerant	2	23
Die Kirche passt sich zu sehr an den Zeitgeist an	3	59
Die Kirche ist in unserer Gesellschaft die einzige ernst zu nehmende moralische Instanz	7	44
Die Kirche ist ein Anwalt für die Schwachen und Unterdrückten	10	57
Die Kirche ist ängstlich, schirmt sich zu sehr ab	11	78

Bottom 5 nach Index	%	Index
Die Kirche ist heute sehr offen und tolerant	2	23
Die Kirche ist in unserer Gesellschaft die einzige ernst zu nehmende moralische Instanz	7	44
Die Kirche ist ein Anwalt für die Schwachen und Unterdrückten	10	57
Die Kirche passt sich zu sehr an den Zeitgeist an	3	59
In der Kirche kann man sich zuhause fühlen	13	61

Erwartungen an die Kirche

Wunsch nach einer integrativen, fairen, sozialen und vielfältigen Kirche, die wichtige Werte vermittelt.

Top 5 nach Prozent	%	Index
Die Kirche setzt sich für soziale Zwecke ein, unterstützt Bedürftige und Schwache	92	105
Die Kirche bietet einen würdigen Rahmen, um wichtige Schritte im Leben zu feiern, zum Beispiel Taufe oder Hochzeit	85	117
Die Kirche spendet Trost in schwierigen Lebenslagen	81	113
Die Kirche bietet Beratungs- und Hilfsangebote, die einem in schwierigen Lebenslagen weiterhelfen	78	125
In der Kirche fühlt man sich in einer Gemeinschaft aufgehoben	64	136

Top 5 nach Index	%	Index
In der Kirche fühlt man sich in einer Gemeinschaft aufgehoben	64	136
Die Kirche lebt Werte, an denen man sich orientieren kann	56	131
Die Kirche bietet gleichberechtigte Chancen für Männer und Frauen	44	130
Die Kirche ist offen gegenüber allen Menschen, grenzt niemanden aus, wie z.B. Homosexuelle oder Geschiedene	53	130
Die Kirche geht mit der Zeit, ist offen für Neues	45	128

Themeninteressen

Breitgefächerter bildungsbürgerlicher Interessensmix.

Top 5 nach Prozent	%	Index
Gesundheit	64	100
Soziale Gerechtigkeit	59	105
Menschenrechte	55	114
Nachhaltigkeit, Umwelt- und Klimaschutz	54	114
Politik	52	143

Top 5 nach Index	%	Index
Wirtschaftsnachrichten	37	185
Wie man Kindern Glauben und Kirche näher bringen kann, religiöse Erziehung	23	154
Politik	52	143
Kunst und Kultur	26	141
Stellungnahmen, Kommentare zu den Problemen unserer Zeit	34	138

Am häufigsten genutzte Medien (Basis: täglich / fast täglich)

Orientierung an traditionellen Leitmedien, überdurchschnittliche Nutzung von Online-Angeboten von Printmedien.

Top 5 nach Prozent	%	Index
Öffentlich-rechtliches Fernsehen	62	104
Regionalzeitung, Tageszeitung hier aus der Gegend (nicht online)	53	105
Öffentlich-rechtliche Radiosender	42	110
Privatfernsehen	25	66
Soziale Medien im Internet	24	76

Top 5 nach Index	%	Index
Illustrierte (nicht online)	2	205
Internetseiten von Online-Diensten	23	148
Überregionale Tageszeitungen	7	145
Nachrichtenmagazine oder Wochenzeitungen	5	137
Online-Angebote und Apps von Zeitungen und Zeitschriften	7	115

Beiträge zu Glaube und Kirche in den Medien: Nutzung und Informationsverhalten

Beiträge zu Glaube und Kirche werden v. a. online rezipiert; man sucht nicht gezielt danach, ist aber recht interessiert.

Nutzung …	%	Index
… im Radio (häufig / gelegentlich)	26	84
… im TV (häufig / gelegentlich)	32	89
… im Internet (häufig / ab und zu / selten) (Basis: Internet-Nutzer)	51	116
… von digitalen kirchlichen Angeboten während der Corona-Krise (erstmals / häufiger genutzt) (Basis: Internet-Nutzer)	15	87

Informationsverhalten	%	Index
Gezielt	6	82
Zufällig	22	92
Ganz unterschiedlich	44	127
Schalten weg / Überblättern / Hören nicht zu	26	89
Unentschieden	2	40

Nutzung spezifischer Medienangebote zu Glaube und Religion

Kontakt zu Glaube und Kirche meist in Medien, die ohnehin genutzt werden (Print-Medien, TV, Internet), aber auch Nutzung themenspezifischer Medien (Pfarrbrief, Bücher).

Top 5 nach Prozent	%	Index
Pfarrbrief, Pfarrmagazin, Gemeindeblatt mit Informationen aus meiner Pfarrgemeinde	74	109
Berichte über Kirchen- und Glaubensfragen in Tageszeitungen und Zeitschriften	62	132
Die Bibel	62	109
Nachrichten, Reportagen aus der kirchlichen Welt im Fernsehen	61	115
Bücher, die sich mit dem Glauben, mit Religion beschäftigen	61	124

Top 5 nach Index	%	Index
Berichte über Kirchen- und Glaubensfragen in Tageszeitungen und Zeitschriften	62	132
Internetseiten, die sich mit Glauben und Religion beschäftigen	32	130
Bücher, die sich mit dem Glauben, mit Religion beschäftigen	61	124
Zeitschriften, die sich viel mit der Kirche und mit Glaubensfragen beschäftigen	33	115
Nachrichten, Reportagen aus der kirchlichen Welt im Radio	44	111

Lesen von (religiösen) Büchern

Stark buchorientiertes Milieu (auch bzgl. religiöser Themen), überdurchschnittliche Kaufbereitschaft von E-Books und Hörbüchern.

Lesen von Büchern allgemein	%	Index
Buchleser	81	117
häufige Buchleser (mind. einmal pro Woche)	59	127
Keine Buchleser	20	62
Käufer von E-Books	23	152

Lesen von religiösen Büchern	%	Index
Leser von religiösen Büchern	72	129
häufige Leser (mind. etwa einmal pro Woche)	7	81
Keine Leser von religiösen Büchern	29	66
Käufer von Hörbüchern	16	125

Interesse an religiösen Büchern
Verstärktes Interesse an Büchern, die Moral und Ethik behandeln und das Christentum historisch oder im Rahmen von aktuellen Entwicklungen kritisch betrachten.

Top 5 nach Prozent	%	Index
Bücher, die sich kritisch mit dem Christentum auseinandersetzen, Hintergründe, Enthüllungen	26	135
Bücher über den Sinn des Lebens, auch zur Bewältigung von Sinnkrisen	26	87
Bücher über moralische und ethische Fragen	22	136
Bücher zur Bewältigung von Lebenskrisen	19	82
Bücher, in denen aktuelle Fragen aus Politik, Wirtschaft und Gesellschaft aus kirchlicher oder religiöser Sicht behandelt werden	19	129

Top 5 nach Index	%	Index
Bücher über moralische und ethische Fragen	22	136
Bücher, die sich kritisch mit dem Christentum auseinandersetzen, Hintergründe, Enthüllungen	26	135
Kinderbücher mit religiösem Hintergrund, zu religiösen Themen	10	131
Bücher, in denen aktuelle Fragen aus Politik, Wirtschaft und Gesellschaft aus kirchlicher oder religiöser Sicht behandelt werden	19	129
Bücher über das Christentum in anderen Erdteilen, über die Weltkirche	17	127

Internet – 94% dieses Milieus nutzen das Internet (Gesamtstichprobe: 81%)
Fast alle Liberal-Intellektuellen sind online.

Internet – Bekanntheit von Online-Angeboten kirchlicher Stellen (Basis: Internet-Nutzer)
Online-Angebote vieler kirchlicher Stellen sind vergleichsweise bekannt in diesem Milieu.

Bekanntheit von Online-Angeboten Top 5 nach Prozent	%	Index
Internetangebote von kirchlichen Hilfswerken	74	117
Internetseite meiner Pfarrgemeinde	66	109
Internetseiten des Vatikan, der Weltkirche	59	145
Internetangebote von Akademien und Bildungshäusern der Kirche	58	130
Internetseiten kirchlicher Verbände	57	124

Bekanntheit von Online-Angeboten Top 5 nach Index	%	Index
Internetseiten des Vatikan, der Weltkirche	59	145
Internetangebote katholischer Zeitschriften	31	133
Internetseite der Kirchenzeitung meines Bistums	52	132
Internetangebote von Ordensgemeinschaften, Klöstern	38	130
Internetangebote von Akademien und Bildungshäusern der Kirche	58	130

4.3 Performer

Kirchendistanzierte Religionsindividualisten, die erwarten, dass sich die Kirche modernisiert und sich als gesellschaftliches Korrektiv stärker einbringt.

Interesse an Religion und Kirche

Unterdurchschnittliches Interesse an Religion und Kirche.

	%	Index
an religiösen Fragen sehr / ziemlich interessiert	23	78

	%	Index
an kirchlichen Themen sehr / ziemlich interessiert	29	93

Verbundenheit mit der Kirche

Kirchenbesuche sind eine Seltenheit und die Kirchenbindung gering, entsprechend hoch ist die Austrittsbereitschaft.

	%	Index
regelmäßige Kirchenbesuche: (fast) jeden Sonntag	9	50
Kirchenaustrittsgedanken	52	136

	%	Index
enge / mittlere Bindung an Pfarrgemeinde	26	73
Zufriedenheit mit Pfarrgemeinde	48	102

Selbstverortung im Kontext Glaube und Kirche

Performer leben ihren Glauben v. a. individuell aus, abseits der Amtskirche.

	%	Index
Kirchendistanzierte Christen	39	114
Kritische Kirchenverbundene	28	84
Gläubige Kirchennahe	11	75

	%	Index
Religiös, aber nicht christlich	8	210
Nicht-Religiöse	7	111
Glaubensunsichere	6	83

Image der Kirche

Vorwurf kommunikativer und atmosphärischer Defizite, innerkirchlicher Missstände und geringer Passung an das moderne Leben, Akzeptanz der Kirche als Sozialagentur für Benachteiligte und Schwache.

Top 5 nach Prozent	%	Index
Die Kirche hält teilweise zu starr an überholten Normen fest	75	109
Die Kirche verhindert die Aufklärung von Missständen in den eigenen Reihen	70	119
Die Kirche ist für junge Menschen unattraktiv	61	109
Die Kirche müsste sich mehr an die Erwartungen der Menschen von heute anpassen	58	98
Frauen werden von der Kirche nicht ausreichend anerkannt	56	120

Top 5 nach Index	%	Index
Das Klima in der Kirche ist heute nicht gut	29	131
Die Kirche ist ein Anwalt für die Schwachen und Unterdrückten	23	129
Frauen werden von der Kirche nicht ausreichend anerkannt	56	120
Die Kirche verhindert die Aufklärung von Missständen in den eigenen Reihen	70	119
Die Kirche begründet ihre Haltungen oft zu wenig	26	117

Bottom 5 nach Prozent	%	Index
Die Kirche passt sich zu sehr an den Zeitgeist an	1	18
Die Kirche ist heute sehr offen und tolerant	5	58
Die Kirche ist zu ängstlich, schirmt sich zu sehr ab	14	103
Die Kirche ist in unserer Gesellschaft die einzige ernst zu nehmende moralische Instanz	15	92
In der Kirche kann man sich zu Hause fühlen	15	71

Bottom 5 nach Index	%	Index
Die Kirche passt sich zu sehr an den Zeitgeist an	1	18
Die Kirche ist heute sehr offen und tolerant	5	58
Die Kirche ist nach wie vor wichtig	34	70
In der Kirche kann man sich zu Hause fühlen	15	71
Die Kirche bietet vielen Menschen Orientierung	54	87

Erwartungen an die Kirche

Forderung nach kirchlicher Einmischung und Modernisierung sowie nach Kirche als Dienstleisterin und Ort der Entschleunigung.

Top 5 nach Prozent	%	Index
Die Kirche setzt sich für soziale Zwecke ein, unterstützt Bedürftige und Schwache	90	103
Bietet einen würdigen Rahmen, um wichtige Schritte im Leben zu feiern, zum Beispiel Taufe oder Hochzeit	69	95
Die Kirche spendet Trost in schwierigen Lebenslagen	67	93
Die Kirche bietet Ruhe und Gelegenheit, Abstand vom Alltag zu gewinnen	63	110
Die Kirche klärt Missstände in den eigenen Reihen auf	55	101

Top 5 nach Index	%	Index
Die Kirche bezieht zu aktuellen politischen und gesellschaftlichen Themen Stellung, mischt sich in Diskussionen ein	46	148
Die Kirche geht mit der Zeit, ist offen für Neues	44	127
Die Kirche bietet Ruhe und Gelegenheit, Abstand vom Alltag zu gewinnen	63	110
Die Kirche setzt sich für soziale Zwecke ein, unterstützt Bedürftige und Schwache	90	103
Die Kirche klärt Missstände in den eigenen Reihen auf	55	101

Themeninteressen

LOHA-Profil (Lifestyle of Health and Sustainability), überdurchschnittliches Interesse an Themen rund um religiöse Vielfalt.

Top 5 nach Prozent	%	Index
Gesundheit	67	105
Soziale Gerechtigkeit	62	109
Nachhaltigkeit, Umwelt- und Klimaschutz	61	128
Über Reisen, Reiseberichte, Urlaubstipps	57	153
Menschenrechte	57	119

Top 5 nach Index	%	Index
Wirtschaftsnachrichten	49	245
Nichtchristliche Religionen und Kulturen wie Islam, Judentum, Buddhismus usw.	14	219
Über Reisen, Reiseberichte, Urlaubstipps	57	153
Kunst und Kultur	28	152
Fragen der Ökumene, der Zusammenarbeit zwischen den christlichen Kirchen	14	145

Am häufigsten genutzte Medien (Basis: täglich / fast täglich)
Durchschnittliche Mediennutzung (meist öffentlich-rechtliche Medien und Regionalzeitung), hohe Online-Affinität.

Top 5 nach Prozent	%	Index
Öffentlich-rechtliches Fernsehen	59	99
Regionalzeitung, Tageszeitung hier aus der Gegend (nicht online)	52	103
Öffentlich-rechtliche Radiosender	44	114
Privatfernsehen	37	100
Soziale Medien im Internet	35	110

Top 5 nach Index	%	Index
Online-Angebote und Apps von Zeitungen und Zeitschriften	16	254
Überregionale Tageszeitungen (nicht online)	7	158
Nachrichtenmagazine oder Wochenzeitungen (nicht online)	6	156
Internetseiten von Online-Diensten	23	146
Online-Angebote und Apps von Fernseh- oder Radiosendern	11	144

Beiträge zu Glaube und Kirche in den Medien: Nutzung und Informationsverhalten
Unterdurchschnittliche Rezeption von Beiträgen zu Glaube und Kirche, kaum gezieltes Einschalten, viele schalten weg.

Nutzung …	%	Index
… im Radio (häufig / gelegentlich)	25	81
… im TV (häufig / gelegentlich)	35	95
… im Internet (häufig / ab und zu / selten) (Basis: Internet-Nutzer)	37	84
… von digitalen kirchlichen Angeboten während der Corona-Krise (erstmals / häufiger genutzt) (Basis: Internet-Nutzer)	13	78

Informationsverhalten	%	Index
Gezielt	3	46
Zufällig	24	100
Ganz unterschiedlich	31	89
Schalten weg / Überblättern / Hören nicht zu	36	125
Unentschieden	5	100

Nutzung spezifischer Medienangebote zu Glaube und Religion

Kontakt zu Glaube und Kirche meist über Medien, die ohnehin genutzt werden (Print-Medien, Radio, Internet, Podcasts).

Top 5 nach Prozent	%	Index
Berichte über Kirchen- und Glaubensfragen in Tageszeitungen und Zeitschriften	60	127
Pfarrbrief, Pfarrmagazin, Gemeindeblatt mit Informationen aus meiner Pfarrgemeinde	60	89
Nachrichten, Reportagen aus der kirchlichen Welt im Fernsehen	52	99
Die Bibel	49	87
Gespräche mit dem Pfarrer, anderen Seelsorgern oder Aktiven in der Pfarrgemeinde	45	84

Top 5 nach Index	%	Index
Podcasts zu kirchlichen oder Glaubensthemen (Hörbeiträge im Internet)	12	129
Berichte über Kirchen- und Glaubensfragen in Tageszeitungen und Zeitschriften	60	127
Wochenzeitungen, die sich viel mit kirchlichen oder religiösen Themen beschäftigen	31	121
Radiosender mit kirchlichem Programm	15	121
Internetseiten, die sich mit Glauben und Religion beschäftigen	30	120

Lesen von (religiösen) Büchern

Durchschnittliche Leseaffinität, aber weit überdurchschnittliche Kaufbereitschaft von E-Books und Hörbüchern.

Lesen von Büchern allgemein	%	Index
Buchleser	74	107
- häufige Buchleser (mind. einmal pro Woche)	49	106
Keine Buchleser	26	84
Käufer von E-Books	29	193

Lesen von religiösen Büchern	%	Index
Leser von religiösen Büchern	54	97
- häufige Leser (mind. etwa einmal pro Woche)	6	70
Keine Leser von religiösen Büchern	45	104
Käufer von Hörbüchern	20	158

Interesse an religiösen Büchern

Kritisch-historische Betrachtungen des Christentums sind überdurchschnittlich interessant, vergleichsweise wenig Interesse an Ratgebern und christlichen Primärtexten.

Top 5 nach Prozent	%	Index
Bücher über den Sinn des Lebens, auch zur Bewältigung von Sinnkrisen	24	81
Bücher, die sich kritisch mit dem Christentum auseinandersetzen, Hintergründe, Enthüllungen	24	124
Bücher über andere, nicht-christliche Religionen und Weltanschauungen, wie Islam, Buddhismus	18	101
Bücher über moralische und ethische Fragen	16	98
Bücher zur Meditation	14	108

Top 5 nach Index	%	Index
Bücher, die sich kritisch mit dem Christentum auseinandersetzen, Hintergründe, Enthüllungen	24	124
Theologisch-wissenschaftliche Bücher	8	116
Bücher über das Leben christlicher Männer und Frauen	12	112
Bücher zur Meditation	14	108
Lexika, Nachschlagewerke zu religiösen Themen	8	104

Internet – 98% dieses Milieus nutzen das Internet (Gesamtstichprobe: 81%)

Milieu mit höchster Internetnutzung – nahezu alle Performer sind online.

Internet – Bekanntheit von Online-Angeboten kirchlicher Stellen (Basis: Internet-Nutzer)

Online-Angebote von kirchlichen Stellen sind durchschnittlich bekannt.

Bekanntheit von Online-Angeboten Top 5 nach Prozent	%	Index
Internetangebote von kirchlichen Hilfswerken	67	107
Internetseite meiner Pfarrgemeinde	61	101
Internetseiten kirchlicher Verbände	48	106
Internetseiten meines Bistums, meiner Diözese	46	103
Internetseiten des Vatikan, der Weltkirche	46	114

Bekanntheit von Online-Angeboten Top 5 nach Index	%	Index
Internetseiten des Vatikan, der Weltkirche	46	114
Internetseite der Deutschen Bischofskonferenz	35	110
Internetangebote von kirchlichen Hilfswerken	67	107
Internetseiten kirchlicher Verbände	48	106
Internetseiten meines Bistums, meiner Diözese	46	103

4.4 Expeditive

Schwer erreichbare glaubens- und kirchendistanzierte jüngere Bohemians, für die die Kirche nicht in die heutige Zeit passt (v. a. wegen ihrer Sozial- und Sexualmoral).

Interesse an Religion und Kirche

So gut wie kein Interesse an religiösen und kirchlichen Themen.

	%	Index
an religiösen Fragen sehr / ziemlich interessiert	16	54

	%	Index
an kirchlichen Themen sehr / ziemlich interessiert	10	31

Verbundenheit mit der Kirche

Keine Kirchenverbundenheit, keine Beteiligung am kirchlichen Leben und entsprechend hohe Austrittsbereitschaft.

	%	Index
regelmäßige Kirchenbesuche: (fast) jeden Sonntag	2	14
Kirchenaustrittsgedanken	56	145

	%	Index
enge / mittlere Bindung an Pfarrgemeinde	17	49
Zufriedenheit mit Pfarrgemeinde	30	63

Selbstverortung im Kontext Glaube und Kirche

Weit überdurchschnittlicher Anteil an Kirchendistanzierten und Nicht-Religiösen.

	%	Index
Kirchendistanzierte Christen	47	139
Kritische Kirchenverbundene	25	77
Nicht-Religiöse	14	218

	%	Index
Glaubensunsichere	8	110
Religiös, aber nicht christlich	5	132
Gläubige Kirchennahe	1	4

Image der Kirche

Die Kirche passt nicht in die moderne Welt, sie ist rückwärtsgewandt und reformunwillig, schirmt sich ab und grenzt aus.

Top 5 nach Prozent	%	Index
Die Kirche hält teilweise zu starr an überholten Normen fest	78	112
Die Kirche müsste sich mehr an die Erwartungen der Menschen von heute anpassen	73	124
Die Kirche verhindert die Aufklärung von Missständen in den eigenen Reihen	71	121
Die Kirche ist für junge Menschen unattraktiv	65	115
Die Sprache der Kirche, das Vokabular, ist teilweise veraltet	64	131

Top 5 nach Index	%	Index
Die Kirche ist zu ängstlich, schirmt sich zu sehr ab	21	150
Die Sprache der Kirche, das Vokabular, ist teilweise veraltet	64	131
Andersdenkende werden heute in der Kirche unterdrückt	23	130
Die Mitmenschlichkeit kommt in der Kirche zu kurz	21	125
Die Kirche müsste sich mehr an die Erwartungen der Menschen von heute anpassen	73	124

Bottom 5 nach Prozent	%	Index
Die Kirche ist heute sehr offen und tolerant	3	37
Die Kirche ist ein Anwalt für die Schwachen und Unterdrückten	5	30
Die Kirche passt sich zu sehr an den Zeitgeist an	5	102
In der Kirche findet man noch echtes Gemeinschaftsgefühl	7	29
Die Kirche ist in unserer Gesellschaft die einzige ernst zu nehmende moralische Instanz	10	59

Bottom 5 nach Index	%	Index
In der Kirche findet man noch echtes Gemeinschaftsgefühl	7	29
Die Kirche ist ein Anwalt für die Schwachen und Unterdrückten	5	30
Die Kirche ist heute sehr offen und tolerant	3	37
Die Kirche ist in unserer Gesellschaft die einzige ernst zu nehmende moralische Instanz	10	59
In der Kirche kann man sich zu Hause fühlen	13	61

Erwartungen an die Kirche

Deutlicher Wunsch nach Modernisierung – v. a. der kirchlichen Sexualmoral bzw. der *gender politics*

Top 5 nach Prozent	%	Index
Die Kirche setzt sich für soziale Zwecke ein, unterstützt Bedürftige und Schwache	87	99
Die Kirche klärt Missstände in den eigenen Reihen auf	73	135
Bietet einen würdigen Rahmen, um wichtige Schritte im Leben zu feiern, zum Beispiel Taufe oder Hochzeit	70	97
Die Kirche spendet Trost in schwierigen Lebenslagen	68	95
Die Kirche bietet Beratungs- und Hilfsangebote, die einem in schwierigen Lebenslagen weiterhelfen	65	105

Top 5 nach Index	%	Index
Die Kirche ist offen gegenüber allen Menschen, grenzt niemanden aus, wie zum Beispiel Homosexuelle oder Geschiedene	60	147
Die Kirche klärt Missstände in den eigenen Reihen auf	73	135
Die Kirche geht mit der Zeit, ist offen für Neues	44	127
Die Kirche bietet gleichberechtigte Chancen für Männer und Frauen	38	111
Die Kirche bietet Beratungs- und Hilfsangebote, die einem in schwierigen Lebenslagen weiterhelfen	65	105

Themeninteressen

Breites Themenspektrum; Mix aus gesellschaftspolitischen Interessen und Lifestyle-Themen, Affinität zu Esoterik.

Top 5 nach Prozent	%	Index
Nachhaltigkeit, Umwelt- und Klimaschutz	61	129
Soziale Gerechtigkeit	60	107
Menschenrechte	59	123
Sport	49	151
Über Reisen, Reiseberichte, Urlaubstipps	46	124

Top 5 nach Index	%	Index
Esoterik	7	168
Schule und Bildung	45	153
Sport	49	151
Nichtchristliche Religionen und Kulturen wie Islam, Judentum, Buddhismus usw.	10	149
Kunst und Kultur	24	132

Am häufigsten genutzte Medien (Basis: täglich / fast täglich)

Sehr hohe Online-Affinität, starke Nutzung von Social Media und Online-Diensten von Rundfunk und Print.

Top 5 nach Prozent	%	Index
Soziale Medien im Internet	70	221
Privatfernsehen	36	96
Öffentlich-rechtliche Radiosender	26	69
Internetseiten von Online-Diensten	26	164
Öffentlich-rechtliches Fernsehen	26	43

Top 5 nach Index	%	Index
Soziale Medien im Internet	70	221
Online-Angebote und Apps von Zeitungen und Zeitschriften	11	174
Online-Angebote und Apps von Fernseh- oder Radiosendern	12	168
Internetseiten von Online-Diensten	26	164
Private Radiosender	25	125

Beiträge zu Glaube und Kirche in den Medien: Nutzung und Informationsverhalten

Stark unterdurchschnittliche Nutzung von Beiträgen zu Glaube und Kirche, deutliches Desinteresse; man schaltet weg.

Nutzung ...	%	Index
... im Radio (häufig / gelegentlich)	17	54
... im TV (häufig / gelegentlich)	11	29
... im Internet (häufig / ab und zu / selten) (Basis: Internet-Nutzer)	39	88
... von digitalen kirchlichen Angeboten während der Corona-Krise (erstmals / häufiger genutzt) (Basis: Internet-Nutzer)	13	75

Informationsverhalten	%	Index
Gezielt	3	41
Zufällig	21	87
Ganz unterschiedlich	22	63
Schalten weg / Überblättern / Hören nicht zu	53	181
Unentschieden	2	30

Nutzung spezifischer Medienangebote zu Glaube und Religion

Allgemein stark unterdurchschnittliche Nutzung diverser Medienangebote zu Glaube und Religion, jedoch vergleichsweise hohe Nutzung von Online-Angeboten (Social Media, Internetseiten, Podcasts und Streaming Services).

Top 5 nach Prozent	%	Index
Die Bibel	39	69
Pfarrbrief, Pfarrmagazin, Gemeindeblatt mit Informationen aus meiner Pfarrgemeinde	39	58
Das Wort zum Sonntag im Fernsehen	36	67
Bücher, die sich mit dem Glauben, mit Religion beschäftigen	36	74
Nachrichten, Reportagen aus der kirchlichen Welt im Fernsehen	36	68

Top 5 nach Index	%	Index
Angebote in sozialen Medien, die sich mit Glauben und Religion beschäftigen	31	162
Podcasts zu kirchlichen oder Glaubensthemen	13	141
Internetseiten, die sich mit Glauben und Religion beschäftigen	29	116
Streamingangebote zu kirchlichen oder Glaubensthemen	12	108
Worte für den Tag im Radio	35	79

Lesen von (religiösen) Büchern

Lektüreaffines Milieu mit überdurchschnittlicher Kaufbereitschaft für E-Books und Hörbücher, aber kein Interesse an religiösen Büchern.

Lesen von Büchern allgemein	%	Index
Buchleser	73	108
- häufige Buchleser (mind. einmal pro Woche)	45	96
Keine Buchleser	27	86
Käufer von E-Books	27	179

Lesen von religiösen Büchern	%	Index
Leser von religiösen Büchern	45	81
- häufige Leser (mind. etwa einmal pro Woche)	8	86
Keine Leser von religiösen Büchern	54	126
Käufer von Hörbüchern	20	153

Interesse an religiösen Büchern

Vergleichsweise hohe Affinität zu interreligiösen bzw. moralisch-ethischen Themen und Ratgebern zu Kindererziehung oder Lebenskrisen.

Top 5 nach Prozent	%	Index
Bücher über den Sinn des Lebens, auch zur Bewältigung von Sinnkrisen	31	103
Bücher über andere, nicht-christliche Religionen und Weltanschauungen, wie Islam, Buddhismus	30	170
Bücher, die sich kritisch mit dem Christentum auseinandersetzen, Hintergründe, Enthüllungen	19	98
Bücher über moralische und ethische Fragen	19	119
Bücher zur Meditation	18	141

Top 5 nach Index	%	Index
Bücher über andere, nicht-christliche Religionen und Weltanschauungen, wie Islam, Buddhismus	30	170
Kinderbücher mit religiösem Hintergrund, zu religiösen Themen	11	149
Bücher zur Meditation	18	141
Bücher über Kindererziehung, auch zum Thema »Wie man Kindern Glauben vermitteln kann«	15	120
Bücher über moralische und ethische Fragen	19	119

Internet – 97% dieses Milieus nutzen das Internet (Gesamtstichprobe: 81%)

Milieu mit sehr hoher Internetaffinität – nahezu alle Expeditiven sind online.

Internet – Bekanntheit von Online-Angeboten kirchlicher Stellen (Basis: Internet-Nutzer)

Online-Angebote kirchlicher Stellen sind eher wenig bekannt, aber vergleichsweise oft Kontakt zu christlichen Themen über Influencer.

Bekanntheit von Online-Angeboten Top 5 nach Prozent	%	Index
Internetangebote von kirchlichen Hilfswerken	57	91
Internetseite meiner Pfarrgemeinde	52	85
Internetseiten kirchlicher Verbände	41	89
Internetangebote von Akademien und Bildungshäusern der Kirche	38	86
Internetseiten des Vatikan, der Weltkirche	38	94

Bekanntheit von Online-Angeboten Top 5 nach Index	%	Index
Angebote von Einzelpersonen (»Influencer«), die sich regelmäßig in sozialen Medien zu christlichen Themen äußern	34	117
Internetseiten des Vatikan, der Weltkirche	38	94
Internetangebote von kirchlichen Hilfswerken	57	91
Internetseiten kirchlicher Verbände	41	89
Angebote des Vatikan, der Weltkirche in sozialen Medien	30	87

4.5 Adaptiv-Pragmatische

Wichtige Potentialzielgruppe der Zukunft, die zwar an Religion und Kirche wenig interessiert ist, aber trotz Kirchendistanz (noch) nicht vor dem Absprung steht

Interesse an Religion und Kirche
Im Milieuvergleich mit das geringste Interesse an religiösen Fragen und kirchlichen Themen.

	%	Index
an religiösen Fragen sehr / ziemlich interessiert	16	54

	%	Index
an kirchlichen Themen sehr / ziemlich interessiert	15	47

Verbundenheit mit der Kirche
Geringe Beteiligung am kirchlichen Leben, aber keine ausgeprägte Austrittsneigung.

	%	Index
regelmäßige Kirchenbesuche: (fast) jeden Sonntag	8	44
Kirchenaustrittsgedanken	35	92

	%	Index
enge / mittlere Bindung an Pfarrgemeinde	29	83
Zufriedenheit mit Pfarrgemeinde	44	94

Selbstverortung im Kontext Glaube und Kirche
Drei Viertel stehen der Kirche kritisch bis distanziert gegenüber, vergleichsweise hoher Anteil an Glaubensunsicheren.

	%	Index
Kirchendistanzierte Christen	40	118
Kritische Kirchenverbundene	32	97
Glaubensunsichere	11	149

	%	Index
Gläubige Kirchennahe	7	50
Nicht-Religiöse	5	80
Religiös, aber nicht christlich	3	85

Image der Kirche

Die Kirche passt nicht in die heutige Zeit, große Distanz zum eigenen Alltag.

Top 5 nach Prozent	%	Index
Die Kirche hält teilweise zu starr an überholten Normen fest	84	120
Die Kirche müsste sich mehr an die Erwartungen der Menschen von heute anpassen	71	120
Die Kirche bietet vielen Menschen Orientierung	66	106
Die Kirche verhindert die Aufklärung von Missständen in den eigenen Reihen	65	111
Die Kirche ist für junge Menschen unattraktiv	58	103

Top 5 nach Index	%	Index
Die Kirche ist heute sehr offen und tolerant	11	128
Die Kirche hält teilweise zu starr an überholten Normen fest	84	120
Die Kirche müsste sich mehr an die Erwartungen der Menschen von heute anpassen	71	120
Die Sprache der Kirche, das Vokabular, ist teilweise veraltet	57	117
Die Kirche verhindert die Aufklärung von Missständen in den eigenen Reihen	65	111

Bottom 5 nach Prozent	%	Index
Die Kirche passt sich zu sehr an den Zeitgeist an	3	58
Die Kirche ist zu ängstlich, schirmt sich zu sehr ab	10	76
Die Kirche ist heute sehr offen und tolerant	11	128
In der Kirche kann man sich zu Hause fühlen	14	64
Die Kirche begründet ihre Haltungen oft zu wenig	14	63

Bottom 5 nach Index	%	Index
Die Kirche passt sich zu sehr an den Zeitgeist an	3	58
Die Kirche begründet ihre Haltungen oft zu wenig	14	63
In der Kirche kann man sich zu Hause fühlen	14	64
Die Kirche ist zu ängstlich, schirmt sich zu sehr ab	10	76
Das Klima in der Kirche ist heute nicht gut	17	78

Erwartungen an die Kirche

Kirche als Service-Agentur, Wunsch nach einer sozialen bzw. helfenden Kirche, die nützliche Dienstleistungen bietet und sich allen Menschen öffnet.

Top 5 nach Prozent	%	Index
Die Kirche setzt sich für soziale Zwecke ein, unterstützt Bedürftige und Schwache	92	105
Bietet einen würdigen Rahmen, um wichtige Schritte im Leben zu feiern, zum Beispiel Taufe oder Hochzeit	74	103
Die Kirche spendet Trost in schwierigen Lebenslagen	70	97
Die Kirche bietet Beratungs- und Hilfsangebote, die einem in schwierigen Lebenslagen weiterhelfen	69	111
Die Kirche klärt Missstände in den eigenen Reihen auf	59	109

Top 5 nach Index	%	Index
Die Kirche ist offen gegenüber allen Menschen, grenzt niemanden aus, wie zum Beispiel Homosexuelle oder Geschiedene	49	121
Die Kirche bietet Beratungs- und Hilfsangebote, die einem in schwierigen Lebenslagen weiterhelfen	69	111
Die Kirche klärt Missstände in den eigenen Reihen auf	59	109
Die Kirche setzt sich für soziale Zwecke ein, unterstützt Bedürftige und Schwache	92	105
Die Kirche bietet gleichberechtigte Chancen für Männer und Frauen	35	104

Themeninteressen

Hohes Interesse an Ratschlägen für Ehe / Partnerschaft / Erziehung und Alltagstipps sowie an Schule und Bildung.

Top 5 nach Prozent	%	Index
Gesundheit	67	104
Soziale Gerechtigkeit	59	104
Nachhaltigkeit, Umwelt- und Klimaschutz	53	112
Menschenrechte	52	108
Schule und Bildung	46	154

Top 5 nach Index	%	Index
Ratschläge für Ehe/Partnerschaft	16	187
Ratschläge zur Kindererziehung	25	183
Nachrichten aus kirchlichen Verbänden und Organisationen	8	177
Tipps für Haushalt und Garten	36	155
Schule und Bildung	46	154

Am häufigsten genutzte Medien (Basis: täglich / fast täglich)
Internet-Angebote (v. a. soziale Medien) und private Medien (TV und Radio) werden stark genutzt.

Top 5 nach Prozent	%	Index
Soziale Medien im Internet	55	172
Privatfernsehen	46	124
Öffentlich-rechtliches Fernsehen	43	72
Private Radiosender	37	179
Regionalzeitung, Tageszeitung hier aus der Gegend (nicht online)	34	66

Top 5 nach Index	%	Index
Private Radiosender	37	179
Soziale Medien im Internet	55	172
Privatfernsehen	46	124
Internetseiten von Online-Diensten	16	104
Online-Angebote und Apps von Fernseh- oder Radiosendern	8	104

Beiträge zu Glaube und Kirche in den Medien: Nutzung und Informationsverhalten
Über alle Medien hinweg unterdurchschnittliche Nutzung von Medienbeiträgen zu Glaube und Kirche, viele schalten weg.

Nutzung …	%	Index
… im Radio (häufig / gelegentlich)	21	67
… im TV (häufig / gelegentlich)	22	61
… im Internet (häufig / ab und zu / selten) (Basis: Internet-Nutzer)	37	85
… von digitalen kirchlichen Angeboten während der Corona-Krise (erstmals / häufiger genutzt) (Basis: Internet-Nutzer)	6	34

Informationsverhalten	%	Index
Gezielt	4	59
Zufällig	14	57
Ganz unterschiedlich	35	102
Schalten weg / Überblättern / Hören nicht zu	37	127
Unentschieden	10	191

Nutzung spezifischer Medienangebote zu Glaube und Religion

Nur themenspezifische Medienangebote im Internet (Webseiten, Social Media, Streaming) werden überdurchschnittlich genutzt.

Top 5 nach Prozent	%	Index
Pfarrbrief, Pfarrmagazin, Gemeindeblatt mit Informationen aus meiner Pfarrgemeinde	62	92
Pfarrserien im Fernsehen	54	99
Gespräche mit dem Pfarrer, anderen Seelsorgern oder Aktiven in der Pfarrgemeinde	53	99
Die Bibel	50	88
Das Wort zum Sonntag im Fernsehen	41	76

Top 5 nach Index	%	Index
Internetseiten, die sich mit Glauben und Religion beschäftigen	30	121
Angebote in sozialen Medien, die sich mit Glauben und Religion beschäftigen	23	120
Streamingangebote zu kirchlichen oder Glaubensthemen	12	105
Podcasts zu kirchlichen oder Glaubensthemen (Hörbeiträge im Internet)	10	101
Pfarrserien im Fernsehen	54	99

Lesen von (religiösen) Büchern

Bücher werden eher unterdurchschnittlich gelesen bzw. im Fall von E-Books und Hörbüchern gekauft.

Lesen von Büchern allgemein	%	Index
Buchleser	63	93
- häufige Buchleser (mind. einmal pro Woche)	44	94
Keine Buchleser	37	118
Käufer von E-Books	14	91

Lesen von religiösen Büchern	%	Index
Leser von religiösen Büchern	49	89
- häufige Leser (mind. etwa einmal pro Woche)	4	46
Keine Leser von religiösen Büchern	47	108
Käufer von Hörbüchern	12	92

Interesse an religiösen Büchern

Verstärktes Interesse an religiösen Büchern zur Kindererziehung und Partnerschafts- oder Lebenskrisen-Ratgebern.

Top 5 nach Prozent	%	Index
Bücher zur Bewältigung von Lebenskrisen, z.B. ausgelöst durch schwere Krankheiten, Todesfälle oder Trennung	27	118
Bücher über den Sinn des Lebens, auch zur Bewältigung von Sinnkrisen	24	81
Bücher über Kindererziehung, auch zum Thema »Wie man Kindern Glauben vermitteln kann«	20	161
Besinnliche Geschenkbücher	16	88
Bücher über moralische und ethische Fragen	15	92

Top 5 nach Index	%	Index
Bücher über Kindererziehung, auch zum Thema »Wie man Kindern Glauben vermitteln kann«	20	161
Kinderbücher mit religiösem Hintergrund, zu religiösen Themen	12	160
Ehe, Partnerschaft und Glaube (Ratgeber)	15	137
Bücher zur Bewältigung von Lebenskrisen, z.B. ausgelöst durch schwere Krankheiten, Todesfälle oder Trennung	27	118
Bücher zur Meditation	14	105

Internet – 95% dieses Milieus nutzen das Internet (Gesamtstichprobe: 81%)

Überdurchschnittliche Internetnutzung, nur ein Bruchteil ist offline.

Internet – Bekanntheit von Online-Angeboten kirchlicher Stellen (Basis: Internet-Nutzer)

Diverse Online-Angebote kirchlicher Stellen sind nur unterdurchschnittlich bekannt.

Bekanntheit von Online-Angeboten Top 5 nach Prozent	%	Index
Internetseite meiner Pfarrgemeinde	53	83
Internetangebote von kirchlichen Hilfswerken	52	83
Angebote meiner Pfarrgemeinde in sozialen Medien	40	98
Angebote von kirchlichen Verbänden, Hilfswerken, Bildungshäusern, Klöstern etc. in sozialen Medien	37	96
Internetseiten meines Bistums, meiner Diözese	36	81

Bekanntheit von Online-Angeboten Top 5 nach Index	%	Index
Angebote meiner Pfarrgemeinde in sozialen Medien wie Facebook, Twitter	40	98
Angebote von kirchlichen Verbänden, Hilfswerken, Bildungshäusern, Klöstern etc. in sozialen Medien	37	96
Angebote des Vatikan, der Weltkirche in sozialen Medien	32	92
Internetangebote katholischer Zeitschriften	22	92
Internetseite meiner Pfarrgemeinde	53	88

4.6 Sozialökologische

Ideologiekritische Religionsinteressierte, die sich eine zeitgemäße, selbstbewusste und karitative Kirche wünschen.

Interesse an Religion und Kirche

Religiös und kirchlich sehr interessiertes Milieu.

	%	Index
an religiösen Fragen sehr / ziemlich interessiert	45	150

	%	Index
an kirchlichen Themen sehr / ziemlich interessiert	44	141

Verbundenheit mit der Kirche

Ambivalentes Verhältnis zur Kirche: einerseits überdurchschnittlicher Anteil an Kirchgängern, andererseits hohe Austrittsbereitschaft

	%	Index
regelmäßige Kirchenbesuche: (fast) jeden Sonntag	21	121
Kirchenaustrittsgedanken	47	123

	%	Index
enge / mittlere Bindung an Pfarrgemeinde	35	99
Zufriedenheit mit Pfarrgemeinde	42	90

Selbstverortung im Kontext Glaube und Kirche

Die meisten sind der Kirche kritisch verbunden, nur wenige sind glaubensunsicher, nicht-religiös oder nicht-christlich religiös.

	%	Index
Kritische Kirchenverbundene	42	129
Kirchendistanzierte Christen	34	99
Gläubige Kirchennahe	9	60

	%	Index
Glaubensunsichere	5	74
Nicht-Religiöse	4	55
Religiös, aber nicht christlich	2	46

Image der Kirche

Deutliche Kritik an einer ausgrenzenden und sich abschirmenden Kirche, die nicht zur Lebensrealität der Menschen passt.

Top 5 nach Prozent	%	Index
Die Kirche hält teilweise zu starr an überholten Normen fest	83	119
Die Kirche bietet vielen Menschen Orientierung	72	116
Die Kirche müsste sich mehr an die Erwartungen der Menschen von heute anpassen	70	118
Die Kirche verhindert die Aufklärung von Missständen in den eigenen Reihen	68	116
Die Kirche ist für junge Menschen unattraktiv	57	101

Top 5 nach Index	%	Index
Die Kirche ist ängstlich, schirmt sich zu sehr ab	29	214
Frauen werden von der Kirche nicht ausreichend anerkannt	55	120
Die Kirche lebt das, was sie vertritt, oft zu wenig glaubwürdig vor	55	119
Die Kirche hält teilweise zu starr an überholten Normen fest	83	119
Die Kirche müsste sich mehr an die Erwartungen der Menschen von heute anpassen	70	118

Bottom 5 nach Prozent	%	Index
Die Kirche ist heute sehr offen und tolerant	7	80
Die Mitmenschlichkeit kommt in der Kirche zu kurz	9	52
Die Kirche ist in unserer Gesellschaft die einzige ernst zu nehmende moralische Instanz	15	95
Andersdenkende werden heute in der Kirche unterdrückt	18	102
In der Kirche kann man sich zuhause fühlen	19	89

Bottom 5 nach Index	%	Index
Mitmenschlichkeit kommt in der Kirche zu kurz	9	52
Die Kirche ist heute sehr offen und tolerant	7	80
In der Kirche kann man sich zuhause fühlen	19	89
In der Kirche findet man noch echtes Gemeinschaftsgefühl	21	89
Die Kirche ist in unserer Gesellschaft die einzige ernst zu nehmende moralische Instanz	15	95

Erwartungen an die Kirche

Deutliche Forderung nach einer emanzipativ-kritischen Haltung, Gender Mainstreaming, Aufklärungsarbeit und sozialdiakonisch-karitativem Engagement.

Top 5 nach Prozent	%	Index
Die Kirche setzt sich für soziale Zwecke ein, unterstützt Bedürftige und Schwache	90	102
Die Kirche spendet Trost in schwierigen Lebenslagen	77	107
Die Kirche bietet Beratungs- und Hilfsangebote, die einem in schwierigen Lebenslagen weiterhelfen	71	115
Die Kirche klärt Missstände in den eigenen Reihen auf	65	120
Die Kirche bietet Ruhe und Gelegenheit, Abstand vom Alltag zu gewinnen	65	113

Top 5 nach Index	%	Index
Die Kirche bietet gleichberechtigte Chancen für Männer und Frauen	46	134
Die Kirche ist offen gegenüber allen Menschen, grenzt niemanden aus, wie z.B. Homosexuelle oder Geschiedene	54	132
Die Kirche geht mit der Zeit, ist offen für Neues	45	130
Die Kirche bietet Antworten für moralische Probleme und Nöte	38	128
Die Kirche klärt Missstände in den eigenen Reihen auf	65	120

Themeninteressen

Weit überdurchschnittliches Interesse an Religionen und religiöser Vielfalt sowie an der gesellschaftlichen Rolle von Kirche.

Top 5 nach Prozent	%	Index
Menschenrechte	67	140
Soziale Gerechtigkeit	67	119
Nachhaltigkeit, Umwelt- und Klimaschutz	65	136
Gesundheit	55	85
Soziales Engagement	50	140

Top 5 nach Index	%	Index
Nichtchristliche Religionen und Kulturen wie Islam, Judentum, Buddhismus usw.	20	306
Welche Bedeutung die Kirche in der heutigen Gesellschaft hat	25	204
Neue Formen der Religion, andere Glaubensgemeinschaften	13	195
Berichte über kirchliche Ereignisse und Entwicklungen	21	191
Über den Sinn des Lebens	39	180

Am häufigsten genutzte Medien (Basis: täglich / fast täglich)

Hohe Affinität zu Qualitätsmedien (Print wie Online), Distanz zu Privatfernsehen.

Top 5 nach Prozent	%	Index
Öffentlich-rechtliches Fernsehen	66	112
Regionalzeitung, Tageszeitung hier aus der Gegend (nicht online)	57	113
Öffentlich-rechtliche Radiosender	48	126
Soziale Medien im Internet	32	100
Privatfernsehen	25	68

Top 5 nach Index	%	Index
Online-Angebote und Apps von Fernseh- oder Radiosendern wie	18	248
Online-Angebote und Apps von Zeitungen und Zeitschriften	12	187
Überregionale Tageszeitungen	9	181
Öffentlich-rechtliche Radiosender	48	126
Nachrichtenmagazine oder Wochenzeitungen	5	123

Beiträge zu Glaube und Kirche in den Medien: Nutzung und Informationsverhalten

Über alle Medien hinweg überdurchschnittliche Rezeption religiöser Angebote, besonders starke Nutzung digitaler kirchlicher Angebote während der Corona-Krise.

Nutzung ...	%	Index
... im Radio (häufig / gelegentlich)	38	122
... im TV (häufig / gelegentlich)	41	113
... im Internet (häufig / ab und zu / selten) (Basis: Internet-Nutzer)	50	115
... von digitalen kirchlichen Angeboten während der Corona-Krise (erstmals / häufiger genutzt) (Basis: Internet-Nutzer)	26	152

Informationsverhalten	%	Index
Gezielt	9	137
Zufällig	34	139
Ganz unterschiedlich	28	79
Schalten weg / Überblättern / Hören nicht zu	26	89
Unentschieden	4	70

Nutzung spezifischer Medienangebote zu Glaube und Religion

Hohe Affinität zu religiösen Medienangeboten, besonders zu religiösen Büchern, Zeitschriften(-beiträgen) und Podcasts.

Top 5 nach Prozent	%	Index
Pfarrbrief, Pfarrmagazin, Gemeindeblatt mit Informationen aus meiner Pfarrgemeinde	74	110
Bücher, die sich mit dem Glauben, mit Religion beschäftigen	69	142
Die Bibel	66	117
Berichte über Kirchen- und Glaubensfragen in Tageszeitungen und Zeitschriften	65	138
Nachrichten, Reportagen aus der kirchlichen Welt im Fernsehen	60	113

Top 5 nach Index	%	Index
Podcasts zu kirchlichen oder Glaubensthemen	18	184
Ordensmagazine	11	144
Bücher, die sich mit dem Glauben, mit Religion beschäftigen	69	142
Berichte über Kirchen- und Glaubensfragen in Tageszeitungen und Zeitschriften	65	138
Zeitschriften, die sich viel mit der Kirche und mit Glaubensfragen beschäftigen	40	137

Lesen von (religiösen) Büchern

Milieu mit höchstem Anteil an »Leseratten«, Kernzielgruppe religiöser Bücher, E-Books und Hörbücher.

Lesen von Büchern allgemein	%	Index
Buchleser	90	131
- häufige Buchleser (mind. einmal pro Woche)	62	134
Keine Buchleser	10	31
Käufer von E-Books	20	133

Lesen von religiösen Büchern	%	Index
Leser von religiösen Büchern	75	134
- häufige Leser (mind. etwa einmal pro Woche)	14	153
Keine Leser von religiösen Büchern	23	54
Käufer von Hörbüchern	25	196

Interesse an religiösen Büchern

Weit überdurchschnittliches Interesse an Büchern zu religiösen Themen – sowohl im Kern- als auch im Öffnungsbereich.

Top 5 nach Prozent	%	Index
Bücher über den Sinn des Lebens, auch zur Bewältigung von Sinnkrisen	51	172
Bücher über andere, nicht-christliche Religionen und Weltanschauungen, wie Islam, Buddhismus	39	220
Bücher über moralische und ethische Fragen	31	193
Bücher zur Bewältigung von Lebenskrisen	31	133
Bücher, in denen aktuelle Fragen aus Politik, Wirtschaft und Gesellschaft aus kirchlicher oder religiöser Sicht behandelt werden	30	209

Top 5 nach Index	%	Index
Bücher über andere, nicht-christliche Religionen und Weltanschauungen, wie Islam, Buddhismus	39	220
Bücher, in denen aktuelle Fragen aus Politik, Wirtschaft und Gesellschaft aus kirchlicher oder religiöser Sicht behandelt werden	30	209
Bücher über religiöse Kunst	11	202
Bücher über moralische und ethische Fragen	31	193
Bücher zur Meditation	25	188

Internet – 90% dieses Milieus nutzen das Internet (Gesamtstichprobe: 81%)

So gut wie keine Offliner in dieser Gruppe. Das Internet ersetzt aber nicht »die guten alten Printmedien« (v. a. Bücher).

Internet – Bekanntheit von Online-Angeboten kirchlicher Stellen (Basis: Internet-Nutzer)

Vergleichsweise gut im Bilde über kirchliche Internetangebote (auch in der Region), besonders Webauftritte der Bildungshäuser sind überdurchschnittlich vielen bekannt.

Bekanntheit von Online-Angeboten Top 5 nach Prozent	%	Index
Internetangebote von kirchlichen Hilfswerken	65	104
Internetseite meiner Pfarrgemeinde	62	101
Internetangebote von Akademien und Bildungshäusern der Kirche	56	125
Internetseiten meines Bistums, meiner Diözese	51	113
Internetseiten kirchlicher Verbände	48	104

Bekanntheit von Online-Angeboten Top 5 nach Index	%	Index
Internetangebote katholischer Zeitschriften	30	128
Internetangebote von Akademien und Bildungshäusern der Kirche	56	125
Angebote meines Bistums, meiner Diözese in sozialen Medien	41	119
Internetseite der Deutschen Bischofskonferenz	38	119
Angebote des Vatikan, der Weltkirche in sozialen Medien	41	118

4.7 Bürgerliche Mitte

Kirchliches Stammklientel, das von der Kirche seelsorgerische Hilfe, Rückhalt und Orientierung erwartet.

Interesse an Religion und Kirche

Leicht überdurchschnittliches Interesse an kirchlichen und religiösen Themen.

	%	Index
an religiösen Fragen sehr / ziemlich interessiert	33	108

	%	Index
an kirchlichen Themen sehr / ziemlich interessiert	34	108

Verbundenheit mit der Kirche

Recht hohe Kirchenverbundenheit, Gemeindenähe und Zufriedenheit mit der Pfarrgemeinde.

	%	Index
regelmäßige Kirchenbesuche: (fast) jeden Sonntag	23	132
Kirchenaustrittsgedanken	28	72

	%	Index
enge / mittlere Bindung an Pfarrgemeinde	42	120
Zufriedenheit mit Pfarrgemeinde	61	130

Selbstverortung im Kontext Glaube und Kirche

Kirchenmitgliedschaft gehört zum Leben dazu, ist Teil der Normalbiografie, auch wenn man mehr Öffnung und Menschlichkeit erwartet.

	%	Index
Kritische Kirchenverbundene	35	108
Kirchendistanzierte Christen	33	96
Gläubige Kirchennahe	20	138

	%	Index
Glaubensunsichere	6	81
Nicht-Religiöse	4	66
Religiös, aber nicht christlich	1	21

Image der Kirche

Kirche als Sozialdienstleisterin, Heimat und sicherer Hafen – allerdings nicht für Andersdenkende

Top 5 nach Prozent	%	Index
Die Kirche bietet vielen Menschen Orientierung	67	108
Die Kirche hält teilweise zu starr an überholten Normen fest	66	94
Die Kirche verhindert die Aufklärung von Missständen in den eigenen Reihen	64	109
Die Kirche engagiert sich sehr für soziale Anliegen	62	128
Die Kirche ist nach wie vor wichtig	60	124

Top 5 nach Index	%	Index
Die Kirche passt sich zu sehr an den Zeitgeist an	9	163
Die Kirche ist heute sehr offen und tolerant	13	153
In der Kirche kann man sich zu Hause fühlen	28	133
Andersdenkende werden heute in der Kirche unterdrückt	23	132
Die Kirche engagiert sich sehr für soziale Anliegen	62	128

Bottom 5 nach Prozent	%	Index
Die Kirche passt sich zu sehr an den Zeitgeist an	9	163
Die Kirche ist zu ängstlich, schirmt sich zu sehr ab	12	84
Die Kirche ist in unserer Gesellschaft die einzige ernst zu nehmende moralische Instanz	13	79
Die Kirche ist heute sehr offen und tolerant	13	153
Die Mitmenschlichkeit kommt in der Kirche zu kurz	14	85

Bottom 5 nach Index	%	Index
Die Kirche ist in unserer Gesellschaft die einzige ernst zu nehmende moralische Instanz	13	79
Die Kirche ist zu ängstlich, schirmt sich zu sehr ab	12	84
Die Mitmenschlichkeit kommt in der Kirche zu kurz	14	85
Das Klima in der Kirche ist heute nicht gut	19	86
Es gibt in der Kirche viele eindrucksvolle, ungewöhnliche Menschen	22	87

Erwartungen an die Kirche

Wunsch nach einer »persönlichen«, familienorientierten Kirche: Sie soll v. a. Kraft und Trost spenden und Orientierung geben.

Top 5 nach Prozent	%	Index
Die Kirche setzt sich für soziale Zwecke ein, unterstützt Bedürftige und Schwache	93	106
Die Kirche spendet Trost in schwierigen Lebenslagen	82	114
Bietet einen würdigen Rahmen, um wichtige Schritte im Leben zu feiern, zum Beispiel Taufe oder Hochzeit	78	108
Die Kirche bietet Ruhe und Gelegenheit, Abstand vom Alltag zu gewinnen	64	112
Die Kirche bietet Beratungs- und Hilfsangebote, die einem in schwierigen Lebenslagen weiterhelfen	55	90

Top 5 nach Index	%	Index
Der Gottesdienst in der Kirche gibt Kraft für den Alltag	43	118
Die Kirche spendet Trost in schwierigen Lebenslagen	82	114
Die Kirche bietet Ruhe und Gelegenheit, Abstand vom Alltag zu gewinnen	64	112
Die Kirche vertritt traditionelle Standpunkte, folgt nicht dem Zeitgeist	35	112
Die Kirche gibt Antwort auf die Frage nach dem Sinn des Lebens	52	111

Themeninteressen

Festhalten an traditionellen religiösen Praktiken, vergleichsweise großes Interesse an Themen rund um individuelle Lebenshilfe.

Top 5 nach Prozent	%	Index
Gesundheit	65	102
Soziale Gerechtigkeit	58	104
Menschenrechte	45	93
Soziales Engagement	44	123
Nachhaltigkeit, Umwelt- und Klimaschutz	42	88

Top 5 nach Index	%	Index
Wie man Kindern Glauben und Kirche näher bringen kann, religiöse Erziehung	22	149
Ratschläge für Ehe/Partnerschaft	12	149
Lebenshilfe, wie man mit seinem Leben und mit den Problemen, die man hat, besser zurechtkommt	22	139
Predigttexte, Bibeltexte	12	131
Kirchliches Brauchtum	15	130

Am häufigsten genutzte Medien (Basis: täglich / fast täglich)
Überdurchschnittliche Nutzung »klassischer Medien« (TV, Zeitung), leichter Hang zum Boulevard.

Top 5 nach Prozent	%	Index
Öffentlich-rechtliches Fernsehen	74	124
Regionalzeitung, Tageszeitung hier aus der Gegend (nicht online)	62	123
Öffentlich-rechtliche Radiosender	50	131
Privatfernsehen	48	128
Soziale Medien im Internet	20	64

Top 5 nach Index	%	Index
Öffentlich-rechtliche Radiosender	50	131
Privatfernsehen	48	128
Öffentlich-rechtliches Fernsehen	74	124
Regionalzeitung, Tageszeitung hier aus der Gegend (nicht online)	62	123
Boulevardzeitungen	7	119

Beiträge zu Glaube und Kirche in den Medien: Nutzung und Informationsverhalten
Überdurchschnittliche Rezeption religiöser Medienbeiträge, v. a. in Radio und TV, dabei vergleichsweise häufig gezieltes Einschalten.

Nutzung ...	%	Index
... im Radio (häufig / gelegentlich)	39	127
... im TV (häufig / gelegentlich)	45	124
... im Internet (häufig / ab und zu / selten) (Basis: Internet-Nutzer)	49	112
... von digitalen kirchlichen Angeboten während der Corona-Krise (erstmals / häufiger genutzt) (Basis: Internet-Nutzer)	12	73

Informationsverhalten	%	Index
Gezielt	11	165
Zufällig	32	129
Ganz unterschiedlich	33	95
Schalten weg / Überblättern / Hören nicht zu	22	74
Unentschieden	2,9	58

Nutzung spezifischer Medienangebote zu Glaube und Religion

Hohe Affinität zu religiöser Kommunikation – fiktionale Unterhaltungsangebote (Pfarrserien) werden ebenso überdurchschnittlich genutzt wie non-fiktionale Formate (Wort zum Sonntag, Nachrichten / Reportagen) und lokale Angebote (Pfarrbrief, Gespräche mit Gemeindemitarbeitern).

Top 5 nach Prozent	%	Index
Pfarrbrief, Pfarrmagazin, Gemeindeblatt mit Informationen aus meiner Pfarrgemeinde	81	120
Das Wort zum Sonntag im Fernsehen	69	128
Pfarrserien im Fernsehen	69	126
Gespräche mit dem Pfarrer, anderen Seelsorgern oder Aktiven in der Pfarrgemeinde	64	128
Nachrichten, Reportagen aus der kirchlichen Welt im Fernsehen	62	117

Top 5 nach Index	%	Index
Gottesdienstübertragungen im Radio	44	139
Das Wort zum Sonntag im Fernsehen	69	128
Zeitschriften, die sich viel mit der Kirche und mit Glaubensfragen beschäftigen	37	128
Wochenzeitungen, die sich viel mit kirchlichen oder religiösen Themen beschäftigen	32	127
Pfarrserien im Fernsehen	69	126

Lesen von (religiösen) Büchern

Durchschnittliche Affinität zu (religiösen) Büchern, Ablehnung von E-Books und Hörbüchern.

Lesen von Büchern allgemein	%	Index
Buchleser	67	98
- häufige Buchleser (mind. einmal pro Woche)	46	99
Keine Buchleser	33	105
Käufer von E-Books	8	54

Lesen von religiösen Büchern	%	Index
Leser von religiösen Büchern	58	104
- häufige Leser (mind. etwa einmal pro Woche)	9	104
Keine Leser von religiösen Büchern	41	96
Käufer von Hörbüchern	8	66

Interesse an religiösen Büchern
Breites religiöses Themeninteresse im Buchmarkt, besondere Affinität zu historischen Themen und Biografien sowie zu religiösen Praktiken (Brauchtümer, Erziehung).

Top 5 nach Prozent	%	Index
Bücher über den Sinn des Lebens, auch zur Bewältigung von Sinnkrisen	32	106
Bücher zur Bewältigung von Lebenskrisen	27	116
Bücher über die christliche Kirche und ihre Geschichte	22	135
Bibeln, Kinderbibeln	19	119
Bücher, die sich kritisch mit dem Christentum auseinandersetzen, Hintergründe, Enthüllungen	18	93

Top 5 nach Index	%	Index
Bücher über religiöses Brauchtum oder kirchliche Feste	17	153
Kinderbücher mit religiösem Hintergrund, zu religiösen Themen	11	145
Bücher über die christliche Kirche und ihre Geschichte	22	135
Bücher über Kindererziehung, auch zum Thema »Wie man Kindern Glauben vermitteln kann«	17	135
Bücher über das Leben christlicher Männer und Frauen	14	127

Internet – 74% dieses Milieus nutzen das Internet (Gesamtstichprobe: 81%)
Internet ist zwar kein Neuland mehr, dennoch wird es im Milieuvergleich nur unterdurchschnittlich genutzt.

Internet – Bekanntheit von Online-Angeboten kirchlicher Stellen (Basis: Internet-Nutzer)
Online-Angebote kirchlicher Stellen sind durchschnittlich bekannt.

Bekanntheit von Online-Angeboten Top 5 nach Prozent	%	Index
Internetangebote von kirchlichen Hilfswerken	63	100
Internetseite meiner Pfarrgemeinde	63	103
Internetseiten kirchlicher Verbände	46	101
Angebote meiner Pfarrgemeinde in sozialen Medien	44	107
Internetseiten meines Bistums, meiner Diözese	43	95

Bekanntheit von Online-Angeboten Top 5 nach Index	%	Index
Angebote meiner Pfarrgemeinde in sozialen Medien	44	107
Internetseite meiner Pfarrgemeinde	63	103
Internetseite der Deutschen Bischofskonferenz	33	103
Internetseite der Kirchenzeitung meines Bistums	41	102
Internetseiten kirchlicher Verbände	46	101

4.8 Traditionelle

Kirchliche Kernzielgruppe, die Kraft und Orientierung aus dem Glauben bezieht, die Kirche verteidigt und am Konzept der traditionellen Volkskirche festhält.

Interesse an Religion und Kirche

Im Milieuvergleich die am stärksten an Religion und Kirche interessierte Gruppe.

	%	Index
an religiösen Fragen sehr / ziemlich interessiert	45	151

	%	Index
an kirchlichen Themen sehr / ziemlich interessiert	49	159

Verbundenheit mit der Kirche

Starke Kirchenverbundenheit: höchster Anteil an treuen Kirchengängern und enger Bezug zur Pfarrgemeinde.

	%	Index
regelmäßige Kirchenbesuche: (fast) jeden Sonntag	35	205
Kirchenaustrittsgedanken	17	45

	%	Index
enge / mittlere Bindung an Pfarrgemeinde	53	152
Zufriedenheit mit Pfarrgemeinde	62	132

Selbstverortung im Kontext Glaube und Kirche

Im Milieuvergleich höchster Anteil an »Gläubigen Kirchennahen«; so gut wie keine Glaubensunsicheren.

	%	Index
Kritische Kirchenverbundene	39	119
Gläubige Kirchennahe	32	224
Kirchendistanzierte Christen	21	63

	%	Index
Glaubensunsichere	3	40
Religiös, aber nicht christlich	3	70
Nicht-Religiöse	2	37

Image der Kirche

Kirche ist Heimat, Sinnstifterin und moralische Autorität.

Top 5 nach Prozent	%	Index
Die Kirche bietet vielen Menschen Orientierung	74	120
Die Kirche ist nach wie vor wichtig	70	143
Die Kirche engagiert sich sehr für soziale Anliegen	51	106
Die Kirche ist für junge Menschen unattraktiv	50	89
Die Kirche hält teilweise zu starr an überholten Normen fest	48	68

Top 5 nach Index	%	Index
Die Kirche ist heute sehr offen und tolerant	18	211
Die Kirche ist in unserer Gesellschaft die einzige ernst zu nehmende moralische Instanz	29	177
In der Kirche findet man noch echtes Gemeinschaftsgefühl	40	173
In der Kirche kann man sich zu Hause fühlen	35	165
Die Kirche ist nach wie vor wichtig	70	143

Bottom 5 nach Prozent	%	Index
Die Kirche passt sich zu sehr an den Zeitgeist an	6	119
Die Kirche ist zu ängstlich, schirmt sich zu sehr ab	8	55
Andersdenkende werden heute in der Kirche unterdrückt	8	43
Die Mitmenschlichkeit kommt in der Kirche zu kurz	13	76
Das Klima in der Kirche ist heute nicht gut	17	77

Bottom 5 nach Index	%	Index
Andersdenkende werden heute in der Kirche unterdrückt	8	43
Die Kirche ist zu ängstlich, schirmt sich zu sehr ab	8	55
Die Kirche hält teilweise zu starr an überholten Normen fest	48	68
Die Kirche müsste sich mehr an die Erwartungen der Menschen von heute anpassen	43	74
Die Kirche verhindert die Aufklärung von Missständen in den eigenen Reihen	45	76

Erwartungen an die Kirche

Die Kirche soll dem Zeitgeist trotzen, sich auf ihre Traditionen besinnen und den Menschen Identität, Halt und Orientierung geben.

Top 5 nach Prozent	%	Index
Die Kirche setzt sich für soziale Zwecke ein, unterstützt Bedürftige und Schwache	80	92
Die Kirche spendet Trost in schwierigen Lebenslagen	74	103
Bietet einen würdigen Rahmen, um wichtige Schritte im Leben zu feiern, zum Beispiel Taufe oder Hochzeit	68	94
Die Kirche bietet Ruhe und Gelegenheit, Abstand vom Alltag zu gewinnen	56	98
Die Kirche bietet Beratungs- und Hilfsangebote, die einem in schwierigen Lebenslagen weiterhelfen	52	85

Top 5 nach Index	%	Index
Der Gottesdienst in der Kirche gibt Kraft für den Alltag	46	127
Die Kirche stärkt mich in meinen Glaubensüberzeugungen	42	125
Die Kirche vertritt traditionelle Standpunkte, folgt nicht dem Zeitgeist	38	122
Die Kirche gibt Antwort auf die Frage nach dem Sinn des Lebens	51	109
Die Kirche spendet Trost in schwierigen Lebenslagen	74	103

Themeninteressen

Hohes Interesse an der Pfarrgemeinde und an religiöser und kirchlicher Inspiration, geringes Interesse an sozialpolitischen Themen.

Top 5 nach Prozent	%	Index
Gesundheit	73	113
Soziale Gerechtigkeit	48	85
Über die Pfarrgemeinde, das, was in der Pfarrgemeinde passiert	39	173
Politik	37	102
Menschenrechte	32	66

Top 5 nach Index	%	Index
Aus dem Leben des Bistums, der Diözese	12	194
Über die Pfarrgemeinde, das, was in der Pfarrgemeinde passiert	39	173
Predigttexte, Bibeltexte	15	172
Stellungnahmen und Aussagen von Papst und Vatikan	20	150
Kirchliches Brauchtum	17	149

Am häufigsten genutzte Medien (Basis: täglich / fast täglich)

Starke Nutzung von öffentlich-rechtlichen Angeboten und Regionalzeitungen, höchste Nutzung kirchlicher Informationsangebote im Milieuvergleich.

Top 5 nach Prozent	%	Index
Öffentlich-rechtliches Fernsehen	84	140
Regionalzeitung, Tageszeitung hier aus der Gegend (nicht online)	74	146
Öffentlich-rechtliche Radiosender	39	102
Privatfernsehen	33	89
Private Radiosender	9	43

Top 5 nach Index	%	Index
Kirchliche Informationsangebote	6	218
Illustrierte (nicht online)	2	188
Regionalzeitung, Tageszeitung hier aus der Gegend (nicht online)	74	146
Öffentlich-rechtliches Fernsehen	84	140
Öffentlich-rechtliche Radiosender	39	102

Beiträge zu Glaube und Kirche in den Medien: Nutzung und Informationsverhalten

Im Milieuvergleich höchste gezielte Rezeption von Beiträgen zu Glaube und Kirche, vor allem über TV und Radio, starker Anstieg bei der Nutzung digitaler Angebote durch Corona.

Nutzung ...	%	Index
... im Radio (häufig / gelegentlich)	42	137
... im TV (häufig / gelegentlich)	54	148
... im Internet (häufig / ab und zu / selten) (Basis: Internet-Nutzer)	41	94
... von digitalen kirchlichen Angeboten während der Corona-Krise (erstmals / häufiger genutzt) (Basis: Internet-Nutzer)	33	194

Informationsverhalten	%	Index
Gezielt	12	181
Zufällig	22	90
Ganz unterschiedlich	48	137
Schalten weg / Überblättern / Hören nicht zu	12	40
Unentschieden	7	131

Nutzung spezifischer Medienangebote zu Glaube und Religion

Sehr hohe Nutzung von Medienangeboten zu Glaube und Religion, v. a. lokale Angebote und TV- und Radioformate.

Top 5 nach Prozent	%	Index
Pfarrbrief, Pfarrmagazin, Gemeindeblatt mit Informationen aus meiner Pfarrgemeinde	83	123
Pfarrserien im Fernsehen	71	131
Das Wort zum Sonntag im Fernsehen	69	125
Gespräche mit dem Pfarrer, anderen Seelsorgern oder Aktiven in der Pfarrgemeinde	67	125
Die Bibel	66	116

Top 5 nach Index	%	Index
Gottesdienstübertragungen im Radio	46	146
Gottesdienstübertragungen im Fernsehen	61	140
Die Kirchenzeitung meiner Diözese, das Bistumsblatt	49	135
Pfarrserien im Fernsehen	71	131
Ordensmagazine	10	130

Lesen von (religiösen) Büchern

Relativ hoher Anteil an Viellesern religiöser Bücher, aber geringster Anteil an Buchlesern allgemein; E-Books und Hörbücher werden so gut wie gar nicht bezogen

Lesen von Büchern allgemein	%	Index
Buchleser	52	76
- häufige Buchleser (mind. einmal pro Woche)	37	80
Keine Buchleser	48	154
Käufer von E-Books	3	20

Lesen von religiösen Büchern	%	Index
Leser von religiösen Büchern	52	93
- häufige Leser (mind. etwa einmal pro Woche)	14	160
Keine Leser von religiösen Büchern	47	109
Käufer von Hörbüchern	1	11

Interesse an religiösen Büchern
Breites Interesse an religiöser Literatur (Primärtexte, Geschichte, Begleiter im religiösen Alltag).

Top 5 nach Prozent	%	Index
Bücher über den Sinn des Lebens, auch zur Bewältigung von Sinnkrisen	22	74
Bücher über die christliche Kirche und ihre Geschichte	22	133
Bibeln, Kinderbibeln	21	133
Romane und Erzählungen zu religiösen Themen	21	150
Bücher zur Bewältigung von Lebenskrisen	21	91

Top 5 nach Index	%	Index
Gebetbücher	19	215
Anleitungen zum religiösen Leben	6	171
Bücher über das Leben christlicher Männer und Frauen	17	158
Romane und Erzählungen zu religiösen Themen	21	150
Bücher über die christliche Kirche und ihre Geschichte	22	133

Internet – 37% dieses Milieus nutzen das Internet (Gesamtstichprobe: 81%)
Geringster Anteil an Internet-Nutzern, zwei Drittel nutzen das Internet gar nicht.

Internet – Bekanntheit von Online-Angeboten kirchlicher Stellen (Basis: Internet-Nutzer)
Die wenigen Internetnutzer kennen überdurchschnittlich oft Online-Angebote kirchlicher Stellen, vor allem die Internetseite der eigenen Pfarrgemeinde.

Bekanntheit von Online-Angeboten Top 5 nach Prozent	%	Index
Internetseite meiner Pfarrgemeinde	71	117
Internetangebote von kirchlichen Hilfswerken	61	97
Internetseiten kirchlicher Verbände	53	115
Internetseiten meines Bistums, meiner Diözese	47	105
Internetangebote von Akademien und Bildungshäusern der Kirche	46	103

Bekanntheit von Online-Angeboten Top 5 nach Index	%	Index
Internetseite der Deutschen Bischofskonferenz	41	128
Internetseite meiner Pfarrgemeinde	71	117
Internetangebote katholischer Zeitschriften	28	117
Internetseiten kirchlicher Verbände	53	115
Internetseite der Kirchenzeitung meines Bistums	45	113

4.9 Prekäre

Stark Kirchendistanzierte mit wenig Vertrauen in das sozialdiakonische Handeln der Kirche, aber überdurchschnittlicher Affinität zu quasi-religiösen Sinnstiftungsangeboten.

Interesse an Religion und Kirche

Eines der Milieus mit der größten Distanz zu Religion, Glauben und Kirche.

	%	Index
an religiösen Fragen sehr / ziemlich interessiert	22	73

	%	Index
an kirchlichen Themen sehr / ziemlich interessiert	20	63

Verbundenheit mit der Kirche

Nur wenige treue Kirchengänger, sehr schwache Gemeindebindung und recht hohe Austrittsbereitschaft.

	%	Index
regelmäßige Kirchenbesuche: (fast) jeden Sonntag	8	43
Kirchenaustrittsgedanken	48	124

	%	Index
enge / mittlere Bindung an Pfarrgemeinde	26	74
Zufriedenheit mit Pfarrgemeinde	27	58

Selbstverortung im Kontext Glaube und Kirche

Überdurchschnittlicher Anteil an Glaubensunsicheren, Nicht-Religiösen und Nichtchristlich-Religiösen

	%	Index
Kirchendistanzierte Christen	38	111
Kritische Kirchenverbundene	25	76
Glaubensunsichere	11	149

	%	Index
Nicht-Religiöse	10	152
Gläubige Kirchennahe	8	57
Religiös, aber nicht christlich	7	194

Image der Kirche

Die Prekären stellen der Kirche mit Blick auf ihre karitative Arbeit und sozial-integrative Kraft ein schlechtes Zeugnis aus.

Top 5 nach Prozent	%	Index
Die Kirche hält teilweise zu starr an überholten Normen fest	66	94
Die Kirche ist für junge Menschen unattraktiv	60	106
Die Kirche verhindert die Aufklärung von Missständen in den eigenen Reihen	56	95
Die Sprache der Kirche, das Vokabular, ist teilweise veraltet	51	105
Die Kirche müsste sich mehr an die Erwartungen der Menschen von heute anpassen	51	86

Top 5 nach Index	%	Index
Die Mitmenschlichkeit kommt in der Kirche zu kurz	25	153
Die Kirche passt sich zu sehr an den Zeitgeist an	7	123
Die Kirche ist heute sehr offen und tolerant	10	119
Die Kirche begründet ihre Haltungen oft zu wenig	26	113
Die Kirche ist zu ängstlich, schirmt sich zu sehr ab	15	110

Bottom 5 nach Prozent	%	Index
Die Kirche passt sich zu sehr an den Zeitgeist an	7	123
Es gibt in der Kirche viele eindrucksvolle, ungewöhnliche Menschen	8	30
Die Kirche ist in unserer Gesellschaft die einzige ernst zu nehmende moralische Instanz	9	58
Die Kirche ist heute sehr offen und tolerant	10	119
Die Kirche ist ein Anwalt für die Schwachen und Unterdrückten	11	62

Bottom 5 nach Index	%	Index
Es gibt in der Kirche viele eindrucksvolle, ungewöhnliche Menschen	8	30
In der Kirche findet man noch echtes Gemeinschaftsgefühl	12	50
Die Kirche ist nach wie vor wichtig	26	53
Die Kirche engagiert sich sehr für soziale Anliegen	26	54
Die Kirche ist in unserer Gesellschaft die einzige ernst zu nehmende moralische Instanz	9	58

Erwartungen an die Kirche

Vergleichsweise deutlicher Wunsch nach religiöser Orientierung und Rückbesinnung auf christliche Grundwerte.

Top 5 nach Prozent	%	Index
Die Kirche setzt sich für soziale Zwecke ein, unterstützt Bedürftige und Schwache	86	97
Bietet einen würdigen Rahmen, um wichtige Schritte im Leben zu feiern, zum Beispiel Taufe oder Hochzeit	72	100
In der Kirche findet man Ansprechpartner oder Hilfe, wenn man sie braucht	60	107
Die Kirche spendet Trost in schwierigen Lebenslagen	59	81
Die Kirche bietet Ruhe und Gelegenheit, Abstand vom Alltag zu gewinnen	58	102

Top 5 nach Index	%	Index
Die Kirche stärkt mich in meinen Glaubensüberzeugungen	42	126
Die Kirche vertritt traditionelle Standpunkte, folgt nicht dem Zeitgeist	36	115
Die Kirche bietet gleichberechtigte Chancen für Männer und Frauen	39	114
In der Kirche findet man Ansprechpartner oder Hilfe, wenn man sie braucht	60	107
Die Kirche bietet Ruhe und Gelegenheit, Abstand vom Alltag zu gewinnen	58	102

Themeninteressen

Geringes Interesse an sozial-ökologischen Herausforderungen, überdurchschnittliche Affinität zu Anti-Stress-Angeboten und Esoterik.

Top 5 nach Prozent	%	Index
Gesundheit	65	101
Soziale Gerechtigkeit	45	79
Nachhaltigkeit, Umwelt- und Klimaschutz	35	74
Menschenrechte	32	67
Über Reisen, Reiseberichte, Urlaubstipps	30	80

Top 5 nach Index	%	Index
Esoterik	8	187
Entspannungstechniken, z.B. Meditation	18	139
Tipps für Haushalt und Garten	28	121
Ratschläge für Ehe/Partnerschaft	9	113
Lebenshilfe, wie man mit seinem Leben und mit den Problemen, die man hat, besser zurechtkommt	16	103

Am häufigsten genutzte Medien (Basis: täglich / fast täglich)

Eher unterdurchschnittliche Mediennutzung mit starkem Fokus auf Boulevard (Print und TV).

Top 5 nach Prozent	%	Index
Öffentlich-rechtliches Fernsehen	55	93
Regionalzeitung, Tageszeitung hier aus der Gegend (nicht online)	44	87
Privatfernsehen	38	102
Öffentlich-rechtliche Radiosender	29	76
Private Radiosender	20	97

Top 5 nach Index	%	Index
Boulevardzeitungen	10	175
Illustrierte	1	124
Privatfernsehen	38	102
Kirchliche Informationsangebote	3	97
Private Radiosender	20	97

Beiträge zu Glaube und Kirche in den Medien: Nutzung und Informationsverhalten

Stark unterdurchschnittliche Rezeption von Medienbeiträgen zu Glaube und Kirche.

Nutzung ...	%	Index
... im Radio (häufig / gelegentlich)	23	74
... im TV (häufig / gelegentlich)	32	88
... im Internet (häufig / ab und zu / selten) (Basis: Internet-Nutzer)	37	84
... von digitalen kirchlichen Angeboten während der Corona-Krise (erstmals / häufiger genutzt) (Basis: Internet-Nutzer)	9	54

Informationsverhalten	%	Index
Gezielt	5	78
Zufällig	21	85
Ganz unterschiedlich	36	103
Schalten weg / Überblättern / Hören nicht zu	35	122
Unentschieden	3	58

Nutzung spezifischer Medienangebote zu Glaube und Religion

Stark unterdurchschnittliche Nutzung aller Medienangebote zu Glaube und Kirche.

Top 5 nach Prozent	%	Index
Pfarrbrief, Pfarrmagazin, Gemeindeblatt mit Informationen aus meiner Pfarrgemeinde	62	92
Das Wort zum Sonntag im Fernsehen	54	100
Pfarrserien im Fernsehen	51	93
Die Bibel	50	88
Nachrichten, Reportagen aus der kirchlichen Welt im Fernsehen	47	89

Top 5 nach Index	%	Index
Ordensmagazine	8	101
Das Wort zum Sonntag im Fernsehen	54	100
Gottesdienstübertragungen im Fernsehen	44	99
Worte für den Tag im Radio	44	97
Pfarrserien im Fernsehen	51	93

Lesen von (religiösen) Büchern

Vergleichsweise hoher Anteil an Nicht-Buchlesern (insbesondere religiöse Bücher), Distanz zu E-Books und Hörbüchern.

Lesen von Büchern allgemein	%	Index
Buchleser	61	90
- häufige Buchleser (mind. einmal pro Woche)	45	98
Keine Buchleser	39	124
Käufer von E-Books	10	64

Lesen von religiösen Büchern	%	Index
Leser von religiösen Büchern	47	85
- häufige Leser (mind. etwa einmal pro Woche)	6	70
Keine Leser von religiösen Büchern	53	123
Käufer von Hörbüchern	5	40

Interesse an religiösen Büchern

Überdurchschnittliches Interesse an Ratgebern zu Lebens- und Sinnkrisen.

Top 5 nach Prozent	%	Index
Bücher über den Sinn des Lebens, auch zur Bewältigung von Sinnkrisen	34	112
Bücher zur Bewältigung von Lebenskrisen	26	114
Bücher über andere, nicht-christliche Religionen und Weltanschauungen, wie Islam, Buddhismus	19	104
Besinnliche Geschenkbücher	19	100
Bücher, die sich kritisch mit dem Christentum auseinandersetzen, Hintergründe, Enthüllungen	18	94

Top 5 nach Index	%	Index
Bücher über religiöse Kunst	8	138
Bücher zur Bewältigung von Lebenskrisen	26	114
Bücher über den Sinn des Lebens, auch zur Bewältigung von Sinnkrisen	34	112
Bücher über andere, nicht-christliche Religionen und Weltanschauungen, wie Islam, Buddhismus	19	104
Ehe, Partnerschaft und Glaube (Ratgeber)	11	102

Internet – 76% dieses Milieus nutzen das Internet (Gesamtstichprobe: 81%)

Prekäre nutzen das Internet leicht unterdurchschnittlich.

Internet – Bekanntheit von Online-Angeboten kirchlicher Stellen (Basis: Internet-Nutzer)

Online-Angebote kirchlicher Stellen sind durchschnittlich bekannt.

Bekanntheit von Online-Angeboten Top 5 nach Prozent	%	Index
Internetangebote von kirchlichen Hilfswerken	61	97
Internetseite meiner Pfarrgemeinde	59	97
Internetseiten kirchlicher Verbände	48	104
Internetseiten meines Bistums, meiner Diözese	43	95
Internetangebote von Akademien und Bildungshäusern der Kirche	41	92

Bekanntheit von Online-Angeboten Top 5 nach Index	%	Index
Internetseiten kirchlicher Verbände	48	104
Angebote von Einzelpersonen (»Influencer«), die sich regelmäßig in sozialen Medien zu christlichen Themen äußern	29	99
Internetangebote von kirchlichen Hilfswerken	61	97
Internetseite meiner Pfarrgemeinde	59	97
Internetseiten meines Bistums, meiner Diözese	43	95

4.10 Hedonisten

Kirchenferne Glaubensdistanzierte und -verunsicherte mit einer gewissen Offenheit für spirituellen Lifestyle.

Interesse an Religion und Kirche

Nur geringes Interesse an Religion und Kirche.

	%	Index
an religiösen Fragen sehr / ziemlich interessiert	19	82

	%	Index
an kirchlichen Themen sehr / ziemlich interessiert	19	61

Verbundenheit mit der Kirche

So gut wie keine treuen Kirchengänger und keine Bindung an die Gemeinde, entsprechend hohe Austrittsbereitschaft.

	%	Index
regelmäßige Kirchenbesuche: (fast) jeden Sonntag	6	34
Kirchenaustrittsgedanken	51	133

	%	Index
enge / mittlere Bindung an Pfarrgemeinde	17	49
Zufriedenheit mit Pfarrgemeinde	33	70

Selbstverortung im Kontext Glaube und Kirche

Vergleichsweise hoher Anteil an Nicht-Religiösen und Glaubensunsicheren, nur wenige Kirchenverbundene.

	%	Index
Kirchendistanzierte Christen	38	110
Kritische Kirchenverbundene	18	54
Nicht-Religiöse	15	229

	%	Index
Glaubensunsichere	14	199
Gläubige Kirchennahe	6	42
Religiös, aber nicht christlich	6	155

Image der Kirche

Kirche als Moralapostel und Spaßverderber, Vorwurf der Ausgrenzung, Festgefahrenheit, Überalterung und Spießigkeit.

Top 5 nach Prozent	%	Index
Die Kirche hält teilweise zu starr an überholten Normen fest	66	96
Die Kirche ist für junge Menschen unattraktiv	65	115
Die Kirche verhindert die Aufklärung von Missständen in den eigenen Reihen	59	100
Die Kirche müsste sich mehr an die Erwartungen der Menschen von heute anpassen	56	94
Die Kirche lebt das, was sie vertritt, oft zu wenig glaubwürdig vor	50	109

Top 5 nach Index	%	Index
Das Klima in der Kirche ist heute nicht gut	37	167
Die Kirche ist zu ängstlich, schirmt sich zu sehr ab	20	144
Die Mitmenschlichkeit kommt in der Kirche zu kurz	21	129
Andersdenkende werden heute in der Kirche unterdrückt	22	123
Die Kirche ist für junge Menschen unattraktiv	65	115

Bottom 5 nach Prozent	%	Index
Die Kirche ist heute sehr offen und tolerant	2	26
Die Kirche passt sich zu sehr an den Zeitgeist an	5	99
Die Kirche ist in unserer Gesellschaft die einzige ernst zu nehmende moralische Instanz	5	34
In der Kirche kann man sich zu Hause fühlen	12	56
In der Kirche findet man noch echtes Gemeinschaftsgefühl	12	52

Bottom 5 nach Index	%	Index
Die Kirche ist heute sehr offen und tolerant	2	26
Die Kirche ist in unserer Gesellschaft die einzige ernst zu nehmende moralische Instanz	5	34
In der Kirche findet man noch echtes Gemeinschaftsgefühl	12	52
In der Kirche kann man sich zu Hause fühlen	12	56
Die Kirche ist nach wie vor wichtig	27	56

Erwartungen an die Kirche

Vor allem Kritik an der Sexualmoral, Forderung nach Öffnung und Verjüngung.

Top 5 nach Prozent	%	Index
Die Kirche setzt sich für soziale Zwecke ein, unterstützt Bedürftige und Schwache	83	95
Bietet einen würdigen Rahmen, um wichtige Schritte im Leben zu feiern, zum Beispiel Taufe oder Hochzeit	64	88
Die Kirche bietet Beratungs- und Hilfsangebote, die einem in schwierigen Lebenslagen weiterhelfen	58	94
Die Kirche spendet Trost in schwierigen Lebenslagen	57	80
In der Kirche findet man Ansprechpartner oder Hilfe, wenn man sie braucht	55	98

Top 5 nach Index	%	Index
Die Kirche bietet gleichberechtigte Chancen für Männer und Frauen	42	123
Die Kirche ist offen gegenüber allen Menschen, grenzt niemanden aus, wie zum Beispiel Homosexuelle oder Geschiedene	49	121
Die Kirche bietet Antworten für moralische Probleme und Nöte	34	113
Die Kirche geht mit der Zeit, ist offen für Neues	38	108
Die Kirche klärt Missstände in den eigenen Reihen auf	54	99

Themeninteressen

Überdurchschnittliches Interesse an Themen, die die Kirche bedienen kann: Spiritualität und Lebenshilfe

Top 5 nach Prozent	%	Index
Gesundheit	60	94
Soziale Gerechtigkeit	52	93
Menschenrechte	48	99
Sport	44	135
Nachhaltigkeit, Umwelt- und Klimaschutz	43	91

Top 5 nach Index	%	Index
Esoterik	6	140
Lebenshilfe, wie man mit seinem Leben und mit den Problemen, die man hat, besser zurechtkommt	22	138
Sport	44	135
Entspannungstechniken, z.B. Meditation	17	131
Ratschläge für Ehe/Partnerschaft	10	125

Am häufigsten genutzte Medien (Basis: täglich / fast täglich)
Starke Nutzung sozialer Medien, Hang zur »Yellow Press«

Top 5 nach Prozent	%	Index
Soziale Medien im Internet	49	153
Öffentlich-rechtliches Fernsehen	43	72
Privatfernsehen	40	108
Öffentlich-rechtliche Radiosender	32	83
Regionalzeitung, Tageszeitung hier aus der Gegend (nicht online)	32	62

Top 5 nach Index	%	Index
Soziale Medien im Internet	49	153
Boulevardzeitungen	8	148
Illustrierte (nicht online)	1	139
Private Radiosender	26	127
Nachrichtenmagazine oder Wochenzeitungen (nicht online)	4	116

Beiträge zu Glaube und Kirche in den Medien: Nutzung und Informationsverhalten
Medienbeiträge zu Glaube und Kirche werden kaum genutzt, sie werden sogar von der Hälfte bewusst gemieden.

Nutzung ...	%	Index
... im Radio (häufig / gelegentlich)	25	79
... im TV (häufig / gelegentlich)	24	65
... im Internet (häufig / ab und zu / selten) (Basis: Internet-Nutzer)	36	81
... von digitalen kirchlichen Angeboten während der Corona-Krise (erstmals / häufiger genutzt) (Basis: Internet-Nutzer)	15	90

Informationsverhalten	%	Index
Gezielt	3	44
Zufällig	17	70
Ganz unterschiedlich	27	77
Schalten weg / Überblättern / Hören nicht zu	46	157
Unentschieden	8	152

Nutzung spezifischer Medienangebote zu Glaube und Religion

Überdurchschnittliche Affinität zu digitalen Angeboten zu Glaubensthemen

Top 5 nach Prozent	%	Index
Pfarrbrief, Pfarrmagazin, Gemeindeblatt mit Informationen aus meiner Pfarrgemeinde	50	74
Die Bibel	48	85
Pfarrserien im Fernsehen	47	87
Das Wort zum Sonntag im Fernsehen	44	82
Kurzbeiträge zu kirchlichen Themen im Radio	41	101

Top 5 nach Index	%	Index
Podcasts zu kirchlichen oder Glaubensthemen	14	146
Angebote in sozialen Medien, die sich mit Glauben und Religion beschäftigen	27	144
Streamingangebote zu kirchlichen oder Glaubensthemen	16	142
Ordensmagazine	10	128
Internetseiten, die sich mit Glauben und Religion beschäftigen	27	108

Lesen von (religiösen) Büchern

Überdurchschnittlicher Anteil an Käufern von religiösen E-Books und Hörbüchern, es gibt aber nur sehr wenige Vielleser religiöser Bücher.

Lesen von Büchern allgemein	%	Index
Buchleser	71	104
- häufige Buchleser (mind. einmal pro Woche)	40	85
Keine Buchleser	29	93
Käufer von E-Books	17	114

Lesen von religiösen Büchern	%	Index
Leser von religiösen Büchern	48	86
- häufige Leser (mind. etwa einmal pro Woche)	5	56
Keine Leser von religiösen Büchern	50	117
Käufer von Hörbüchern	18	142

Interesse an religiösen Büchern

Am stärksten sind Hedonisten an religiösen Büchern zum Thema Alltagsbewältigung und Sinnkrisen interessiert; im Milieuvergleich zeigen sie eine besonders hohe Affinität zu Lifestyle-Büchern, die sich mit Anleitungen zum religiösen Leben, Kunst und Meditation beschäftigen.

Top 5 nach Prozent	%	Index
Bücher über den Sinn des Lebens, auch zur Bewältigung von Sinnkrisen	32	107
Bücher zur Bewältigung von Lebenskrisen	23	101
Besinnliche Geschenkbücher	23	122
Bücher, die sich kritisch mit dem Christentum auseinandersetzen, Hintergründe, Enthüllungen	22	113
Bücher zur Meditation	21	157

Top 5 nach Index	%	Index
Anleitungen zum religiösen Leben	7	175
Bücher über religiöse Kunst	9	165
Bücher zur Meditation	21	157
Besinnliche Geschenkbücher	23	122
Bücher, die sich kritisch mit dem Christentum auseinandersetzen, Hintergründe, Enthüllungen	22	113

Internet – 93% dieses Milieus nutzen das Internet (Gesamtstichprobe: 81%)

Fast alle Hedonisten sind online.

Internet – Bekanntheit von Online-Angeboten kirchlicher Stellen (Basis: Internet-Nutzer)

Hohe Awareness von Influencer-Beiträgen zu christlichen Themen oder Angeboten kirchlicher Stellen in Social Media.

Bekanntheit von Online-Angeboten Top 5 nach Prozent	%	Index
Internetangebote von kirchlichen Hilfswerken	61	96
Internetseite meiner Pfarrgemeinde	51	83
Angebote von kirchlichen Verbänden, Hilfswerken, Bildungshäusern, Klöstern etc. in sozialen Medien	47	123
Angebote meiner Pfarrgemeinde in sozialen Medien	42	103
Internetseiten kirchlicher Verbände	39	85

Bekanntheit von Online-Angeboten Top 5 nach Index	%	Index
Angebote von Einzelpersonen (»Influencer«), die sich regelmäßig in sozialen Medien zu christlichen Themen äußern	37	128
Angebote von kirchlichen Verbänden, Hilfswerken, Bildungshäusern, Klöstern etc. in sozialen Medien	47	123
Angebote des Vatikan, der Weltkirche in sozialen Medien	39	110
Internetangebote von Ordensgemeinschaften, Klöstern	31	105
Angebote meiner Pfarrgemeinde in sozialen Medien	42	103

5 MILIEUSPEZIFISCHE EMPFEHLUNGEN

Die Milieuanalyse des MDG-Trendmonitors 2020/21 legt nahe, dass die katholische Kirche ihrem Anspruch, Volkskirche zu sein, nicht gerecht wird: Sie erreicht nicht alle sozialen Milieus bzw. kann nur wenige Lebenswelten nachhaltig an sich binden. Die vorgelegte Analyse macht deutlich, wo die verschiedenen gesellschaftlichen Milieus im Spektrum von kirchennah bis kirchendistanziert verortet werden können und welche spezifischen Brücken und Barrieren im Zugang zu Kirche bestehen. Im Folgenden werden aus den milieudifferenzierten Ergebnissen Handlungsbedarfe und Empfehlungen für die Kirche abgeleitet.

5.1 Allgemeine strategische Empfehlungen

Die Kirche muss das Thema Kirchenbindung sehr ernst nehmen und dabei zielgruppenspezifisch vorgehen.

In nur einem von zehn Milieus – bei den Traditionellen – besteht gleichermaßen eine Bindung zur Pfarrgemeinde, ein Interesse an kirchlichen Themen sowie eine niedrige Kirchenaustrittsbereitschaft. Diese Gruppe ist aber ein überaltertes »Schrumpfmilieu«: Bis 2030 wird es unseren Hochrechnungen zufolge nur noch 4 % der Bevölkerung ab 14 Jahren ausmachen (minus 7 % im Vergleich zu 2020). Die Kirche muss sich also um »Nachwuchs« in den Gemeinden bemühen. Hier wäre die Empfehlung, sich zuvorderst um die Milieus zu bemühen, die mit kirchlichen und Glaubensthemen kommunikativ überhaupt erreichbar sind. Kurz- und mittelfristig sollten die Ressourcen deshalb auf die konservativ geprägten Milieus der gesellschaftlichen Mitte (Bürgerliche Mitte, Konservativ-Etablierte) und die postmateriell geprägten Milieus (Liberal-Intellektuelle, Sozialökologische) gelenkt werden. Diese Gruppen sind altersmäßig nahe beieinander, an kirchlichen Themen mehr oder weniger interessiert, halten religiöse Erziehung grundsätzlich für wichtig und sind trotz aller Kirchenkritik mehrheitlich nicht austrittsbereit. All dies trifft nicht auf die moderne Unterschicht (Prekäre, Hedonisten) und die modernen Leitmilieus (Performer, Expeditive) zu, von denen es viele sogar ablehnen, sich als religiös zu bezeichnen (Abbildung 66).

IN WELCHEN SINUS-MILIEUS SIND WELCHE GLAUBENSTYPEN ÜBERREPRÄSENTIERT?

Abbildung 66

Die Adaptiv-Pragmatischen wären, so unsere Einschätzung, eher langfristig als Zielgruppe aufzubauen. Dieses Milieu ist zwar aktuell – bis auf das Thema Kasualien – an Religion und Kirche wenig interessiert, steht aber trotz Kirchendistanz (noch) nicht vor dem Absprung. Mit seiner modernen, aber bodenständigen Grundorientierung bildet es das Scharnier zwischen traditionellen und postmodernen Milieus (Abbildung 67). Wichtige Themen für diese Zielgruppe sind Familie, Beziehung und Freundschaft. Kirchliche Angebote müssten Glauben und Religion/Spiritualität als praktische Hilfen zum Leben und zur Bewältigung eigener Krisen formatieren.

MILIEU-POSITIONIERUNG NACH KIRCHENINTERESSE UND AUSTRITTSGEDANKEN

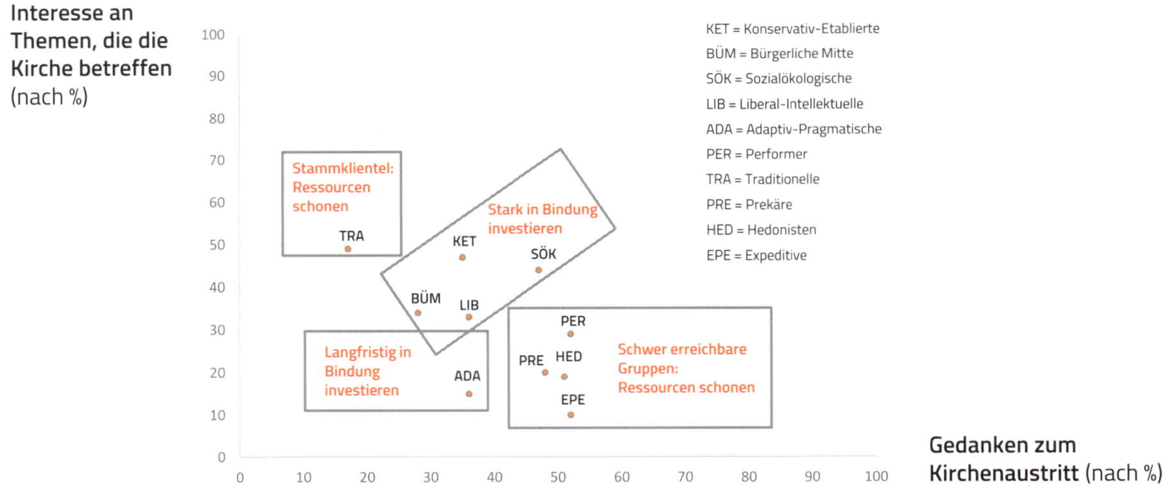

Abbildung 67

Ob die Kirche in der Kommunikation stärker ihre Traditionsbestände und ihre konservative Moral in den Vordergrund stellen oder eher ihre Modernisierungsbereitschaft betonen soll, ist zielgruppenspezifisch unterschiedlich zu behandeln.

Besonders für die jungen und postmateriell geprägten Milieus ist die in ihren Augen »Unzeitgemäßheit« der katholischen Kirche ein Manko, das zu ernstzunehmender und wachsender Distanz führt. In diesen Gruppen besteht zwischen Wunsch und Wirklichkeit kirchlicher Modernisierung die größte Diskrepanz. Um diese Milieus kommunikativ zu erreichen, müsste deutlich stärker auf »contemporary needs« (z. B. Bildung und Erziehung) und säkulare Themen (z. B. soziale Gerechtigkeit und Nachhaltigkeit) eingegangen werden. Vor allem die kirchliche Sexualmoral und »gender politics« sind diesen Gruppen ein Dorn im Auge und resultieren in Abkehr von der Kirche.

Im Kernpotential der Traditionellen könnte am ehesten vermittelt werden, dass die Kirche authentisch bei ihren Wurzeln bleibt und sich dem Zeitgeist nicht anpasst. Die Traditionellen fordern am wenigsten, dass die Kirche ihre offizielle Haltung zu Abtreibung, Homosexualität, Zölibat etc. überdenken soll. Aber selbst in dieser Lebenswelt, und viel stärker noch in den anderen kirchlichen Kernzielgruppen der Konservativ-Etablierten und der Bürgerlichen Mitte, ist zu berücksichtigen, dass jeweils eine deutliche Mehrheit mit der kirchlichen Haltung zu Gender und Sexualität nicht einverstanden ist.

Es ist davon auszugehen, dass viele Katholiken Verständnis dafür haben, dass innerkirchliche Reformprozesse in einer »Großorganisation« wie der katholischen Kirche schwer gestaltbar sind. Es sollten aber zumindest »weak signals« der Veränderungsfähigkeit und des Veränderungswillens glaubhaft transparent gemacht werden. Hierfür müssen – zusätzlich zum Papst – eindrucksvolle, ungewöhnliche Menschen als »Aushängeschilder« gefunden werden – noch mangelt es an diesen: Denn nur ein Viertel der Befragten meint, dass es solche Persönlichkeiten in der Kirche gibt.

Unabhängig von der gebotenen und bislang beschriebenen zielgruppenspezifischen Ressourcenbündelung muss die Kirche den verbreiteten Desintegrationstendenzen entgegenwirken. Dafür kann mit einer »Brückenlogik« gearbeitet werden. Die zentralen Fragen hierbei lauten: Wo sind die Schnittstellen zwischen kirchenaffinen und kirchendistanzierten Gruppen? Mit welchen Botschaften, Themen, Aktionen ist es möglich, diese beiden Lager miteinander zu verbinden, ohne dass sich die eine oder andere Gruppe abgestoßen fühlt? Dabei muss berücksichtigt werden, dass kirchliche Regeln und Traditionen für die einen notwendigen Halt und Orientierung geben, für die anderen aber einschränkend wirken und sogar Ablehnung hervorrufen. Wie kann dieser kommunikative Spagat gelingen? Ein erster Hinweis können milieuübergreifende Themeninteressen sein:

Die Kirche sollte v. a. soziale und ökologische Themen kommunikativ (noch) stärker aufgreifen und weniger religiöse Themen im engeren Sinne.

Im Panorama aller erhobenen Themen sind die im engeren Sinne kirchlichen bzw. religiösen für die meisten Katholiken eher uninteressant. Noch am ehesten schenkt man Aspekten rund um die kirchliche Sexualmoral und »gender politics« Beachtung – dieses Thema ist aber für die Kirche kommunikativ hochproblematisch, da sie die Modernisierungserwartung vieler Menschen diesbezüglich seit Langem enttäuscht. Besonders die Milieus der Prekären, Expeditiven und Hedonisten stehen der Kirche sehr distanziert gegenüber und sind entsprechend mit spezifischer religiöser Kommunikation kaum erreichbar.

Um die Menschen wieder stärker an die Kirche heranzuführen, bieten sich derzeit v. a. sozial-ökologische Themen, für die sich viele Katholiken interessieren, und das soziale Engagement der Kirche an:

- Sozialkaritatives Handeln wird in allen Milieus deutlich als Erwartung an die Kirche formuliert. Gleichzeitig hat die Kirche auch in allen Milieus Rückhalt bei ihrem karitativen Engagement und ihrem Einsatz für den Frieden. Soziale Gerechtigkeit gilt in allen Lebenswelten als ein äußerst interessantes Thema – und als ein Thema, zu dem die Kirche Stellung beziehen sollte. Mit diesem Thema kann die Kirche also punkten, ohne mit starken milieuspezifischen Streuverlusten in der Kommunikation rechnen zu müssen.

- Die Themen Nachhaltigkeit, Umwelt und Klimaschutz werden ebenfalls in den meisten Milieus mehrheitlich als interessant eingestuft und sollten daher stärker aufgegriffen werden (z. B. im Diskurs um die menschliche Verantwortung für die Schöpfung) – hier sind v. a. die modernen Leitmilieus (Performer, Expeditive) und die Sozialökologischen wichtige Kommunikationszielgruppen. Im Vergleich zu den oben genannten sozialen Themen sind allerdings weniger Katholiken der Meinung, dass die Kirche zu ökologischen Themen öffentlich Stellung beziehen sollte. Vor dem Hintergrund der zweifelsfrei stetig steigenden Relevanz der Bewältigung ökologischer Herausforderungen sind wir der Ansicht, dass die Kirche auch dieses Thema stärker besetzen sollte.

Die Frage, wie präsent die Kirche als (Ab-)Senderin in der Kommunikation dieser Themen ist, muss getrennt gestellt werden. Während kirchenaffine Milieus Medienbeiträge zu Glaube und Kirche häufiger entweder gezielt oder zufällig rezipieren, vermeiden kirchendistanzierte Milieus solche Beiträge oft bewusst – auch in Medien, die sie häufig nutzen. Ein Weg, um insbesondere die Kirchendistanzierten noch zu erreichen, könnte sein, die Kirche als »Stimme unter Vielen« oder als im Dialog mit anderen zivilgesellschaftlichen Akteuren zu präsentieren, die ihre Ressourcen »uneigennützig« und im Sinne des Allgemeinwohls für ein gelingendes Miteinander und eine bessere Zukunft einsetzt. Eine »Missionierungsabsicht« sollte dabei nicht erkennbar sein; diese würde die Abkehr noch verschärfen.

Die Kirche sollte (noch) stärker ihre diakonische Kompetenz vermitteln – v. a. mit Blick auf das am stärksten benachteiligte Milieu, die Prekären.

In allen Milieus ist eine Mehrheit der Befragten der Meinung, dass die Kirche den Menschen seelsorgerisch zur Seite stehen sollte, und man attestiert der Kirche auch, hier einen guten Job zu machen. Ausgerechnet im Prekären Milieu ist man aber am wenigsten vom sozialen Engagement der Kirche und ihrer sozial-integrativen Kraft überzeugt. Dieser Gruppe muss sich die Kirche daher gezielt nähern und sie von ihren Leistungen überzeugen. Die Kommunikation darf dabei nicht vermitteln, dass Prekäre hilfsbedürftig und zu bemitleiden seien, vielmehr muss die »Lebensleistung« dieses Milieus anerkannt werden.

Gerade in Krisensituationen suchen Menschen nach Orientierung, wenn nicht sogar nach Hilfe. Für junge, (post-)moderne Milieus könnte der Pfarrer vor Ort als »Lifecoach« mit umfassender Lebens- und Sozialerfahrung positioniert werden, der auch abseits kirchlicher Aufgaben als erfahrener Ansprechpartner in Lebens- und Sinnfragen beratend zur Seite steht.

Die Sozialökologischen sind als Kernzielgruppe des religiösen Öffnungsbereichs anzusprechen und davon zu überzeugen, dass die Kirche ihrer gesellschaftlichen Verantwortung gerecht wird.

Im Milieuvergleich sind die Sozialökologischen am stärksten an quasi-religiösen Themen wie Esoterik, Spiritualität und Meditation interessiert. Sie zeigen auch das größte Interesse an nicht-christlichen und »neuen« Religionen. Besonders diesem Milieu sollte die Kirche ihre (ökumenischen und interreligiösen) Angebote näherbringen und auch selbstbewusst aufzeigen, mit welchen sinnstiftenden katholischen Glaubensbestandteilen eine »Crossover-Religiosität« angereichert werden kann.

Auch ist zu berücksichtigen, dass die Sozialökologischen Kirche besonders dann positiv wahrnehmen, wenn sie sich im aktuellen gesellschaftlichen Diskurs zu drängenden ökologischen, sozialen und politischen Herausforderungen Gehör verschafft und sich selbstbewusst als Korrektiv gegenüber egoistischen wirtschaftlichen Interessen einbringt.

Die Kirche sollte akzeptieren, dass sie gerade bei den jungen Milieus nur ein Sinnanbieter unter vielen ist.

Die Kirchen-, aber auch die Religionsdistanz gerade in den altersmäßig jungen Milieus macht deutlich, dass Sinnsuche durch den Glauben und die Hinwendung zur bzw. der Respekt vor der Kirche keine sozialisatorischen Automatismen (mehr) sind. Religiöse Sinnstiftung (im engeren und weiteren Sinne) finden junge Menschen heute auch abseits von Kirche – und suchen dort auch eher danach. Das trifft besonders auf das Expeditive Milieu zu, wo sich die Hälfte zwar als christlich bezeichnet, aber der Kirche und den katholischen Dogmen distanziert gegenübersteht. In diesem stark egotaktisch geprägten Milieu sollten einerseits die persönlichen Gratifikationen der Kirchenmitgliedschaft hervorgehoben werden (»What's in for me?«), andererseits sollte auch akzeptiert werden, dass die Kirche immer auch mit anderen Institutionen konkurriert.

Die Kirche muss damit umgehen, dass sie nicht als eine »einladende« Institution wahrgenommen wird.

Die befragten Katholiken zeichnen ein widersprüchliches Bild der Offenheit und Toleranz sowie des »Betriebsklimas« der Kirche. Einerseits ist man nur selten der Meinung, dass Andersdenkende in der Kirche unterdrückt werden (18 % Zustimmung), dass Mitmenschlichkeit zu kurz kommt (17 %) und dass das Klima in der Kirche heute nicht gut ist (22 %). Andererseits findet nur ein Bruchteil (9 %), dass die Kirche heute sehr offen und tolerant ist. Weiterhin sagt nur knapp ein Fünftel der Katholiken, dass man sich in der Kirche zuhause fühlen und dort noch ein echtes Gemeinschaftsgefühl finden kann. Dieses ambivalente Ergebnis kann die Kirche nicht zufriedenstellen – zumal es in der breiten Mehrheit unbestritten ist, dass die Kirche zu sehr an überholten Normen festhält (70 % Zustimmung) und sich mehr an die Erwartungen der Menschen von heute anpassen müsste (59 %). Das trifft insbesondere auf die kirchlich tradierten Familien- und Geschlechterrollenbilder zu. Hier kann vermutet werden, dass die Befragten sich von der Kirche mehr Offenheit für geschiedene, wiederverheiratete oder alleinerziehende Menschen wünschen.

5.2 Medienbezogene Empfehlungen

Medienmix: Klassische Leitmedien für alle – Online-Medien für moderne Milieus

Um einen Großteil der Katholiken zu erreichen, kann die Kirche weiterhin auf die traditionellen Leitmedien setzen, also öffentlich-rechtliches TV und Radio, Regionalzeitungen sowie nachgelagert auch die jeweiligen

Online-Angebote. Positiver Nebeneffekt: Insbesondere die kirchenaffinen Milieus werden über diese Medien gut erreicht.

Um gezielt junge, moderne Milieus zu erreichen, sollten verstärkt Online-Kanäle genutzt werden. Die Erreichbarkeit mit kirchlichen Botschaften bzw. Absendern wird jedoch unterschiedlich sein. Ausschlaggebend ist hierfür die Grundorientierung zu Kirche und Glaube, weniger der Kanal, d. h. das Internet. So werden junge Milieus, die vergleichsweise kirchennah sind, über Online-Kommunikation gut erreicht werden. Junge Milieus, die grundsätzlich kirchendistanziert sind, sind jedoch auch online kaum mit kirchlichen Inhalten ansprechbar. Doch auch wenn sich mit dieser Gruppe online nur sehr schwer erfolgreiche Kommunikation zu Kirche und Glaube etablieren lässt, ist es wichtig, im Internet für diese Gruppen Präsenz zu zeigen, um überhaupt sichtbar zu sein. Im Idealfall geschieht dies über zielgruppenspezifische Formate.

Kircheneigene Medien erreichen kirchenaffine Milieus – Änderungswünsche werden hier kaum geäußert.

Kommunikationsmittel lokaler oder regionaler kirchlicher Institutionen (z. B. Pfarrbriefe, Bistumszeitungen) erreichen die kirchenaffinen Milieus ausreichend bis gut. Zudem werden von diesen Zielgruppen keine größeren Änderungen in Format und Gestaltung gewünscht. Mit Blick auf die kirchenaffine Klientel besteht also wenig Veränderungsbedarf. Jüngere Milieus sind mit kirchlichen Medien allerdings nicht zu erreichen.

Themenaffinitäten bei religiösen Büchern geben Hinweise für zielgruppenspezifische Zugänge.

Die milieuspezifischen literarischen Themeninteressen zeigen an, welche Framings für kirchliche oder religiöse Themen kommunikativ vielversprechend sein könnten. So kann es, um etwa die Milieus der gesellschaftlichen Mitte zu erreichen, zielführend sein, Unterstützung bei Sinnfragen oder Lebenskrisen anzubieten. Historisch-kritische sowie interreligiöse Themen eignen sich für die gehobenen, bildungsnahen Zielgruppen. Die jungen kirchendistanzierten Milieus (Expeditive, Hedonisten, Adaptiv-Pragmatische) sind mit kirchlichen Themen gar nicht, mit religiösen kaum erreichbar. Am ehesten sind sie noch mit Ratgeberliteratur (z. B. Kindererziehung) ansprechbar.

Digital Divide nutzen, um junge Zielgruppen auf die Kirche aufmerksam zu machen.

Die vorgelegte Milieuanalyse verdeutlicht den Digital Divide in der Gesellschaft, der nahezu deckungsgleich der Trennlinie zwischen kirchenaffinen und kirchendistanzieren Milieus entspricht.

Der digitale Graben ist eine Chance in der Kommunikation: Das kirchennahe Segment wird durch Digitalformate, die sich an junge kirchenaffine und / oder junge kirchendistanzierte Milieus richtet, nicht verschreckt. Um für jüngere, insbesondere kirchendistanzierte Milieus sichtbar zu sein, ist es zum einen wichtig, zielgruppenspezifische Kanäle (z. B. Social Media-Plattformen und Streaming Services) zu bespielen und zum anderen zielgruppenspezifische, also ausgefallene Digitalformate auszuprobieren und zu etablieren.

Man darf dabei allerdings nicht erwarten, dass kirchliche Präsenz auf Online-Kanälen und -Plattformen die jungen und modernen Milieus automatisch erreicht und an die Kirche bindet. Die Distanz zur Kirche ist in diesen Milieus so groß, dass es im Sinne der Aufmerksamkeitsökonomie bereits als Erfolg zu sehen ist, wenn diese Zielgruppen auf kirchliche Themen und Angebote aufmerksam werden – und nicht mehr (wie bislang) wegschalten.

Mut zur Entwicklung von neuen Online-Formaten.

Für den Kommunikationserfolg kommt es auf das konkrete Angebot und dessen Gestaltung an. Die Format- und Content-Entwicklung sollte mit Hilfe professioneller Kommunikationsagenturen mit Fokus auf Social-Media- und Online-Kommunikation beschritten werden, um Inhalte und Ästhetik zeitgemäß abzubilden und für die Zielgruppen ansprechend aufzubereiten.

Idealerweise sollte dabei die anvisierte Zielgruppe selbst in den Format-Entwicklungsprozess einbezogen werden, z. B. in Form eines Digital-Beirats, der sich aus kirchlichen und säkularen Vertretern im Alter und v. a. aus den Milieus der Zielgruppe zusammensetzt. So können z. B. über gemeinsame Workshops Impulse für die Formatentwicklung gesetzt werden oder die Entstehung von Formaten kritisch begleitet werden. So könnte authentischer Content von der Zielgruppe für die Zielgruppe entstehen.

Podcasts als Nischenformat für junge, moderne Zielgruppen.

Allgemein und auch in dieser Studie gelten Podcasts im gesamten Medienmix noch eher als Nischenkanal, sie haben jedoch in den letzten Jahren enorm an Reichweite und Relevanz gewonnen, insbesondere bei den jungen postmodernen Zielgruppen. Was Podcasts für die Zielgruppe attraktiv macht, ist, dass sie in Thema, Länge oder Formatierung durch die Autorinnen und Autoren frei gestaltet werden können. Zudem liegen Urheberschaft und »message control« ausschließlich bei den Autorinnen und Autoren und nicht etwa bei Journalistinnen und Journalisten oder etablierten Medienanstalten. Kirchliche Themen und Protagonisten können so also in einem neuen Setting und dennoch authentisch präsentiert werden. Beliebt sind derzeit vor allem Interview-Podcasts. Beispielsweise könnte eine Person, die eine typische Zielgruppe vertritt, wiederholt mit Kirchenoffiziellen über aktuelle gesellschaftliche und politische Themen diskutieren.

3
KOMMENTARE UND PERSPEKTIVEN

Religionssoziologische Perspektive

WENIGER OFFLINE, ABER AUCH NOCH NICHT ONLINE?

Ein Kommentar zum Wandel von Religiosität, Mediennutzung und Kirchentreue unter deutschen Katholikinnen und Katholiken

Anna Neumaier[1]

Mit dem MDG-Trendmonitor – Religiöse Kommunikation 2020/21 liegt eine umfangreiche Datensammlung zu Katholizismus in Deutschland vor. Drei Schneisen lassen sich schlagen, die religionssoziologisch besonders kommentierens- und kontextualisierenswert erscheinen: der Wandel von Religiosität und Glaube unter deutschen Katholikinnen und Katholiken im Allgemeinen; die Einstellungen, Erwartungen und Problemanzeigen der Befragten in Bezug auf die katholische Kirche im Speziellen; und die Kommunikationswege zwischen Kirche und ihren Mitgliedern.

Wandel von Religiosität und Glaube

Die quantitativ geprägte religionssoziologische Debatte um die Veränderung von Religion und Religiosität in Deutschland fokussiert stark auf die Frage, inwiefern hier letztlich ein Prozess fortschreitender Säkularisierung zu verzeichnen ist, oder andere Diagnosen – etwa die Zunahme religiöser Individualisierung oder alternativer Religiosität – mehr Erklärwert bieten. Gemessen wird dies in der Regel via mindestens dreier Kerndimensionen des Religiösen: Mitgliedschaft in Kirchen und anderen Religionsgemeinschaften,

1 Dr. Anna Neumaier leitet das Kompetenzzentrum für Digitale Religiöse Kommunikation am Zentrum für Angewandte Pastoralforschung an der Ruhr-Universität Bochum. Sie ist Religionswissenschaftlerin und -soziologin, und arbeitet insbesondere zu Religion und digitalen Medien. Weitere Arbeits- und Forschungsschwerpunkte sind die gegenwärtige Transformation von Religion und Religiosität in Deutschland, Konfigurationen von religiöser Identität, Gemeinschaft und Autorität, qualitative Religionsforschung sowie interreligiöser Dialog.

Glaubensüberzeugungen, religiöse Praxis; manchmal werden auch Indikatoren wie Selbstidentifikation oder Relevanz von Kirche, Glaube und Praxis für Alltag und Lebensführung einbezogen.[2]

Die Befunde des Trendmonitors lassen sich in diese Debatte gut einordnen. Grundsätzlich ist im Zeitvergleich weiterhin deutlich, dass die Zahl der Kirchenmitglieder stetig abnimmt, weil Austrittzahlen weiter ansteigen (vgl. S. 36) und keinesfalls durch Eintritte, Wiederaufnahmen und Taufen ausgeglichen werden. Dieser Mitgliederschwund gilt für beide großen Konfessionen parallel, wobei die evangelische Kirche mehr Austritte und mehr Eintritte verzeichnet, mithin die Bindekraft der katholischen Kirche offenbar etwas höher, aber ihre soziale Akzeptanz etwas geringer ist.[3] 39 Prozent der hier Befragten haben schon erwogen, aus der Kirche auszutreten, darunter überdurchschnittlich alle Altersgruppen zwischen 18 und 59 Jahren (vgl. S. 40). Der deutliche Anstieg dieser Austrittsneigung in den letzten Jahren bei gleichzeitig vielen Austrittsvollzügen zeigt, dass sich diese Entwicklung doppelt beschleunigt. Kontinuierlich abnehmend ist derweil die Teilnahme am Gottesdienst, was nebenbei die These widerlegt, dass sich die Kirche »gesundschrumpfe«, also nur diejenigen austräten, die ohnehin nicht am Gemeindeleben teilnehmen (vgl. S. 37).

Mit Blick auf die vorliegenden Daten zu den konkreten Glaubensüberzeugungen ist bezeichnend, dass sich bei den zustimmungsstarken Glaubenssätzen allgemein-christliche Dogmen und Glaubenssätze aus dem breiteren Feld von Spiritualität und Esoterik bunt mischen (vgl. S. 44). Traditionsspezifischere Glaubenssätze, insbesondere in Bezug auf das Jüngste Gericht, Teufel und Hölle sind hingegen deutlich weniger verbreitet (ebd.), die religiöse Identität von Katholikinnen und Katholiken in Deutschland erscheint also weniger exklusiv-katholisch als vielmehr wenig trennscharf christlich-spirituell geprägt. Diese Diagnose gilt, so zeigen deutsche und europäische Studien, grundsätzlich für das christliche Feld[4]– so zeigt etwa Voas empirisch deutlich, dass mehr als die Hälfte aller Europäer (und auch aller Deutschen) durch eine grundlegende »fuzzy fidelity« charakterisiert werden kann: Sowohl die Identifikation mit einer religiösen Institution als auch die Teilnahme an religiösen Ritualen und der individuelle Glaube sind ambig, vage, schwankend und binnendifferent, die Betreffenden können nach naheliegenden religionssoziologischen und -psychologischen Definitionen letztlich weder als religiös noch als nicht-religiös gelten.[5] Das Modell der »fuzzy religion« zeigt damit erstens, dass gelebte Praxis und Identität sich nicht dichotom, sondern kompliziert organisieren, und zweitens, dass dieses Phänomen breite Teile der deutschen Gesellschaft prägt, darunter auch einen großen Teil der Kirchenmitglieder.

Diese »fuzzyness« hat Konsequenzen: Will man Prognosen wagen für die weitere Entwicklung eines religiösen Feldes, lassen sich etwa Zeitverläufe oder der Blick in andere europäische Länder als Indikatoren heranziehen. Ein entscheidender Faktor ist aber auch die intergenerationelle Weitergabe von Religiosität: Schon in weltanschaulich heterogenen Elternhäusern, in denen etwa nur ein Elternteil Mitglied einer Religionsgemeinschaft ist, sinkt die Chance auf die Weitergabe der Religiosität deutlich,[6] sie verringert sich aber auch, je stärker sich elterliche Religiosität subjektiviert, sich also Praktiken und Glaubenssätze von den offiziellen Vorgaben der

2 Vgl. etwa Huber, Stefan: Kerndimensionen, Zentralität und Inhalt. Ein interdisziplinäres Modell der Religiosität, in: Journal für Psychologie, 16(3), 2008.

3 Pollack, Detlef / Rosta, Gergely: Religion in der Moderne. Ein internationaler Vergleich, Frankfurt/New York: Campus, 2015, S. 116f. Zur Deutung von Austrittskonjunkturen gilt weiterhin, dass es in der Regel explizit benennbare Auslöser gibt (etwa sexualisierte Gewalt oder die Kirchensteuer), im Hintergrund allerdings oft schon eine individuelle Entfremdung stattgefunden hat (vgl. ebd., S. 108).

4 Vgl. u.a. Knoblauch, Hubert: Populäre Religion. Auf dem Weg in eine spirituelle Gesellschaft, Frankfurt/Main: Campus, 2009; Gebhardt, Winfried / Engelbrecht, Martin / Bochinger, Christoph: Die unsichtbare Religion in der sichtbaren Religion: Formen spiritueller Orientierung in der religiösen Gegenwartskultur, Kohlhammer, 2009; auch Pollack/Rosta 2015, S. 133ff.

5 Vgl. Voas, David: The Rise and Fall of Fuzzy Fidelity in Europe, in: European Sociological Review 25(2), 2009, S. 161.

6 Vgl. Voas, David / Crockett, Alasdair: Religion in Britain. Neither Believing nor Belonging, in: Sociology 39(1), 2005, S. 11-28.

Glaubensgemeinschaft ablösen. Der Abbruch von traditioneller Religiosität mag also in einem gewissen Umfang in individuellen Biografien stattfinden, seine Konsequenz spielt er aber vor allem im Umbruch zur Folgegeneration aus. Auch in dieser Hinsicht muss also die auch im Trendmonitor sichtbare Diffusität von religiöser Identifikation, geteilten Glaubenssätzen und Lebensrelevanz des Religiösen bedacht werden.

Haltung zur katholischen Kirche: Eine Frage der Moral

Austrittneigung, Austritte sowie abnehmende Praxis stehen in eindrücklichem Gegensatz zur seit Dekaden stabilen Selbsteinschätzung von 42-49 % der Deutschen als religiös (vgl. S. 42; 65 % unter den befragten Katholikinnen und Katholiken, vgl. S. 264). Auch weitere Befunde zeigen auf, dass u.a. die Verbundenheit zur Institution abnimmt, während zunehmend Befragte sich als Christ ohne Kirchenverbundenheit identifizieren (vgl. S. 59). Für die Deutung dieser Verschiebungen muss der Blick also auch auf die Institution Kirche gerichtet werden. Diese, so schätzen es die Befragten ein, biete vielen Menschen Orientierung und sei »nach wie vor wichtig« – aber ebenso gilt sie ihnen als zu unflexibel, veraltet und starr an überholten Normen festklammernd. In Frage gestellt wird deutlich auch ihre moralische Kompetenz: Sie gilt nur wenigen als Anwalt für Schwache und Unterdrückte, als einzige ernstzunehmende moralische Instanz oder als offen und tolerant (vgl. S. 271). Mit Blick auf die Übereinstimmung mit Haltungen und Engagement der Kirche ist bezeichnend, dass nur bei fünf von 16 abgefragten Aspekten überhaupt mehr als die Hälfte der Befragten angibt, mit der offiziellen Haltung der Kirche übereinzustimmen. Die vielfache Ablehnung offizieller Standpunkte gilt in besonderem Maße für Fragen von Moral und Macht, etwa in Bezug auf Abtreibung, Verhütung und Zölibat, den Umgang mit Frauen, Homosexuellen, Kritikerinnen und Kritikern sowie die Aufklärung interner Missstände. Ein Großteil der deutschen Katholikinnen und Katholiken, darunter auch große Teile klassisch kirchenverbundener Milieus, spricht damit letztlich der katholischen Kirche die Moralkompetenz ab. Diese Entwicklung dürfte sich zudem weiter verschärfen, insofern gerade die sehr überalterten Milieus hier den Durchschnitt der Zustimmung tendenziell noch heben.

Ein Soll-Ist-Abgleich der Erwartungen an die katholische Kirche zeigt: Die offizielle Haltung der Kirche wird am meisten noch geteilt in Bezug auf ihr karitatives Engagement und ihren Einsatz für Frieden und Menschenrechte (vgl. S. 273), und hierauf richten sich auch die größten Erwartungen (vgl. S. 275). Hier liegt mithin ein klares Potential für einen gemeinsamen Ausgangspunkt von Kirche und ihren Mitgliedern. Entsprechend den oben geäußerten Zuschreibungen erwartet aber nur noch etwa ein Drittel bis knapp die Hälfte der Befragten von der Kirche, dass sie Werte und Antworten auf moralische Probleme, Toleranz gegenüber Homosexuellen oder Geschlechtergleichberechtigung biete (vgl. S. 56). Nimmt man die Wahrnehmung des Ist-Zustandes hinzu, zeigt sich, dass die Kirche in beinahe allen abgefragten Aspekten unterperformt, besonders deutlich aber in Bezug auf die interne Aufklärung von Missständen, Gleichberechtigung von Homosexuellen, Geschiedenen und Frauen sowie die Erwartung, dass sie mit der Zeit gehe (ebd.). Die Befragten sind mithin grundsätzlich kritisch, besondere Problemanzeigen richten sich aber auf den Umgang mit hierarchisch marginalisierten Personengruppen und die kirchliche Reformkraft. Auf der Hand liegt damit die Frage, wie sehr die katholische Kirche über diese stark wahrgenommenen Defizite mittelfristig auch ihr Vertrauen in anderen Bereichen verspielt – schließlich dürfte etwa der Einsatz für soziale Zwecke und die Unterstützung von Bedürftigen und Schwachen, an den sich die größten Erwartungen richten, nicht losgelöst vom Umgang mit marginalisierten oder diskriminierten Personen im eigenen Kontext verstanden werden. Sofern darum die gesellschaftliche Relevanz als karitativer Akteur mit anerkannten Wertestandards mittelfristig in Frage gestellt wird, beträfe dies immerhin eines der großen Potentiale, das die katholische Kirche noch an viele Milieus rückbindet. Gravierend erscheinen zudem die großen Differenzen in Bezug auf Haltungen zu Abtreibung, Verhütung, Sexualität und Erziehung:

Gerade Aspekte der Anerkennung von Geschlechtlichkeit, Körperlichkeit und Partnerschaft sind in religiösen Identifikationsprozessen besonders emotional belegt,[7] die im Trendmonitor sichtbare Wahrnehmung fundamentaler Differenzen dürfte daher starke Auswirkungen auf das Gefühl persönlicher Verbundenheit zeitigen.

Jenseits dieser Fragen könnte man so etwas wie das Kerngeschäft der Kirche in der (unterstützenden) Bearbeitung individueller Religiosität vermuten – also, dass sie Glaubensüberzeugungen stärkt, mit Kasualien Biografien begleitet oder der Gottesdienst als bereichernd empfunden wird. Auch hier wird die Leistung der Kirche als defizient wahrgenommen, allerdings in deutlich niedrigerem Ausmaß, die Kompetenzzuschreibung ist hier also noch größer als bei den o. g. Punkten. Dabei ist besonders auffällig, dass vor allem die Erwartung, einen würdigen Rahmen für biografische Übergänge zu bieten, groß ist und sie in allen Milieus mindestens zwei Dritteln der Befragten als eingelöst gilt. Deutlich geringer dagegen sind die Erwartungen an die persönlichen Konsequenzen des Gottesdienstes oder die Stärkung in individuellen Glaubensüberzeugungen (vgl. S. 275). Grace Davie hat dies in Teilen mit der Diagnose der »vicarious religion« zugespitzt: Viele Europäer delegieren Gemeindepartizipation gern an eine kleine Gruppe Aktiver, gutheißen die Aufrechterhaltung von Kirche und Gemeindearbeit auch grundsätzlich, wollen selbst die Angebote der Institution aber nur in Ausnahmen, etwa zu biografischen Übergängen, in Anspruch nehmen.[8] Die offene Frage, die sich anschließt, ist einerseits, wie klein die Gruppe der aktiveren Beteiligten sein darf, ohne dass das System kollabiert, andererseits, inwiefern sich kirchliche Institutionen in ihrem Selbstverständnis auf diese Haltung bequemer Zurückhaltung einlassen mögen (und welche Alternativen sie haben).

Kirche zwischen lokal, analog und digital

Ein Schwerpunkt der Befragung richtet sich auf die Kommunikationswege der Kirche zu ihren Mitgliedern bzw. die Mediennutzung der befragten Katholikinnen und Katholiken insgesamt. Hier sollen nur zwei Punkte kursorisch hervorgehoben werden: der auf den ersten Blick erstaunliche Abfall digitaler Medien gegen religiöse Print- und TV-Nutzung sowie eine grundlegende methodische Einordnung der Daten.

Zunächst zum Ersten: Es mag erstaunen, dass das von Katholikinnen und Katholiken meistgenutzte religiöse oder kirchliche Medium der Pfarrbrief bzw. das Gemeindeblatt ist, auffällig gering hingegen scheint die Reichweite religiöser und kirchlicher Online-Angebote: Nur vier bis acht Prozent der Befragten nutzen häufig oder ab und zu religions- oder glaubensbezogene Angebote online, etwa auf Webseiten oder via Streaming. Angesichts der allgegenwärtigen Rede der Digitalisierung, aber auch des vermeintlichen Schubes kirchlicher Digitalangebote durch Corona drängen die Befunde auf Ursachenforschung (vgl. S. 84). Zunächst: Auch das mit Abstand meistrezipierte Angebot (Pfarrbrief bzw. Gemeindeblatt) kommt in der gleichen Kategorie der häufigen oder gelegentlichen Nutzung nur auf 43 %, das Wort zum Sonntag bspw. auf 29 % – es gibt also kein Medium, das von einer absoluten Mehrheit genutzt würde, eine Binnendiversifizierung ist offensichtlich und für Medienarbeit mithin nötig. Zudem liegt auf der Hand, dass sich diese Zahlen im demografischen Wandel der nächsten ein bis zwei Dekaden entscheidend verändern werden, denn naturgemäß sind es gerade die Katholikinnen und Katholiken traditionellerer, kirchenverbundener Milieus und damit auch höheren Alters, die überhaupt ausgeprägter kirchliche und religiöse Medien nutzen und so derzeit den Abstand zur Nutzung digitaler Medien vergrößern (vgl. S. 86, S. 98).

7 Vgl. Gebhardt/Engelbrecht/Bochinger 2009.

8 Vgl. Davie, Grace: Vicarious Religion. A Methodological Challenge, in: Nancy T. Ammerman (Hrsg.), Everyday Religion: Observing Modern Religious Lives, New York, Oxford UP, 2006, S. 21-35.

Darüber hinaus ist zu bedenken: Nur zwei Gattungen werden überhaupt von mehr als 30 % der Befragten häufig oder ab und zu genutzt: Einerseits Pfarrserien, die de facto oft recht wenig mit Glaubensleben oder Kirchenbindung der Befragten zu tun haben dürften und ohne weiteren Kontext schwerlich sinnvoll interpretiert werden zu können. Zum anderen, als Spitzenreiter, eben der Pfarrbrief – und diesen zeichnet nun aus, dass er direkt ins Haus geliefert wird, ohne dass es jeglicher weiterer Organisations- oder Selektionsbemühungen seitens der Rezipierenden bedürfte. Wie wichtig dieser Aspekt der automatischen Zulieferung ist, zeigt sich auch darin, dass nur sieben Prozent der Befragten angeben, in Fernsehen, Radio oder Zeitungen gezielt nach glaubens- oder kirchenbezogenen Beiträgen zu suchen, solche Inhalte aber deutlich häufiger und auch mit Interesse rezipiert werden, wenn man zufällig darauf stößt (vgl. S. 286). Dies macht deutlich: Die Herausforderung ist vor allem, an der Etablierung und Routinisierung von Kommunikationswegen zu arbeiten, so dass angesichts der insgesamt verbreiteten digitalen Mediennutzung der kirchliche Social-Media-Post ebenso verlässlich im Feed der zielgruppenspezifisch genutzten sozialen Netzwerke landet wie der Pfarrbrief eben verlässlich im Briefkasten landet. Dies anzugehen, erscheint aus mindestens zwei Gründen nicht trotz, sondern gerade wegen der derzeitig niedrigen Nutzungsrate geboten: Erstens befördert sowohl demografischer wie auch medialer Wandel das Thema ohnehin sukzessive in der Dringlichkeit nach oben. Zweitens aber erweist sich auch die Zufriedenheit mit den Online-Angeboten dort, wo sie genutzt werden, als bemerkenswert: 46 % derjenigen, die mindestens eines der 16 abgefragten Online-Angebote mindestens selten nutzen, sind sehr zufrieden oder zufrieden, nur 11 % weniger oder gar nicht zufrieden. Auch das spricht für ein Potential, das noch ausbaufähig ist, indem einerseits die existierenden Angebote bekannter gemacht und andererseits neue, zielgruppenspezifische Angebote entwickelt werden.

Dies führt zu einem abschließenden methodischen Punkt: In der Erhebung der genutzten Medien finden sich ganz unterschiedliche Gattungen – Religionsberichterstattung in säkularen Medien, die Bibel, Pfarrserien, Ordenszeitungen, Podcasts. Aus der Perspektive einer religionswissenschaftlichen Medienforschung ist zu berücksichtigen, dass hier fundamental unterschiedliche Kommunikationsformate vorliegen: Berichte über Religion und Kirche bedienen vollständig andere Bedürfnisse als Informationen und Verkündigungsformate *aus* den religiösen Institutionen selbst, sie folgen anderen Kommunikationslogiken, sind mit anderen Intentionen verbunden und finden auf andere Weise den Weg zu ihren Rezipientinnen und Rezipienten.[9] Top-down-Formate aus beiden Bereichen – säkularem Journalismus ebenso wie christlicher Verkündigung – wiederum funktionieren ganz anders als Bottom-up-Kommunikation etwa religiöser Blogs oder als der Many-to-many-Austausch in sozialen Medien, sie vermögen andere Bedürfnisse zu befriedigen oder Defizienzen der Gemeinde vor Ort auszugleichen, sie stellen kirchliche Autorität unterschiedlich in Frage oder bekräftigen sie und können unterschiedliche Formen christlicher Gemeinschaft herstellen.[10] Aus religionswissenschaftlicher Sicht wäre demnach hier eine Perspektivverweiterung dringend geboten, um noch stärkere Schlüsse für künftige kirchliche Betätigungsfelder abzuleiten: Warum werden (welche) Medienformate zu religiösen Zwecken genutzt? Welche Anliegen werden de facto erfüllt? Welche bleiben offen? Und was bedeutet all dies für den Wandel von Religiosität und Kirchenbindung? In einer tiefmediatisierten Welt werden wir nicht umhinkommen, diesen Fragen immer genauer und verstehender auf den Grund zu gehen.

---

9 Vgl. u. a. einführend Hoover, Stewart: Media and Religion, in: Jones, Lindsay (Hrsg.): Encyclopedia of Religion 9, Detroit: Thomson Gale, 2005, S. 5805-5810.

10 Neumaier, Anna: religion@home? Religionsbezogene Online-Plattformen und ihre Nutzung. Eine Untersuchung zu neuen Formen gegenwärtiger Religiosität, Würzburg: Ergon, 2016.

Pastoraltheologische Perspektive

GRENZFLÄCHEN DER PASTORAL

Viera Pirker[1]

Grundlegung

Als Befragung von Katholiken in Deutschland ermöglicht der MDG-Trendmonitor – Religiöse Kommunikation 2020/21 einen so seltenen wie bedeutsamen Einblick in die katholische Gemeinschaft der Gläubigen. Die vierte Durchführung der Studie vollzieht den Leitmedienwechsel mit, indem sie erstmals eine umfangreiche Analyse der religiösen Kommunikation in der Nutzung des Internets und digitaler Medien integriert. Neu ist zudem der Blick in die Altersgruppe der Heranwachsenden (14–17), die vor allem durch Glaubensunsicherheit auffällt. Der ›sensus fidelium‹[2] lässt sich mit den Daten nicht ablesen, wohl aber ein Einblick in die Glaubenssensorik und Wahrnehmung von in Deutschland lebenden Menschen, die sich das Katholischsein noch zuschreiben.

Religiöse Kommunikation wird im Trendmonitor zum einen als *mediale Praxis* verstanden, indem Fragen nach Erreichbarkeit, Zielgruppe, Vermittlung, Vermittelbarkeit und spezifischen Medienformaten gestellt werden. Zum anderen geschieht religiöse Kommunikation als *soziale Praxis* – in der Beschreibung der Begegnung und Kommunikation von Menschen untereinander, die sich zu Glaubensfragen äußern und sich in einem jeweils individuellen Interesse religiösen und kirchennahen Themen zuwenden. Hinter den repräsentativ erhobenen Zahlen, Segmenten und Mehrheiten stehen 1690 Menschen[3], die bereit waren, ihre höchst individuellen Erfahrungen zu religiöser und kirchlicher Kommunikation zu bedenken. Möglich sind solche Erfahrungen und Begegnungen an verschiedenen Orten: *persönlich* in der Familie, auf der Ebene der Gemeinde und im Netz, *medial repräsentiert* in der internen oder externen Kommunikation über diverse Kanäle von Bistümern und der katholischen Kirche in Deutschland. An manchen dieser Orte agiert hauptamtliches kirchliches Personal als Knotenpunkt der Kommunikation, vielfach erfolgt die Kommunikation durch Akteure mit journalistischer und medialer Kompetenz.

---

1 Prof. Dr. Viera Pirker ist Professorin für Religionspädagogik und Mediendidaktik an der Goethe-Universität Frankfurt, Fachbereich Katholische Theologie. Sie forscht zu Religiöser Bildung in digitaler Transformation, Visuellen Religionskulturen, Identität und Pluralität.

2 Der Glaubenssinn der Gläubigen, vgl. *Lumen Gentium* 12.

3 Breit angelegte Stichprobe unter Katholikinnen und Katholiken im Alter ab 14 Jahren in der Bundesrepublik Deutschland; Auswahlmethode: repräsentative Quotenauswahl; vgl. MDG-Trendmonitor – Religiöse Kommunikation 2020/21, Teil 1 und 2.

Segmente der Erfahrung

Die befragten Katholiken lassen sich gemäß ihrer Einstellung zu Glaube und Kirche in sechs Gruppen unterscheiden, die je unterschiedlich gelagert sind zwischen Kirchennähe und Kirchendistanz, Verbundenheit und Unsicherheit.

Drei Segmente stehen in einem erreichbaren Horizont: *gläubige Kirchennahe* (14 %); *kritische Kirchenverbundene* (33 %); *kirchendistanzierte Christen* (34 %). Die beiden ersten Gruppen stellen wesentlich die Gottesdienstbesucher; in ihnen finden sich überdurchschnittlich viele Frauen im Alter 60+; diese unterscheiden sich nach Gruppen entlang der Schulbildung. Die beiden ersten Gruppen erreichen in den jungen Altersgruppen der 14- bis 29-Jährigen nur einen einstelligen Prozentbereich. Drei weitere Gruppen (religiös, aber nicht christlich; glaubensunsicher; nicht religiös) fließen in das vierte Segment der *Außenstehenden* (17 %) zusammen. Die Kirchendistanzierten, sowie die Menschen mit Selbstverständnis ›religiös, aber nicht christlich‹ sind überdurchschnittlich häufig in der Altersgruppe der 18- bis 29-Jährigen anzutreffen. In den beiden letzten Gruppen sind mehr Männer als Frauen, unter den »Glaubensunsicheren« besonders viele der 14- bis 17-Jährigen.

Die vier Segmente unterscheiden sich in ihrem Interesse für religiöse Fragen und kirchliche Themen deutlich. Während dieses bei *gläubigen Kirchennahen* sowie *kritischen Kirchenverbundenen* noch wahrzunehmen ist, haben schon *kirchendistanzierte Christen* ein allenfalls geringes Interesse daran, Außenstehende so gut wie keines mehr. Ein großer Unterschied besteht zwischen den Altersgruppen: Die 14- bis 17-Jährigen und 18- bis 29-Jährigen bringen wenig Interesse für religiöse Fragen auf.

Insgesamt wird die katholische Kirche nach wie vor als moralische Instanz in der Gesellschaft wahrgenommen, die sich in ethischen Fragen gewichtig positionieren soll. So soll sie zu Themen Stellung beziehen wie soziale Gerechtigkeit, Dialog der Religionen, Sterbehilfe, Kriege und Konflikte, aber auch die Stärkung der Rolle der Frau. Hingegen werden politische Themen, persönliche Themen und Aspekte der Gerechtigkeit und Nachhaltigkeit von den Befragten für die kirchliche und religiöse Kommunikation als eher nachrangig betrachtet; sie sind zwar für viele Menschen von hohem persönlichem Interesse, werden jedoch noch nicht als kirchliche oder religiöse Themen und Fragestellungen identifiziert. Die Katholiken erwarten von ›ihrer‹ Kirche aber durchaus, »sich als vielstimmige Gesprächspartnerin in öffentliche Diskurse einzubringen, eigene Positionen als Orientierungspunkt neben anderen anzubieten und sich selbst als lernende Gesellschaftsgröße [...] zu reflektieren.«[4]

In den Segmenten und vor allem angesichts der altersspezifischen Veränderungen zeigt sich in neuer Dringlichkeit, dass zunehmend ein Verständnis von Christsein in der Diaspora[5] zu entwickeln ist. Dieses wird nicht mehr von konfessionellen Minderheits- und Mehrheitsverhältnissen strukturiert, sondern von einer gesamtgesellschaftlich-pluralen Ausdifferenzierung, in der sich kleinere, aber auch aktivere und kohäsive religiöse Gruppierungen ausprägen werden: Die Gegenwart Christi ereignet sich in solchen örtlichen Gemeinschaften.

4 Beck, Wolfgang: Die katholische Kirche und die Medien. Einblick in ein spannungsreiches Verhältnis, Würzburg: Echter, 2018, S. 152, mit Verweis auf *Gaudium et Spes* 44.

5 Schönemann, Hubertus: Zerstreute Kirche. Diaspora als theologische und pastorale Herausforderung und als Lösungsansatz einer Kulturveränderung, in: futur2, Nr. 2, 2018, S. 93–102.

Der Hauch des Internets

Der Trendmonitor entsteht in einer Gegenwart, in der die Online-Nutzungsdauer zu 45 % von den vier mächtigen Marken Alphabet (Google und YouTube), Amazon, Apple und Facebook (Instagram, WhatsApp) abgedeckt wird[6] und die Online-Nutzungszeit gerade in der Altersgruppe der 60+ derzeit die dynamischsten Zuwachsraten von +25,5 % zeigt.[7] Auch die Altersgruppe der 60+ nutzt durchschnittlich 121 Minuten am Tag digitale, über 60 % auch mobile Endgeräte.[8] Dies gilt auch für die im Trendmonitor befragten Katholiken, auch bei den höheren Altersgruppen setzt sich das Internet mobil, in der Häufigkeit und Dauer der Nutzung zunehmend durch. Sie verwenden das Internet für den aktiven und strukturierten Informationsbedarf. Die jüngeren Befragten (unter 30 Jahre) sehen im Internet die wichtigste Informationsquelle für aktuelle Ereignisse. Für sie gilt auch, dass sie nicht mehr kontinuierlich und regelmäßig aktuelle Geschehen verfolgen, sondern dass Informationen automatisch zu ihnen kommen. Persönliche Interessensspektren haben sich verengt oder verändert.

Auch wenn 82 % der Katholiken das Internet nutzen, viele von ihnen täglich – die *gläubigen Kirchennahen* deutlich seltener – bewegen Sie sich im Netz nicht in Bereichen, in denen sie auf kirchliche Themen stoßen. Katholische Kommunikation erreicht online vor allem die *affirmativ* und *kritisch Kirchenverbundenen*. Mit der wachsenden Verfügbarkeit kirchlicher Angebote im digitalen Raum in der Corona-Pandemie haben viele aus diesen Gruppen hier erste und positive Erfahrungen gemacht. Das Internet scheint eine katholische Binnenkommunikation zu befördern. Wer kirchlich aktiv ist, verwendet auch das Internet als Quelle, Medium und Diskussionsraum zu kirchlicher und religiöser Information und Kommunikation. Kirchenverbundene Personen interessieren sich besonders für die kirchenkritischen Themen Gender und Sexualität, und die Milieustudie zeigt, dass diese gerade von den beiden konträren Polarisierungen her Interesse erzeugen. Die traditionellen Standpunkte können angesichts der kritischen Gesamtlage keineswegs als ›Ruhepol‹ kirchenbezogener Kommunikation verstanden werden.

Die Corona-Krise hat zumindest auf niedrigem Niveau einen Digitalisierungsschub ausgelöst. So haben 8 % der Katholiken erstmals bestimmte digitale Angebote der Kirche genutzt, 9 % haben diese häufiger genutzt. Der Zuwachs ist am stärksten auf gläubige Kirchennahe und kritische Kirchenverbundene zurückzuführen. Am häufigsten wurden digitale Gottesdienstübertragungen genutzt – 75 % haben dies erstmals und mit großer Zufriedenheit getan, unter denjenigen, die überhaupt Angebote der Kirche genutzt haben. Immerhin 26 % von ihnen wollen auch künftig digitale Angebote der Kirche nutzen.

Mit Interesse wird persönlichen Empfehlungen gefolgt: Links auf kirchliche Angebote werden von Freunden und Bekannten zugesendet, aber auch Berichte, Zeitungshinweise oder auch Pfarrbriefe ermöglichen vor allem höheren Altersgruppen den Zugang zu kirchlichem und religiösem Content im Netz. Solche crossmedialen Brücken können ausgebaut werden.

Blasenbildung

Der Trendmonitor orientiert sich an einem Kirchenverständnis, das von der Ortspfarrei und ihren Institutionen, den Bistümern und überregionalen Kommunikationsangeboten ausgeht. Andere für die Pastoral nicht unbedeutende Aspekte, wie Caritas, Schule, kategoriale Seelsorge, Akademien und Bildungsarbeit, sowie

6 Andree, Martin / Thomsen, Timo: Atlas der digitalen Welt, Frankfurt/M. – New York, Campus, 2020, S. 200.

7 Andree/Thomsen, 2020, S. 46.

8 Andree/Thomsen, 2020, S. 53.

Katholiken mit Migrationsgeschichte, nicht nur in muttersprachlichen Gemeinden, bilden sich darin allenfalls am Rande ab. Zudem übernehmen die Kirchen mit Telefon- und Internetseelsorge gesellschaftlich wichtige soziale und medial basierte Kommunikationsangebote, die in einer auf mediale Trends konzentrierten Analyse nicht berücksichtigt werden können.

Der Verlust religiöser Sprachfähigkeit bei gleichzeitigem Verschwinden des Interesses an Religion wird eklatant deutlich an den massiven Bedeutungsverlusten im Segment der jungen Erwachsenen: Diese positionieren sich sehr kritisch, verstehen Glaubensinhalte jedoch oftmals nur lose oder klammern sie als irrelevant für den persönlichen Glauben aus. Bei ihnen ist zugleich eine hohe Austrittsneigung zu verzeichnen. Durchaus stellen sich diese Kohorten weiterhin und intensiv Fragen nach dem Sinn. Doch auch für sie verliert religiöse Erziehung an Bedeutung, wobei die milieuspezifische Analyse differenzierend zeigt, dass die Wertschätzung religiöser Erziehung in den bürgerlichen Milieus und den Bereichen der gesellschaftlichen Mitte durchaus als Potentialthema identifiziert werden kann. In der Pastoral und bei kirchlich Verantwortlichen wird immer noch zu wenig verstanden, dass für Kinder und Jugendliche mit der familiären religiösen Sozialisation im Grunde jegliche Möglichkeit zur Entwicklung der religiösen Bindung steht und fällt.

Die Sinus-Milieu-Analyse zeigt, dass die vermeintlich einheitliche Gruppe der Katholiken in Deutschland in verschiedene Blasen mit höchst spezifischen Nutzungs-, Interessens- und Erwartungsstrukturen zerfällt. Ein besseres Verständnis für »›szenische‹ Vergemeinschaftungsprozesse«,[9] in denen sich Menschen entlang von Geschmacksfragen und Sympathie zeitweilig einbringen, kann entscheidende Orientierungspunkte für gegenwärtige ekklesiogenetische Wandlungsprozesse liefern. Derzeit ist schwer abzusehen, ob und wie sich Kirchenbindung in der Zielgruppe der jungen Erwachsenen überhaupt etablieren lässt, und grundsätzlich, »welche tragfähigen Sozialformen das Volk Gottes im 21. Jahrhundert ausbildet, wenn zugleich ihre traditionellen Gestalten eine abnehmende Bindekraft und Attraktivität zeigen.«[10]

Die Gruppe der 18- bis 29-Jährigen wird insgesamt medial für religiöse und kirchliche Kommunikationsangebote nur auf wenigen Wegen erreicht. Die jungen Erwachsenen folgen ihren alterstypischen Medienpräferenzen, wenn sie überdurchschnittlich, aber auf sehr niedrigem Niveau Internetseiten besuchen, die sich mit Glauben und Religion beschäftigen, und entsprechende Angebote in Social Media, unter anderem bei YouTube, nutzen. Diese Kommunikationsorte gilt es in ihrer Eigenständigkeit zu pflegen, auch wenn derzeit immer noch Printmedien deutlich breitere Zugangswege für Religions- und Kirchenthemen versprechen, auch in eine kirchendistanzierte katholische Öffentlichkeit hinein.

Nähe auf Distanz

Dem insgesamt abnehmenden medialen Interesse an Kirche und Religion entgegen steht die Tatsache, dass Glaubensfragen und religiöse Themen bleibend intensive Gesprächsthemen im Familien- und Freundeskreis sind, häufiger noch im Familienkreis als in den erweiterten sozialen Gruppierungen. Viele haben den Eindruck, dass es anderen Menschen nicht leichtfällt, über Religion und Glauben zu sprechen. Die Sprachfähigkeit in diesen Belangen hat weiter abgenommen, das Themenfeld Glaube und Religion nehmen viele Menschen als tabuisiert wahr.

9 Beck, 2018, S. 148.
10 Beck, 2018, S. 149.

Die Menschen unterscheiden zwischen Kirche vor Ort und Kirche weit weg, wobei sie vor allem in Dörfern und in eigenständigen Verbänden als sehr positiv wahrgenommen wird. Die Kirche lebt und kommuniziert vor Ort, funktioniert sozialräumlich – am ehesten noch in dörflichen Strukturen; aber auch im urbanen Raum besteht durchaus Potential für regionale und lokale Vernetzung. Schon die Ebene des Bistums fällt kommunikativ weitgehend aus. Doch auch 25 % der Befragten kennen den Namen ihres eigenen Pfarrers nicht, ein persönlicher Kontakt zu kirchlichen Mitarbeitenden ergibt sich nur für knapp 1/5 der Befragten. Das Medium der regionalen Nähe ist der Pfarrbrief, dessen ›unterschätztes Potential‹[11] in seiner beiläufigen Zugänglichkeit gründet. Perspektivisch kann er insbesondere in Pfarrverbänden, die ihre Größe auch für die Kommunikation zielführend nutzen können, als ein vielfältig gestaltetes Mitteilungsblatt eingesetzt werden.

Interessanterweise erreicht der Pfarrbrief auch kirchendistanzierte Christen: Regelmäßig oder hin und wieder lesen ihn 34 % der kirchendistanzierten Christen sowie 28 % der Personen, die sich als religiös, aber nicht christlich bezeichnen. Eine elektronische Ausgabe interessiert zwar die jüngere Zielgruppe, erzeugt jedoch andere Bezugswege und behindert den beiläufigen Zugang. Auch in der Online-Kommunikation interessieren sich die Menschen für den persönlichen Nahbereich, so für eine gut gestaltete Information in regionalem Kontext, für eine gut gepflegte und leicht auffindbare Webseite der eigenen Pfarrei, sowie für konkrete, auch regionale Alltagsgeschichten.

Wie bereits in den online aktiv kirchenbezogen kommunizierenden Blasen sichtbar wird, verändert sich die Gestaltung von Nähe und Distanz. Auch online entstehen Nahformen unabhängig von räumlicher Nähe.[12] Als zunehmend interessensgesteuertes Medium verhindert das Internet jedoch ein Auffinden von Themen, die außerhalb des persönlichen Radars liegen. Ein zufälliges Browsen, in dem man über auch interessante religionsbezogene Inhalte stolpert, wird in einer von Algorithmen gesteuerten, an individuellem Nutzungsverhalten orientierten Content Distribution noch seltener werden.

Während Publikationsorgane aus einem katholischen Kontext heraus nur vorrangig kirchenverbundene Menschen erreichen, werden Berichte über Kirchen- und Glaubensfragen in säkularen Printmedien auch von kirchenferneren und jüngeren Katholiken als Zufallsfunde gerne und mit Interesse wahrgenommen.

Treue in klarer Kritik

Das Image der römisch-katholischen Kirche bei ihren Gläubigen kann, wie der Trendmonitor zeigt, nicht anders als desolat bezeichnet werden, keineswegs nur unter denjenigen, die sich als ›austrittsbereit‹ verstehen, und keineswegs nur aufgrund des über Jahre und Jahrzehnte verschleppten Umgangs mit sexualisierter Gewalt im Verantwortungsbereich der Kirche. Die Positionierung der Katholiken zu ihrer Kirche bleibt indes im Trendvergleich gerade hinsichtlich der kirchenkritischen Aspekte erstaunlich stabil, wohl aber bei einer immer klareren Ablehnung in den Positionen der Sexualmoral, die auch in den kirchennahen Segmenten entsprechend formuliert wird. Derzeit ist zu erwarten, dass angesichts der überfälligen, doch nicht erkennbaren institutionellen Entwicklungsfähigkeit die Erosion auch in den kirchennahen Segmenten voranschreiten wird.

Quer durch die verschiedenen Gruppen und Milieus kann Kirche nach wie vor im unmittelbaren Nahbereich durch die Begleitung an Lebenswenden und eine ausgesprochene Kompetenz für eine rituelle Strukturierung

11 Beck, 2018, S. 34–36.

12 Vgl. Herrmann, Maria: »Aber das ist doch nicht echt!« Komplexität und Virtualität als Impulse gegenwärtiger Kirchenbildung, in: Zeitschrift für Pastoraltheologie, Jg. 39, Nr. 1, 2019, S. 19–31.

punkten; und ihre langsame, nicht am Zeitgeist orientierte Entwicklung entspricht durchaus den diesbezüglich ohnehin niedrigen Erwartungen der Menschen.

Die Veränderungen am religiösen Büchermarkt liefern weitere Indikatoren für thematische Trends. Bei insgesamt niedrigem Niveau verzeichnen »Bücher über den Sinn des Lebens, auch zur Bewältigung von Sinnkrisen«, über moralische und ethische Fragen, zur Meditation, und zu Ehe, Partnerschaft und Glaube Zuwachs. Stark abgenommen hat hingegen das Interesse an besinnlichen Geschenkbüchern sowie Büchern, die sich mit Fragen der Kindererziehung sowie der Vermittlung des Glaubens an Kinder beschäftigen; ebenso religiöses Brauchtum und kirchliche Feste.

Sendung an Grenzen

Die Mitgliederzahlen der christlichen Kirchen sind kontinuierlich im Sinken begriffen, auch die Zahl der Teilnehmenden am Gottesdienst ist mit etwas unter 10 % rückläufig. Doch konstant bleibt die Religiosität: Unabhängig vom Kirchgang bezeichnen sich 44 % als »religiöser Mensch«, wobei sich die Glaubensüberzeugungen hochgradig individualisiert und von katholischen Kerngebieten entfernt haben. Eine Differenzierung von ›religiös‹ und ›säkular‹ verspricht nur einseitig Klärungspotential, denn »Säkulares braucht das Religiöse nicht, um säkular zu sein«[13]. Die kirchlich-kommunikativen Bemühungen richten sich gar nicht so sehr an die Menschen, die jenseits der Kirche stehen – wie der Trendmonitor zeigt, gehören schon viele der katholischen Menschen einem säkular orientierten Grenzmilieu an.

Der Bruch in der Kirchenbindung hat sich längst gezeigt. Es ist anzunehmen, dass schon in zehn Jahren das religiöse Wissen im katholischen Kontext weitestgehend diffundiert und sich in kleinen Gruppen spezifiziert. Der kirchliche Bildungs- und Begleitungsauftrag richtet sich dennoch weiterhin an die Gesellschaft als Ganze und kann für zielgruppenspezifische Ansprachen durchaus maßgeschneidert konkretisiert, nicht aber in seinem grundsätzlichen Anspruch aufgegeben werden. Mediale Kommunikation kann den Bereich der persönlichen Glaubenspositionierung in religiösen Fragen nur schwer erreichen. Religiöse Kommunikation gehört daher auch in einem professionellen Sinn in die Haltung und Handlung von einzelnen Akteuren im kirchlichen und gesellschaftlichen Kontext hinein. Ein ekklesiogenetischer Ansatz muss in einer zunehmenden Diasporasituation die Kirche vor Ort und im digitalen Raum stärken, dort Aktive in ihren jeweiligen kommunikativen Bemühungen ermutigen und unterstützen sowie maßgeschneiderte sozialräumliche Angebote offen und ermöglichend begleiten.

Ein Auftrag für kirchliche Kommunikation formuliert sich aus Sicht der Pastoral in unterschiedliche Richtungen: In einer alternden Gesellschaft liegt in der Medienbildung ein bedeutsames Potential für die älteren Kohorten, in denen kirchliche Kommunikation sinnstiftend wirken kann, beispielsweise durch den barrierefreien Ausbau von Online-Angeboten für die höhere Altersgruppe. Eine Zukunftsperspektive kann hingegen nur in der religiösen Bildung und Begleitung der jungen Erwachsenen, auch der jungen Eltern identifiziert werden, nicht zuletzt, da religiöse Erziehung als ein kleines, dynamisches, gesellschaftlich umstrittenes und zugleich individuell und familiär höchst bedeutsames Feld zu bestellen ist.

13 Bauer, Christian: »Normal halt …« Pastoraltheologie in säkularen Zeiten, in: Zeitschrift für Pastoraltheologie, Jg. 40, Nr. 2, 2020, S. 9–19, S. 10.

NOT ALL IS LOST THAT'S LOST

Eine kommunikationswissenschaftliche Perspektive auf den MDG-Trendmonitor – Religiöse Kommunikation 2020/21

Lars Rademacher[1]

Die Katholische Kirche erreicht die Breite der Gesellschaft mit ihren Medien nicht. Nur die rapide schwindende Zahl der kirchlich gebundenen Leserinnen und Leser nutzt verlässlich und regelmäßig mediale Angebote mit kirchlichen, kirchennahen oder religiösen Inhalten. Das ist – oberflächlich betrachtet – die Kernbotschaft des MDG-Trendmonitor 2020/21, der weitgehend vergleichbar konzipiert ist wie die Vorgängerstudien aus den Jahren 2000, 2003 und 2010. Allerdings war die letzte Erhebung noch knapp vor der Ausbreitung des Missbrauchsskandals durchgeführt worden, während der aktuelle Trendmonitor die teils tief verunsicherte, teils stark ermüdete Reflexion der Rezipienten wiedergibt, die von der Katholischen Kirche keine Lösung zu diesem Konflikt mehr erwarten oder ihr einen Wandel schlicht nicht mehr zutrauen. Zudem wurden erstmals auch jüngere Zielgruppen ab 14 Jahren einbezogen und ermöglichen so eine detaillierte Betrachtung auch der jugendlichen Mediennutzer. Hinter der aktuellen, durchaus dramatischen Entwicklung verbirgt sich allerdings ein kaum gehobenes Entwicklungspotential, das jedoch eine starke Haltungsänderung voraussetzt.

Ähnlichkeit der Katholischen Leserschaft zum allgemeinen Entwicklungstrend

Die Veränderung der klassischen Lesermilieus ist beileibe keine neue Erkenntnis. Bereits Anfang und Mitte der 2000er Jahre war deutlich ablesbar, dass Onlinemedien stark auf dem Vormarsch waren, während klassische Tages- und Abozeitungen kontinuierlich an Reichweite verloren. Zu diesem Zeitpunkt beruhigten

1 Prof. Dr. Lars Rademacher ist Direktor des Instituts für Kommunikation und Medien (ikum) und Mitglied des Forschungszentrums Digitale Kommunikation und Medieninnovation (DKMI) an der Hochschule Darmstadt. Zu seinen Lehr- und Forschungsgebieten zählen Medien- und Kommunikationswandel, Onlinekommunikation, Achtsamkeit in der Digitalisierung und Organisationskommunikation.

sich die Publikumsverlage jedoch noch mit der Mär, es handele sich um kurzfristige Veränderungen oder Verschiebungen, nicht aber um handfeste Einbrüche oder Disruptionen gesamter Marktsegmente. Das war kurzsichtig und schon damals unrealistisch. Schon 2007 brachten die Medienökonomen Castulus Kolo und Robin Meyer-Lucht ihre Erkenntnisse für den deutschen Medienmarkt auf die Formel von der »Erosion der Intensivleserschaft«:[2] Sie beschrieben hier im direkten Vergleich von überregionalen Tageszeitungen zu Nachrichtenwebsites und regionalen Abozeitungen zu regionalen Onlineangeboten, dass Onlinemedien stärker Intensivleser gewannen als überregionale Printtitel diese verloren, wohingegen regionalen Abozeitungen stärker Intensivleser abhanden kamen, als dass regionale Nachrichtensites Intensivnutzer hinzugewannen. Es zeigte sich also zugleich eine Verschiebung vom Regionalen ins Überregionale, die in den darauffolgenden Jahren zu vielen Einstellungen, Übernahmen oder Fusionen bei Regionalzeitungen geführt hat. Das Interesse an regionalen Informationen ist zwar stets stark geblieben, den Anbietern regionaler Informationen ist es aber nicht gelungen, digitale Bezahlangebote in gleicher Weise zum Erfolg zu führen.

Dass der Schwund bei den überregionalen Blättern langsamer vonstatten ging, hat damals zu der Fehlinterpretation geführt, man könne Leser einfach so zurückgewinnen. Dabei hätte man frühzeitig und konsequent in digitale Bezahlmodelle investieren müssen. Auch für die konfessionellen Anbieter waren die Effekte erst später spürbar, weil sie über eine treuere und homogenere Leserschaft verfügten, die nicht so stark nach klassischen, mikroökonomischen Nutzenfunktionen reagiert. Das hat notwendige publizistische Innovationen hinausgezögert. Der Missbrauchsskandal und seine sehr langwierige und schleppende Aufarbeitung haben dieses Polster jedoch in kurzer Zeit aufgezehrt und die Erosion beschleunigt und damit an das allgemeine Niveau herangeführt. Doch anders als im allgemeinen Lesermarkt kommt es nicht im gleichen Maße zu Substitutionsbewegungen: Verlorengegangenes Terrain bei kirchlichen Printmedien wird nicht durch entsprechende konfessionelle Onlineangebote ersetzt.

Nutzererwartungen und Nutzertypologien

Heutige Nutzer sind mobil (vgl. S. 22), sie konsumieren Informationen überall – und vor allem bedarfsorientiert. Das bedeutet, ritualisierte Mediennutzung ist insgesamt auf dem Rückzug, bedarfsgesteuert wird hingegen impulsiv gesucht. Junge Leser sind besonders schlagzeilengetrieben und ungeduldig.

Schaut man auf das Ganze, so interessieren sich Katholiken ganz offen thematisch für Gesundheit, soziale Gerechtigkeit, Menschenrechte und Nachhaltigkeit am meisten – gefolgt von Reisen, Politik, sozialem Engagement und Schule/Bildung (vgl. S. 77). Und zu vielen dieser Themen erwarten sie sich auch eine aktive Stellungnahme ihrer Kirche – vor allem zu sozialer Gerechtigkeit, Dialog der Religionen (angesichts von Pluralität), Sterbehilfe, Krieg und Konflikten oder zur Stellung der Frau, Wertvorstellungen, Flüchtlingen und Rechtsextremismus (vgl. S. 82). Was also gerade junge Katholiken erwarten, ist eine Kirche, die sich aktiv einmischt in soziale und gesellschaftliche Diskurse, Parteinahme für Schwache und Bedürftige, eine Kirche, die sich mitten hineinbegibt in die großen gesellschaftlichen Fragen unserer Zeit.

2 Kolo, Castulus / Meyer-Lucht, Robin: Die Erosion der Intensivleserschaft. Eine Zeitreihenanalyse zum Konkurrenzverhältnis von Tageszeitungen und Nachrichtensites, in: Medien- & Kommunikationswissenschaft, Jg. 55, Heft 4, 2007, S. 513-533.

Mediennutzung religiöser Informationsquellen

Die Kirchendistanzierten unter den Katholiken stellen erstmals mit 34 Prozent der Befragten das größte Segment der Katholiken, die 18- bis 29-Jährigen unter ihnen werden zudem als strategisch wichtigste Zielgruppe eingeschätzt. Denn in aller Regel verändert sich später das Mediennutzungsverhalten nicht noch einmal grundlegend: Zeitungsleser nutzen zwar beispielsweise Onlineangebote ihrer Zeitung, generelle Ausweitungen des Medienspektrums wie jüngst die Plattform Clubhouse lösen zwar Neugier und Experimentierfreude aus – doch die jüngeren Nutzer digitaler Plattformen wie Facebook, Reddit oder Instagram lassen sich kaum zur Zeitungslektüre überreden. Besteht die Erwartung darin, auch die Gruppe der Distanzierten noch zu erreichen, ist diese jüngere Nutzergruppe entscheidend. Sie interessiert sich für kirchliche und religiöse Themen am ehesten, wenn sie zufällig auf sie stößt. Beispiele wie das erfolgreiche evangelische Magazin Chrismon haben schon vor Jahren – allein durch ihren hohen Verbreitungsgrad in überregionalen wie regionalen Medien – gezeigt, wie dies zu organisieren wäre. Und der MDG-Trendmonitor zeigt ganz deutlich, dass diese Zielgruppe nicht eigens nach religiösen Inhalten sucht, diese müssen ihnen begegnen, sie müssen es in ihren Medienmix und ihr Nutzungsverhalten hineinschaffen. Die religiösen Medienangebote müssen ihnen hinterhergehen, von sich aus wird keine Hinwendung erfolgen.

Angebotsstruktur und Plattformen

Der MDG-Trendmonitor behandelt im Einzelnen die medialen Kanäle, es zeigen sich alte Stärken (der Pfarrbrief etwa, der jedoch auch an Reichweite verliert) und neue Entwicklungen wie Pfarrmagazine, die vor allem ein urbanes Publikum adressieren. Auffällig ist dabei, dass es keine klassischen Massenmedien mehr gibt, in denen religiöse Kommunikation im engeren Sinne betrieben werden könnte. Denn: Keines der Medien, die jetzt eine gute Ausgangsposition hätten, lässt sich skalieren. Pfarrbriefe, die noch die größte Bindung und Frequenz besitzen, sind strikt regional und inhaltlich u. U. stark umgrenzt auf liturgienahe und gemeindeinterne Information. Auch dem Aufbau von Magazinstrukturen sind enge Grenzen gesetzt, finanziell wie fachlich würden die Seelsorgeeinheiten dies nicht allein stemmen können und benötigen Unterstützung. Einzig im Bereich digitaler Medien bleiben Wachstumsmöglichkeiten und Plattformzugänge, mit denen sich jüngere Zielgruppen erschließen lassen.

Empfehlungen zur künftigen Entwicklung

Aus den vorgenannten Gründen erscheint der Ansatz im ersten Teil des MDG-Trendmonitors, die als zentral empfundene, eher distanzierte Zielgruppe zwischen 18 und 29 Jahren über die bisher überwiegend genutzten Medien erreichen zu wollen, nicht weitreichend genug. Eher erfolgversprechend ist der Weg über öffentliche Medien und eigene digitale Kanäle und soziale Formate, die auf Plattformen wie Facebook, Instagram, aber auch Tiktok funktionieren.

Hierfür aber braucht es in den kirchlichen Kommunikationsabteilungen flächendeckend die notwendigen Kompetenzen – aber auch Spielräume – bei Operativen und Entscheidern. Wie also müssten Strukturen aussehen, die eine solche Entwicklung ermöglichen?

Notwendige Schritte auf dem Weg zur Neuausrichtung

Um den beschriebenen Wandel einzuleiten, bedarf es der nachfolgenden Schrittfolge:

1. Erweiterung der Zielgruppe um religiös interessierte Nichtmitglieder, denn eine gesellschaftliche Rolle kann die Kirche auf Dauer nur dann beanspruchen, wenn sie für viele Gruppen der Gesellschaft offenbleibt.

2. Etablierung von Entwicklungshubs, die die Verantwortlichen in den Bistümern bei der Etablierung neuer Formate und Plattformen unterstützen. Hier braucht es Experten für Bewegtbild, Animation, Webdesign, User Experience (UX), Unterhaltung, Infotainment, um Contents zu entwickeln, die intelligent und anspruchsvoll auf den neuen Kanälen funktionieren.

3. Schulung und Weiterentwicklung der bestehenden Mitarbeiter in den Bistümern zu kanalunabhängigen Format- und Contententwicklern.

Fazit

In Zeiten, die von starken Unsicherheiten geprägt sind, sehnt sich jeder nach Orientierung, Sinnstiftung und (virtuellen) Orten friedlicher Koexistenz. Die Katholische Kirche kann diese Angebote machen für Kirchenmitglieder, aber auch für ein großes gesellschaftliches Umfeld, das auf solche Angebote Wert legt, ja wartet und angewiesen ist. Dafür muss man den Mut haben, die noch bestehenden Ressourcen zu bündeln, in Training und Entwicklung zu investieren und die Kommunikationshaltung grundlegend zu verändern. Das wird ohnehin notwendig sein, um als Katholische Kirche in einer zunehmend säkularisierten Gesellschaft noch die eigene Legitimation zu behaupten. Je früher dieser Wandel im medialen Portfolio und in der Kommunikationsstrategie eingeleitet wird, umso eher besteht eine Chance, nicht nur den Rückbau zu verlangsamen, sondern auch eine neue gesellschaftliche Rolle einzunehmen. Im Moment wird die Kirche als Verhinderer wahrgenommen: von Aufklärung, von einer besseren Vergütung in Pflegeheimen (obwohl das Gegenteil intendiert war), von Frauen im kirchlichen Leben. Das ließe sich ändern, sie könnte als Ermöglicher wahrgenommen werden.

Print

DIGITALE TRANSFORMATION DER ZEITUNGSBRANCHE UND VON WELCHEN ERKENNTNISSEN DIE KIRCHE PROFITIEREN KANN

Stefan Buhr[1]

1. Was sind Gemeinsamkeiten der Medienangebote der katholischen Kirche sowie der traditionellen Printmedien und was trennt sie?

Kernleser halten die Treue, aber die Gruppe schrumpft und wächst nicht nach.

Sowohl für die Kirchen als auch für traditionelle Medienmarken entfällt besondere Bedeutung auf die Kerngruppen und überzeugten Fans, welche derzeit das bestehende »Geschäftsmodell« durch intensive Nutzung und hohe Loyalität stützen. Von diesen Gruppen wird am wenigsten Veränderungsdruck aufgrund der digitalen Transformation ausgelöst, die sich unter anderem in der sich verändernden Mediennutzung zeigt.

Abnehmende Bindung – wirklich?

Der MDG-Trendmonitor – Religiöse Kommunikation 2020/21 konstatiert insgesamt eine abnehmende Kirchenbindung und zunehmende Austrittsneigung (vgl. S. 15). Hier zeigt sich eine Parallelität zu traditionellen Medienmarken, jedoch nur auf den ersten Blick: Als Bewertungsmaßstab für die publizistische Relevanz wird häufig die durch die IVW[2] geprüfte verkaufte Auflage herangezogen. Diese sinkt seit Jahren sowohl im Abonnement als auch im Einzelverkauf. Nicht sichtbar in diesen Aufstellungen hingegen sind die stark steigenden Zugriffszahlen auf die Web-Angebote. Waren diese im deutschsprachigen Raum mehrheitlich

1 Stefan Buhr ist Diplom-Kaufmann und bei der Frankfurter Allgemeinen Zeitung als Chief Sales Officer tätig, mit einem Schwerpunkt auf Vertriebsmarketing und digitaler Transformation. Davor arbeitete er bei Gruner+Jahr International Magazines in Hamburg und beim SPIEGEL-Verlag.

2 Def. IVW: Informationsgemeinschaft zur Feststellung der Verbreitung von Werbeträgern

kostenlos zugänglich, setzen sich nun Bezahlmodelle stärker durch. Während im Rahmen dieser »Paywalls« zunächst die E-Paper-Ausgaben der Printpublikationen verkauft wurden, setzen Verlage vermehrt auf reine Website-Abos. Am Beispiel der F.A.Z. lässt sich festhalten, dass noch nie mehr Menschen als heute F.A.Z.-Inhalte konsumiert haben, nämlich im Jahr 2020 17,2 Mio. einzelne Nutzer[3], was einem Plus gegenüber dem Jahr 2015 von nahezu 100 % entspricht. Der Zuspruch zu neuen digitalen, und besonders auch kostenpflichtigen, Angeboten ist also groß.

Vergleichbar ist die verbreitete, nur punktuelle Nutzung der Kirchen- sowie Zeitungs-Angebote. So zeigt der MDG-Trendmonitor, dass bei aller Kritik und Unzufriedenheit der würdige Rahmen der Kirche in Anspruch genommen wird, »um wichtige Schritte im Leben zu feiern« (ebd.). Wenn es jedoch nur dieser Aspekt ist, der für viele Kirchenmitglieder relevant ist, bleiben andere Leistungen unbeachtet und ungenutzt. Für Herausgeber journalistischer Produkte klingeln in dieser Konstellation die Alarmglocken: Sobald sich für Leser der Eindruck verfestigt, sie nutzten nur einen Bruchteil des Angebots, der entrichtete Preis und die individuelle Nutzung stünden also im Missverhältnis zueinander, steigt die Unzufriedenheit und damit die Kündigungswahrscheinlichkeit drastisch. Ausweg aus dieser Konstellation ist nicht etwa eine Verbesserung des Produkts durch eine Erhöhung von Text- oder Artikelmenge, also ein »mehr vom Gleichen«, sondern ein anderer, häufig reduzierter, Produktzuschnitt. Für Verlage ist es meist sinnvoller, den Kunden mit einem niedrigeren Umsatz zu halten als gar nicht.

2. Wettbewerb der Abo-Modelle, Preisbewusstsein, Einstiegsangebote und Kündigerrückgewinnung

Sowohl den Angeboten der Kirche als auch den publizistischen Angeboten ist gemein, dass sie zunehmend im Wettbewerb mit anderen, meist neuartigen, Dienstleistungsangeboten stehen, welche ebenfalls um die Aufmerksamkeit der Individuen buhlen. Längst werden Film-, Musik- und Mobilitätsangebote sowie viele weitere Leistungen in Form von Abomodellen angeboten. Gerade bei den jüngeren Zielgruppen konkurrieren diese nicht nur um die Aufmerksamkeit, sondern auch um das Budget. Regelmäßige Ausgaben werden immer stärker in Bezug auf den Nutzen verglichen, den sie stiften. Bei zunehmender Kirchendistanzierung und abnehmender Bindungsbereitschaft steht die Kirche in Konkurrenz zu anderen Angeboten, auch wenn deren Leistungen vergleichsweise profan wirken mögen.

Zu den modernen Abomodellen gehören nutzerfreundliche Ausstiegsklauseln. So gilt heute ein »easy in – easy out« als erwarteter Standard. Die Kirche profitiert von ihrer Sonderrolle: Die emotionalen Barrieren zur »Kündigung« sind höher, da öffentliche Institutionen beteiligt sind und ein Austritt gegenüber Finanzamt und Arbeitgeber sofort sichtbar ist. Nicht verständlich ist aus der Außenperspektive, weshalb der Wiedereintritt ebenfalls mit Hürden versehen wird. Die derzeit z. B. unter katholisch.de genannten notwendigen Maßnahmen[4] zur Wiederaufnahme in die Kirche problematisieren und stellen aus Direktmarketingsicht einen Filter dar.

Für Verlage von zentraler Bedeutung, in der Diskussion um Kirchenbindung aber eher nebensächlich behandelt, ist der Preispunkt des Produkts. Verlage stehen vor der Herausforderung, dass sich die Ausgabe-

3 B4p (Best4Planning), 2020 II

4 Vgl. https://www.katholisch.de/artikel/5008-katholisch-werden-wiedereintritt, abgerufen am 11.03.2021

bereitschaft von Individuen für digitale Produkte noch deutlich unter jener von gedruckten Produkten befindet. Deshalb werden große Anstrengungen unternommen, »Preismuskeln« für digitale Produkte zu trainieren. Auch wird die Zahlungsfähigkeit in den einzelnen Lebensphasen beachtet, indem Studierende und jüngere Interessierte in den Genuss vergünstigter Angebote kommen. Die Kirchen genießen das Privileg, bereits eine von der individuellen Einkommenssituation abhängige Preissetzung zu haben, verbunden mit der ausfallsicheren und haltbarkeitsfördernden Erhebung als Kirchensteuer.

3. Welche Maßnahmen leiten Tageszeitungen zur Bewältigung der digitalen Transformation ein?

Unzweifelhaft reicht es nicht mehr, digitale Replika von bestehenden Printangeboten verkaufen zu wollen. Weiterentwicklungen dieser »E-Paper« sind dennoch auch heute noch für Stammleser und printsozialisierte Zielgruppen wichtig.

Größer, und vor allem für die Zukunftsausrichtung des Mediums noch relevanter, sind die Websites sowie die entsprechenden Apps. Einige halten das für lange Zeit weitgehend kostenfreie Angebot für einen Geburtsfehler des digitalen Journalismus, weil sich damit eine entsprechende Erwartungshaltung verfestigt hat. Immerhin führt dieser Umstand nun dazu, dass diese Seiten über eine Millionenleserschaft verfügen und somit den Grundstock bilden für zukünftige zahlende Abonnenten. Darüber hat sich ein Leseverhalten habitualisiert, welches u. a. als »Stream-Nutzung« bezeichnet wird. Der These, es gäbe Zielgruppen, für die Dinge, die nicht im Internet stattfinden, nicht existieren, müssen auch Verlage bedauerlicherweise zustimmen. Deshalb ist wichtig, alle Leistungen (auch kostenpflichtig) abrufbar zu halten.

Verlage unternehmen große Anstrengungen, die Nutzer dieses »Streaming-Angebots« systematisch anzusprechen und in Abonnenten zu wandeln. Frei verfügbare Inhalte werden in diesem Prozess als Köder genutzt, um die zahlungsbereiten, stärker involvierten und das Produkt intensiver nutzenden Zielgruppen zu identifizieren und zu zahlenden Kunden zu wandeln. Grundlage für diese systematische Herangehensweise ist der Aufbau eines sogenannten Funnels, in dem ermittelt wird, welche Themen so (wandlungs-) stark sind, dass sie zu einer ersten Bindung (z. B. eines Testabos) führen. Es ist notwendig, grundsätzlich für alle Arten von Inhalten die Bepreisung zu erwägen. Häufig sind die »conversion-starken« Artikel nur der letzte notwendige Auslöser für den Abschluss eines Abos. Es ist in der Regel notwendig, den Leser viele Male zuvor mit der »Paywall« zu konfrontieren. Daher sind jene Inhalte, die viele Abos generieren, häufig nutzwertorientiert. In der akuten Bedarfssituation ist der einzelne Artikel für den Kauf ausschlaggebend, die anschließende Nutzung ist jedoch meist wieder breiter.

Weiterhin werden die Produktportfolios überarbeitet. In diesen spielen beispielsweise Podcasts und Newsletter zentrale und komplementäre Rollen. Allen ist gemein, dass sie die Nutzung des Produkts auf dem jeweiligen Endgerät und dem jeweiligen Kanal auf höchstem Niveau sicherstellen. Die Inhalte müssen sowohl endgeräte- als auch kanaladäquat aufbereitet sein. Mögen beispielsweise Inhalte für Facebook und Instagram noch größere Ähnlichkeiten aufweisen, sind spätestens für Snapchat und Tiktok andere Spannungsbögen und Erzählweisen zur Vermittlung von Inhalten notwendig. Der dafür notwendige Wandel ist also nicht nur technischer Natur, es bedarf außerdem eines großen Verständnisses für die unterschiedlichen Story- und Begeisterungsmechaniken der Plattformen.

Audio

AUDIONUTZUNG, ODER: WIE MAN DEN SCHLAFENDEN RIESEN WECKT

Andreas-Peter Weber[1]

Zuerst die gute Nachricht: Audionutzung ist in Deutschland über die Generationengrenzen hinweg anhaltend beliebt. Und wenn man sich den MDG-Trendmonitor – Religiöse Kommunikation 2020/21 ansieht, gibt es noch einen, aus kirchlicher Sicht, beruhigenden Befund: Wenn es um die Nutzung von Audio-Angeboten geht, sind Katholikinnen und Katholiken auch nur Menschen. Das heißt: Die Trends und Entwicklungen, die wir seit einigen Jahren in vielen Analysen, Studien und Nutzerbefragungen für die deutsche Gesamtgesellschaft beobachten,[2] sie gelten auch für katholische Hörerinnen und Hörer. Für katholische Audio-Produzentinnen und -Produzenten bedeutet das: Einige Rezepte, die für alle Anbieter gelten, die sich am Audiomarkt behaupten wollen, können auch für kirchliche und religiöse Angebote Anwendung finden. Leider gilt das aber, wie wir noch sehen werden, nicht für alle Distributionsstrategien, die Radiomacher in den letzten Jahren entwickelt haben.

Viele Ergebnisse des MDG-Trendmonitors sind alles andere als überraschend. Für die einfache, aber für Radiomacher hochinteressante Frage »Wie werden Audioangebote gehört?« bedeutet das: Es ist kompliziert.

Je älter die Hörerinnen und Hörer, desto mehr schätzen sie klassische lineare Programme im Radio, je jünger, desto mehr überwiegt die zeitunabhängige Nutzung in Podcasts oder Streams. Je älter, desto stationärer die Nutzung, ob nun über das Küchenradio oder den PC. Je jünger, desto mobiler, zum Beispiel über Apps auf dem Smartphone oder Tablet.

---

1 Andreas-Peter Weber ist seit fast 30 Jahren – nach dem Studium in Politik, öffentlichem Recht und Germanistik – in öffentlich-rechtlichen Sendern in unterschiedlichen Positionen tätig. Zuletzt verantwortete er 10 Jahre die Programme des Deutschlandradios als Programmdirektor.

2 Vgl. u. a. https://www.ard-zdf-onlinestudie.de/files/2019/0919_Beisch_Koch_Schaefer.pdf

Daraus lässt sich eine erste Empfehlung ableiten:

1. Eine Multi-Channel-Strategie ist für eine maximale Reichweite essentiell

Kein Audio-Anbieter kann es sich heute leisten, ausschließlich auf einen Verbreitungsweg zu setzen (es sei denn, man beabsichtigt, eine sehr eng definierte Nische zu bedienen). Wer den Generationenabriss verhindern will, muss seine Angebote auf mobilen Plattformen verbreiten. Wer die Jungen erreichen will, muss dorthin, wo sie Medien konsumieren, muss mit den starken Playern am Audiomarkt kooperieren und sich bis zu einem gewissen Grad auf deren Regeln einlassen. Wer von den Jungen gefunden werden will, sollte beispielsweise seine Metadaten so aufbereiten, dass sie von den gängigen Suchmaschinen gefunden werden. Dazu gehört eine Präsenz im Internet und auf den diversen Social-Media-Kanälen, eine Seeding-Strategie und ein vernünftiges Community Management.

Gleichzeitig kann sich kein Anbieter, der auf Breitenwirkung bedacht ist, leisten, seine konservativeren Hörerinnen und Hörer der klassischen linearen Angebote zu vernachlässigen. Gewohnheit ist im Radio eine wichtige Größe. Mit ihr lässt sich auch zu einem guten Teil erklären, warum Worte zum Tage und Gottesdienstübertragungen immer noch recht hohe Reichweiten haben. Das lineare Radio ist für diese Nutzerinnen und Nutzer nicht nur Tagesbegleiter, es strukturiert auch das menschliche Dasein mit seinen wiederkehrenden, berechenbaren Sendeschemata.

Wer sich aber – angesichts begrenzter Ressourcen – nicht zwischen der linearen und der non-linearen Audiowelt zerreißen will, sollte eine weitere Empfehlung beachten:

2. Produktion in hoher Qualität – für möglichst viele Kanäle

Vor allem jüngere Hörerinnen und Hörer sind an hohe Audio-Produktionsstandards gewöhnt. Audioprodukte müssen deshalb nicht nur ansprechend »verpackt« sein, sondern auch hohen technischen und dramaturgischen Standards genügen. Dafür brauchen Macher technische Kompetenz und Expertise im Audio-Storytelling. Ziel muss es sein, auf Produkteigenschaften zu setzen, die dafür sorgen, dass ein Angebot aus der Masse hervorsticht. Der 1000. Podcast, in dem sich zwei Menschen unterhalten, muss schon sehr interessante Gesprächsthemen oder sehr ungewöhnliche Gesprächspartner bieten, damit er wahrgenommen wird. Und weil solcherlei Audioproduktion nun mal aufwendig ist und die Ressourcen endlich sind, muss das Ziel sein, eine Produktion auf möglichst vielen Kanälen auszuspielen, in der linearen wie in der non-linearen Welt.

Das bedeutet, dass die bisherigen, klassischen Angebote zunehmend infrage gestellt und auf ihre Eignung auch in der non-linearen Welt überprüft werden müssen.

3. Audioangebote neu denken. Eine Chance für religiöse Formate

Man kann die klassische Verkündigungssendung im Radio mit der Predigt des Pfarrers von der Kanzel vergleichen. Sie richtet sich an die Gemeinde, weniger an den Einzelnen, und geht tendenziell über die Köpfe der Gottesdienstbesucher hinweg.

Ein religiöser Podcast hingegen muss seine Rechnung mit einer gänzlich anderen Hörsituation der Nutzerinnen und Nutzer machen. Meist gehen solche Angebote über den Kopfhörer direkt ins Ohr. Deshalb muss die Ansprache auch persönlicher, näher sein. Die Hörerinnen und Hörer sollen das Gefühl bekommen: Dieser Podcast ist genau für mich gemacht.

Was dem gesellschaftlichen Trend der Individualisierung und Segregation entspricht, bietet den Audiomachern auch neue, großartige Möglichkeiten. Um bei dem Vergleich zu bleiben, könnte ein religiöser Podcast in seiner Anmutung die Intimität eines geflüsterten Beichtgespräches annehmen. Wir lernen gerade, dass diese Intimität durchaus auch im klassischen linearen Radioprogramm seinen Platz haben kann, weil ja auch das Radio nicht mehr zwangsläufig im Bad oder bei der Arbeit klingt, sondern auch zunehmend vom Smartphone über den Kopfhörer live gestreamt wird.

Darin liegt ein großes Potential für religiöse Formate, das, wenn sie überleben sollen, gehoben werden sollte.

Die Crux: Wer interessiert sich für meine Inhalte?

Der MDG-Trendmonitor identifiziert die »kirchendistanzierten Christen« und die »jungen Erwachsenen zwischen 18 und 29 Jahren« als die strategisch interessanteste Zielgruppe. Um sie zu erreichen, müssen die Produzentinnen und Produzenten von Audio-Content auf non-lineare Angebote setzen. Dabei gibt es nur einen Haken: Die Studie legt nahe, dass Worte zum Tage oder Gottesdienstübertragungen in der überwiegenden Zahl der Nutzungsszenarien nicht gezielt gesucht und eingeschaltet werden. Sie sind auch bei den traditionellen, linearen Hörerinnen und Hörern häufig eher ein »Beifang« – und werden als solcher von einer bestimmten Zielgruppe auch durchaus geschätzt.

Non-lineare Nutzung aber funktioniert so nicht: Audioplattformen, auch Onlineangebote werden stark interessengesteuert genutzt, d. h. bestimmte Inhalte von Interesse werden gezielt ausgewählt, viele Anbieter verstärken diesen Effekt durch den Einsatz von Algorithmen.

Die harte Wahrheit, die der MDG-Trendmonitor belegt, ist: Mangelndes Interesse an den Inhalten ist der Grund dafür, dass Streamingangebote zu religiösen Themen in verschwindend geringem Umfang genutzt werden.

Wenn aber 39 % aller Katholikinnen und Katholiken zwischen 14 und 17 Jahren Podcasts, wenn rund drei Viertel aller Katholikinnen und Katholiken bis 29 Jahren Radio oder Musik über das Internet hören, dann ist es, mit Blick auf die als strategisch als interessant betrachtete Zielgruppe, nur konsequent, ihnen hier bessere Angebote zu machen.

Wenn bisher nur eine Minderheit erreicht wird, dann müssen die Macherinnen und Macher mehr als in den linearen Angeboten auf die richtigen Inhalte und die richtigen Produktionsstandards setzen.

Während es einigen Medienhäusern mit der richtigen Audiostrategie, die auf die junge Altersgruppe setzt, gelungen ist, den Generationsabriss deutlich zu mildern, bleibt es für kirchliche Angebote eine Herausforderung, den schlafenden Riesen zu wecken. Auf den »Beifang« zu hoffen und auf die Kraft starker Medienmarken zu setzen, reicht längst nicht mehr aus. Den Kirchen wünscht man an dieser Stelle mehr Mut, aktiv auf Drittplattformen zu setzen, kritische Themen aufzugreifen, neue Erzählformen auszuprobieren und in prägnante Stimmen und Persönlichkeiten am Mikrofon zu investieren.

Bewegtbild

DAS FERNSEHEN IST TOT. ES LEBE DAS FERNSEHEN …

Claudia Nothelle[1]

Davos 2007. Auf dem Weltwirtschaftsforum prophezeit Bill Gates dem Fernsehen noch fünf Jahre.[2] Seinen vorhergesagten Tod hat das TV inzwischen um fast zehn Jahre überlebt – und das Coronajahr 2020 ließ sogar die Nutzungszahlen wieder um fünf Prozentpunkte ansteigen: 69 Prozent aller Deutschen nutzten in dem Jahr täglich das lineare Fernsehen, also das klassische Fernsehen, bei dem bestimmte Sendungen zu einer bestimmten Uhrzeit angeschaut werden können[3]. Dabei verbringen Menschen über 3 Jahre durchschnittlich 220 Minuten vor dem Fernseher, 14- bis 49-Jährige immerhin 137 Minuten[4], also über zwei Stunden. Gerade im Coronajahr konnte dabei auch ein gestiegenes Informationsinteresse nachgewiesen werden – eine Entwicklung, die auch für Phänomene der Mediennutzungsfragen außerhalb der Pandemie von Bedeutung ist.

Die Quantität des Fernsehkonsums allein genommen ist jedoch wenig aussagekräftig. Erst im Zusammenspiel mit der Qualität des Fernsehkonsums, der Frage nach dem Was, lassen sich interessante Schlussfolgerungen ziehen. So ergibt sich aus dem ersten Teil des MDG-Trendmonitors von Allensbach, dass die befragten Katholikinnen und Katholiken deutlich mehr die öffentlich-rechtlichen Fernsehprogramme nutzen als die durchschnittliche deutsche Bevölkerung. Dabei lohnt vor allem ein Blick auf die 30- bis 44-jährigen Katholikinnen und Katholiken: 43 Prozent sind in den öffentlich-rechtlichen Programmen unterwegs, 38 Prozent bei den privaten. In der Gesamtbevölkerung haben in der Altersgruppe der 30- bis 49-Jährigen klar die privaten Sender die Nase vorn.[5]

---

1 Prof. Dr. Claudia Nothelle ist seit 2017 Professorin für Fernsehjournalismus an der Hochschule Magdeburg-Stendal. Vorher hat sie fast 25 Jahre für öffentlich-rechtliche Sender gearbeitet, zuletzt als multimediale Programmdirektorin beim rbb. Während ihres Studiums der kath. Theologie und Germanistik hat sie die studienbegleitende Journalistenausbildung beim ifp absolviert, dessen Aufsichtsratsvorsitzende sie heute ist.

2 Vgl. dazu https://winfuture.de/news,29700.html (zuletzt abgerufen am 20.02.2021)

3 Vgl. dazu https://www.horizont.net/medien/nachrichten/studie-der-landesmedienanstalten-fernsehen-in-corona-zeiten-wieder-etwas-wichtiger-186730 (zuletzt abgerufen am 20.02.2021)

4 Vgl. dazu https://www.horizont.net/medien/nachrichten/agf-auswertung-corona-laesst-fernsehnutzung-wieder-steigen-188231?cref-resh=1 (zuletzt abgerufen am 20.02.2021)

5 https://de.statista.com/statistik/daten/studie/1068912/umfrage/marktanteile-deutscher-fernsehsender/ (zuletzt abgerufen am 20.02.2021)

Die Gründe für die Affinität zum Öffentlich-Rechtlichen wären eine eigene Untersuchung wert. Aber die Vermutung liegt nahe, dass beispielsweise die grundlegenden Werte eine wesentliche Rolle spielen – dazu zählen beispielsweise eine starke Gemeinwohlorientierung oder auch ein achtvoller Umgang mit Personen vor der Kamera – Werte, die die Befragten wahrscheinlich eher im öffentlich-rechtlichen Rundfunk wiederfinden.

Bei der Frage nach dem »Was« geht es nicht nur um die Frage nach »welchem Programm«, sondern auch um die Frage nach den konkreten Inhalten. Dabei unterscheiden im Themenbereich Kirche und Religion die Verantwortlichen grundlegend zwischen zwei Programmkategorien. Die eine meint die Verkündigungssendungen – also Gottesdienstübertragungen oder auch das Wort zum Sonntag beispielsweise –, die andere redaktionelle Inhalte von der Klosterserie über Dokumentationen und Reportagen aus dem großen Themenbereich Kirche und Religion bis hin zur Berichterstattung in Magazinen und Nachrichten. Die eine Säule liegt in der Verantwortung der Kirchen, die andere in der Verantwortung der Sender. Schon aus dieser Aufteilung ergibt sich, dass die Themen und Herangehensweisen sehr unterschiedlich sind. Geht es den einen um die Verkündigung der Frohen Botschaft, wollen die anderen sich auseinandersetzen mit Kirche und ihrem Handeln. Die Breite und Differenziertheit der Berichterstattung zum Thema Aufarbeitung der sexualisierten Gewalt in der Kirche beispielsweise zeigt deutlich, wie oft die Redaktionen den Finger in die Wunde gelegt haben.

Dabei lässt sich – wenig überraschend – festhalten, dass quer durch alle Programmsparten hindurch das Interesse an Kirche und Religion im Fernsehen bei gläubigen Kirchennahen und kritischen Kirchenverbundenen größer ist als bei den Distanzierteren unter den Befragten. Beim Blick auf die Verkündigungssendungen ist das jedoch keine unwesentliche Erkenntnis: Das »Wort zum Sonntag« kann demnach vor allem die erreichen, die in einer Beziehung zur Kirche stehen. Als Instrumentarium, um Distanzierte oder auch Nicht-Gläubige zu erreichen, eignet es sich weniger. Dennoch hochgerechnet auf zuverlässig über eine Million Zuschauerinnen und Zuschauer am Samstagabend[6] bietet diese vierminütige Verkündigungssendung eine große Chance für die Kirchen.

Im zweiten Teil des MDG-Trendmonitors werden die Katholikinnen und Katholiken nach der Milieu-Perspektive differenziert. Hier wird deutlich: Je traditioneller ein Milieu aufgestellt, desto stärker ausgeprägt die Nutzung spezifisch religiöser Fernsehformate. Als Beispiel dienen hier wieder die direkten Verkündigungssendungen wie Gottesdienstübertragungen oder das Wort zum Sonntag. Interessant jedoch ist in diesem Kontext die Frage nach den sogenannten Zukunftsmilieus. Wie können Menschen aus fortschrittlicheren Milieus angesprochen werden? Welche Macharten, welche Themen – und beim linearen Fernsehen auch die Frage – welche Sendezeiten passen? Fragen, denen sich die Programmverantwortlichen der Sender und die Beauftragten der Kirchen stellen müssen. Die Perspektive von Sinus kann da erste Hinweise liefern: Je kirchendistanzierter die Befragten sind, umso weniger interessieren sie sich für klassische Verkündigungssendungen. Das bedeutet: Mit den klassischen Formaten im kirchlichen Auftrag wird eine katholische Kernzielgruppe erreicht – die diese Sendungen schätzt und als Unterstützung braucht. Die Fernstehenden haben etwas mehr Interesse an Reportagen und anderer journalistischer Berichterstattung. Kirche ist in diesem Fall Objekt der Berichterstattung, nicht selbst Subjekt. Gerade in den kritischen Themengebieten wie der sexualisierten Gewalt oder auch der Rolle der Frau ist das für die befragten Kirchenleute nicht immer leicht – und oftmals beklagen die Journalistinnen und

6 Einschaltquote Wort zum Sonntag am 20.02.2021: 1,73 Millionen, Marktanteil 10,5 Prozent. Zitiert nach ARD Videotext, Seite 448. Abrufbar sind jeweils die Quoten vom Vortag.

Journalisten, dass sie nur schwer kirchliche Verantwortungsträger vor die Kamera bekommen. Angesichts der aktuellen Debatten um Transparenz in kirchlichem Handeln ist das jedoch unumgänglich.

Der Blick auf die großen Fernsehprogramme macht deutlich, dass in Deutschland Medien (noch) ein Publikum quer durch viele verschiedene Milieus und Generationen binden können und in ihren Programmen verschiedene Positionen und Vorstellungen aufgreifen. Anders als z. B. in den USA erscheinen daher auf bestimmte Zielgruppen hin produzierte Fernsehkanäle, wie zum Beispiel für Katholikinnen und Katholiken, in der deutschen Medienlandschaft wenig erfolgversprechend.

Die vorliegende Untersuchung nimmt vor allem das lineare Fernsehen in den Blick, das nachweisbar eine weiterhin zentrale Rolle spielt – auch wenn es immer wieder totgesagt wird. Dennoch wäre es für die Verantwortlichen in der katholischen Medienarbeit eine schlechte Entscheidung, andere Verbreitungswege nicht zu berücksichtigen. Es entstehen diverse weitere Plattformen, auf denen sehr zielgenau ganz unterschiedliche Zielgruppen in längeren und kürzeren Videos angesprochen werden können. Der Gottesdienst aus der Heimatkirche auf YouTube, christlich geprägte Influencer auf Instagram und TikTok – all das findet sein Publikum. Gerade die Zeit des Corona-Lockdowns hat deutlich gemacht, wie wichtig alternative Kommunikationsformen schon sind und noch werden können. Der Gottesdienst auf YouTube aus der vertrauten Heimatkirche, Impulse in der österlichen Bußzeit auf Instagram, der WhatsApp-Gottesdienst für die Firmanden – auf all diesen Wegen sind Ideen und vor allem Knowhow gefragt. Einfach das Smartphone hinhalten und das Video mitschneiden reicht normalerweise nicht aus. Professionell umgesetzt können diese Produktionen jedoch ihre Zielgruppe erreichen: ganz konkret zugeschnitten auf eine Altersgruppe, eine Region, ein Milieu.

Denn Video ist zu einer entscheidenden Kommunikationsform geworden, überall präsent. Ist es auf der Seite der verschiedenen Plattformen die passgenaue Produktion für ganz konkrete Zielgruppen, für Generationen, Milieus und Regionen, ist es auf der Seite des TV die große Reichweite, das Verbindende und Grundsätzliche. Liefert das lineare TV doch Inhalte, die nicht mühsam zusammengesucht werden müssen und die sozusagen das Prüfsiegel des jeweiligen Senders haben: produziert und gecheckt von Profis. Im immer größer werdenden Informationsdschungel ein Vorteil und eine Entlastung für das Publikum. Für die Kirche bieten beide Möglichkeiten eine gute Chance: Im klassisch-linearen Fernsehen präsent sein und damit eine Stimme haben im großen Spiel der Meinungen, ist die eine Möglichkeit. Die andere bedeutet, die verschiedenen Plattformen möglichst professionell zu bespielen und damit ganz gezielt auch Milieus und Zielgruppen zu erreichen, die mit klassischem (öffentlich-rechtlichem) TV nicht erreicht werden können.

Social Media

KRASS UND DISRUPTIV – WARUM KIRCHE UND SOCIAL MEDIA ZUSAMMENGEHÖREN

Christoph Krachten[1]

Während die Corona-Pandemie für die Menschen weltweit eine schwere Prüfung ist, für die Vielfalt der religiösen Kommunikation ist sie ein Glücksfall. Die Pandemie zeigt, welches Potential für die Kirchen in den Sozialen Medien liegt und wie sehr die Gläubigen auch im Digitalen auf der Suche nach Gott und ihrer Gemeinde, ihrer Community sind. Für die Kirche gilt es hier einen Schatz zu finden, und in Teilen hat sie ihn während der Pandemie auch tatsächlich gehoben. Nach dem Lockdown im Frühjahr 2020 ging die Nutzung zwar zurück, aber 26 Prozent der Befragten, die zum ersten Mal die digitalen Angebote der Kirche genutzt hatten oder häufiger als bisher, wollten sie auch zukünftig nutzen. Das ist für mich eines der wichtigsten Ergebnisse des MDG-Trendmonitors – Religiöse Kommunikation 2020/21, aus dem viel abgelesen werden kann.

1. Es gibt einen Bedarf der Gläubigen auch nach einer digitalen Community.
2. Das Digitale ist genauso Heimat für den Glauben wie die analoge Welt.
3. Die Kirche kann digital, und sie kann die Gläubigen digital erreichen.
4. Es besteht noch ein erheblicher Nachholbedarf, was die Kompetenz in diesem Bereich angeht.
5. Die Kirche muss dringend ihre Fähigkeiten im Digitalen professionalisieren.

Vorab muss festgestellt werden, wie positiv sich die Nutzung der Sozialen Medien in den Bistümern entwickelt hat. Gegenüber dem Stand vor einigen Jahren haben jetzt nahezu alle Bistümer Facebookseiten und YouTube Kanäle. Die Reichweiten sind deutlich gestiegen, wobei YouTube hier die besten Zahlen liefert. Das bestätigt den allgemeinen Trend hin zur Bewegtbildkommunikation, die auch, wie in den Offline-Medien, im Netz am reichweitenstärksten ist.

---

1 Christoph Krachten, CEO der united creators OLP GmbH, Betreiber des YouTube channels Clixoom Science&Future und Vorstandsmitglied bei FairTube e.V., ist einer der Pioniere der deutschen Online-Video-Szene. Nachdem er viele Jahre als TV-Journalist und Produzent gearbeitet hatte (u. a. für ARD, RTL, ZDF), erkannte er früh das Potential von Online-Video. Seine Show Clixoom gibt es seit 2008. Auch darüber hinaus ist Krachten ein präsenter Netzwerker: u. a. als Verlagsgründer mit den Community Editions, Veranstalter der VideoDays und Berater der Publizistischen Kommission der Deutschen Bischofskonferenz. Heute veranstaltet er sehr erfolgreich außergewöhnliche Onlinekurse u. a. für die katholische Kirche und entwickelt innovative Software Konzepte für Social Media.

Der Anstieg der Nutzung der digitalen Medien im kirchlichen Bereich während des Lockdowns ist ein absolut positives Signal. Immer mehr Gläubige sind bereit und erwarten auch von ihrer Kirche, digital mit ihnen zu interagieren. Das zeigt der im MDG-Trendmonitor festgestellte Digitalisierungsschub. Jeder sechste Katholik hat die digitalen Angebote der Kirche zum ersten Mal oder häufiger als vorher genutzt. Bei den gläubigen kirchennahen Katholiken waren es sogar fast 50 Prozent, die die Angebote intensiver genutzt haben. Und die klaren Zahlen zeigen ganz deutlich: Die Sozialen Medien sind nicht nur Beiwerk oder notwendiges Übel einer digitalen Welt. Sie sind ureigenstes Terrain der Kirche.

In der digitalen Welt spielt die Disruption, die Unterbrechung eine erhebliche Rolle. Nur wer disruptiv kommuniziert, erzielt dort große Reichweiten. Alles muss krass sein. Aber disruptiv ist der Glaube ja im besten Sinne. Der bedeutende Theologe Johann Baptist Metz, Schüler Karl Rahners, der vor zwei Jahren in Münster starb, hat diesen genialen Satz geprägt: »Kürzeste Definition von Religion: Unterbrechung!« Heute würde man wahrscheinlich sagen: »Kürzeste Definition von Religion: Disruption!« Dort, wo Gott, der Glaube zuhause ist, da ist die Disruption zuhause. In der Kirche erwarten wir, wachgerüttelt zu werden. Es ist der Ort, der sich von allem unterscheidet, mit dem wir im Alltag zu tun haben. Kirche und Glaube sind im eigentlichen Sinne krass, und die Gläubigen werden aus ihrem Alltag herausgerissen. Wo finden wir so viel krasse Kunst, krasse Architektur und vor allem auch krasse Geschichten (aus der Bibel)? Kirche ist also im besten Sinne krass bzw. disruptiv und gehört deshalb in die digitalen Medien.

Und dass sie in den digitalen Medien zuhause ist, hat sie während des ersten Lockdowns perfekt demonstriert. Gottesdienste erreichten Zugriffe im fünfstelligen Bereich. Mehr Menschen wohnten hier zum Beispiel den Osterfeiern bei, als je vor Ort dabei gewesen wären. Digital und Kirche passen also perfekt. Die Kirche konnte in dieser Zeit beweisen, dass sie in der modernen digitalen Welt genauso zuhause ist wie in den Gemeinden vor Ort und auch dort ihre Community erreicht.

Doch nach dieser Zeit konnte der Aufwärtstrend nicht aufgenommen werden. Und die Menschen, die vorher digital erreicht worden sind, kamen jetzt nicht zu tausenden in die Gemeinden, sondern der Kontakt wurde wieder verloren. Die Gründe sind hier aus meiner Sicht vielfältig.

In einem Onlinekurs zu den sozialen Medien speziell für die Kirche haben wir mit unserer Agentur die Teilnehmenden gefragt, wo sie noch Bedarf sehen. Die Frage, die uns am meisten gestellt wurde: Wie können wir unsere Vorgesetzten von der Bedeutung von digitalen Medien überzeugen? Hier ist tatsächlich der größte Bedarf in der kirchlichen Medienarbeit zu sehen. Die Administration will hier die alten Pfade nicht verlassen und zeigt ein erhebliches Beharrungsvermögen. Das ist für die Kirche fatal. Zwei Gründe sind hier bedeutsam. Zum einen: Die junge Zielgruppe ab acht Jahren und zum Teil noch eher ist in den Sozialen Medien zuhause, sie sozialisiert sich hier zu einem erheblichen Maße. Hier findet sie ihre Vorbilder in Julian Bam, Pamela Reiff, Rezo, Bibis Beautypalace oder den Dubai-Influencern, die in den Wüstenstaat ausgewandert sind und von dort aus im wahrsten Sinne des Wortes Konsum predigen: Einer der kulturellen Höhepunkte dort ist das Shopping-Festival. Wenn die Kirche in den Sozialen Medien nicht aktiver wird, überlässt sie diesen eher zweifelhaften Predigern das Feld. Das wäre fatal. Eine ganze Generation würde verloren gehen. Und die Jugend zu erreichen ist ja die ureigenste Aufgabe der Kirche.

Aber auch die alte Generation ist inzwischen immer mehr im Digitalen zuhause und surft auf dem Tablet durch das Internet. Eine Kirche, die die Alten und Kranken dort nicht erreicht, hat eine Chance vertan und lässt sie dort allein. Und der wöchentliche Fernsehgottesdienst reicht da beim besten Willen nicht mehr aus, und zudem bietet das Netz durch die direkte Kommunikation tatsächlich ungeahnte Möglichkeiten. Nur im Netz kann über Kommentare, Posts und Nachrichten wirklich bidirektional kommuniziert werden.

Dementsprechend und belegt durch Reichweiten, die nicht im Entferntesten mit den reichweitenstarken Anbietern in diesem Bereich, wie zum Beispiel »funk«, dem digitalen Angebot von ARD und ZDF, konkurrieren können, zeigt sich, dass noch die Kompetenzen in der Breite fehlen und eben die Bereitschaft, das Digitale ernst zu nehmen und die Sozialen Medien als wichtigen Ort für die Verkündigung zu sehen. In diesen beiden Bereichen muss die Kirche dringend aktiv werden. Hier kann sie Reichweite und Einfluss und so Menschen gewinnen. Das ist die Aufgabe der Kirche auch im Digitalen.

DIGITALE TRANSFORMATION UND KIRCHLICHE KOMMUNIKATION

Alexander Filipović[1]

Die digitale Transformation kann in den Rang eines tiefgreifenden Medienumbruchs gestellt werden. Der Medienwandel ist der Übergang von der mündlichen zu einer schriftlichen Kultur, dann der Wechsel hin zur Drucktechnik und zuletzt die Innovationen der elektronischen Medien (Telegrafie, Radio und TV). Dieser Medienwandel hat den Umgang mit Informationen, Texten, Nachrichten und Bildern stark verändert. Heute sprechen wir von Digitalisierung als letzter Stufe des Medienwandels. Die Frage aber ist, was genau sich mit der Digitalisierung eigentlich geändert hat, wenn es vorher schon analoge elektronische Zeitungsproduktion und analoges Fernsehen gegeben hat. Technisch werden die Veränderungen in den erweiterten Möglichkeiten des Speicherns, Rekombinierens und der Vervielfachung von Distributionswegen zu finden sein. Es ist der immer offene Rückkanal digitaler Medien, der die Medienwelt verändert, etwa im Hinblick auf die Publikationsmöglichkeiten aller und – mindestens genauso wichtig – im Hinblick auf die Möglichkeiten, Leserinnen- und Lesergewohnheiten zu verfolgen und Medienprodukte also hochauflösend auf die Bedürfnisse von Menschen zuzuschneiden. Allerdings, das kann man an den erwähnten Medienumbrüchen erkennen, ist die digitale Transformation nicht nur eine Veränderung der Medientechnik, sondern geht weit darüber hinaus. Digitalisierung ist ein technisches, ein kulturelles und ein soziales Phänomen. So wie auch die Industrialisierung zwar auch ein technisches Phänomen etwa veränderter Produktionsmöglichkeiten von Waren war, sind die kulturellen und sozialen Folgen der Industrialisierung ebenso relevant gewesen. Dies gilt für die Digitalisierung gleichermaßen: Unser gesellschaftliches Miteinander, wie wir uns begegnen, gesellschaftlich diskutieren, wie Musik und Kultur rezipiert werden und sich Ideen in der Gesellschaft verteilen… all das verändert sich mit und durch die technische Innovation, Informationen digital zu prozessieren.

Dies betrifft auch die religiöse Ebene. Religionen, vor allem die christlichen Kirchen, haben Medien schon immer geschickt benutzt und haben selbst von den Innovationen, etwa der Drucktechnik, profitiert. Problematisch wird es dann für die Kirche, wenn die sozialen und kulturellen Veränderungen so dynamisch

1 Prof. Dr. Alexander Filipović ist Sozialethiker an der Katholisch-Theologischen Fakultät der Universität Wien. Seine Schwerpunkte sind Medienethik, Technikethik (Digitale Ethik), Politische Ethik und Philosophischer Pragmatismus. Er ist Mitherausgeber der medienethischen Zeitschrift Communicatio Socialis (www.communicatio-socialis.de). Er arbeitete 2018-2020 als sachverständiges Mitglied in der Enquete-Kommission des Deutschen Bundestages zur Künstlichen Intelligenz und ist Berater der Publizistischen Kommission der Deutschen Bischofskonferenz.

verlaufen, dass die Entwicklungen innerhalb der Kirche und außerhalb der Kirche ungleichzeitig vonstattengehen. Dies ist im Hinblick auf die Digitalisierung der Fall, und der vorliegende MDG-Trendmonitor – Religiöse Kommunikation 2020/21 kann dies zeigen.

Zwar gibt es einige Fortschritte zu verzeichnen: Religiöse und kirchliche Themen finden im Internet statt, Podcasts mit theologischen, religiösen und kirchlichen Inhalten finden viele Hörer, auch die Jungen. Kirchenmedien haben ihre Leserinnen und Hörer. Die Gesamtsituation bleibt aber schwierig: Abnehmende kirchliche Bindungen müssen zwar nicht gleichzeitig abnehmendes Interesse an Religion und der christlichen Botschaft bedeuten. Aber der Trend geht, das zeigt der Trendmonitor und ja auch die sinkenden Auflagenzahlen von Bistumszeitungen, klar von festen Bindungen an Kirchenmedien weg, hin zu dem Interesse an religiösen und vor allem gesellschaftsethischen Themen, die auch die Kirchen anbieten.

In diesem Kontext fällt der Bedeutungsverlust der speziell journalistischen Kirchenmedien auf. Plattformkommunikation ist noch nicht Journalismus, sondern ist vor allem strategische Kommunikation, also Public Relations. Mit dem Rückgang der Kirchenzeitungen droht auch der so wichtige kritisch-loyale, aber autonome Kirchenjournalismus zu verschwinden. Das II. Vatikanische Konzil und die Würzburger Synode waren für Deutschland wichtige Impulsgeber für echten Journalismus im Raum der Kirche. Magazine und Instagramchannels könnten dagegen eher die natürlich ebenfalls wichtige Verkündigungsfunktion erfüllen oder das Bild der Kirche in der Öffentlichkeit beeinflussen.

Der Trendmonitor belegt, dass bereits ein kleiner Teil der Katholiken im echten Sinne affin für Internet- und App-Nutzung ist. Mit Internetportalen, E-Paper, Social Media und Apps könnte man vor allem eine Gruppe erreichen, die sich wenig für religiöse Themen im Allgemeinen interessiert, aber dafür recht stark interessiert ist an Gesundheit und sozialer Gerechtigkeit und auch an den kirchlichen Reizthemen (Sexualmoral, Zölibat, Missbrauch). Diskursmöglichkeiten, Meinungsaustausch und Interaktion, zielgruppenspezifische Kanäle, Apps und Newsletter erreichen nur spezifische, junge und moderne Menschen. Die doppelte und sich ergänzende Spaltung in traditionelle und modern-aufgeschlossene sowie Internetvermeider und Internetnutzer wird so problematisch für kirchliche Medienarbeit. Kirchliche Kommunikation hat es in einer solchen Situation schwer, die guten Möglichkeiten digitaler Medien thematisch breit und für alle Katholikinnen und Katholiken einzusetzen.

Das Entwicklungspotential ist dennoch vorhanden, vor allem im Bereich der Zielgruppenansprache. Dafür braucht man allerdings Daten. Diese (datenschutzkonform) zu sammeln, auszuwerten, und damit personalisiert und auf Bedürfnisse zugeschnitten auszuliefern, findet noch zu selten statt. Hier kann man vor allem auf Gemeinde- und Diözesanebene große Möglichkeiten sehen. Ist die Corona-Krise jetzt der hilfreiche Digitalbeschleuniger für die Kirche? Die Kirche hat in der Corona-Krise an einigen Stellen digital sicher etwas aufgeholt. Für viele Gemeinden und vor allem ältere Gemeindemitglieder waren auch kleine Schritte schon Revolutionen. Der Trendmonitor zeigt, dass vielfach ein erster Kontakt mit digitalen Medien entstanden ist. Gleichzeitig deutet sich im Trendmonitor an, dass in einer Zeit nach Corona von den digital unterstützten Gemeindeaktivitäten und Gottesdiensten wieder Abstand genommen werden möchte. Dies wäre fatal. Die Anlaufschwierigkeiten in der Corona-Krise haben gezeigt, wie viel Nachholbedarf in Sachen Digitalisierung die Kirche in ihrer Verwaltung und Pastoral gerade vor Ort hat. Sollte es hier einen positiven Schwung geben, auch bei der Nutzungsakzeptanz, sollte der jetzt aufgenommen werden. Denn die gesellschaftlichen und sozialen Veränderungen, die mit der Digitalisierung eingehen, nehmen weiter Fahrt auf, auch nach Corona. Professionelle digitale Verwaltung und internetbasierte (Medien-)Kommunikation ist ein Muss für die Kirche, die sich als Kirche in der Welt von heute begreift.